JN418582

개정판

실무적용을 위한 계획에서 운영까지

공급망 관리

배 재 호 저

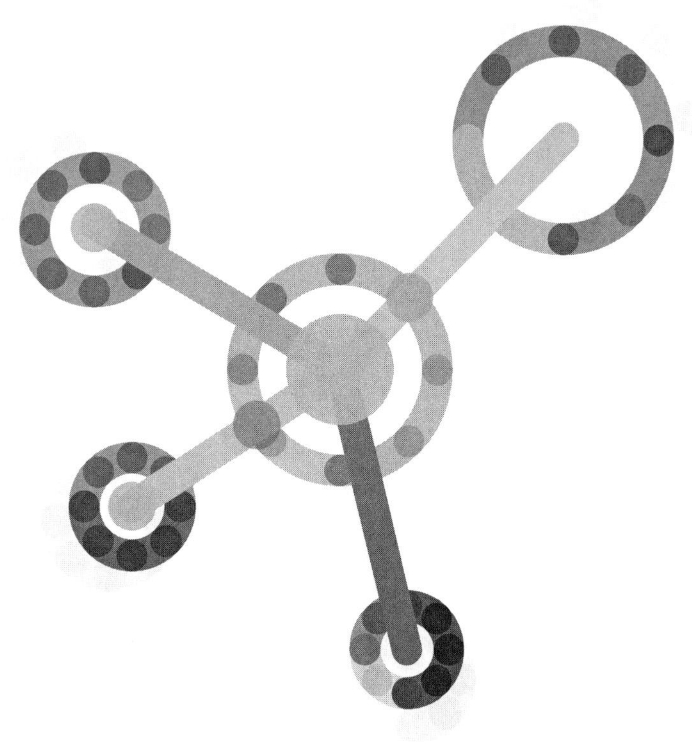

도서출판 두남

머 리 말

이 책의 초판이 발행된 지 6년에 들어서야 개정판을 발행하게 되었다. 초판 집필 과정에서 겪었던 고된 과정이 생각나기도 하고 여러 가지 일상이 바쁘기도 해서였다. 그러다가 예전에 컨설팅을 했던 회사의 임원 한분이 연락을 해서, 왜 더 이상 책이 판매되지 않느냐고 여쭤보시는 바람에 다시금 용기를 낼 수 있었다.

새롭게 원고를 고쳐 쓰면서 기업현장에서 활용될 수 있고, 공급망관리의 개념을 쉽게 이해할 수 있는 책을 쓰겠다는 초판의 각오를 다시 확인할 수 있었다. 이제 기업 현장에서의 컨설팅 업무는 예전처럼 잦지는 않지만, 현장에서 활용할 서적이 마땅하지 않다는 현실은 딱히 개선되지 않은 것 같다. 공급망관리가 이제는 일반적인 용어가 되면서 많은 서적들이 출간되고 있지만, 지나치게 이론적이거나 단편적 개념 열거에 치중되어 현장과는 여전히 괴리가 있는 것처럼 보인다. 이 책은 기업 일선의 공급망관리 담당자나 대학의 학부생들이 공급망관리의 핵심을 이해하고, 공급망계획에서 운영까지의 업무를 효과적으로 수행할 수 있도록 하는 것을 목표로 했다. 이 책은 초판과 마찬가지로 몇 가지 원칙 기반 하에 작성되었다.

1) 추상적 내용을 가급적 줄이고, 현장 적용이 가능하도록 구체적 내용으로 구성할 것.
2) 공급망관리 및 계획은 프레임워크를 제시하고, 이를 기반으로 기술할 것.
3) 공급망관리 성과의 체계적 관리를 위하여 다양한 지표를 제시할 것.

이 책은 저자의 필요에 따라 학부생을 위한 교재를 주목적으로 쓰여졌으나, 기업 일선의 요구에 따라 현장에서 사용될 수 있을 것 또한 중요한 목적으로 하였다. 이에 따라 가급적 수리적 모델이나 계산문제 풀이는 지양하였다. 또한 그룹과제 형태의 연습문제를 제시하여, 팀별 활동으로 문제를 풀어나갈 것을 주문하고 있다. 이 책의 1부에서는 공급망에 대한 개괄적 내용을 기술하였고, 2부에서는 공급망 전략을 개략적으로 기술하였다. 이어지는 3부와 4부는 통합공급망계획과 공급망운영에 관한 내용을 기술하였으며, 마지막 5부에서 각 단계에서 활용할 수 있는 성과지표를 제시하였다.

초판에 비하여 공급망관리의 사례를 추가하였으며, 일부 내용이 보강되었다. 또한 초판에서 미처 수정하지 못했던 오/탈자를 많이 개선하였으며, 누락되었던 참고문헌을 보완하였다. 그럼에도 불구하고 여전히 많은 오류들이 잔존하리라 생각되는데, 이에 대해서는 여전히 독자제현의 기탄없는 조언에 기대고자 한다.

개정판의 출간은 일선에서의 요구와 2008년 작고하신 엄친의 기대가 여전히 부채감으로 남아 있음에 기인한다. 또한 개정판의 출간을 지속적으로 요구하신 도서출판 두남의 이승구 상무께도 감사드린다. 무엇보다 가족들과의 시간을 양보해 준 아내와 사춘기로 방황하면서도 언제나 변함없는 신뢰를 보내주는 아들과 딸에게 감사하며, 새벽재단으로 아들의 정진을 기도하시는 자친께는 엎드려 감사의 말씀을 올린다.

2016년 오산 청학동에서
저자 씀.

차 례

PART 01 공급망의 이해 / 11

PART 04 공급망 운영 / 201

PART 01 공급망의 이해

Chapter 01

공급망(供給網, Supply Chain)

공급망은 원재료를 중간재 및 소비재와 서비스로 변형시키고, 이를 소비자에게 제공하고 배분해 주는 비즈니스 프로세스, 사람과 조직, 기술 및 기타 물리적 기반의 혼합으로 정의할 수 있다. 또한 공급망은 고객 요구를 충족시키기 위해 직/간접적으로 참여하는 모든 관계자들에 의해 구성되므로 생산자와 소비자는 물론 운송, 창고, 도매 및 연구/개발 담당자까지도 공급망 구성원으로 포함된다.

따라서 공급망은 다음과 같은 기업의 주요 가치사슬(Value Chain)을 포함한다.

- ✔ Develop Products and Services (제품 및 서비스 개발)
- ✔ Manage Procurement (조달관리)
- ✔ Produce Products (생산관리)
- ✔ Manage Distribution (유통관리)
- ✔ Perform Marketing and Sales (마케팅 및 영업 활동)
- ✔ Manage Customer Service (고객서비스관리)

다만 이 책에서는 가장 보편적으로 언급되는 조달관리/생산관리/유통관리/마케팅 및 영업활동 등의 핵심 가치사슬로 기술 범위를 제한한다.

1.1. 공급망의 개요

공급망은 원재료를 최종 제품과 서비스로 변화하는 전 과정을 포괄하는 원자재 및 서비스 공급자들 간의 상호 연결된 연계의 집합이다. 따라서 공급망은 고객의 요구를 충족시키기 위해 직/간접적으로 참여하는 모든 관계자로 구성된다. 즉 생산자와 공급자는 물론 운송, 창고관리, 도매업자 심지어는 고객까지도 포함된다. 또한 생산자와 같은 조직 내부에서의 공급사슬은 고객의 요구를 받고 이를 충족시키는 모든 기능을 포함한다.

공급망이 존재하는 가장 큰 이유는 공급망 전체에서의 이윤을 발생시키면서 고객요구를 충족시키는 데에 있다. 공급망에서 발생하는 모든 이익의 원천은 최종소비자인데, 공급망에 포함되어 있는 개별 기업이 공급망의 다른 기업의 이익을 무시한 의사결정을 하게 되면(부분최적화), 공급망 전체에서의 비용과 대기시간을 증가시켜 완제품 가격 상승을 초래하게 된다. 완제품 가격의 상승은 대고객 서비스 수준의 저하를 초래하고 결과적으로 제품의 수요를 감소시켜, 해당 제품에 대한 소비자의 수요 하락 및 공급망 전체의 이익 저하를 초래하게 된다. 일반적으로 공급망은 원자재 공급자에서 생산자로, 배송자로, 소매상으로, 궁극적으로는 고객으로 이동하는 제품의 정방향 흐름(공급)이라고 할 수 있다. 그러나 고객의 입장에서 제품을 반품하거나 보증/수리, 폐기나 재활용 등의 목적으로 일반적인 공급망의 반대 방향으로의 흐름이 발생할 수도 있다. 이러한 역물류(逆物流, reverse logistics) 활동 역시 공급망에 포함된다. 이와 더불어 공급망의 양방향으로 정보, 자금, 제품흐름이 발생하게 된다.

한편 공급망은 기업 간의 관계와 기업 내부의 관점으로 구분해 볼 수 있다.

가. 기업 내부에서의 공급망

앞서 언급한 바와 같이 일반적으로 공급망이라고 하면 기업 간의 관계에서 제품 혹은 자재의 흐름이나, 이에 따라 부수적으로 발생되는 자금 및 정보의 흐름이 발생하는 기업 간의 유관된 프로세스를 의미한다. 기업 내부의 비즈니스 프로세스는 가치사슬을 구성하게 된다. 가치사슬의 개념은 마이클 포터[1)]에 의해 고안되었으며, 인터넷 등의 정보통신

1) Porter, M. E., Competitive Strategy: techniques for analyzing industries and competitors, Free Press, 1980.

을 통하여 그 범위가 기업 내부에서 산업 전반으로 확장된다[2]. 가치사슬은 기업경제의 동맥 역할을 수행하며, 모든 기업은 업체 발굴 및 조달, 제조 등을 통한 부가가치 생성, 고객으로의 판매 등의 핵심활동(Primary Activities)을 비롯해 이를 지원하는 재무, 연구개발, 시설관리, 인적자원관리, 마케팅/광고 등의 지원활동(Support Activities)로 구성된다. 부가가치 생성은 효용(Utilities)[3]을 증가시키는 방법으로 이루어지는데, 대개의 제조업체 경우라면 형태의 효용을 증가시키는 방법으로 부가가치를 증가시키게 된다. 마이클 포터는 가치 사슬의 핵심활동을 Buy - Make - Sell로 구분하였다. 다음의 〈그림 1-1〉은 마이클 포터의 가치사슬 프레임워크를 도시화한 것이다.

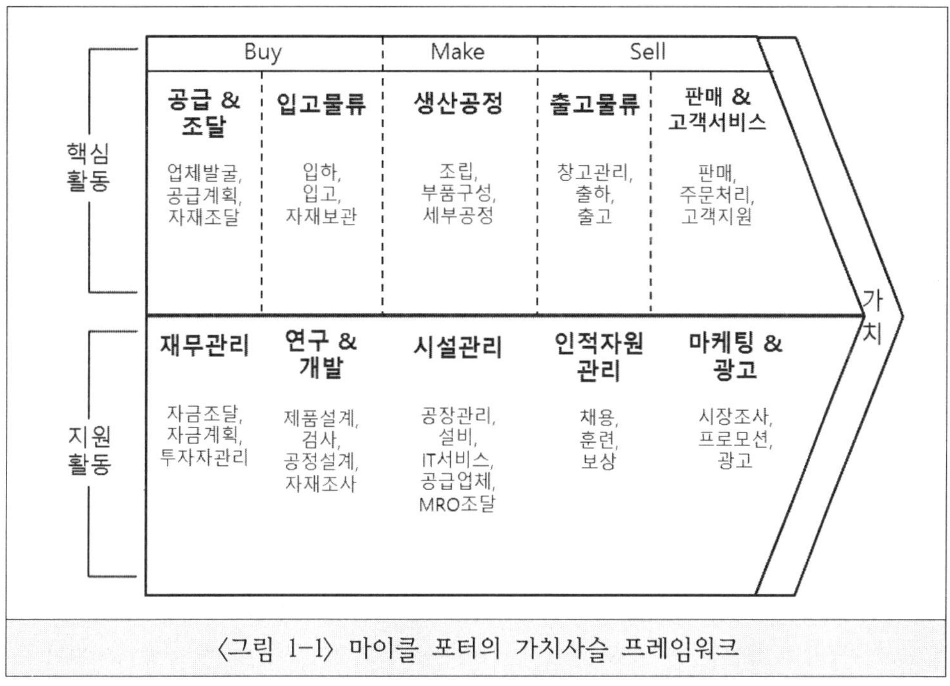

〈그림 1-1〉 마이클 포터의 가치사슬 프레임워크

한편 마이클 포터의 가치사슬 프레임워크를 기본으로 산업별 특성에 따라 가치사슬은 조금씩 다르게 표현될 수도 있겠다. 제약 회사의 경우라면 연구/개발이 핵심활동으로 가치사슬에 포함될 수 있을 것이며, 글로벌 기업의 경우라면 입고물류와 출고물류를 아우르는 물류/유통관리 기능이 핵심활동으로 언급될 수 있을 것이다. 이 책에서는 다음의 〈그림 1-2〉와 같은 형태로 가치사슬의 핵심활동을 확장하고, 조달관리(Buy), 생산관리(Make), 물류/유통관리(Distribute), 마케팅 및 영업 활동(Sell)에 대하여 주로 기술한다.

---

2) Porter, M. E., Competitive Advantage: creating and sustaining superior performance, Free Press, 1985. 1998.
Porter, M. E., On Competition, Harvard Business School Press, 1998.

3) 주로 형태의 효용, 시간의 효용, 장소의 효용, 소유의 효용의 4대 효용이 언급된다.

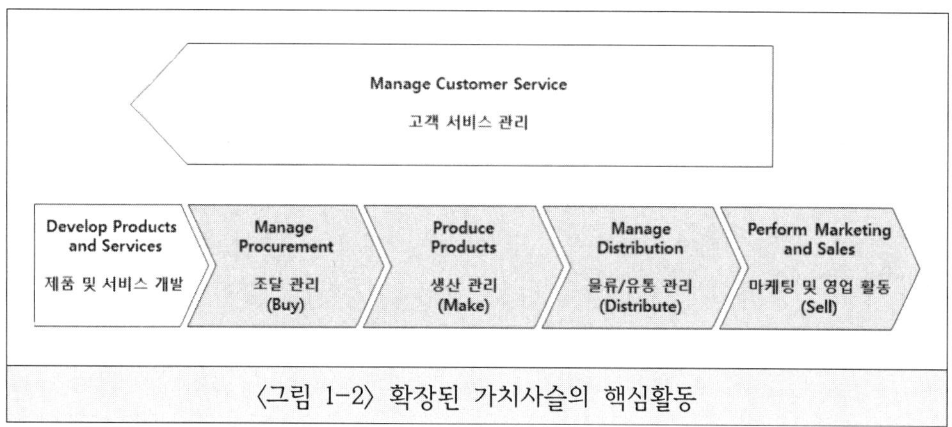

〈그림 1-2〉 확장된 가치사슬의 핵심활동

위 그림의 회색 영역은 공급망과 직접적으로 관계가 있는 가치 활동 들을 표시한 것이다. 이와 같이 공급망 관리는 기업 내부 관리와 별개의 활동이 아니라, 기업 내부 관점에서 보았을 때에도 공급망은 가치사슬의 부분집합임을 알 수 있다. 근래에는 위 그림에 회색 영역으로 표기된 조달(Buy) – 생산(Make) – 물류/유통관리(Distribute) 영역을 비롯하여 고객 서비스 관리의 일부 영역을 포함한 제품 및 서비스 개발이나 마케팅 및 영업활동(Sell)까지 공급망 활동의 범위를 확대하여 접근하고 있다. 이는 공급망의 대부분의 활동이 공급자 혹은 분배자(유통업체)나 고객과의 관계와 밀접한 관계를 가지고 있기 때문이다.

나. 기업 간 관계에서의 공급망

특정 산업에서의 가치사슬은 다음의 〈그림 1-3〉과 같이 우리 회사(MY.com)의 조달에 공급사슬이 연결되고, 마케팅/영업에 수요사슬이 접하는 형태로 이해할 수 있다[4].

기업 간 관계에서의 공급망은 다수의 독립된 조직이나 기업들을 거치면서, 원자재가 반제품 혹은 완제품으로 변화되면서 배분되어 최종 고객에게 전달되는 일련의 과정으로 생각할 수 있다. 이 과정에서 독립된 각 조직이나 기업들은 일회성 거래 관계를 가지는 형태에서 마치 동일 기업의 부서처럼 상호간에 협력적으로 업무를 수행하는 매우 전향적인 형태까지 매우 다양한 형태의 협력관계로 결합되어 있다. 이와 같이 기업 간 관계에서의 공급망은 기업과 소비자 간의 관계인 B2C[5](Business to Customer)나 기업 간의

4) Fingar, P. and Aronica, R., The Death of "e" and the Birth of the Real New Economy: business models, technologies and strategies for the 21st century, Meghan-Kiffer Press, 1st ed., 2001.

5) B2C 혹은 B2C에서 2는 발음이 to와 같아, 약어를 만들 때 주로 사용된다. 따라서 B2C나 B2B는

관계인 B2B(Business to Business) 등의 형태를 따라 국경을 넘고 대륙을 건너 연결될 수 있다.

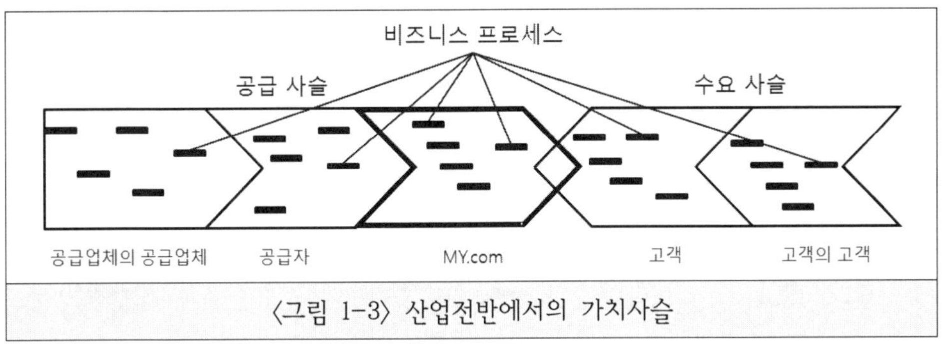

〈그림 1-3〉 산업전반에서의 가치사슬

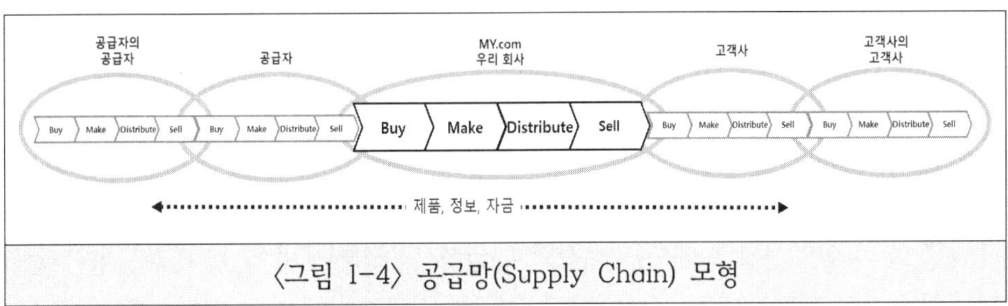

〈그림 1-4〉 공급망(Supply Chain) 모형

공급망 내의 모든 흐름은 고객을 기점으로 시작되거나, 고객을 목표로 움직이게 되므로 공급망에 있어서 고객은 가장 중요한 부분이라고 할 수 있다. 공급망의 목표는 공급망 전체에서 발생되는 전체 가치최적화를 구현하는 것이다. 따라서 어떤 공급망의 가치는 고객이 지불하는 완제품의 가치와 이를 충족하는 데 소요된 공급망 전반에서의 노력에 대한 가치의 차이로 정의할 수 있다. 공급망 설계에서 명심해야 할 것은 부분최적화(local optimum) 들의 합이 전체최적화(global optimum)가 아닌 것과 같이, 공급망 구성 단계별 이윤 추구가 아닌 공급망 전체의 이윤 극대화를 추구해야 한다는 점이다. 이러한 현상은 많은 기업들이 ERP(전사적 자원관리) 시스템 등을 통하여 기업내부 정보를 정리하고, 인터넷 등의 보급으로 접근성이 높아지면서 더욱 중요하게 된다. 다음의 〈그림 1-5〉와 같이 기업 입장에서는 이러한 변화를 통해 더 많은 공급사슬과 수요사슬을 접하게 되며, 더욱 밀접하게 연관된다.

BTB, BTC의 형태로 사용될 수도 있다. 숫자 4도 발음이 같은 관계로 for의 대용으로 약어 만들기에 종종 사용된다.

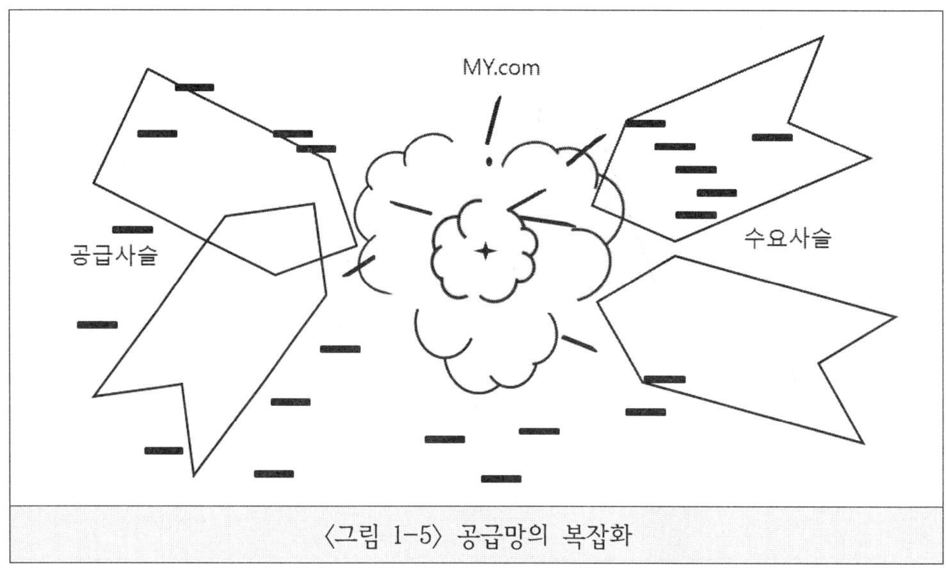

〈그림 1-5〉 공급망의 복잡화

따라서 실제의 경우 대부분의 기업들은 단순한 사슬형태보다는 훨씬 복잡한 형태로 다양한 목적으로 일련의 가치사슬들이 존재하게 된다. 다음의 〈그림 1-6〉과 같이 개별 목적에 따른 일련의 가치사슬을 특히 가치 스레드(Value Thread)라고 하는데, 일반적으로 공급사슬은 하나의 가치 스레드를 대상으로 원자재 공급자에서 생산자(혹은 제조업체)로, 분배자(혹은 유통업체)로, 소매업자(혹은 소매상)로, 최종적으로 고객으로 해당 기업의 가치사슬이 연결되고, 이를 통해 제품이 이동하거나 공급되는 흐름을 것을 의미하는 경우가 많다. 또한 해당 공급사슬을 따라 양방향으로 원료나 제품 혹은 정보, 자금 등이 흘러가게 된다. 이 책에서 Supply Chain을 공급 사슬이라는 용어 대신 공급망이라는 용어를 사용하는 것은, 하나의 목적에 따른 가치사슬의 연계뿐만 아니라 기업전체의 다양한 목적을 대상으로 하는 다양한 가치 스레드에 존재하는 공급사슬 모두를 살펴보고자 하기 때문이다. 현실적으로 하나의 생산자가 여러 공급자로부터 원자재를 공급받을 수 있고 완제품을 여러 유통업체에게 공급할 수도 있기 때문에 그 흐름이 사슬의 형태라기보다는 망의 형태를 띠고 있다고 판단하기 때문이다. 즉, 글자 그대로의 의미를 직역하면 공급 사슬이라는 용어가 가장 적합하나 내용적으로는 공급 네트워크의 의미를 가지고 있기 때문에, 이 책에서는 공급 사슬이라는 용어 대신 공급망이라는 용어를 사용하기로 한다.

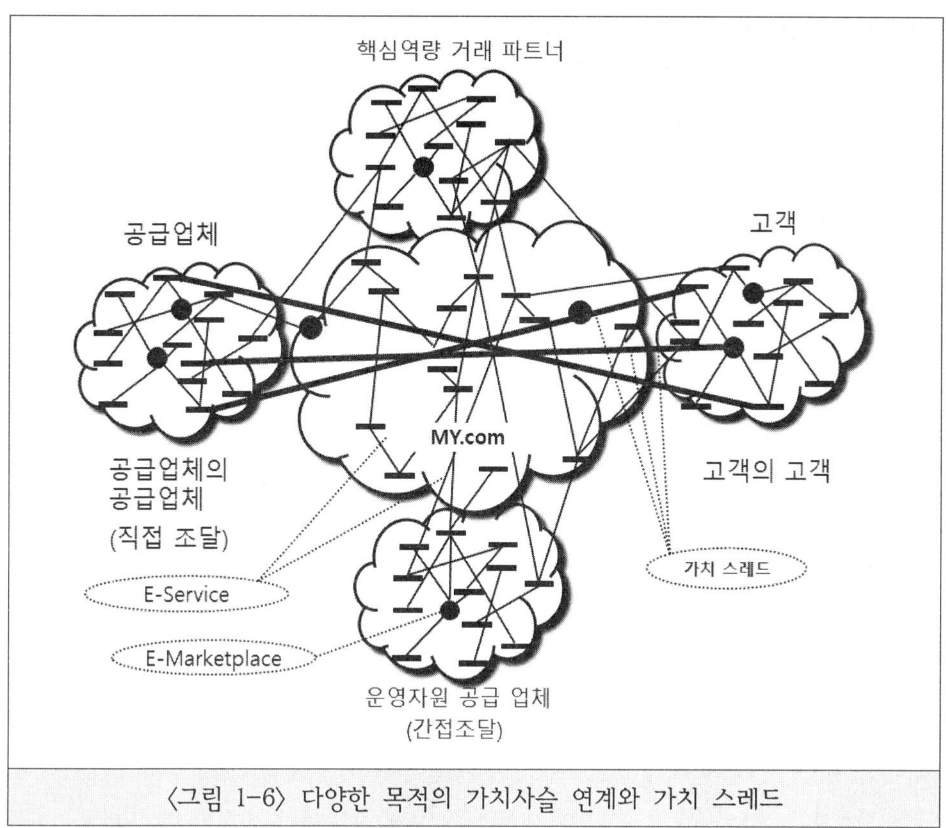

〈그림 1-6〉 다양한 목적의 가치사슬 연계와 가치 스레드

공급망이라는 용어가 비교적 최근에 정의되어 활용되어왔고, 그 활용범위가 광범위하여 공급망에 대해서는 여러 기관에서 다양한 관점에서 정의하고 있다. 일반적으로 인용되고 있는 공급망의 정의를 나열하면 다음과 같다.

▌The Institute for Supply Management

최종 소비자의 니즈를 충족시키기 위하여 조직의 경계를 초월한 연속적 부가가치 프로세스를 설계하고 관리하는 것이며, 공급망을 성공적으로 통합하려면 인적 · 기술적 자원의 개발과 통합을 활용[6].

▌The Supply-Chain Council

수요와 공급의 관리, 원자재와 부품의 조달, 제조 및 조립, 제품보관과 재고 추적, 수주 및 주문관리, 공급망 경로 간의 배송, 그리고 고객에게의 배달 등의 일련의 활동[7].

6) The Institute for Supply Management, "Glossary of key Purchasing and Supply Terms", 2000.

7) Courtesy of the Supply-Chain Council, Inc.

▌The Council of Logistics Management

개별 기업과 공급망 전체성과 제고를 목적으로 개별 기업 내 모든 경영기능과 공급사슬 내의 모든 기업의 전통적 경영기능과 전술을 체계적/전략적으로 조정하는 활동[8].

▌Hewlett-Packard

원자재를 조달하여 이를 반제품으로의 가공을 통해 궁극적으로 완제품을 생산하고, 이를 배송 시스템을 통해 고객에게 전달하는 데 관여하는 모든 설비에서 일어나는 통합 활동[9].

이 책에서는 다양한 정의들을 종합하여, 다음과 같이 정의하고 활용하고자 한다.

▌공급망의 정의

공급망이란 원재료를 반제품 혹은 완제품이나 서비스로 변환시키고, 이를 고객에게 전달하고 유통시키는 업무 프로세스, 사람, 조직 및 기술의 결합.

한편 공급망의 각 단계는 원자재나 제품, 정보, 자금의 흐름에 의해 서로 밀접하게 연결된다. 이러한 흐름들은 모두 양방향으로 발생된다. 일반적으로 단방향으로 설명되는 제품이나 자금의 흐름의 경우에도 역물류(逆物流, Reverse Logistics)나 환불 등의 흐름을 포함할 경우, 양방향으로 그 흐름이 발생하게 됨은 앞에서 설명한 바 있다.

다음의 〈그림 1-7〉은 기업 간의 관계에서 발생하는 공급망의 간단한 사례를 보이고 있다. 일반적으로 공급망의 각 단계는 각 단계별 고객의 요구와 그 요구를 만족시키려는 해당 단계별 역할의 적절성에 따라 설계되어야 한다. 한편 〈그림 1-7〉의 건조 식료품 공급망과 생산자가 고객의 요구를 직접 충족시키는 Dell 등의 공급망은 다를 수 있으며, 또한 다른 것이 정상이다. 결론적으로 공급망의 각 단계는 반드시 모두 존재할 필요는 없으며, 따라서 공급망의 올바른 설계는 고객의 요구와 그 요구를 만족시키려는 단계별 역할을 어떻게 정의/운영하는 가에 달려 있다.

---

8) Courtesy of the Council of Logistics Management.

9) Lee, H. L. and Bilington, C., "The Evolution of Supply-Chain Management Models and Practice at Hewlett-Packard", Interfaces 25(5), pp. 42-63, 1995.

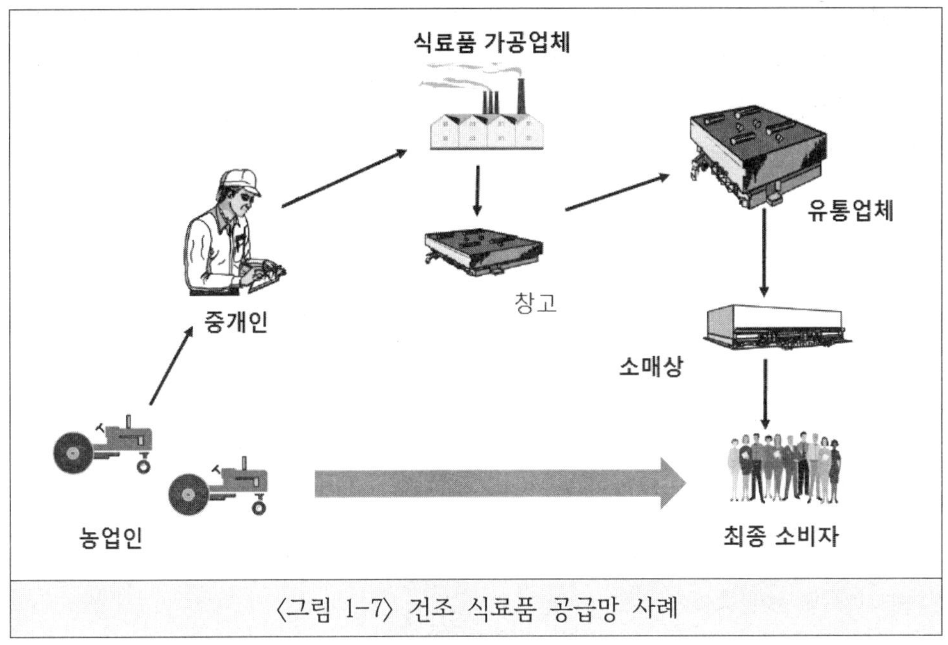

〈그림 1-7〉 건조 식료품 공급망 사례

위 〈그림 1-7〉는 미국의 GMA(Grocery Manufacturers Association)[10]에 의해 수행된 식료품 업계 공급망의 효율성에 관한 연구에서 정의된 공급망을 나타낸 것이다. 연구 결과에 따르면, 연구 수행 시점의 식료품 업계의 공급망에서는 식료품 가공업자의 창고에서 최종 소비자까지의 전달 시간만 104일이나 소요되었다고 한다. 게다가 해당 공급망에 포함되는 독립된 기업이나 조직들(예컨대 재배 농가, 중개인, 식료품 가공업자, 유통업체, 도매상, 소매상 등)에 소요되는 기간을 포함할 경우 소요 기간은 매우 길어질 것임은 명백해 보인다. 해당 연구는 공급망의 각 단계를 이루는 독립 기업이나 조직 간에 협력하게 되면, 평균 104일 간의 유통 기간을 줄이고 재고 절감으로 인한 효과만 연간 300억불에 이를 것으로 전망했다.

1.2 공급망 구성의 고려사항

앞에서 지속적으로 언급한 바와 같이 공급망은 공급망 전체 수익을 최대화하는 것을 목표로 한다. 다시 말해 공급망 전체의 수익은 고객에게서 얻는 이익과 공급망의 모든

10) http://www.gmabrands.com/

단계에서 발생하는 비용의 차이라고 정의할 수 있는데, 공급망에서의 의사결정은 이익과 비용 모두에 중대한 영향을 미치기 때문에 기업의 성공과 실패에 엄청난 파급효과를 지닌다. 성공적인 공급망은 비용을 낮게 유지하면서 고객에게 높은 수준의 제품 가용성을 제공할 수 있도록 공급망에 흐르는 제품, 정보 및 자본의 흐름을 관리하는 것이라 할 수 있다.

공급망 전체의 목적을 온전히 달성하기 위해서는 필요에 따라 개별 기업이 손해를 감수해야 하는 상황이 발생할 수도 있다. 공급망 전체에서 비용의 최소화가 공급망을 구성하고 있는 개별 구성 요소들의 비용 최소화를 의미하는 것은 아니기 때문이다. 이 때문에 공급망의 최적화가 어려워지기도 하는데, 현실적으로 공급망을 최적화하기 위해서는 개별 구성 요소들의 최적화를 통해 전체 최적화(비록 완전한 최적화는 아닐지라도)를 모색하는 것이 타당하다. 그러나 다음에 언급되는 것과 같이 전략적 목표에 따른 적절한 통제 없이 공급망 각 단계의 최적화를 모색하는 것은 상당히 위험하며, 공급망의 효율을 떨어뜨리는 현상이 발생할 수도 있다.

가. 공급망의 단계별 고려 사항

다음의 〈그림 1-8〉은 공급자로부터 고객에 이르기까지 원재료와 제품을 통틀어 해당 기업 내부 관점의 공급망을 간략하게 나타낸 것이다. 개별 기업을 중심으로 공급망을 이해한다는 측면에서 전통적 공급 사슬이라 칭할 수 있는데, 대개의 기업들은 공급망의 각 단계별로 다음의 그림에 언급된 고려 사항들을 고민하고 있다.

전통적 공급망을 채택하고 있는 기업에서는 조달, 생산 및 분배의 각 단계에서 최적화의 목적이 일반적으로 상충되거나, 전사 목적에 부합되지 않는 성공 요인과 성과 척도로 운영되는 것을 쉽게 볼 수 있다. 즉, 공급망의 각 단계에서는 비록 같은 기업 내부의 조직이라 할지라도, 공급망 전체의 최적화 보다는 개별 단계의 최적화를 위해 노력하는 현상을 쉽게 발견할 수 있다.

예를 들어, 조달 부문은 대량구매를 통하여 단위별 조달 원가를 절감하거나 자재 공급시장의 불확실성에 대응하기 위하여 완충재고를 확보하는 등의 대응을 하게 되기도 하며, 경우에 따라 정확하지 못한 생산 계획 등으로 인해 발생하는 오류에 기인하는 재고부족(결품, 缺品)을 막기 위해 실제 필요보다 많은 원자재를 확보하게 된다. 반면 생산 관점에서는 설비 가동률을 높이기 위해서 동일 품목의 생산을 가급적 오랫동안 생산하는 장 로트(長 Lot) 생산을 통해 제품 변경을 최소화하고자 노력하게 된다. 생산 부문만을 고려할 경우 이러한 접근은 생산성이 향상되고 생산 제품의 단위 원가를 절감할 수 있게

된다는 긍정적인 측면이 있다. 반면 이로 인해 생산 부문에서도 필요 없는 재고가 과다하게 발생하게 되어 공급망 전체에서는 매우 부정적인 결과를 초래하게 된다. 또한 배송 단계에서도 배송 합리화를 위하여 트럭 단위(TL: Truckload)나 컨테이너 단위(CL: Container Load) 등과 같이 적재 단위에 맞추고자 하는 노력이나, 선적율이나 고객의 요구에 즉시 대응하기 위하여 안전재고를 과다하게 확보하고자 노력을 하게 된다. 이와 같이 공급망의 각 단계의 목적을 위해 개별적으로 활동하게 되면, 공급망의 목적과는 반대로 과잉 재고가 발생하게 된다.

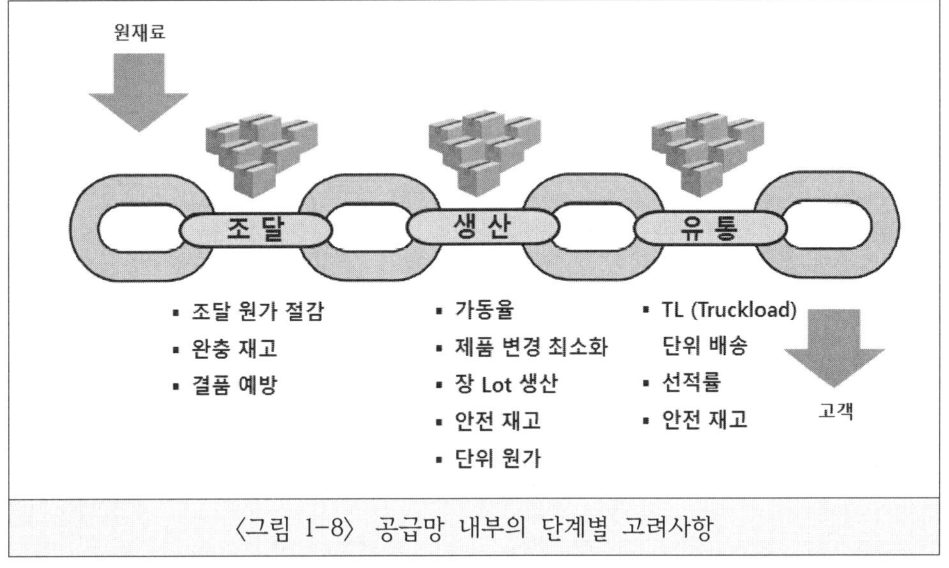

〈그림 1-8〉 공급망 내부의 단계별 고려사항

이와 같은 현상을 방지하기 위해서는 전략과 부합되는 성과 평가 방안이 수반되어야 하며, 공급망의 각 고리 중 취약점을 효과적으로 관리하는 것이 매우 중요하다. 성과 평가 방안에 대하여는 이 책의 마지막 부분인 5부에서 상세히 언급하기로 한다.

공급망에 있어서 커다란 고리 역할을 하는 중요한 3개의 관계(고객과의 관계, 공급망 내부 관계, 공급업체와의 관계)는 공급망의 목적에 접근하는데 매우 중요한 역할을 하게 된다. 3개의 관계는 공히 동일한 고객에게 서비스를 제공하는 것에 목적을 두고 있으며, 성공적으로 공급망이 운영되기 위해서는 3개의 관계가 효과적으로 통합되어 운영되어야 할 것이다. 이와 같은 3개의 관계를 설명해 보면, 다음과 같이 정의해 볼 수 있다[11].

---

11) 기업에서의 공급사슬을 3개의 거시 프로세스로 나누어 접근하는 것은 Chopra, S. and Meindl, P., Supply Chain Management: Strategy, Planning and Operation, Pearson Educations, 2007을 참조하였다.

(1) 고객관계 관리(CRM: Customer Relationship Management)

기업과 고객들 사이의 연계와 관련된 프로세스로 고객의 수요를 발생시키고, 주문의 배치와 추적을 용이하도록 하는 마케팅, 가격결정, 판매, 주문관리 및 콜센터 관리와 같은 세부 프로세스 들을 포함한다. 이 책에서는 제품과 고객의 측면에서 12장을 통해 보다 상세히 언급하기로 한다.

(2) 내부 공급망 관리(ISCM: Internal Supply Chain Management)

기업 내부의 모든 프로세스를 의미하며 고객관계관리 프로세스에 의해 생성된 수요를 적시에 최소의 비용으로 충족시키는 것을 목표로, 창고의 위치 및 크기에 대한 계획이나 창고별 적재 품목 결정, 재고 관리 정책, 주문에 대한 집하, 포장 선적 및 생산 계획과 생산 실행 등의 기업 내부의 모든 세부 프로세스를 포함한다. 이 책에서는 8장, 10장, 11장에서 상세히 언급한다.

(3) 공급자 관계 관리(SRM: Supplier Relationship Management)

기업과 공급자 사이의 연계와 관련된 모든 프로세스로 다양한 상품과 서비스를 위해 공급자들을 조정하고 관리하는 것을 목표로 운영된다. 과거의 구매는 단순히 공급자로부터 싸게 물건을 구매하는 것을 목표로 운영되었다면, 공급자 관계 관리를 통하여 공급자의 평가와 선정, 공급 조건에 대한 협상, 새로운 제품이나 주문에 관련된 공급자와의 의사소통을 포함하게 된다. 이 책에서는 9장에서 상세히 언급하기로 한다.

언급한 3개의 프로세스로 공급망의 연결고리를 분석하여 접근하는 것이 가장 체계적이기는 하지만 여전히 문제가 존재한다. 실제 3개의 프로세스는 모두 고객 서비스 향상을 목적으로 운영되어야 한다. 그러나 많은 기업에서 영업/마케팅 부서는 CRM 프로세스를 담당하고, 생산 부서는 ISCM 프로세스를 담당하며, 구매부서는 SRM 프로세스를 담당하게 되는데, 일반적으로 이들 부서간의 의사소통이 잘 이루어지지 않는다는데 문제가 있다. 실제로 영업/마케팅 부서와 생산부서가 서로 다른 두 개의 예측을 통해 계획을 수립하는 일은 쉽게 찾을 수 있다. 이와 같은 현상은 수요와 공급을 효과적으로 일치시키고자 하는 공급망의 능력에 해가되며, 높은 비용과 고객 불만족을 초래하게 된다.

이와 같은 문제의 해결 방법의 모색은 공급망의 흐름을 명확히 분석하는 것으로부터 시작될 것이다. 실제 공급망의 단계별 혹은 거대한 프로세스별 의사소통을 원활하게 하는 조직의 구성은 후에 상세히 살펴보기로 하고, 여기에서는 공급망의 흐름에 대하여 상세히 살펴보기로 하자.

나. 공급망의 흐름과 통합

기업 내부 혹은 기업 간 관계를 막론하고 공급망을 통해 다양한 흐름이 발생한다. 실제 공급망의 효율을 높이는 방법은 해당 기업 혹은 공급망의 특성에 따라 달라 질 수 있다. 공급망의 전략에 따라 비용 관점에서 효율적인 공급망을 구성할 것인가, 혹은 비용보다는 물류 흐름을 보다 빠르게 구성하여 고객의 요구에 민첩하게 대응하도록 구성할 것인가는 온전히 해당 기업이나 공급망의 특성에 따라 결정될 것이다. 모든 경우에 동일하게 효과적으로 적용할 수 있는 공급망 전략은 없다고 보는 것이 타당할 것이다. 반면 공급망을 구성하고 있는 기업이나 공급망의 특성을 효과적으로 반영하는 공급망 전략은 반드시 존재하며 이를 구현할 수 있다. 그러나 공급망의 전략을 효과적으로 수행하기 위해서는 무엇보다 공급망의 흐름에 막힘이 없어야 한다.

다음의 〈그림 1-9〉는 공급망을 통해 흐르는 것들을 표현한 것이다. 공급망은 기본적으로 물류의 흐름을 기반으로 한다. 즉 공급망은 기본적으로 제품이나 원자재의 흐름(Product Flow)을 기본으로 구성된다. 이 때 MY.com의 입장에서는 원자재가 입고되어 생산 과정을 거치며 제품이 되어 흘러간다고 생각할 수 있겠지만, 공급자의 입장에서는 원자재 또한 제품이라 볼 수 있으므로 제품이라 통칭할 수 있다. 이러한 관점에서 본다면 공급망은 물류가 발생하는 장소라고 생각할 수도 있다. 아래의 그림에서 제품의 흐름을 공급자에서 고객사로 흐르는 일방향의 흐름으로 표현하고 있지만, 역물류(逆物流, Reverse Logistics) 등을 감안한다면 양방향의 흐름이라 보는 것이 정확하다. 그러나 여기에서는 개략적인 흐름을 파악해 보는 것이 목적이므로 개략적인 흐름을 중심으로 기술하였으며, 이에 따라 제품의 흐름은 공급자에서 고객사로 흐르는 일방향의 흐름으로 표현하였다.

또한 공급망을 통해 흐르는 제품의 양을 결정하기 위한 수요의 흐름(Demand Flow)이 필연적으로 발생한다. 공급망의 성패는 바로 이 수요의 정보가 얼마나 신속하고 정확히 흘러가느냐에 크게 영향을 받게 된다. 일반적으로 수요는 그 특성상 사전에 정확히 예측하기가 매우 어렵다. 그러나 다행히 시장은 공평해서 수요의 불확실성에 반드시 부정적 측면만 존재하는 것은 아닌데, 불확실한 수요를 지닌 제품의 경우는 대개 시장이 덜 성숙된 경우가 많으며 높은 수익률로 보답하는 경우가 많다. 그러나 이러한 경우일수록 수요의 불확실성을 줄이게 되면 얻어지는 효과가 더욱 커지기 때문에, 그 수요의 불확실성을 관리하는 것은 어느 경우에나 공급망의 성패를 좌우하는 매우 중요한 요소가 된다. 일반적으로 수요의 불확실성은 수요예측의 정확도에 따라 좌우되는데, 수요의 불확실성이 증가하게 될 경우 수요와 공급의 일치가 어려워져 둘 사이의 불일치가 발생하기 쉽다. 대개의 경우 이러한 불일치는 재고의 부족이나 과다 공급을 야기하게 된다. 그러나 모순되게도 이를 해결하기 위하여 나름대로 행하는 조치들이 단위 업무 최적화를 중심으로 수행되면, 재고 부족이나 과다 공급의 상황을 악화시키는 결과를 초래하는 경우가 발생하게 된다. 수요예측의 부정확으로부터 재고 부족이 발생되면 판매 기회를 상실하게 된다. 기업의 입장에서 판매 기회의 상실은 치명적인 손해라고 판단하기 때문에, 이를 방지하기 위해 원자재의 과다 확보나 완제품의 과다 보유의 대응을 하게 된다. 그러나 이와 같은 조치는 재고 유지비용을 상승시키며, 결국엔 재고 처리를 위하여 높은 수준의 가격인하가 발생되어 수익률의 악화를 초래하게 된다.

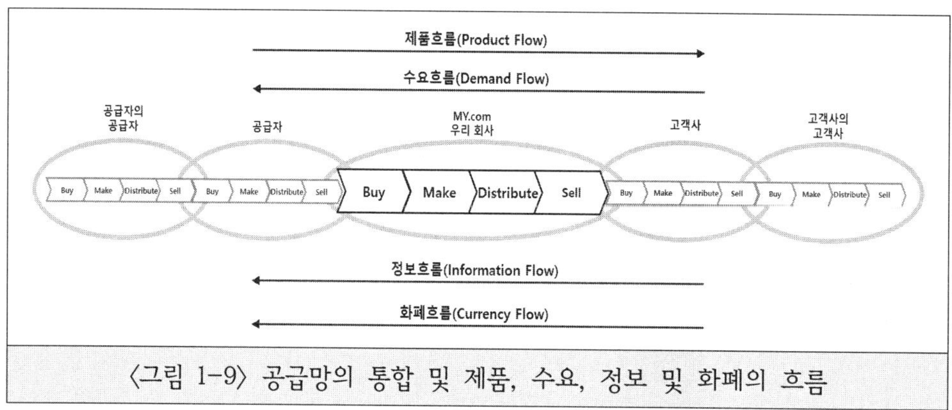

〈그림 1-9〉 공급망의 통합 및 제품, 수요, 정보 및 화폐의 흐름

일반적으로 수요의 흐름은 눈에 보이지 않는다는 특징이 있다. 보이지 않는 수요를 공급망의 상류[12]로 전달하는 것이 수요의 흐름과 함께 움직이는 정보의 흐름(Information Flow) 이다. 일반적으로 정보의 흐름이 반드시 IT에 의한 흐름만을 의미하는 것은 아니다. 하지만 IT를 통한 정보의 흐름은 지역적, 시간적 장벽을 극복하는데 효과적이므로, IT 기술이 급속도로 발전하면서 대개의 경우 정보의 흐름은 IT를 수단으로 사용하게 된다. 이에 따라 일반적으로 정보의 흐름은 수요의 흐름과 마찬가지로 공급망의 상류로 흐르지만, 그 효과를 최대화하기 위하여 하류로의 흐름이 점차 중요해지며 결론적으로 양방향의 흐름이 점차 강조되고 있다. 보다 자세한 내용은 이어지는 공급망의 확장과 정보의 역할에서 다루도록 한다.

자금은 일반적으로 제품의 흐름과 반대로 흐르게 된다. 제품의 흐름을 물적유통(物的流通, 물류)이라고 한다면, 자금의 흐름(Currency Flow)은 상적유통(商的流通, 상류)이라고 할 수 있겠다. 일반적으로 상적 유통은 그 흐름의 속도가 매우 빠른 반면, 물적 유통의 흐름은 실물의 흐름으로 그 속도가 상대적으로 매우 느리다. 이러한 차이를 줄이는 것이 공급망의 성과를 좌우하게 된다.

---

12) 공급망에서 공급원(동일 기업 내에서라면 공장, 기업 간의 관계에서라면 공급자)을 상류(上流)라 칭하고, 수요원(고객)으로 갈수록 하류(下流)라 칭한다.

(1) 통합 공급망 관리를 위한 고려사항

공급망의 통합은 기능의 통합이 아니라 공급자로부터 고객사에 이르는 제품의 흐름에 따라 개별 프로세스의 부가가치를 증가 시키는데 초점이 맞추어져야 한다. 공급망이 완전히 통합되어 있다면 공급망은 다음과 같은 특성을 가지고 있을 것이다.

① CSF[13]와의 일관성

저비용 생산을 추구해야 하는 회사와 차별화된 제품으로 시장에 신규 진입하는 회사의 경우 등의 효율성 중심 공급망과 대응성 중심 공급망에의 CSF가 다르므로 공급망의 통합의 관점이 달라져야 한다.

② 공급망 전반에 걸친 정확한 정보의 전달

원재료의 조달부터 마케팅이나 고객 배송에 이르는 공급망의 상류에서 하류까지의 공급망 전반에 걸친 EDI[14]나 기타 정보 기술을 활용한 정확한 정보의 신속한 전달이 이루어져야 한다.

③ 빈틈없는 기능 간 협력(Cross-functional Cooperation)

여기서 기능이라 함은 재무, 회계, 구매, 제품 설계, 제조, 운송, 창고, 마케팅/판매 및 고객 서비스 등 기업 내에서 독립적인 업무를 수행하고 있는 전통적 조직이라고 할 수 있다. 대개의 기업들은 부서 이기주의에 빠져 회사 전체의 이익을 도외시 하는 경우가 많다. 공급망이 통합되기 위해서는 부서 이기주의에서 벗어나 기능간의 빈틈없는 협력이 필수적이다.

④ 공급망 전체의 성과 강조

최저가 구매 등과 같은 공급망의 각 단계만의 최적화가 아니라 공급망 전체의 원가, 공급망 전체의 재고 수준 등과 같이 공급망 전체의 성과가 강조되어야 한다. 이 책에서도 공급망 성과 측정을 매우 다루고 있는데, 보다 자세한 내용은 제 5부에서 논의하기로 한다.

---

13) CSF(Critical Success Factor)는 흔히 핵심성공요인이라고 번역되며 기업 전략을 달성하기 위해 반드시 달성해야 하는 목표를 의미하는데, 기업의 특성에 따라 CSF는 달라진다.

14) EDI: Electronic Data Interchange 전자자료 교환.

⑤ 공급망의 상/하류간의 협력

우리 회사(MY.com)를 중심으로 한 공급망 상위 단계에 위치한 공급자와 하위 단계에 위치한 고객 간의 협력이 매우 중요하다. 공급망이 여러 나라에 걸쳐 형성되어 있는 경우도 최근에는 상당히 쉽게 발견할 수 있는데, 이와 같이 공급망의 상류/하류 단계와의 협력은 기업 간 완충 재고의 수준을 매우 낮출 수 있기 때문이다.

(2) 공급망 통합의 전략

공급망의 통합은 매우 중요하지만, 공급망의 전략에 따라 여러 가지 사항이 달라진다. 공급망 통합의 가장 극단적인 전략은 대응성 중심의 통합이냐, 효율성 중심의 통합이냐를 선택하는 것이다. 〈표 1-1〉은 공급망의 비용 절감을 목표로 하는 효율성 위주의 공급망과 속도에 대한 대응 속도를 목표로 하는 대응성 위주의 공급망을 비교한 것이다. 일반적으로 효율성 위주의 공급망의 경우는 시장이 안정되어 저비용 생산을 추구해야 하는 경우에 해당하고, 대응성 위주의 공급망은 신규 제품으로 시장에 처음 진입하여 시장을 확대하거나 고객의 수요 정보가 불확실한 경우에 주로 적용된다.

표 1-1 효율적 공급망과 대응적 공급망의 비교[15)]

	효율성 위주의 공급망	대응성 위주의 공급망
목표	수요에 대한 최저가 공급	수요에 대한 빠른 대응
제품 설계 전략	최저 생산비용에서 성과 최대화	제품 분화를 지연시킬 수 있는 모듈화 확보
가격 전략	가격이 고객에 대한 주요 요소이므로 낮은 제품 이윤	가격이 고객에 대한 주요 요소가 아니므로 높은 제품 이윤
생산 전략	높은 가동률을 통한 낮은 비용	수요/공급 불확실성에 대비하여 유연한 생산 능력 유지
재고 전략	저비용을 위한 재고 최소화	수요/공급 불확실성을 처리하기 위한 완충 재고 유지
리드타임 전략	비용의 증가 없는 감소	비용이 들더라도 공격적으로 감소
공급자 전략	비용과 품질에 근거한 선택	속도, 유연성, 신뢰성, 품질에 근거한 선택

15) Fisher, M. L., "What is the Right Supply Chain for Your Product?", Harvard Business Review, pp. 83~93, Mar.~Apr., 1997.

다. 공급망의 확장과 정보의 역할

정보 통신 기술의 발전으로 공급망의 운영에 있어서 다양한 제약이 해소되고 있다. 대부분의 기업들은 이미 공급망의 효율을 향상시키기 위해 사용되는 다양한 정보통신 기술들을 채용하고 있다. 이제는 제법 오래된 기술이기는 하지만, 공급망의 효율을 가장 크게 증가 시키는 것 중의 하나는 EDI나 e-mail을 통한 사전선적통지(ASN[16])일 것이다. 사전선적통지는 공급자가 배송되고 있는 화물의 정보(발주번호, 품목, 수량, 화물 운송 차량 정보, 도착 예정일시 등)를 사전에 전달하는 것이다. 이를 활용하면 화물이 도착했을 때 발생되는 여러 가지 조치에 필요한 시간을 줄일 수 있다. 다음의 〈그림 1-10〉은 일반적으로 공급망에서 활용되는 공급정보와 수요 정보를 나타낸 것이다.

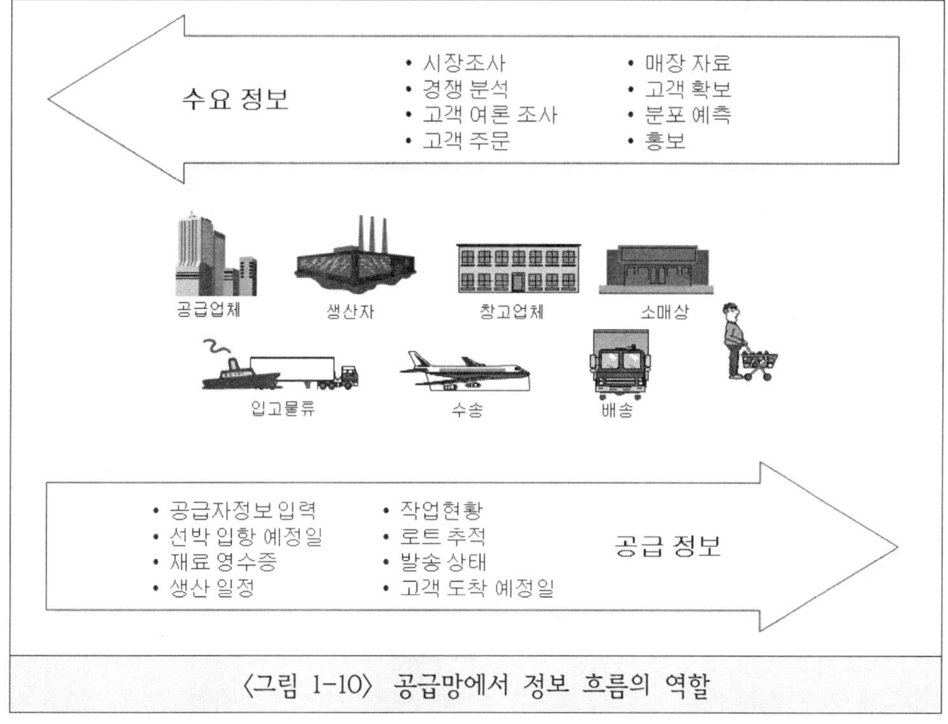

〈그림 1-10〉 공급망에서 정보 흐름의 역할

수요정보(Demand Information)는 공급망의 상류로 고객의 주문과 관련된 정보를 전달한다. 이와 관련된 정보는 시장조사(Marketing Research), 경쟁관계분석(Competitive Analysis), 고객조사(Customer Surveys), 고객주문정보(Customer Orders), 판매시점데이터(POS[17] Data), 고객의 재고정보(Customer Inventory), 유통수요예측(Distribution

16) ASN: Advanced Shipping Notice, 사전선적통지
17) POS: Point of Sales, 판매시점

Forecast), 프로모션 정보(Promotions) 등이 있다. 이와는 반대로 흐르는 공급과 관련된 정보로는 앞에서 언급한 공급자 사전 통지(Supplier ASN's), 운송자의 도착예정 시간통지 정보(Carrier ETA[18]), 자재 입고 정보(Material Receipts), 생산 계획(Production Schedules), 재공상태(WIP[19] Status), 로트 추적정보(Lot Tracking), 선적상태 정보(Shipment Status), 고객 도착예정 시간통지 정보(Customer ETA) 등이 있다.

많은 회사들은 이미 공급망의 효율성을 향상시키기 위해 필요한 정보기술을 보유하거나 채용하고 있다. 앞에서 언급한 바와 같이 사전선적통지정보(ASN)는 창고 운영 계획의 수립과 운영 효율 향상에 큰 도움이 된다. EDI를 통한 발주 정보의 전달은 발주 정보 관리와 공급사의 생산 계획 수립의 시간을 단축시키고, 정확도를 높일 수 있다. 이제는 택배 산업 등에서 일반화되어 있는 배송 추적 시스템(Freight Tracking System)은 입고되는 자재나 출하되는 제품의 정보를 전달해 줌으로써 생산 계획의 변경이나 고객의 배송 요청 정보의 변경에 신속하게 대응할 수 있는 유연성을 갖게 해 준다.

하지만 이러한 공급망 자체가 제품 판매에서부터 물류 – 생산 – 조달로 거슬러 올라가는 정보를 모니터링 할 수 있도록 전사 규모로 통합된 정보 시스템의 지원 없이는 시장에서 경쟁 우위에 서는데 큰 도움이 되지 않을 수도 있다. 이를테면 세계적 수준의 제조업체들은 적정 수준의 유통 재고 수준, 생산 비용과 용량(Capacity) 소요 및 자재 유입량을 결정하는데 사용될 데이터를 위하여 고객 수요 정보에 대한 정보를 공유하고 공급망 계획에 적용할 수 있는 다양한 기능의 시스템을 구축하고자 노력해 오고 있다. i2나 Manugistics, SAP의 APO, Oracle의 APS 시스템 등이 전 세계적으로 공급망 통합을 위한 솔루션으로 언급되고 있다.

라. 공급망에서의 정보 전달 방법

(1) EDI를 통한 데이터 교환

회사들 간의 전자적 의사교환은 공급망 통합의 중추적인 역할을 한다. 회사들 간의 정보 이동이 증가되면, 재고 및 보충이 적시에 이루어지게 되며 자재 취급을 촉진 시킬 수 있게 된다.

- 판매시점(POS: point of sales) 정보를 물류센터나 공급자에게 전달하게 되면, 생산 계획이나 자재 보충 선적 계획 수립에 매우 유용하게 사용될 수 있다.

---

18) ETA: Estimated Time of Arrival, 도착예정 시간통지.
19) WIP: Work In Process, 재공(在工, 공정 중)

- 가격표(Price List)를 전자적으로 갱신하게 되면 구매 발주 정보의 오류나 송장 가격 차이 등의 문제를 줄일 수 있다.
- 사전 선적 통지(ASN)나 공급사의 주문 대응 상태 정보를 전자적으로 전달하게 되면 공급사나 물류센터가 인력 계획이나 설비 계획, 크로스 도킹(Cross Docking)이나 저장 등에 필요한 자원의 운용에 큰 도움이 되며, 선적이나 구매 발주 정보의 매칭 등에 효율적으로 활용될 수 있다.

회사들 사이의 전자적 의사교환은 몇 가지 방식으로 이루어지게 된다. 가장 전통적이고 일반적인 방법은 소매 고객이 공급자의 창고 관리나 주문 관리 시스템에 전화로 직접 정보를 전하는 방법이다. 또한 보다 발전된 방식으로는 전자문서교환(EDI) 방법과 XML을 통한 방법 등이 적용되고 있는데, 현재까지 가장 보편적으로 널리 활용되고 있는 방법은 전자문서교환 방법이라고 할 수 있다.

전자문서교환은 기업 간의 거래 데이터를 교환하기 위한 표준 포맷으로 ANSI(American National Standards Institute)에 의해 처음 개발되었다. 여기에는 가격이나 제품 모델번호 등과 같이 개별적 사실들을 표현하는 데이터 문자열과 기타 구획문자로 구성되어 있다. 문자열을 약속된 데이터 세그먼트로 전달하는 방식이다. 하나의 문자열은 헤더와 트레일러에 의해 틀이 만들어진 하나 이상의 데이터 세그먼트들은 전자 문서 교환 전송 단위(하나의 메시지와 같은 의미이다)인 트랜잭션 세트를 이룬다. 하나의 트랜잭션 세트는 흔히 전형적인 한 장의 무역서류나 양식 내에 포함되어 있을 법한 항목들로 구성되게 된다. EDI 메시지들은 암호화되거나 해독될 수 있으며, e-mail, 팩스와 함께 전자상거래의 한 형태로 널리 사용되고 있다. 회사들 사이에서 일어나는 모든 형식의 전자적 커뮤니케이션이 EDI로 특성화 된 것은 흔한 일이다. EDI는 조직 간의 표준화된 형식으로 컴퓨터로 읽을 수 있는 사업 거래 정보의 전달로 정의된다.

(2) 부가가치 통신망 (VAN: value added network)

부가가치 통신망(VAN)은 한 조직에서 다른 조직으로 데이터를 전달하는 중개 역할을 수행하는 제 3자 서비스를 말하는데, 전자 문서 교환(EDI)에 주로 사용된다. 조직 간의 정보를 EDI를 통해 전달하는 것은 여러 가지 프로토콜의 차이 등으로 인하여 매우 복잡하다. 부가가치 통신망은 P2P (point to point) 방식의 직접 연결에서 발생하는 여러 가지 문제를 해결함으로써 복잡함을 피할 수 있게 해 준다. 또 다른 방법은 주로 작은 회사들에 의해서 사용되는 방법으로 EDI 서비스를 제공하는 대행 기관을 활용하는 것이다. 이 기관에서는 각종 비즈니스 문서를 X.12 표준 형태로 변환하거나 전자 문서를 회사 내 표준에 따르는 서류로 전환해 준다. 소규모 구매자나 공급자는 이와 같은 서비스를 사용하여, EDI 시스템 구현에 필요한 고가의 투자를 피할 수 있다.

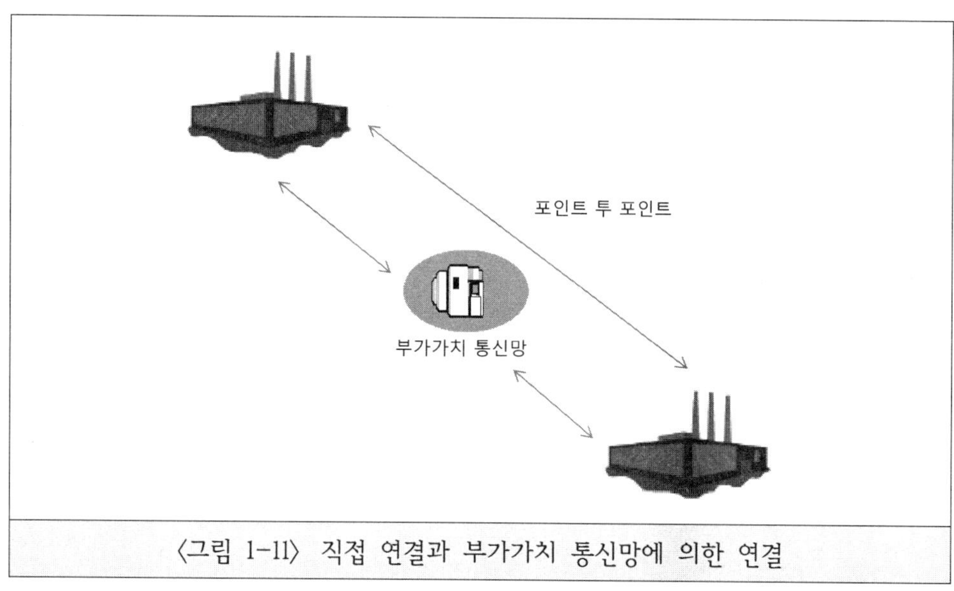

〈그림 1-11〉 직접 연결과 부가가치 통신망에 의한 연결

(3) XML을 이용한 데이터 교환

현재까지 공급망에서 데이터 교환에서 가장 많이 활용되는 방법은 전자문서교환(EDI)이라고 할 수 있다. 그러나 이 방법은 구축비용이나 확장성, 일반화의 관점에서는 약간의 문제가 있다.

최근 인터넷의 발달과 여러 가지 기술의 발전으로 웹에서 데이터 교환을 위하여 새로운 표준으로 각광받고 있는 것이 XML(Extensible Markup Language)이다. XML은 얼핏 보기에는 인터넷 홈페이지를 만드는데 사용하는 HTML (Hyper-text Markup Language)과 유사하게 보이지만, 필요한 정의를 직접 만들어서 사용할 수 있다는 점에서 매우 큰 차이가 있다고 할 수 있다. 이제 XML을 통한 데이터 교환은 인터넷상의 전자 데이터 교환을 위한 표준이 되었다. XML의 중첩(Nested) 구조나 자기 서술적 구조라는 특징이 어플리케이션간의 데이터 교환을 용이하게 하기 때문에, 단순한 데이터의 교환뿐만 아니라 다양한 워드 프로세서의 표준 포맷으로 사용되기도 한다. XML은 자신의 구조를 기술하기 위해서 DTD(Document Type Definition)를 제공하고 있는데, DTD는 각종 출판물, 카탈로그 및 전자상거래를 위한 다양한 분야를 위해서 개발되고 있으며 필요에 따라 추가 정의하여 사용할 수 도 있다.

XML의 내용을 여기에서 모두 설명할 수는 없겠지만, XML에 대한 이해를 위해서 웹상의 XML 공급 홈인 W3C(World Wide Web 컨소시엄)의 정의를 참조해 보는 것이 좋

겠다. W3C에서는 XML을 "웹의 구조적 문서 및 데이터의 보편적 형식"으로 정의하고 있다[20]. 이 짧은 정의에는 많은 의미가 내포되고 있는데, 특히 XML이 웹에서 향후 보편화되어 사용될 것을 의미하고 있다. WC3에서는 XML에 대하여 "웹에서 컨텐츠의 표현(게시)"이나 "웹 또는 다른 곳에서 구조화된 데이터 교환"이라는 서로 다른 용도를 제시하고 있다. 여기에서 용도란 "클라이언트와 공급자 간에 요청 응답 프로토콜을 사용하여 네트워크 소프트웨어 구성 요소 간에 간단하고 잘 정의되어 있는 구조화된 데이터를 교환하는 것"을 의미한다. 또한 XML의 활용 용도는 지금도 계속 발전되고 있다. XML과 관련된 기술에는 XML 1.0 및 Namespce, XML INFOSET 등의 XML 자체 사양과 DOM(Document Object Model), SAX(Simple API for XML), Xpath(XML Path Language), XSLT(XML Style-sheet Language for Transformations), XML Scheme, SOAP(Simple Object Access Protocol)등의 XML의 사용이나 데이터 교환에 관련된 확장이나 유관 기술 등이 있다.

XML은 보안 등의 보완해야 할 문제가 남아 있기는 하지만, EDI 등의 기존 정보 교환 방법을 급속히 대체할 것으로 전망된다.

1.3 공급망의 분류

앞에서 우리는 공급망의 흐름과 통합에 대하여 논의하면서, 공급망의 주요 목적이 고객에 요구에 민첩하게 대응하면서 적은 비용으로 이를 충족시키고자 함을 확인한 바 있다. 고객에 대한 대응성이나 비용의 효율성을 모두 만족되는 공급망의 구축이 최선의 목적이겠지만, 실제의 경우 여러 가지 이유로 대응성과 효율성 중 한 쪽이 강조되는 경우가 발생하게 된다.

여기서는 식료품 산업의 사례를 통하여 이러한 공급망 특성에 따른 분류를 예시해 보고자 한다. 일반적으로 식료품 산업은 유통기한 등의 제약으로 인하여, 공급망의 속도(즉 고객에 대한 대응성)가 매우 중요할 것으로 예상할 수 있다. 그러나 실제로 식료품 산업의 경우에도 품목의 특성에 따라 그 특성이 매우 다르다. 유통기간이 짧아 제품을 생산한 후 신속히 고객에게 전달해야 하는 대응성이 중요시되는 우유 등의 일일배송(一日配送) 식품과 식료품 산업의 일반적인 품목으로 효율성과 대응성이 적절히 요구되는 대표적 품목인 포장야채 품목을 사례로 공급망을 분류해 보기로 한다.

---

20) http://www.w3.org/XML/

가. 제품군에 따른 공급망 사례

(1) 우유 등의 일일배송 식품의 공급망 사례

일일배송 식품이란 유통기한이 매우 짧아 생산자에서 소비자까지의 배송을 매일 실행해야 하는 품목을 의미한다. 우유 등의 품목은 이러한 일일배송 식품의 대표적인 사례라고 할 수 있다.

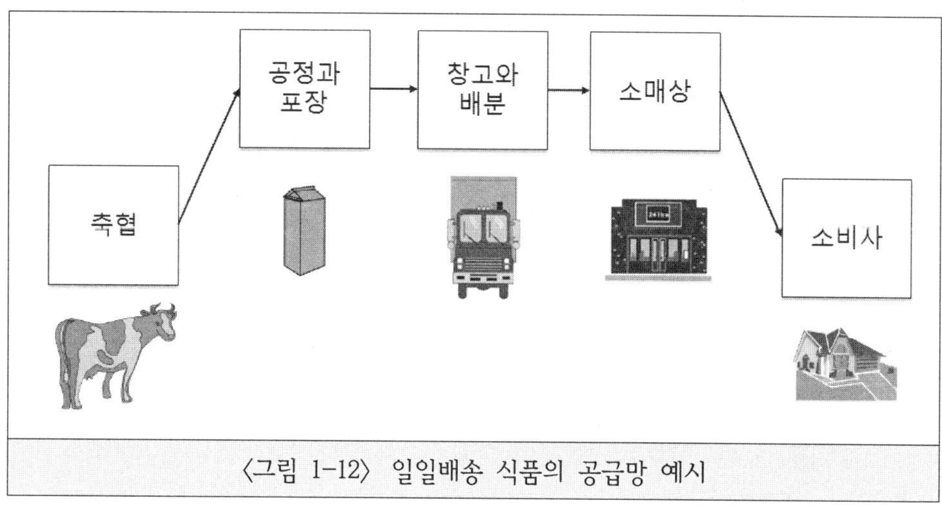

〈그림 1-12〉 일일배송 식품의 공급망 예시

일일배송 식품의 짧은 유통 기간은 공급망 관리 방식에도 영향을 미치게 된다. 일일배송식품의 경우 대응성이 매우 중요하여, 생산에서 배송과 소비자에 이르는 공급망의 흐름 속도를 최대로 하게 된다. 따라서 일일배송 식품의 공급망은 전형적인 대응성 위주의 공급망으로 수요에 대하여 빠르게 대응할 수 있도록 유통 단계가 가급적 축소되는 경향이 있다.

나. 포장 야채 산업 등의 공급망 사례

반면 포장 야채 산업의 경우는 일일배송 식품과는 달리 유통기한이 조금 길다. 실제로 포장 야채의 경우는 상대적으로 긴 시간 동안 수확, 포장 및 저장 과정을 통해 유통된다. 반면 공급망을 설명하면서 이 책의 앞에서 언급한 건조 식료품의 경우는 처리 단계에서 고객까지 유통되는 기간이 평균 104일에 이른다. 미국에서 시도되었던 건조 식료품 산업의 효율적 고객 대응(ECR: Efficient Customer Response) 사례는 정보기술과, 물류의 기술의 향상, 공급망 하류의 고객수요에 효과적으로 대응하기 위한 생산

계획의 수준 향상을 통하여 104일이라는 기간을 단축하고자 하는 것이었다.

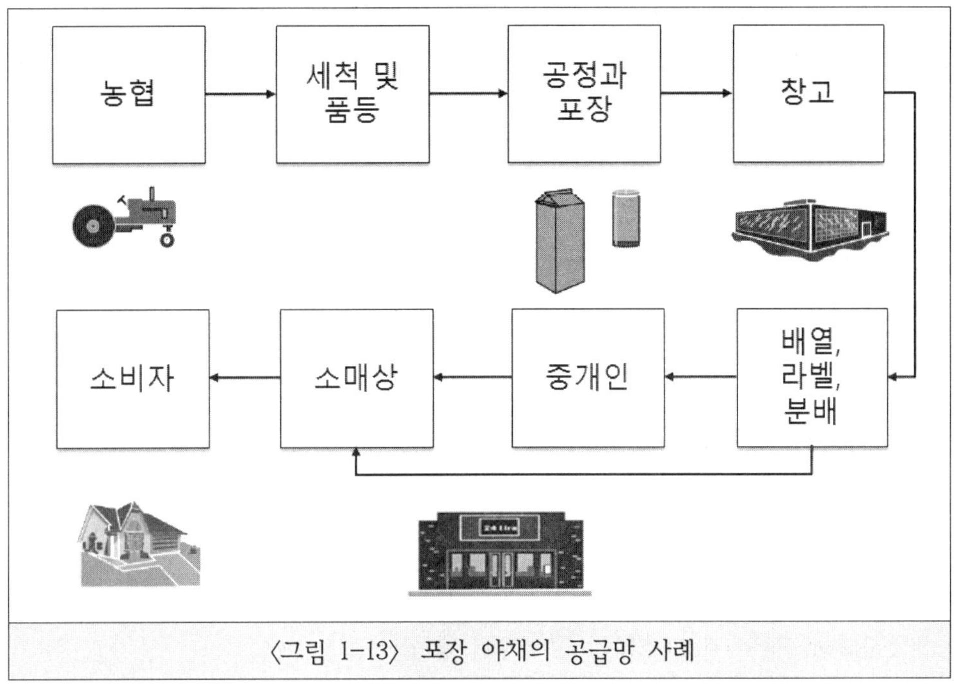

〈그림 1-13〉 포장 야채의 공급망 사례

여기에서 언급한 포장 야채의 경우는 앞에서 언급한 일일배송 식품의 경우보다는 유통기한이 조금 더 길지만, 건조 식료품의 경우보다는 훨씬 짧은 유통기한이 허용된다. 이러한 경우는 대응성이 매우 중요하지만, 효율성 또한 무시하지 못할 중요성을 가지는 공급망의 사례라고 할 수 있을 것이다. 그러나 효율성이 매우 중요한 건조 식료품 산업의 경우라고 할지라도, 고객의 요구에 대한 신속한 대응을 중심으로 한 대응성의 확보는 매우 중요한 경쟁력이 될 수 있다. 이러한 사례는 이 책의 첫 부분에 언급했던 미국의 건조 식료품 산업의 경우를 생각해 보면 쉽게 이해 할 수 있을 것이라 판단된다. 대응성을 중심으로 한 공급망의 대표적인 적용 방식으로는 식료품 업계에 적용했던 효율적 고객대응(ECR: Efficient Customer Response)이나 섬유나 의류업계에 적용되었던 신속반응(QR: Quick Response) 방식 등을 예로 들 수 있다.

다. 효율적 공급망 관리를 위한 방법

(1) 식료품 업계의 효율적 고객대응(ECR)

1990년대 초 미국에서 월마트가 식료품 사업에 진입하면서(이제 월마트는 미국에서 식료품 판매량이 최고 높은 기업들 중 하나가 되었다), 당시 식료품 업계를 주도하던 GMA[21]와 협력하여 효율적 고객대응(ECR, Effective Consumer Response)을 적용하였다. 당시 식료품 업계에 적용된 ECR은 핵심성공요소로 연속보충(CR: Continuous Replenishment)을 채용하여, 재고 관리 및 수익 목표 달성을 위한 마케팅 전략과의 균형을 시도하였다. 이 때 적용되었던 ECR의 4E는 다음과 같다.

① Efficient Store Assortment(효율적 매장구획 설정)

공급망과 고객을 직접 연결한 가장 중요한 접점인 선반(매대) 활용 방안의 최적화를 의미한다. 효율적인 제품군 관리 프로세스의 채용을 통해 특정 제품에서 얻을 수 있는 매출 수익을 극대화 할 수 있다.

② Efficient Replenishment(효율적 보충)

고객 – 소매상 – 유통업체 – 생산자 등의 모든 교역 파트너들 간 동일한 정보를 공유할 수 있도록 POS(판매시점) 정보의 전달을 필요로 한다.

③ Efficient Promotion(효율적 판매촉진 활동)

유통업자나 소매상에 대한 고객의(볼륨 할인 등의 요소를 배제한) 실제수요에 집중하는 것을 의미한다. 이를 통해 제조 – 분배 – 운송 등과 보다 낮은 재고 수준으로 고객 주문에 대한 대응이 가능해진다.

④ Efficient Product Introduction(효율적 제품도입)

소비자가 원하는 제품을 보다 낮은 가격에 공급하기 위하여, 공급자, 제조업자, 중개인, 그리고 소매상에 의한 협력을 통하여 새로운 제품을 도입해야 한다.

(2) 의류 소매상 중심의 신속반응(QR) 전략

앞에서 언급한 ECR이 식료품업계를 중심으로 확산되었다면, 지금 설명하는 신속반응(QR: Quick Response)은 섬유 및 의류산업을 중심으로 확산된 방식이다. 신속반응(QR: Quick Response)은 공급망 내부의 재고 흐름을 신속하게 하여 재고관리의 효율성을 향상시키는 여러 전술들이 혼합된 소매상에 주로 적용되는 전략 중의 하나로 정의되는데, 신속반응이 비록 섬유 및 의류산업을 중심으로 시작되었지만 현재는 소매부문의

---

21) GMA: Grocery Manufacturers of America 미국 식료품 업체 연합

많은 산업에 적용되고 있다. 보통 신속반응 전략은 제조업체와 소매업체 간에 이루어지는데, 가장 유용하게 사용되는 전략 가운데 하나가 크로스도킹(Cross Docking)이다.

신속반응 전략이 적용되는 경우 유통센터는 과거의 창고 보관의 개념에서 벗어나 제품을 신속하게 이동 시키는 역할을 중심으로 변화되어야 한다. 이러한 개념을 가장 쉽게 적용한 것이 크로스도킹인데, 이에 대한 자세한 설명은 12장의 유통관리 부분에서 상세히 언급하도록 하겠다. 간략히 정의해 보자면, 크로스도킹은 제품을 가급적 창고에 오랫동안 보관하지 않고, 소분(小分) 후 재포장 등의 과정을 통해 특정 상점으로 향하는 차량에 즉시 적재하여 운송하는 방식을 의미한다. Robinson에 따르면 Mercantile 상점은 신속반응 방식을 적용하여 보유하고 있던 유통센터를 12개에서 8개로 줄일 수 있다고 한다[22].

신속반응 방식은 주로 바코드나 전자문서교환 등의 기반기술을 이용하여, 고객 매출을 즉각적으로 추적하고 이 정보를 제조업체에 전달함으로써 가능해 진다. 제조업체의 경우 이러한 정보를 기반으로 재고 보충이 필요한 시점에 원자재 공급업체에 해당 정보를 전달함으로써 생산이나 납품 일정을 조정하며 궁극적으로 재고 감축을 이룰 수 있게 된다. 신속 반응 방식 하에서는 재고 수준은 감축하지만, 재고부족품목의 수를 줄이고 제품 출하와 노후화를 감소하여 재고의 효율성을 매우 높이는 효과를 기대할 수 있게 된다.

22) Robin6son, G., "Less Work, More Speed," Stores, p. 24, Mar., 1994.

그룹과제

1.1 ㈜BestPhones의 공급망 그리기

이 책에서는 SCM을 이해하기 위하여, 가상의 회사 (주식회사 BestPhones)를 통해 다양한 사례를 고려해 보고자 한다. 우리가 설립하는 가상의 (주)BestPhones는 이 책의 끝까지 함께 유지되며, 이 회사를 통해 공급망을 이해해 보고자 한다. 첫 연습문제를 통해 공급망의 복잡성과 범위에 대한 고려해 보고자 한다.

다음에 언급하는 (주)BestPhones의 회사 개요를 이해한 후, 여러분이 사용하는 전형적인 휴대폰 장비 제조의 원자재, 부품 및 완제품의 이동에 대한 공급망을 그려 보기 바란다. 또한 아래에 언급되는 우리가 가상으로 설립한 (주)BestPhones의 상황을 고려하고, 여러분이 이전에 휴대폰을 구매한 경험을 바탕으로 여러 가지 활동을 포함하여 공급망을 그려보기 바란다.

각 그룹은 45분 동안 해결책을 제시하고, 5분 동안 발표한다.

● (주)BestPhones 회사의 배경

(주)BestPhones는 개인 고객을 대상으로 한 품목(유선 전화기나 단말기, 무선전화기, 팩스, 자동 응답 기계)이나 기업 고객을 대상으로 판 품목(통신 시스템 관리 용역 등) 모두를 커버하는 통신 시장의 다양한 제품을 공급하는 회사이다.

● 세계 시장에서의 입지

(주)BestPhones는 전 세계 30여 개국에 진출해 있다. 한국을 비롯한 중국 시장과 미국 시장을 중심으로 지난 5년간 유럽과 라틴 아메리카에서 성공적으로 진출해왔다. 하지만 유럽 지역에서는 현지 경쟁자들이 광범위하게 가격을 내리고 물류 문제가 생겨 성공적이지 못했다. 제품의 유통은 해당 국가의 제품 공급을 맡고 있는 업체에 차례로 맡겨 소매상에게 제공하는 방식으로 운영되었다.

● 공급자

(주)BestPhones는 네 가지 주요 공급자 군을 정의하고 구매정책을 수립하며 그 정책을 수행해 왔다.

- 파트너 공급자 – 주요 반제품 공급 업체나 설계 업체, 제품의 A/S 수행 업체 등 예) 핸드세트 공급자

- 대량 공급자 – 파트너 공급자는 아니지만, 주요 제품을 대량으로 공급하는 업체
  예) 구리 케이블
- 비 핵심부품 제품 공급 업체 – 최저가 1회성 구매 대상 업체. 주로 MRO[23] 품목 공급 업체
  예) 문구류, 컴퓨터 관련 소모품 공급업체
- 서비스 제공 업체 및 기타 – 제품 런칭 및 마케팅 활동을 포함하는 광고 대행 회사

● 내부 구조

(주)BestPhones는 서로 다른 시장에 영향을 미치는 3가지 사업부로 나뉜다.

- 스페셜리스트 솔루션 사업부 – 컴퓨터와 다른 서비스 통합 등의 대규모 전화 시스템
- 사업 시스템 사업부 – 업무용 Standalone 전화 시스템
- 소비자 제품 사업부 – 일반 구매자를 위한 전화와 그와 관련된 장비

● 사업 수행의 도전 기회 및 시장 환경 요약

최근 생산되는 대다수의 전화기들은 상당히 신뢰성이 높아 오히려 잠재적 반복 구매를 감소시킨다. 고객들이 전화기를 업그레이드하거나 교체하는 주된 이유는 트렌드의 변화나 새로운 디자인 혹은 기능의 추가 등이다. 전체 시장 규모는 (주)BestPhones의 시장 점유율과 함께 정체되어 있는 것으로 판단된다. 경쟁 업체들의 인터넷 판매의 영향으로 최근의 시장 점유율의 성장세는 눈에 띄게 둔화되었다.

이에 따라 최근 (주)BestPhones의 공급망 전반에는 재고 수준이 눈에 띄게 증가하고 있다. (주)BestPhones는 공급망 모든 단계에 있는 재고 수준을 이해하고자 노력하고 있으며, 고객에 대한 적시/정확한 수요 예측이 중요한 문제 해결 방법이 될 것으로 예상하고 있다. 이는 다소간의 원인이 중간의 분배자(유통업체)나 소매상으로부터 수요 정보를 직접 수집해오지 않았다는데 있다고 판단되었기 때문이다.

시장까지의 리드타임(신제품의 조사/기획에서 시장 출시까지의 기간을 모두 포함)이 중요한 분석 대상이다.

(주)BestPhones는 전통적으로 B2B 부문의 강자로, 오랫동안 시장의 유통을 담당하는 유통업체(distributors)와 좋은 관계를 형성해 왔다. 시장 분석 전문가들은 통신 설비 판매는 향후 5년간 B2B 부분이 차지하는 비중이 70%에 이를 것으로 분석했다. 반면 B2B 영역의 판매비용 점차 증가되고 있다는 문제도 있다. 왜냐하면 고객 정보의 직접

---

23) MRO: Maintenance, Repair and Operations, 핵심 역량과 관련 없는 유지 보수, 수리 및 운영에 필요한 자재를 의미함.

확보에 실패하면서 판매 프로세스에서 유통업체에 대한 의존도가 점차 높아지고 있기 때문이다.

선진 사례 조사를 통해 분석해 본 결과, 비 핵심 부품(문구류나 컴퓨터 소모품 등)의 조달 비용이 경쟁자들보다 50% 더 높은 것으로 분석되었다. 최근 몇 달 동안 시장의 위협이 가중되어 왔으며, 더 이상의 급속한 성장을 기대하기도 어렵다는 판단이다. 주요 주주들은 이에 대해 걱정해 왔고, 전사 차원에서 취할 수 있는 혁신적 조치들을 모색 중에 있다.

사례 연구

▮▮ 베네통 – 지연(Postponement)과 신속대응(QR) 적용 ▮▮

● 사례의 개요

베네통의 생산방식에 있어서 가장 큰 특징은 니트 의류에 대한 염색방법이다. 일반적인 니트류 제품은 염색된 원사를 이용해 직조를 하게 되는데, 베네통은 흰색이나 옅은 브라운색의 실로 완성품을 만든 후 염색작업을 실시한다. 즉 제품의 분리점(Decoupling Point)[24]을 가급적 지연(Postponement)[25]시킴으로써, 적은 재고 수준으로 고객의 다양한 요구에 쉽게 대응하는 전략을 적용하였다. 이렇게 함으로써 매 시즌마다 제공되는 600여 가지의 제품에 500여 가지의 다른 색상조합을 원활이 이루어 고객화를 경쟁사보다 효율적으로 달성하고 있다.

또한 베네통은 재고감축을 위해 신속대응(QR: Quick Response) 전략을 적용하였다. 신속대응 전략을 통해 주문접수, 생산, 포장, 선적 및 개별 소매상으로 배송까지의 모든 과정을 일주일 이내에 완료할 수 있는 능력을 갖추게 되었다.

● 기업 개요

"The United Colors of Benetton"을 모토로 한 베네통은 이태리에서 창립된 지 30년밖에 안된 상태에서 세계적인 브랜드로 성장하였다. 베네통은 전 세계 7천여 개의 매장, 연매출 2조원을 넘어서는 엄청난 규모로 성장한 기업으로 '이탈리아의 기적'으로까지 평가받고 있다. 1955년 설립된 이 회사는 1970년대 후반 들어 본격적인 세계화 작업을 진행하였다. 그 결과 1977년에서 1979년까지의 3년간에 해외 판매량이 14배나 증가하는 고성장을 기록하기도 하였다. 미국시장에는 1980년을 전후해 진입하였는데, 이미 유럽지역에서의 성공이 미국시장에도 알려지고 있는 상내여서 비교적 빠른 속도로 점포수를 늘려갈 수 있었다. 한편 한국 시장에 베네통이 처음 모습을 보인 것은 1987년이다. 1987년 신한인터내셔널과 라이선스 계약을 맺었으나, 1990년 하티스트와 재계약을 체결하여 완제품 수출로 전환하기도 하였다. 국내시장에서 본격적인 사업 확장이 시작된 것은 (주)

---

24) 분리점(Decoupling Point): 고객의 주문으로 생산자가 이를 인지하여 완제품의 생산이나 조립의 시작이 가능한 실제 지점. 다시 말해 고객의 선택하는 옵션이 결정되는 지점을 의미한다.

25) 지연(Postponement): 제품의 옵션의 반영을 가급적 늦게 진행하여, 표준형의 제품은 미리 생산하여 재고로 보관하고 고객의 주문이 접수되면 짧은 시간 내에 대응할 수 있도록 하는 생산 전략의 일종. 형태지연과 위치지연이 있다.

아트박스와의 라이선스 계약이 이루어진 1992년이라 할 수 있다.

● 베네통 사례의 전략적 특성

〈생산 측면에서의 특성〉

면 혹은 모직으로 만드는 니트 의류의 기본 생산과정은 상당히 복잡하다. 전통적으로 이 과정은 방적, 구매, 원사 염색, 직조되어 창고에 보관, 광택가공(가성소다에 담금으로써 광택이 나는 제품이 만들어짐), 왁싱(글라이드 영역은 향상시키고 생산 및 세척 시 마찰을 줄이기 위한 방법), 잠재하는 기름기를 제거하는 작업 등으로 이루어져 있다.

베네통의 생산방식에 있어서 가장 큰 특징이 되는 것은 니트 의류에 대한 염색방법이다. 대개의 경우 니트 의류는 이미 염색된 원사를 이용해 직조를 하게 된다. 그러나 베네통은 회색의 실로 완성품을 만든 후 염색작업을 실시한다. 이렇게 함으로써 매 시즌마다 제공되는 600여 가지의 제품에 500여 가지의 다른 색상조합이 원활히 이루어질 수 있는 것이다.

〈마케팅 측면에서의 특성〉

베네통사는 설립초기부터 유행을 따르면서도 밝은 색 제품의 캐주얼 니트 의복을 공급하는 마케팅전략을 추진해왔다. 핑크, 청록색 등의 튀는 색상을 중심으로 한 베네통의 이미지 제고는 베네통의 마케팅 활동이 경쟁사에 비하여 뛰어나기 때문으로 평가받고 있다. 베네통의 마케팅 측면에서의 활동을 크게 제품개발, 가격, 유통, 판매촉진 활동으로 구분하여 살펴보고자 한다.

제품개발 - 다양한 제품

베네통은 판매차별화를 시도함과 동시에 제품라인 수를 확대시키고 있다. 즉 유아복 계통의 012 Benetoon 라인의 개발과 함께 상점에서는 무지개와 동물인형들을 함께 진열하는 방법을 택하였다. 젊은 층을 겨냥한 Jeans West 상점들은 니트웨어와 바지들을 판매하였다. 'My Market'은 보다 높은 수준의 패션 감각을 가진 남녀를 위한 니트웨어와 바지를 판매하는 상점이다. 'Sisley'는 세련된 남성을 위한 제품브랜드이다. 각 상점의 위치는 브랜드별로 차별화되고 있는데, 젊은 층을 겨냥한 니트웨어와 바지를 판매하는 'Tomato'라는 브랜드의 상점 등이 도심 외곽에 위치하고 있으며, 012 Benetton, Sisley 등은 도시의 중심부에 위치하고 있다. 좀 더 세분화하여 보았을 때 베네통의 상점들은 대략 10개 이상의 서로 다른 이름으로 구별되어지는데, 이들 대부분이 이탈리아 밖에서는 별로 알려지지 않은 것이다. 그러나 이들 각각의 브랜드별 상점위치는 다른 포지션을 차지하고 있다.

가격 - 중저가 정책

한편 베네통은 중저가제품을 생산하는 전략을 선택하고 있다. 1982년 베네통 상품의 평균소매가격은 약 20달러 정도이다. 물론 양말에서 고급 재킷에 이르기까지의 제품가격은 매우 다양하다. 베네통은 가격과 품질의 조화를 최우선으로 하면서 비싸지 않아 많은 사람들이 구입할 수 있도록 하고 있다.

유통 - 확정 오더에 따른 수요확정

유통측면에서의 베네통의 특성은 다음과 같다. 베네통은 본사내 공장, 하청공장, 대리점, 소매점 등으로 유통망이 형성되어 있다. 먼저 대리점의 역할이 베네통의 유통구조에 있어 상당히 중요한 역할을 담당하고 있다. 왜냐하면 대리점으로부터 확정 오더가 본사에 전달되지 않으면, 베네통은 어떠한 생산도 하지 않는다는 것을 원칙으로 하고 있기 때문이다. 대리점은 개별적인 소매점의 수주량을 집결해 생산계획을 준비하는 빌로바(Villorba)라는 곳에 계속 전달한다. 베네통은 전세계 지역적으로 배정된 약 80여 개의 대리점과 중계인을 통해 제품을 공급하고 유통망을 조정하고 있다.

판매촉진 - 명확한 목표시장

베네통은 판촉활동의 일환으로 점포외관에 많은 신경을 쓰고 있다. 윈도우 디스플레이는 갖가지 색깔의 상품으로 눈길을 끌고, 유럽 텔레비전과 인쇄매체에 광고를 내보내고 스포츠 이벤트의 스폰서가 되기도 한다. 특히 베네통 상표의 '스포츠'와 '젊은' 이미지를 강조하면서 베네통 라이프스타일을 만들어 내고 있다.

● **물류시스템의 구축**

1986년 베네통은 동종업계 최초로 물류센터를 건립하였으며, 이로 인해 베네통은 국제적인 유통시스템을 구축한 대표적인 기업으로 자리매김 할 수 있었다. 베네통의 물류시스템은 매우 뛰어난 것으로 알려져 있는데, 성수기에도 일주일 이내에 전 세계에 퍼져있는 판매망에 부족물량을 공급할 수 있는 능력을 갖추고 있기 때문이다.

〈신속대응체계(Quick Response System)〉

의류사업에서 가장 큰 문제 중 하나는 다양한 제품 종류에 따른 재고의 증가이다. 베네통은 재고를 줄이기 위해 적시공급으로 대처하고 있다. 베네통은 주문접수, 생산, 포장, 선적 및 개별소매상으로 배송까지의 모든 과정을 일주일 이내에 완료할 수 있는 시스템을 갖추고 있다. 연간 8천만 종류의 제품을 생산하고 있는 베네통이 무재고경영을 기본원칙으로 놓고 이를 위한 노력을 경주하고 있는 것이다. 베네통은 이러한 무재고 경영의 실현을 위한 일환으로 단계별 생산 및 물류정책을 실시하고 있다.

단계별 생산 및 물류정책은 우선 수요량의 80%에 해당하는 것을 미리 생산하여 보관해 두고 나머지 20%는 판매시기에 맞추어 생산하게 된다. 80%에 해당하는 제품들은 기간에 구애됨이 없이 매우 천천히 전 세계 소매점들로 배송된다. 나머지 20%는 판매시기에 맞추어 지역적인 분배과정 등을 거쳐 배분된다. 이 20%에 해당하는 제품들은 주로 긴급성을 요하므로 주로 항공을 통해 수송되는 특징을 보이고 있다.

베네통사의 입장에서 20%에 해당하는 부분을 관리하는 것이 80%에 미치지는 않겠지만 매우 많은 부담을 가지게 되는 것은 당연하다. 그러나 이러한 단계별 생산 · 물류 · 재고정책을 통해 보다 소비자 니즈에 부합할 수 있으며, 재고량을 보다 탄력적이고 적게 가져갈 수 있는 이점이 있는 것이다. 이때 간과할 수 없는 중요한 사항은 매장별 코드체계와 중앙정보 처리시스템, 대형 자동물류센터가 모든 활동을 뒷받침하고 있다는 사실이다. 모든 제품들은 기계적으로 움직이며 판매시기에 맞게 각 매장별 코드 티켓을 국가별 도착지에 따라 표시해 정확하고 동일하게 공급하게 된다. 또한 정교한 중앙정보 처리시스템은 각국 판매대리회사에 설치된 네트워크 컴퓨터를 통해 모든 수주사항이 직접 폰자노 본사의 대형 중앙컴퓨터에 전달될 수 있도록 한다. 입력되어 출력되기까지 모두 3일이 소요된다고 한다.

〈글로벌 물류정보시스템〉

베네통의 생산시스템 및 유통시스템을 살펴보면 매우 단순화하려는 노력을 엿볼 수 있다. 베네통은 이러한 단순화를 생산 및 유통시스템의 기본입장으로 정립하고, 단순화를 정보기술을 활용하여 개선하려는 노력을 기울이고 있다. 베네통의 경우 전세계적으로 판매망이 구축되어 있으며, 다수의 생산시설을 보유하고 있다. 게다가 중간 유통채널까지 포함한다면 그 유통은 매우 복잡하다 할 수 있다. 자연적인 현상이 될 수는 있겠지만 베네통은 복잡한 전 세계 유통구조를 정보화를 통해 단순화시키고 있다.

공장 및 대리점들은 네트워크를 통해 기존 데이터베이스 활용은 물론 지역 간, 본점과 대리점간의 소통이 가능하게 된다. '글로벌'이라는 이름의 신청시스템이 구축되어 있는데 이 시스템을 통해 본사의 대리점 및 공장관리가 원활해지고 있으며, 보다 고객 위주의 경영을 이룰 수 있게 된다. '글로벌' 시스템은 전 세계 30여 개 나라에 설치되어 기존 데이터베이스와 함께 소비자동향, 제품스타일, 가격 등이 계속적으로 최신 데이터베이스화 되고 있다. 물론 상품주문의 접수, 공장에 대한 생산주문 및 베네통 상점의 관리, 판매분석 등에 대한 관리도 같이 이루어지고 있다.

〈자동화된 물류센터〉

카스뜨레뜨(Castrette)에 있는 대형자동물류센터는 1986년 설립되었다. 베네통그룹의 완전자동화 창고시설은 전 세계 7천5백 가지 품목과 연간 생산량 8천만 피스를 상회하는 규모의 상품을 처리하는 대형 자동물류센터이다. 이러한 물류시설은 베네통의 성공비결을 대변해 주는 가장 대표적인 것이라 할 수 있다. 베네통의 물류창고시스템의 작동은 크게 3가지 범주에서 살펴볼 수 있는데, 정보처리기능, 행정과 문서화 기능, 그리고 물리적인 생산기능이다.

정보처리기능은 전 세계 베네통 고객으로부터 주문받는 것부터 시작한다. 주문은 네트워크로 직접 연결돼 주문명세표에 자동 입력된다. 이어서 이를 기반으로 한 생산계획이 수립된다.

행정과 문서화단계는 주문을 받는 등 여러 단계의 업무수행이 제대로 진행되고 있는지 확인하는 업무가 진행된다. 특히 송장작성이나 세관절차가 적법하게 이루어지고 있는지 통제하는 기능까지 포함되어 있다.

물리적인 생산기능은 공장에 원료가 도착하는 것에서부터 생산, 그리고 모든 제품이 포장되고 상표가 붙여지는 작업까지의 일련의 활동을 포함한다. 생산된 제품에는 포장단위별로 고객명과 매장표시가 바코드로 붙여지게 된다. 박스(포장단위)는 창고와 직접 연결된 컨베어 벨트에 의해 창고로 이동하게 된다. 이동단계는 센서에 의해 제어되며, 박스에 부착된 바코드에 의해 통제되며, 무게 측정, 분류 등의 모든 생산관련 활동들은 모두 바코드 등의 자동화 설비로 이루어지고 있다.

〈표준화에 의한 재고관리〉

베네통은 물류효율화를 위해 포장단위를 표준화하고 있다. 포장단위의 표준화는 보관 시 보관 공간의 효율성 증대나, 수송적재율 제고 등에 있어 가장 중요한 요인으로 인식되어지고 있다. 그러나 실제로 포장을 표준화하는 작업은 쉽게 이루어지기 힘든 면이 있다. 포장단위의 표준화는 생산설비의 교체문제나, 제품의 특성에 따른 문제 등이 수반되어 비표준화 문제의 심각성을 인식하고 있음에도 불구하고 개선시키기 어려운 작업이다.

베네통은 제품의 특성을 고려하여 포장단위를 크게 3가지로 구분하여 표준화를 시행하고 있다. 가장 일반적으로 사용되는 포장(박스)단위는 50킬로그램 이하의, 평균크기 40cm×65cm×50cm의 박스이다. 두 번째 박스단위는 접어서 보관하기 힘들 옷들을 위한 박스로, 포장박스 두 개를 얹어놓은 것(복층박스)이다. 세 번째 박스단위는 비교적 큰 박스로 크기는 120cm×120cm×170cm이다.

베네통의 포장박스 중 앞의 두 종류의 박스는 수송 시에 복합수송이 가능하며, 세 번째 박스단위는 주로 팔레트에 의해 취급이 이루어지는 경우에 해당된다. 베네통은 주로 기본단위 박스와 복층박스를 이용하고 있다. 또한 물류창고에는 이들 박스별 보관시설을 달리 가져가고 있다. 즉 기본 단위의 박스는 기본단위의 박스끼리 창고 내 시설을 분할하여 사용하고 있는 것이다. 베네통의 물류창고에는 기본단위의 박스를 20만개 이상을 저장할 수 있으며, 복층박스는 3만6천여 개, 대형박스는 총 3천2백 개를 동시에 저장할 수 있다고 한다.

〈자회사를 통한 복합운송체제 실현〉

베네통의 물류시스템에서 다른 기업과의 크게 차이나는 특징을 든다면, 자회사인 Benlog사의 활용을 들 수 있을 것이다. Benlog사는 IATA(국제 항공운송협회)에서 공인한 포워딩업체로서 통관업무 또한 수행할 수 있다. Benlog사는 주로 베네통의 제품을 취급하고 있다. 베네통은 Benlog사를 통해 기존에 분산화된 수송관련 업무를 중앙에서 통제할 수 있게 되었다. 이에 따라 그 동안 너무 느리고 비효율적이었던 제3자를 이용한 운송 업무를 효율적으로 처리할 수 있게 된 것이다.

또한 베네통은 Benlog사를 통해 북부 이태리는 물론 북유럽에 이르기까지 철도 등을 이용한 복합운송이 가능하게 되었다. 유럽지역의 경우 다양한 수송수단이 발달 되어있다. 라인 강의 바지선이라든지, 알프스 산맥을 횡단하는 Rolling Highway 등이 대표적인 경우이다. Benlog사는 복합운송을 가능하게 하는 스케줄 능력 등이 뛰어나 베네통의 물류 리드타임 단축이나 물류비용 감소에 적잖은 공헌을 하고 있다.

● **베네통 사례의 의미**

베네통의 사례에서 보이는 대표적 기업전략은 아마 지연(Postponement) 전략이 될 것이다. 전략적 지연은 생산 공정의 일부를 채널의 뒷단계로 지연시킴으로써 보다 유연성 있는 고객화를 위한 대응전략이라 할 수 있다. 일반적으로 제품생산은 소비자 니즈나 시장상황의 변화를 예측하여 이루어진다한 대응전략이라 할 수 있다. 그러나 소비자 니즈나 시장상황에 대한 정확한 예측은 불가능하다. 판매시점에 이르러 상황이 변화되었다면, 이를 기반으로 다시 생산하거나 과다한 재고를 보유하는 등의 방법을 동원할 수밖에 없는데, 이와 같은 방법은 시간과 비용이 많이 소요된다. 특히 계절상품의 경우에는 판매시점에서의 시장상황 대응이란 거의 불가능한 것으로 여겨지고 있다. 의류업계에서 자주 발생하는 각종 할인판매의 실시는 주로 잘못된 예측에 의해 가중된 재고부담을 줄이기 위한 방편으로 사용되고 있다. 베네통은 전략적 지연을 통해 예측에 대한 부담을 상당히 줄였다. 베네통 제품의 가장 큰 특징이 다양한 색상이지만 소비자가 원하는 색상이 과연 어떠한 지는 실제 시장에 판매되지 않은 상황에서는 예측하기 힘들다. 베네통의 후염색기술을 개발하고, 이를 활용하여 소비자의 색상니즈에 보다 빨리 대처할 수 있게 되었다.

예를 들어 빨강, 파랑 등 5가지 색상의 T셔츠가 제품 개발 단계에서 건의되었다고 하자. 베네통은 5가지 제품을 소량으로 만들어 시판한다. 그리고 그 중에서 소비자가 원하

는 색상이 어떠한지를 평가할 수 있다. 소비자들이 빨간색의 T셔츠를 가장 선호하는 것으로 나타났다면 베네통은 빨간색을 보다 많은 비중으로 즉시 추가 생산할 수 있다. 왜냐하면 색상별로 T셔츠의 형태가 동일하며, 염색 공정만 남아있는 T셔츠는 대량으로 확보하여도 위험이 크게 따르지 않기 때문이다. 즉 염색이 안 된 T셔츠의 생산은 비교적 안정적인 공급이 가능하다는 것이다. 만약 후염색기술을 사용하지 않고, 수요예측에 의해 5가지 색을 동일한 비율로 생산 시판하였다면, 아마 어느 색은 모자라서 못 팔고, 어느 색은 팔리지 않아 재고로 남는 일이 발생할 것이다.

한편 앞에서 베네통의 경우 수요의 80%를 판매시기 전에 미리 생산하고 나머지 20%는 판매시점에서 시장상황에 변동하여 생산하는 것으로 설명하였다. 후염색기법과 함께 80-20의 단계별 생산전략은 베네통의 전략적 지연(postponement)을 실행하는 데 핵심요소라 할 수 있다. 이러한 전략적 지연(postponement)을 통해 베네통을 일반 의류업체들이 안고 있는 과다 재고에 대한 문제를 상당부문 해결하고 있음은 물론 즉시공급체제의 구축, 신속반응 물류의 실현 등이 이루어지고 있는 것이다.

▮▮ Procter & Gamble – 효율적고객대응(ECR) 및 연속보충(CR)의 활용 ▮▮

● 사례의 개요

P&G는 공급망 내부의 불필요한 프로세스를 제거하여, 고객가치 증대 및 협력업체와의 기업 간 win-win 달성에 집중하였다. P&G의 이러한 전략적인 방향설정은 제조업자, 유통업자, 소매업자들의 물류체계가 너무 비효율적이라는 인식에 근거한다. 초기 P&G는 공급망 내부의 불필요한 프로세스의 개선은 정보시스템의 혁신으로서 가능할 것으로 생각했으나, 결과적으로 조직과 유통망을 변화시키는 혁신은 정보시스템을 통해 일어나는 것이 아니라 고객에게 가치를 전달하지 못하는 프로세스를 제거함으로써 가능하다고 판단했다. 특히 1970년대에서 1980년대까지 유행했던 판매촉진전략은 고객에 대한 실질적 혜택보다는 가격의 잦은 변동으로 제조와 유통시스템뿐만 아니라 생필품 공급체인 전체에 비효율만 불러일으키는 효과만 불렀다고 판단했다.

따라서 P&G는 ① 생필품산업 전체의 효율성 증대와 ② 판매촉진방법으로서 가격할인이 공급체인에 미치는 영향분석과 이에 대한 효율적 대응을 위하여 적극적인 노력을 하였으며, EDI에 기반을 둔 연속보충[26]과 효율적고객대응(ECR) 기법의 활용을 통해 공급망 재설계를 시작하였다.

26) 연속보충(CR: Continuous Replenishment)

● **기업의 개요**

P&G는 세계적인 거대 생활용품 제조회사로 탁월한 마케팅 능력으로 생활용품시장을 지배해 온 대표적인 기업이다. 1993년까지 P&G는 건강/미용, 식품/의료, 종이, 비누 그리고 화학제품과 같은 특수제품 등 5개의 제품영역을 보유하였다. 각 제품영역은 각기 제품 카테고리를 가지고 있으며, 각 제품 카테고리에는 여러 가지 브랜드가 존재한다. P&G에서의 새로운 브랜드의 소개는 기존제품의 개선을 의미하는데, 일회용 기저귀 팸퍼스나 감자칩 프링글스와 같은 새로운 브랜드는 기존의 제품들에 의해 제공되지 않았던 특징들을 가미하여 고객욕구를 만족시킨 것이었다. 이러한 노력으로 P&G의 매출액은 1995년 10억 달러에서 1998년 372억 달러로 크게 증가되었다. 대부분의 P&G 제품 카테고리의 경쟁자는 각 카테고리 내에서 총 브랜드 제품 판매량의 50% 이상을 차지하는 2~3개의 브랜드제품 생산자들이다. 이러한 높은 산업집중도 때문에 소비재 판매량의 증가에도 불구하고, P&G와 1개 업체의 브랜드가 70% 이상의 시장을 점유하고 있다. 이렇게 P&G 제품들을 선호하는 고객들 덕분에 P&G는 소매상과 도매상의 관계에 있어서 많은 이점을 가지고 있다. 한편 P&G는 시장에서 성공하기 위해서는 고객과 유통업자 양쪽 모두의 욕구를 충족시켜야 한다고 믿고 있다. P&G제품들에 대한 수요는 근본적으로 소비자들이 원하는 것이지만, 유통업자들도 P&G제품을 보유해야 할 필요성이 있다고 보기 때문이다. 특히 현재는 과거와 같은 제품 밀어내기 푸시방식이 아닌 풀방식이 제조업자와 유통업자간의 일반적인 주문형태이기 때문에 결과적으로 P&G는 유통업자와 고객 모두에게 신경을 써야한다.

1980년대 초반에는 P&G와 유통업체의 관계는 단기간 판매촉진에 대한 협약에 기초하고 있었으며 다양한 유형의 주기적 판매촉진활동을 통하여 판매는 점점 증대되고 있었다. 이러한 판매촉진활동은 당시 제조업자와 유통업자간의 일반적인 추세였다. 1985년까지 판매촉진상품의 사전구매(Forward Buying)는 일종의 관행이었으며, 그 결과 유통업자들은 판매촉진 상품의 경우 3달 정도의 재고를 보유하기도 하였다.

〈가격정책과 판매촉진정책(Pricing and Promotions)〉

판매촉진전략은 1971년 닉슨대통령의 인플레이션 줄이기 위한 가격통제정책에 부분적인 영향을 받아 판매촉진정책은 급속히 확산되었다. 높은 인플레이션, 낮은 이자비용 그리고 다양한 판매촉진에 의해 할인된 제품가격은 유통업자들에게 사전구매를 유도하였다. 그러나 다양한 판매촉진전략은 시장의 수요패턴을 급격히 변화시킴으로써 시장수요의 불확실성은 점점 더 커졌고, 제조업자와 유통업자들은 효과적인 생산계획과 판매계획을 수립하기가 힘들었다. 이러한 현상은 결국 공급체인 내의 구성원들에게 보다 많은 재고를 부담시키는 결과를 초래하게 되었다.

이러한 문제를 해결하기 위하여 P&G는 1990년대에 유통형태의 변형을 시도하게 되는데, 이 시도 중의 하나는 공급체인 내에 있는 기업 상호간에 보다 협력적이며, 생산적인 관계를 만드는 것이었다. 왜냐하면 구성원들의 협력관계가 이루어져 채널효율성이 향상된다면, P&G는 자사제품의 시장점유율이 증가할 것이라고 믿었기 때문이다. 또한 유통비용과 최종소비자에 부과되는 비용이 감소할 것이고, 모든 유통구성원이 이익을 얻을 수 있을 것이라고 믿었기 때문이다.

〈소매유통채널(Retail Distribution Channels)〉

생활용품의 소매유통체계는 P&G의 제품판매에 있어 가장 중요한 근간이며, 생활용품 산업의 소매유통채널은 제조업자, 중개상, 소매상점들로 구성되어 있다. P&G 판매량의 거의 절반은 창고와 물류체계를 갖춘 소매인에게 전달되고, 나머지 절반은 소규모 소매체인과 독립소매상들에 제품을 공급하는 도매상에 전달되었다. 소매상들의 이윤폭은 많은 재고비용 때문에 세전 이윤이 판매액의 1~3% 정도로 낮았다. P&G의 제품들은 저렴한 가격으로 대량 판매되기 때문에, 매장의 이윤은 공급체인의 효율적 운영 여부에 전적으로 달려 있었다. 창고 당 그리고 소매공간의 면적 당 총판매량은 소매상의 이익에 결정적인 영향을 미치는 요소이며, 높은 광고비 때문에 지역시장점유율도 소매상의 이윤에 영향을 미치는 결정적인 요소였다. 아울러 월마트와 같은 매스머천다이저와 샘즈클럽(Sam's Club) 같은 club-store들이 유통업의 힘을 이용하여 제조업체로부터 제품들을 싸게 구매하여 저렴한 가격으로 고객들에게 공급하는 추세가 일반화되고 있었기 때문에, 이윤폭은 점차 적어져서 공급체인에서의 효율적인 운영이 대단히 중요한 요인으로 등장하게 되었다.

● 공급채널의 효율성과 서비스 개선

1980년대 중반 P&G 경영진은 전 유통망에 걸쳐 서비스를 개선시키고 비용을 줄이기 위한 몇 가지의 프로젝트에 착수했다. 그 첫 번째 작업은 연속보충(Continuous Replenishment: CR)으로 불리는 프로세스를 통하여 물류성과를 개선시켜 유통재고(channel inventory)를 줄이는 데 초점을 맞추었다. 두 번째 작업은 유통채널의 고객들에 대한 주문과 서비스 질을 향상시키기 위하여 주문과 대금청구(billing)방식을 개선하는 작업이었다.

〈초기 로지스틱스 향상 실험〉

1985년 P&G는 중규모의 유통업체들과 새로운 주문방식에 대해 실험을 하였다. 이 실험은 소매상의 창고에서 각 매장까지 선적되는 제품정보를 소매상이 P&G에게 EDI를 통

하여 전송하는 것이었다. 그리고 P&G는 소매상의 주문정보를 이용하지 않고 소매상이 매장에 선적한 정보를 이용하여 소매상에 보낼 선적량을 결정하였다. P&G가 결정한 선적량은 소매상에게 충분한 안전재고의 제공, 물류비용의 최소화, 소매상 창고에 대한 초과재고 감소를 목표로 계산되었다.

이 초기의 실험은 재고감소, 서비스수준 향상(예: 낮은 재고부족률), 소매상에 대한 노동량감소라는 측면에서 주목할 만한 것이었다. 이외에도 소매상들은 새로운 주문방식으로 구매 관련 부가업무를 제거할 수 있었다. 그러나 그 당시 새로운 주문시스템에 의한 P&G의 이점은 불확실했고, 소매상이 직접 주문량을 결정하여 주문하던 종전의 주문시스템에 비하여 비용이 많이 들었다. 새로운 주문프로세스에 대한 실험은 큰 규모의 매스머천다이저와도 행해졌다. 1986년 P&G는 소매상의 재고부족을 줄이고, 낮은 제품획득비용, 총재고를 최소화시키는 노력의 일환으로 기저귀 제품이 주문되고 유통되는 방법에 극적인 변화를 제안하면서 새로운 소매상 관리를 시도하였다.

지금까지의 경우를 보면, 제한된 창고공간 때문에 소매상들은 적은 양을 구매하여 매장에 직접 공급하여야 했다. 그로 인하여 소매상은 빈번한 재고부족문제에 봉착했고, 소량주문일 경우 직접 창고에 배달하는 비용은 P&G 그리고 소매상 모두에게 큰 부담이 되었다. 소매상에게 중요한 사업단위인 기저귀의 경우, 소매상인들은 경쟁관계에 있는 다른 상인들보다 낮은 가격으로 소비자에게 제공하기를 원했다. 하지만 불행하게도, 이 물류체계는 할인요금을 받을 수 있는 트럭 한 대 분의 양에 맞게 주문하는 다른 경쟁자들(예: 슈퍼마켓)에 비해 비싼 가격에 기저귀제품을 판매할 수밖에 없었다.

이러한 문제를 개선시키기 위하여 P&G는 새로운 제안을 하게 되는데, 그 제안은 P&G에게 소매상들이 자기들에게 매월 주문하는 매장의 수요 자료를 제공해 주면, P&G는 그 자료를 활용하여 소매상의 물류센터에 보낼 선적량을 결정하겠다는 것이었다. P&G는 이 새로운 재고보충 과정의 실험이 소매상의 창고에는 적절한 재고가 유지되게 하며, 값비싼 LTL(less-than-truckload)선적을 제거하고, 소매상의 재고부족을 줄여줄 것이라고 믿었다. 또한 P&G와 소매상은 비용감소와 매출증대로 쌍방 모두 이익이 될 것이라고 보았다. 이와 같은 매출증대는 ①재고 및 배송비용 절감에 따라 인하된 소매가격과 ②재고부족을 줄임으로써 향상된 고객서비스 때문에 가능하다고 보았다.

새로운 재고보충 프로세스(CR)는 규모의 경제 이점이 있는 TL(Truck load) 단위의 공급이 가능하여 상당한 제품획득비용을 감소시켜, 소매가격 인하를 가능케 하였다. 이러한 사실 때문에 재고 및 재고부족의 증가 없이, 소매 체인들은 상점에 P&G 기저귀의 종류(SKU)를 확대할 수 있었다. 보다 저렴한 비용과, 재고부족의 감소, 상점 내에 SKU의 확장 등은 소매상점의 P&G 기저귀의 판매를 급격히 증대시켰다. 이 새로운 프로세스는 공급체인 내에서의 주문방식과 로지스틱스에 관한 주요한 변화이며, CR의 기본적인

원리가 되었다. 이 새로운 제안에 따른 시험은 로지스틱스 혁신이 소매상과 제조업자 상호에게 유통비용의 감소와 판매량의 증가로 인해 이익이 된다는 사실을 확신시켜 주었다.

〈CR의 혁신〉

이와 같은 성과에 힘입어 1990년까지 대부분의 매스머천다이저들은 CR를 도입하고 이를 시행하였다. CR 도입이 급격히 확산된 이유는 다음 두 가지로 정리할 수 있다. 첫째, CR 도입 후에 판매고와 수익이 급격히 증가되었기 때문에 공급체인 내에서 P&G와 거래하고 있는 많은 파트너의 CR 도입에 충분한 동기부여가 되었다. 둘째, 제품 SKU를 확장하는데 있어서의 장벽은 재고수준의 증가인데, CR의 도입은 급격히 성장하던 기저귀 제품군에서 이러한 장벽이 해결됨을 보여주었다.

결과적으로 P&G가 CR를 사용하는 소매상들을 통해 판매한 양은 1993년 한 해 동안 CR를 사용하지 않은 소매상들을 통한 판매량보다 평균 4% 이상 증가했다.

〈EDI의 역할〉

P&G가 주문의 효율성을 향상시키기 위하여 EDI의 사용을 소매상들에게까지 확장시켰을 때 주문의 질에 대한 문제들이 발생하기 시작하였다. EDI의 도입 전, 수작업으로 주문과정을 처리하였을 당시에는, 판매와 고객서비스 담당자는 종종 P&G 시스템 내에서 몇 가지 문제들을 발견하여 P&G시스템에 맞게 소매상의 주문형식을 변경하기도 하였다. 그런데 EDI로는 이러한 재작업에 어려움이 있었다. 이와 같은 초기의 고객에 대한 EDI의 시험들은 대부분의 주문들이 제작업 또는 주문, 선적, 및 대금청구(Ordering, Shipping, and Billing: OSB)시스템내로 재입력되어야 했기 때문에 P&G의 경우 이익의 증대보다는 비용이 더 발생하였다. 프로세스 재구축 없이도 EDI는 프로세스 내의 문제와 쌍방 간의 오해를 파악하는 데 도움은 되었지만, 주문을 위해 EDI를 이용하는 것은 P&G나 고객들에게 전혀 도움이 되지 못하였던 것이다.

이와 같이 EDI 자체는 주문의 질과 운영효율을 향상시키는 데는 크게 기여하지 못하였지만, EDI는 P&G가 CR운영을 위해서는 필수적인 부분이었다. 결국 EDI는 공급체인 내 구성원들의 파트너십을 달성할 수 있게 하는 기술적인 도구의 역할을 수행함으로써 CR 프로세스를 구체적으로 구현하기 위한 결정적인 요인 중의 하나가 되었다.

〈주문, 선적, 대금청구시스템
(The Ordering, Shipping, and Billing System; OSB)〉

공급체인 효율성을 개선하기 위한 두 번째 프로젝트는 주문, 선적, 대금청구시스템의 개선작업이었다. 1987년 P&G는 수년간의 소요시간과 수천만 달러가 예상되는 주문, 선적, 대금청구(OSB)시스템 전반에 걸친 개선작업에 들어갔는데 개선의 이유는 P&G가 고객이 요구하는 서비스 수준을 보다 잘 제공하기 위해서였다. OSB 시스템의 구축은 기능적으로나 제품단위별로 상호 연계되지 않던 개별 시스템들을 통합하여 P&G의 전체 고객서비스 수준을 높이고 일관된 서비스 제공을 가능케 하였다.

그러나 복잡한 가격정책과 판매촉진책 때문에 고객의 송장처리가 완벽치 않아, OSB 시스템은 여전히 개선될 여지를 많이 남겨 놓고 있었다.

● **주문프로세스의 전면적 재설계**

그리하여 P&G 경영자들은 우선 가격정책을 시작으로 전체 주문체계를 개선할 필요가 있다고 느꼈다. 주문프로세스를 재설계에는 시스템구축과 사업프로세스변화가 포함되었다. 또한 새로운 주문프로세스의 핵심요소 중 한 가지는 제품가격 산정과 제품명세에 대한 공통 Database의 개발이었다. 단순한 가격산정을 지원하기 위해 개발된 Database는 필요 데이터를 고객의 컴퓨터 시스템에 직접 제공하도록 설계되었는데, 이런 노력으로 고객들은 주문관련 사항들을 정확히 처리할 수 있었다.

시스템, 조직, 전략이 연계되어 이루어진 이러한 변화는 P&G의 전체 주문프로세스의 질을 크게 향상시켰다. 1992년에서 1994년 사이에, 대금청구에 대한 실수는 50% 이상 감소했고, P&G가 호의적인 태도로 해결한 대금청구에 관한 분쟁률은 같은 기간 동안 300% 이상 개선되었다. 그리하여 P&G 고객 담당팀은 대금청구문제를 해결하는 데 더 이상 시간을 낭비하지 않고 신제품에 대한 마케팅과 더 향상된 고객서비스 제공에 집중할 수 있었다. 이와 같이 전체 주문과정을 재설계한 P&G는 이에 따른 조직구조, 전략, 시스템에도 근본적 변화를 요구하였다. 그러나 이러한 프로세스의 재설계과정은 P&G의 비용절감과 품질향상에 크게 기여하였다.

〈가격책정 방법의 혁신〉

전체 주문과정을 재설계하는 과정에서 기존의 복잡한 가격체계는 가치-가격산정 프로그램(value-pricing program)으로 대체되었다. 새 가격체제의 내용은 시장에서 가능한 한 제품가격을 변동시키지 않고 일정한 가격으로 유통업자들에게 제품을 공급하려는 것이다. 이 새로운 가격산정 프로그램은 식기세척제에 최초로 적용되었는데 큰 저항 없이 받아들여졌다. 새 가격책정방법이 회사 내에서 대체로 잘 수용되었기 때문에, 점차 더 많은 제품들에게도 가치-가격산정정책이 시행되었다. 1993년 후반까지 거의 모든 P&G 제품은 가치가격산정방식의 다양한 형태를 도입하고 있었다.

P&G가 새로운 가격체계를 도입한 것은 기존의 판매촉진활동이 P&G브랜드 가치를 잠식하고 있다는 우려가 컸기 때문이다. 왜냐하면, 계속적인 판매촉진활동은 제품가격의

변동폭을 크게 만들어 1970~80년대 미국에서는 제품브랜드에 대한 고객충성도를 크게 감소시켰고, 또한 잦은 판매촉진활동은 가격에 민감한 고객에게만 혜택을 주었고, P&G 브랜드를 고집하는 고객들에게는 불리하게 작용하였기 때문이었다.

그리하여 새로운 가격정책(value-pricing program)은 소매상들의 사전구매 인센티브를 제거하였다. 이러한 방식의 가격정책으로 CR 고객들은 더 많은 매출을 기록하였고, 유통업체들에게 CR 도입을 촉진시켰다.

그러나 P&G는 초기의 소수 고객들과 CR의 주문형태를 경험한 결과, 사전구매의 인센티브를 확실히 제거하기 위해서는 새로운 순가격산정조건(net pricing term)이 필요한 것을 알았다. 사전구매를 부추겼던 이전의 가격정책이 약간이라도 남아 있는 한 공급체인의 물류성과가 개선되지 않았기 때문이다. 그리하여 P&G가 원하는 가격체계를 완벽히 재정비했을 때까지, CR를 확장시키기 위한 노력은 억제되었다.

새 가격정책을 도입한 이후 1992년 하루 55번 정도 발생되던 가격변화가 1994년 초 하루 한 번 이하로 줄었다. 그리하여 1994년 7월까지 거의 대부분의 제품들에게도 가치가격책정방식이 도입되었다. 지리적 조건에 따른 가격차이도 제거되었다. 다만 일시적인 가격할인 또는 특별촉진책은 P&G 브랜드가 중요한 경쟁적인 위협에 직면할 때만 허용되었다.

그러나 P&G에 오래 종사한 관리자들은 이러한 가격산정 철학에 상당히 반대하였다. 왜냐하면 새로운 가격산정 철학이 명백히 P&G에 이익이 됨에도 불구하고, 과거 많은 실무자들이 새로운 브랜드를 개발하여 다양한 마케팅 기법과 판매촉진으로 P&G 제품의 시장점유율을 확대시킨 가격정책과 정면으로 배치되었기 때문이다. 그러나 새 가격정책으로 인해 증가된 매출은 실제로 P&G가 판매촉진정책을 수행할 때 사용된 비용보다 더 많았다. 결국 판매촉진을 위하여 가격할인을 할 때보다 총매출은 줄었지만 오히려 이윤은 더 많이 발생되었다.

● ECR(Efficient Consumer Response)의 개발

도·소매상, 타 제조업체들, 관련협회 및 컨설팅회사들과 같이 작업을 하면서, P&G는 생활용품 공급체인을 완전히 효과적으로 변화시킬 수 있는 혁신방안으로 ECR개발을 시작하였다. 이러한 과정을 통하여 ECR은 생활용품업계의 공급체인에서 효율성을 진작시킬 수 있는 다양한 혁신방안들 중에서 선두기법이 되었다.

그 당시 대부분의 생활용품 회사들은 CR의 도입으로 이미 많은 효과를 거두고 있었다. CR개념은 ECR의 한 부분이었지만, 그들은 CR가 이미 많은 가시적인 성과를 나타내고 있었기 때문에, 굳이 ECR을 도입하려고 노력하지 않았다. 그러나 P&G는 ECR과 CR 실행의 선두기업이었고, 아래와 같은 전략적인 변화 때문에 산업 전반에 이 개념들이 적극 수용되기를 원하였다.

브랜드관리로부터 카테고리관리로의 변화

1980년대 후반, P&G는 공급체인 내의 거래기업들과의 협력과 효율성을 향상시키기 위해 지금까지의 브랜드관리체제에 변화를 주었다. 여러 브랜드들을 제품카테고리에 포함시키고, 카테고리 관리자의 책임 하에 개별브랜드를 관리했다. 이러한 제품카테고리 관리방식의 도입은 1930년대에 브랜드관리를 개척했고 이에 대해 타 기업들의 벤치마킹 대상이었던 P&G에게 있어서는 극적인 변화였다.

카테고리 관리방식은 P&G제품라인을 리스트럭처링 하는 데 있어서, 보다 나은 유연성을 제공하였다. 브랜드 리스트럭처링 또는 통합은 이전의 브랜드 관리체제하에서는 대단히 어려운 일이었다. 과거 브랜드관리체제하에서는 브랜드 관리자들이 광고와 판매촉진프로그램에 대한 책임이 있었던 반면에 카테고리 관리자들은 취약한 브랜드를 없앨 수 있는 전반적인 가격 및 제품정책에 책임이 있어 서로 마찰이 심하였기 때문이었다. 예를 들면, White Cloud브랜드를 Charmin 라인 내의 제품과 합병시킴으로써, 그 브랜드를 제거하려는 결정에 대해 White Cloud브랜드 관리자들은 반대하였으나, 종이제품분야 관리자인 화장지 카테고리 관리자들은 광고와 유통예산 때문에 같은 유통망 내에서의 유사한 브랜드 제품들 사이에서도 가능한 의견 충돌을 피하는 형편이었다.

그러나 카테고리 관리방식으로의 변화는 운영체제 및 제품라인들을 단순화시키고 표준화시키기 위한 P&G의 노력과 잘 조화되었다. 이러한 변화로 고객에게 인기가 없는 불필요한 SKU는 제거되었고, 새로운 SKU들이 추가되어 새로운 가치를 창조하고 있었다.

생산과 계획의 개선(Manufacturing and Planning Improvement)

처음에 기대했던 CR의 이점은 재고량 및 재고부족의 감소, 화물취급비용, 운송비용 절감이었지만, P&G의 고객이 CR를 도입함으로써 P&G는 생산과정과 원재료 구매에 대하여 엄청난 비용을 절약하였다.

P&G는 적어도 종이제품에 대한 제조원가에 10%는 제품의 수요변동이 자주 발생되는 데 따른 생산능력 초과분의 유지 때문에 발생된다고 판단을 내렸다. 그런데 새 가격정책은 소매상들이 사전구매를 못하게 함으로써 수요변동의 불확실성을 줄여 주었고, CR의 활성화는 수요의 불확실성을 더욱 감소시켰다. 또한 제품혁신 또는 가격정책의 변화로 발생되는 수요정보는 즉시 P&G로 전달되었기 때문에 효과적인 생산능력계획이 가능하여 비용절감이 가능하였다.

제조원가와 재고절감에 의한 CR의 잠재적 이점도 대단하였다. 재고나 제조원가의 절감은 자연히 이루어지는 것이 아니라, 유통업자들과 보다 안정적인 환경을 조성하기 때문에 P&G가 공급회사와 좀 더 합리적인 가격협상을 가능케 하였고, 생산능력을 효과적으로 활용하게 만들었다.

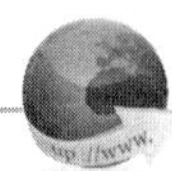

고객들과 카테고리관리(Customer and Category Management)

ECR이 갖는 중요한 두 번째 측면은 1990년대 초반에 발생했던, 소매상들이 P&G에 대한 단순한 구매자라는 개념에서 P&G제품에 대한 카테고리 관리자 개념으로 변화된 데에 있다. 이러한 변화로 절감된 비용은 CR 도입으로부터 얻었던 것처럼 계량화되어지지는 않았지만, 카테고리관리로의 변화에 따른 잠재적인 수익증가는 CR로부터의 비용절감효과보다 훨씬 컸다.

그래서 카테고리 관리자는 모든 매장을 통해 제품 카테고리의 이윤에 책임을 지고 있었다. 비용과 할인된 촉진제품 구매에만 우선적인 초점을 맞추고 있던 소매상들을 이윤과 고객만족에 중요성을 두는 카테고리 관리자의 개념으로 사고를 변화시키기에는 많은 노력이 필요하였다. 새로운 패러다임(paradiam)을 가져야 했던 것이다.

카테고리 관리로의 이동은 소매상과 P&G의 카테고리 매니저들 모두에게 이익이 되었고 카테고리 내의 각 제품들로부터 창출되는 참비용과 이윤들이 무엇인지를 파악하는 데 도움이 되었다. 그리하여 P&G 고객팀은 P&G 브랜드들에 대한 매장면적당 소매이윤이 카테고리 내의 다른 제품보다 높은 경우, 그 브랜드에 대하여 추가 매장면적을 주는 방법과 다양성을 더 주는 방법 중 어떤 방법이 이익인지 파악하기 위하여 카테고리 관리자들과 깊이 있는 경제적 분석도 할 수 있었다. 또한 카테고리 관리자들은 P&G가 시행하는 새 가격정책들과 물류 프로그램들에 의한 제품보관과 취급비용이 얼마나 절감되었는지까지도 계산할 수 있었다.

IBM에 CR시스템 판매(Sales of the CR System to IBM)

1993년 후반, P&G는 IMB의 자회사인 Integrated Systems Solutions Corporation(ISSC)에 자사의 CR시스템을 매각하였다. 그래서 IBM은 구체적인 CR 운영과 기술적인 측면에 대해서는 P&G에게 외주(outsourcing)를 주면서 다른 제조업자들에게 CR서비스를 제공하였다.

IBM이 서비스를 개시한 2주 후, Purina사가 IBM의 첫 번째 고객이 되었고, 1994년 중반까지 다섯 개의 다른 제조업자들이 IBM CR의 고객이 되었다. 또한 많은 제조업자들이 IBM이 제공하는 서비스(저가로 제조업자들에게 CR서비스를 제공하고 운영경력자를 파견하는)에 관심을 나타냈다. 이렇게 제공되는 IBM의 CR 서비스는 소매상들이 같은 형태로 다양한 공급회사들과 상호 자료교환을 하게 하였으며, 이러한 작용은 생활용품산업 내에 CR를 표준화시키자는 움직임이 일어나게 하였다. IBM이 CR 서비스를 하게 됨으로써 CR채택에 대한 진입장벽이 감소하여 제조업자와 소매상들이 좋아하였다.

P&G가 CR시스템을 IBM에 매각하기로 한 결정은 경제적 차원이 아닌 전략적 사고에 기인하였다. 왜냐하면 CR 이용고객과 제조업체의 수가 증가할수록 CR를 이용하는 고객과 P&G에게는 이익이 되었기 때문이다. 그리하여 P&G는 혁신에 있어 기술적인 선도자

로서 이익을 얻는 대신 전체 산업에 CR가 급속히 파급되어 이 혁신의 이익을 같이 공유하는 것이 더 유리하다고 보았다. IBM에의 매각은 다른 제조업자들이 완전한 CR를 경험해 볼 수 있도록 함으로써, 그들이 CR를 채택할 가능성을 증가시켰다.

또한 P&G가 IBM과 맺은 서비스 계약금액은 P&G가 이전에 소요했던 내부 운영비용보다 적었기 때문에 P&G는 차액만큼의 비용절감효과도 거두었다. 이상과 같이 P&G의 IBM에 대한 CR 판매는 양 회사에게 전략 및 운영 차원에서 상호이익을 구현시켰고, 산업 내에서 제 3자 전문회사의 이용에 대한 신뢰성을 높였다.

Chapter 02

공급망 관리 (Supply Chain Management)

공급망은 고객에 요구에 신속히 대응하면서, 이에 소요되는 비용을 최소화하는 것을 목표로 함은 앞에서 확인한 바 있다. 공급망관리는 이러한 공급망의 목표를 효과적으로 달성하기 위하여, 기업 내부 가치사슬이나 기업 간의 프로세스 효율화를 도모하는 것이다.

공급망의 목표를 달성하기 위해서는 부분 최적화 보다는 공급망 전체 최적화를 이루어야 한다. 공급망의 지속적 경쟁우위를 위해서는 운영효율(Operation Excellence), 제품리더십(Product Leadership) 및 고객친화력(Customer Intimacy) 등의 전략요소[1] 수준 제고를 위하여 공급망 참여 개별 기업 내의 프로세스나 기업들 간의 프로세스를 모색해야 한다. 그러나 여러 기업이 참여하고 있는 공급망의 경우, 참여 기업의 이익을 포기하면서 공급망 전체의 이익을 도모할 리가 없다. 실제 공급망 참여 기업들은 자유롭게 공급망에 참여했다가, 이 관계가 더 이상 유리하지 않다고 판단하면 언제든지 공급망을 떠나게 된다. 이와 같이 공급망은 참여 기업 간의 상호 win-win 관계가 형성되지 않으면 매우 불안정해지고, 이로 인해 공급망의 효율적 관리가 어렵게 된다.

이러한 문제에 대한 효과적은 대응 방법을 모색하기 위하여, 이 장에서는 공급망 관리의 가치 동인과 공급망 관리 프로세스에 대하여 살펴보기로 한다.

---

1) Treacy, M., & Wiersema, F., "Customer intimacy and other value disciplines", Harvard business review, 71(1), pp.84-93, 1993.

2.1 공급망 관리의 정의와 목표

가. 공급망 관리의 정의

앞에서 우리는 공급망에 관해서는 많은 논의를 하였다. 그렇다면 관리란 무엇일까? 우리말의 관리를 영어로 표현하면 Control이나 Management라는 용어가 흔히 사용된다. 일반적으로 관리라고 표현되는 Control의 경우는 최초로 관리도를 고안하고 현대적인 품질관리의 기반을 닦았다는 평가를 받는 슈하트(Shewart)[2)]의 관리 사이클인 P–D–S(Plan–Do–See; 계획, 실행, 확인)나 데밍[3)]에 의해 주창된 P–D–C–A(Plan–Do–Check–Action: 계획, 실행, 확인, 조치) 관리 사이클로 설명할 수 있다. 한편 관리 혹은 경영이라고 표현되는 Management의 경우는 계획–조직–지휘–조정–통제의 과정을 따른다고 한다. 두 개념 사이의 차이를 살피는 것은 이 책의 목적과 크게 부합되는 일은 아니므로 생략하도록 한다. 다만 눈에 띄는 큰 차이점은 전자의 경우는 실행(Do)이 중요한 단계이며, 후자의 경우는 실행 대신 지휘가 중요한 단계로 대두된다는 것이다. 이 책에서는 일반적으로 사용되는 Management라는 용어로 공급망 관리를 설명하되 Control의 실행 단계를 포함하여, 계획/조직(전략 및 공급망 계획 수립) – 지휘/실행/조정(공급망의 운영) – 확인/통제/조치(공급망의 평가) 등의 3단계로 이를 설명하도록 한다.

이러한 관리에 대한 개념을 적용하여 공급망관리를 정의한다면, "최종 고객에 대한 가치 극대화를 위하여 비즈니스 시스템 전반에 걸친 제품, 서비스 및 이와 연계된 정보를 계획/조직 – 지휘/실행/조정 – 확인/통제/조치하는 것"이라고 할 수 있다.

---

2) 슈하트(W. A. Shewart, 1891~1967)는 1920년대에서 1930년대에 벨연구소에서 근무하며 생산제품의 경제적 품질관리 (The Economic Control of Quality of Manufactured Products)를 통해 생산제품의 품질 개선에 획기적인 기여를 하였다고 평가된다. 슈하트가 우연 변동의 관리를 위하여 제안한 관리도(Control Chart)는 현재까지도 품질관리를 위해 널리 사용되고 있다. 슈하트의 샘플링과 관리도에 대한 연구는 후에 데밍의 관심을 얻고 보다 발전된다.

3) 데밍(W. Edwards Deming, 1900~1993)은 농림부에서 일하던 1927년 슈하트를 만나 슈하트의 연구를 보다 발전시켰다. 2차 세계대전 이후 JUSE(Union of Japanese Scientists and Engineers)의 초청으로 일본에서 품질에 대한 강의와 컨설팅을 수행하며, 일본의 품질수준을 극적으로 향상시켰다.

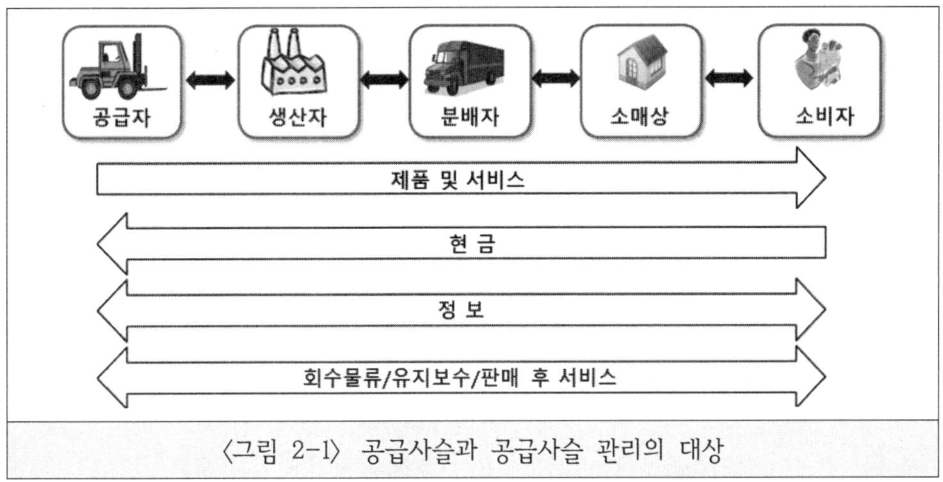

〈그림 2-1〉 공급사슬과 공급사슬 관리의 대상

공급망 관리에 대한 정의는 다양한 것들이 있다. 수많은 공급망 관리에 대한 정의들이 있지만, 대부분의 경우 시장에서 기업의 경쟁 우위 확보를 지원하고 가치를 창조하기 위하여 기업 간 혹은 기업내부의 제품, 서비스 및 정보의 흐름을 포함하고 있다는 데에 동의하고 있는 것 같다. 이어지는 공급망 관리의 목표를 확인해 보면, 공급망 관리에 대한 정의가 보다 명확히 이해될 것으로 판단된다.

나. 공급망 관리의 목표

기업의 공급망관리의 목표는 전체 비즈니스전략이나 핵심성공요소(CSF: Critical Success Factors), 제품이나 제품군의 마케팅전략이 반영되어야 한다. 적절한 수준의 브랜드 파워를 가지고 성숙된 시장에서 경쟁하는 안정된 기반에 있는 CPG[4] 기업의 경우라면 높은 수준의 효율성[5]을 강조하는 공급망관리전략을 채용하려 할 것이다. 반대로 수시로 신제품이 출시되거나 신제품의 성공적인 시장안착이 중요한 CSF가 되는, 모바일 단말기를 공급하는 회사의 경우라면 상황이 조금 다르게 된다. 효율성이 무시되지는 않겠지만, 제품의 특성 상 제품수명주기(Product Life Cycle)의 도입단계에 머물고 있는 제품들이 많기 때문에 고객에 대한 신속한 응답의 필요성이 보다 강조되는 경우가 많을 것이다.

앞의 사례에서 살펴본 내용을 일반화한 공급망 관리의 목표는 다음과 같이 정리할 수 있겠다.

---

4) CPG: Consumer Packaged Goods, 소비재

5) 앞에서 언급한 바와 같이 효율성 위주의 공급망은 공급망 전반의 비용 절감에 목적이 있다. 반대로 대응성 위주의 공급망은 고객의 요구에 대한 신속하고 유연한 대응에 목적이 있다.

공급망 관리의 목표

- 효율적 마케팅, 생산/유통전략을 통한 공급망전체 비용 절감
- 고객 수요, 변화 및 유연성에 대한 응답성 확보
- 제품의 생산에서 판매시점까지의 시차를 실질적으로 최소화
- 신제품/서비스의 도입에서 경쟁 우위의 확보

다. 국제화에 따른 복잡성

앞에서 우리는 공급망관리의 정의와 목표에 대하여 살펴보았다. 물론 기업내부 뿐만 아니라 기업 간의 관계에서도 공급망관리가 중요함을 살펴보기는 했지만, 기업가치 창조에 영향을 미치는 국제화로 인한 복잡성의 이슈를 살펴보지 않을 수 없겠다. 이러한 복잡성을 야기하는 요소들은 새로운 시장에 접근하는데 필요한 운영 및 물적유통의 범위와 직결된다. 따라서 운영 및 물적유통 범위가 증가하면서 공급계획 및 수요계획, 조달, 생산 및 유통재고 및 프로세스를 관리하는데 필요한 정보의 복잡성이 기하급수적 증가됨은 필연적이라고 할 수 있다. 반면 단순히 공급 및 수요계획의 범위증가에 따른 문제뿐만 아니라 서로 다른 언어, 문화 및 업무행태에 기인한 바도 크다. 여기에서는 이러한 문제에 대하여 좀 더 논의해 보고자 한다.

계획 수립범위의 국제화

국제화는 몇 가지 문제의 중요성을 부각시켰는데, 대표적인 것들이 조달, 생산 및 판매주문관리의 중앙 집중화와 비집중화의 선택 등과 관련된 것이다. 국지적 유연성, 재고저감 목표수준 및 고객서비스 수준의 이점과 같은 항목들의 가중치를 따져 결정할 필요가 있을 것이다.

환경적 문제

환경에 대한 인식은 전 세계적으로 증가하고 있지만, 이에 대한 제재는 아직까지는 지역적인 것이 현실이다. 하나의 물류 혹은 생산솔루션으로 다양한 규제를 모두 충족시키는 것이 어려운 경우도 종종 발생하곤 한다. 또한 환경관련 규제는 무역장벽으로 사용되기도 한다.

정치적 장벽

국제무역은 보호주의나 보이콧과 같은 정치적 영향을 받기 쉽다. 다양한 지역법이나 수입관세 등은 경쟁력을 감소시키거나 진입장벽으로 작용하기도 한다. 이스라엘과 이웃한 아랍 국가들과의 관계, 중국과 대만의 관계 등의 정치적으로 민감한 문제들로 인하여 최선의 대안이 아닌, 차선책의 물류 운영을 활용할 수도 있다(우리나라의 경우 TKR[6]과 TCR[7] 혹은 TSR[8]의 연계는 물류 관점에서는 매우 효율적이고 획기적 물류 방안으로 언급되고 있으나, 북한과의 정치적 문제로 인하여 쉽게 현실화되지 않고 있다).

문화적/언어적 차이

판매, 마케팅 및 물류활동의 확대는 필연적으로 다양한 문화와 언어에 대한 노출을 증가시킨다. 이런 이유로 다국어로 소통하거나 업무시간이 증가되는 등의 단편적 이슈 제기와 더불어 인식, 태도, 그리고 가치의 변경이 수반 된다는 문제점이 내포되어 있다. 새로운 시장으로 진출이나 운영 거점의 변경에는 문화적 요소에 보다 주의를 기울이는 것이 필요하다.

환위험

개발 도상 국가에서의 활동은 환율의 급격한 변동이나 인플레이션 등의 문제가 수반되기도 한다(우리나라는 이미 IMF 때 환율의 급상승에 몹시 힘들어 했던 기억을 가지고 있다). 이러한 급격한 변화는 원가나 운영에 따른 수익성, 위험관리 상에서의 우선 관리 대상 선정 등의 문제에 직접적인 영향을 미치게 된다.

이상에서 언급한 바와 같이 공급망관리에 영향을 미치는 국제화와 관련된 복잡성 이슈들을 개략적으로 정리해 보면, 다음의 〈표 2-1〉과 같다.

---

6) TKR: Trans Korea Railway, 한반도 종단 철도
7) TCR: Trans China Railway, 중국 횡단 철도
8) TSR: Trans Siberia Railway, 시베리아 횡단 철도

▮표 2-1▮ 국제화로 인한 복잡성에 따른 공급망 관리의 고려 사항

고려 유형	고려 항목
정치적 영향	✔ 다국가 조약 ✔ 무역 영역 (EU, ASEAN 등) ✔ 중앙 정부법 ✔ 지방 정부법 ✔ 규제 승인(마약, 식품, 전기 제품)
환경적 영향	✔ 폐기물 처리 ✔ 에너지 사용 ✔ 희귀 자원 및 위험한 자원의 사용 ✔ 방출 물질 (화학제품, 소음, 배기가스)
세금 및 관세	✔ 수입 세금 및 관세 ✔ 판매세
문화적 영향	✔ 지역적 풍습 ✔ 종교적 영향
언어적 영향	✔ 문서 작성 시 사용 언어 ✔ 문서화 요구 ✔ 라벨 인쇄
통화	✔ 통화 변동 ✔ 재고의 재평가 ✔ 인플레이션 율의 차이

2.2 공급망 관리와 가치창조

가. 공급망 관리와 가치창조 경영

공급망관리의 가장 효과적인 방법은 무엇일까? 여러 가지 공급망 관리 방법이 나와 있지만, 이 책에서는 기업이 추구하는 가치(Value)와 그 가치를 달성하도록 하는 가치동인(Value Driver)을 찾아내고, 가치동인에 영향을 미치는 관리상의 여러 결정사항들을 통해 공급망을 관리하는 방법에 대하여 논의하고자 한다. 이러한 사례들은 가치창조에 전략적으로 기여한 몇몇 혁신적 회사에서 찾아 볼 수 있다. 다음 그림은 이른바 VBM[9]을 기반으로 작성한 것이다. 이 그림은 관리상의 결정 사항이 미래 자유 현금흐름이나 할인율 등의 주주가치에 어떻게 긍정적 영향을 미칠 수 있는지를 보이고 있다.

9) VBM: Value-based Management, 가치기반경영

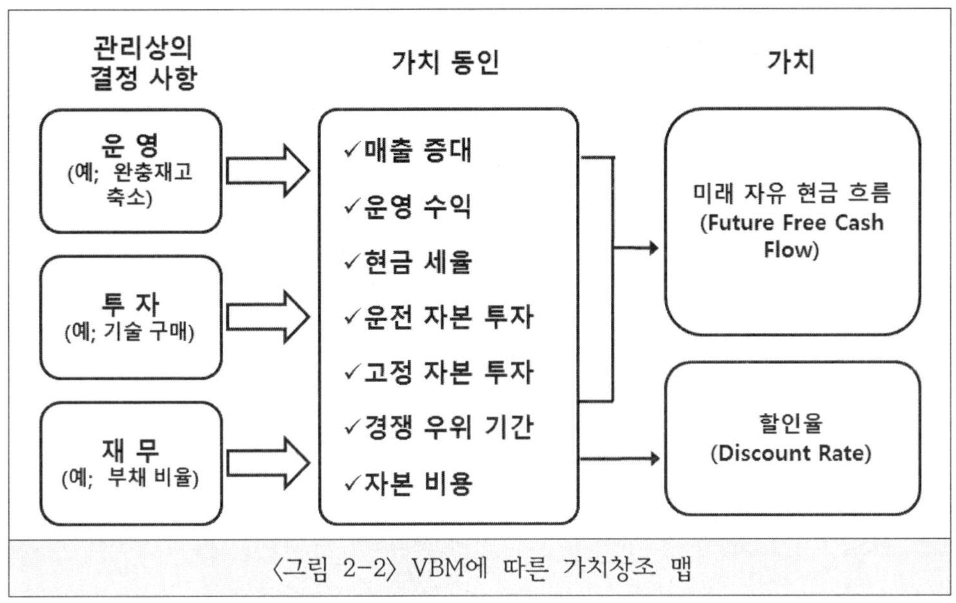

〈그림 2-2〉 VBM에 따른 가치창조 맵

기업 내부나 공급망 상의 공급자 혹은 고객 모두 공급망 프로세스의 효과와 효율이 가치창조 프로세스에 어떻게 영향을 미치는지 이해하는 것이 매우 중요하다. 이러한 이해를 기반으로 고객에 대한 가치 제안을 제시할 수 있기 때문이다.

나. 공급망관리와 가치동인(Value Driver)

효율적 공급망관리는 이로 인한 개선의 효과가 다양한 형태로 가치동인에 영향을 미치게 된다. 예를 들어 시장 출시시간(Time to Market)의 단축은 매출증대와 시장 점유율의 증대를 가져오게 된다. 또한 입고 물류(Inbound Logistics)에서 원자재, 재공재고 등의 효율적 관리는 운영 효율 향상(Operation Excellence)을 통하여 운영 원가 절감(Reduce Operating Cost) 및 수익 증대에 긍정적 효과를 미친다. 자재관리 및 공급업체 관리비용의 절감을 가져오게 하는 조달업무 합리화는 수익증대에 중요한 역할을 하게 된다. 고객이나 공급업체와의 제품 개발이나 설계 부문에서의 파트너십 향상은 제품의 경쟁력제고와 수익증대에 기여하게 된다. 아웃소싱은 고정 투자필요성을 줄여주는 전략의 예이다.

다음의 〈그림 2-3〉은 공급망 관리를 통한 개선 항목이 주요 가치 동인과 연결되는 사례를 나타낸 것이다.

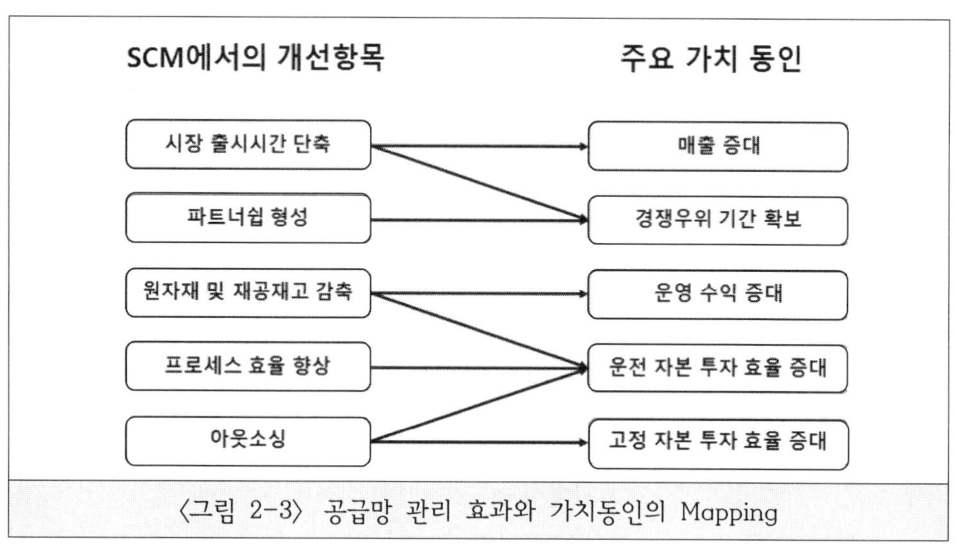

〈그림 2-3〉 공급망 관리 효과와 가치동인의 Mapping

2.3 공급망 관리 프로세스 체계

가. 공급망관리 프레임워크

다음의 〈그림 2-4〉에 정리한 공급망관리 프레임워크는 마이클포터의 가치사슬 개념을 응용하여 정리한 것이다. 아래에 제시한 프레임워크는 몇 가지 목적을 위해 고려되었다. 공급망 관리 프레임워크를 적용하면, 기업 내의 일관성을 유지하기 위하여 공통된 프레임워크를 활용하여 모든 공급망 관리의 전문가들이 동일한 프로토콜에 기반을 두어 업무를 수행할 수 있도록 하거나, 공급망 개념이 잘 반영된 선진사례에 기반을 둔 표준 프로세스 모델을 쉽게 적용 활용할 수 있게 된다. 또한 표준화된 프레임워크를 활용하게 되면, 공급망 관리를 위한 축적된 지식들을 보다 체계적으로 관리할 수 있게 된다.

그림에서 보는 바와 같이 공급망관리 프레임워크에는 가치사슬 프로세스와 계획수립 프로세스가 포함되어 있다. 프레임워크의 핵심에는 일련의 가치사슬 프로세스가 존재하고, 통합 공급망계획은 가치사슬의 모든 단계에 걸쳐 간접적으로 적용되도록 설계되었다. 물론 이러한 프레임워크는 어떠한 시장에 적용되느냐에 따라 계획 프로세스와 핵심 가치사슬 프로세스의 범위가 다르게 된다. 실제로 조세제도나 규제, 회계 관행은 아시아나 유럽, 미국 등에서 매우 다르며, 심지어는 같은 아시아권 일지라도 한국과 중국, 일본이 모두 다르다.

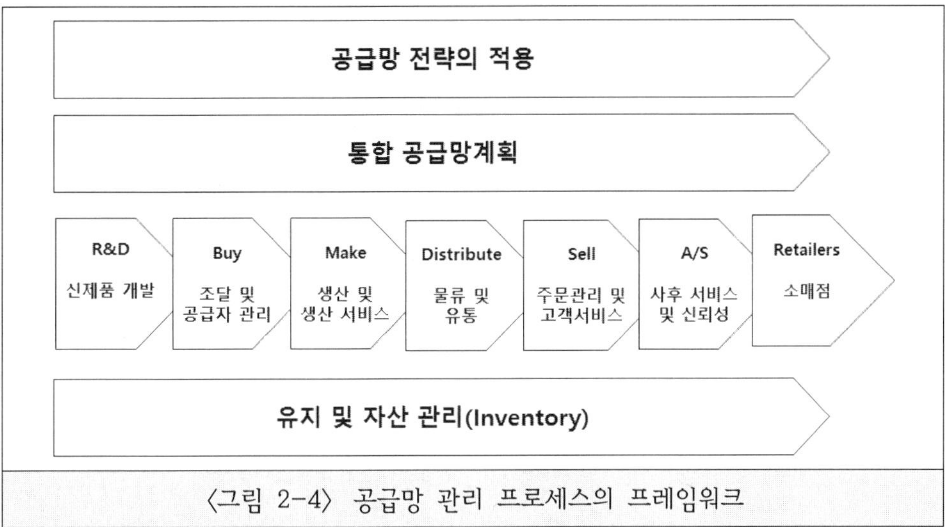

〈그림 2-4〉 공급망 관리 프로세스의 프레임워크

공급망 관리 프로세스를 구성하고 있는 공급망전략과 통합 공급망계획, 가치사슬 프로세스 및 이를 지원하기 위한 내용들에 대해서 다음 절에서 보다 상세히 살펴보기로 하자.

나. 공급망전략의 적용

공급망 전략은 기업의 전략이 반영되어 수립되어야 하며, 전사전략을 달성하기 위한 CSF(핵심성공요소)의 방향과 일치해야 한다. 예를 들어 낮은 수익률과 짧은 제품수명주기, 글로벌 시장의 압박을 받고 있는 기업이라면 어떤 비즈니스 전략이 필요할까? 이러한 기업의 비즈니스전략이나 CSF는 아마도 신속한 신제품출시, 비용효율성 제고, 주요 유통채널에 대한 높은 수준의 고객 서비스 제공 등에 초점이 맞추어져 있을 것이다.

다음의 〈그림 2-5〉는 공급망 전략 수립에 있어 기업들이 고려해야 하는 몇 가지 이슈를 보인 것이다. 공급망 전략의 기본 구성 요소는 〈그림 2-5〉에서 언급한 바와 같다. 그러나 이를 보다 명확히 하기 위하여 몇 가지 예를 제시하고자 한다. 아래에 정리한 사례는 매우 간략하고 추상적이지만, 전략수립에 반드시 고려해야 할 다양한 항목의 범위와 특성을 반영한 것으로 이해에 도움이 될 것으로 판단된다.

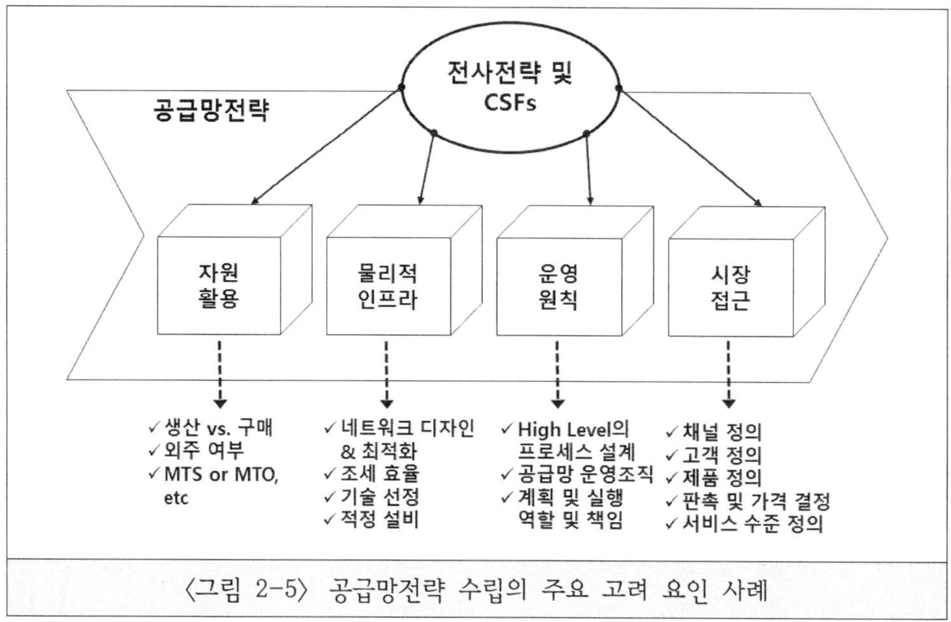

〈그림 2-5〉 공급망전략 수립의 주요 고려 요인 사례

시장 접근 전략(Go to market strategy)

전략 수립의 예) 매출의 80% 이상을 차지하는 주요 유통업체에 대하여 직접 선적하며 리드타임은 5일을 넘지 않아야 한다.

운영 원칙(Operating principles)

전략 수립의 예) 높은 원가의 부품 구매나 공급계획, 수요계획은 중앙 집중화 시키되, 생산은 분산시킨다.

물리적 인프라와 자원 계획(Physical infrastructure and resourcing)

전략 수립의 예) 주요 국가 혹은 시장을 위해서는 해당 지역에 조립 공장을 두거나 유통 센터를 통해 Build-to-Order 생산 전략을 적용하고 소규모 시장을 위해서는 제3의 리셀러를 둔다.

다. 통합 공급망 계획(Integrated Supply Chain Planning)

통합 공급망 계획은 개략적으로 〈그림 2-6〉 같이 정리해 볼 수 있다. 통합 공급망 계획을 위한 계획 수립은 이 책의 3부에서 개별적으로 상세히 살펴 볼 것이므로, 여기에서는 개략적으로만 살펴보도록 한다. 통합 공급망 계획은 제품군별 계획에 이어 품목별 계

획, 그리고 개별 제품의 출시/단종 계획 등의 수명 계획(Launch/End Life Planning)의 3단계로 나누어 볼 수 있다. 각 단계의 계획 수립은 몇 가지 절차를 통해 이루어지게 된다.

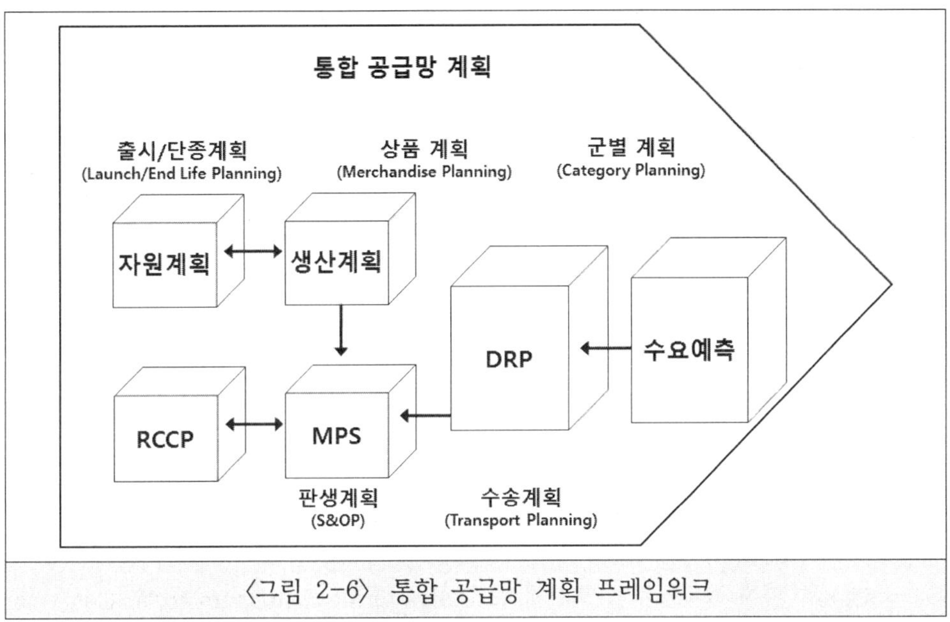

〈그림 2-6〉 통합 공급망 계획 프레임워크

통합 공급망계획은 제품군별 계획으로 진행되는데, 그 시작은 수요예측이 된다. 수요예측을 기반으로 생산을 수행하는 MTS(Make to Stock) 생산 방식은 물론 고객의 주문을 기반으로 하는 MTO(Make to Order) 생산 방식의 경우에도 수요예측은 매우 중요하다. 왜냐하면 MTO 생산 방식의 경우에도 고객의 주문이 실현되기 이전에는 수요를 예측할 필요가 있기 때문이다. 품목별 수요예측은 대부분의 경우에는 매우 위험하다. 대개의 경우 개별 품목별 수요예측 결과를 모두 취합하면 해당 제품군 전체 판매 예측 수준을 훨씬 초과하는 것이 일반적이다. 이에 대한 자세한 논의는 이 책의 5장에서 상세히 알아보기로 하자.

이어지는 계획은 유통자원계획이라 불리는 DRP(Distribution Resource Planning)인데, 이를 통해 공급망 전체의 흐름을 파악하게 된다. DRP의 실제 적용을 위해서는 수송계획(Transport Planning)이 수반되게 된다. 이후 생산계획(Production Planning)과 주일정계획(MPS, Master Production Scheduling)이 수립된다. 이 단계에서는 실제 대응해 생산해야 할 수요에 대한 계획인 MDS(Master Demand Schedule)를 반영한 판생계획(생판계획이라고도 불린다) 혹은 S&OP(Sales and Operation Planning)가 운영 된다.

수립된 생산계획이나 주일정계획의 적절성을 확인하기 위해 반드시 확인해야 하는 것이 자원의 지원 가능 여부일 것이다. 이러한 자원의 가용성을 확인하는 절차가 자원계획(Resource Plan) 수립이나 개략능력계획(RCCP, Rough-cut Capacity Plan) 수립이다.[10] 언급된 공급망계획 단계보다 하부의 개념으로는 생산자원계획(MRP II, Manufacturing Resource Plan)이나 능력소요계획(CRP, Capacity Requirement Plan) 등이 있다. 보다 자세한 내용은 이 책의 3부에서 상세히 설명하도록 한다.

통합 공급망계획은 유통 및 생산에 필요한 자원에는 제약이 있으며(유한능력계획), 수익성과 고객 서비스 수준의 균형을 유지하면서 생산 품목의 종류와 양을 혼합 (Product and Volume Mix)하며 주어진 자원을 활용한다는 가정 하에 수립되어야 한다.

라. 공급망 운영: 핵심 가치사슬 관리

공급망관리 프레임워크는 아래의 그림과 같이 7개의 가치사슬 프로세스로 구성되어있다. 전사 차원의 가치사슬 중 공급망 관리와 특히 관련이 높은 프로세스는 업체 발굴 및 공급자관리(Sourcing & Supplier Management), 제조, 형태변환 및 서비스제공(Manufacturing, Conversion & Service Operations), 물류 및 유통(Logistics & Distribution), 판매주문관리 및 고객서비스(Sales Order Management & Customer Service) 등이다. 또한 이러한 핵심 가치사슬들의 지원을 위한 유지 및 자산관리를 포함할 수 있는데, 이 책에서는 재고관리를 중심으로 살펴보기로 한다. 1장에서 언급한 바와 같이, 이 책에서는 신제품 개발, 사후 서비스 및 신뢰성, 소매점에 관한 내용에 대해서는 다루지 않는다. 해당 프로세스들에 대해서는 다음에 보다 상세히 살펴보기로 하자.

---

10) 일반적으로 Planning은 Scheduling보다 상위 개념이다. 따라서 생산계획수립(Production Planning)이나 자원계획(Resource Planning)이 우선 수행되고, 이를 근거로 MPS나 RCCP가 수행된다.

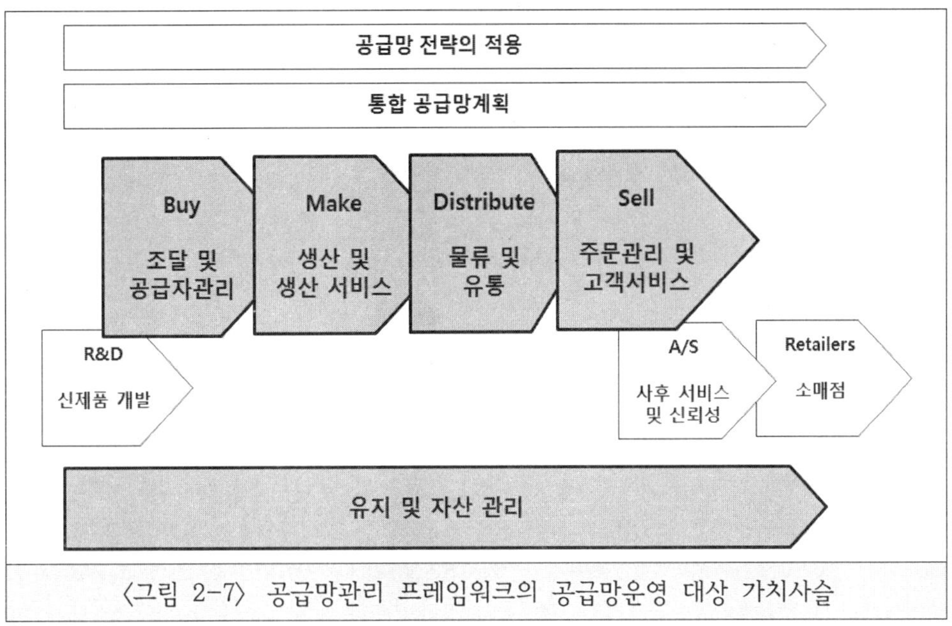

〈그림 2-7〉 공급망관리 프레임워크의 공급망운영 대상 가치사슬

2.4 공급망관리의 통합요소

공급망관리를 체계적으로 통합하는 요소들은 몇 가지로 구분해 볼 수 있다. 가장 먼저 고려할 요소는 검증된 패키지 솔루션을 사용하고, 통합방법 및 업무프로세스의 변경을 통하여 토털 솔루션을 적용하는 것이다. 실제 공급망관리 프레임워크의 구현은 프로세스나 시스템구현, 조직요소 및 조직원이나 문화 등의 다양한 요소들이 전체적으로 고려되어야한다. 어느 한 요소만의 적용으로는 공급망 관리 프레임워크의 구현이 어렵기 때문이다. 이와 같이 프로세스, 시스템, 조직, 조직원/문화 등의 요소를 모두 감안한 접근 방법을 이른바 Total Solution Approach라고 한다.

실제 많은 기업들에서는 SAP ERP나 HANA 혹은 Oracle ERP 등의 ERP 시스템을 구축하고, SAP APO, Oracle APS나 i2, Manugistics 등의 의사결정지원시스템을 구축하면서, 단순히 시스템의 도입이 아닌 비즈니스 프로세스를 재설계하고 조직 구조를 변경하며 기업문화 변화 프로젝트를 함께 수행하는 사례를 종종 찾아볼 수 있다. 이러한 방법이 Total Solution Approach라고 할 수 있다. 다음의 〈그림 2-8〉은 공급망 관리의 통합 요소를 정리한 것이다.

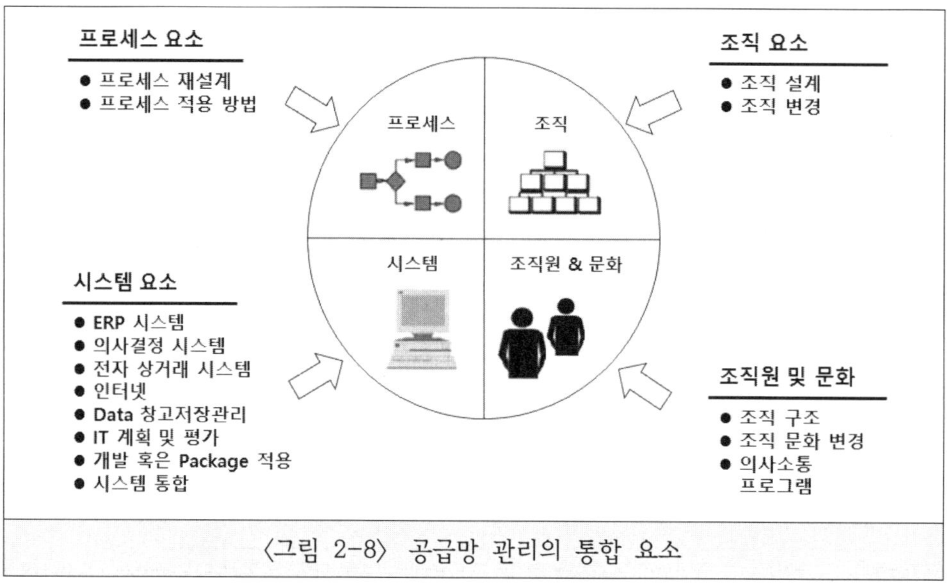

〈그림 2-8〉 공급망 관리의 통합 요소

다음의 〈그림 2-9〉는 지금까지 언급한 공급망관리 통합 요소를 고객 중심으로 엮어 통합적으로 접근하는 방식을 나타낸 것이다. 공급망조직과 비즈니스 프로세스, 이를 지원하는 IT 시스템, 설비/물리적 프로세스/파트너십 등의 모든 요소들을 고려한 접근을 통해 공급망 관리 프레임워크의 구현이 가능해 진다.

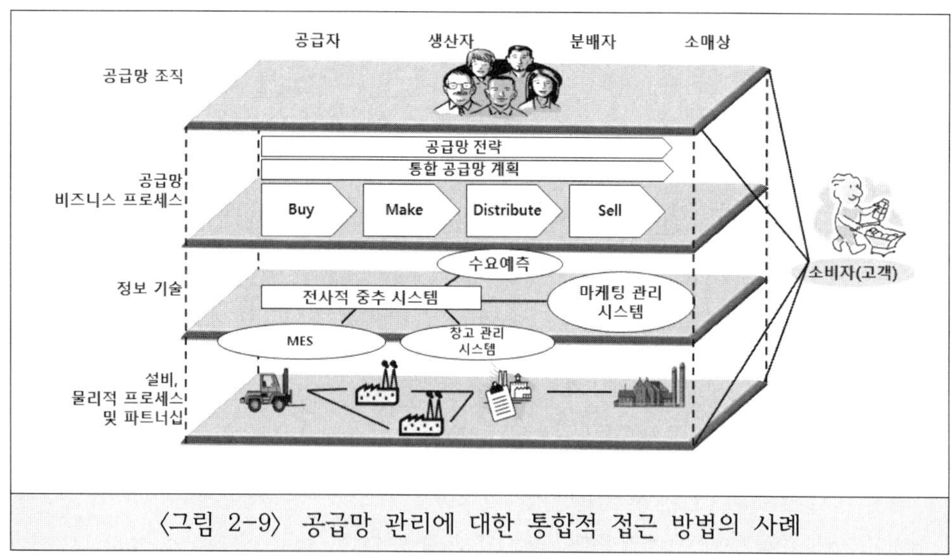

〈그림 2-9〉 공급망 관리에 대한 통합적 접근 방법의 사례

가. 공급망 관리 지원 시스템

공급망관리 지원 시스템은 기업내부의 핵심가치사슬을 지원하는 ERP 시스템과 공급계획과 수요계획을 지원하는 의사결정 지원시스템으로 구분할 수 있다.

(1) ERP 시스템

공급망의 대상이 되는 핵심가치사슬 프로세스(구매, 생산, 유통, 판매) 등을 비롯하여, 재무, 인적자원관리 영역을 포함하는 공급망관리의 운영 및 거래지원 시스템을 말한다. 대표적으로 SAP ERP와 비교적 최근에 선보인 HANA, Oracle ERP, JD Edwards(현재는 Oracle 사에 의해 인수/합병되었음), Microsoft Dynamics ERP ZX 등의 외산 솔루션과 더존 비즈온, 영림원 소프트랩 등의 국산 솔루션이 있다.

(2) Decision Support System

ERP 등의 거래기반의 시스템에서 축적된 데이터를 활용하여 의사결정을 위해 사용되는 시스템을 말한다. 보통 이 시스템은 기존 시스템(Legacy System)이나 ERP 시스템에 Bolt On[11]의 형태로 구축되어왔다. 최근에는 ERP 솔루션의 공급업체에서 확장된 형태의 시스템을 제공하여 Bolt On의 형태가 아니라 동일 솔루션으로의 적용도 흔히 찾아볼 수 있다.

이러한 영역의 시스템으로는 생산 계획이나 자원 계획에서 전통적으로 우위를 보여 왔던 i2나 유통망 계획의 강자로 알려진 Manugistics외에도 ERP 공급업체로 출발하여 Decision Support System의 영역으로 확장한 SAP 사의 APO, Oracle 사의 APS 시스템이 있다. 또한 최근에는 EXE 시스템 또한 많이 적용되고 있다.

나. 공급망관리 지원 조직구조

공급망 관리의 수행을 위한 조직은 대개 다음과 같은 3가지 형태로 구분해 볼 수 있다.

- 기능 중심 조직(Functional Organization)
- 혼합 조직(Matrix Organization)

11) Bolt On: 마치 볼트를 끼워 넣듯이, 하나의 시스템에 다른 완성된 시스템(또 다른 패키지 솔루션 등)을 추가하는 방식을 말한다. 이와 유사한 개념으로 Add On이 있는데, 이는 완성된 시스템이 아니라 필요에 따라 기능을 추가 개발하여 붙이는 형태의 보완을 말한다. Bolt On과 Add On이 패키지 소프트웨어의 본래 기능을 훼손하지 않고 부족한 기능을 보완하는 방식이라면, Customization은 패키지 소프트웨어에서 제공되는 기능을 수정하여 적용하는 방법을 말한다.

● 프로세스 중심 조직(Process Organization)

'비즈니스 결과에 대한 책임이 어디에 있는가?'라는 질문은 기업의 조직 구조를 결정하는 가장 중요한 요소이다. 그 결과 공급망 조직은 기업구조에 맞추어 기능중심 조직으로 구성할 것을 강요당하곤 한다. 이와 같은 기능 중심의 조직구조는 책임 소재는 명확해지는 반면 수행 기능과 비즈니스가 추구하는 방향과의 충돌이 발생하기도 하며, 공급망 관리 영역에서 최적화된 결과를 얻기도 힘들다. 따라서 최근의 선진사례는 공급망 관리 전반의 목표 달성을 위하여 다양한 기능별 부서에 성과 지표를 할당하고 이를 달성하기 위한 프로세스를 중심으로 업무를 수행하는 프로세스 중심 조직이 주를 이루고 있다. 이에 대한 상세 설명과 논의는 이 책의 4장에서 다시 다룰 것이다.

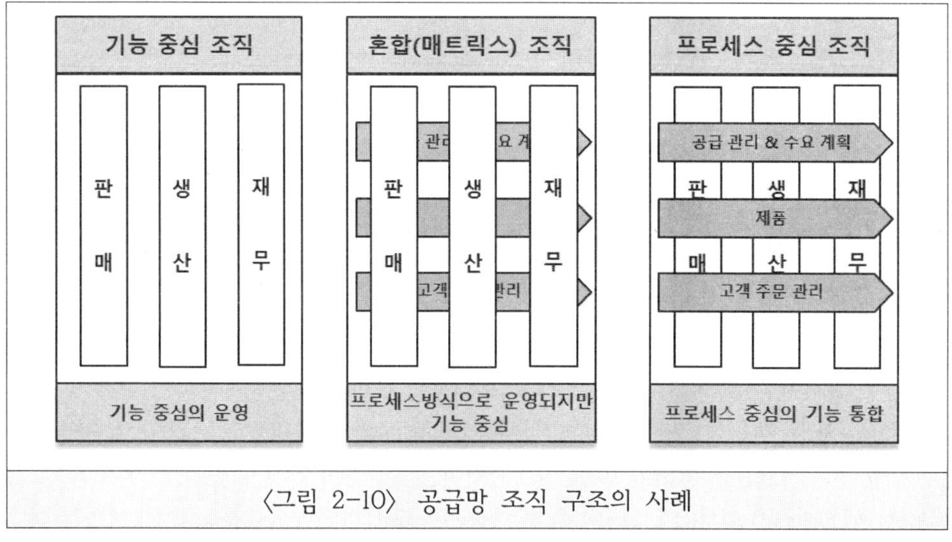

〈그림 2-10〉 공급망 조직 구조의 사례

〈그림 2-10〉은 기능 중심으로 업무를 수행하는 기능 중심 조직과 여러 부서를 관통하는 프로세스 중심의 프로세스 중심 조직, 그리고 기능 중심 조직과 프로세스 중심 조직의 장점을 혼합한 혼합형 Matrix 조직 구조의 사례를 보이고 있다.

통합 공급망 계획 프로세스를 지원하는 글로벌 공급망 조직체계에도 이러한 개념을 적용할 수 있다. 〈그림 2-11〉의 조직은 다국적 글로벌 기업의 조직구조를 단순화 한 것이다. 해당 기업은 2개의 사업부로 구성되어 있는데, 각 사업부는 서로 다른 생산라인을 가지고 있다고 가정한 것이다. 이러한 기업의 공급망 최적화를 위해서는 수요계획이나 조달계획, 고객주문관리 프로세스를 공유하는 것도 좋은 방법이다. 〈그림 2-11〉에서 제시한 글로벌 공급망 조직 구조는 글로벌 조직이 일반적으로 흔히 직면하는 몇 가지 이슈들을 반영하고 있다. 선진사례 분석을 분석해 보면, 다음과 같은 사항들을 찾아 볼 수 있다.

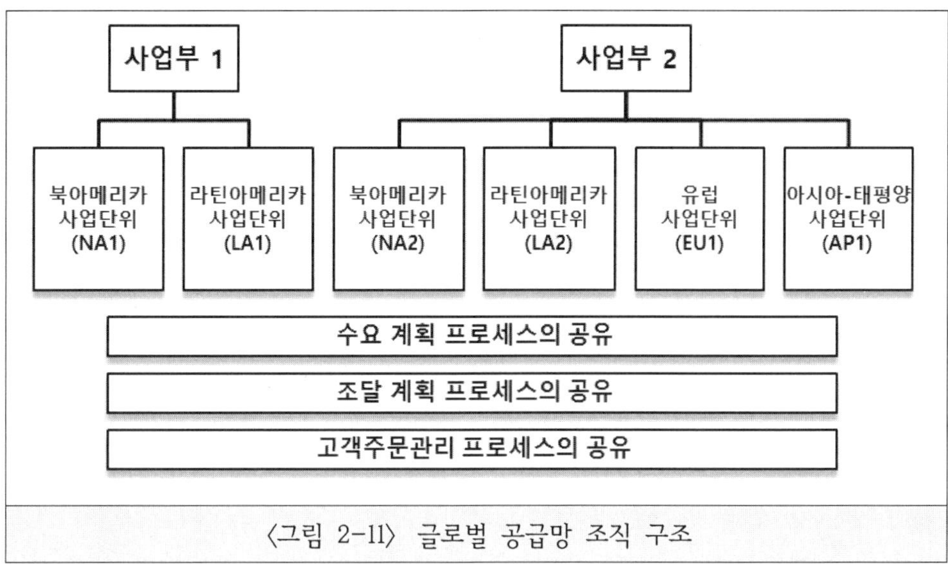

〈그림 2-11〉 글로벌 공급망 조직 구조

- 지역 시장의 요구사항을 해소하기 위하여 설정된 국지적 목표와 더불어 기업의 모든 레벨과 시장 전반에 걸쳐 공통적으로 적용되는 공급망의 평가가 필요하다.
- 전략적 / 장기적 계획은 글로벌 단위로 조정하며, 단기적 계획은 지역 단위로 의사결정하고 수행한다.
- 해외 판매량이 국내 판매량에 비하여 많이 못 미치더라도 제품 주문 충족을 위해 리드 타임을 단축하는 것은 여전히 필요하다.
- 생산의 유연성이나 생산 효율의 향상은 초과 재고 발생 없이 이루어져야 한다. 지역적 / 글로벌 유통망 설계가 필요하다.

Reference Pages

▮▮남북철도 연결의 경제적 효과▮▮

정치적 영향으로 남북 간의 교류가 주춤하거나 조금 더 증가되거나 하는 등의 변화가 있지만, 향후 남북 간의 교류는 점차 증가하게 될 것이라는 것이 일반적인 전망이며 필자도 동의하는 바이다. 과거 남북 간의 교류는 주로 해상운송을 중심으로 이루어졌으나, 경의선 연결로 인해 많은 물동량이 철도를 통하고 있다. 이로 인해 과거에 발생하던 물류비의 80% 정도가 절감된다는 보고가 있다[12].

● 남북 교역 물량의 철도 활용의 경우

다음의 표와 같이 남북 교역 물량이 철도를 활용하게 될 경우, 소요되는 비용은 해상운송의 80% 이상을 절감할 것으로 예상된다.

▮표 2-1▮ 인천~평안도 남포시 해안운송과 경의선 운송 비용 비교

운송 단위: TEU[13]

	해상 운송	철도 운송
단위 운송비용	$720	$123
수송일수	7~10일	1~2일

경의선 철도만 연결되어 남북 교역 물량을 소화하더라도 북측은 연간 $1억 5천 정도의 경제적 혜택을 기대할 수 있으며, 남측 또한 연간 $1억 정도의 경제적 혜택을 기대할 수 있을 것으로 보고되고 있다.

● 동북아 물류 허브를 위한 TKR의 중요성

뿐만 아니라 남북 철도가 연결되어 중국(TCR), 러시아(TSR) 철도와 연결될 경우, 이로부터 기대할 수 있는 경제적 혜택은 매우 클 것으로 생각된다. 중국은 현재도 우리나

12) 윤문규, 물류총론, 개정 4판, 도서출판 범한, p. 269, 2009
13) TEU: Twent-foot Equivalent Unit Container (20ft 컨테이너), 물류 수송의 가장 일반적인 표준이 되는 수송 단위가 20ft 컨테이너이다. 따라서 일반적으로 물류비용의 단위 가격은 보통 20ft 컨테이너 운송비용을 기준으로 산정한다.

라의 가장 큰 교역국 중 하나이며, 한-EU FTA 체결로 유럽과의 교역량의 증가를 생각할 경우 그 효과는 천문학적이라고 해도 과언이 아닐 것이다. 실제 EU로의 물동량은 해상 운송의 경우 인도양을 거쳐 남아프리카의 희망봉을 거쳐 가던지, 수에즈 운하를 통하는 방법밖에 없다. (북극해를 거치는 방법은 현재로서는 극지역의 얼음으로 매우 어렵다.) TSR을 활용하기 위한 부산~모스코바까지의 TEU 단위의 물류비용은 해상 운송의 경우 약 30일 정도가 소요되며, 그 비용은 $2130 정도이다. 남북 종단 철도(TKR)가 개통된다고 가정할 경우, 15일 정도의 소요기간에 $1822 정도의 비용이 소요된다.

이러한 혜택을 위해서는 북한 철로의 현대화가 반드시 선행되어야 하는데, 이에 소요되는 비용이 약 1조원 정도 소요될 것으로 추정된다. 이 정도의 비용은 기대 효과에 견주어 볼 때 충분히 투자할 수 있는 금액이다. 문제는 이러한 경제적 투자 금액 보다는 정치적 안정이 선행되어야 한다는 것인데, 21세기의 국가 비전을 동북아 물류 허브임을 감안할 때 이는 매우 중요한 문제이다.

■ ■ 데밍의 관리 원칙 ■ ■

데밍(1900~1993)은 와이오밍 대학과 예일대학에서 수학하였으며, 통계학을 연구하고 가르쳤다. 슈하트의 샘플링과 관리도에 대한 연구에 감명을 받고, 그와 함께 통계를 품질에 적용하는 연구를 진행하였다. 이후 데밍은 농림부에서 일하면서 샘플링의 전문가로 알려졌으며, 인구 통계국(Census Bureau Institute)이 센서스 데이터를 수집하기 위하여 새로운 샘플링 방법을 개발하는 것을 돕기 위하여 농림부를 떠나게 된다. 데밍이 슈하트와 함께 샘플링과 관리도를 연구하는 과정에서 공장에서 적용하는 통계적 방법들이 사무실에서도 동일하게 적용할 수 있음을 천공작업자의 사례를 통하여 알아내기도 하였다.

제 2차 세계대전이 발발하면서, 데밍은 전쟁 물자의 생산에 참여한 3만여 기술자들을 대상으로 슈하트의 통계적 기법을 가르쳤는데, 전쟁이 끝나고 그가 가르쳤던 품질 강의들이 무시되고 있음을 깨닫게 된다. 그는 이러한 원인이 품질은 작업 현장에서 결정되는 것이 아니라 경영층에 의해 좌우되는데, 자신은 경영 관리자를 가르친 것이 아니라 기술자들을 가르쳐왔기 때문이라고 분석하였다. 이 과정에서 슈하트의 관리 방법을 지속적으로 연구한 사람들 중심이 되어 ASQC(American Society for Quality Control)를 설립하는 모태가 되기도 하였다.

이후 JUSE(Union of Japanese Scientists and Engineers)의 초청으로 일본에서 강의와 컨설팅을 계속하였다. 2차 세계대전 패전 후 일본 경제는 최악이었으며, 일본의 제품 또한 그 수준이 매우 저급하였다. 이러한 상황에서 데밍은 통계적 공정관리와 품질 향상책을 일본인들에게 가르쳤으며, 전국적으로 그 성과가 파급되었다. 1951년 JUSE는 데밍의 공적을 기념하고 품질 붐을 조성하기 위하여 "데밍상"을 제정하였으며, 현재까지도 가장 권위 있는 품질상이 되고 있다. 미국의 경우도 이 상을 본 따 1980년부터 데밍상 제도를 신설하였다.

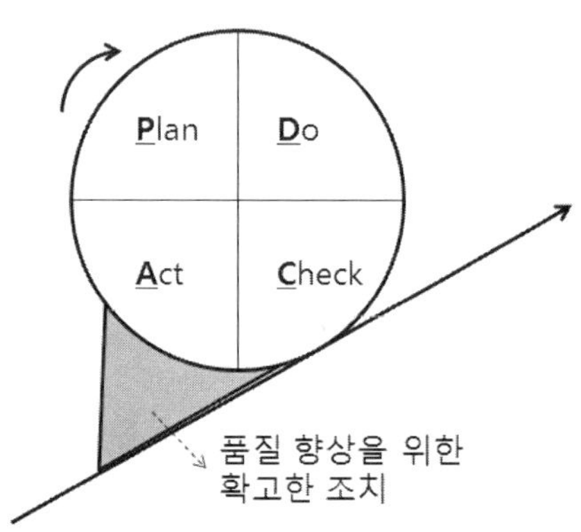

슈하트의 관리 사이클(P - D - S: Plan - Do - See)을 개선한 데밍의 관리 사이클은 P - D - C - A로 요약되는데, 이 사이클은 지속적인 품질 개선을 위한 모델이다. 이 모델은 지속적인 개선 및 학습을 위한 4가지 반복적인 단계를 지속적으로 수행하는 것인데, 계획–실행–확인–조치(Plan–Do–Check/Study–Action)가 그것이다. 이러한 데밍의 관리 사이클은 데밍의 수레바퀴 혹은 지속적 나선형 개선(Continuous Improvement Spiral)으로도 알려져 있다. 데밍에 의해 주창된 관리 사이클은 일본식 경영혁신 방법인 KAIZEN(改善의 일본식 발음) 사고나 JIT(Just In Time)등에도 영향을 미치게 된다. 데밍 사이클의 이점은 다음과 같은 영역에서 쉽게 발견될 수 있다.

- 개인과 팀의 일상적인 관리
- 문제 해결 과정
- 프로젝트 관리
- 지속적인 개선
- 공급업체 개발
- 인적 자원 개발
- 신제품 개발
- 프로세스의 시범 적용

데밍의 관리 방법에 대하여 Watson은 일본의 산업 기적은 한 국가가 품질과 장기적인 비전에 충실할 때 여러 가지 병폐를 극복하고 일어설 수 있음을 보인 대표적인 본보기라고 평가했다[14]. 데밍의 관리 방법이 적용된지 50년이 채 지나지 않아, 일본은 저가

제품위주의 저부가가치 생산 국가에서, 세계 최고의 정밀제품 제조 국가로 바뀌었다. 데밍이 미국을 향해 "미국은 전후 승전의 여파로 그 혜택을 누리고 있다"고 경고했을 때 어느 누구도 데밍의 말에 귀를 기울이지 않았으며, 일본은 데밍을 환영하였다. 그 결과 미국인 데밍의 품질관리 이론은 일본에서 꽃 피웠으며, 한참이 지난 후 미국인들은 1980년 NBC에서 방송한 "일본이 할 수 있는데, 우리는 왜 못하겠는가?[15)]"라는 프로그램을 통하여 그의 존재를 자각했다는 것은 매우 아이러니하다.

▮▮두 가지의 SCEM▮▮

공급망 관리의 중요성이 강조되고, 공급망의 성과 향상을 위한 공급망 전반의 성과 향상에 대한 중요성에 대한 인식이 확산되면서 최근에는 SCEM이라는 용어가 등장하고 있다. SCEM은 크게 공급망 이벤트관리(SCEM: Supply Chain Event Management)라는 개념과 공급망 환경관리(SCEM: Supply Environment Management)의 두 가지 개념이 공존하고 있다.

전자의 경우는 실시간 기업(RTE: Real-time Enterprise)의 구현을 지원하는 개념으로 제안된 것인데, 예외사항이 발생하였을 경우 이를 인지하고 원인을 파악하여 그에 따른 적절한 해결방안을 제시하고 수립한 계획의 변경사항에 대하여 관련자들에 전달하여 이에 대한 적절한 대응을 하도록 지원하는 것을 의미한다. 이를 위해서는 공급망에서 발생하는 다양한 이벤트에 대한 가시성을 확보해야하며, 발생되는 이벤트의 원인 분석과 이에 따른 해결방안이 정립되어 있어야 한다. 또한 이러한 해결 방안이 프로세스 및 회사의 업무 규정에 반영되어 있어야 한다. 실제 공급망관리 솔루션들이 기업에 적용되면서, 정상적인 업무 절차들은 비교적 처리가 잘되고 있다. 그러나 실제 공급망관리 솔루션은 도입한 회사에서 기대한 만큼의 성과를 체감하기 어려운 경우는 대부분 공급망 상에서 발생하는 다양한 이벤트(특히 예외 상황)가 발생되었을 때의 조치가 미흡한 경우가 대부분이다. 이러한 공급망 이벤트 관리 시장을 예측한 통신, 소프트웨어 시장 조사 전문기관인 WinterGreen Research사에서 분석한 결과를 따르면, 2005년은 17억 달러 규모였으며 2012년에는 71억 달러에 달할 것으로 예측되고 있다[16)].

반면, 후자의 공급망 환경관리는 자사의 환경 기준을 만족시키는 공급업체를 공급자로 선정하고 이들의 환경성과를 지속관리 함으로써 자사 제품 전 과정의 환경성과를 개선하

14) Watson, M., The Deming Manaement Method, Berkley Publishing Group, 1986.
15) If Japan can, why can't we?
16) WinterGreen Research Inc., "Supply Chain Event Management(SCEM) Market Opportunities, Strategies, and Forecasts, 2006 to 2012", 2006.

는 것으로, 이를 통해 강화되는 국제 기준 준수와 함께 사회적 책임을 수행하고자 제시되는 개념이다[17]. 즉 공급망 환경관리는 환경경영의 일환으로, 공급망 전반에 걸쳐 환경 의식이나 환경 경영의 수준을 향상시키기 위해 주로 완제품 기업을 중심으로 진행되는 관리 방법으로 이해할 수 있다.

■ ■ 국내 기업의 글로벌 SCM 수준 ■ ■

[CIO BIZ+/NEWS INSIDE] AMR리서치, 글로벌 SCM 톱 25 발표
기사입력 2009-06-08 09 : 40:00

삼성전자의 판생 계획(S&OP) 프로세스가 세계 최고 수준이라는 평가가 나왔다. 또 전체 공급망관리(SCM) 역량은 세계 8위 수준이라는 평가를 받았다.

세계적 IT리서치회사인 AMR리시치(www.amrresearch.com)는 이 같은 내용이 포함된 'AMR리서치 2009년 공급망 톱 25(The AMR Research Supply Chain Top 25 for 2009)' 보고서를 최근 발표했다. 이는 AMR리서치가 전세계 주요 기업을 대상으로 매년 실시하는 SCM 역량 평가 보고서다. 올해 보고서는 전세계 500개 기업을 대상으로 실시한 것으로, 국내 기업 중에는 삼성전자가 유일하게 톱 25에 포함됐다. 지난해 삼성전자는 9위를 기록했다. 특히 삼성전자는 계획과 실행의 동기화에 있어 세계 최고 수준이라는 평가를 받았다.

AMR리서치 공급망 톱25 보고서는 △AMR리서치의 전문 분석가 의견(Reserch Opinion) 20% △각 기업 전문가 의견(Peer Opinion) 20% △재고회전율(Inventory Turns) 25% △최근 3년간 총자산이익률(ROA) 25% &매출성장률(Revenue Growth) 10%를 합산한 점수로 순위가 매겨지며, 매년 5월께 결과가 발표된다.

◇ 삼성전자 SCM '세계 선두급'=AMR리서치는 삼성전자 SCM에 대한 종합 평가 코멘트를 통해 "섬광같은 실행능력과 채널 수요에 대한 정확한 예측을 기반으로 저가시장에도 성장세를 이어가고 있다"고 극찬했다. 일반적으로 많은 기업들은 영업과 오퍼레이션간 동기화가 이뤄지지 못하고 있으나 삼성전자의 경우 계획과 실행이 톱니바퀴처럼 정교히 맞물려 있다는 점을 높이 평가한 것이다.

AMR리서치는 삼성전자의 이 같은 능력에 대해 경영진으로부터의 적극적인 톱다운 리더십이 그 비결이라고 설명했다. 영업-오퍼레이션을 총괄, 의사결정을 집행하는 결정권자의 리더십이 주효했다는 평가다. 실제 윤종용 삼성전자 전 부회장은 "삼성전자에는

17) SK Corporation, "공급망 환경관리(SCEM: Supply Chain Environmental Management) 사례", 2005.

'SCM'과 '의사결정'이라는 두 가지 프로세스 뿐"이라고 강조한 것으로 유명하다. 현재 최지성 DMC 부문장과 이윤우 DS 부문장도 몸소 SCM 전도사 역할을 자처하고 있다.

삼성전자처럼 강력한 S&OP 회의 프로세스를 확립하게 되면, 주요 유통업체와 협력해 수요예측 능력과 의사결정 속도를 높일 수 있고, 이는 다시 재고 최적화로 이어진다.

◇ 애플 2년 연속 1위=애플은 지난해에 이어 올해도 'AMR리서치 공급망 톱 25'에서 1위를 차지하는 기염을 토했다. AMR리서치는 아이폰·아이팟 등이 이끈 콘텐츠 리더십과 앱스토어 등을 통해 재고를 최적화하며 유통 역량을 강화한 점을 높이 평가했다. 2위는 델이 차지했다. 특히 애플과 델은 재고회전율에서 타의 추종을 불허하는 높은 평가를 받았다.

또 AMR리서치는 SCM 전략에 있어 콘텐츠 리더십과 지적재산권 등 보이지 않는 '창의적' 역량이 더욱 중요해지고 있다며, 애플과 월트디즈니(16위)를 콘텐츠 리더십의 우수 사례로 꼽았다. 3위를 차지한 P&G는 생활용품 업계의 SCM 강자로 5년 연속 5위권을 벗어난 적이 없다. P&G는 월마트 등 유통업체들과의 긴밀한 협업 역량이 뛰어난 것으로 평가받고 있다.

한편, 지난해 2위를 차지했던 노키아는 올해 5위로 순위가 크게 하락했다.

◇ 다각도의 SCM 고도화가 관건=지난 수년간의 AMR리서치 결과를 되돌아보면 기업들의 SCM 역량 순위는 큰 폭의 변화를 거듭했다. 2000년대 초반 이래 주문후 조립(BTO, Build to Order) 방식을 이끌며 2004년과 2005년에 걸쳐 줄곧 1위를 차지했던 델이 2007년에 25위권 밖으로 갑작스레 밀려나는가 하면, 20위권 안에도 들지 못했던 삼성전자가 2005년 혜성같이 7위를 차지하며 주목받은 경우도 있다.

시대적 변화에 민첩하게 대응하는 SCM 전략 변화는 기업들의 핵심 경쟁력으로 이어지고 있다. 실제 삼성전자는 재고 최적화와 제품 리더십 등 다각도의 SCM 고도화에 힘입어 세계적인 기업으로 성장했다는 평가를 받고 있다. 반면 델은 재고 최적화에서는 세계 선두권을 유지하고 있지만, 제품 리더십 등 다른 부문에서는 상대적으로 낮은 점수를 받았다.

또 수요 예측을 통해 시장에 민첩하게 대응하는 능력이 중요해지면서, 기존 푸시(Push) 방식에 머물러 있는 기업들이 수요예측 중심의 풀(Pull) 방식으로 전환하는 역량이 SCM 고도화의 중요한 과제로 부각되고 있다. 한편 5위~7위권을 지키던 도요타는 올해 10위로 추락했다. 수년 전까지 도요타를 벤치마킹하던 삼성전자는 이제 도요타의 벤치마킹 대상이 됐다.

유효정 CIO BIZ+ 기자 hjyou@etnews.co.kr

PART 02
공급망 전략

Chapter 03

제품과 고객

우리는 앞에서 유통기간이 짧아 대응성이 매우 중요한 일일배송식품이나 수요에 계절성이 있는 제품군의 공급망에 대한 관리에 대하여 생각해 보았다. 그렇다면 공급망 관리에 근본적으로 영향을 미치는 요소들은 어떠한 것이 있을까?

✔ **고객의 유형과 제품에 따른 시장**
✔ **제품이 생산되는 생산 환경**
✔ **제품에 따른 고객 주문 충족 방법**
✔ **제품수명주기**

이를 다시 정리해보면, 제품에 대한 이해와 고객 및 이에 대응하는 생산 방식에 대한 이해, 마케팅 및 판매에 대한 이해 등으로 구분할 수 있겠다. 대형 유조선과 음료수 캔의 공급망 관리는 근본적으로 달라야 할 것이다. 이는 제품의 주문이 어떠한 방식으로 이루어지는지에 따라 공급망 관리 방식이 달라져야 함은 물론, 제품 수명주기의 어느 단계에 있느냐에 따라서도 관리 방식이 달라질 것이다.

이 장에서 우리는 공급망 관리 방식에 근본적인 영향을 미치는 여러 요소들에 대하여 알아 볼 것이다.

3.1. 제품에 대한 이해

가. 제품수명주기(Product Life Cycle)

(1) 제품수명주기의 의미

제품수명주기(PLC: Product Life Cycle)라 함은 제품에는 일정한 수명이 있고, 이러한 수명은 새로운 제품이 등장할 때마다 반복적인 형태로 나타나는 것을 의미한다. 반복적인 형태라 함은 "도입기–성장기–성숙기–쇠퇴기–소멸기"의 다섯 단계를 의미하는데, 공급망전략을 수립할 때 제품수명주기의 각 단계마다 다른 전략을 적용해야 한다. 여기서 제품이라 함은 특정 브랜드의 제품을 의미하기도 하지만, 보다 넓은 의미의 제품 카테고리 또한 포함하고 있다고 이해하면 될 것이다. 예를 들어 음악을 듣기위한 도구는 "축음기 – LP(Long Play) – Cassette Tape – CD(Compact Disc) – MP3"와 같이 여러 가지 제품 카테고리를 거쳐 왔다. 여기에서 각 항목 하나하나가 수명을 가지며, 이들이 탄생했다가 사라지기까지를 표현한 것이 제품수명주기라 이해하면 될 것이다. 이와 같은 제품수명주기에 대한 개념은 1965년 Levitt[1]에 의해 주창되었다는 것이 일반적이다.

제품수명주기는 일반적으로 산업군에 따라 달라지며, 비즈니스 전략 및 제품 전략에 중요한 영향을 미치게 된다. 예를 들어 우유나 철강 등은 제품수명주기 중 비교적 영구히 성숙 단계에 속한다고 볼 수 있을 것이다. 다른 한편으로, PC에 들어가는 프로세서 칩과 같은 제품들은 매우 짧은 수명 주기를 가진다. 인텔의 공동설립자인 고든 무어(Gorden E. Moor)에 의해 주창된 무어의 법칙[2]에 따르면 마이크로프로세서의 속도는 매 18개월마다 두 배로 발전한다[3]. 삼성전자의 기술총괄 사장이었던 황창규에 의해 주창되었던 황의 법칙[4]은 메모리 반도체가 1년에 두 배씩 늘어난다고 주장하고 있다. 이와 같이 개별 부품의 수명을 매우 짧지만, 팔려나가는 단위로 고려할 때 전체적인 판매 경

---

1) Levitt, T., "Exploit the product life cycle", Harvard Business Review, 43, pp. 81–94, Nov.– Dec., 1965.

2) Moore, G. E., "Cramming more component onto integrated circuits", Electronics Magazine, Apr., 1965.

3) 실제로 무어는 반도체 집적회로의 성능이 24개월마다 2배로 증가한다고 주장했다고 한다. 1975년에 무어는 앞으로 2년마다 2배의 속도 밖에 되지 않을 것이라고 말할 계획을 세웠다고 한다. 그는 자신이 "18개월마다"라고 한 적은 한 번도 없었는데, 그렇게 인용되었던 것이라고 주장하고 있다.

4) 황창규, "메모리 신성장론", ISSCC(국제반도체회로 학술회의), 샌프란시스코, Feb., 2002.

향은 여전히 상승하고 있으므로 컴퓨터 칩은 후기 성숙기로 간주할 수 있을 것이다.

다른 산업군에서도 제품이나 제품군별 제품수명주기상의 단계에 따라 차이가 있다는 것을 인지하는 것은 매우 중요하다. 예를 들어 디자인 중심의 제품군, 유연생산 제품군, 원자재 및 완제품 재고계획 및 관리, 마케팅 및 유통채널 전략(즉 통합 공급망 관리) 등에는 비교적 짧은 제품 주기가 적용 된다.

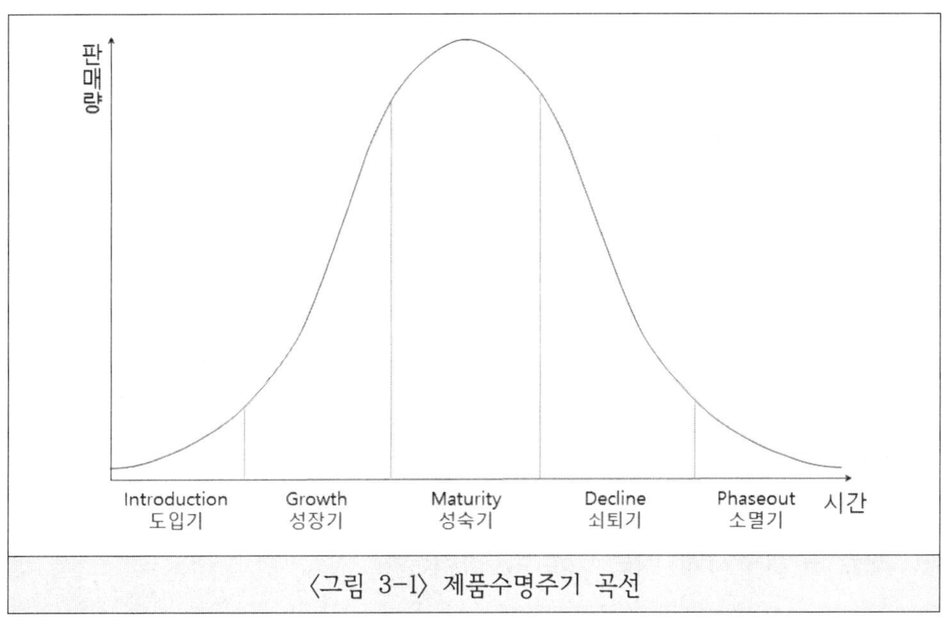

〈그림 3-1〉 제품수명주기 곡선

Note

제품군과 각 제품 사이의 차이점이 존재한다는 것을 인식하는 일은 매우 중요하다. 예를 들어 PC는 일반적으로 제품군의 입장에서 성숙기의 제품군으로 판단된다. 그러나 개별 품목은 급속히 제품수명주기의 다섯 단계를 겪으며, 보다 강력한 모델로 대체되게 된다.

즉 제품군의 수명주기와 개별 제품의 수명주기는 다르다는 것이다.

(2) 짧아지는 제품수명주기

오늘날의 기업은 경쟁 우위를 점하거나 지속적인 고성장 등의 목적을 위하여 기존 제품의 새로운 버전을 출시하거나 신제품을 도입함으로써 기존 제품의 판매량을 대체하려는 노력이 점차 심화되는 경향이 있다. 반도체 산업의 경우에서는 인텔 등과 같은 기업들은 새 마이크로프로세서를 빈번히 출시하고 있다. 무어의 법칙에 따르면 마이크로프로세서의 속도는 매 18개월마다 두 배로 진화한다. 삼성 및 LG 등으로 대변되는 휴대폰 시장은 끊임없이 새로운 제품이 쏟아져 나오고 있다.

이러한 현상을 보는 하나의 관점은 기업들이 자신들의 신제품이나 기존 제품의 새로운 버전이 지속적으로 제품수명주기의 2단계인 성장기에 위치시키기 위한 전략의 일환이라는 것이다. 즉 기 출시된 제품이 제품수명주기의 2단계(성장기)의 후기 단계나 3단계인 성숙기에 도달하게 되면, 고정비가 매출량의 증가에 따라 희석되어 순수익이 증가하게 된다. 그러나 이 단계부터는 기여이익이 점차 줄어들게 된다. 따라서 이와 같이 신제품이나 기존 제품의 새로운 버전이 지속적으로 성장기에 진입하는 전략을 사용하게 되면, 신제품 개발에 소요되는 비용을 절감하거나 시장진입주기(cycle-time-to-market)를 단축시킬 수 있게 되기 때문이다. PC 산업에서 예를 들면, 비록 매년의 성장이 증대되고 판매고가 두 자리 수의 증가율을 보이지만, 수익률의 관점에서는 압력이 점차 증가하고 있다. PC 산업 분야의 기업들은 신규 모델이 도입되기 전까지는 가까스로 수익 분기점을 유지하는 경우가 빈번하다. 이러한 환경을 통하여 볼 때, 이 분야에서 경쟁을 위하여 기업들이 자본 및 운영 효율을 위한 방법으로 합병들이 빈번히 발생할 것이라는 예측을 가능하게 한다.

나. 제품 수명주기에 따른 공급망 관리방식

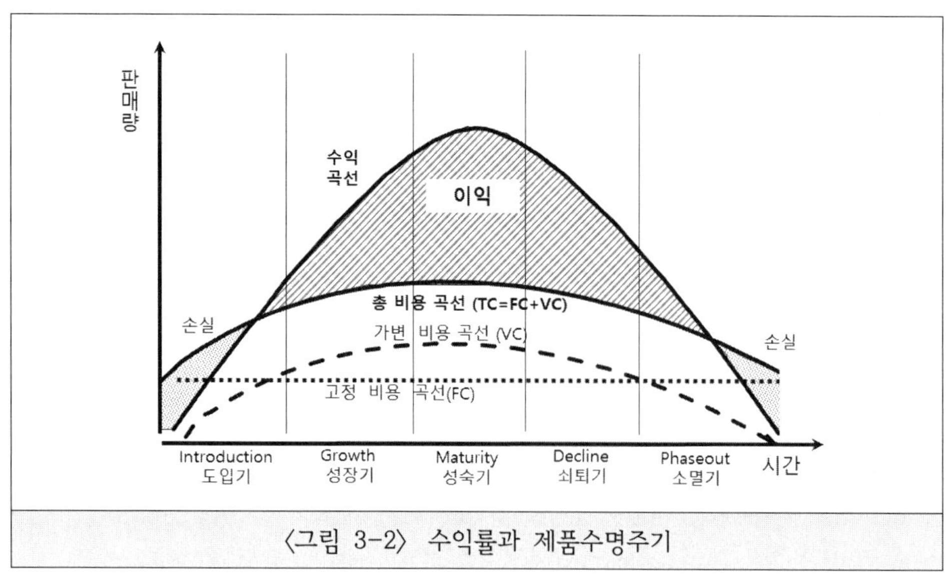

〈그림 3-2〉 수익률과 제품수명주기

앞에서 언급한 바와 같이 제품군이나 제품은 제품수명주기를 가지게 된다. 또한 각 단계 별로 상황에 따라 매출액이 변화됨을 알아보았다. 해당 제품군이나 제품의 수익률은 제품수명주기의 각 단계별로 대체로 앞의 〈그림 3-2〉와 같은 형태로 구성된다.

(1) 제품수명주기에 따른 수익률의 특징

수익 분석을 위해서는 제품수명주기의 단계별 특징을 살펴보자. 실제 손익분기점[5] 및 수익은 제품수명주기의 각 단계와 밀접한 관계를 가지고 있다. 도입기(Introduction), 성장기(Growth), 성숙기(Maturity), 쇠퇴기(Decline) 및 소멸기(Phaseout) 별 수익은 판매 금액에서 고정비(Fixed Cost)와 변동비(Variable Cost)를 제외한 금액이다. 매출 총 이익(혹은 매출 총 손실)이나 매출 총이익율은 순매출액에서 매출원가를 뺀 값이다. 여기서 순매출액이라 함은 전체 매출액에서 반품, 할인 등을 뺀 값을 의미한다.

누적현금흐름 상의 손익분기점은 보통 도입기에 존재한다고 생각하기 쉽지만, 실제로는 성장단계에 존재하는 경우도 종종 있다. 일반적으로 손익분기점이라 함은 투자수익률[6]이 양의 값으로 전환되는 시점을 말한다. 손익분기점은 제품의 혁신정도, 경쟁의 심화정도 및 가격정책 등에 직접적인 영향을 받는다. 일반적으로 새로운 제품(군)이 출시되는 시기인 도입기에는 광고와 프로모션 활동 등에 비하여, 매출량은 절대적으로 작기 때문에 손실이 발생하게 된다. 이후 수익이 점차 늘어나다가 성숙기(Maturity)에 정점을 이루게 된다. 이후 수익이 점차 줄어들다가 종국에는 해당 제품(군)이 소멸되게 된다. 해당 단계별로 마케팅 전략이 달라지며, 이러한 접근 방법은 마케팅에서는 일반화되었다. 마케팅뿐만 아니라 공급망 관리에서도 제품수명주기의 단계에 따라 접근 방법이 바뀌어야 할 것이다. 즉 도입기나 성장기에는 대응성 위주의 공급망의 구성이 적절하며, 성숙기 이후 쇠퇴기나 소멸기에는 효율성 위주의 공급망 구성이 적절하리라 판단된다. 그러나 이때에도 제품의 특성이나 전략이 감안되어야 할 것이다.

---

5) 손익분기점(BEP: Break-even Point): 한 기간의 이익이 같은 기간의 총비용과 일치하는 점. 매출액이 이보다 많으면 이익이 되고 이보다 적으면 손실이 생긴다.

6) 투자수익률(ROI: Return of investment): 투자한 자본에 대한 수익 혹은 손실의 비율을 일컫는 용어. 투자금액의 수익 및 손실은 금융이자, 이익실현, 이익손실, 순수입, 순손실 등에서 기인한다. 투자한 자본은 일반적인 자본 외에 비용이 수반된 투자, 자산, 자본 등을 모두 일컫는다.

Note

제품수명주기에 따른 공급망전략의 수립 방향

- 도입기, 성장기: 대응성 위주의 공급망전략
- 성숙기 이후: 효율성 위주의 공급망전략

(2) 제품수명주기에 따른 공급망전략의 고려 요인

특정 제품이 어떤 제품수명주기에 위치하고 있는 가에 따라, 가격이나 프로모션 전략, 판매량 및 이에 따른 이익은 그 특성이 조금씩 다르다. 따라서 적절한 공급망전략의 수립을 위해서는 이러한 요인들이 적절히 감안되어야 할 것이다. 다음의 〈표 3-1〉은 제품수명주기에 따른 가격, 프로모션 전략, 판매량, 이익의 특성을 정리한 것이다.

▮표 3-1▮ 제품수명주기에 따른 특성

단 계	가 격	프로모션 전략	판매량	이 익
도입기	높음-특히 소수 기업에 의해 제품이 제공될 경우	시장 형성을 위해 도매업자에 의해 적극적 광고와 프로모션	낮음	고정비 회수 이전이거나 런칭 비용 등이 높아 이익은 낮거나 없음
성장기	다소 하향 조정됨	제품 개선 - 시장에 더 많은 참가자가 참여해 경쟁이 시작됨 - 마케팅과 유통이 확장 - 브랜드 구축, 수요 형성 및 시장 개척 등을 위해 광고와 프로모션이 지속적으로 지속됨	시장에 제품이 알려지며, 판매량의 급격한 상승	시장 전반으로 매출이 증가함에 따라 이익 증가. 일부 업체의 쇠퇴 및 시장 재편의 징후를 보임
성숙기	제품은 일반화되며, 수요 증대에 맞추어 가격은 하향 조정됨	시장 점유에 대한 경쟁 가속화-브랜드네임이 구축되고 차별화와 기업 충성도를 높이는 전략 - 효율적인 비용절감만이 이익을 높일 수 있음	한계에 다다를수록 천천히 증가하며 평준화됨	수익은 평준화되다가 감소하기 시작함
쇠퇴기	가격 평준화	수요를 자극하기 위한 프로모션 지속 -	판매량 감소	감소

		마케팅믹스 증가 - 제품 가용성과 노출 증대를 위한 물류 노력이 심화됨		
소멸기	다소의 가격 상향	마케팅 믹스는 지속되나 프로모션과 광고가 감소 - 유통망은 비용 절감을 위하여 통합 되며, 서비스 등의 지원 기능이 아웃소싱화 됨	매우 낮음	이익이 여전히 감소; 종종 손실이 발생됨

3.2 고객 및 이에 대응하는 생산방식

가. 고객의 유형

제조업체의 경우 위의 그림과 같이 몇 개의 계층으로 고객을 구분해 볼 수 있을 것이다. 이중 두드러지는 몇 가지를 요약해 보면 다음과 같다.

- 공급업체는 각기 다른 네 가지 유형의 고객(생산자, 배급업체/유통업체/도매업체, 소매업체 및 최종 고객)의 어느 곳에도 판매할 수 있다.
- 제조업체는 일반적으로 산업재적 성격 혹은 소비재적 성격으로 양분 할 수 있다.
- 반제품이나 부품 등의 산업용품이나 산업장비들은 이를 활용하여 완제품을 생산하고자 하는 또 다른 제조업체에 팔리게 된다.
- 소비재 품목은 일반적으로 소매상으로부터 완제품을 구매하는 최종 소비자에게 판매된다.
- 전형적인 산업재/소비재 품목과 고객/시장은 제조업체의 마케팅, 영업, 유통전략/전술에 직접적인 영향을 끼치게 된다.

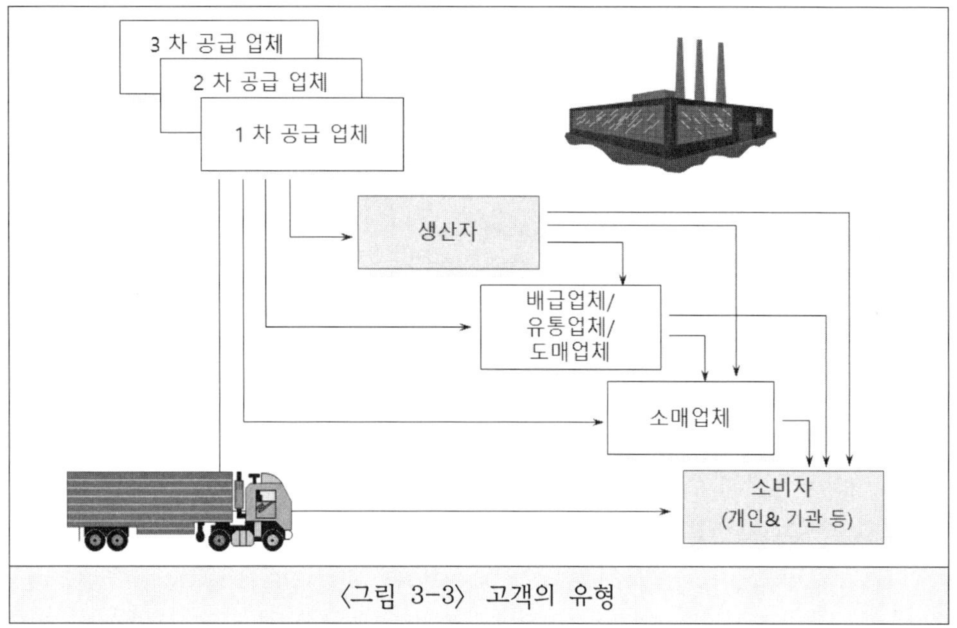

〈그림 3-3〉 고객의 유형

나. 고객주문 이행방식

공급망 관리 방식에 영향을 미치는 많은 요소들 중 가장 큰 영향을 미치는 것이 고객요구에 대한 대응방식이 아닐까 생각한다. 고객요구에 대한 대응은 고객 주문주기 – 보충주기 – 생산주기 – 조달주기의 4단계의 대응 주기를 통하여 이루어지게 되는데, 주문이행 유형의 종류 혹은 생산의 형태에 따라 어떠한 단계의 주기가 가장 길게 확보되는지가 달라진다. 이러한 특성 때문에 고객요구에 대응방식은 풀 방식과 푸시 관점(Pull and Push View)으로 구분할 수 있다. 공급망관리에서 프로세스주기와 풀/푸시 관점을 통한 공급망관리방식에 대한 전략수립은 널리 활용되며, 비교적 잘 정리되어있다[7].

(1) 공급망 단계별 프로세스 주기와 Push/Pull

공급망 프로세스의 각 주기들은 공급망의 구성원이 연결된 부분에서 일어나게 된다. 다음 그림과 같이 다섯 개의 공급망 구성원이 존재한다면, 공급망 주기는 네 개가 발생된다. 여기서 유의할 점은 모든 공급망이 동일한 네 개의 공급망 주기로 명확히 구분되지는 않는다는 것이다. 예를 들어 소매자가 완성품 재고를 관리하고 생산자 혹은 유통업체에게 보충 주문을 하는 가전 대리점의 경우라면 네 개의 분리된 주기를 갖는 것이 일

7) Chopra, S. and Meindl, P., Supply Chain Management: Strategy, Planning and Operation, Pearson Educations, 2007.

반적이다. 반면 온라인에서 고객에게 주문을 받아 직접 판매하는 Dell 사의 경우는 소매자와 유통업체의 단계가 생략된다.

공급망 프로세스를 보는 또 하나의 관점은 최종 고객수요의 확정 시점에 대한 프로세스의 실행 시점이다. 이에 따라 풀 프로세스와 푸시 프로세스로 구분하게 되는데, 전자의 경우는 실행 시점에서 수요가 확실하게 알려져 있으며 후자의 경우는 실제 수요보다는 예측된 수요에 반응하게 된다. 다음의 그림은 푸시/풀 프로세스의 경계가 구분 시점을 도시화 한 것이다.

푸시 프로세스는 고객의 수요가 알려져 있지 않은 상태에서 운영되며, 풀 프로세스는 고객의 수요가 알려져 있는 환경에서 운영되게 된다. 때때로 풀 프로세스는 푸시 프로세스 단계에서 수립된 재고와 용량에 대한 의사 결정에 의해 여러 제약이 있을 수 있으나, 푸시 프로세스보다 풀 프로세스가 재고 및 용량 계획이 비교적 유리한 것은 명확해 보인다.

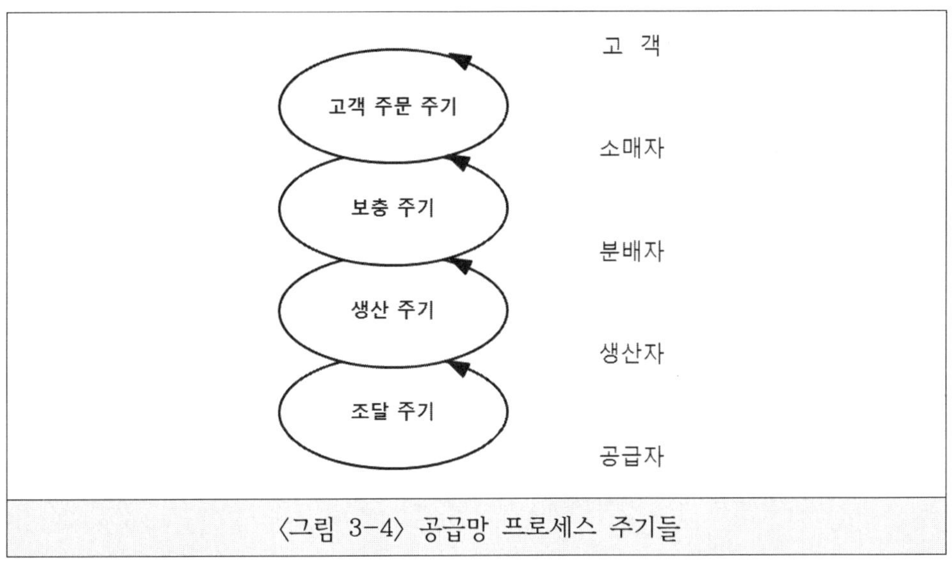

〈그림 3-4〉 공급망 프로세스 주기들

푸시/풀 관점과 주기 관점을 비교하기 위하여 국내 삼성이나 LG 같은 휴대폰 제조사 같은 계획 생산 환경과 온라인에서 고객의 주문에 따라 제품을 생산하는 Dell사와 같은 주문 생산 환경을 비교해 보자. 휴대폰 제조사는 고객(대리점 혹은 통신사)의 주문이 도착하기 이전에 고객 주문 주기의 모든 프로세스를 실행한다. 고객 주문 주기 상의 모든 프로세스들은 풀 프로세스이다. 미리 고객 주문에 대한 예측을 통해 만들어 놓은 재고에서 고객 주문은 충족된다. 보충 주기의 목적은 고객 주문이 도착했을 때 제품의 공급 가능성을 확보하는 것이다. 보충주기의 모든 프로세스들은 수요예측에서 일어나므로 푸시 프로세스이며, 생산주기와 조달주기에도 마찬가지로 적용된다. 실제로 품귀 현상을 빚는 일부 자재 품목의 경우는 고객 수요가 발생하기 수개월 전에 주문되기도 한다. 생산 그 자체는 판매하기 전에 시작된다. 삼성전자나 LG 전자 등의 휴대폰 제조사의 공급망의 프로세스는 다음 〈그림 3-6〉과 같이 풀과 푸시 프로세스로 분리된다.

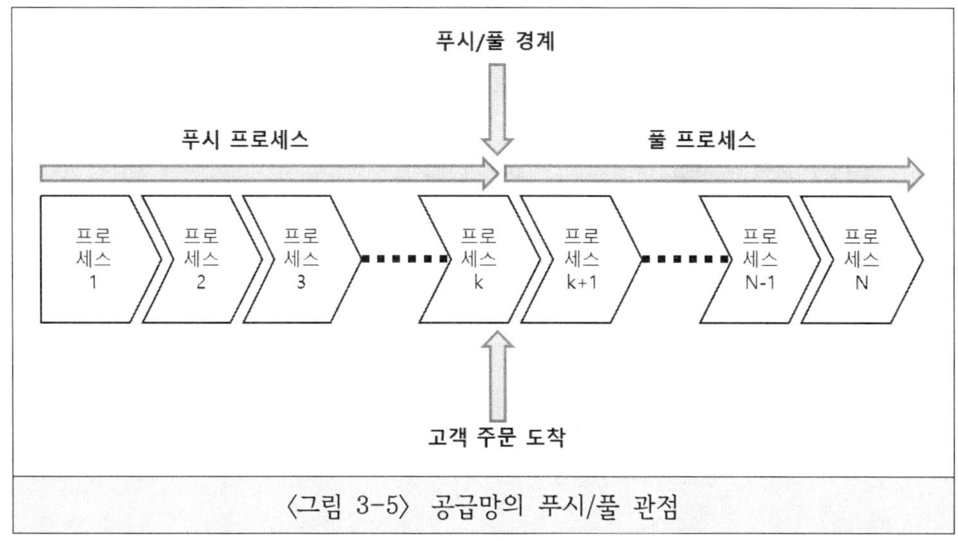

〈그림 3-5〉 공급망의 푸시/풀 관점

Dell사와 같은 주문 생산 컴퓨터 생산회사의 경우는 상황이 다른데, Dell사의 경우는 소매자나 유통업체를 통해 제품을 판매하는 것이 아니라 직접 판매하는 비즈니스 프로세스를 가진다. 또한 수요는 완제품 재고에서 충족되는 것이 아닌 생산을 통해서 충족되며, 고객 주문 도착을 계기로 해당 제품의 생산이 시작된다. 따라서 생산 주기는 고객 주문 주기의 고객 주문 충족 프로세스의 한 부분이 된다. 따라서 Dell사의 경우는 다음의 〈그림 3-7〉과 같이 고객 주문 및 생산 주기와 조달 주기의 두 개의 주기만으로 구성된다.

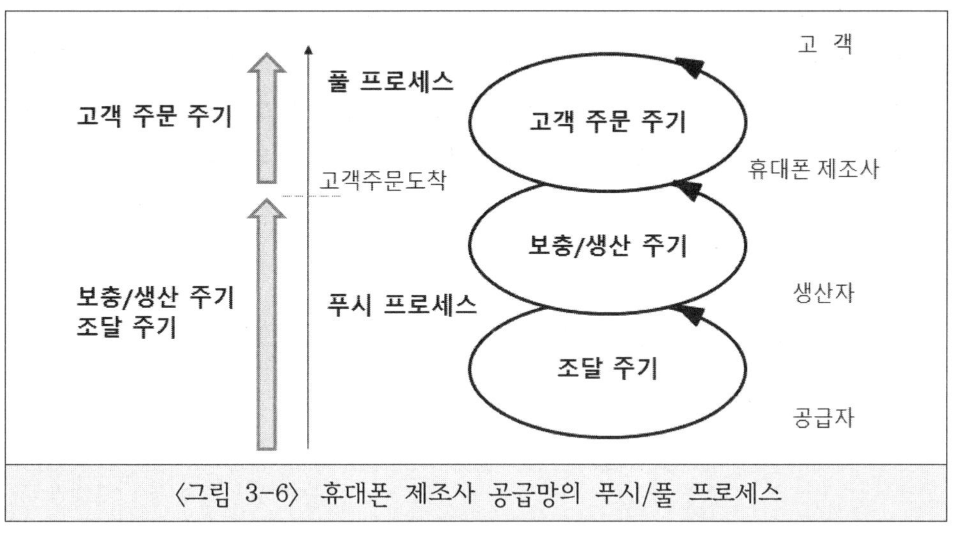

〈그림 3-6〉 휴대폰 제조사 공급망의 푸시/풀 프로세스

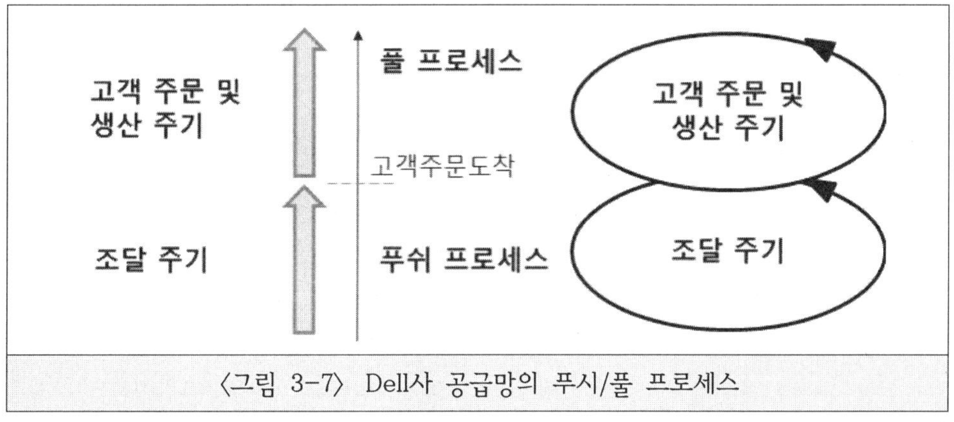

〈그림 3-7〉 Dell사 공급망의 푸시/풀 프로세스

살펴본 바와 같이 공급망의 푸시/풀 관점은 고객의 주문에 반응해서 시작되느냐(풀) 혹은 고객 주문 예측에 반응해 시작되느냐에(푸시) 따라 프로세스를 분류할 수 있다.

(2) 생산방식에서의 Push/Pull

생산의 관점에서 보면, 이러한 구분은 보다 명쾌하게 구분될 수 있다. 즉, 고객의 주문에 반응하여 공급망이 시작되는 풀 프로세스의 경우는 주문 생산 방식인 Make to Order[8)]로 이해될 수 있으며, 고객의 주문을 예측하여 시작되는 푸시 프로세스는 이른바 예측생산인 Make to Stock[9)]로 이해할 수 있다. 앞에서 살펴본 고객주문 주기나 푸시/

8) Make to Order 방식은 우리말로 흔히 주문생산방식으로 번역된다.
9) 마찬가지로 Make to Stock 방식은 흔히 예측생산방식으로 번역된다.

풀 프로세스 관점에 따른 분류는 전체 프로세스 관점에서 공급 체인 관리 방식의 적용 방식을 이해하는 데는 큰 도움이 된다. 또한 동일한 프로세스 방식이라 할지라도 제품 본연의 특징에 따라 생산 전략이 달라질 수 있다. 다음의 표는 앞서 풀 프로세스로 분류된 Make to Order 방식과 푸시 프로세스로 분류된 Make to Stock 방식의 주문 이행 유형을 제품 본연의 특성에 따라 세부적인 생산의 형태로 분류한 것이다.

▌표 3-1▌ 주문 이행 유형

주문이행 유형	생산의 형태	특징 요약
Make to Order (풀 프로세스)	Engineer to Order	주문 이후 설계부터 진행
	Configure to Order	부품 사양에 대한 주문 접수
	Pick to Order	주문에 따라 배송 품목의 결정
	Assemble to Order	주문 이후 조립부터 진행
Make to Stock (푸시 프로세스)	Make to Forecast	수요예측에 따라 생산
	Make to Agreed Level	합의된 수요에 따라 생산

일반적으로 제조 기업이 주문을 이행하기 위해 취하는 생산의 형태에 영향을 미치는 요소들은 여러 가지가 있다. 제품 본래의 특성은 그 가운데에서도 가장 중요한 것 중의 하나이다. 통신 위성이나 선박 등과 같이 값비싼 종류의 제품들은 일반적으로 Make to Order 범주에 속한다. 또한 이러한 제품들은 고객의 요구에 따라 고도로 세분화된 디자인을 요구하기 때문에, 주문 이후 설계 과정부터 시작하게 되는 Engineer to Order 형태의 생산 전략을 취하게 된다. 반면 Made to Stock 형태의 생산 전략이 적용되는 제품들은 제품이 표준화되어 있고, 비교적 값이 싸고 정기적으로 팔려나간다는 특성이 있다. 이는 생산과 관련한 리스크가 상대적으로 적기 때문이다. 대부분의 소비재 품목이 Make to Stock 범주에 속한다. 주문 생산 방식인 Make to Order 형태의 생산전략은 불확실한 정보에 의존한 생산을 진행하지 않아도 되기 때문에 운영비용 측면에서 많은 장점이 있다. 반면 고객의 주문이 명확해 진 이후 대응하기 때문에 고객대응시간이 길어진다는 문제가 있다.

오늘날 세계적 제조업체는 생산과 판매 사이의 리드타임을 최소화하는 제조전략 및 분배전략(이른바 공급망전략)을 수립하여, 전통적인 Make to Stock 방식의 생산을 Make to Order 방식의 생산으로 전환하고자 노력하고 있다. Make to Stock 방식을 Make to Order 방식으로 전환하는 다양한 방법들은 공급망계획을 다루면서 자세히 설명하기로 한다.

(3) 주문대응방식(MTO) 생산방식의 종류

주문에 대응하는 제조 형태를 기술하기 위하여 많은 용어들이 사용되고 있다. 그 가운데서도 고객의 주문을 접수하고 생산이 진행되는 제조 전략을 APICS[10]에서는 MTO(Make to Order)라고 정의하고 있다. MTO(Make to Order) 방식은 단속 생산(Discrete), 연속생산(Process) 및 반복 생산(Repetitive) 등의 모든 생산 환경에 적용될 수 있는데, MTO 생산 전략의 일반적인 특징은 고객 주문 이전까지는 필요 자재의 조달이 이루어지지 않거나 최소화한다는 것이다. MTO 전략은 세부적으로 다음과 같은 생산방식으로 구분해 볼 수 있다.

① ATO(Assemble to order)

Assemble to order 생산방식은 고객주문 이전에 완성된 반제품 상태로 보관되다가, 고객의 주문으로 제품의 옵션이 확정된 이후 조립작업을 진행하여 완제품을 생산하고 배송하는 방식이다. 다시 말해 반복적이며 규격이 확정된 주요소는 사전에 생산하여 재고로 보관하고(Make to stock과 유사하게), 다양한 변경이 가능한 옵션 등의 부요소는 고객주문에 따라 확정하고 부공정을 진행하는 방식이다.

예) 자동차, 컴퓨터

② CTO(Configure to order)

Configure to order 생산방식은 앞에서 언급한 Assemble to order 방식보다는 상대적으로 고객선택의 폭이 적은 경우에 적용된다. 즉 Configure to order 생산방식은 고객이 몇 가지 기본형 중에서 선택하고 기타 변수들이 선택된 기본형에 따라 결정되는 방식이다.

예) 키보드, 모니터 등을 포함한 컴퓨터 시스템

③ PTO(Pick to order)

Configure to order 생산방식이 더욱 단순해진 형태로, 고객주문에 따라 배송 품목을 결정하는 방식으로, 고객주문 접수 이후 추가적인 부가가치 생성이 되지 않는 경우가 많다.

예) 물류센터의 Post-manufacturing 서비스

---

10) APICS(American Production and Inventory Control Society, Inc.)는 Operation Management 효율화를 위해 1957년 설립된 비영리기관이다. CPIM(Certified in Production and Inventory Management)와 CSCP(Certified Supply Chain Professional)의 자격을 시험을 통하여 지급하고 있다. 현재는 APICS가 Advancing Productivity, Innovation, and Competitive Sucess로 번역되기도 한다. http://www.apics.org

④ ETO(Engineer to order)

독특하거나 고도로 전문화된 디자인을 보이거나, 모든 제품이 유일한 제품인 경우에 적용된다. 고객의 주문을 접수한 이후 설계단계부터 진행되는 생산방식이라고 이해할 수 있다. 종종 “Make to print” 방식으로 불리기도 한다.
예) 조선, 통신위성 등

3.3 마케팅 및 판매

가. 마케팅에 대한 이해

미국 마케팅 협회(AMA)[11]는 마케팅을 “개인 및 조직의 목표를 만족시키기 위하여 아이디어와 상품, 재화 및 서비스, 용역의 개념 정립/창안, 가격 결정, 촉진, 그리고 유통을 계획하고 실행하는 과정”이라고 정의하였다. 마케팅은 보통 마케팅 목표 수립 단계 - 시장 세분화 - 제품 포지셔닝 - 마케팅 믹스의 절차를 거쳐 진행된다. 다음은 각 단계별 특징에 대하여 설명하고 있다.

(1) 마케팅 단계별 특징

① 마케팅의 목표 수립

이 단계에서는 시장 점유율, 판매량, 수익성 등의 목표들을 포함한다. 이러한 목표들은 조직의 마케팅 계획의 기반이 된다. 마케팅 지향적인 제조업의 경우에는 이러한 목표들이 사업계획의 기반이 된다. 마찬가지로 사업 계획은 조직의 다년간의 생산계획(Production Plan)과 단기의 주일정계획(Master Production Schedule)의 기반이 된다.

② 시장 세분화 및 제품 포지셔닝(Segmentation and Positioning)

마케팅의 중요한 역할 중의 하나는 기업의 제품별로 적정 가격과 품질 수준으로 포지셔닝 해야 할 고객이나 주로 공략해야 할 세부 시장을 결정해 내는 것이다. 이러한 결정을 위해서는 시장 규모나 잠재 성장 가능성, 제품의 마진, 경쟁 등을 포함하여 세부 시장

11) America Marketing Association은 2008년 기준 4만 명 이상의 회원을 보유하고 있는 마케팅 전문기관이다. http://marketingpower.com.

이나 제품의 수익성에 영향을 미치는 요소들의 분석이 필요하다. 시장 세분화나 제품 포지셔닝은 다음 페이지에서 보다 상세히 살펴보기로 하자.

③ **마케팅 믹스의 결정**(Targeting and Marketing Mix)

마케팅 믹스는 보통 4P[12]를 참조하여 결정된다. 4P는 표적 시장에서 마케팅 목표를 달성하기 위해 기업들이 주로 사용하게 되는 전략이다. 4P는 시장 세분화와 제품 포지셔닝이 수행된 후 적용된다.

(2) 마케팅 믹스

코틀러의 "Marketing Management"에서는 4P를 표적 시장에서 제품이나 제품군의 성공적인 마케팅을 보증하는 일련의 수단으로 정의하고 있다[13]. 여기에서 4P란 Product(제품), Price(가격), Place(유통) 및 Promotion(프로모션)으로 구분되며, 마케팅 믹스는 개별적인 P의 결정에 따른 결과로 이해할 수 있다. 최근에는 4P를 보다 확장적으로 해석한 4C[14]의 개념이나 4E[15]등의 개념이 마케팅 분야에서 적용되기도 한다. 그러나 이 책의 목적이 4P나 기타 개념을 자세히 살펴보는 데 있지 않으므로, 여기서는 4P의 수준에서 살펴보기로 하자.

① Product

제품이 명확히 포지셔닝 되고 그 표적시장의 세분화가 잘 정의되었다면, 제품의 형성과 특징을 결정하는 일은 훨씬 쉬워지게 된다. 마케팅을 담당하는 사람들이 이러한 업무를 수행하면서 직면하는 전형적인 문제에는 다음과 같은 것들이 있다.

- Quality: 포지셔닝 망 위에서 제품의 포지셔닝이 제품의 품질과 비교할 때 적절한가?
- Brand Name: 해당 제품이 본연의 브랜드로 거래되고 있는가? 혹은 포괄적인 명칭이나 다른 제품의 명칭으로 유통되고 있지는 않은가? 예를 들어 진통제를 살 때 "타이레놀 주세요!"라고 한다면, 타이레놀이 진통제라는 포괄적인 명칭의 대용으로 사용되고 있는 것이다. 우리가 타이레놀의 제조사라면 긍정적인

12) 4P: Product, Price, Promotion, Place
13) Philp Kotler, Marketing Management, 12th edition, Pearson Prentice Hall, 2006.
14) 4C는 정보사회의 개념으로 Out-inside 방식의 사고방식이라고도 하며, 각 C는 Customer Benefit(소비자 혜택), Cost to Customer(소비자 기회비용), Convenience(편의성), Communication(커뮤니케이션)을 의미한다.
15) 4E는 감성사회에 적합한 개념으로 In & Outside 방식의 사고방식이라고도 하며, 각 E는 Evangelist(고객 전도사), Enthusiasm(열성), Experience(경험), Exchange(교환)를 의미한다.

현상이지만, 반대로 경쟁회사의 입장이라면 타사 제품의 명칭으로 우리 제품이 유통되고 있으므로 Brand Name에 대한 보완이 필요하게 된다.

- Variety: 생산비용 측면에서 어느 정도의 제품군 종류가 수용가능한가?
- Design and Packaging: 디자인과 포장은 표적 시장에 제대로 어필하고 있는가?
- Returns: 판매되지 않은 품목의 일정부분을 유통업체에서 반품하는 것이 허용되는가?

▌표 3-2▐ 제품 측면에서의 고려 항목의 예시

Variety	Packaging	Quality
Sizes	Design	Services
Features	Warranties	Brand Name
Returns	Production Cost	

② **촉진(Promotion)**

촉진이라 함은 다음의 그림과 같이 판매촉진(Sales Promotion)과 광고(Advertising)을 합해서 부르는데, 판매촉진과 광고는 비슷하지만 그 성격이 약간 다르다. 일반적으로 판매촉진이라 함은 쿠폰, 샘플, 할인과 같이 구매에 따른 인센티브를 제공하는 경우를 의미하며, 광고라 함은 구매동기를 제공하는 경우를 의미한다.

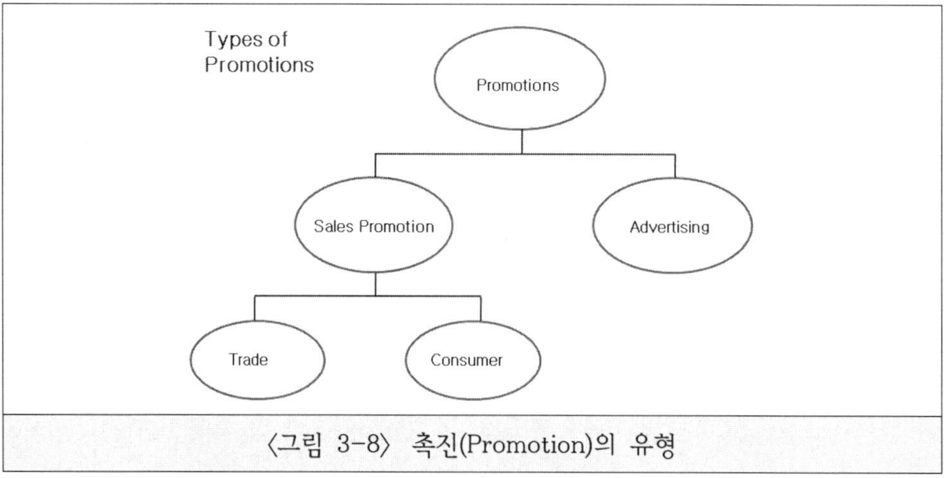

〈그림 3-8〉 촉진(Promotion)의 유형

판매촉진 활동도 두 가지로 나누어 볼 수 있다.

- Consumer Promotions: 고객에게 직접적으로 인센티브를 제공하는 방식을 말한다. 신규 고객을 모으거나 고객으로 하여금 브랜드를 바꾸게 하거나, 구매량이나 빈도

를 늘리는 목적으로 주로 활용된다. 대부분의 전문가들에 따르면, 이러한 방식의 판매 촉진 활동은 단기적으로 판매량을 증대시키는 데는 효과적이지만, 장기적 관점에서 보면 광고가 브랜드 충성도를 높이는 효과가 있는 반면 이러한 판매 촉진 활동은 브랜드 충성도를 높이는 데는 효과가 떨어진다고 한다. 그러나 일반적으로 광고 예산은 프로모션 예산보다는 일반적으로 적게 든다.

다음의 〈그림 3-9〉에 언급된 Consumer Promotion 방법들의 대부분은 즉시 그 결과가 나타난다. Patronage Award는 단골에게 선물이나 상을 받을 때 사용할 수 있는 포인트나 도장을 제공하는 방법이다. 교차 프로모션(Cross Promotion)은 펩시콜라나 프리토레이(Frito-Lay)와 같이 비경쟁적 브랜드를 함께 프로모션하는 방법이다. Tie-In 프로모션은 동일한 목적으로 두 개 이상의 업체가 연합하여 쿠폰을 발행하거나 보상 및 매장 진열 등의 공동 프로모션을 진행하는 방법이다.

- Trade Promotions: 이 방식의 프로모션은 유통업체나 소맹업체가 제품을 구매하도록 유도하는 방법을 말한다. 일반적으로 앞에서 언급한 Consumer Promotion과 비교할 때, Trade Promotion의 적용 비율이 6:4 정도로 약간 높게 활용된다. 가격인하나 입점비의 조건 없는 대납 등의 방법은 제조업체의 제품이 매대에 자리를 확보하는 방법으로 사용되곤 한다. 물량비례 할인 방법(Volume allowance or discount)은 도매상이나 소매상에게 대량 구매를 유도하여, 자사 제품을 창고에 쌓아 두도록 하는 방법이다.

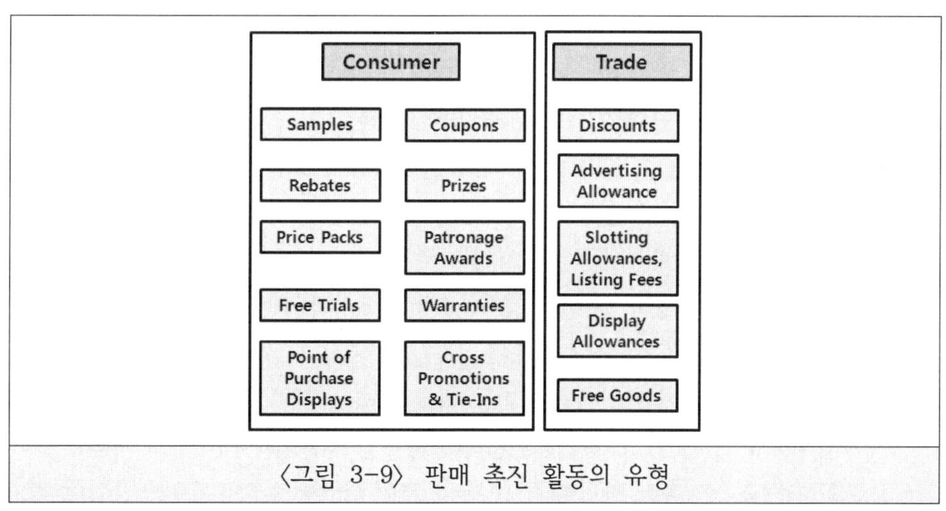

〈그림 3-9〉 판매 촉진 활동의 유형

③ Pricing

최적의 가격 전략의 결정은 시장에서 제품 수용과 기업 생존에 있어 매우 중요한 항목이다. 가능한 가격전략은 다음과 같다.

- **초기고가전략(Market skimming)**: 도입 초기 높은 가격을 결정하고 경쟁이 진행되면서 점차 가격을 인하해 나가 는 방법이다. 가급적 최고가로 판매하는 이유는 다음과 같다.
  ①경쟁업체가 시장에 들어오기 전에 연구 개발 비용이나 판촉비용을 회복하기 위해서, ②생산이 준비되기 전까지 수요를 제한하기 위해서, ③경쟁업체의 시장 진입이 얼마 남지 않은 상황에서 수익을 극대화하기 위하여
- **시장침투전략(Market penetration)**: 초기 시장점유율을 목표로 초기 저가가격 부과를 유지하는 것을 말한다. 시장 점유율을 가능한 많이 높여 둠으로써 잠재적인 경쟁자들의 시장진입에 대한 조건과 상황을 어렵게 설정할 수 있다.
- **지배가격전략(Leader pricing)**: 불평등한 경쟁 시장에서 지배적인 판매자의 가격을 선택하는 것이다. 작은 규모의 경쟁자일수록 선두 판매자를 따르는 경향이 있다.
- **고객유인가격전략(Loss leader pricing)**: 한 개 이상의 상품을 한시적으로 인하(종종 원가 이하로도 인하)하여 수익성 있는 물건을 사는 고객들까지 끌어당기는 방법이다.
- **지각가격전략(Perception pricing)**: 소비자가 적정하다고 믿는 가격을 부과하는 것을 말한다. 지각된 가치는 제공하는 상품이나 서비스의 실제 원가와 거의 관계가 없다. 일반적으로 높은 가격은 더 나은 질과 서비스와 연관된다.
- **원가기반 가격전략(Cost-based pricing)**: 총생산 원가를 포함하는 가격을 설정하는 것은 적절한 기간 동안의 매몰비용을 보상받기 위해서이고, 만족할만한 투자수익을 제공하기 위해서다. 손익분기점분석은 종종 고정비용이냐 가변비용이냐를 결정 하는 것과 상품에 대한 손익분기점이 필요한 판매량의 출발점으로 이용된다.
- **가치가격전략(value pricing)**: 가치가격은 몇 가지 다른 의미를 내포하고 있다. 우선 미국의 대형 유통업계의 선두주자인 월마트(Wal-Mar)에서 적용했던 "Everyday Low Price[16]" 전략을 꼽을 수 있겠다. 또한 가치가격은 반대 의미로 적용되는 사례를 찾을 수도 있다. 즉 해당 제품이 독특한 가치를 제공하거나 강력한 브랜드 파워를 제공하는 경우에 프리미엄 가격을 매기는 방법이다. APICS[17]에서는 또 다른 정의를 내리고 있는데, 소비자가 이용하는 동등한 상품이나 서비스의 가치와 같은 수준의 가격을 설정하는 방법이다. 이에 따르면 새로운 상품은 동등한 품질 수준의

---

16) Everyday Low Pricing: EDLP, 매일 매일 최적 가격! 이라는 모토로 고정 가격이나 항상 최저가격을 제공한다는 전략으로 미국의 월마트에 의해 도입되었다.

17) APICS: American Production and Inventory Control Society, 미 생산 재고관리 협회

목표 제품보다는 가격대비 성능 측면에서 우수해야 한다는 것이다. 동일 성능이라면 가격은 경쟁사에 대응하는 제품보다 낮아야만 한다.

- 입찰가격전략(Bid pricing): 보통 다른 공급자와 경쟁할 때 구매 예정자의 요청에 따라 특별한 가격의 견적을 내는 것이다.

④ Place

Place는 유통 경로나 상품이 소비자나 고객에게 도착하는 것을 일컫는다. 배급 경로의 선정 및 관리는 마케팅의 핵심기능들 중에 하나이다. 고객만족을 목표로 하는 물류관리의 경우 마케팅의 4P중 Place의 개념을 지원하기 위한 개념이라고 할 수 있다. 일반적으로 Place는 경쟁 기업의 복제가 어렵기 때문에, 가장 효과적인 차별화 전략으로 분류되기도 한다. 다음의 〈그림 3-10〉은 하드웨어 제조업체가 선정할 수 있는 5개의 유통 경로(일반상품매장, 도매상, 전문할인매장, 지역 철물적, 생산업체)를 예시한 것이다.

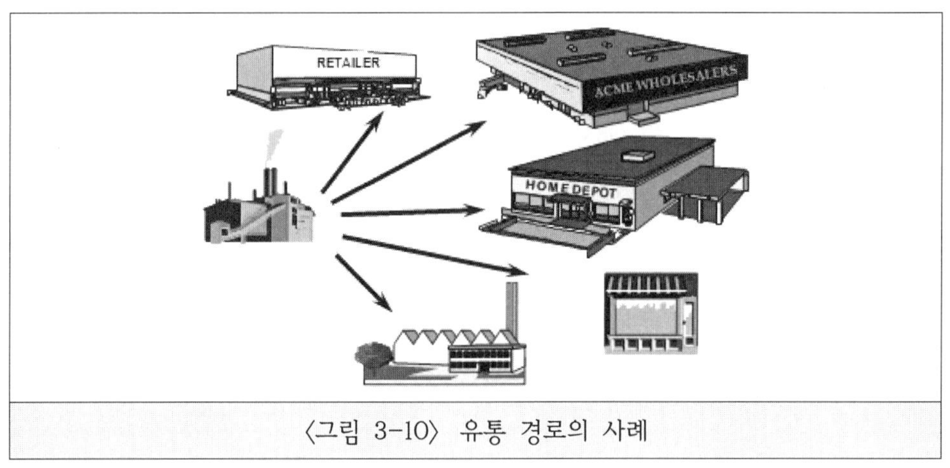

〈그림 3-10〉 유통 경로의 사례

나. 판매(sales)에 대한 이해

(1) 판매의 기능

판매는 마케팅 계획을 수행하고, 매출을 통하여 수익을 발생시키는 역할을 수행한다. 판매 기능은 다양한 활동들로 구성되는데, 이를 그룹화여 정리해 보면 다음과 같다.

① 통지 및 정보제공(Informing)

회사와 제품에 대하여 고객을 교육하고, 구매를 설득하며 고객이 특정 제품의 적절한 용도와 사용처를 찾도록 지원하는 행위 등을 의미한다. 특정한 경우에 영업 담당자는 고객에게 컨설팅을 수행하기도 한다.

② 주문 접수 및 관리(Tracking Orders)

주문기능은 가격의 견적을 내고, 가격에 대해 협상하고, 판촉기간을 정하고(할인 및 다른 교역 거래 포함), 전화를 하거나 주문을 입력하고, 물류 및 운송 계약 등을 수행하게 된다. 예를 들어, 날짜, 장소, 특별 포장 요구 사항 등이 포함된다.

③ 관계 구축 및 유지(Building and Maintaining Relationships)

판매의 주요 역할 중의 하나는 공급자와 고객 간의 일상적 관계를 관리하는 것이다. 즉, 고객의 비즈니스 전략과 시장을 이해하고, 포장/프로모션/배송 요구사항에 대한 고객의 특별한 요구에 대하여 이해하는 것들이 포함된다. 수익성 있는 고객을 잃는 것에 대한 비용이 얼마나 큰지에 대해서는 대부분의 기업들이 너무나도 잘 알고 있다.

④ 수익성 추구(Tracking Profitatility)

판매의 새로운 역할은 단지 판매량을 늘리는 것이 아닌 수익성을 추구하는 것이다. 바람직한 판매조직의 경우라면 제품별/제품군별/고객별 수익성 평가가 성과 측정 항목에 반드시 포함될 것이다.

(2) 판매의 부가기능

판매는 기본적인 기능 이외에도 다음과 같은 기능을 수행하게 된다.

① 관계의 형성 및 유지

영업 사원들은 기업과 고객을 연결하는 고리 역할을 수행하게 된다. 많은 고객들은 영업 대표(혹은 판매 담당자)가 곧 회사라고 생각한다. 따라서 영업 대표가 고객과 효과적인 관계를 유지하는 것은 아주 중요하다. 영업 대표가 그가 속한 회사의 다양한 구성원이나 부서들과 효과적인 관계를 유지하여 고객이 필요로 하는 서비스나 지원을 공급받을 수 있도록 하는 것 또한 중요한 역할이다. 공급업체와 고객 간 공동의 원가 절감, 정보시스템의 공유, 주문 진척 상황이나 선적 위치에 대한 상황에 대한 데이터, 제품이나 프로세스의 동시 설계 진행 등의 관계로 전환되고 있는 상황에서 영업대표가 회사를 대표하는 존재로서의 역할을 더욱 중요해지고 있다.

② 고객의 비즈니스에 대한 이해

전략적인 관점에서 고객의 비즈니스를 이해하는 것을 말한다. 고객사의 조직 구조나 고객의 구매결정 방식 등에 대한 이해가 이러한 것들이다. 예를 들어 고객사가 공급업체로부터의 구매가격에 따라 수입이 결정되는 구조라면 저가 위주의 구매 성향을 띠게 될 것이다. 영업사원은 고객의 시장, 고객의 고객, 경쟁, 물류 및 생산 소요량 및 다른 공급업체에 대하여도 공급망 관점에서 볼 수 있어야 한다.

③ 고객별/제품별 수익성 추적

고객 전체의 관점 뿐 아니라, 특정 고객을 대상으로 판매량이 아니라 판매 총수익의 극대화에 초점을 맞추어야 한다는 것을 의미한다. 또한 수익성 증대를 위해 고객과 함께 일한다는 의미도 포함하고 있다. 영업이나 마케팅이 손익 계획이나 분석을 수행하고, 시장 세분화 및 매매계약 수립 등의 역할을 수행하는 등의 확장된 기능수행의 중요성은 더욱 커지고 있다.

④ 고객의 요구 전달

고객의 요구는 다양한 항목들이 전달될 수 있으나, 대표적으로 다음과 같은 것들을 열거할 수 있다.

- **관리/경영상의 요구 전달** – 수송처/판매처/청구처 등을 비롯한 판매 조건 항목 등
- **운영정보 전달** – 접수일자 및 시간, 요구 리드타임, 보관위치, 현지 상품화 지원요구 등
- **제품 정보 및 요구** – 발주 및 배송 품목 정보, 포장 및 라벨링 정보, 사양 정보, Recipe나 Formula, 바코드 정보, 판촉 및 광고 요구 사항, 선적 순서와 구성품목, 배송 조건, 우선순위 등
- **기술적 수용 가능성 전달** – 네트워크 구성, EDI 표준; 네트워크 및 상거래 EDI의 기능, 하드웨어 및 소프트웨어

⑤ 수요 데이터의 전달

판매는 판매 이력뿐만 아니라 계절성, 순환성 및 성장과 관련된 고객의 요구사항 등의 고객 전반에 대한 이해를 기반으로 한 고객 수요 정보 확보의 가장 중요한 정보원이다. 이렇게 취합된 수요 정보는 품목이나 SKU[18] 수준에서 입력되어 수요예측 정보로 취합되며, 이를 기반으로 영업계획, 생산계획, 그리고 주일정계획을 수립하게 된다.

⑥ 기술적인 지원 제공

많은 기업에서 영업 사원은 제품 컨설팅이나 판매 후 서비스 기능을 수행하고 있다. 많은 경우 영업사원들은 EDI, 바코딩, 사전 선적 통지(ASN), 전자세금계산서 등과 같은 새로운 기술을 도입할 때 고객을 지원해 줄 것을 요청받는다.

⑦ 일반적인 시장정보 제공

고객사의 경쟁 업체, 고객, 그리고 공급업체들에 대한 지식을 기반으로 영업사원들은 마케팅 분야에서 적용될 수 있는 정보들을 습득하고 분석할 수 있는 자연스러운 위치에 있다.

(3) 판매 및 마케팅의 전략

① 푸시방식의 전략

푸시전략에서의 주안점은 제품과 브랜드를 판매하기 위해서 세일즈맨들을 이용하는 것이다. 푸시전략은 종종 유통업자와 소매상들이 대량으로 그들의 물품을 사들이도록 만들기 위한 대폭 할인 또는 리베이트도 포함한다.

② 풀방식의 전략

풀전략은 일반적으로 고객을 대상으로 하는 광고 및 판매 촉진을 통하여 물품에 대한 고객의 요청을 증가시키는 방법에 초점을 맞추는 것이다. 당신은 이것을 특히 브랜드에 대하여 고객들을 자극시키는 광고의 효과에서 고객 제품과 함께 사용되는 것을 볼 수 있을 것이다.

현실적으로는 많은 기업들이 푸시전략과 풀전략의 결합을 이용하고 있으며 그 둘 사이의 균형은 제품의 수명 내에서의 단계와 같은 많은 요인들을 가져올 것이다.

다. 마케팅/판매와 공급망의 관계

마케팅과 판매 부문은 서로 밀접하게 연결되어 있으며, 그 수행 역할도 유사하다. 그러나 보통은 마케팅 프로세스가 판매 프로세스 이전에 수행되며, 그 수행 역할도 마케팅이 제품이나 서비스 판매 기회 창출을 위한 전략이나 계획을 수립하는 것이라면 판매는 수립된 마케팅 계획을 적용하거나 고객 관계를 관리하는 것으로 구분해 볼 수 있겠다.

---

18) SKU: Sock Keeping Unit, 재고 관리 단위로 예를 들어 동일 품목의 제품이라도 보관위치가 다르거나, 품질의 상태가 다를 경우에도 SKU는 다르다.

그러나 마케팅과 판매는 공통의 목표를 함께 수행하는 기능 혹은 프로세스로 다음과 같은 공통의 목표를 가지게 된다.

- 판매량 / 수익성 목표의 달성
- 신제품 / 신시장 기회의 포착
- 고객 만족
- 시장 점유율 증대

조직적인 관점에서 볼 때 마케팅과 판매는 회사의 규모가 작거나, 제품군의 수가 한정되어 있거나, 소비재 품목과는 다른 특성을 가지는 산업재 품목을 생산하고 판매하는 기업일수록 그 역할이 중첩되는 경우가 빈번하다. 반면 다수의 제품군과 브랜드를 보유하고 있는 다국적 기업의 경우라면, 마케팅과 판매는 기업이나 그룹 혹은 사업부 레벨에서 전혀 다른 조직과 같이 별개로 운영된다. 기능상의 관점에서는 앞에서 언급한 바와 같이 마케팅과 판매는 서로 다른 역할과 책임을 보유하고 있어, 보다 명확히 구분할 수 있다.

(1) 공급망관리 타부문과 마케팅의 관계

다양한 가치사슬과 공급망 프로세스의 내에서 마케팅 부문과 다른 부문들과의 관계를 정리하면 다음과 같다.

▮표 3-3▮ 공급망관리 내 다른 가치사슬과 마케팅의 관계

가치사슬/ 공급망 프로세스	유관부문	마케팅과 다른 부문과의 사이에 발생하는 대표적인 쟁점
조달	구매	"이 제품의 판매 수익이 감소하고 있다. 더 낮은 가격으로 원자재를 구입할 수 없는가?" "만약 우리가 전국적인 판촉을 시작한다면, 가격을 상승시키지 않고서 제품 X에 대한 수요 목표량 만큼의 원자재를 구입할 수 있을 것인가?"
생산	제조	"장 Lot의 생산을 수행하지 않고도 낮은 원가로 양품을 생산할 수 있는가? 그렇다면 재고를 추가로 만들지 않고도 고객이 요구하는 바대로 VMI[19]를 수용할 수 있는가?" "올해 우리의 목표는 다음의 SKU를 X배로 생산하는 것이다."
제품 설계 및 신제품 개발	연구 개발	"오랫동안 바삭바삭한 상태로 유지되는 시리얼을 개발할 수 있는가?"

	재무	"나는 이 신제품이 투자 수익률 30%를 달성할 것이라고 확신한다."
물류/유통	운송 및 창고	"왜 우리는 A지역의 고객들에게 완성품 재고를 전달하는 데 늦은가?"
고객 주문 관리	고객 서비스 및 판매	"다음 10일 동안 Y제품의 가격은 25% 하락한다."
재무 관리	재무 및 회계	"다양한 제품과 고객들의 상대 수익률은 얼마나 되는가?"

(2) 공급망관리 타부문과 영업의 관계

다양한 가치사슬과 공급망 프로세스의 내에서 영업 부문과 다른 부문들과의 관계를 정리하면 다음과 같다.

▌표 3-4▌ 공급망관리 내 다른 가치사슬과 영업의 관계

유관 부문	영업부문에 제공하는 정보	영업에서 공급하는 정보
마케팅	전략 구매 시점 정보 판촉 물품 마케팅 계획 제품 정보 가격	판매, 전략, 판촉의 반응 고객 만족 고객의 요구 경쟁사의 활동 부분적 활동
창고	배송 리드타임; 선적 상황	고객 바코딩과 파렛트 구성 요구 항목
고객 서비스	고객 반응 효율적 유통 판매 정보 질문/문의	판매량 유관 문제점 고객 분석 및 우선순위 판매가 시세 주문
생산	재고 정보(시간, 양) 대체/교환 공장의 작업 중단 시간	판매 예측 제품 결함 주문 추세
제품 설계	새로운 특징, 개선점 스케쥴 수정	고객 반응 추세 경쟁사 소식/정보 의견과 디자인 제안

19) VMI: Vendor Managed Inventory, 공급업체에 의해 고객사의 재고를 관리하는 방식.

그룹과제

3.1 제품수명주기

이번 과제는 제품별 수명 주기 분석에 대한 것이다. 그룹별로 몇 가지 제품군이나 제품을 선정하도록 하고, 해당 제품군이나 제품이 제품수명주기의 어느 단계에 속해 있는지를 파악하도록 한다. 또한 해당 수명 주기의 시간이 얼마나 될 것인지를 토론해 보도록 한다. 마지막으로 제품수명주기 단계에서 해당 제품(군)이 공급망 관리에 미치는 잠재적 영향을 파악해 보도록 한다.

제 품 (군)	수명주기 단계	수명주기 시간	수명 주기 중 현 단계에서 SCM에 미치는 영향

3.2 제품, 고객 및 주문

아래의 제품 리스트를 참조하여 보다 다양한 품목을 구성하고, 각 그룹별로 배분한다. 배분된 품목을 아래의 표에 맞추어 적용되는 주문 이행 전략과 리드타임의 특징을 분석해 보도록 하자.

제 품	제품군	제품의 종류 (1)	고객의 특징 (2)	주문 이행 전략 (3)	주문 이행 리드타임 (4)
1.					
2.					
3.					
4.					
5.					

참고: (1) 산업 혹은 소비자 기반인지
(2) 제조업자, 유통업체, 소매/도매상, 최종 소비자인지
(3) 예: Make to stock
(4) 5=매우 길다, 1=매우 짧다

제품 리스트

샴푸, 오렌지 쥬스, CAT 스캐닝 장비(초음파 주파수 엑스레이 기계), 핸드폰, 벽돌, 보잉777, 세척기, IBM 메인프레임, 전동 드릴, 페인트, 코카콜라, 땅콩, 아스피린, 토마토 통조림, CD 플레이어, 자동차, 콘프레이크, 장난감, 접시 안테나, 깔개(양탄자), 가정용 가구, 리바이스 청바지, 아기용품, 라면

3.3 마케팅/판매와 유관기능들의 관계

세계 수준의 조직이라면, 공급망의 운영효율을 높이고 고객 만족도 수준을 높이기 위하여, 마케팅과 판매 부문은 기업 내 다른 기능과 깊은 수준의 관계를 가지게 된다. 따라서 최근에는 기업의 경영진들이 부서 혹은 기능 간의 장벽을 낮추거나 없애는 노력을 해오고 있다.

아래 그림을 참조하여 (주)BestPhones 사의 경우를 통해 효율적인 공급망에서 마케팅과 판매 그리고 다른 부문과의 관계에서 제기될 수 있는 전형적인 문제들에 대하여 나열해 보도록 하자.

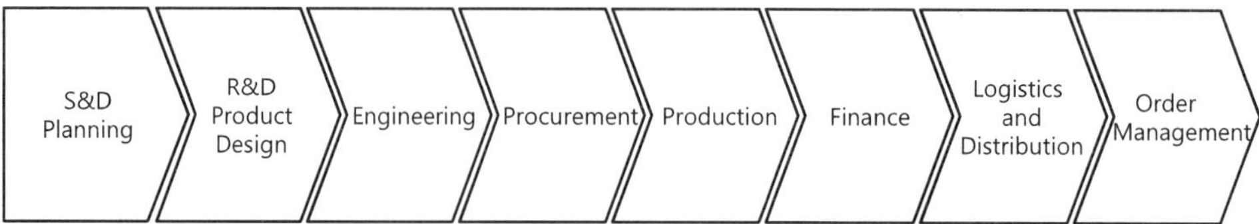

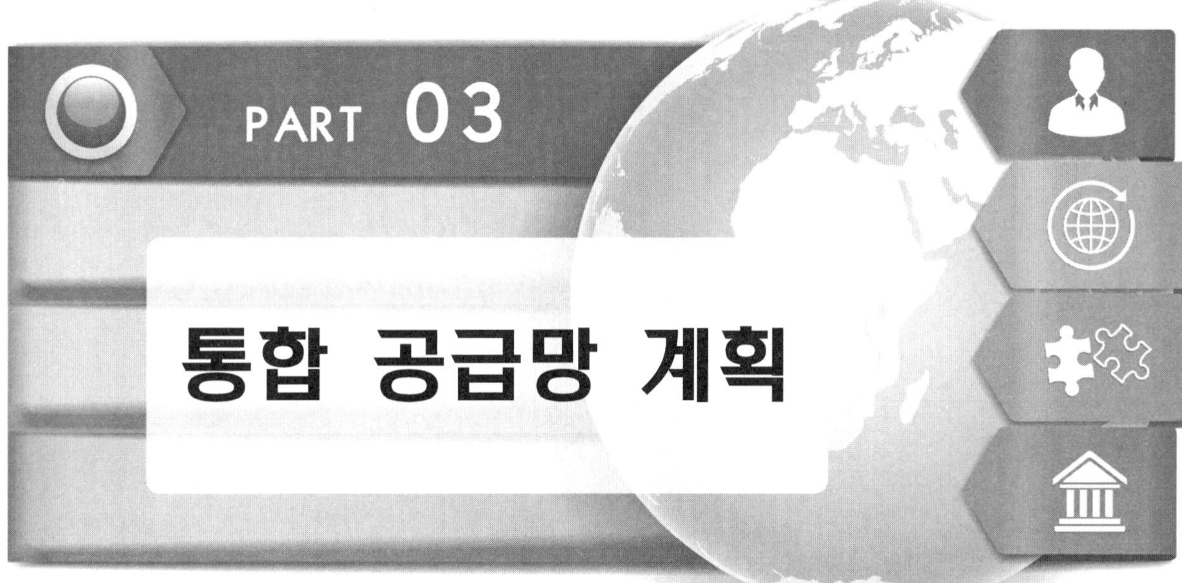
PART 03
통합 공급망 계획

Chapter 04

통합공급망계획 프레임워크

적절한 공급망계획은 공급망을 체계적이고 효율적으로 작동하도록 한다. 이를 위해 공급망계획 대상기간이 길고, 부정확한 정보에 기반을 둘수록 묶어서(Aggregating) 수행하는 것이 적절하다. 실제로 비교적 장기간의 계획인 사업계획의 수립에서 대개의 기업은 개별제품 수준보다는 제품군별 계획 혹은 그룹별 계획을 수립하게 된다. 부정확한 정보를 기반으로 상세수준의 계획을 수립할 경우, 결과가 기대 수준에 미치지 못할 경우가 흔하기 때문이다. 정확하지 않는 정보를 입력하면 정확하지 않은 정보가 출력된다는 GIGO(Garbage In, Garbage Out)나, 불확실한 정보를 가공하면 분산의 크기가 점차 커져 정확성이 떨어지게 된다는 분산의 가법성 등의 원칙들은 부정확한 정보의 활용에 주의할 것을 알려주고 있다.

이 책에서는 효율적인 통합공급망계획을 위해 다음의 〈그림 4-1〉과 같은 프레임워크를 제시한다.

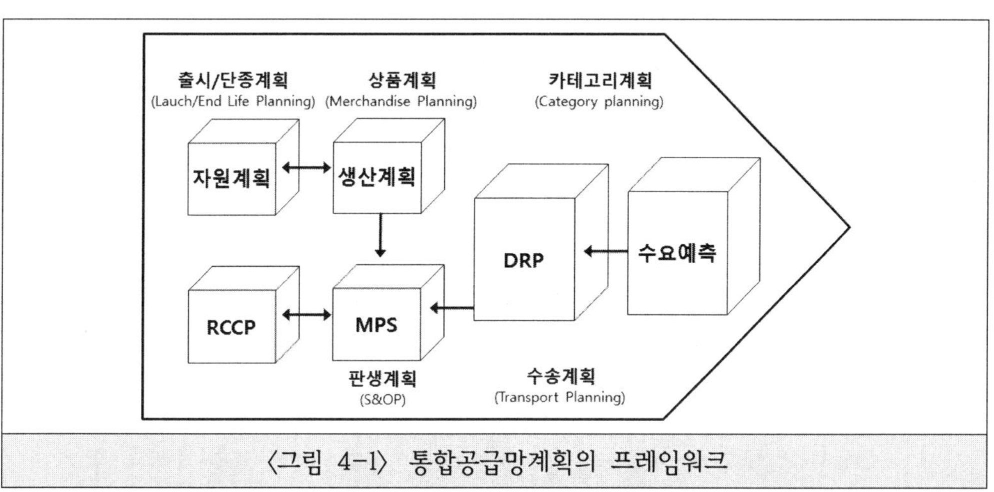

〈그림 4-1〉 통합공급망계획의 프레임워크

이번 장에서는 통합공급망계획 프레임워크의 개별계획을 개략적으로 살펴보기로 한다.

- ✔ 수요예측(Forecasts)의 수행
- ✔ 유통자원계획(DRP: Distribution Resource Plan) 수립
- ✔ 생산계획(Production Plan) 수립
- ✔ 주일정계획(MPS: Master Production Schedule) 수립
- ✔ 자원계획(Resource Plan) 수립
- ✔ 개략능력계획(RCCP: Rough-cut Capacity Plan) 수립

4.1 통합공급망계획의 개요

가. 공급망 계획 수준

공급망 관리의 수직적 분류는 장기적 관점의 전략레벨(Strategic Level)에서 전술레벨(Tactical Level)을 거쳐 단기적 관점의 운영레벨(Operational Level)로 구분할 수 있다. 일반적으로 실행 수준으로 가까워질수록 계획수립의 제약은 늘어나고, 결정의 옵션은 줄어든다. 다음 그림은 전략적 수준에서 운영 레벨까지의 공급망 계획의 수직적 구분을 세단계로 나눈 것이다.

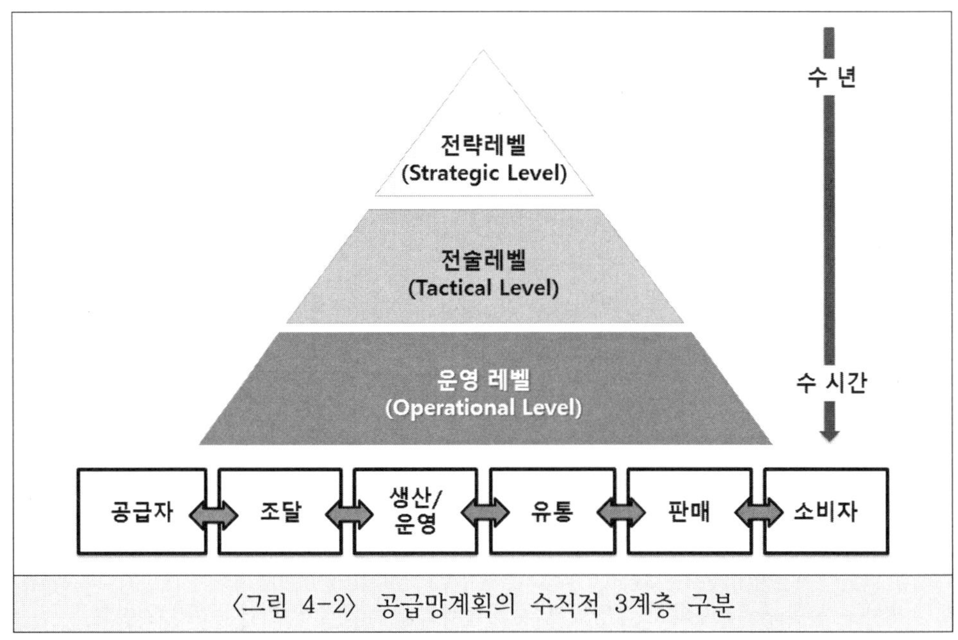

〈그림 4-2〉 공급망계획의 수직적 3계층 구분

(1) 전략레벨(Strategic Level)

향후 1년 혹은 수년간의 비즈니스 혹은 공급망의 이슈들을 다루는 상위 단계의 계획으로 장기간의 고객수요를 예측하고, 이를 기반으로 기업의 전략적 계획이 수립된다. 장기간의 고객수요는 매우 불확실하기 때문에, 합리적인 의사결정을 내리기가 매우 어려운 레벨이다. 따라서 수요예측의 정확도에 대한 요구가 높고, 공급망 상의 가변성 요소가

많아 최고경영자의 참여가 수반되어야 한다는 특징이 있다. 전략레벨에서는 다음과 같은 내용들에 대한 계획을 수립한다.

- 경쟁우위 확보를 위한 공급망의 목적 혹은 정책
- 공급망의 물리적 인프라 구성 요소나 자금 요구 사항
- 제품 시장, 소비자 그룹 혹은 채널별 고객 서비스 수준
- 기능적 장애들을 연결하고 통합된 공급망 흐름을 유지하는 조직 구조

(2) 전술레벨(Tactical Level)

전략적 목적의 구현을 위하여 수주에서 수개월 정도의 계획을 수립한다. 일반적으로 단일 사이트보다는 여러 사이트를 대상으로 한 계획을 수립하게 된다. 즉 어떤 공장에서 어떤 제품을 생산할 것인가 하는 문제 등에 관심이 있으며, 이때 생산 공장의 숫자 등의 문제는 제약조건이 되며 노동자의 숫자 등의 문제는 계획 대상이 된다. 전략레벨의 경우보다는 수요예측 정보가 정확해졌지만, 운영레벨에 비해서는 여전이 불확실한 정보를 가정해야 한다. 일반적으로 전술레벨의 계획 수립에는 수리모형을 적용하기는 어려운데, 이는 여러 가지 불확실성으로 인해 제약조건의 숫자가 많기 때문이다. 전략레벨을 포함한 전술레벨에서는 시뮬레이션이 해법 도출에 매우 중요한 수단이 된다. 전술적 계획의 대상은 대체로 다음과 같다.

- 고객 서비스 수준 향상, 자산 수익률 향상 등을 위한 고객 혹은 공급업체와 관련된 공장이나, 물류 센터 혹은 창고의 위치 선정 문제
- 창고와 창고, 크로스도킹, 고객 직송 등을 활용한 최적 유통 전략 조합(Best Mix of Distribution Strategies) 선정
- 공장별 생산 제품

(3) 운영레벨(Operational Level)

몇 시간이나 몇 주간 단위의 계획을 수립하는데, 주로 이 수준의 계획은 공정의 상세 실행이나 짧은 시간 단위의 결정에 관한 것이 된다. 운영레벨은 단일사이트나 단일제품을 대상으로 하며, 공급망관리를 위해 구체적으로 어떤 일을 해야 하는 가를 결정하는 레벨이다. 이 레벨의 업무는 주로 계획(Plan) – 구매(Buy) – 생산 (Make) – 유통(Distribute) – 판매(Sell)로 구분하며[1], 이 책에서는 이러한 체계에 따라 각 장들이 구

---

1) SCOR(The Supply Chain Operations Reference Model) 프레임워크에서는 Plan – Source –

성되어있다. 이 수준에서의 계획의 대상은 다음과 같다.

- 유통, 생산, 운송 자원들의 활용 방법
- 공급망 상에서의 완제품 배치 위치
- 유통/생산 및 운송 자원의 최적 작업 순서의 결정
- 사용할 운송 장치

공급망관리의 다양한 의사결정 레벨은 앞에서 언급한 바와 같이, 전략레벨, 전술레벨 및 운영레벨로 분류할 수 있다. 각 레벨 별 의사결정레벨에 따른 특징을 비교해 보면, 다음의 〈표 4-1〉과 같다.

▮표 4-1▮ 공급망관리 레벨에 따른 특징

레벨	계획기간	범위	해법	해결 문제의 예
전략	1년 ~ 수년	전사	시뮬레이션	사이트별 운영 정책 공장/물류센터의 숫자 결정
전술	수주 ~ 수개월	복수 사이트	최적화, 시뮬레이션	공장별 생산 품목 결정 사이트별 자원 배분 문제 결정
운영	몇 시간 ~ 수주	단일 사이트	최적화	제품의 생산 스케줄 초과근무/외주 결정

나. 효율적 공급망 계획을 위한 고려 항목

효율적 공급망 계획을 수립하기 위해서는 반드시 고려해야 할 사항이 몇 가지 항목들이 있다. 여기에서는 계획수립의 조직적 장벽과 수요정보의 왜곡에 대하여 살펴보고, 이를 해결하기 위하여 합의가 매우 중요함을 살펴 볼 것이다.

(1) 계획 수립의 조직적 장벽

많은 기업에서 조직 간의 관계에서 공급망 계획의 통합에 역행하는 조건들을 찾아 볼 수 있다. 개체로 부서 단위의 성과 향상에 집착한 결과 공급망 전체의 성과와 역행하는 행위들이 발견되는데, 다음의 내용들이 공급망 계획의 통합을 방해하는 요소라고 판단된다.

Make - Deliver - Return - Enable로 프로세스를 구분하고 있다.
http://www.apics.org/sites/apics-supply-chain-council/

- 수동적/비공식적 계획 프로세스
- 복수의 계획 수립 프로세스 및 그에 따른 복수 계획
- 오래되고 정확하지 않은 정보의 활용
- 계획 수립에 지연을 초래하는 업무 기능 간 장벽
- 조율되지 않은 부서 간 혹은 업무 기능 간 목적의 충돌
- 부서간의 소통과 신용의 결여

이러한 요소들의 결과로 사업계획이나 마케팅 계획이 추구하고자 했던 목적과 수요 예측이나 생산계획과 같은 계획 활동이 제대로 들어맞지 않는 경우가 발생하곤 한다.

〈그림 4-3〉 공급망 계획 수립의 운영 장벽

(2) 수요정보의 왜곡 - 채찍 효과[2)]

포레스터[3)]에 의하면 최초 고객의 수요 정보는 비교적 일정한데, 공급망의 상류 단계에 이르는 각 단계를 거치면서 그 수요 정보가 왜곡되어 실제 수요와는 전혀 다른 형태를 보인다고 한다. 공급망의 각 단계가 통합되지 않은 경우의 경우, 수요정보는 한 단계씩 공급망의 상류로 전달된다. 이때 상류로 전달되는 고객 수요정보의 변화가 각 단계의 재고수준에 미치는 영향은 매우 민감한데, 이에 따라 소매상, 분배자(유통업체), 생산자, 공급자 등의 공급망 구성원 등은 수요정보의 정확도/형태 등에 따라 지대한 영향을 받는다. 이런 경우 고객의 수요정보가 공급망의 상류로 전달될 때마다, 각 단계에서의 여러

---

2) 채찍효과(Bull Whip Effect): 수요 정보가 소비자에서 공급망의 상류로 올라갈수록 왜곡되는 수준이 황소 채찍(Bull Whip)처럼 증폭 된다고 해서 붙여진 이름으로, 최초 이론을 제기한 사람의 이름을 따서 포레스터 효과(Forrester Effect)라고도 한다.

3) Forrester, J., Industrial Dynamics, MIT press, 1961.

가지 문제들로 인하여 실제 수요정보가 왜곡되거나 변화가 증폭된다.

이러한 현상을 발생시키는 요인으로는 공급망 단계별 의사소통 부족, 수요의 과대 혹은 과소평가를 야기하는 인한 휴먼 에러 (Human Error), 고객수요에 대한 가시성 부족, 용량제약에 따른 생산의 방어 작용 등이 언급된다. 이와 같이 공급망의 상류 단계로 정보가 전달되면서 고객수요의 편차가 증폭되는 현상은 Burbridge와 Forrester에 의해 정의되었는데, 마치 카우보이가 황소 채찍을 휘두를 때 채찍이 움직이는 현상(손잡이에서 멀어질수록 진폭이 커지는 현상)과 유사하다고 해서 채찍 효과(Bullwhip Effect)라고 불리거나 이 현상을 정의한 사람의 이름을 따서 포레스터 효과(Forrester Effect)라고 불린다.

일반적으로 공급망이 복잡할수록, 수요편차의 증폭 혹은 왜곡수준은 더욱 커진다. 이와 같이 수요편차의 증폭 혹은 왜곡수준의 크기가 커질수록, 생산용량 초과나 재고증가로 인한 공급망 전체의 비용은 더욱 증가하게 된다. 〈그림 4-4〉는 앞에서 설명한 채찍 효과를 이해하기 쉽도록 단순화하여 도시화 한 것이다.

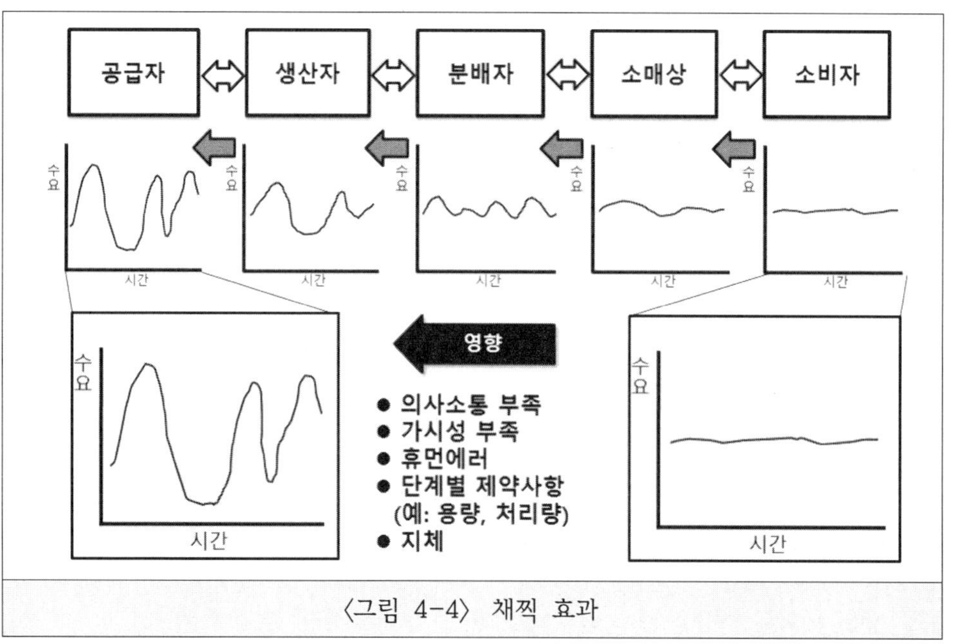

〈그림 4-4〉 채찍 효과

공급망관리에서 채찍효과는 공급망 최적화의 본질을 얘기하는 매우 중요한 현상이다. 이를 실제로 쉽게 체감할 수 있도록 포레스터가 맥주 공급과정을 통해 생산과 분배 시스템에서의 정보 왜곡/오류 증폭을 알아보는 시뮬레이션 게임을 고안했는데, 비어게임이라는 이름으로 지금까지도 널리 활용되고 있다. 비어게임의 시뮬레이션을 위한 다양한 유/

무료 소프트웨어나 온라인 사이트가 제공되고 있다. 일반적으로 공급망에서 이러한 정보 왜곡을 줄이기 위해서는 비용문제가 있기는 하지만, 공급망의 모든 구성원이 실시간으로 정보를 공유함으로써 수요 및 공급에 대한 불확실성을 감소시키는 방법이 사용된다. 공급망의 모든 구성원들 간의 정보격차를 줄이게 되면 더 정확한 판단으로 관련비용을 절감하고 서비스 수준을 높일 수 있기 때문에, 공급망관리의 중요성이 더욱 부각된다. 비어게임의 게임 방법은 그룹과제로 제시한다.

(3) 합의의 필요성

기업 내의 부서 간 혹은 공급망 구성원 간의 합의를 바탕으로 계획프로세스가 진행되지 않으면, 판매기회 손실이나 필요 없는 초과용량 보유 등의 문제가 발생하게 된다. 제대로 운영되는 공급망계획 프로세스의 가장 중요한 요소는 기업 내 모든 부서 혹은 공급망 내의 모든 구성원이 동일한 숫자 정보(계획은 보통 숫자로 표현되기 때문에, 기업 현장의 공급망 관리 담당자들에게 숫자는 각종 계획을 의미한다)에 의해 작동되어야 한다는 것이다. 회사 내의 각 부서나 공급망의 구성원들이 서로 다른 숫자를 기반으로 각자의 목적과 성과를 위하여 자원을 활용한다면, 공급망 전체 혹은 기업 전체의 최적화 보다는 부분 최적화 될 것은 쉽게 이해할 수 있다. 실제 대부분의 기업과 해당 부서들은 동일한 숫자 정보에 의해 업무를 수행하는 것이 얼마나 중요한지에 대하여 잘 이해하고 있으나, 실제로는 개별적인 숫자를 작성하고 이를 따라 움직이고 있다. 실제 이러한 요소는 바꾸기 가장 힘든 요소이기도 하다.

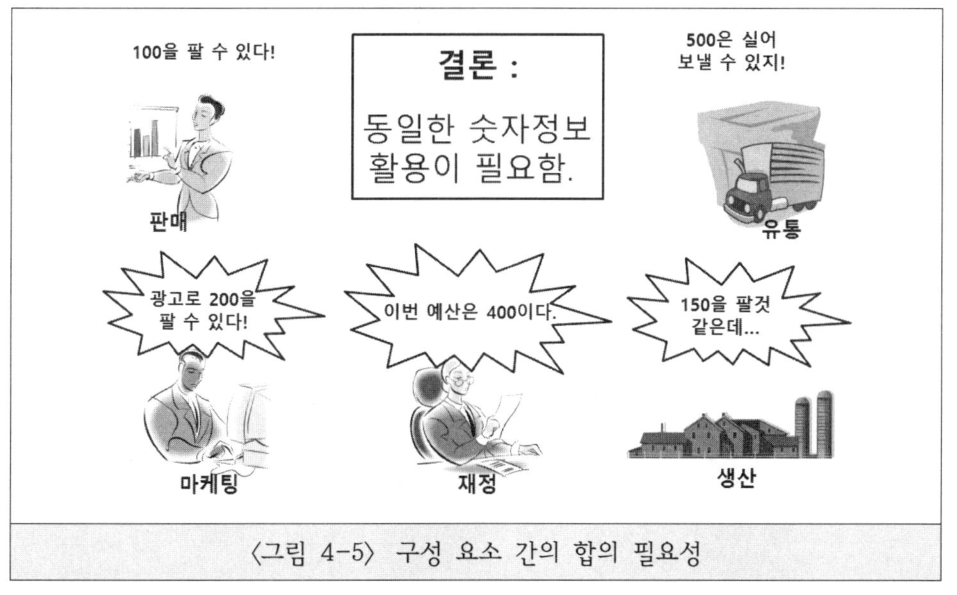

〈그림 4-5〉 구성 요소 간의 합의 필요성

동일한 숫자를 활용한다는 것은 재무 관점의 예측, 사업계획, 수요예측 등을 모두 하나의 숫자로만 작성하라는 의미는 아니다. 동일한 숫자를 활용하라는 원칙은 동일한 시간대를 예측된 단위가 반드시 동일해야 함을 의미한다. 또한 비즈니스에 사용되는 여러 가지 예측들이 동시에 갱신되거나 같은 주기로 갱신되지 않아 사용되는 예측정보들이 동기화되지 않으며, 이에 따라 서로 다른 수요예측 정보를 사용하게 되기도 한다. 따라서 예측정보들의 갱신 시기와 주기를 일치시키는 것 또한 매우 중요한 원칙이 된다. 그러나 이러한 원칙들의 적용은 수작업에 의한 업무 프로세스로는 어려운 것이 사실이다. 이를 위해 다양한 솔루션이 개발되어 있으며, 해당 솔루션은 목적에 따라 개별 솔루션으로 제공되기도 하지만 보통은 APS(Advanced Production & Scheduling) 솔루션이 이러한 기능을 수행하는데 이에 대한 설명은 이 책에서는 제외하였다. 솔루션의 적용 또한 중요한 요소이지만 업무기능 영역 간 의사소통이나 효율적 업무 프로세스에 대판 필요성을 인지하고 있지 않다면, 성공적인 계획 수립이 어렵게 된다.

다. 통합 공급망 계획의 효과

(1) 통합 공급망계획의 기대효과

통합 공급망 계획 수립은 공급망 품질(Quality), 공급망 운영비용(Cost) 및 공급망 속도(Delivery) 등의 효과를 측정하는 모든 요소에서 효과를 기대할 수 있다.

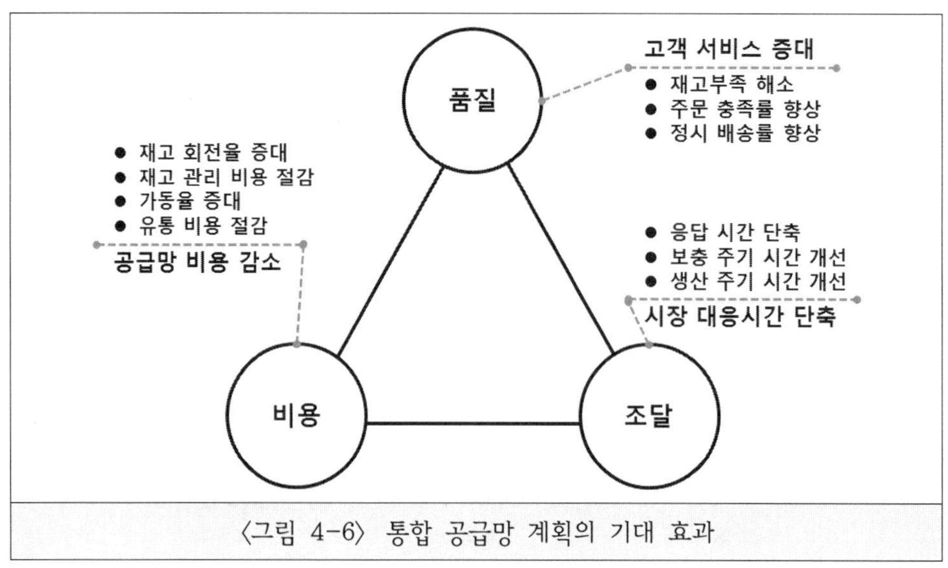

〈그림 4-6〉 통합 공급망 계획의 기대 효과

부문 간 장벽해소, 수요왜곡 방지 및 합의된 생산계획 수립 등의 효과로 공급망이 통합되게 되면, 재고부족률을 줄이고 고객 주문에 정확하게 대응할 수 있어 결과적으로 고객 서비스를 증대할 수 있다. 또한 재고회전율 증가, 재고관리 비용 절감, 가동율 증대 및 유통 비용 절감 등의 공급망효율 증대 효과가 있다. 또한 공급망통합은 대응성 향상의 효과도 있는데, 고객의 요구에 대한 응답시간을 줄여주고 보충 주기나 생산 주기를 개선하여 시장 대응 시간을 단축할 수 있게 된다. 이러한 기대 효과들은 기업이 처한 위치와 환경에 따라 효과의 종류나 정도가 달라진다.

(2) 통합 공급망 계획의 효과 측정(Value Proposition)

공급망계획 프로세스가 개선되면 여러 효과가 있다. 대표적인 공급망개선 효과의 측정 지표는 총자산이익률(ROA: Return of Assets)인데, 개선효과에 대한 가치제안을 총자산이익률의 개념에서 살펴보면 다음의 〈그림 4-7〉과 같이 요약된다.

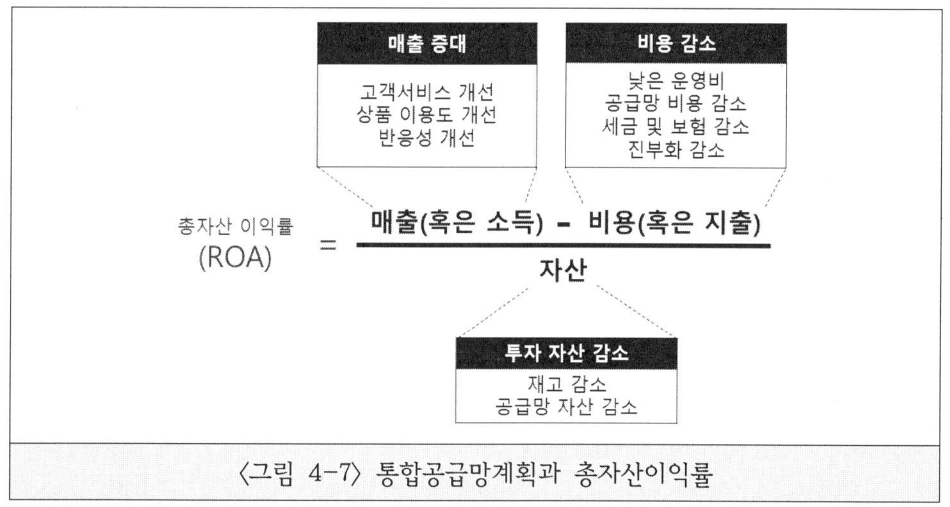

〈그림 4-7〉 통합공급망계획과 총자산이익률

총자산이익률은 매출증대, 비용감소 및 제품가용율 향상과 이를 기반으로 한 경쟁우위 기간 증대, 주주가치 증대 등의 유용한 개념들로 구성되어 있다. 앞에서 언급한 바와 같이 공급망통합은 고객서비스 증대나 제품 가용율 향상, 응답성 제고 등으로 인한 매출증대 효과와 운영비용 절감, 공급망비용 절감, 세금이나 보험비용 감소, 진부화재고[4] 감소 등으로 인한 비용이 감소된다. 또한 재고감소, 공급망 운영에 필요한 자산 감소 등의 투하자산 절감 효과도 기대할 수 있다. 이처럼 통합공급망계획은 총자산이익률의 분자와 분모 모두에 긍정적 영향을 미친다.

---

4) 제품이 단종되거나 일정 기간 수요가 없어 사용할 수 없는 재고

4.2 통합공급망계획의 운영조직

가. 통합공급망계획 운영조직의 필요성

통합공급망계획은 거의 모든 기업에서 수행해야 할 중요한 활동이다. 공식 조직으로 운영되던지, 비공식적으로 운영되던지 적절한 운영은 상품과 서비스 변화에 효과적으로 대응하며, 공급망운영의 효율성과 대응성을 제고할 수 있게 된다. 전통적인 기업에서는 재무팀과 생산팀, 영업/마케팅 팀의 세 부분을 중심으로 기능 중심으로 부서를 운영하는 것이 일반적이다. 여기서 유의할 것은 공급망계획의 수립 및 운영의 관점에서 보면 전통적인 기업의 세 개 핵심 부문과 수행 업무가 겹치게 된다는 점이다. 즉 수/배송의 책임은 생산팀이, 구매업무는 재무팀이, 판매는 영업팀이나 마케팅팀이 책임지는 것이 전통적인 형태이다. 이때 재고는 각 부문 모두에 걸쳐있는 경우가 많다. 따라서 부문 간 이해상충은 고질적인 문제가 되고 있다. 예를 들어 영업/마케팅팀은 판매를 최대화하는 것을 목표로 할 것이며, 생산은 낮은 단위비용으로 제품을 생산하는 것이 목표이며, 재무부문에서는 투하자본회수율을 최대화하기 위하여 자본비용을 최소화하는 목표를 가지게 된다. 이러한 경우라면, 영업은 고객에게 공장이나 물류센터로부터의 불가능한 납품서비스를 약속할 것이다. 또 생산관리자는 가능하다면 생산준비 비용을 감소시키고 경제적 자재조달량을 계획하기 위해 장기간동안 많은 주문이 쌓일 때까지 기다릴 것이다. 따라서 공급망계획을 효율적으로 수립하고 운영할 조직을 갖추고 운영하는 것은 기업성과를 위해 매우 중요한 요인이 된다.

나. 공급망계획과 기업 내 타부문과의 관계

공급망계획은 수요예측(Forecasts), 유통자원계획(Distribution Resource Plan), 생산계획(Production Plan) 등의 프로세스를 포함하는 개념이다. 따라서 통합공급망계획 수립은 기업내부 다양한 부문과의 협업 혹은 이해관계 공유를 초래한다. 예를 들어 기업 전체가 공유할 통일된 수요예측 프로세스라면 영업부문은 물론 마케팅, 생산, 물류, 재무부문 등 거의 모든 부분과의 협업이 수반될 것이다. 공급망계획의 여러 측면을 감안한 최적의 조직체계를 설계하는데, 수요예측에 다양한 부문이 이해관계에 놓인다는 것은 좋은 계기가 될 수도 있다. 다음의 〈표 4-2〉는 공급망계획의 중요한 프로세스인 수요예

측, 유통자원계획 및 생산계획 수립과 기업내부 여러 부문과의 이해관계를 나타낸 것이다.

▮표 4-2▮ 공급망 계획 수립의 이해관계 부문

기능 / 프로세스	영업/판매	마케팅	생산	물류	재무
수요예측 (Forecasts)	✓	✓	✓	✓	✓
유통자원계획 (Distribution Resource Plan)	✓		✓	✓	
생산계획 (Production Plan)			✓	✓	

여기에서는 공급망계획의 조직체계와 관련된 동인(Drivers), 원칙(Principles) 및 조직 모델(Organizational Models) 등의 여러 가지 문제에 대하여 개략적으로 논의해 보고자 한다. 통합공급망계획을 위한 조직 모델을 결정하는 주요동인(Key Drivers)은 범위와 규모의 효율, 의사소통, 사업전략, 변화에 대한 저항 수준 등의 요인들을 고려해야 한다.

(1) Scope and Scale Efficiencies(범위와 규모의 효율)

통합공급망계획의 수립에서 조직 간의 범위와 규모의 유기적 통합은 광대역 근거지 간의 상충효과(Trade off) 관리나 숙련된 계획담당 인력의 배양 및 관리에 유리하다. 다시 말해 범위와 규모에 대한 유기적 통합 추구를 위해서는 중앙집중형 조직이 적합하다.

(2) Communication(의사소통)

다양한 조직과의 의사소통 성공여부는 특히 시장 수요예측 정보와 확정된 주문정보 등을 활용하여 각 부문의 다양한 대응에 활용될 수요계획 수립(Demand Planning)의 성공과 직결된다. 시장에 대한 최상의 정보를 수집(Best Market Intelligence)한다는 것은 고객과 가까이 위치하는 것이 유리하다. 따라서 이러한 효과를 위해서는 분권형/분산형 조직 구조가 적합하다.

(3) Business Strategy(사업전략)

통합공급망계획을 운영하게 될 조직구조 결정에 있어 사업전략은 사실상 가장 핵심적인 요소이다. 수요계획(Demand Planning)의 성패가 미치는 영향을 감안해 보면, 시장 전략과 조직의 책임소재가 적절히 정의되는 것이 매우 중요하다. 조직의 책임소재 정의 모델(Corporate Accountability Model)은 지역적 고려, 기능적 고려, 제품 중심인지 프로세스 중심인지 등의 항목들을 결정하는 것을 말한다.

(4) Resistance to Change(변화에 대한 저항)

변화에 대한 명쾌한 전략적 기반, 조직규모나 범위에 대한 혜택 등 다양한 이익 혹은 당위성의 확보에도 불구하고, 조직 구성원은 새로운 변화에 반발하기 마련이다. 기존에 없던 중앙집중형 계획부문을 신설하거나 강화하는 경우라면, 특히나 거센 저항에 직면하는 경우가 많다. 이러한 저항에는 지역 토착화된 조직에서 계획수립 부문을 분리하고자 하거나, 정보기술이 이해관계자들 간에 필요한 정보흐름을 원활히 지원하지 못할 것에 대한 우려 등의 이유가 깔려 있는 경우가 많다.

다. 공급망계획 수립을 위한 조직 구조

(1) 공급망계획수립 조직구성 원칙

공급망계획 수립 조직을 구성하는데 유용하게 적용될 수 있는 원칙들을 다음의 〈그림 4-8〉에 간단히 정리하였다.

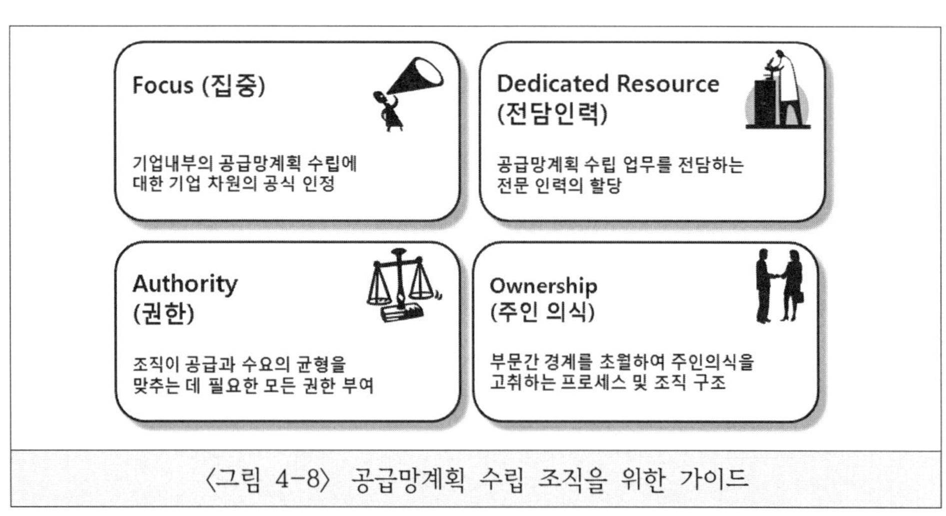

〈그림 4-8〉 공급망계획 수립 조직을 위한 가이드

위 그림의 내용을 다시 정리해 보면 다음과 같다.

① Focus(집중)

통합공급망계획을 수행부서의 결정에서 가장 먼저 고민되는 문제는 다양한 의사결정을 위한 정보들이 최고경영층에 밀접하게 모이는 것이 좋은지, 다양한 실무부서 전체에 분산되어야 하는지를 결정하는 문제일 것이다. 통합조직으로 구성된다면, 모든 제품군들에 대한 의사결정이 집중되어 이해 충돌의 조정 중심의 활동을 주된 업무로 할 것이다. 반면 조직구조가 분산된 경우라면, 제품군 단위 혹은 업무수행 부서에 책임을 둔다. 이러한 형태의 조직구성은 각자 명백한 장/단점이 존재한다. 따라서 실제의 경우 많은 회사들이 그들의 결합된 이점을 찾기 위해 두 가지 형태를 혼합하는 조직의 형태를 적용하기도 한다.

통합된 형태에 대한 주요 이유는 통합을 통한 규모의 효율을 최대화하고 철저한 통제를 유지하는 것이다. 반면 분산화는 통합된 형태의 조직보다 고객요구에 대한 대응이 더 빠르고 고객요구에 더 알맞은 물류 반응을 하게 된다. 분산화는 생산라인들이 그들의 마케팅, 물류, 제조특성에 있어 뚜렷하게 차이가 있을 때, 그리고 규모의 경제성을 전혀 가늠할 수가 없을 때 더 많은 의미를 만들어 낸다. 대부분의 선진 사례에서 비즈니스 전반의 공급과 수요의 상충효과를 진단하고 관리할 수 있는 공식적 공급망계획 부서를 만들고 집중한다.

② Dedicated Resources(전담인력)

실무 현장에서 전담인력을 배치하지 않고, 공급망계획이 수립되고 공급망이 운영되는 경우도 있다. 이러한 경우 공급망 운영을 위해 세부계획(수요예측, 유통계획, 생산계획 등) 단위로 계획을 수립하고, 통합공급망계획을 위해서는 해당 계획수립 부문의 자문 역할을 수행하는 방식으로 운영된다. 반면 공급망계획수립 부서가 참모형 조직으로 명문화되어 움직이는 경우도 있다. 이러한 조직구성은 집중화나 분산화 정도에 따라 특정 부문을 중심으로 구성하는데, 대개의 경우는 조직도 상에서 최고경영자 직속으로 구성되는 경우가 많다. 이는 공급망계획부서에게 자문의 역할을 수립하고, 더 많은 권한을 부여하기 위해서라고 할 수 있다. 명확한 것은 통합공급망계획의 수립 및 운영에서 전담인력의 배치는 계획수립의 생산성, 효율 및 전문성을 향상하게 된다.

③ Authority(권한)

공급망계획 수립 조직은 전략적 목적에 따라 공급과 수요의 균형을 맞출 수 있어야 한다. 따라서 그 범위와 권한은 공급망의 수요예측을 충분히 수행할 수 있어야 한다.

④ Ownership(주인의식)

판매, 마케팅 및 운영에 관련된 비즈니스 전 분야에 대한 계획에 대한 주인의식을 고취할 수 있는 프로세스 및 조직을 통해 업무 성과를 향상시킨다.

(2) 조직 모델

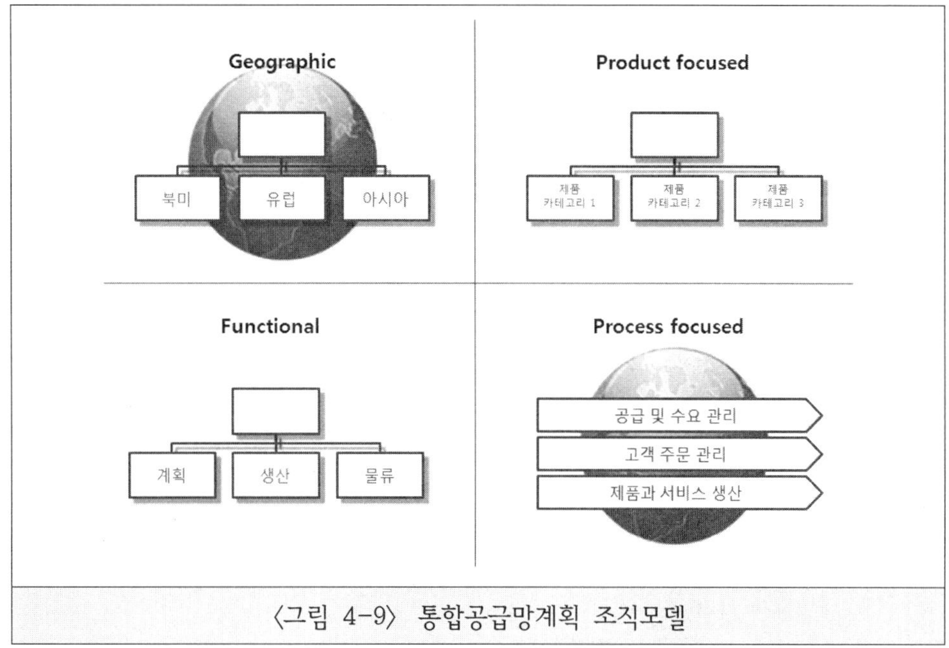

〈그림 4-9〉 통합공급망계획 조직모델

앞서 언급한 바와 같이 조직구조는 어떤 형태든지 나름대로의 장/단점을 가지고 있다. 따라서 통합공급망계획 수립을 위해 적당한 조직구조는 특정한 형태가 아니라, 경우에 따라 달라진다. 어떤 조직모델을 선택할 것인가는 조직이 처한 환경에 따라 다르다. 위 〈그림 4-9〉는 조직구조 결정에 참조할 만한 조직모델을 정리한 것이다. 이에 대해 조금 더 살펴보기로 하자.

① Geographic(지리적 조직)

이 조직구조에서는 계획수립담당자는 지역(대륙, 국가, 또는 지방 등)을 책임지게 된다. 계획수립담당자는 주로 가장 큰 시장이나 해당 지역의 중심지에 위치하게 된다. 이 형태의 조직은 고객 응대형 조직에서 의사소통이 원활한 경우에 효과적으로 운영된다. 이러한 지리적 접근 방법의 가장 큰 문제점은 자원이나 재고가 글로벌하게 관리될 수 없기 때문에 전체 공급망의 자원이 부분최적화에 머물게 된다는 점이다.

② Product focused(제품 중심 조직)

이 조직구조에서는 공급망의 계획담당자가 제품군에 따라 나누어지게 된다. 이 형태의 가장 큰 장점은 제품별 결과에 중점을 둘 수 있다는 것이다. 반면 계획담당자 간의 경쟁이 발생하여, 생산이나 유통 능력 따위의 자원을 계획수립 담당자별로 독점하여 공유하지 않으려고 하는 문제점이 내재되어 있다는 단점이 있다.

③ Functional(기능 중심 조직)

이 조직 모델은 글로벌 범위에서 유통이나 생산 등의 비즈니스 업무내의 자원을 최적화 시킬 수 있다는 장점이 있다. 반면 전체 공급망최적화를 희생하여, 기능단위의 비용최적화가 이루어지기 쉽다는 단점이 있다.

④ Process Focused(프로세스 중심 조직)

프로세스 중심 조직은 원자재 상태에서 재공품을 거쳐 완제품에 이르기까지 이동하는 제품을 기준으로 하여 최대한의 효율을 달성하는 것이 목표이다. 이 조직구조에서 구매, 생산계획, 재고, 수송, 판매 등과 같은 활동들이 함께 관리되고 전체 최적화를 위해 운영된다. 따라서 이 조직 모델은 프로세스의 처음부터 끝까지 책임을 부여하여 글로벌 규모에서 프로세스 단위의 자원 최적화를 제공한다는 장점이 있다.

그룹과제

4.1 비어게임 실행하기

공급망에서 각 경로구성원 상호간의 정보소통은 재고에 어떤 영향을 미칠까? 고객의 주문을 100% 충족시키기 위해서는 적지 않은 재고를 언제나 유지하여야 한다. 하지만 이러한 경우 재고유지비용은 증가하게 된다. 반면, 최소한의 재고를 유지하고 있으면 재고유지비용은 줄일 수 있지만 고객의 주문을 충족시키지 못함으로써 발생하는 결품 비용이 증가할 염려가 있다 최적화된 재고수준을 유지함으로써 재고유지비용과 결품 비용의 합계를 최소화 할 수 있는 방법을 Beer Game[5)]을 통해 경험해 보자.

● **규칙**

① 한 팀은 Factory, Distributor, Wholesaler, Retailer의 역할을 담당하는 4명으로 이루어진다.

② 각 구성원이 주문을 내면 1주 후에 상위구성원에게 전달된다.

③ 각 구성원이 하위구성원에게 제품을 전달하는데 2주가 소요된다.

④ 공장에서 맥주를 생산하는데 2주가 소요된다.

⑤ 게임 초기 모든 구성원은 6상자의 기초재고를 보유한다. 단 Factory는 18상자의 재고를 보유한다.

⑥ 1상자의 재고를 보유하는데 주당 $1.00의 비용이 든다.

⑦ 고객의 주문을 충족시키지 못했을 경우(결품 발생 시) 상자당 $2.00의 penalty가 발생되고 이를 backlog로 기록한다. 추후 새로운 입고와 출고가 발생할 때 backlog분을 우선적으로 충족시켜주어야 한다.

⑧ 각 구성원은 제1주부터 제3주까지는 매주 6상자까지 맥주를 주문할 수 있다. 제4주 이후부터는 주문 수량의 제한이 없다.

⑨ Retailer에 대한 맥주의 수요는 제1주부터 제4주까지는 6상자까지 이며 제5주부터는 12상자로 증가된다.(Retailer가 주사위를 굴려서 수요를 생성한다.)

⑩ 게임은 제40주까지 진행되며, 36주까지의 결과로 점수를 반영한다.

⑪ 각 팀간, 혹은 팀원간의 대화는 일절 허용되지 않는다.

⑫ 각 팀원은 자신이 가진 정보와 판단을 기초해서 주문량을 결정한다.

---

5) Beer Game은 맥주공급을 통하여 생산과 분배시스템을 시뮬레이션게임으로, 1960년대 MIT에서 처음 개발되었다. 온라인에서 이 게임을 신청할 수 있도록 제공하고 있는 사이트도 있다. (http://beergame.mit.edu/)

● **게임 진행을 위한 구성원 배치**

4인 1조는 다음의 〈그림 4-10〉과 같이 나란히 옆으로 (혹은 앞뒤로) 앉는다. 또한 각 Player사이에는 배달과 주문을 위한 공간을 마련한다. 게임을 시작하기 전에 모든 Delay1, 2와 order 칸에 6이라고 적은 카드(맥주 6박스)를 놓아둔다.

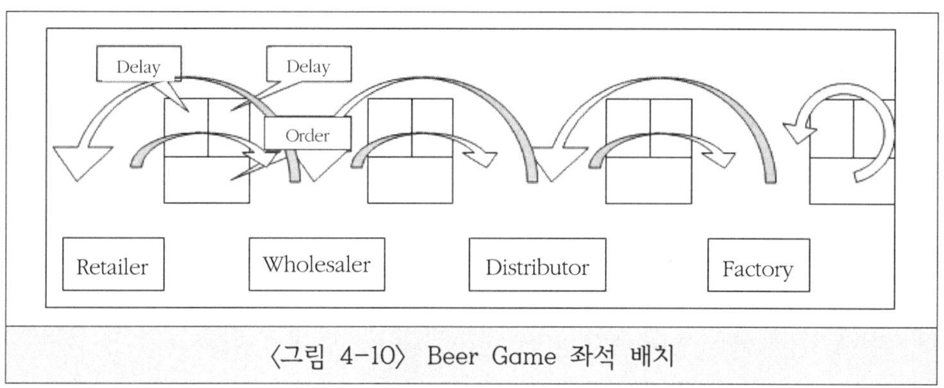

〈그림 4-10〉 Beer Game 좌석 배치

● **준비물**

① 메모지 - 맥주의 주문과 배달을 표현하기 위해 메모지에 수량을 적어 사용한다.
② LOG용지 - 각 Player별로 주문량, 입고량, 출고량, Backlog를 기록하는 용지.
③ 주사위 2개 - Retailer의 주문 수량을 결정하는데 사용.
2개의 주사위를 사용함으로써, 기댓값이 7인 정규분포로써 수요를 생성해 낼 수 있다.

● **진행순서**

Step 1. Transport your beer and advance shipping delay

- 자신의 오른쪽 (혹은 뒤쪽)에 있는 Delay 1에서 카드를 가져와, 기록된 숫자(배달된 맥주 상자 수)를 Log용지의 '(1)'입고에 기록한다.
- Delay2의 카드를 Delay1로 옮겨놓는다.
- '(2)출고 전 총 재고'를 기록한다. ('(7)재고' + '(1)입고량')

Step 2. Read incoming orders

- 자신의 왼편 (혹은 앞쪽)에 있는 Order 란에서 카드를 가져와 그 곳에 써 있는 숫자(배달 요청된 맥주 상자 수)를 Log용지의 '(3)수요' 란에 기입한다.
- '(4)총수요'를 기록한다. ('(6)Backlog' + '(3)수요')

Step 3. Fill orders

- '(4)총수요'를 '(2)총재고'의 한도 내에서 충족시킨다. 즉 출고량을 카드에 적어 왼편의 Delay 2에 놓는다. 출고량을 log에 기록한다.
- '(2)총재고'가 '(4)총수요량'보다 부족한 경우 그 부족분을 '(6)backlog'에 기록한다.
- 해당 주의 backlog = 전주 backlog + 주문 접수 량 - 금주 접수 맥주 량
- 사전에 Backlog가 있는 경우에는 Backlog를 먼저 충족시킨 후 이번 주 주문을 처리한다.
- '(7)재고 잔여량'은 '(2)출고전 총재고' - '(5)출고량'으로 기록한다. 만일 '(6)결품량'이 발생한 경우에는 '(7)재고'는 0으로 한다.

Step 4. Place an order (Factories fill order request)

- 다음 주에 필요한 '(8)주문량'을 결정하여 카드에 적은 후 자신의 오른편 (혹은 뒤쪽)에 있는 Order 란에 놓는다.
- Factory는 Order를 내면서, 지난주 Order를 Delay2에 옮겨놓는다.
- Retailer옆의 customer는 Retailer 왼쪽의 customer order 란에 놓는다.

■ **평가**

총 40주 까지 게임을 진행하며, 이중 제36주까지의 game을 평가한다. 각자에게 제공된 용지에 기입된 재고량과 결품량(backlog)에 소요비용(각각 $1.00, $2.00)을 곱하여 총비용을 구한 후 각 팀별로 총비용을 합산한다. 총비용이 가장 적은 팀이 이긴다.

- 각 팀원은 각자 (7)재고량, (6)결품량, (8)주문량을 기록하고 계산하여 조장에게 넘긴다.
- 이 게임에서 얻었던 경험과 vision을 팀원이 함께 발표한다. 왜 이러한 결과가 나왔는지에 대해 분석하고, 이러한 현상을 최소화 할 수 있는 대안을 포함한다.

● 사용 양식(LOG 시트)

Beer Game Simulation Log Sheet

팀명: 역할: 이름:

Time	Step1		Step2		Step3			Step4
	(1) 입고	(2) 출고전 총재고	(3) 주문	(4) 총수요	(5) 출고량	(6) Backlog	(7) 재고	(8) 주문량
1	-	-	-	-	-	-	6	-
2								
3								
4								
5								
6								
7								
8								
9								
10								
11								
12								
13								
14								
15								
16								
17								
18								
19								
20								
21								
22								
23								
24								
25								
26								
27								
28								
29								
30								
31								
32								
33								
34								
35								
36								
37								
38								
39								
40								
합계								

1. Delay 1에서 현재 배달된 맥주 수량
2. (1)입고량 + (7)재고
3. 이번 주에 받은 고객의 수요(주문량)를 기입
4. (3)수요 + (6)bakorder
5. 수요를 충족시키기 위해 delivery한 맥주 수량
6. 수요를 충족시키지 못한 수량: (4)총수요가 (2)출고전 총재고 보다 클 경우발생
7. 수요를 충족시키고 남은 맥주 수량
8. 이번 주 주문량

Chapter 05

수요예측(Forecasting)

수요예측 정보는 기업운영에서 매우 중요한 정보이다. 정교한 수요예측정보는 기업 내의 자원을 적절히 계획하고 관리할 수 있도록 한다. 기업 내 각 부문에서는 수요예측 정보를 서로 다른 방법으로 활용한다. 그렇기 때문에 수요예측 정보는 단위나 화폐, 유형 등이 다르게 가공되기도 한다. 즉 수요예측정보는 그 목적에 따라 다르게 작성되어야 하는데, 수요예측이 필요한 곳, 필요 시점, 대상 품목이나 서비스 등에 따라 다르게 작성되어야 한다. 이와 같이 수요예측 작성에 고려야 할 문제들을 정리해 보면 다음과 같다.

✔ 수요의 성질 - 수요예측의 목적은 무엇이며, 대상 품목이나 서비스는 무엇인가?
✔ 수요의 크기 - 얼마나 많은 제품이나 서비스가 요구되는가?
✔ 수요의 시점 - 언제 필요한 수요인가? 내일, 다음 달 혹은 내년?
✔ 수요의 위치 - 어디서 요구되며, 얼마나 많은 곳에서 요구되는가?

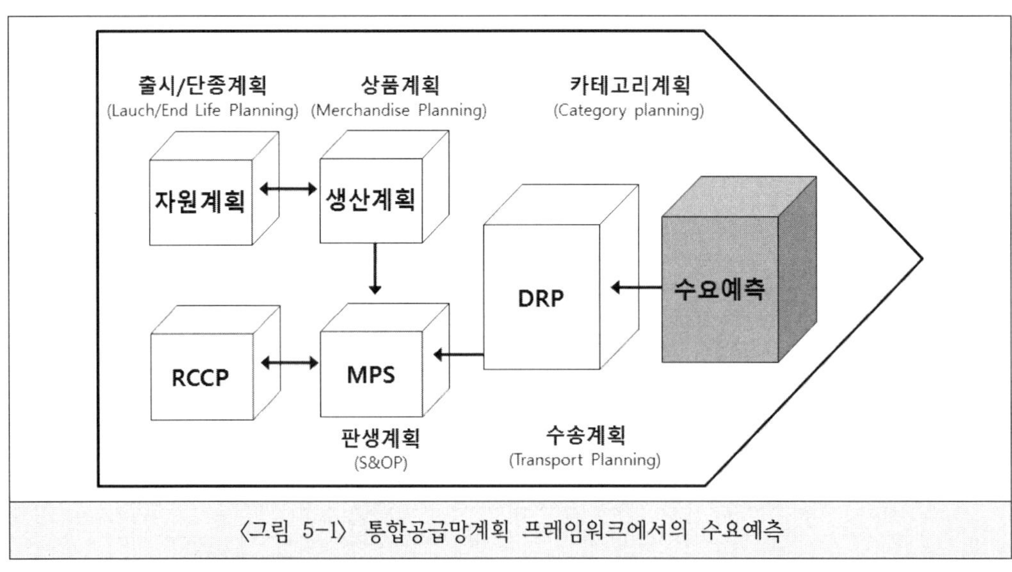

〈그림 5-1〉 통합공급망계획 프레임워크에서의 수요예측

수요예측은 공급망계획의 핵심요소 중 하나로, 실제 통합공급망계획은 수요예측으로부터 시작된다. 이 장에서는 유통계획, 생산계획 및 조달계획과 목표수준의 고객 서비스 제공을 위한 수요예측의 역할에 대해서 알아보기로 한다.

5.1 수요예측의 개요

가. 수요예측의 대상

통합공급망계획에서 수요예측은 매우 중요한 역할을 한다. 또한 통합공급망계획 프레임워크에서 확인하듯, 통합공급망계획의 시작단계이기도 하다. 수요예측에서 무엇을 예측해야 하는가는 매우 중요한 문제이다. 다시 말해 고객에게 얼마나 팔아야 할 것인가를 예측해야 하는지, 고객이 얼마나 살 것인가를 예측해야 하는지에 대한 문제는 아주 쉬우면서도 실제 현장에서는 혼동하여 사용되곤 한다.

수요예측은 기업 관점에서 주어진 기간 동안 팔 수 있을 것이라 생각하는 수량을 예측하는 것을 의미한다. 수요예측에는 정성적기법과 정량적기법을 사용하게 되는데, 여기서는 정량적기법을 중심으로 알아보기로 한다. 수요예측 정보는 유통망이 커버할 제품이나 지역 등의 목표 시장 결정이나 강력한 판촉이나 가격 정책을 적용할지 여부 등의 마케팅 전략에 영향을 받게 된다. 일반적으로 목표시장에 대한 수요예측을 결정할 때는 생산이나 유통 상의 제약요소를 반영하지 않는다. 능력의 한계(Capacity Constraints)에 대한 문제는 예측과 별도로 반영하며, 7장에서 설명할 주일정계획[6] 수립 과정의 한 단계인 개략능력계획[7] 등의 능력계획을 통해 고려하는 것이 일반적이다.

언급한 바와 같이 수요예측에서 가장 중요한 것인 고객의 주문(수요)을 예측할 것인가, 실제 판매된 수량(판매)을 예측할 것인가이다. 실제 기업의 경우 고객이 주문한 것(수요)과 실제 고객에 출하된 것(판매 혹은 출하)에는 많은 차이가 있다. 결론적으로 수요예측은 수요를 예측하는 것이지, 판매량이나 출하량을 예측하는 것이 아니다. 따라서 미래의 판매 및 생산 구간에 대한 계획을 수립하는 과정에서, 수요예측은 이전 시점에서 재고의 부족으로 발생된 판매기회 손실이나 대체품 판매 사례에 대한 내용을 반드시 감안해야 한다. 다시 말해 판매(출하량)와 수요를 구별하는 것은 매우 중요한데, 판매량(출하량)과 고객의 실제 수요가 일치하지 않기 때문이다. 판매량과 수요량이 일치하지 않는 데는 여러 이유가 있다. 대표적인 것이 고객의 수요가 대체된 경우일 것이다. 다음의 〈그림 5-2〉는 이러한 차이를 예를 들어 설명하고 있다. 고객은 원래 말을 구매하기를 원했지만, 영업 부문의 노력에 의해 대체품인 낙타를 판매할 수 있었다. 이러한 경우라

---

6) 주일정계획(MPS: Master Production Schedule)
7) 개략능력계획(RCCP: Rough-cut Capacity Plan)

면 수요예측을 위해서는 낙타 판매량이 아니라, 말의 수요가 감안되어야 할 것이다.

그러나 실제 많은 기업에서는 수요예측을 위하여 고객의 주문 시점에 보내기로 동의했던 판매 주문 정보나 실제로 고객에 배송된 내역을 기록한 배송 기록을 활용한다. 이는 실제 수요정보를 활용하는 것이 어려워 비교적 취합하기 쉬운 데이터를 사용하기 때문이다. 그러나 주문이력이나 배송이력은 대체품이나 판매기회 손실 내역 등이 반영되지 않아 실제 고객이 원하는 것을 나타낸 실수요와의 차이가 발생할 개연성이 충분히 내포되어 있다. 사소해 보일지 모르는 이 사실이 새로운 수요예측을 하는데 있어 가장 중요하게 고려되어야 할 것이다.

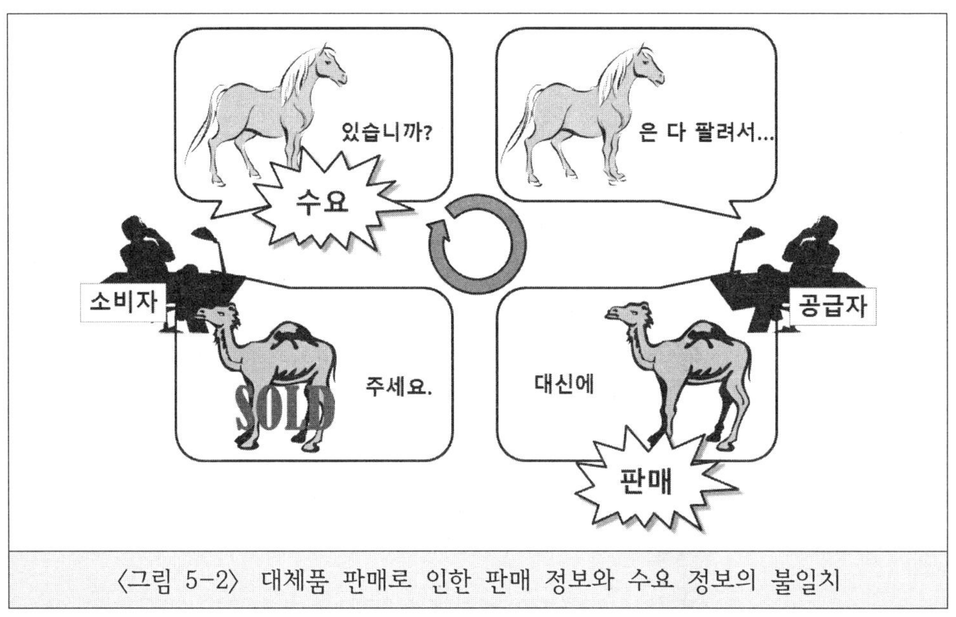

〈그림 5-2〉 대체품 판매로 인한 판매 정보와 수요 정보의 불일치

나. 수요예측의 목적 및 절차

(1) 수요예측의 목적

수요예측은 다양한 목적을 위해 수행된다. 수요예측은 기업 내 다양한 의사결정이나 계획수립의 목적으로 미래의 현상을 예상하는 것이다. 그러나 현실적으로 수요의 변동이 크기 때문에 이를 예측한다는 것은 매우 어려운 일이다. 수요예측이 어려운 일이기도 하지만, 수요예측을 통해 얻을 수 있는 효과 또한 매우 크다. 수요예측을 통해 어떤 자원이 언제 얼마나 필요하며, 현재 보유하고 있는 자원을 어떻게 배분할지를 결정하거나, 자원의 추가 획득여부를 결정하는데 도움을 받을 수 있다. 또한 정확한 예측은 생산능력을

효율적으로 활용할 수 있도록 하고, 고객의 요구에 대응하는 시간을 줄이고, 재고를 효과적으로 저감할 수 있도록 한다.

세계적 컨설팅 기업인 Price Waterhouse에서는 미국의 주요 기업을 대상으로 공급망에서 수요예측을 수행하는 목적에 대한 조사를 수행한 바 있다. 조사결과 가장 중요한 원인으로는 고객만족의 제고가 꼽혔고, 뒤를 이어 재고부족 예방, 생산계획수립 효율의 향상, 안전재고 수준의 저감, 상품의 진부화 비용 감소, 간접인력의 적정화, 제품 재배송율 저감 등의 이유가 꼽혔다. 다음의 〈그림 5-3〉은 조사 결과를 정리한 것이다[8].

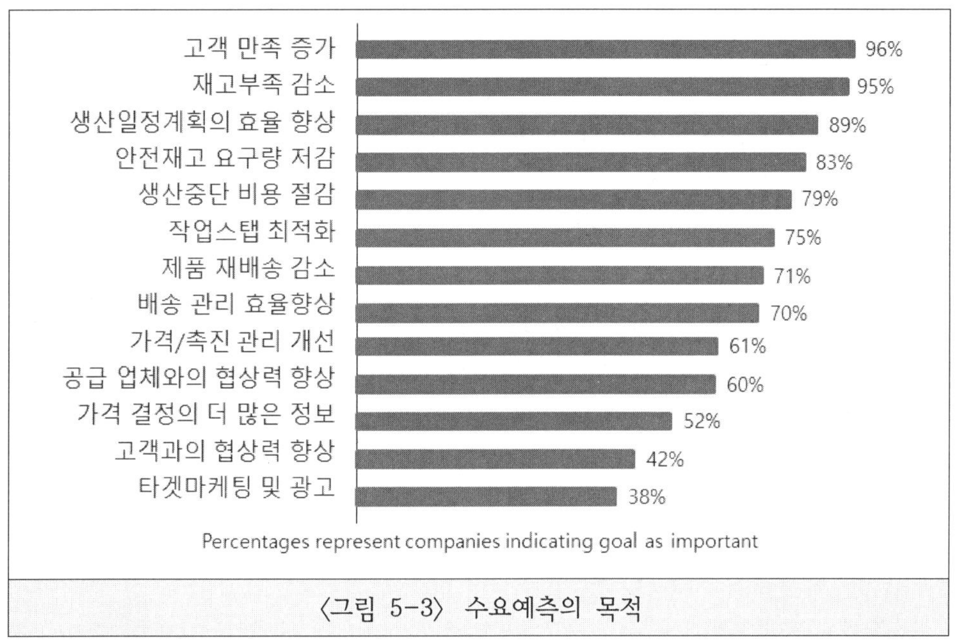

〈그림 5-3〉 수요예측의 목적

(2) 수요예측의 절차

통합공급망계획에서의 수요예측은 입력요소의 범위를 필요에 따라 총합(Aggregation)하거나 분해(Decomposition)하며, 이해 당사자들 간의 합의를 도출해 나가는 과정으로 정의할 수 있다. 수요예측은 거의 대부분의 기업에서 비즈니스 성격과는 무관하게 다음의 6개 단계를 거쳐 진행된다.

① Initiate Forecast (초기 수요예측결과 배포)
② Amend Forecast (수요예측결과의 수정)

8) Price Waterhouse, The State of Operational Forecasting: A Benchmark Survey, 1996.

③ Review Forecast (수요예측결과의 검토)
④ Agree Final Forecast (최종 수요예측 합의)
⑤ Distribute Forecast (수요예측결과의 배포)
⑥ Measure Performance (성과평가)

대개의 기업에서 수요예측 과정은 비슷하지만, 예측절차의 매 단계에서의 난이도는 기업이 처한 환경이나 비즈니스 성격에 따라 매우 달라지기도 한다. 즉 기업에 따라 어느 단계는 매우 단순히 수행되기도 하고, 또 어떤 단계는 IT 시스템으로 구현된 의사결정 지원 툴을 사용할 정도로 복잡하게 수행되기도 한다. 이러한 수요예측 프로세스를 지원하는 시스템이나 시스템의 종류에 대해서는 별도로 정리하도록 한다. 다음의 〈그림 5-4〉는 기업에서 수요예측을 수행하면서 참조하게 되는 입력요소와 출력요소 및 수요예측의 단계를 알기 쉽게 도시화 한 것이다. 수요예측 과정에서 가장 중요하게 활용되는 정보는 과거의 판매/수요 이력이 된다. 앞에서 언급한 바와 같이 가능한 한 고객의 실제 수요 정보를 획득하는 것이 가장 좋으며, 부득이한 경우에는 판매정보를 활용하기도 한다. 과거의 판매/수요 이력정보가 내부정보라면, 시장정보는 외부정보라고 할 수 있다. 시장의 추세 등의 정보는 예측대상 제품의 팔림세를 예측하는데 큰 도움이 된다. 한편 프로모션이나 캠페인 등의 정보도 매우 중요하다. 프로모션이나 캠페인은 일시적으로 실제수요를 왜곡하게 되는데, 프로모션이나 캠페인 기간에는 수요가 증가하였다가, 해당 기간이 종료되면 수요가 평상시보다 일시적으로 줄어드는 것이 일반적이다. 보다 정교한 예측을 위해서는 고객의 특성을 파악하는 것도 중요하다. 고객의 수요예측에 확정주문의 비율이 얼마나 되느냐는 예측결과의 정확도에 지대한 영향을 미치기 때문이다.

현실적으로 많은 기업에서 수요예측 절차의 과정에서 엑셀 등의 스프레드시트가 활용되고, 목적 및 부서에 따라 수작업으로 여러 개의 버전이 만들어지고 활용된다. 참고용도로의 활용은 모르겠지만, 부서별로 별도의 수요예측 정보를 활용하는 것은 바람직하지 못하다. 가급적 기업 내에서 활용되는 수요예측결과는 유관부서가 합의한 단일본이 활용되는 것이 좋다. 선진기업에서는 판매이력이나 다른 가용 정보를 활용하여 합의된 수요예측 생성에 다양한 통합 통계 소프트웨어나 의사결정지원시스템을 활용하곤 한다. 이러한 의사결정지원시스템은 수요예측의 생성뿐만 아니라 갱신을 쉽게 할 수 있도록 지원한다.

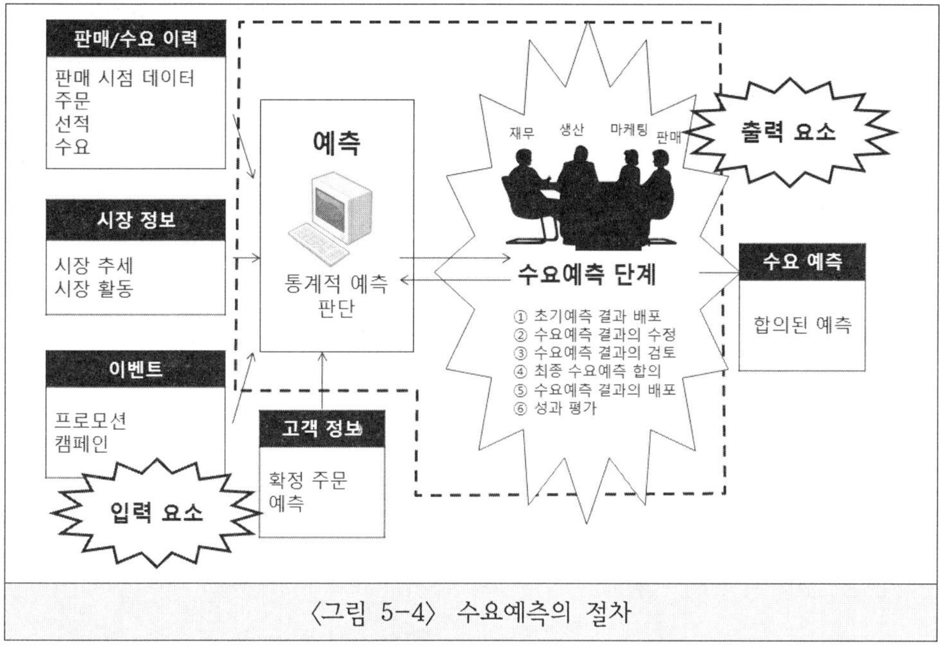

〈그림 5-4〉 수요예측의 절차

(3) 합의되지 않은 수요예측 활용으로 인한 영향

수요예측 절차에서 합의의 중요성과 동일한 숫자로 구성된 단일버전의 수요예측결과의 활용이 중요함은 전술한 바 있다. 작성된 수요예측결과에 대한 신뢰와 합의가 부족하게 되면, 다음의 〈그림 5-5〉에 예시한 바와 같이 부서간의 이해 충돌이 발생하게 된다. 대부분의 기업에서 영업부문은 보통 목표대비 성과에 따라 보상이 주어진다. 따라서 영업부문에서는 목표 달성 확률을 높이기 위하여, 낮은 수준의 수요예측을 원할 것이다. 반면 마케팅 부문에서는 광고나 마케팅 계획의 승인을 쉽게 얻기 위해서는 높은 수준의 수요예측이 선호된다.

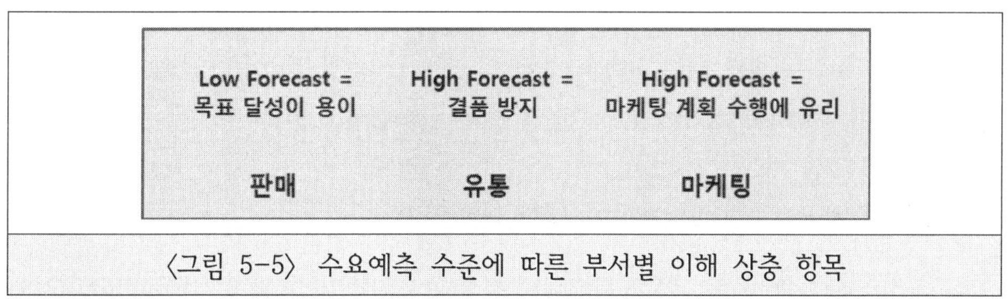

〈그림 5-5〉 수요예측 수준에 따른 부서별 이해 상충 항목

한편 수요예측에 대한 조정이나 합의가 부족하게 되면, 예측오류가 지속적으로 증가된

다. 수요예측 작성에 여러 부서가 참여하는 것은 수요예측의 합의를 도출하는데 근본적인 장애가 되는 부서간의 장벽을 극복하는 첫 단계이다. 이를 위해서는 검토단계부터 이해관계자들을 참여시켜 합의를 도출하는 것이 무엇보다 중요하다. 합의된 수요예측 작성의 성공적인 수행을 위해서는 수요예측에 필요한 정보의 입력과 검증에 책임 있는 담당자가 참여하여, 명확히 정의된 역할과 절차에 따라 수요예측 프로세스를 진행함으로써 작성된 수요예측에 주인의식을 갖는 것이다. 특히나 다수의 지역시장과 기업 내의 여러 단계에 SKU[9] 단위의 수요예측 정보를 제공해야 하는 글로벌 기업에서는 더욱 중요한 절차이다. 부서간의 합의가 되지 않은 수요예측으로 인한 악순환의 사이클은 다음의 〈그림 5-6〉에 예시하였다.

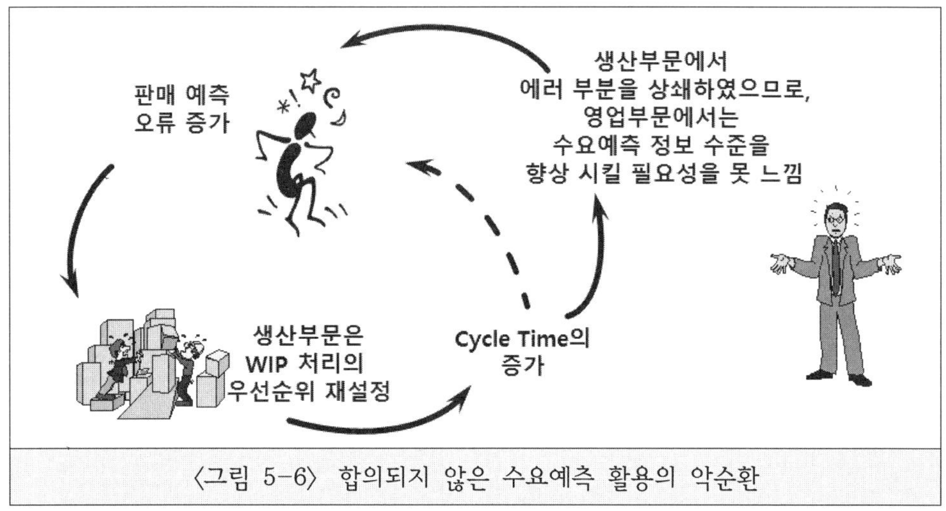

〈그림 5-6〉 합의되지 않은 수요예측 활용의 악순환

(4) 수요예측의 구성요소

수요예측은 고객의 미래수요를 시간 순으로 펼쳐 놓는 것을 의미한다. 그러나 수요예측이 단순히 수요량만 나열하는 것을 의미하는 것이 아닌데, 수요예측이 제대로 활용되기 위해서는 어떤 제품에 대한 예측인지(제품), 얼마나 필요한지(양), 언제 필요한지(시간), 어디에서 필요한지(위치) 등의 정보가 함께 고려되어야 한다.

① 제품(Product) – 어떤 제품에 대한 예측인가

수요예측은 목적에 따라 다양한 레벨에서 작성된다. 장기적 관점의 사업계획이나 생산계획을 위해서는 제품군별로 예측이 수행되어야 한다. 다음의 〈그림 5-7〉에서 예를 든

9) 재고유지단위(SKU: Stock Keeping Unit)

자동차 회사의 경우라면, 화물차, 승용차 등의 개략적 분류에서 소형트럭, 대형트럭, SUV, 세단, 리무진 등의 군별 분류, 개별 자동차 모델에 따른 제품별 분류, 채용 옵션에 따른 세부 분류 등의 다양한 레벨의 분류가 가능하다. 수요예측은 필요에 따라 적절한 레벨에서 수행되는데, 대개의 경우 먼 미래의 예측이나 예측 정확도가 낮을 경우에는 개략적 분류로 반대의 경우에는 구체적 분류 레벨에서 수요예측이 수행된다. 즉 사업계획의 경우에는 개략적 분류를 사용하고, 유통자원계획(DRP: Distribution Resource Plan)이나 주일정계획(MPS: Master Production Schedule) 수립은 제품별 분류나 옵션이 반영된 SKU 단위로 예측이 수행되는 것이 일반적이다.

② 양(Quantity) – 얼마나 필요한가

수요예측은 그 결과가 숫자로 나타나고, 숫자는 수요의 양을 의미한다. 이때 양을 나타내는 일관된 단위의 활용 또한 중요한 요소로서 고려되어야 한다. 콜라의 수요를 예측한다고 했을 때, 포장 단위가 다름에도 몇 병이 필요한가의 예측은 바람직하지 못할 것이다. 이런 경우라면 부피를 나타내는 리터나 무게를 나타내는 톤 단위의 예측이 적절하다. 즉 소요제품의 수량이나 적용된 단위는 수요예측의 중요한 변수가 된다. 차량과 같은 품목이라면 수요예측에 사용될 단위의 결정은 비교적 용이하다. 그러나 예를 든 콜라 등의 소비재 산업의 경우라면 수요예측에 사용될 수 있는 단위의 종류가 매우 다양하여, 수요예측이 훨씬 복잡해진다. 주류회사의 경우라면 알코올 함유량과 부피를 동시에 고려해야 할 수도 있으며, 판매 시장에 따라 적용하는 측정 체계가 다르기도 하다(미터법을 사용하기도 하고, 영국식 측정 체계를 따르기도 한다).

③ 시간(Time) – 언제 필요한가

제품에 대한 수요시점은 수요예측의 또 다른 중요 변수이다. 일반적으로 먼 미래를 예측하는 경우의 정확도는 가까운 미래를 예측하는 경우의 정확도에 비해 낮을 것이다. 즉 1년 뒤 오늘의 수요를 예측하는 것보다는 당연히 내일의 수요를 예측하는 것이 쉽고 정확할 것이라는 의미이다.

또한 수요취합기간[10] 혹은 예측시간단위가 짧은 경우는 수요취합기간이 긴 경우보다 예측의 정확도가 낮다. 이는 하루 매출을 한꺼번에 예측하는 것이 매 시간 단위의 매출을 예측하는 것보다 쉽고 정확도가 높다는 의미이다. 또한 수요취합기간이 짧아질수록, 예측대상이 보다 구체화된다. 이에 따라 예측시간단위(Time Bucket)가 결정될 것이다.

10) 수요취합기간: 예측시간단위를 의미하는데, 일별수요의 예측인지, 주별 예측인지 혹은 월별 예측인지 등의 예측값이 부여되는 기간 단위를 의미한다. Time Bucket이라고 한다.

다음의 〈그림 5-7〉에서는 월 단위 예측에서 주간단위 예측으로 바뀌면서 대상이 제품군에서 특정 제품으로 변경되었다.

④ 위치(Location) – 어디에서 필요로 하는가

수요의 위치는 마케팅과 유통계획 수립 모두에 중요한데, 특히나 생산과정이 복잡하거나 유통네트워크 구조가 복잡할 경우에는 더욱 그러하다. 이에 대해서는 6장에서 보다 상세히 다루기로 한다.

자동차	1월	2월	3월	4월	5월
화물차	1200	1000	1400	1300	1500
승용차	800	600	1000	900	1100

화물차	1월	2월	3월	4월	5월
경기	300	250	400	300	400
충청	300	250	400	300	400
호남	300	250	400	300	400
영남	300	250	400	300	400

화물차	1월	2월	3월	4월	5월
대형트럭	500	400	600	700	800
소형트럭	300	300	500	400	300
픽업트럭	400	300	300	200	400

대형트럭	1주	2주	3주	4주	5주
모델 A	125	125	125	125	125
모델 B					

〈그림 5-7〉 수요예측 상세화의 예

5.2 수요의 분류 및 특성

가. 수요예측의 고려사항

보다 정확한 수요예측을 위해서는 수요의 분류와 특성을 이해하는 것이 필요하다. 이 절에서는 예측 대상인 수요의 특징과 실제수요와의 오류를 어떻게 처리해야 할 것인가, 얼마나 먼 미래까지 예측해야 하는가, 수요예측에 어떤 기법이 사용되는가 등과 같은 수요예측의 주요 관심 사항에 대하여 살펴보고자 한다. 여기에서 살펴 볼 내용은 다음과 같다.

수요의 유형: 예측해야 할 수요가 고객으로부터 기인하는 독립수요인가 혹은 특정품목에 따른 종속수요인가를 이해해야 한다(수요의 형태에 따른 구분). 또한 수요가 정적인가 동적인가를 이해해야 한다(수요패턴에 따른 구분). 대상제품의 수요가 지속적으로 증가하고 있는지 혹은 계절적으로 등락을 반복하는지 등에 대한 이해도 필요할 것이다(수요의 특성). 마지막으로 수요는 필연적으로 오차가 발생하는데, 오차는 어떤 특성을 보이고 있는가에 대한 이해가 있어야 수요예측을 제대로 하고 있는지 확인할 수 있다(예측오차의 평가).

상세화 수준: 수요예측은 다양한 목적에 따라 작성되며, 이에 따라 예측기간이나 상세화 수준이 달라진다. 사업계획 수립을 위한 수요예측이라면, 수년간의 수요를 연간단위로 예측하게 될 것이다. 반면 월간생산계획 수립을 위한 주일정계획(MPS) 작성에 사용될 수요예측은 길어야 몇 개월 정도를 월간 혹은 주간단위로 예측하게 될 것이다. 이와 같은 수요예측 대상 기간 및 예측시간단위(Time Bucket)의 크기에 따라 상세화 수준도 달라진다. 사업계획 수립의 경우라면 전체 제품을 총합하여 예측하는 것이 적절하며, 주일정계획의 수립은 개별제품 단위로 예측이 이루어져야 할 것이다.

예측기법: 수요예측에는 다양한 기법들을 활용할 수 있다. 일반적으로 수요예측에는 전문가의 의견이나 소비자 조사 등을 사용하는 정성적 방법이나 시계열이나 인과모형을 활용하는 정량적 방법이 활용된다. 다양한 수요예측기법들 중 필요에 따라 적절한 방법을 선택하여 적용하는 것은 수요예측 정확도를 높이는 중요한 요인이 된다.

나. 수요의 유형

(1) 수요의 형태에 따른 구분(독립 수요와 종속 수요)

APICS에서는 독립수요를 대상으로 수요예측이 진행되어야 한다고 권하고 있다. 독립수요라 함은 수요가 고객으로부터 결정되는 경우를 의미한다. 반면 종속수요는 수요가 기업내부 요인에 의해 결정되는 경우를 의미한다. 수요의 형태를 이해하기 위해 자동차의 예를 든 다음의 〈그림 5-8〉을 살펴보자. 그림에서 보는 바와 같이 차량 자체의 수요는 고객의 주문에서 결정되므로 독립수요이다. 그러나 자동차를 만드는데 사용되는 본넷의 경우는 조금 다르다. 본넷은 차량수요가 결정되면 이에 따라 단순 계산으로 결정되는데, 이와 같이 독립수요에 따라 종속적으로 결정되는 수요를 종속수요라고 한다. 즉 판매될 차량의 수만 예측하면 본넷의 수량은 계산에 의해 자동 산정할 수 있다는 것이다. 그렇다면 타이어의 경우는 어떨까? 타이어의 경우는 자동차 수요의 결정에 따라 계산되므로 기본적으로는 종속수요이다. 그러나 한편으로는 교체용으로 시장에 출시될 수도 있는데, 이러한 경우라면 독립수요로 분류될 수도 있다. 결과적으로 타이어의 경우라면 독립수요이면서 동시에 종속수요이기도 하다.

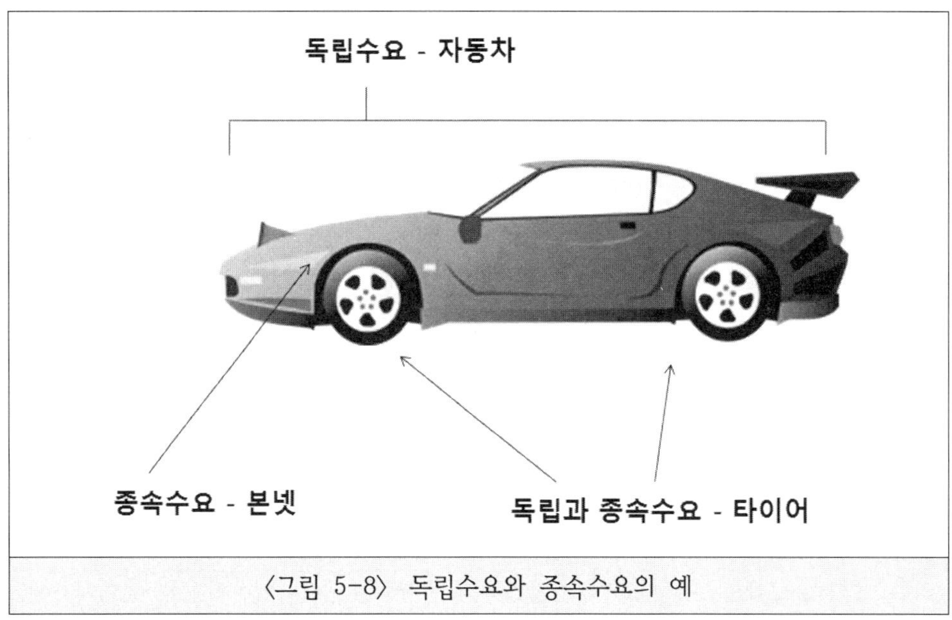

〈그림 5-8〉 독립수요와 종속수요의 예

APICS에서는 독립수요와 종속수요를 다음과 같이 정의하고 있다.

수요의 형태 정의

• **독립수요**
다른 품목의 수요와 관련이 없는 품목에 대한 수요로 주로 완제품이나 서비스 부품에 대한 수요가 해당된다.

• **종속수요**
다른 품목이나 완제품의 BOM 구조를 통해 유추되는 수요를 말한다. 이러한 수요는 계산될 수 있기 때문에 예측하지 않는다.

위 그림의 타이어와 같이 서비스 부품으로 팔리기도 하고 다른 완제품의 BOM 구성 품목이기도 하다면, 그 품목은 독립수요이기도하고, 종속수요이기도 하다.

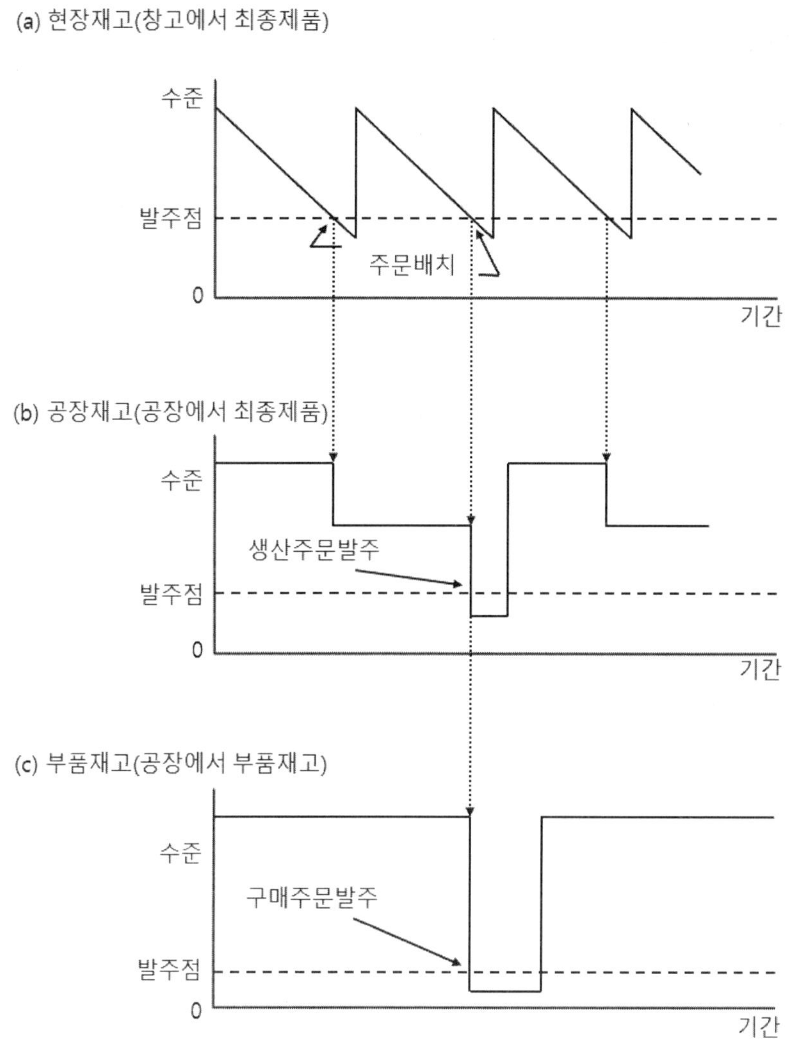

(a) 현장재고(창고에서 최종제품)

수준
발주점
주문배치
0
기간

(b) 공장재고(공장에서 최종제품)

수준
생산주문발주
발주점
0
기간

(c) 부품재고(공장에서 부품재고)

수준
구매주문발주
발주점
0
기간

〈그림 5-9〉 독립수요와 종속수요의 재고수준 변화

독립수요와 종속수요의 재고수준변화를 살펴보면, 수요의 형태에 대하여 보다 명확히 이해할 수 있다. 고객에 의해 수요가 결정되는 자동차를 독립수요라고 할 때, 본넷은 종속수요라고 정의한 바 있다. 본넷의 제조를 위해 사용되는 경첩은 구매하여 사용한다고 할 때, 본넷의 경첩 또한 종속수요가 될 것이다. 다음의 〈그림 5-9〉에서 자동차가 일정한 비율로 판매된다고 하면, 재고수준은 (a)와 같이 지속적 줄어들게 될 것이다. 이때 특정 수준 이하가 되면 생산이 필요하게 되고, 이때 본넷의 생산량은 (a)에서 필요한 수량이 될 것이다. 본넷의 재고 수준은 (b)와 같이 생산이 진행될 때는 급격히 줄어들지만,

그 외의 경우는 변화가 없다. 본넷의 경첩은 본넷의 수요에 따라 (c)와 같이 재고수준 변화를 보이게 될 것이다

(2) 수요패턴에 따른 구분

다음의 〈그림 5-10〉은 APICS에서 정의한, 수요의 또 다른 개념인, 정적인 수요패턴과 동적인 수요패턴을 모사하고 있다. 동적인 수요패턴은 비정상적인 경향을 보임으로 인하여 예측하기가 무척 어렵다. 반면 정적인 수요패턴은 시간에 따라 수요가 일정하게 증가하거나 감소하는 모습을 보이고 있어 예측이 보다 용이하다. 여기서 정적수요라는 말은 연속수요는 말과는 다른 의미이다. 연속수요는 정적 특성을 보이며, 예측 가능할 정도로 평평한 형태를 보이는 수요를 말한다.

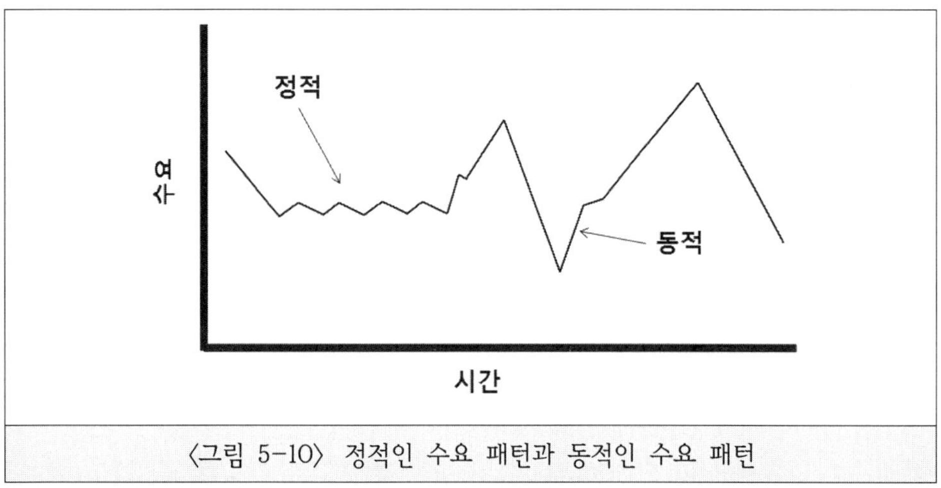

〈그림 5-10〉 정적인 수요 패턴과 동적인 수요 패턴

(3) 수요의 특성

수요정보는 다양한 요인의 결합효과일 수 있다. 이러한 경우 개별적 요인에 따라 분석 및 예측을 수행하는 것이 미래수요예측에 효과적일 수 있다. 다음의 〈그림 5-11〉과 같은 수요를 가정해 보도록 하자.

〈그림 5-11〉의 경우를 살펴보면, 시간이 지날수록 판매량은 증가하고 있으며, 특정 기간을 주기로 수요가 증가하고 감소하는 형태를 살펴볼 수 있다. 이러한 수요정보를 특성에 따라 분리해 보면, 대체로 다음과 같이 5개 정도로 정의할 수 있다.

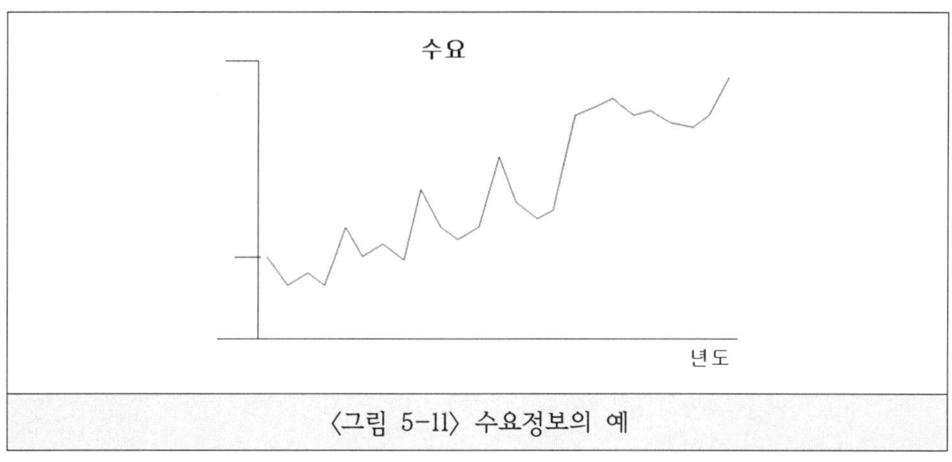

〈그림 5-11〉 수요정보의 예

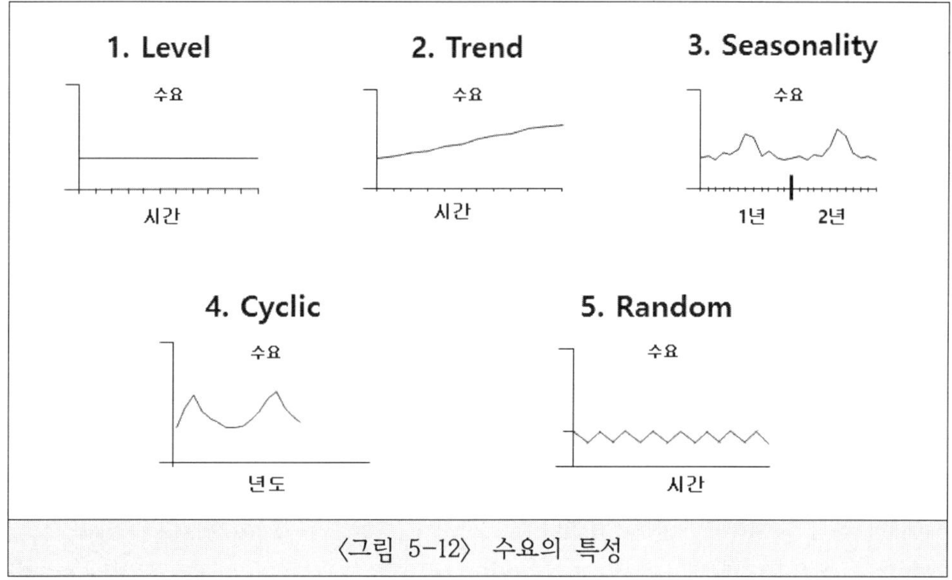

〈그림 5-12〉 수요의 특성

① Level(수준)

수요는 기간별로 변할 수 있지만 평균 수요는 비교적 일정하다.

② Trend(경향성 혹은 추세)

시계열에서 추세는 시간 축을 따라 평균값의 지속적인 증가 혹은 감소가 발생하는 경우를 의미한다. 이러한 경우라면 그래프에서 시간에 따라 수요가 대체로 상승 혹은 하향 방향으로 증가/감소하게 될 것이다. 이러한 경향성을 다루는 예측모델에는 2중지수평활법(DES: Double Exponential Smoothing)이나 회귀분석 등의 방법이 있다.

③ Seasonality(계절성)

매년(또는 다른 시간 간격으로) 특정기간의 수요가 특별히 높거나 낮은 수요의 형태가 비슷하게 반복되는 경우를 계절성이라 한다. 에어컨이나 아이스크림의 판매 형태는 계절성을 보여주는 좋은 예이다. 계절성이 반영된 수요는 해를 거듭하면서 증가하거나 감소하는 형태를 보일 수도 있다. 주로 계절성 변동은 계절성 지수[11]의 형태로 측정되어 수요예측 과정에 반영하는 방법으로 활용된다.

④ Cyclic(주기성/순환성)

경기 등의 장기적인 외부 경제 요소에 따라 수요가 증가하거나 감소하는 모습을 보이는 것을 주기성이라 한다. 철강이나 섬유 등의 산업재의 경우 주기성에 영향을 받는 대표적 사례라 할 수 있다.

⑤ Random(무작위성)

수요가 무작위적이나 예측 불가능한 사건에 따라 영향을 받는 현상이 무작위성이라고 한다. 예를 들어 어떤 품목의 여름 동안 수요가 전년도에 비해 특별히 덜 덥거나 비가 많이 오는 등의, 사전에 미리 예측하거나 설명할 수 없는 기후 요인이 발생할 경우 수요의 형태가 변하게 된다. 대개의 경우라면 무작위성에 의한 수요변화는 랜덤워크[12]를 따르게 되지만, 경우에 따라서는 예기치 못하는 수준의 큰 변화가 발생할 수도 있다. 오래된 얘기지만 남북회담 중 북한 대표가 불바다 발언[13]을 한 후, 우리나라의 라면 및 생필품의 소요량이 급격히 증가한 사례가 있었다. 또 2002년 월드컵에서 우리나라가 기대보다 선전하면서 4강까지 진출하면서, 당시 유행했던 붉은악마 티셔츠의 수요가 급격히 증가한 사례도 있다.

---

11) 계절성지수(Seasonal Index): 계절성 지수는 전체 기간(예를 들어 1년) 동안의 평균수요 대비 특정 기간(예를 들어 특정 분기)의 평균 수요의 관련성을 나타내는 것이다. 예를 들어 지난 4년간의 데이터를 가지고 계절성 지수를 산정한다고 가정하자. 1/4분기의 평균 판매량이 13,500 단위이고 연간 평균 판매량이 10,000 단위라일 경우, 1/4분기의 계절성 지수는 1.35가 된다.

12) 랜덤워크(random walk): 어떤 확률변수가 무작위적으로(randomly) 변동할 때 이러한 확률변수를 랜덤워크(random walk process 또는 random process)에 따른다고 한다. 통계적으로 어떤 확률변수가 서로 독립적(independent)이고 동일한 형태의 확률분포를 가지는 경우를 의미한다.

13) 1993년 1차 북핵위기에서 북한이 NPT 탈퇴를 선언하고, 이를 마무리하는 단계에서 1994년 3월 남북특사교환 실무접촉에서 북한의 박영수 대표가 "전쟁이 나면 서울은 불바다가 된다"라고 발언했다.

(4) 예측오차의 평가

수요예측은 매우 중요하면서도 매우 어려운 작업이다. 수요예측의 어려움을 표현하는 말 중에서 가장 인상적인 말 중의 하나는, "수요예측은 예측이다"라는 말이다. 이 말에 숨어있는 의미는 수요예측 또한 예측이기 때문에 다양한 과학적 방법을 동원해도 틀리기 마련이며, 따라서 필연적으로 오차가 발생 한다는 말이다. 앞에서 언급한 바와 같이 수요예측에서의 오차발생은 공급망의 효율을 떨어뜨리고, 공급망 비용을 증가시키는 가장 중요한 원인이 된다.

이렇게 공급망의 효율을 저하시키는 예측오차를 줄이는 가장 좋은 방법은 무엇일까? 역설적으로 예측오차를 줄이는 가장 좋은 방법은 예측을 하지 않는 방법이다. 이를 위해 수요예측이 매우 중요해지는 MTS(예측생산: Make to Stock)의 산업구조를 MTO(주문생산: Make to Order) 형태로 바꾸거나, 공급망 각 단계에서의 리드타임을 줄이고자 하는 노력이 계속되고 있다. 여기에서는 수요예측 과정에서 필연적으로 발생하게 되는 예측 오류에 대하여 알아보기로 한다.

① 예측오차의 측정

APICS에 따르면 예측을 되짚어 보는 것은 미래 예측의 정확도를 높이고, 예측오차를 감안하여 사업계획을 현명하게 수립하는데 도움이 된다. 예측을 되짚어 보는데 사용되는 가장 기본적인 방법은 예측 기간 전반(예를 들면 1년) 동안에 걸쳐 개별 기간(예를 들면 월 단위)의 평균예측치와 실측치를 비교하는 것이다. 예측오차가 규명되면, 예측치를 변경하거나 모델변경 없이 오차를 그대로 수용할 것인지를 결정하면 된다. 예측오차는 "바이어스오차(Biased Errors)"와 "무작위오차(Random Errors)"로 구분된다.

예측 프로세스를 향상시키는 가장 중요한 단계 중 하나는 데이터가 어떻게 수집되고, 수집된 데이터가 어떻게 정제되며, 분석 처리 전에 예외 값이 어떻게 발견되는지를 명확히 이해해야 한다는 것이다. 이러한 과정을 데이터 정제(Data Cleansing)이라고 하는데, 예측담당자가 자신의 업무시간 중 90%를 데이터 정제에 사용하고, 단지 10%만 모델링에 사용하는 경우도 심심치 않게 발생하곤 한다. 일반적으로 데이터 정제 업무는 대체로 다음과 일을 수행하는 것을 의미한다.

- 데이터의 정의와 그 차이 규명 및 수정
  (그 차이는 시기나 조직상의 변화로 인해 발생될 수 있다.)
- 제품계통을 파악하고, 계통상의 이전 제품이력과 연결
- 예외 값(아웃라이너)을 파악하여 보완하거나 제거

경험적으로 데이터 정제작업은 수요예측 단계에서 수행되는 것이 아니라, 정보의 원천 수집 단계에서 수행되는 것이 정확도나 업무효율에 도움이 된다. 실제 많은 예외 값들의 발생 원인이 데이터를 처리하거나 입력하는 직원으로부터 오류가 발생하기도 하는데, 문제를 해결하는데 있어서 원천 수집 단계에서 데이터 정제가 수행되어야 이러한 현상의 재발을 방지할 수 있게 된다.

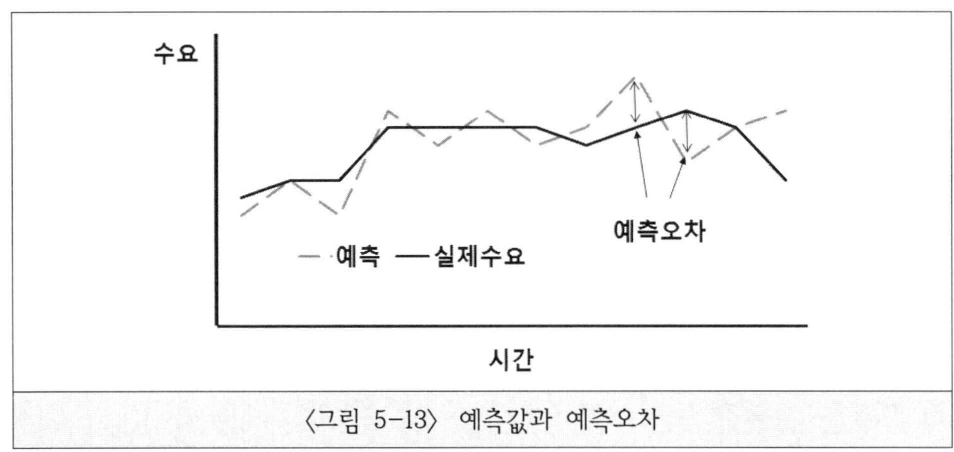

〈그림 5-13〉 예측값과 예측오차

② 예측오차의 정확도 측정

앞에서 예측오차에는 "바이어스오차"와 "무작위오차가 있다고 한 바 있다. 바이어스오차와 무작위오차는 예측결과의 정확도14)를 나타내는 개념인데, 바이어스오차가 적고 무작위오차로만 구성될 경우 해당 수요예측 모델의 정확도가 높다는 의미가 된다. 바이어스오차와 무작위오차는 누적예측오차(CFE: Cumulative Sum of Forecast Errors)를 통해서 계산하는데, $CFE \neq 0$인 경우 바이어스오차가 존재한다고 한다. CFE는 다음과 같이 계산할 수 있다.

$E_t = A_t - F_t$

이때, E_t: t기의 예측오차

A_t: t기의 실제수요

F_t: t기의 예측값

$CFE = \sum E_t$

다음의 사례를 통해 바이어스오차와 무작위오차에 대해 살펴보자.

14) 정확도(Accuracy): 예측에서 정확도란 예측값이 실제값과 얼마나 가까운가의 정도를 나타내는 개념이다. 이는 관측의 정교성이나 균질성과는 무관하다.

- 바이어스 오차(Bias Error): 다음의 〈표 5-1〉은 바이어스 오차의 사례를 보인 것이다. 표에서 누적 판매량은 5,500 단위로, 평균 수요예측량인 주당 1,000단위와 일치하지 않는다. 이 사례의 경우 해당 기간 동안 전체에 발생된 편차의 합은 0이 아니다. 이와 같이 해당 기간 편차의 합이 0이 아닌 경우가 바이어스 오차의 대표적 예라고 할 수 있다. 바이어스 오차가 클 경우, 수요예측 담당자가 향후 수요예측 수행하기 위해서는 무언가 수정이 필요하다는 뜻이 된다.

▮표 5-1▮ 바이어스 오차(Bias Errors)

측정 주	예측값	실제값	오차
1	1,000	600	- 400
2	1,000	1,100	+ 100
3	1,000	900	- 100
4	1,000	850	- 150
5	1,000	1,000	0
6	1,000	1,050	+ 50
Total	6,000	5,500	- 500

- 무작위 오차(Random Errors): 반면 또 다른 오류 유형인 무작위 분산(Random Errors)의 경우에는 대상 예측 기간 동안 평균 수요의 예측값이 정확하거나 근접한다. 다음의 〈표 5-2〉에서 매주의 실제 수요는 예측량과 차이가 있지만, 6주 전체의 누적 편차의 합은 0이 됨을 알 수 있다. 이와 같은 무작위 분산에 대한 최적 대안은 예측 모델의 수정이 아니라, 안전재고를 활용하는 것이 될 것이다.

▮표 5-2▮ 무작위 오차(Random Errors)

측정 주	예측값	실제값	오차
1	1,000	1,100	+ 100
2	1,000	1,050	+ 50
3	1,000	850	- 150
4	1,000	950	- 50
5	1,000	1,000	0
6	1,000	1,050	+ 50
Total	6,000	6,000	0

③ 예측오차의 정밀도 측정

정밀도[15)]는 예측결과가 실제값에 얼마나 근접했는가를 나타내는 개념이다. 수요예측에서 정밀도는 산포의 개념을 활용하는데, 일반적으로 평균제곱오차(MSE: Mean Squared Error), 표준편차(σ: Standard Deviation), 평균절대오차(MAD: Mean Absolute Deviation) 등의 개념을 사용한다. 각각은 다음과 같이 계산된다.

$$MSE = \frac{\sum E_t^2}{n}$$

$$\sigma = \sqrt{\frac{\sum \left(E_t - \overline{E}\right)^2}{n-1}}$$

$$MAD = \frac{\sum |E_t|}{n}$$

한편 이러한 값들은 수요의 크기와는 관계가 없다는 문제가 있는데, 평균절대오차의 예를 들어 생각해 보면 평균절대오차가 100단위일 때, 실제수요가 200단위인 경우와 1,000단위인 경우에서는 상대적인 크기는 다르다고 평가하는 것이 적절할 것이다. 그러나 앞에서 언급한 평균제곱오차나 표준편차, 평균절대오차 등의 개념은 상대적인 크기를 표현하지 못한다는 문제가 있는데, 이를 해결하기 위해서는 평균절대백분율오차(MAPE: Mean Absolute Percent Error)의 개념을 사용하기도 한다. 평균절대백분율오차는 다음과 같이 계산된다.

$$MAPE = \frac{\dfrac{\sum |E_t|}{A_t} \times 100}{n} \quad \text{(단위는 \%)}$$

④ 추적지표

추적지표(TS: Tracking Signal)라 함은 예측기법이 실제 수요변화를 정확히 예측하고 있는지를 나타내는 것이다. 앞서 언급한 바와 같이 예측결과가 실제 수요를 제대로 따라가고 있다면, 정확도와 정밀도 모두가 높은 수준이라야 할 것이다. 이를 위해선 추적지표 TS는 다음과 같이 계산하게 된다.

$$TS = \frac{CFE}{MAD}$$

이론적으로 정확도가 매우 높다라면, $CFE = 0$가 되어 TS 또한 MAD에 관계없이 0

---

15) 정밀도(Precision): 정밀도는 여러 번 측정하거나 계산하여 그 결과가 서로 얼마나 가까운지를 나타내는 기준이며, 재현성이라고도 한다. 예측의 균질성을 나타내며, 계산된 오차가 적을수록 정밀하다.

이 될 것이다. 그러나 실제로는 확률적 오차 때문에 완전히 0이 되는 경우는 거의 없다. 매 기간 말에 그 기간의 오차를 반영하여 CFE와 MAD를 산정하여 TS를 계산해 보면 수요예측모델의 적정성을 판단할 수 있다. 이를 체계적으로 활용하기 위해서 관리도 등을 활용할 수도 있다.

(5) 수요예측연구의 동향

수요예측은 그 중요성으로 인하여 다양한 연구가 진행되고 있으며, 다양한 방법으로 정확성을 높이고자 하는 연구가 지속되었다. 여기에서는 수요예측의 활용경향을 살펴보도록 한다.

① 수요예측 전용 툴의 사용

과거 이력정보와 외부자료를 통해 예측결과를 제공하는 전문 솔루션을 도입하여 활용하고 있다(통계 기반의 솔루션이나 휴리스틱 기반의 솔루션 등).

② 동적 수요예측

조직 내 구성원이 온라인으로 데이터를 적절히 입력하고 공유함으로써 동적 수요 변화의 예측이 용이해진다.

③ 예측 정확도와 보상이나 인센티브 연계

인센티브를 방해하는 요소를 제거하고 인센티브에 집중하게 된다.

④ 실시간 수요나 소비 데이터의 통합

EDI나 POS 정보를 활용하여 고객으로부터 실시간으로 수요나 소비 정보를 기업의 DB에 저장함으로써, 기업내부 활동 특히 수요예측 부문에 사용할 수 있게 된다.

⑤ 전문 시뮬레이션 시스템의 적용

시나리오 기반의 'What-if'시뮬레이션이 가능한 의사결정 지원 시스템을 도입하여 공급망 계획 전체를 협력적으로 작동하게 된다.

⑥ EDI를 통한 예측 자료의 전달

EDI를 통하여 수요예측 정보를 공급자와 소비자에게 제공한다.

⑦ 소비자 및 공급자와의 협력적 수요예측

예측 과정에 거래 파트너의 참여로 수요의 변동을 관리하여, 배송 스케줄을 만들어 낼 수 있다.

⑧ 부문 간 공감대 도출

최소한 마케팅 부문이나 계획수립 부서만이라도 수요예측 수립 프로세스에 참여하도록 해야 한다.

다. 상세화 수준

계획 수립의 수직적 체계를 구성하는 다양한 수준(사업계획, 생산 계획, 주일정계획, 판매계획 등)에서는 다음의 〈그림 5-14〉에서 구분한 다양한 수준의 수요예측 정보가 필요하게 된다.

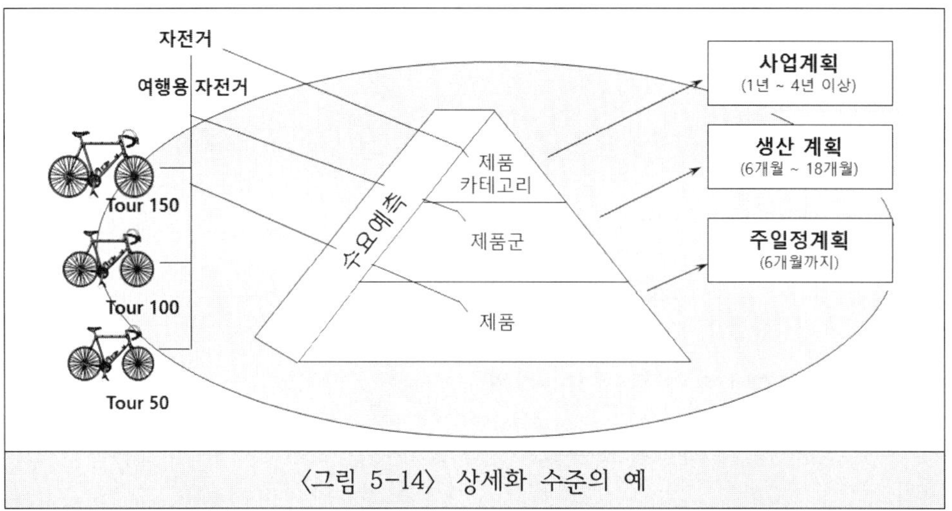

〈그림 5-14〉 상세화 수준의 예

앞에서 잠시 언급했던 바와 같이 판매계획이나 주일정계획은 SKU 단위로 작성된 수요예측 정보를 사용하게 된다. 원칙적으로는 판매계획 수립 담당자와 주일정계획 수립 담당자는 생산 스케줄에 사용될 수요예측 정보의 유효성을 검증하기 위하여 자주 만나야 한다. 대개의 경우 이러한 원칙의 수행을 위해서는 영업 부서의 관행이 변화될 필요가 있게 된다. 또한 생산 계획이나 사업계획을 위해 사용되는 수요예측은 조금 개략적으로 수행되는 것이 오히려 유리할 수 있다(제품 계열이나 제품군 혹은 제품 카테고리 수준에

서의 수요예측도 충분하다). 수요예측의 세분화 수준을 결정하는데 추가적으로 고려해야 할 중요한 문제는 아마도 수요예측의 갱신 혹은 검토 주기를 결정하는 것이다. 수요예측 정보를 일별로 갱신할 것인지, 주별로 갱신할 것인지 혹은 월별로 갱신할 것인지는 여러 가지 요소에 영향을 받지만 개략적으로 보자면 비용 대비 수익의 상충효과(Trade off 16))에 따라 정의된다고 할 수 있다. 여기에서의 상충효과를 측정할 적합한 과학적 방법은 없지만, 보다 명확한 의사결정을 위해서는 다음의 질문들에 답해 보면 도움이 된다.

- 이력이 갱신되는 주기는? 이때 소요되는 비용이나 어려운 점은?
- 생산이나 유통 부문에서의 대응 수준은 어떠한가?
- 수요예측 정보가 검토되어 급격히 변한다면, 생산이나 유통 부문에서 대응할 수 있는가?
- 신규 수요예측에 반영될 이력정보 이외의 어떤 항목들이 수요예측 작성 주기 내에 취합되어야 하는가?

매일 예측을 실행하는 것은 생산적이지 않을 것 같지만, 매일 예측 대비 실적 정보를 비교함으로써 수요예측 주기 내에 급격한 변화가 발생할지를 예측하는 데에는 유용한 방법이다. 그렇다고 예측을 매일 해야 한다는 것은 아니다.

라. 수요예측 기법

APICS에서는 예측 방법을 크게 정성적(Qualitative) 방법과 정량적(Quantitative) 방법으로 구분하고 있으며, 특히 정량적 방법은 다시 외부적(Extrinsic) 요인 분석, 내부적(Intrinsic) 요인 분석으로 추가분류하고 있다. 이를 정리해 보면 다음 〈그림 5-15〉와 같다.

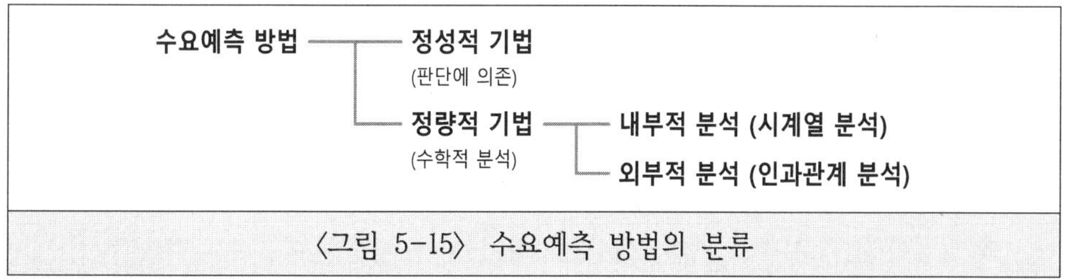

〈그림 5-15〉 수요예측 방법의 분류

---

16) Trade off: 하나를 얻기 위해서는 반드시 다른 하나가 희생되어야하는 구조를 말한다. 재고를 줄이면 운영비용은 줄어들지만, 결품 발생의 가능성이 높아진다. 이러한 경우, 비용과 고객서비스는 Trade off 관계에 있다고 할 수 있다.

(1) 정성적 기법(Qualitative Techniques)

정석적 기법은 전문가의 의견이나 시장 조사, 과거이력의 유추 등과 같은 방법을 사용하는데, 이러한 방법이 반드시 비과학적 방법은 아니다. 이러한 기법은 특히 신제품이나 신시장에 대한 예측, 사회적/기술적 변화에 대한 여파를 예측하는데 매우 유용하게 적용된다. 정성적 기법에는 다음과 같은 기법들이 있다.

① 델파이(Delphi)법[17)]

중/장기 예측방법. 전문가 집단에게 연속적인 설문지를 이용하여 질문을 하고 한 설문지의 응답을 다음 설문지를 만드는데 사용한다. 특정 응답자에게만 관련되는 정보는 관련이 없는 응답자들에게 주어져서 모든 응답자가 예측에 필요한 모든 정보를 다 접하도록 한다. 이 방법은 다수 견해가 우세하게 작용하는 것을 막을 수 있다.

② 시장조사(Market Research)법[18)]

중/장기 예측방법. 실제 시장에 관한 가설을 설정하고 검증하는 체계적이고 형식적이며 의식적인 절차이다.

③ 판넬동의(Panel Consensus)법

중/장기 예측방법. 이 방법은 여러 명의 전문가가 모이면 한 명 보다 더 나은 예측을 할 수 있다는 것을 가정한다. 아무런 부담 없이 자유롭게 의견을 교환한다. 이때 예측은 사회적인 요인에 의해 영향을 받을 수 있으며, 실제 합의가 아닌 것이 도출될 수도 있다. 중역진의 의견을 구하는 것은 이 방법에 속한다.

④ 판매원평가(Sales Force Estimates)법

단/중기 예측방법. 고객과 항상 가까이 접촉하고 그들의 요구를 잘 알고 있는 판매원의 의견을 구하는 방법이다.

⑤ 비전에 의한 예측(Visionary Forecast)법

중/장기 예측방법. 사람의 직관, 판단, 미래에 대한 예견을 이용하는 예측 방법으로,

---

17) North, H. Q. and Pyke, D. L., "Probes of the Technological Future", Harvard Business Review, p.68, May-Jun., 1969.

18) Green, P. E., Tull, D. S., and Albaum, G., Research of Marketing Decisions. 5th ed., Englewood Cliffs. NJ: Prentice Hall, 1988.

주관적인 추측과 예상에 의존하므로 비과학적인 방법의 하나이다.

⑥ 역사적유추(Historical Analogy)법[19]

중/장기 예측방법. 과거의 판매정보를 활용할 수 없는 신제품의 수요예측 시에 주요 활용된다. 이전의 유사한 패턴에 근거하여 유사한 새 제품의 생산과 판매증대를 비교/분석하는 방법이다.

(2) 정량적 기법(Quantitative Techniques)

정량적 기법은 과거 이력이나 수학적 모델링에 의존하는 방법이다. 이러한 기법은 과거 이력이 미래에 대한 가이드를 제시한다는 가정 하에 적용되는 방법으로, 과거 이력이 충분한 경우 흔히 활용된다. 활용되는 과거 이력의 종류 방법에 따라 외부적 요인분석과 내부적 요인분석으로 다시 나누어 볼 수 있다.

외부적 요인분석(Extrinsic Factors Analysis): 이 방법은 특정 외부지표들과 수요예측을 연결하는 특성 때문에 인과관계기법(Casual Techniques) 이라고도 불린다. 예를 들어 직물회사의 장식품 판매의 예측과 주택산업의 주기적 유행 변화 패턴을 연결하여 분석하는 사례를 볼 수 있겠다. 이 사례의 경우 주택산업을 상호관계 상의 선행지표(Correlated Leading Indicator)라고 부른다. 그러나 이러한 접근 방법을 수행할 경우 선행 지표 자체를 예측할 필요가 발생하게 된다. 앞에서 예를 든 주택산업의 경우라면, 이자율의 변화에 따라 주택의 판매 및 주택 시공이 달라지기 때문에 이자율 추이 분석이 요구되게 된다.

내부적 요인분석(Intrinsic Factors Analysis): 해당 품목의 과거 평균판매량 등의 수요패턴의 분석을 통하여 수요예측을 수행하는 방법을 의미한다. 내부적 요인 분석 방법 중 제품 수요 예측에 가장 대표적으로 사용되는 방법이 시계열 분석 기법일 것이다. 올해 매출을 예측하기 위해서, 작년 매출실적을 활용하는 방법이 내부적 요인분석 방법의 간단한 사례이다.

그러나 이러한 기법들은 상호 배타적으로 적용되는 기법이 아니다. 미국의 크리스마스 시즌의 장난감 수요예측 사례를 생각해 볼 수 있겠다. 미국의 크리스마스 장난감 판매는 연간 판매의 절반을 육박할 정도로 대규모 시장이어서, 장난감 제조업체 및 유통업체에서 이러한 제품의 적절한 대응은 사운을 좌우한다고 할 정도로 중요하다. 실제로 크리스

19) Spencer, M., Clack, C. and Hoguet, P., Business and Economic Forecasting, Homewood, IL: R. D. Irwin, 1961.

마스 시즌의 장난감 예측을 위해서 과거 판매량 분석은 물론, DTIF (Duracell Toy Industry Forecast)의 장난감 전문가들의 여론조사결과, 대상 연령대의 남자 아이와 여자아이 숫자를 인구 통계학적으로 분석한 자료, 연휴 기간 동안이 소비자의 소비 금액 예측 등의 다양한 정보들이 활용되곤 한다. 이 책에서는 정량적 방법을 중심으로 설명하기로 한다.

(3) 내부적 요인분석

앞에서 언급한 바와 같이 정량적 예측기법 중 내부적 요인분석은 과거 이력이 미래 예측의 가이드를 제시한다는 전제하에 수행된다. 주로 적용되는 내부적 요인분석 방법은 다음과 같다.

① 이동평균법[20]

단기 예측방법. 시계열의 각 이동평균점이 그 계열의 연속적인 점들의 평균 혹은 가중평균이 된다. 이때 계절성과 불규칙성을 제거할 수 있도록 자료 점들이 선정되어야 한다. 다시 말해 이동평균법은 추세나 계절성의 반영에 한계가 있으나, 우연변동을 제거하고 단순한 방법으로 쉽게 예측할 수 있는 장점이 있다.

단순이동평균법: 최근의 이력을 기반으로 단기간의 수요예측을 위해 사용하는 비교적 단순한 방법이다. 이 방법은 이동평균을 통하여 우연변동을 제거하고, 예측하고자 하는 기간의 직전 "N"기간 동안의 평균값을 사용하게 된다(평균값을 구하는데 사용되는 기간은 사용자가 임의로 정의하게 되는데, 주로 과거 3~6개월을 사용한다). 이 방법은 경향이나 계절성의 반영이 어렵기 때문에, 비교적 안정적 수요를 보이는 품목이나 급격한 경향성이 없는 임시 품목의 수요예측에 주로 사용된다. 시간 t의 실제 수요를 A_t, 예측 수요를 F_t, 이동평균 기간을 N이라 할 경우 예측치 F_t는 다음과 같이 계산된다.

$$F_t = \frac{A_{t-1} + A_{t-2} + \cdots + A_{t-N}}{N}$$
$$= \frac{1}{N}\sum_{i=1}^{N} A_{t-i}$$

가중이동평균법: 가중이동평균법은 각 관측치에 동일한 가중치를 주는 단순 이동평균값과는 달리 오래된 값보다는 최근의 값에 가중치를 좀 더 주어 그 값을 예측치로 사용

20) Chase, R. B. and Aquilano, N. J., Production and Operations Management, Homewood, IL: R. D. Irwin, pp.223-226, 1989.

하는 방법이다. 가중이동평균법은 최근의 자료에 보다 큰 가중치를 부여함으로써 예측치가 수요변동을 빨리 따라가게 할 수 있다는 장점을 가지고 있지만, 단순이동평균법보다는 계산량이 조금 증가하게 된다. 예측치 산정에 사용될 관측값의 수는 단순이동평균법과 마찬가지로 사용자가 임의로 선정하며, 이때 적용될 가중치도 임으로 선정하게 된다. (단, 적용될 가중치의 합은 1이다.)
기간 t의 실제 수요를 A_t, 예측치를 F_t, 이동평균 기간을 N, 가중치를 W_t라 할 때 예측치 F_t는 다음과 같이 계산된다.

$$F_t = W_{t-1} \cdot A_{t-1} + W_{t-2} \cdot A_{t-2} + \cdots + W_{t-N} \cdot A_{t-N}$$
$$= \sum_{i=1}^{N} (W_{t-i} \times A_{t-i})$$

단, $\sum_{t=1}^{N} W_t = 1.$

② 지수평활법[21)]

단기 예측방법. 지수평활법은 일반적으로 최근 값에 상대적으로 높은 가중치가 부여된다는 점을 제외하고는 이동평균법과 유사하다. 새로운 예측치는 과거의 값에 과거 예측오차의 일부가 추가된 값이다. 시계열의 계절성과 추세를 반영하는 이중, 삼중 지수평활법은 더욱 복잡하다. 가중이동평균법이 관측치에 적용할 가중치를 임의로 정의해야 하는 단점이 있다면, 지수평활법은 적용될 가중치를 과거로 갈수록, 지수적으로 감소시키며 예측하는 방법이다. 이 방법을 세부적으로 살펴보면 다음과 같이 다양한 방법으로 나누어 볼 수 있다.

단순지수평활법(SES: Single Exponential Smoothing): 가장 최근의 값과 과거 수요예측의 가중평균을 통해 예측을 수행하는 방법이다. 가장 최근 기간의 값에 적용할 가중치를 평활상수(평활상수 값은 0 ~ 1)로 정하고, 최근 수요예측 값은 (1−평활상수)의 값을 가중치로 정하게 된다. 이러한 방식을 적용하게 되면, 적용되는 가중치가 지수적으로 감소하면서 초기값에는 최소값만이 적용된다. 이 방법은 추세변화에 대한 대응속도는 느리지만 매우 안정적이라 단기간 예측에는 최적의 대안으로 평가받고 있다. F_t을 기간 t에서의 예측값이라 할 때, 임의의 지수평활상수 α를 적용하여 (단, $0 \le \alpha \le 1$) 예측하는 방법을 의미한다.

$$F_t = \alpha A_{t-1} + (1-\alpha) F_{t-1}$$

21) Brown, R. G., Smoothing, Forecasting and Prediction of Discrete Time Series, Englewood Cliffs, NJ: Prentice Hall, 1963.

2중지수평활법(DES: Double Exponential Smoothing): 단/중기 예측에 주로 사용된다. 단순지수평활법은 사용하기 쉽고 안정적이지만, 추세에 대한 대응 속도가 느리다는 단점이 있어 이를 개선하기 위해 고안된 방법이 2중지수 평활법이다. 2중지수평활법에서 가장 널리 쓰이는 형태는 홀트법(Holt's Method)이다. 이 방법은 과거 이력의 시계열을 수준(Level)과 경향성(Trend)로 나누어 적용하게 되는데, 평활상수는 단순지수평활법과 같은 방법으로 도출하고 수준과의 차이를 평균한 두 번째 상수를 도출하여 예측값 계산에 적용하게 된다. 이 방법을 단순화하면, 직선형태의 그래프를 얻을 수 있다. 추세반영(Trend Projection)법[22]이라고도 한다. 추세의 산정에는 경사 특성 방법(slop characteristic method), 다항식 그리고 대수 등과 같은 변형이 주로 사용된다.

3중지수평활법(TES: Triple Exponential Smoothing): 3중지수평활법의 대표적 형태는 윈터법(Winter's Method)이다. 이 방법은 과거 시계열을 수준(Level), 경향성(Trend)과 일련의 계절성 요소(A Set of Seasonal Factors)로 분해한다. 보통 수준, 경향성, 계절성에 개별적인 평활상수를 사용하게 되는데, 이 세 가지 요소를 결합하여 관심 기간의 수요예측을 생성하게 된다. 이 방법을 단순화하면, 직선 형태의 수준선을 중심으로 위 아래로 반복적으로 움직이는(연간 주기의) 형태의 예측값이 생성된다. 단/중기 예측 방법으로 이를 단순화하여 적용하면, 고전시계열분석(Classical Time Series)[23]이 된다. 고전시계열분석은 데이터 계열을 계절성, 추세, 불규칙성으로 분리하는 방법을 말한다. 이 방법은 3개월 내지 12개월 기간의 중기예측에 적합하다고 알려져 있다.

3중지수평활법과 추세곡률외삽법(Trend Curvature Extrapolation)의 결합: 3중지수평활법과 같이 과거시계열을 수준, 경향성과 계절성 요소로 구분하고, 거기에 추세 변동의 평균비율을 반영한 추세곡률요소(Trend Curvature Factor)를 추가하는 방법이다. 네 가지 요소를 결합하여 수요예측 값을 생성하게 되는데, 이 방법은 3중지수평활법과 유사하게 결과값이 추세선을 중심으로 일정한 형태로 위 아래로 움직이는 연간 주기 형태의 값을 나타낸다. 이 방법에서의 추세선은 곡선의 형태를 보이게 되는데, 이 추세선은 시계열의 방향이 상향 혹은 하향의 형태로 외삽(Extrapolation)되는 것으로 해석된다.

3중지수평활법과 인과요소 결합(추세곡률 포함 혹은 배제): 이 방법은 과거의 시계열을 수준, 경향성 지수, 계절성 지수와 여러 가지 비일상적인 이벤트(프로모션, 가격변경, 경쟁적 활동)의 영향을 추정하기 위한 지수의 4가지 요소로 분해하는 방법이다. 이 4가지 요소를 활용하여 수요예측을 수행하게 되는데, 수요예측의 형태는 데이터 형태로 입력된

---

22) Neter, J., Wasserman, W. and Whitmore, G. A., Applied Statistics, Boston: Allyn and Bacon, pp.820-846, 1988.

23) Bowerman, B. L., and O'Connell, R. T., Time Series Forecasting, Boston: Duxbury Press, Sec. 5-6, 1988.

향후 예상되는 비일상요소(Casual Events)의 수와 시기에 따라 좌우된다.

③ Lewandowski's Method

Lewandowski's Method는 사용되는 평활상수(보통 평활 상수는 그리스어 α, β, γ로 표현한다)가 상수형태로 고정되어 있는 것이 아니라, 적응형으로 변경된다는 것을 제외하면, 3중지수평활법의 대표적 형태인 윈터법과 유사하다. 이 방법은 OPS(Operating Parameter Sets)를 활용하여 수요예측에 사용되는 동적 평균, 무작위성의 측정, 계절성을 결정할 지수를 선정하게 되는데, 세 가지 지수가 얼마나 반영될지에 대한 결정은 사용자가 결정한다. 세 가지 지수는 서로 연관되어 있어, 하나의 영향이 커지면 나머지의 영향은 감소하게 된다. 이 방법은 특정 사건이나 행위의 영향 또한 반영되며, 단기 추세와 장기 추세를 구분하여 사용한다. 두 수준의 추세는 단기에서 장기로 시간이 지남에 따라 조화를 이루게 된다.

④ ARMA/ARIMA(Auto-regressive moving average/Auto-regressive integrated moving average) 모형[24)]

단/중기 예측방법. 이 방법을 최초로 제기한 사람의 이름을 따서 Box-Jenkins 모형이라고도 불린다. 시계열 자료를 이용하여 통계 모형을 만드는 Bayesian통계법의 일종이다. AR(Auto-Regressive: 자기 상관) 모형과 MA(Moving Average: 이동 평균) 모형, Integration(차분) 모형을 결합하여 수요예측을 수행하는 방법이다. AR 모형은 과거 값의 선형 결합을 통하여 미래값의 예측에 사용되고, MA 모형은 과거 수요예측의 편차의 선형결합을 통하여 미래값을 설명하는 모델이다. AR 모형과 MA 모형은 개별적으로 사용되기도 하는데, 두 모형을 하나의 시계열 모형에 포함시키게 되면 ARMA 모형(혼합모형: Auto-regressive moving average Model)이라고 한다. 실제로 관찰된 자료를 시계열 모형에 적합화할 때 AR 모형 또는 MA 모형보다 ARM 모형을 이용하면 보다 작은 모수로 적합화가 가능하기 때문에 ARMA 모형이 많이 적용된다.

한편 비정상 시계열 모형에서 서로 다른 시간 구간에서 각각의 평균만 다를 뿐 기본적인 형태가 같은 것들이 있을 수 있다(다음의 그림 참조). 이러한 시계열을 동질적 비정상 시계열(homogeneous non-stationary time series)이라고 하는데, 동질적 비정상 시계열은 차분(Difference)을 하면 정상시계열인 ARMA모형으로 표현할 수 있게 된다. 이와 같이 차분을 취하여 ARMA 모형이 될 때, 원래 모형은 ARIMA(통합혼합모형:

---

24) Box, G. E. P. and Jenkins, G. M., Time Series Analysis, Forecasting and Control, san Francisco: Holden-Day, 1970.

Auto-regressive integrated moving average Model) 모형이라고 한다.

시간이 흐름에 따라 평균과 분산이 변하는 비정상시계열 모형에서의 변동은 선형적 혹은 지수적 추세로 변하기도 하지만, 시간 구간마다 서로 다르게 변하기도 하므로 확률적인 요인을 포함하고 있는 추세로 판단하여 접근하는 방법 중 대표적인 것이 ARIMA 모형이다.

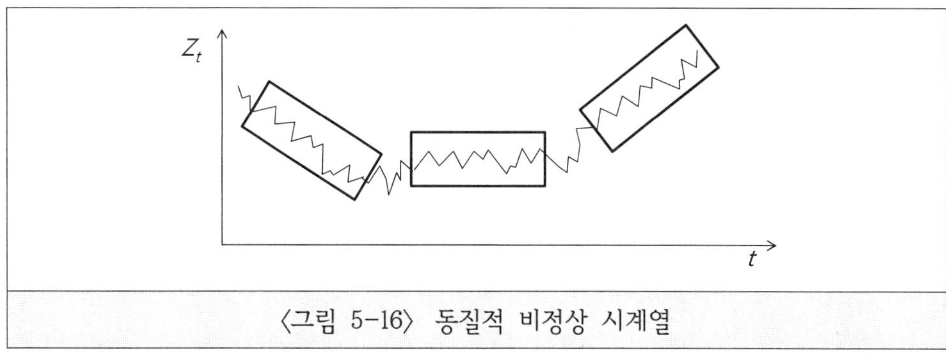

〈그림 5-16〉 동질적 비정상 시계열

⑤ Fourier Series Analysis

단/중기 예측방법. 이 예측 방법론은 과거 시계열을 sin함수와 cos함수가 결합된 수학적 표현으로 변환하는 방법이다. 이 방법론은 원래의 시계열이 계절성, 경향성, 주기성의 요소의 결합으로 구성되어있다고 간주한다. 스펙트럼분석[25)]이라고도 한다.

⑥ Intermittent Demand Modeling

이 방법은 1972년 J.D. Croston이 최초로 제안한 방법이다. 수요와 수요 사이의 평균 기간의 수를 구한 후, 지난 수요 이후 기간의 수를 함수로 평균 수요를 계산해 내는 방법이다.

⑦ X-11(Census 11 Decomposition)/X-11-ARIMA **방법**

X-11 는 미국상무부의 센서스국에서 1967년에 개발되었고 경제 지표군을 설계하기 위해 사용된다. 기본적으로 이 예측 방법은 지수평활법과 유사하나, 몇 가지 방법이 다르다. 우선 시계열의 각 요소들(경향성, 계절성, 주기)이 개별적으로 제거될 수 있으며 이러한 분해가 반영된 시계열을 얻을 수 있다. 다음으로 X-11은 일반적인 지수평활법이

---

25) Chan, H. and Hayya, J., "Spetral Analysis in Business Forecasting." Decision Sciences, 7, pp. 137-151, 1976.

평활 시킬 수 있는 수준보다 더 큰 불규칙 변동까지 평활화 할 수 있다는 점이다. 이와 유사한 X-11-ARIMA는 1975년 캐나다 통계국의 Dagum을 중심으로 개발된 시계열 조정법으로, X-11이 가지고 있는 시계열이 몇 개의 초기 관찰값과 마지막 관찰값을 사용하지 못하는 약점을 ARIMA 절차에 의해 보완한 방법이다.

⑧ 초점예측(Forcus Forecasting)법[26]

중기 예측방법. 다수의 단순한 의사결정 규칙 가운데 다가올 3개월 동안 어느 것이 가장 정확한가를 조사한다. 과거 자료를 이용해서 다양한 전략들을 컴퓨터 시뮬레이션을 통해 평가한다.

(4) 외부적 요인분석

외부적 요인분석은 수요예측을 위하여 다른 정보를 활용하는 것으로 인과모형이라고도 불린다. 과거자료가 이용가능하고 예측대상 요인과 내외적 요인의 관계를 파악할 수 있을 때 사용한다. 일반적으로 인과모형은 수요의 전환점 예측과 장기적 예측에 뛰어나다고 알려져 있다.

① 회귀분석모형(Regression Model)[27]

단/중기 예측방법. 회귀(Regression)란 쉽게 말하면 하나의 변수가 또 다른 변수를 설명할 수 있다고 할 때, 이를 수학적인 표현으로 나타낸 것이라고 할 수 있다. 여기에서 설명하는데 사용되는 변수를 일반적으로 독립변수라고 하고, 이를 통해 설명되는 변수를 종속변수라고 한다. 예를 들어 인구밀도가 높을수록 범죄율이 높다고 할 때, 범죄율이 종속 변수 인구밀도를 독립변수라고 한다. 이러한 경우 어떤 도시의 범죄율을 예측할 때, 인구밀도를 파악하게 되면 이를 예측할 수 있다는 것이다.

단순회귀모형은 하나의 독립변수와 또 다른 종속변수의 두 개의 변수로 구성되어 있는 모형이고, 다중회귀모형은 하나의 종속변수를 설명하는데 여러 개의 독립변수를 사용하는 모형을 말한다. 회귀분석은 다음과 같은 가정 하에 수행된다.

- 잔차(Residuals)는 모든 독립변수에 대해 동일 분산을 갖는다.
- 잔차의 평균은 0이다.

---

26) Smith, B. T. and Wight, O. W., Focus Forecasting: Computer Techniques for Inventory Control, Boston: CBI Publishing, 1978.

27) Neter, J., Wasserman, W. and Kutner, M. H., Applied Linear Regression Models, Homewood, IL: R. D. Irwin, 1983.

- 수집된 데이터의 분산은 정규분포를 이루고 있다.
- 독립변수 상호간에는 상관관계가 없어야 한다.
- 시간에 따라 수집된 데이터는 잡음의 영향을 받지 않는다.
- 보다 자세한 내용은 다음을 참조하도록 하자.

선형 회귀(Linear Regression): 시간에 따라 데이터를 타점하면서, 오차 제곱합(Sum of Squared Error)을 최소화하는 모수를 추정하는 방법(최소제곱법: Least Square Method)으로 시간에 대한 관계를 추정하는 방법이다. 이렇게 하면 시계열 데이터의 개별 값들과의 차이가 최소가 되는 직선을 얻을 수 있는데, 이 직선의 연장이 예측 값이 된다.

선형회귀는 보통 시간과의 관계로 데이터를 설명한다. 여기에서 추세선은 다음과 같이 추정된다.

$y = \alpha + \beta x$

여기서 y는 예측치가 되는 종속변수이고, x는 이를 설명할 독립변수(여기서는 시간)이 된다. α, β는 회귀계수(Regression Coefficient)로, α는 보통 y축과의 절편이 되고, β는 오차를 최소화하는 직선의 기울기이다.

단순회귀모형(Simple Regression Model): 단순회귀 모형은 앞에서 언급한 선형회귀 모형과 유사한데, 가장 큰 차이는 시간외에 다른 변수와의 관계를 모델링하는 것이다. 목표변수는 다음과 같이 설명할 수 있다.

$y = \alpha + \beta x + \epsilon$

단순회귀 모형과 마찬가지로 α, β는 회귀계수(Regression Coefficient)이며, ϵ은 분산(σ^2)을 가지는 오차항이다.

모형의 결과가 정확히 맞지 않는 경우라면 입력변수 x가 목표변수 y에 관한 모든 정보를 충분히 가지고 있지 않은 경우이거나, 입력변수와 목표변수의 관계가 선형적이지 않는 경우일 수 있다. 이러한 경우는 단순회귀가 아니라 아래에 언급하는 다중회귀 모형이나 비선형회귀 모형을 검토해 볼 필요가 있다. 만약 단순회귀 모형이 맞는데도, 예측값이 잘못되는 경우라면 입력변수 x에 측정오류나 입력오류가 포함되어 있는지 검토해 보아야 한다.

다중회귀(Multiple Regression Model): 예측의 대상이 되는 시계열인 종속변수를 다수의 독립변수(원인변수, 설명변수)의 관계를 나타내는 모델로, 이를 설명하는 계수는 역시 최소자승법을 통하여 오차가 최소화되는 계수를 도출해 낸다. 이를 수식으로 표현하면

다음과 같다.

$$y = \alpha + \beta_1 x_1 + \beta_2 x_2 + \cdots + \beta_p x_p + \epsilon$$

이 회귀 방법으로 예측된 시계열 함수의 최적 상수값과 요인 인자 계수를 도출하게 된다. 상관계수의 적합도에 대판 평가 방법은 일반적으로 계수의 R^2에 따르게 되며, 예측의 모양은 요인 인자의 미래 값에 의해 결정된다.

② 계량경제모형(Econometrics Model)[28)]

단/중기 예측방법. 판매활동의 어떤 면을 설명하는 독립적인 회귀식으로 이루어진 시스템이다. 회귀식의 모수는 동시에 추정된다. 이 모형을 도출하는데 비용이 많이 들지만 모형에 내재하는 식들로 인하여 보통 회귀식 보다 인과관계를 잘 나타내며 전환점을 보다 정확하게 예측할 수 있다.

③ 구매의도와 예상조사(Intention to Buy and Anticipation Survey)[29)]

중기 예측방법. 이 조사법은 (1) 특정 제품에 대한 구매 의도를 파악하고, (2) 현재와 미래에 관한 감각(feeling)을 측정하는 지표를 도출하여 이것이 구매에 어떤 영향을 미치는지를 추정한다. 예측에 있어서 이러한 방법은 예측보다는 추적과 경고에 더 적합하다. 이 방법을 사용할 때 근본적인 문제점은 전환점을 잘못 판단한다는 것이다.

④ 투입산출모형(Input-output Model)[30)]

중기 예측방법. 산업 간이나 부서 간에 이동되는 서비스나 재화를 분석하는 방법이다. 투입물은 산출물을 생성한다는 의미이다. 이 모형을 특정한 경제상황에 적용하려면 상당한 노력을 기울여야 하며 일반적으로 이용할 수 없는 세부적인 자료가 필요하다.

⑤ 경제적 투입산출모형(Economic Input-output Model)[31)]

중기 예측방법. 계량경제모형과 투입-산출모형이 결합된 것이다. 전자를 위하여 장기 추세를 제공하며, 계량경제모형을 안정되게 한다.

---

28) Johnson, J., Econometrics Methods, New York: McGraw-Hill, 1963.
Clelland, R. C., deCani, J. S., Brown, F. E., Bursk, J. P. and Murray, D. S., Basic Statistics with Business Applications, New York: John Wiley, pp. 522-559. 1966.

29) Publications of Survey Research Center. Institute for Social Research. University of Michigan: and U.S. Bureau of the Census.

30) Leontief, W.W., Input-Output Economics, New York: Oxford University Press, 1966.

31) Evans, M., Discussion Paper #138. Wharton School of Finance and Commerce. University of Pennsylvania.

⑥ **선행지표법(Leading Indicators)[32]**

단/중기 예측방법. 어떤 경제활동과 관련된 시계열의 주어진 방향으로의 이동이 같은 방향의 다른 시계열 이동을 앞설 때 이를 선행지표라 한다.

⑦ **수명주기분석(Life Cycle Analysis)법[33]**

중/장기 예측방법. 이것은 S 커브를 이용하여 새 제품의 성장률을 분석하고 예측하는 것이다. 혁신자(innovator), 초기 적응자, 초기 다수, 후기 다수, 느림보 등과 같은 다양한 집단에 의한 판매의 단계가 분석의 중심이 된다.

⑧ **시뮬레이션모형(Dynamic Simulation)[34]**

중/장기 예측방법. 컴퓨터를 이용하여 완제품의 판매가 유통과 공급의 각 지점에 미치는 영향을 모사하는 방법이다. 이것은 재고정책, 생산일정계획, 구매정책 등에 의하여 결정된다.

(5) 상황에 따른 수요예측 기법 적용

언제 어떤 수요예측 기법을 사용해야 할까? 제품에 따라 적용해야 할 수요예측 기법의 선택은 다양한 요인을 고려하여 적용하게 된다. 신제품 수요예측의 경우라면, 과거 수요 패턴 분석(즉, 내부적 요인 분석 방법)에는 한계가 있어 적용하기 어렵다. 그러나 과거 판매되었던 유사 품목의 판매 실적과 연관성이 있다고 생각할 수 있다. 이러한 경우 유사 품목의 판매 실적을 참조(즉, 외부적 요인 분석 방법) 할 수 있을 것이다. 어떤 유사 품목의 사례를 적용할 것인가를 결정하는 것은 정성적 기법에 따른 판단이라고 할 수 있다.

마찬가지로 고려할 수 있는 한 다양한 요소를 적용하는 것은 신제품의 수요예측을 하는데 도움이 될 것이다. 예를 들어 기존에 출시된 제품의 수명주기를 참조하는 것은 장기적 관점에서 신제품의 수요예측의 기초로 활용될 수 있을 것이다. 다음의 표는 시장의 상황이나 제품의 유형에 따라 적용될 수 있는 수요 예측 방법을 정리한 것이다.

---

32) Evans, M., Macro-Economic Activity: Theory, Forecasting and Control, New York: Harper & Row, 1969.

33) Kotler, P., Marketing Management, 6th ed., Englewood Cliffs, NJ: Prentice Hall, p.421-425, 1988.

34) Forrester, J. W., "Industrial Dynamics: A Major Breakthrough for Decision Makers." Harvard Business Review, pp.37-66, Jul.-Aug., 1958.

▮표 5-3▮ 상황에 따른 수요 예측 방법

제품유형	사용가능 기법		
	정성적 기법	외부적 요인	내부적 요인
기성제품 (일반제품)	✓		✓
기성제품 (판촉적용)	✓	✓	✓
신제품	✓	✓	
신제품(패션)	✓	✓	

그룹과제

5.1 이동평균을 이용한 수요예측

이동평균법은 시계열 수요예측 방법 중 가장 기본적으로 사용되는 방법 중 하나이다. 이 모델은 대상 기간의 수요를 예측하기 위해서, 이전 몇 개 기간의 수량을 평균한 값을 사용한다. 평균을 구하는 기간의 수는 2에서 12까지(혹은 그 이상을 적용하기도 한다) 다양하게 사용할 수 있으나, 보통 3~4개의 기간을 사용하는 것이 일반적이다.

하지만 이동평균예측기법은 매출 트렌드가 상향 혹은 하향기일 때 문제가 발생한다. 이 경우 예측량은 지속적으로 높게, 혹은 낮게 산출되는데, 이 현상을 예측지연(Forecast lag)이라고 부른다.

아래 표의 처음 3개월 간 이동평균을 구하여 25부터 30기간 사이의 수요를 예측해보고, 예측값이 실제 수요와 어느 정도 일치하는 지 확인해 보자.

Month	Demand	3-month total	Forecast
22	400	-	-
23	252	-	-
24	179	-	-
25	131		
26	142		
27	186		
28	307		
29	398		
30	348		

5.2 수요예측

배경 설명

(주)BestPhones의 CEO는 적정 서비스 수준조차 유지하지 못하는 회사의 무능력함 때문에 골머리를 앓고 있다. CEO는 이에 대한 이유를 알고 싶어 했지만 항상 그 때마다 돌아온 것은 "이건 예측입니다……" 라는 대답뿐이었다.

그는 여러 부서들로부터 많은 답변과 제안을 받았지만, 눈에 띄는 변화는 없었다. 만약 빠른 시일 내에 특단의 조치가 취해지지 않는다면 (주)BestPhones사를 거의 추격해온 경쟁업체에 의해 점점 고객을 잃기 시작할 것이다. 이 경쟁사는 최근 (주)BestPhones사의 서비스 수준에 실망한 핵심 고객들로부터 몇 개의 계약을 따내며 (주)BestPhones사를 바짝 추격하고 있다.

일명 '조직의 자기만족'이라고도 불리는 조직적 위축에 관한 연구 활동 및 몇 가지 흥미로운 기사를 읽고 난 후, 그는 문제 해결을 위한 완전히 새로운 아이디어에 관심을 가지게 되었다.

이제 여러분이 유관부문의 입장이 되어 다음의 항목에 대한 답을 해보자.

유관 부문의 역할

〈판매/마케팅부서〉

주요 임무는 잘못된 예측을 바로잡기 위해 필요한 마케팅 정보를 CEO에게 제공하는 것이다. 판매/마케팅부서는 소비자 시장 수요에 관한한 가장 풍부한 지식을 가지고 있으므로, 다른 부서에서 판매/마케팅 부서에서 제공하는 관련 정보들을 손쉽게 이용할 수 있다면 기업의 효율을 훨씬 향상시킬 수 있을 것이다.

① 수요예측에 필요한 판매/마케팅과 관련된 입력정보의 중요 구성 항목을 상세히 정리한 문서를 작성하라.
② 통신산업의 입장에서 새로운 유통 채널과 새로운 시장으로 진입하고자 하는 필요한 새로운 마케팅 목표를 구체적으로 작성하라.
③ 휴대폰 신제품 라인을 위한 수요예측량 결정을 상세화하라.

〈물류/구매부서〉

개별 부문의 목적을 수행하기 위한 수요예측으로부터 도출된 소요량 정보를 CEO에게 보고하는 것이 중요한 목적이 된다.

- 물류부서의 목표: 재고량 절감
- 구매부서의 목표: 구매비용 절감

① 개별 부문의 목표 달성을 위한 업무상 요구사항과 필요 정보의 리스트를 작성하라.
② 예측이 각 부서에 미치는 영향에 대한 리스트를 최소 3가지 이상 작성하라.
③ 부정확한 예측으로 인한 잠재적 결과와 그로 인해 전 부서에 미치는 영향에 대한 리스트를 각각 최소 3가지 이상 작성하라.
④ 위 ③번의 문제를 해결할 수 있는 대안을 각 부서마다 최소 1가지씩 제공하라.

〈생산부서〉

주요임무는 수요예측으로부터 생산 부서의 목표 지원을 위해 필요한 정보를 CEO에 보고하는 것이다.

- 생산부서의 목표: 제조 원가의 절감과 생산성의 향상

① 부서의 목표 달성을 위한 업무상 요구사항과 필요 정보의 리스트를 작성하라.
② 현재 사용하고 있는 수요예측 방법과 생산 부문에 미치는 영향과 관련된 이슈에 대하여 세 가지 이상의 리스트를 작성하라.
③ 현재 이슈를 해결하고 생산 부문의 목표를 달성하는데 도움이 될 방안을 CEO에게 보고하라.

주) 원가 회계 파트에서는 설비의 생산성에 기초해 원가데이터를 기록한다. 노동자와 감독관은 각각 설비의 생산성에 기초해 추가적인 인센티브를 받는다.

〈판/생회의(S&OP: Sales and Operations Planning)[35]〉

CEO에 의해 최근 새롭게 구성된 부서로, 예측 정확도를 향상시키기 위한 추천 방안을 제공하고 현재의 예측단계를 분석하기 위해 조직되었다. CEO는 다음 내용을 지시했다.

① 서비스 수준 향상을 위한 수요예측 수립 프로세스를 고안하라.
② 마케팅, 물류, 구매 그리고 생산부문에 초점을 맞춘 구제척인 실행 방안의 리스트를 작성하라.
③ 각 부문별 접근방법에 대해 5분 분량의 프레젠테이션으로 발표하라.

---

35) S&OP를 조직으로 볼 것인가, 업무 프로세스로 볼 것인가는 헷갈릴 수 있다. 결론적으로 말하자면 S&OP는 조직이기도하며, 동시에 업무 프로세스이기도 하다. 조직으로 S&OP를 이해할 경우에는 정규조직이라기 보다는 업무 수행을 위해 각 부문의 담당자가 모이는 CFT(Cross Functional Team)로 이해하는 것이 타당하다.

Chapter 06

유통자원계획

유통자원계획(DRP: Distribution Resource Plan)[1]수립 프로세스는 생산 계획과 완제품 재고의 유통을 아우르는 관리 프로세스이다. 다음의 그림과 같이 DRP는 수요예측 결과를 주요 입력요소로 활용하여 수행되고, 주일정계획(Master Production Schedule)과 연결된다.

유통자원계획이라는 용어에서 "자원"이라는 용어의 사용이 가지는 의미는 매우 크다. 이는 우리가 얘기하고 있는 유통자원계획(DRP)이 단순히 창고의 적정 재고수준 결정을 위한 계획 툴이 아니라는 것을 의미한다. 이와 같이 창고의 제품재고수준결정을 위한 시스템을 보통 유통소요계획(Distribution Requirement Planning)이라고 한다. 우리가 언급하고 있는 유통자원계획은 제품창고의 적정재고 수준 결정뿐만 아니라, 유통 시스템을 통하여 운송하고 보관할 제품의 운송 및 보관 자원을 결정하는 툴이기도 하기 때문이다.

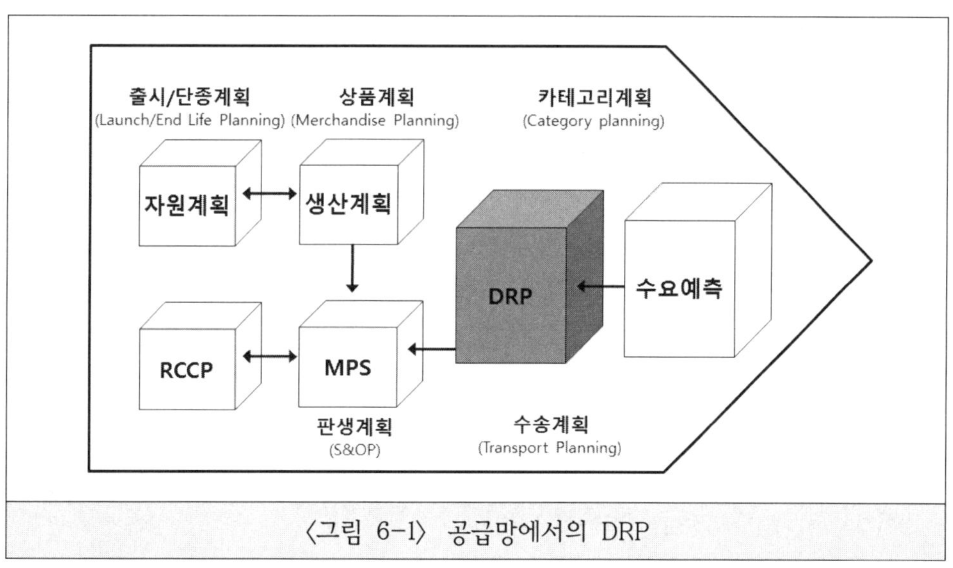

〈그림 6-1〉 공급망에서의 DRP

1) DRP라는 용어에 사용된 'R'은 유통자원(Distribution Resource)과 유통소요(Distribution Requirements) 양 쪽 모두에 사용되므로, 위 두 개념을 구분하기 위해 일반적으로는 전자를 DRPII, 후자를 DRP 혹은 drp라고 표현한다. 그러나 이 책에서는 DRP를 실제 현장에서 일반적으로 쓰는 개념인 유통자원계획의 개념으로 사용하며, 약어는 그냥 DRP로 사용하도록 하겠다.

6.1 유통자원계획의 개요

가. 유통자원계획의 구성

(1) 유통자원계획의 고려대상

유통자원계획(DRP) 프로세스는 공급망 전체의 비용과 고객서비스의 상반된 개념의 상충효과(Trade off)를 조정하여, 기업 전반의 최적화된 제품 유통 과정을 찾아가는 과정이다. 선진사례에서는 유통자원계획 수립과정을 의사결정지원시스템에 포함하여 공급망에서의 최적화를 극대화하는 노력을 시도하고 있다. 유통자원계획에서 고려해야 할 문제들에 대해서 정리해 보면 다음과 같다.

① 제품의 보관위치

제품이 유통망의 적절한 위치에 보관되고 있는가하는 문제는 DRP 수행의 가장 근본적인 고민 사항이다. 따라서 DRP는 유통망 전반의 재고 보관위치를 시간 단위에 따라 계획하게 된다. 재고계획은 하부단위의 보관위치에서부터 전해지는 재발주점 방식의 보충요구 보다는 고객의 수요예측에 기반해야 한다. 이때 계획은 일반적으로 Bottom-up 보다는 Top-down 방식으로 재고계획을 수립하는 것이 유리하다. 그러나 재고 수준을 수시로(매일이 될 수도 있고, 주간 단위가 될 수도 있다) 확인하는 선도적 기업이라면 재고 보충요구가 수요예측 데이터에 적합하도록 JIT(Just In Time)과 같은 실시간 보충요구 방식을 적용해도 좋다.

여기서 강조하고자 하는 것은 재고는 가급적 상류에 위치하는 것이 좋으며, 하위 레벨로 내려갈수록 재고 활용도는 떨어지게 된다는 것이다.

② 제품의 공급위치

어떤 재고보관위치에서 제품 재고를 공급받는 것이 좋은가하는 문제 또한 유통자원계획 수립의 기본이 되는 문제이다. 공급규칙은 공급망 내의 특정한 위치에서 재고의 보충을 담당하도록 규정하는 규칙으로, 리드타임과 최소 주문량을 포함하여 고민해야 한다. 공급규칙에 사용되는 로직은 기업 내에서 활용되는 유통명세서(BOD: Bill of Distribution)의 형태로 기록되고 활용된다. 선도업체의 경우라면, 제품의 공급 위치를 고객의 중요도, 고

객서비스 계약, 전체 공급망에 미치는 영향 등을 종합적으로 검토하여 결정할 것이다.

③ 제품의 수송시간

물리적인 유통자원계획 수행을 위한 설계가 진행된 다음 고민할 문제는 필요한 품목이 필요한 시점에 수송될 수 있는지에 대하여 고민해 보아야 한다. 유통자원계획은 전체 리드타임 합계를 고려하여 제품이 적시에 목적지까지 수송될 수 있는지를 결정하는 시스템이다. 하지만 이때 공급망 전체 비용과 리드타임에 영향을 미치게 될 선택된 운송수단의 속도와 비용이 미치는 영향을 명확히 이해하고 결정하는 것이 중요하다. 항공수송은 육상수송방식보다 장거리 수송에 훨씬 빠르게 대응할 수 있지만, 상대적으로 높은 비용이 소요된다는 것은 쉽게 알 수 있다.

유통자원계획 수립과정에서 공급망 전체의 비용과 리드타임 간의 상충효과는 매우 중요한 결정사항이 된다. 시스템에 적용하는 경우라면, 각 운송 수단 마다의 변수 설정을 통하여 비용최적화나 기간최소화 등의 기업이 원하는 대안을 얻을 수 있다.

④ 제품 수송과정의 재고수준

제품 수송과정에서 재고 수준에는 어떤 일이 일어나는가? 유통망을 통해 품목의 소비나 이동정보가 상류로 전달되어 유통계획 수립자나 생산계획 수립자에게 확인될 수 있기 때문에 재고관리 프로세스는 유통자원계획 수립과정에서 강력하게 통합되어 있다. 생산계획수립 담당자는 주일정계획(Master Production Schedule) 수립에 유통자원계획으로부터 재고수준 정보를 획득하여 사용하게 된다.

이때 빈번히 발생되는 문제는 많은 기업에서 재고기록 정보가 정확하지 않으며, 시스템과 실제 기록을 수정하는데 많은 노력이 필요하다는 것이다. 유통자원계획 수립이 효과적으로 운영되기 위해서는 모든 위치에서 정확한 재고정보가 유지되고 공유되어야 한다.

⑤ 기타 제약조건

유통자원계획을 적용하기 위하여 고려할 또 다른 다른 제약 조건들은 어떤 것이 있을까? 우선 유통망이 제품을 이동하고 보관하기 위한 충분한 자원을 보유하고 있는지 확인해 볼 필요가 있다. 유통자원계획은 공급망내의 잠재적인 자원 제약을 부각시켜 자원최적화를 할 수 있도록 한다. 따라서 의사결정지원시스템에는 수송, 창고 및 인력자원 최적화를 지원하는 유통자원계획 시스템이 내재되곤 한다.

(2) 재고보관위치(ISL)

유통자원계획은 유통시스템 전반의 재고 계획을 수행하는 통합 접근법인데, 이는 시스템 내의 모든 레벨에서 물류계획과 주일정계획, 재고계획을 연결해 주기 때문이다. 이와 같이 많은 양의 데이터가 처리되어야 하므로, 보통 유통자원계획은 자동화되어 시스템으로 운영된다. 유통자원계획에는 또 다른 중요한 특징이 있다. 물류 담당자에게 매주 혹은 매일 각각의 재고보관위치(ISL: Inventory Stocking Location)에 어느 정도의 재고량이 필요한 지에 대한 정보를 제공한다. 이러한 특징은 다수의 제고보관위치로 구성된 복잡한 유통망을 통해 제품을 판매하는 기업에게는 특히나 중요하다.

대부분의 기업이 보유하고 있는 재고보관위치는 다음과 같은 형태의 조합으로 구성되어있다.

① 기업소유의 보관 장소(Location owned by business)

기업 내 재고보관 장소는 공장자체, 지역물류/유통센터(RDC: Regional Distribution Center)나 유통센터(DC: Distribution Center) 등이 있다.

② 고객소유의 보관 장소(Location owned by customers)

고객사 소유의 창고에 재고가 위치하지만, 관리되고 있는 재고의 책임은 여전히 공급사가 지는 경우이다. 이러한 방식의 재고관리 방법을 공급자재고관리(VMI: Vendor Managed Inventory)라고 하는데, 이러한 방식의 재고관리 사례는 자동차 업계를 비롯해 많은 산업군에서 쉽게 찾아 볼 수 있다.

원칙적으로 VMI가 적용되는 경우 재고의 입/출고는 공급자의 재량이나, 국내의 경우 출고가 자유롭지 못한 경우가 많이 있어 유통자원계획 운영에 어려움을 겪는 경우가 많이 있다. VMI의 운영에 있어 공급사가 자신의 품목을 임의로 출고하지 못하도록 제한하는 관례는 매우 좋지 않은 것으로, 반드시 시정되어야 Win-Win이 성립될 수 있다.

③ 공급자소유의 보관 장소(Location owned by suppliers)

반제품이나 부분가공품이 우리 회사 유통 시스템내의 제고보관위치로 선적되어 일부 처리과정 혹은 조립, 포장을 수행하기 위하여 공급사의 시설을 포함하는 경우이다.

유통자원계획의 목표는 고객과 맞닿아 있는 재고보관위치(보통 창고나 DC)에서 어떤 품목이 고객에게 팔릴지에 대한 수요예측을 활용하여 물류시스템 내의 재고보관위치에

필요한 재고 수량에 대해 사전에 대응하고자 하는 것이다. 생산위치에서 공급망 하류로 내려가 소매상까지의 모든 재고보관위치를 소유하거나 통제하는 기업이라면, 예측된 판매량은 소매상의 판매 예측을 포함하게 된다. 대부분의 기업은 주간 단위의 예측 구간을 사용한다. 다음의 〈그림 6-2〉는 Global 유통망을 갖춘 기업에서 수요량 데이터를 공유하며, 유통자원계획이 수립되고 운영되는 사례를 보인 것이다.

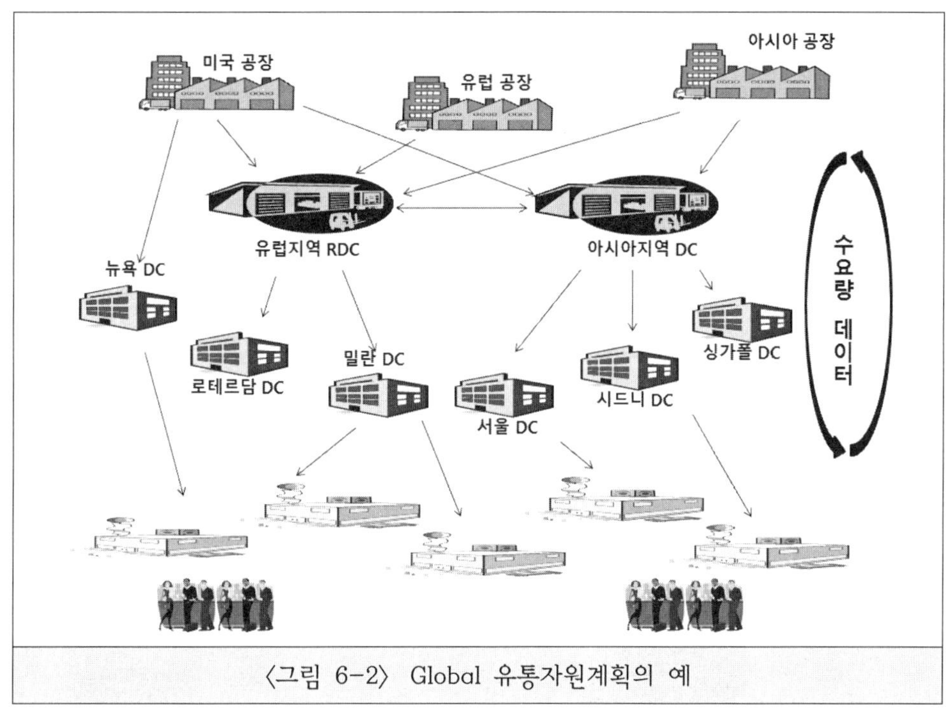

〈그림 6-2〉 Global 유통자원계획의 예

유통자원계획은 종종 지역물류/유통센터(RDC: Regional Distribution Center) 레벨 이하에서 가시성이 희박하거나 거의 없는 기업에서 적용되고 있는 통합되지 않은 물류재고 시스템과는 대비되곤 함을 주목해야 한다. 전통적 모델의 경우, RDC나 유통센터(DC: Distribution Center)의 재고 보충은 고정된 재발주점(수량이나 공급일자)을 신호로 활용한다. DC의 보충주문이나 신호는 사전에 정의된 임의의 레벨이하로 재고가 떨어지게 되면 발생된다. 마찬가지로 다음 단계에서도 재고 수준이 재발주점에 이르면 재고를 보충하게 된다. 게다가 공장의 관점에서는 DC를 망의 구성요소가 아닌 독립적 개체로 인식한다.

나. 유통자원계획의 활용

(1) 유통자원계획의 입력요소

유통자원계획을 수립하기 위해서는 다양한 정보들이 활용된다. 다음은 유통자원계획의 핵심 입력 요소들이다.

① 유통 명세서(BOD: Bill of Distribution)

유통명세서는 유통 네트워크내의 재고보관위치들과 서로 간의 관계를 정의한 내용이다. 예를 들어 한 지역의 DC에 특정 SKU는 어떤 RDC에서 공급한다는 식으로 정의하는 것이다. 유통명세서는 유통망의 다음과 같은 항목을 정의한다.

- 재고 보관 위치의 수
- 공급원
- 재고보관위치들 간의 연결 정보 또는 상위의 공장 레벨에서 유통망의 최하위 레벨까지의 노드
- 유통망 내부의 다양한 레벨에서의 재고 배치 규칙
- 어떤 재고 변화가 공급원에게 전달되고 제시될지에 대한 로직이나 원칙

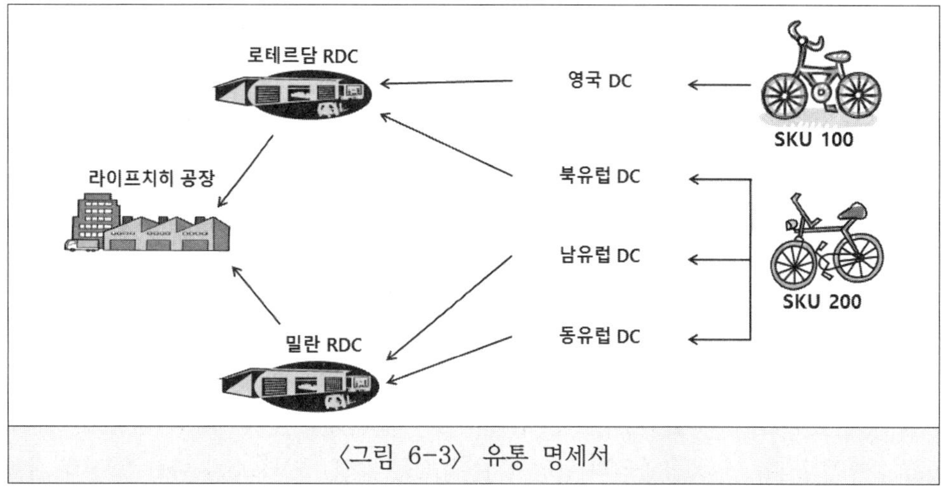

〈그림 6-3〉 유통 명세서

위의 〈그림 6-3〉은 라이프치히에 있는 공장과 지역 및 현지 유통 센터간의 네트워크 관계를 정의한 유통명세서를 표현한 것이다. 이를 설명해 보자면 다음과 같다.

- SKU 100은 로테르담의 RDC로부터 공급받아 오직 영국의 DC를 통해서만 고객들에게 제공될 것이다.
- SKU 200은 북유럽, 남유럽, 동유럽의 DC에서 제공될 것이다.
- 남유럽 및 동유럽의 DC는 밀란의 RDC에서부터 SKU200를 공급받지만, 북유럽의 DC는 로테르담의 RDC에서만 SKU200을 공급받을 수 있다.

② 재고규칙

재고규칙은 재고 보관위치의 안전재고, 재고보충량, 재발주점과 관련된 전략과 실행에 대한 내용인데, 안전 재고를 위한 보충요구도 공급원에는 수요가 된다는 점을 명심해야 한다.

③ 공급자와 생산

유통망의 순소요량을 산출하기 위해서는 작업 중인 작업지시 내용과 구매발주 내역이 감안되어야 한다. 또한 공급자나 생산에서 보유하고 있는 원자재재고나 SKU 정보와 리드타임 정보 또한 반영되어야 한다.

④ 고객

일반적으로 소비자의 재고 수준은 재고 보관위치의 순소요량에 반영되는 요소가 아니다. 그러나 경우에 따라서는 고객사의 재고 수준을 반영하는 경우도 있는데, 이러한 경우는 공급업체가 VMI를 통해 재고를 공급하거나 유통망에 가상재고로서 창고 재고를 처리할 수 있거나, POS로 연결되어 있는 경우이다.

⑤ 수송과 창고보관

적절한 수송량과 저장량을 결정하기 위해서, 유통자원계획은 해당 기간 동안 사용 가능한 운송 수단 및 저장량, 인력 및 재무 상태에 대한 정보를 필요로 한다.

(2) 유통자원계획 수립 프로세스

수요계획 및 공급계획을 수행하는 담당자가 영원히 고민해야 할 숙제 중 하나는 아마도 목표로 정한 서비스 수준으로 고객의 수요를 충족시키는 최적의 재고 수준을 유통망 전반의 재고보관위치 단위로 결정하는 문제일 것이다. 다음의 〈그림 6-4〉는 유통자원계획이 수립되는 일반적인 프로세스와 중요한 입력요소 및 출력요소를 나타낸 것이다.

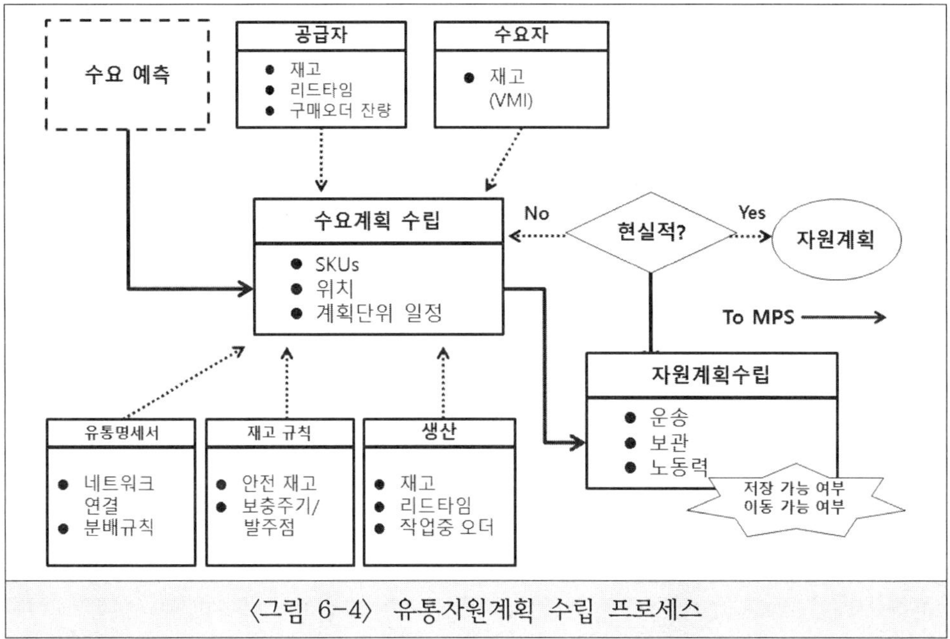

〈그림 6-4〉 유통자원계획 수립 프로세스

유통자원계획 수립 프로세스의 시작은 고객과 접해있는 재고보관위치에서의 SKU 단위 판매예측으로부터 시작된다. 앞에서 언급된 바와 같이 고객과 접해 있는 재고보관위치의 경우 예외적으로 공급업체가 소유하거나 관리하는 소매점에 위치할 수도 있지만, 보통은 창고나 DC가 된다. 공장에서 소매상의 아웃렛까지 모두 소유하거나 관리하는, 수직적으로 통합된 기업의 경우에는 판매 예측량은 소매상의 수요예측을 포함해야 한다. 예측 구간은 유통망의 상위레벨에서 고객과 접해 있는 재고보관위치에 이르는 최하위 레벨까지, 제품이 생산되고 이동되는데 필요한 리드타임보다 길 필요는 없다.

판매 예측이후에는 유통소요계획(drp: Distribution Requirement Planning)을 수행하게 된다. 이 유통소요계획은 유통망 전 레벨의 개별 재고보관위치에 필요한 순소요량에 대한 재고계획을 시간단위로 수립하게 된다. 이 단계에서는 아직 유통 시스템에서 주문을 충족하기 위한 유통자원이 충분한지를 검토할 필요가 없다. 이 단계는 유통자원계획 수립 프로세스의 자원용량 계획단계에서 수행하면 된다. 기업의 수송 용량, 창고 공간, 제품을 재고보관위치나 고객에게 이동시킬 노동력 등이 자원계획 단계에서 감안된다.

마지막 단계는 유통자원계획 수립 프로세스의 수행결과를 주일정계획으로 전달하는 과정이 된다.

(3) 공급망 내의 재고보관위치 별 재고보관정책 수립

공급망 내의 다양한 재고보관위치들 중 어느 곳에 재고를 보관하는 것이 적절한가에

대한 유일한 해답은 없다. 여러 가지 상황에 따라 적절한 재고 보유 정책이 적용될 수 있을 것이다. 원칙적으로 재고의 보관 장소는 고객 서비스 수준을 높이고(결품을 줄일 수 있도록), 공급망 전반의 재고 유지비용을 최소화 할 수 있어야 한다(공급망 전체의 재고 수준 절감을 의미한다)는 것이다.

다음의 〈그림 6-5〉와 같은 공급망의 구성을 가정해 보자. 공급망 최상류에는 공장이 있으며, 다수의 물류 센터와 도매상, 소매상의 구조로 구성되어 있다. 이 그림에서 공급망에서 유통되는 재고는 어느 단계에 위치하는 것이 적절할까? 결론적으로 가능하다면 재고를 공장에 배치하는 것이 유리하다는 것이다. 다만 이러한 경우에서 재고가 공급망의 상류인 공장에 위치하게 되면, 고객 요구에 대한 대응 시간이 길어져 고객 서비스 수준이 떨어질 우려가 발생하게 된다. 이러한 문제를 최대한 해결하는 것이 바로 우리가 공급망을 공부하는 중요한 이유 중의 하나가 되는 것이다.

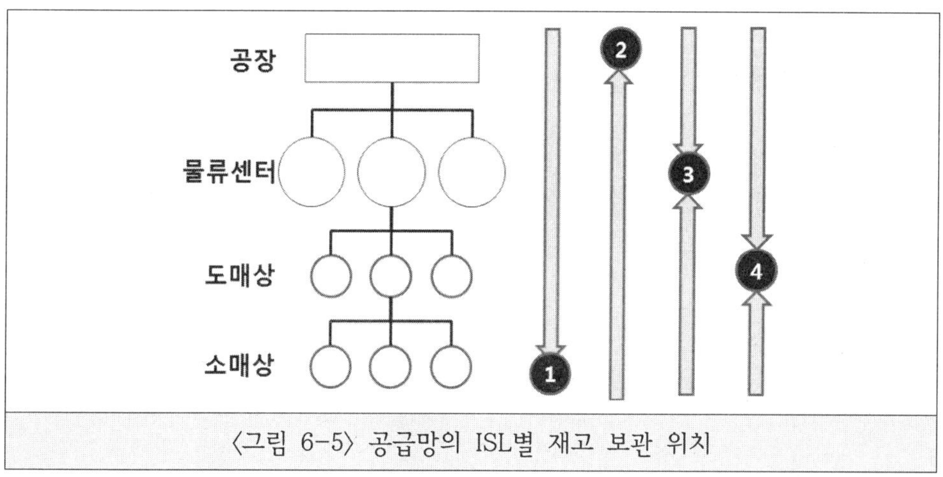

〈그림 6-5〉 공급망의 ISL별 재고 보관 위치

판매 실적의 상위 20%를 차지하는 제품을 A등급 제품이라 하고, B 등급 재고는 그 다음의 30%를 차지하는 품목, 나머지 제품을 C등급 제품이라고 하자[2]. 이러한 경우 A 등급 제품의 재고는 〈그림 6-5〉의 ①과 같이 고객과 가장 가까운 공급망의 하류에 배치하는 것이 가장 적절하다는 데는 의심의 여지가 없다. 이렇게 함으로써 다수 품목(파레토 분석에 따르면 판매 실적의 상위 20%를 차지하는 제품은, 전체 제품 품목 수의 80%를 차지한다)에 대한 고객 서비스 수준을 최고 수준으로 유지할 수 있게 된다. 또한 해당 품목의 회전율이 높아 전체 재고 보유 수준은 전체 재고량에 비교할 때 크게 증가하지 않는다.

2) 이렇게 분류하는 것을 파레토 분석 혹은 ABC 분석이라 한다. 파레토 분석에 대해서는 이 책의 9장인 재고관리 부분에서 보다 상세히 살펴보기로 하자.

반면 판매 빈도가 낮은 C등급 제품의 재고를 공급망의 하류에 배치하게 되면, 고객 서비스 수준을 높일 수는 있으나 재고 수준에 있어서는 심각한 문제가 발생하게 된다. 판매 빈도가 낮은 품목의 경우 예측의 오차가 상대적으로 커지게 마련이며, 이를 해결하기 위해서는 재고를 보유하게 되는 재고보관위치에서의 안전재고가 증가하게 된다. 그런데 재고를 공급망의 하류 단계에 배치하게 되면, 수요 예측을 해야 하는 대상 시설의 숫자가 늘어나고, 개별 시설의 예측 오차는 전사 차원에서 평가하게 될 경우 분산의 가법성[3]에 의해 증가하게 된다. 따라서 판매 빈도가 낮은 C등급 제품의 재고는 가급적 공급체인의 상류에 재고를 배치하여, 재고 수준을 낮추는 전략의 적용이 필요하다.

6.2 유통자원계획의 활용

가. 유통자원계획 수립 결과 예시

아시아와 유럽에 RDC를 보유하고 있으며, 한국에 공장을 보유하고 있는 자동차 회사를 가정해보자. 이 회사의 간략한 유통자원계획 수립과정은 필요분배량을 어떤 방식으로 산출하는지를 보이고 있다. 이 사례에 사용되고 있는 전제사항은 다음과 같다고 하자.

(1) 사전 전제사항

① 계획기간

- 계획기간: 6주 Rolling Horizon
- 계획시간 단위(Time Bucket): 1주

② 생산공장

- 생산 Lead Time: 2주
- 초기재고: 200 단위
- 유통수요: 두 RDC의 유통소요계획 상 순소요량의 합
- 발주방식: RDC로부터의 주문에 대하여 Lot-for-lot[4]으로 대응

---

3) 분산(分散)의 가법성(加法性): 두 모집단의 통계량을 대상으로 분석할 때, 합(차)의 평균은 평균의 합(차)와 같고, 합(차)의 분산은 개별 모집단 분산의 합과 같다.
4) Lot-for-lot(L4L): 필요한 수량만큼 발주하고, 발주 수량만큼 납품하는 발주 방식

- 생산단위: 최소 생산 Batch 크기는 500 단위

③ RDC

- 보충 Lead Time: 1주
- 재고정책: 안전재고 없음
- 초기재고: 50 단위
- 운송중재고: 유럽 RDC에는 1주차 100단위 존재

(2) 유통소요계획 수립 결과

위의 전제조건에 따라 유통소요계획을 수립하는 과정을 그림으로 표현하면, 다음의 〈그림 6-6〉과 같다. 생산공장과 두 곳의 RDC에서의 내용을 살펴보면 다음과 같다.

① RDC

- **수요예측**: 각 기간 동안 DC(혹은 대리점, 고객 등의 공급망 하류)의 수요 예측량
- **운송중재고**: 공장에서 RDC로 운송 중인 재고량
- **예상재고**: 보유재고(= 전기 재고 + 운송중재고) - 수요예측
- **물류센터 입고소요량**: 재고부족을 막기 위해 재고가 입고되어야 하는 양
- **공장 출고요구량**: 물류센터 입고계획량이 적시에 입고되기 위해 공장에서 출고되어야 하는 양 (보충 Lead Time전에 출고 되어야 하며, 이 사례에서는 1주 전)

② **생산공장**

- **유통수요량**: 해당 공장에서 제품을 공급해야 하는 RDC 들의 공장 출고요구량의 합
- **운송중재고**: 공장에서 RDC로 운송 중인 재고량(공장 측, 다음 기에 해당 RDC의 운송중재고로 취합중)
- **예상재고**: 보유재고(= 전기재고) - 운송중재고 - 유통수요량
- **생산완료**: 생산이 완료되는 수량
- **생산지시**: 생산완료 시점을 맞추기 위한 생산 시작 시점(생산 Lead Time 전에 시작되어야 하며, 이 사례에서는 2주 전)

자동차 1 한국 생산 공장	1	2	3	4	5	6
유통 수요량	20	130	180	140	160	
운송 중 재고						
예상재고 200	180	50	-130	-270	-430	
생산완료			500			
생산지시	500					

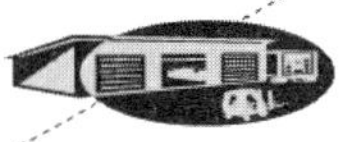

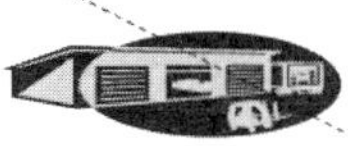

자동차 1 유럽RDC	1	2	3	4	5	6
수요예측	60	40	100	100	80	80
운송 중 재고	100					
예상재고 50	90	50	-50	-150	-230	-310
물류센터 입고소요량			50	100	80	80
공장 출고요구량		50	100	80	80	

자동차 1 아시아RDC	1	2	3	4	5	6
수요예측	40	30	80	80	60	60
운송 중 재고						
예상재고 50	10	-20	-100	-180	-240	-300
물류센터 입고소요량		20	80	80	60	60
공장 출고요구량	20	80	80	60	60	

〈그림 6-6〉 유통소요계획 수행의 예시

나. 유통자원계획 수립의 선진사례 동향

유통자원계획은 공급망 계획의 가장 중요하며 본격적인 절차이다. 여기에서는 유통자원계획의 성공적 수립 및 운영을 위한 요소를 선진사례 동향을 중심으로 살펴보기로 한다.

① 통합 시스템

많은 기업에서 아직도 재고정보 등의 유통자원계획 수립의 입력 요소를 부서별 혹은 부문별로 관리하고 있지만, 거의 모든 선진사례에서 재고관리정보는 통합 관리되고 있다. 부문별 재고관리 시스템에서 하나의 통합 재고관리 시스템으로의 전환은 재고의 가시성이 증가한다는 장점이 있다. 재고의 가시성 확보는 공급망 전반에서 공급자와 고객의 협력을 확대하는 시작이 된다.

② 유통자원계획과 수송계획의 연계

시간 단위의 유통재고계획 수립과정에서 수송용량계획(Transportation Capacity Planning)의 활용은 생산에서 제품의 보관 및 배송용량을 감안할 수 있게 한다. 또한 유

통자원계획과 수송계획의 연계 활용을 통해 유통재고 예상량이 조기에 가시화되어 물류 부문에 전달됨으로써 수송계획의 효과 또한 배가된다.

③ EDI와 인터넷의 이용

실 소비 데이터는 EDI나 Internet을 통해 유통자원계획 시스템과 실시간으로 연계한다.

④ 실제 수요에 맞춘 재고 보충

1장에서 언급했던 효율적 고객대응(ECR)이나 신속반응(QR), 연속보충(CR) 등에서 활용되었던 판매시점(POS) 관리 등의 기술을 활용하여 파악된 실제 소비량에 근거해 재고를 보충한다.

⑤ 프로세스 관리를 위한 CFT(Cross-functional Team) 구성

제품흐름을 관리하는 것은 여러 부서가 관여되는 프로세스이다. 효율적인 계획과 실행을 위해 판매, 물류/유통, 생산 및 재무부서 등의 회사의 전 부문을 망라한 인력으로 구성된 통합적인 팀이 구성되고 운영된다.

Chapter 07

Master Plan

공급망에서 Master Plan은 다음의 〈그림 7-1〉에 표시한 바와 같이 생산계획(Production Plan)과 주일정계획(MPS: Master Production Schedule) 및 이와 함께 수행되는 자원계획(Resource Plan)과 개략능력계획(RCCP: Rough-cut Capacity Plan)을 포함하는 개념이다. 많은 기업에서 생산계획/자원계획의 레벨과 주일정계획/개략능력계획 레벨 간의 명확한 차이를 두지 않고 운영하는 경우가 많지만, 개념적으로 두 레벨 간에는 상세화 수준과 계획기간의 관점에서 명확한 차이가 있다.

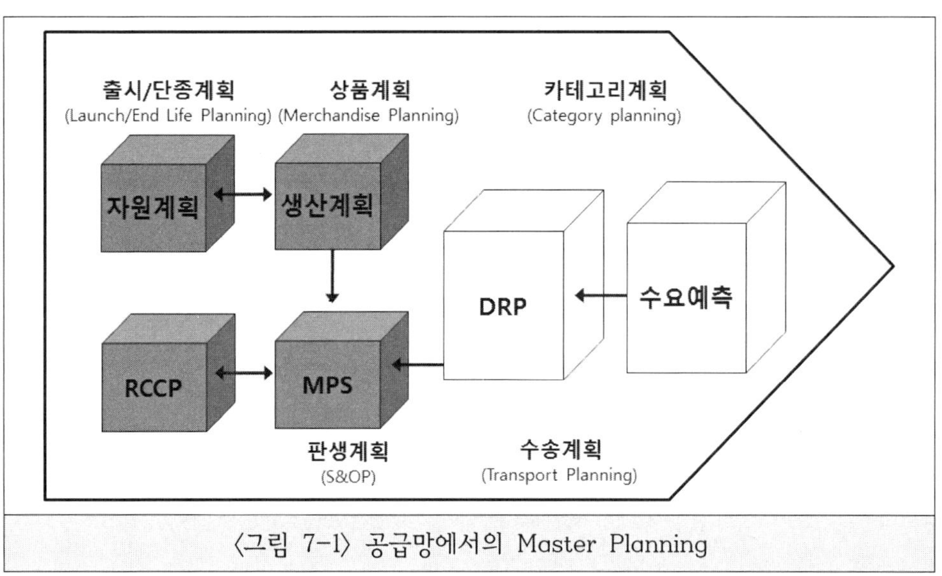

〈그림 7-1〉 공급망에서의 Master Planning

이번 장에서는 통합공급망계획과 MRP II 프로세스에서 Master Plan을 살펴보고 개별계획을 살펴보기로 한다.

- ✔ 생산계획(PP: Production Plan)
- ✔ 자원계획(RP: Resource Plan)
- ✔ 주일정계획(MPS: Master Production Schedule)
- ✔ 개략능력계획(RCCP: Rough-cut Capacity Plan)

7.1 Master Plan 수립

Master Plan을 수립한다는 것은 크게 두 레벨에서의 계획을 수행하는 것을 의미한다. Master Plan의 상위레벨은 생산계획(PP)과 자원계획(RP)의 수립을 의미하고, 하위레벨은 주일정계획(MPS)과 개략능력계획(RCCP)의 수립을 의미한다. 그러나 실제 많은 기업에서 두 레벨의 차이를 명확히 구분하지 않고, Master Plan을 수립하는 경우가 많다. 개념적으로 두 과정 간에는 상세화 수준과 계획기간의 관점에서 차이가 있다. 다음 〈그림 7-2〉에서 생산계획과 주일정계획의 차이를 도시화하였다.

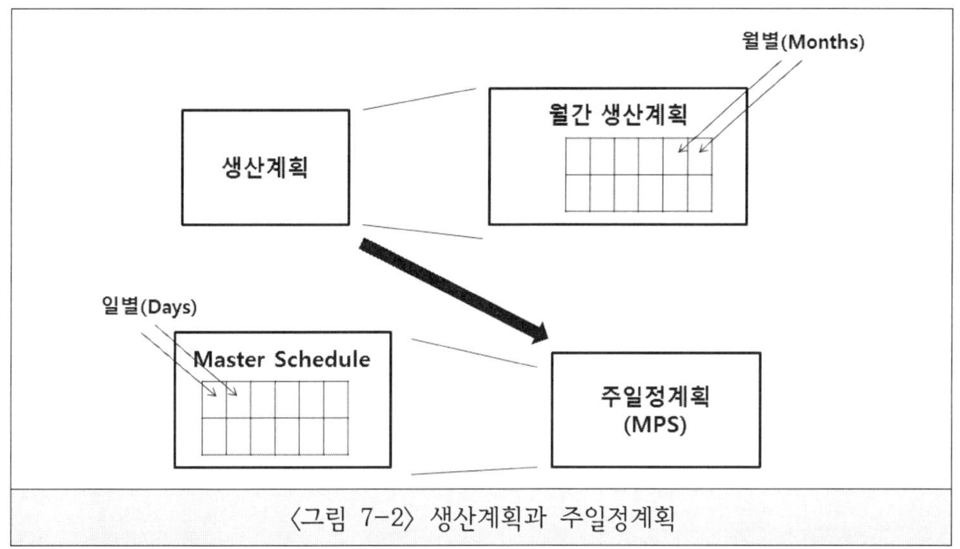

〈그림 7-2〉 생산계획과 주일정계획

생산계획은 일반적으로 6개월에서 1년 이상의 기간을 대상으로 한 무엇을 얼마나 생산하는가를 결정하는 계획이라고 할 수 있다. 이때 계획대상은 주로 원가산정 단위의 제품구분(주로 제품군이 된다) 단위가 되며, 이때의 생산량을 결정하는 것이라고 할 수 있다. 또한 이와 더불어 수행되는 자원계획은 생산을 수행할 때 소요되는 자원(설비, 노동력)을 대상으로 한다. 따라서 이 레벨에서의 생산계획 및 자원계획은 공급망구성에 필요한 요소들과 생산에 필요한 자원을 획득하기 위한 계획을 수립할 수 있는 기간 동안 제공하는 것을 의미한다.

반면, 주일정계획은 단위품목 혹은 재고유지단위(SKU)의 수량과 일자별 생산량으로 표현된다. 주일정계획은 원자재구매 및 자재소요계획[1] 수행의 입력요소로 사용되어, 구체적 생산 활동을 위한 스케줄을 설정하기 위해 이용된다. 이 내용은 이 책의 10장에서 상세히 논의할 것이다.

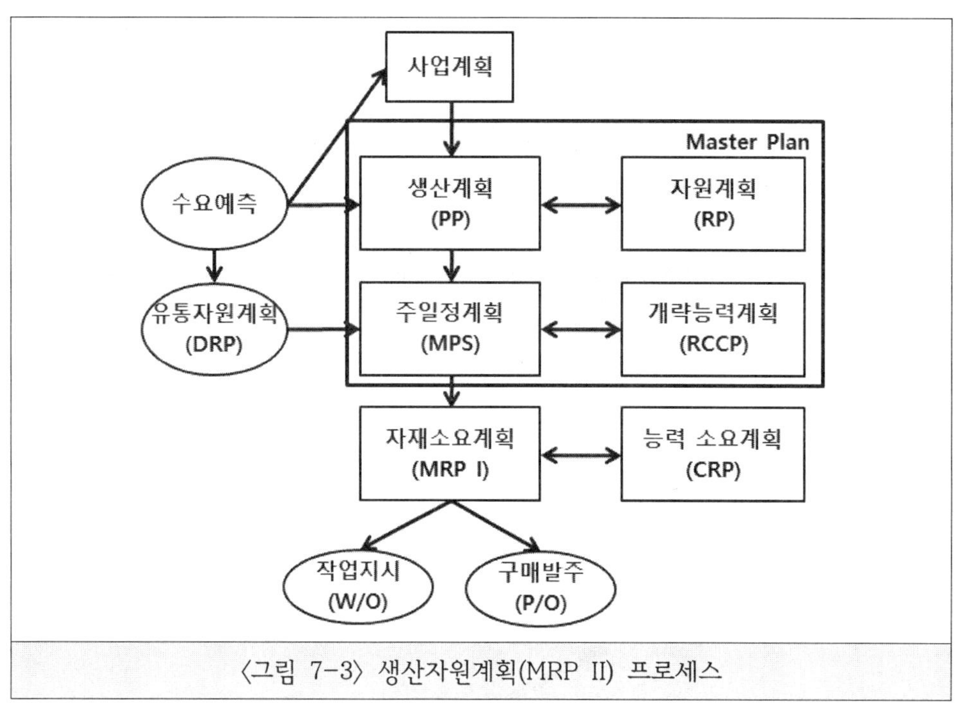

〈그림 7-3〉 생산자원계획(MRP II) 프로세스

생산에 필요한 자원은 이른바 3M으로 구분된다. 여기서 3M이라 함은 노동력으로서의 Man, 설비로서의 Machine과 자재로서의 Material을 의미한다. 생산자원계획(MRP II)은 다음의 〈그림 7-3〉과 같이 사업계획과 수요예측결과를 활용하여 생산에 필요한 자원인 3M을 감안한 자원의 조달 및 활용 전반의 계획을 수립하는 전체 과정을 의미한다. 생산계획 - 주일정계획 - 자재소요계획은 제품생산을 위한 원자재 구매 및 반제품/제품 생산을 대상으로 하는 계획으로, 유일한 제약조건은 자재(Material)가 된다. 이때 구체적으로 구매시점과 생산시행을 계획하는 자재소요계획은 무한능력계획(Infinity Capacity Plan)이라고 하는데, 이는 자재 이외의 모든 자원의 제약이 없음을 가정하기 때문이다. 반면 〈그림 7-3〉의 오른쪽에 위치한 자원계획 - 개략능력계획 - 능력소요계획은 좌측의 계획을 진행하는데 필요한 나머지 자원(노동력, 설비)의 가용성을 확인하는 계획이라고

1) 자재소요계획(MRP: Material Requirement Plan)은 MRP I 혹은 mrp로 표현되는데, 생산의 3M(Man, Machine, Material) 중 Material 관점의 수급계획을 수립한다. 한편 이와 비교되는 개념으로 Man이나 Machine의 Capacity 확인까지 포함되는 개념인 생산자원계획(Manufacturing Resource Plan)은 MRP II로 표현된다.

할 수 있다. 생산자원계획은 이러한 체계로 3M을 모두 고려하게 된다. Master Plan은 MRP II의 상위에 위치한 생산계획-자원계획과 주일정계획-개략능력계획의 두 레벨을 의미한다.

7.2 생산계획의 수립(Production Planning)

가. 생산계획(PP: Production Plan)

생산계획수립의 결과물인 생산계획(PP)은 기업의 사업계획과 연계되어야만 한다. 앞에서 언급한 바와 같이 여기에서의 계획은 단위 제품이나 SKU 단위가 아니라 제품군(Product Group, Product Family)이나 생산라인 단위로 수행된다. 여기서 제품군이라 함은 제품본연의 특성이나 이를 생산 할 때 필요한 장비의 특성에 따라 구분되며, 회계적으로는 원가산정의 단위가 된다. 만약 서로 다른 생산라인에서 서로 다른 유형의 생산을 실행한다고 할 때, 생산계획은 반드시 양쪽 모두를 고려하여 수립되어야 한다. 일반적으로 생산계획의 결과는 제품군 전체를 아우를 수 있는 총괄 단위(Aggregated Units)로 표기되어야 할 것이다. 음료산업의 경우를 예로 들자면, 월간 생산량을 포장단위(유리병, 1.5리터 PET병 등)로 표기하기는 매우 어렵다. 따라서 '콜라 몇 톤' 등의 총괄단위로 표기하는 것이 적절하다. 따라서 생산계획의 생산량은 주로 톤(Tons) 등의 중량단위, 배럴(Barrels)이나 리터(Liter) 등의 부피단위, 야드(Yard) 혹은 미터(Meter) 등의 길이 단위를 주로 사용하게 된다. 경우에 따라 이러한 중량/부피/길이 등의 단위 외에 전체를 아우를 수 있는 면적 등의 별도의 유닛(Units)이나 생산표준시간(Standard hours of production) 등이 사용되기도 한다. 또한 생산계획은 생산량 정보 이외에도 고객 서비스수준 목표, 생산율, 노동력 규모나 외주계획 등의 정보도 포함한다.

한편 생산계획은 재무계획수립(Financial Planning)의 한 부분으로써, 중요한 입력요소이기도 하며 재무계획이 제약조건으로 작용하기도 한다. 앞서 생산계획이 3M을 대상으로 함을 설명한 바 있는데, 조금 더 나가보면 기업의 성장이나 다변화에 필요한 자본자원(Capital Resource)과 밀접한 관계가 있음을 알 수 있다. 다시 말해 생산계획 수립 담당자가 재무계획 수립자와 협업함으로써, 연속보충(CR: Continuous Replenishment)을 위한 물류체계를 적용하거나 자원소요량의 일시적 최대 요구 수준을 줄이기 위해 일반적으로 고려되는 여러 대안들(예를 들어 사급이나 외주, 근무조의 추가 편성 등) 중에서 보다 적합한 안을 선정할 수 있다.

생산계획의 특징

- 대체로 12개월 정도의 계획 구간
- 제품군 (Product Group or Product Families) 단위
- 톤, 표준시간, 생산 단위의 계획
- 재무적, 용량제약의 고려
- 월단위의 계획 단위(Planning Bucket)

나. 생산관리 수립 전략

(1) 생산관리 전략의 종류

생산계획을 수립하는 데는 기본적으로 다음과 같은 3가지의 전략이 있다. 각 전략들이 재고 구축과 생산 효율, 필요 설비 및 필요 노동력의 측면에서 어떻게 서로 다른지 살펴보자.

① 평준화 전략(Level strategy)

평준화 전략은 일정 기간의 평균 수요량에 맞춘 생산량을 꾸준히 유지하는 것이다. 다음의 〈그림 7-4〉와 같이 평준화 전략은 일정한 생산량을 유지함으로써, 수요가 증가되기 이전에 충분한 재고를 비축하고 성수기에 비축된 재고를 통해 증가한 수요를 대응하는 전략이다. 자원 이용(인력과 설비)은 안정적이며 셋업 비용은 상대적으로 낮으나, 평균 재고비용은 다음에 언급하는 추격 전략에 비해 높다. 그러나 노동자의 숙련도가 중요하거나 신규 채용이 어려운 등의 노동 탄력성이 낮은 기업의 경우는 평준화 전략이 최적의 대안이 될 수 있다.

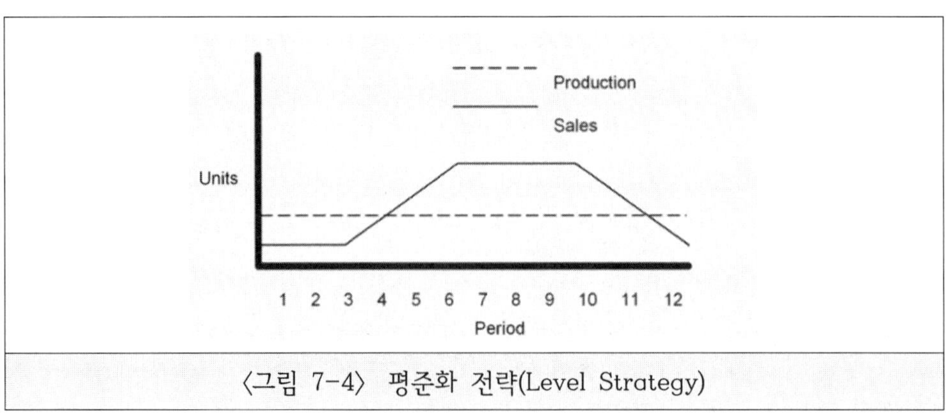

〈그림 7-4〉 평준화 전략(Level Strategy)

② 추격 전략(Chase strategy)

추격 전략은 생산량을 수요에 따라 달리하는 전략으로, 다음의 〈그림 7-5〉와 같이 나타낼 수 있다. 이 전략은 수요매칭 전략이라고도 불리는데, 이 전략의 최대 장점은 잔여 재고가 발생하지 않아 재고 비용의 최소화를 기할 수 있다는 것이다. 반면 이 전략을 유지하기 위해서는 성수기에는 생산 인력 및 설비를 늘리고, 비수기에는 줄이는 등의 복잡한 자원 관리가 필요하다. 이 경우 설비 활용률은 레벨 전략에 비해 낮지만, JIT(Just-in-Time)와 같은 최근의 공격적 제조 개념을 통해 많은 종류의 문제들이 해결되고 있다.

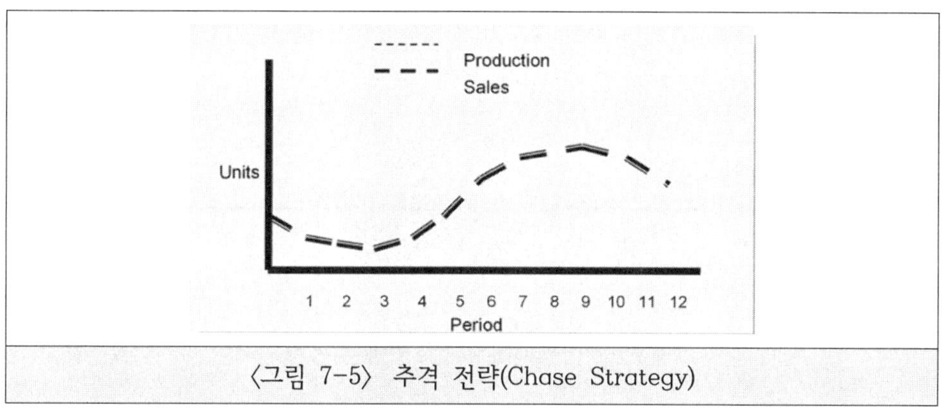

〈그림 7-5〉 추격 전략(Chase Strategy)

③ 하이브리드 전략(Hybrid strategy)

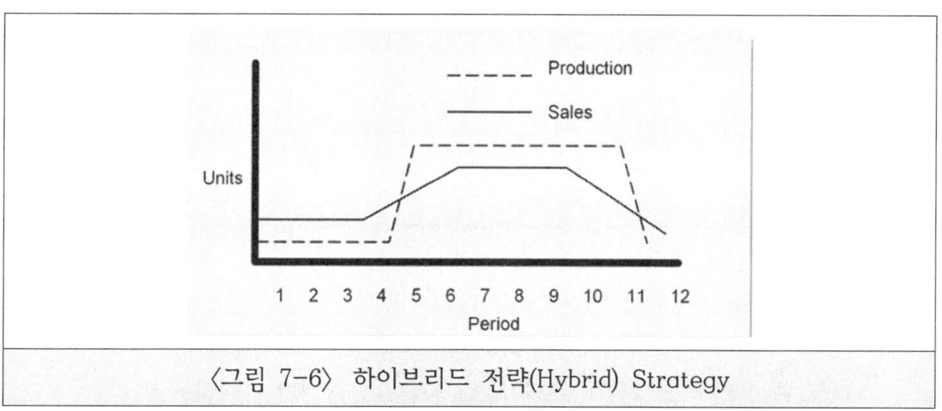

〈그림 7-6〉 하이브리드 전략(Hybrid) Strategy

위의 〈그림 7-6〉에서 보듯이 하이브리드 전략은 평준화 전략과 추격 전략을 혼합한 방식이다. 이 전략은 평준화 전략으로 인해 발생하는 재고량을 감소시켜주며, 추격전략에서 발생하는 설비가용성이나 생산성 문제를 해결하기 위해 사용된다. 그러나 여전히 비수기와 성수기의 수요변동에 따른 생산자원 조절과 관련된 문제점을 가지고 있으며 설비 가동율이나 생산성이 최대가 되지 못한다는 한계를 지니고 있다.

(2) 생산계획 예제

생산계획 수립을 수립하기 위하여 자전거를 생산하는 경우를 가정해 보자. 실제 자전거 생산은 더욱 복잡하겠지만, 다음의 〈표 7-1〉은 여행용 자전거 제품군의 생산라인을 단순화하여 생산계획의 간단한 예를 제시한 것이다. 이 회사에서 생산하는 여행용자전거는 동일한 생산능력이 필요한 세 종류의 제품(Tour 150, Tour 100, Tour 50)을 포함한 제품군이다. 〈표 7-1〉에서 예로 제시한 생산계획은 주 5일 280단위를 꾸준히 생산하는 레벨 전략을 사용하고 있다. 따라서 성수기(10월부터 12월)를 대비하기 위해 10월 이전에 대규모 생산이 이루어짐을 알 수 있다.

▌표 7-1▌ 생산계획의 예시

	3분기	10월 (5주)	11월 (3.6주)	12월 (3.6주)	4분기	
유통 수요	2,700	1,100	1,100	1,750	3,950	SKU 150
기말 재고	600	900	808	66	66	SKU 100
생산 수량	3,350	1,400	1,008	1,008	3,416	SKU 50

적용제품군: 여행용 자전거

7.3 자원계획의 수립(Resource Planning)

자원계획(Resource Plan)의 수립은 Master Plan 수립의 생산계획 레벨에서 기업의 생산능력을 확인하는 역할을 수행한다. 자원계획은 “우리는 생산계획의 수행에 필요한

충분한 인력과 자본을 보유하고 있는가?"라는 질문에 대응하는 과정이라고 생각할 수 있다. 이 단계에서는 능력(Capacity)이나 자원(Resource) 계획수립을 통하여, 생산 계획을 진행에 필요한 제약조건이 반드시 확인, 규명 되어야 한다.

다음의 〈표 7-2〉는 단순화한 자원명세서(BOD: Bill of Resource)를 보여주고 있는데, 필요한 주요자원의 소요량을 보여주고 있다. 여기서 요구된 자원의 소요량 정보를 보유하고 있는 주요 자원과 능력과 비교하여 수립된 생산계획의 수용 가능여부를 결정할 수 있다. 이렇게 내린 결정에 따라 생산계획을 수정하거나 필요한 자원의 보완 방안을 모색하게 된다.

▮표 7-2▮ 자원계획의 예시

제품군	단위당 주요자원 소요량	
	Steel(tons)	Labor(standard hours)
X	0.00027	1.09
Y	0.00032	0.80
Z	0.00048	0.69

자원명세서(Bill of Resources)

7.4 주일정계획 수립(Master Production Scheduling)

가. 주일정계획(MPS: Master Production Schedule)

(1) 주일정계획의 개요

주일정계획 수립(Master Production Scheduling)은 Master Plan 수립 과정에서 생산계획 수립(Production Planning)의 하위 레벨 프로세스이다. 앞에서 언급한 바와 같이 생산계획은 대체로 1년 정도를 계획구간으로 하며, 항공기나 조선 등과 같이 생산 리드타임이 매우 긴 경우 등에서는 3년 이상의 기간을 대상으로 하는 경우도 있다. 반면 MPS는 대체로 6개월에서 1년 정도의 기간을 대상으로 수립되는 것이 일반적인데, 해당 기간의 계획량이 얼마나 확정적인가에 따라 계획구간을 Frozen 구간, Slushy 구간 및 Liquid 구간[2]으로 나누기도 한다.

생산계획과 비교할 때, 주일정계획은 최종제품(End Item)이나 SKU단위의 일정을 보다 구체적인 계획시간단위(Time Bucket)로 정의하게 된다[3]. MPS는 고객 주문처리 과정에서 납기확약(ATP)[4]이나 납기가능(CTP)[5] 등의 과정에 입력요소로 사용되어, 완제품 고객배송을 확인해주게 된다. 개략능력계획(RCCP)과 결합되어 사용될 경우 주일정계획은 사업계획 상의 목표를 충족시킬 수 있는지를 확인할 수 있다. 주일정계획의 결과에 따라 사업계획이나 상위 단계인 생산계획(Production Plan)의 수정이나, 자원 활용 계획의 수정 및 보완을 결정하게 된다.

주일정계획의 특징

- 주간단위의 계획시간단위
- 독립수요(완제품 혹은 SKU) 단위의 생산 계획
- 수요와 능력(Capacity)의 개략적 매치
- 주문 확약(Order Promising)의 기초

(2) 주일정계획에서의 계획구간과 시간장벽

APICS에서는 계획구간(Planning Horizon)을 “주일정계획을 미래로 확장하는 시간의 양[6]”으로 정의하고 있다. 계획구간의 크기는 기업의 상황에 따라 유동적으로 활용되는데, 두 가지 내용이 감안된다. 먼저 누적 리드타임(Cumulative Lead Time)이 감안되어야 한다. 로트크기에 따라 가공시간이 달라지기 때문에, 하위수준 품목의 로트크기를 결정하고 이를 완제품으로 가공하는데 필요한 모든 시간이 감안되어야 한다. 또한 핵심 워크센터나 주요 공급업체의 생산능력전환시간(Capacity Change Time) 또한 감안되어야 한다.

주일정계획은 누적 리드타임과 생산능력전환시간을 고려하여, 몇 개의 계획구간을 설

2) 해당 기간 동안의 계획이 얼마나 유동적인지를 얘기할 때, 보통 물질의 고체-슬러시-액체 상태에 비유한다. 계획이 변경되기 가장 어려운 구간을 고체에 비교하여 얼어있다(Frozen)고 표현하고, 임의로 바뀔 수 있는 구간을 액체상태(Liquid)라고하며 그 중간의 상태를 슬러시 상태(Slushy)로 표현한다.

3) 계획시간단위(Planning Time Bucket): 생산계획이 주로 월간 수량으로 취합되는데 반해, 주일정계획은 대체로 주간단위의 수량이 취합된다.

4) ATP(Available to Promise, 납기확약) 고객이 주문할 때 요청하는 납품일자에 배송이 가능한지를 사내 자원(완제품 제고, 원자재 재고, MPS 등)을 감안하여 확인해 주는 것을 말한다.

5) CTP(Capable to Promise, 납기가능) ATP와 유사하지만 ATP가 고객의 배송 요청일에 맞출 수 있는 지에 대한 회신을 할 때, 사내 자원만을 감안하는 것과는 달리 구매 발주 후 도착 예정일자, 공급자 상황 등과 같은 외부 자원을 감안하여 확인해 주는 것을 말한다.

6) The amount of time the master schedule extends into the future

정하여 운영하게 된다. 계획구간은 생산수량의 변경 가능성에 따라 고체(Frozen), 슬러시(Slushy) 및 액체(Liquid) 구간으로 구분된다. Frozen 구간에서의 계획 변경은 원칙적으로 불가능하게 설정하고, Slushy 구간의 경우에는 제한된 경우에 허용하며, Liquid 구간은 자유롭게 변경을 허용하는 방식으로 운영된다. 이에 따라 작업지시도 그 상태를 구분해서 운영하는 경우가 많다. 확정오더(Firm Order)는 가장 확실한 상태로 실제 현장에 배포되어 생산준비 및 작업이 진행되도록 현장까지 준비한다. 확정계획오더(Firm Planned Order)는 확정오더가 되기 전의 상태로, 특별한 사유가 없으면 확정오더로 전환된다. 확정계획오더가 배포되면 필요한 자재나 자원 준비 상태를 확인하고, 자재부족이 예상되면 신속히 구매발주를 진행하는 등 생산 작업의 진행이 정상적으로 가능할 것인지를 확인한다. 계획오더(Planned Order)는 주로 참조용으로 많이 사용되는데, 계획오더가 확정계획오더가 되는 경우를 대비하여 자재 준비나 외주 등의 대응이 가능한지를 확인하는 단계라고 할 수 있다.

다음의 〈그림 7-7〉은 주일정계획의 계획구간에 따라 유연성이 어떻게 변화하는지를 설명하는 것이다.

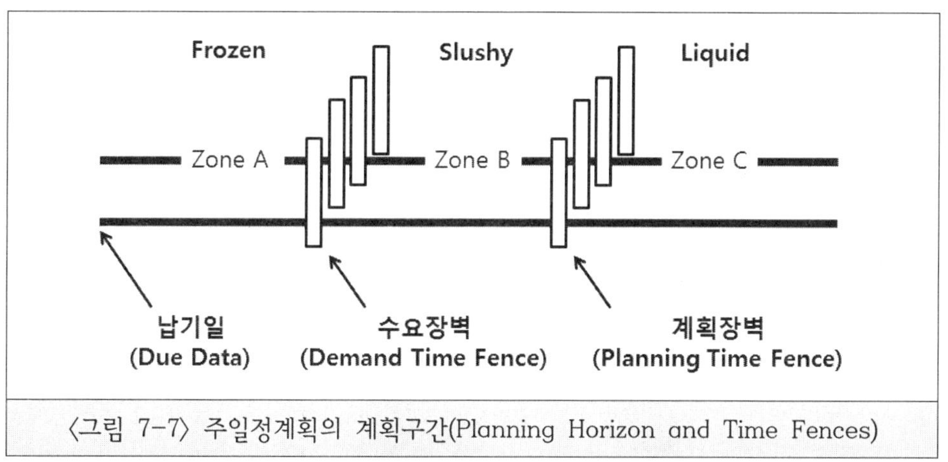

〈그림 7-7〉 주일정계획의 계획구간(Planning Horizon and Time Fences)

① Zone A: 실제주문(Actual Order) 중심의 수요

이 구간의 생산일정은 고객의 실제주문(Actual Order)에 대응하기 위한 것으로 확정오더(Firm Order) 형태로 계획이 확정되고, 생산현장에 배포된다. 고객의 실제 주문이라 하면, 고객과의 협의에 의하여 주문을 확정한 것을 의미한다. 따라서 이 구간에서의 생산일정 변경은 긴급한 상황에서만 허용되어야 하며, 이 구간 내의 생산일정 변경은 예외적으로만 허용되며 Master Scheduler보다 높은 권한을 가진 경우에만 허용된다. 실제 현장에서 안정된 계획 속에 생산이 원활히 진행되기 위해서는, 생산계획과 관련된 전

부서에서 동의한 명확한 긴급 상황이 규정되어 있어야 한다. 긴급 상황이 쉽게 인정되면, 자칫 모든 주문이 긴급 주문이 되어 Frozen 구간 설정의 의미가 없어질 수도 있다.

② Zone B: 실제주문과 예측주문(Actual orders and forecast orders)

수요장벽(Demand Time Fence) 밖의 구간으로, 이 구간의 작업일정은 고객의 확정주문, 예상주문과 수요예측 정보를 감안하여 수립된다. 이 구간의 생산일정은 정해진 규칙에 따라 Master Scheduler가 임의로 변경할 수 있으며, 생산일정의 변경은 부품 계획이나 능력계획, 생산 수행과 관련된 제비용의 변화를 초래하게 된다. 이 구간의 생산일정 구성의 우선순위는 고객의 확정주문, 예상주문, 수요예측에 따른 소요량 생산의 순서로 구성된다. 생산현장에서는 확정계획오더(Firm Planned Order)의 형태로 관리되는 것이 일반적이다.

③ Zone C: 예측주문(Forecast Orders) 중심의 수요

계획장벽(Planning Time Fence) 밖의 구간으로, 이 구간에서의 계획은 대개 수요예측 정보를 기반으로 수립된다. 일반적으로 수요예측은 고객의 책임이 전혀 없으므로, 계획 또한 쉽게 변경될 수 있다. 이 구간에서의 계획변경의 영향은 상대적으로 미비하다. 따라서 이 구간의 생산일정 변경은 아주 쉽게 허용하는 것이 일반적이며, 생산을 위한 작업지시서의 경우도 계획오더(Planned Order)의 형태로 관리한다.

나. 주일정계획 수립

(1) 주일정계획의 주요 입력요소

앞의 〈그림 7-3〉의 생산자원계획 수립 프로세스에서 언급한 바와 같이 주일정계획(MPS)은 Master Plan 수립의 하위레벨로써 생산계획(PP)과 유통자원계획(DRP)의 결과를 취합하여 생산의 대응 방향을 구체화하는 과정으로 이해할 수 있다. 다음의 〈그림 7-8〉은 주일정계획을 중심으로 수립 프로세스를 상세히 나타낸 것이다. 주일정계획 수립을 위해 유통자원계획(DRP)의 결과와 생산계획(PP) 수립 결과를 활용한다는 것은 〈그림 7-3〉에서 확인한 바와 같다. 더불어 생산의 순소요량 확인을 위해 재고관리 정보와 납기확약(ATP) 등을 위해 생산정보가 입력요소로 활용된다. 입력요소들의 내용을 보다 자세히 살펴보자.

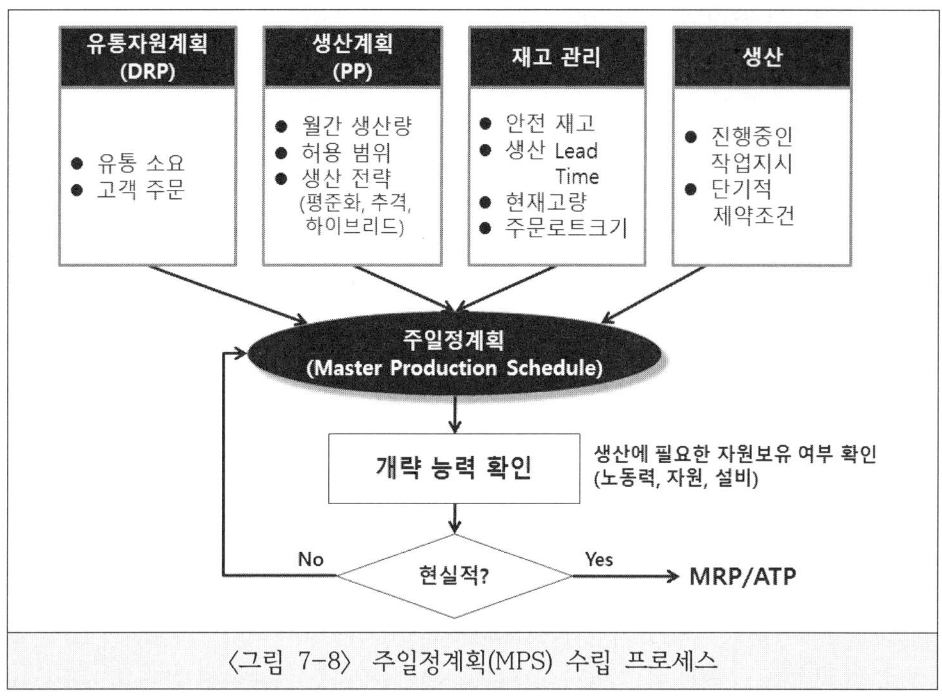

〈그림 7-8〉 주일정계획(MPS) 수립 프로세스

① 유통자원계획(DRP)

고객의 수요는 공급망에서 다양한 상태로 존재하는데, 확실성의 관점에서 수요예측, 예상주문이나 확정주문 등으로 분류한다. 유통자원계획은 소매상이나 대리점의 주문을 DC와 RDC로 취합하면서, 유통망 전반에서 필요한 순수요[7]를 산출하게 된다. 주일정계획의 수립에서 유통자원계획은 고객수요를 접수하는 가장 중요한 정보가 된다.

② 생산계획(PP)

생산계획 수립과정에서 평준화(Level)전략, 추격(Chase)전략 및 하이브리드(Hybrid) 전략 등의 생산전략과 자원계획(RP)을 통한 가용성 등이 고려되어 월간단위의 생산량이 결정된다. 주일정계획에서는 생산계획의 월간생산량과 유통자원계획에서 산출된 유통수요량을 감안한 주간단위의 생산계획을 수립한다. 더불어 주간단위의 계획량이 생산계획의 월간계획량에서 고려한 자원이 수용할 수 있는 허용범위 내에 있는지 또한 확인하게 된다.

---

7) 순수요(Net Demand)는 필요한 모든 수요(총수요: Gross Demand)에 보유하고 있는 재고를 차감하고 난 이후의 수요로, 외부에서 공급되거나 추가로 생산하지 않으면 대응할 수 없는 수요를 의미한다.

③ 재고관리(Inventory Control) 정보

주일정계획 수립은 공급망의 유통수요 대응을 위해 가용한 현재보유 재고(On-hand Inventory)와 생산 혹은 주문에 필요한 재고정책(안전재고, 최소주문량, 조달/생산 리드타임 등) 등을 참조한다.

④ 생산(Production) 정보

생산 진행 중인 오더(Open Manufacturing Order)와 이에 따른 예상 생산입고(Scheduled Receipt) 수량, 현장에서 발생되는 설비이상, 작업자의 파업/휴가 등의 단기간 제약 사항들(Short-term Constraints)이 고려되어야 한다.

⑤ 개략능력계획(RCCP)

이러한 입력요소들을 반영하여 프로세스를 수립하면 순생산요구량(Net Production Requirements)을 반영된 초기 주일정계획을 얻게 된다. 초기 단계의 주일정계획의 가능여부를 확인하기 위하여, 개략능력계획(RCCP)을 통해 개략능력 확인(Rough-cut Capacity Check) 단계를 거치게 된다. 개략능력 확인단계에서는 기업 내부 혹은 주요 공급업체의 생산능력을 개략적으로 확인하게 되는데, 생산설비나 노동 가용성, 예상 비가동시간(Scheduled Down Time) 등이 주요 확인대상이 된다. 개략능력 확인 결과 문제가 발생하면, 다음과 같은 대안들 중 가능한 방법을 찾아 주일정계획을 수정하고 문제가 없을 때까지 주일정계획 프로세스를 다시 수행한다.

- 생산능력의 추가(시간외 근무, 특별근무 등)
- 안전재고의 활용
- 생산수량의 감소

(2) 주일정계획 수립 예제

주일정계획 수립을 알아보기 위해, 앞에서 생산계획을 설명하면서 사용했던 여행용자전거의 사례를 조금 확장해 보자. 앞서 언급한 바와 같이 여행용자전거는 Tour 150, Tour 100, Tour 50의 세 가지 제품(SKU)으로 나뉜다. 생산계획에서는 여행용자전거라는 제품군(Product Family)을 대상으로 월간수요를 결정했다. 주일정계획은 개별제품(SKU)을 대상으로 보다 상세한 주간단위의 생산일정을 제시하게 된다. 다음의 〈그림 7-9〉는 여행용자전거의 주일정계획 수립을 예시한 것이다. 그림에서 주일정계획 맨 윗줄은 유통수요(Distribution Demand)가 표시되어 있는데 반해, APICS에서는 이를 수

요예측(Forecast)으로 표기한다. 이 사례에서는 유통자원계획을 통해 수요예측정보와 계획주문, 확정주문이 취합되었다는 의미에서 이를 유통수요로 표기하였으나, 이는 APICS의 수요예측과 동일한 의미로 사용된다. 실제로 공급망계획 솔루션에 따라 수요예측이라는 용어와 유통수요라는 용어가 혼용되어 사용된다.

① 전제조건

- **현재고**: 240 단위
- **안전재고**: 0 단위(관리하지 않음)
- **생산 리드타임**: 2주
- **1회 발주량**: 200 단위
- **생산정보**: 공정에 200 단위 생산 진행 중

② 주일정계획(MPS)

- **유통수요(Distribution Demand)**: 유통자원계획을 통해 취합된 예측주문, 계획주문, 확정주문의 합의 주간단위 취합
- **입고예정(Scheduled Receipts)**: 2주차에 현재 생산 중인 200 단위의 생산입고 예정
- **예상재고(Projected On-hand)**: 입고예정량과 주일정계획량(Master Schedule Receipts)의 합에서 유통수요를 차감한 양
- **주일정계획량(Master Schedule Receipts)**: 예상재고의 부족을 막기 위해 생산이 완료되어야 하는 수량

이와 같이 개별제품 단위로 수립된 MPS를 모두 취합하면, 〈그림 7-9〉의 Summary와 같다. 앞서 살펴본 생산계획(PP)은 주5일 280단위 생산을 가정하고 수립되었으며, 세 가지 제품의 자원소요는 동일하다고 가정하였다. 모든 제품이 취합된 주일정계획에 따르면 5주로 구성된 10월의 경우는 1,250단위가 계획되었고, 4주로 구성된 11월의 경우는 1,650단위가 계획되어 전체 2,900단위의 생산이 계획되어 있음을 확인할 수 있다. 생산계획 수립의 대전제로 사용되었던 주당 280단위를 감안해 보면, 10월은 1,400단위 11월은 1,120단위의 생산이 가능하여 전체 2,250단위의 생산이 가능하여 650 단위의 초과생산이 필요하게 된다. 이러한 문제를 보다 상세히 확인하기 위해서는 개략능력계획(RCCP)의 수행을 통해 개략능력의 확인 및 조치가 필요하다.

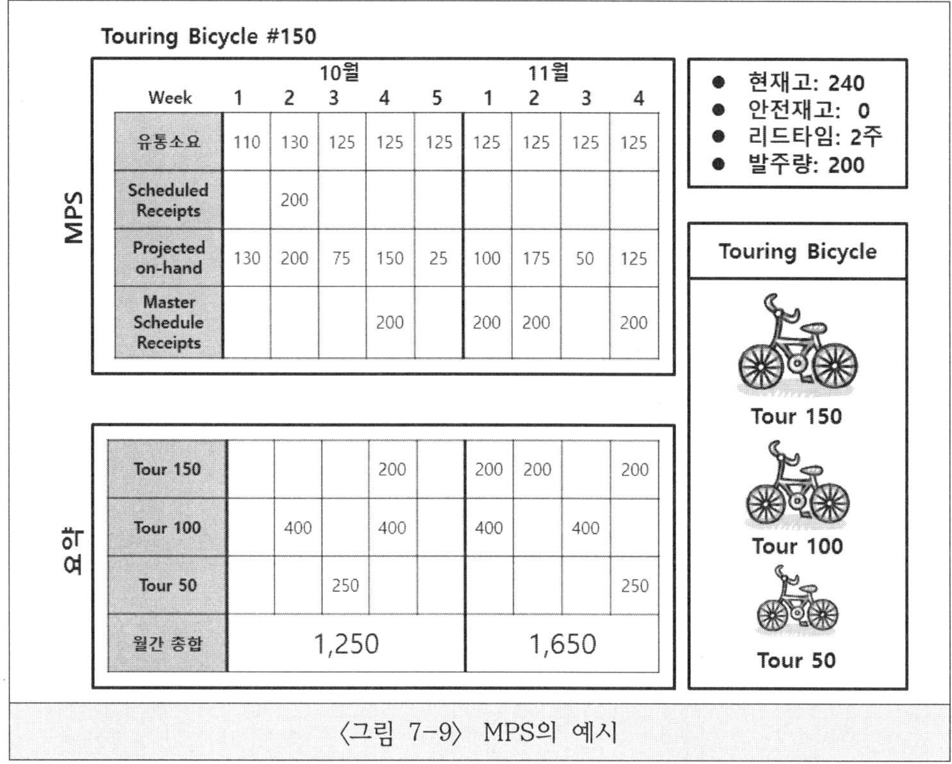

Touring Bicycle #150

MPS

Week	10월 1	10월 2	10월 3	10월 4	10월 5	11월 1	11월 2	11월 3	11월 4
유통소요	110	130	125	125	125	125	125	125	125
Scheduled Receipts		200							
Projected on-hand	130	200	75	150	25	100	175	50	125
Master Schedule Receipts				200		200	200		200

요약

	10월 1	10월 2	10월 3	10월 4	10월 5	11월 1	11월 2	11월 3	11월 4
Tour 150				200		200	200		200
Tour 100		400		400		400		400	
Tour 50			250						250
월간 총합	1,250					1,650			

〈그림 7-9〉 MPS의 예시

다. 납기확약(ATP)

주일정계획을 설명하면서 고객주문처리 과정에서 고객에 대한 납품가능여부 확인(Order Promising)이 중요한 요수 중의 하나임을 설명한 바 있다. 납품가능여부 확인의 방법으로 납기확약(ATP)와 납기가능(CTP)이 있음은 앞에서 언급한 바 있다. 납기확약이나 납기가능의 개념은 모두 납품가능여부 확인을 위한 개념으로, 사내의 자원만을 감안하는가 혹은 공급사의 자원이나 능력을 모두 감안하는가의 차이가 있다고 기술한 바 있다. 여기에서는 비교적 현장에서 적용 가능성이 높은 납기확약(ATP)에 대해서만 알아보도록 한다. 납기확약 수량은 주일정계획의 계획구간의 첫 번째 구간인 Frozen 구간을 중심으로 계획구간의 각 구간에서의 생산입고, 생산완료, 생산예정 수량을 활용하여 계산하게 된다.

개별제품(SKU) 단위의 납기확약이라 함은 해당 시점에서의 완제품 예상재고량을 의미한다고 할 수 있으므로, 완제품 재고와 주일정계획량이 주된 고려 사항이 된다. 납기확약을 제공하기 위해서는 고객 주문에 생산량 혹은 생산예정량을 배정하는 과정을 거쳐야하기 때문에, 납기확약 과정은 고객주문관리(Customer Order Management)의 중요

한 입력요소가 된다. 또한 납기확약과정은 시간별로 판매와 생산 간의 불일치에 대한 신호를 생성하여 마케팅이나 판매 부문에 잉여 제품 판매에 대한 수요를 자극하도록 유도할 수 있게 된다는 점에서도 고객주문관리의 중요한 입력요소가 된다.

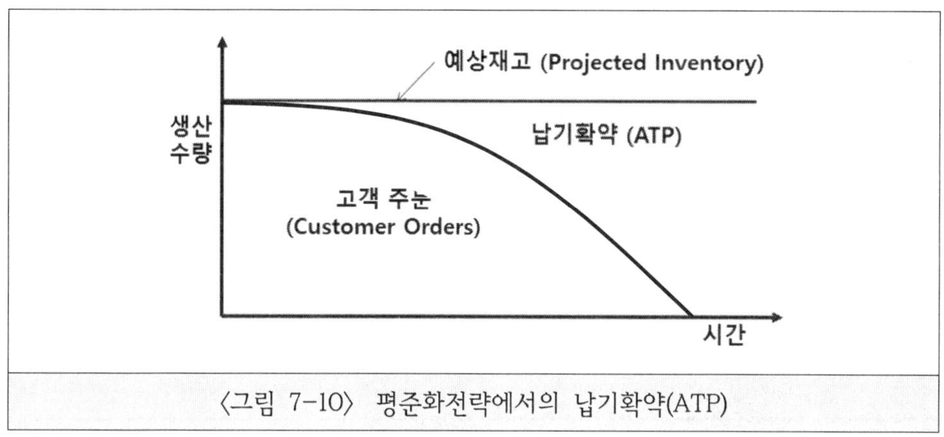

〈그림 7-10〉 평준화전략에서의 납기확약(ATP)

위의 〈그림 7-10〉은 평준화전략이 적용된 상태에서 시간이 지나면서, 납기확약 가능량이 증가됨을 간단히 도시화한 것이다. 평준화전략의 효과로 고객에 판매 가능한 예상재고(Projected Inventory)가 전기간 동안 일정하게 유지된다. 비교적 가까운 미래는 고객의 확정주문이 전체 유통수요에서 차지하는 비중이 크게 되므로, 생산된 재고는 고객주문에 할당되는 비중이 늘어나게 된다. 따라서 납기확약은 비교적 먼 미래 시점의 경우가 자유롭게 된다. 여기서는 이해가 쉽도록 평준화 전략의 경우를 예로 들었지만, 추격전략이나 하이브리드전략의 경우라면 예상 재고는 전략에 따라 움직이게 될 것이다. 주문 접수 프로세스의 동적 특성과 활용할 데이터가 많아 보통 납기확약 프로세스는 자동화되어 활용된다.

7.5 개략능력계획의 수립(Rough-cut Capacity Planning)

개략능력계획(RCCP: Rough-cut Capacity Plan) 수립은 주일정계획의 결과가 주요자원의 가용성 검증을 수행하는 과정이다. 주요자산이라 함은 일반적으로 현금흐름표 작성에 필요한 유동자산 항목들로 노동력, 시설 및 생산설비 능력 등이 포함된다. 앞에서 언급한 바와 같이 개략능력계획을 통해 개략능력 확인결과 문제가 있는 요소들은 다음과 같은 대안들의 적용을 검토하고, 그 결과를 반영하여 주일정계획 수립 프로세스를 다시 실행하게 된다.

- 생산능력의 추가 방안 모색 (시간외 근무, 특별근무 등)
- 안전재고의 활용
- 생산수량의 감소

▮표 7-3▮ 개략능력계획(RCCP)의 예시 – 노동력 소요명세

노동력명세표(Bill of Labor)

자전거	표준시간
Model 500	0.400
Model 510	0.410
Model 560	0.525
Model 600	0.495

예로 위의 〈표 7-3〉에 예시한 노동력명세표(Bill of Labor)의 경우, 제품이나 제품군의 생산에 소요되는 표준시간을 적용하기 위해 사용된다. 제시된 노동력명세표의 품목별 표준시간을 주일정계획의 생산량과 곱하면, 주일정계획을 실행하는데 필요한 개략적 노동력 소요량이 산출된다. 산출된 노동력 소요량은 생산부문[8] 레벨에서 활용할 수 있는 노동력과 비교하여 생산가능 여부를 확인하고, 문제가 있을 경우에는 조치를 취하고 주일정계획 프로세스를 다시 한 번 수행한다. 이러한 내용은 APICS의 생산재고관리 매뉴얼[9]에 보다 상세히 기술되어 있다.

8) 생산부문(Manufacturing Department): 생산 프로세스에서 유사한 업무를 수행하는 하나 이상의 워크센터들

9) Fogarty et al., Production & Inventory Management, 2nd edition, APICS, 1991.

그룹과제

7.1 주일정계획 수립

이번 과제는 Forecast(수요예측), 고객 주문(Customer Order), 생산로트 크기(Lot Size), 현재고(On hand) 및 안전재고(Safety Stock) 등의 정보를 활용하여, PAB[10), 납기확약(ATP) 가능량, 누적 납기확약(Cumulative ATP) 가능량과 주일정계획(MPS)을 계산하는 것이다.

● **주의사항**

PAB와 MPS를 가장 먼저 계산하라. 이 때, ATP는 계획구간의 첫 번째 구간과 주일정계획에 따른 생산입고가 예상된 지점에서만 계산됨을 명심하라. APICS의 가이드에 따라 계획장벽(Planning Time Fence 이후)서는 MPS나 ATP를 계산할 필요가 없다. ATP와 PAB의 계산은 아래 제시한 공식을 사용하면 된다.

또한 수요장벽 이내의 주차(본 사례에서는 1, 2주차)에서 수요는 수요예측 값은 무시하고, 고객주문만을 사용하여 계산한다. 반면 수요장벽 이후의 주차에서는 고객주문이 계속 접수될 가능성이 있으므로, 수요예측과 고객주문 중 큰 값을 사용한다.

● **사전 정보**

수요정보: 수요예측, 고객주문의 형태로 존재
생산로트크기: 200 단위
생산리드타임: 1주
현재 재고: 120 단위
안전재고 수준: 0 단위 (안전재고 운영 않음)
수요장벽: 2주까지
계획장벽: 4주까지

● **납기확약(ATP) 정보의 계산**

- ①에서의 ATP

  ATP = 현재고 + MPS - 다음 MPS 이전까지의 고객주문

10) PAB(Projected Available Balance): 해당 시점에 납기확약이 가능한 예상 재고수량

• ②, ③에서의 ATP
ATP = MPS - 다음 MPS 이전까지의 고객주문

● 납기확약가능 예상 재고(PAB)의 계산

• 수요장벽 이전
PAB = 현재고 + MPS - 고객주문
= 이전 주의 PAB + MPS - 고객주문

• 수요장벽 이후
PAB = 이전 주의 PAB + MPS - 수요예측이나 고객주문 중 큰 값

▮표 7-4▮ 주일정계획 및 납기확약의 계산

생산로트크기: 200 단위
생산리드타임: 1주
현재 재고: 120 단위
안전재고 수준: 0 단위

수요장벽 (Demand Time Fence): 2주차와 3주차 사이
계획장벽 (Planning Time Fence): 4주차와 5주차 사이

확인 항목 \ 주차	1	2	3	4	5	6
수요예측(Forecasts)	100	100	100	100	100	100
고객주문(Customer Order)	90	70	50	110	0	0
PAB(납기확약가능 예상재고)						
ATP(납기확약)	①	②		③	-	-
Cumulative ATP					-	-
MPS(주일정계획)					-	-

Note

수요장벽(Demand Time Fence) 내의 수요예측 값은 보다 확실한 수요인 고객주문으로 대체되는 것이 일반적이다.

반면, 수요장벽 밖의 경우는 조금 다른데, 고객주문 접수가 완전히 완료되지 않았기 때문에 수요예측 값과 고객주문 중 큰 값을 사용한다.

어느 정도의 양을 생산할 것인가는 매우 중요한데, 우리가 예측한 수량과 실제 고객이 주문한 수량과의 차이를 해결하는 방법을 정의한 것을 Consumption Rule이라고 한다.

Consumption Rule에 대해서는 이 책의 12장에서 상세히 다루도록 하겠다.

PART 04
공급망 운영

Chapter 08

재고관리

재고관리는 모든 기업의 주요 관심사 중의 하나이다. 특히 저수익 제품을 위주로하는 기업의 경우에서, 재고관리는 기업의 존망을 결정짓는 중요한 요인이 되기도 한다. 재고관리의 목표는 원가절감을 위하여 재고를 완전히 없애는 것이나 모든 수요에 대응하기 위하여 지나치게 많은 재고를 보유하는 등의 극단적인 방법이 아니다. 재고관리의 목표는 기업의 공급망전략에 따른 경쟁우위요소를 효율적으로 달성할 수 있는 적정 수준의 재고를 보유하고 운영하는 것이다. 다음의 〈그림 9-1〉과 같이 공급망의 전략이 고객수요에 재빠른 대응을 추구하는 대응성 전략을 따르느냐, 공급망 전체의 비용절감이 우선되는 효율성 전략을 따르느냐에 따라 재고운영 방법은 많이 달라질 것이다. 또한 이에 따라 재고정책이나 안전재고 수준, 재고보관위치에 따라 재고관리 방법도 많은 영향을 받게 된다.

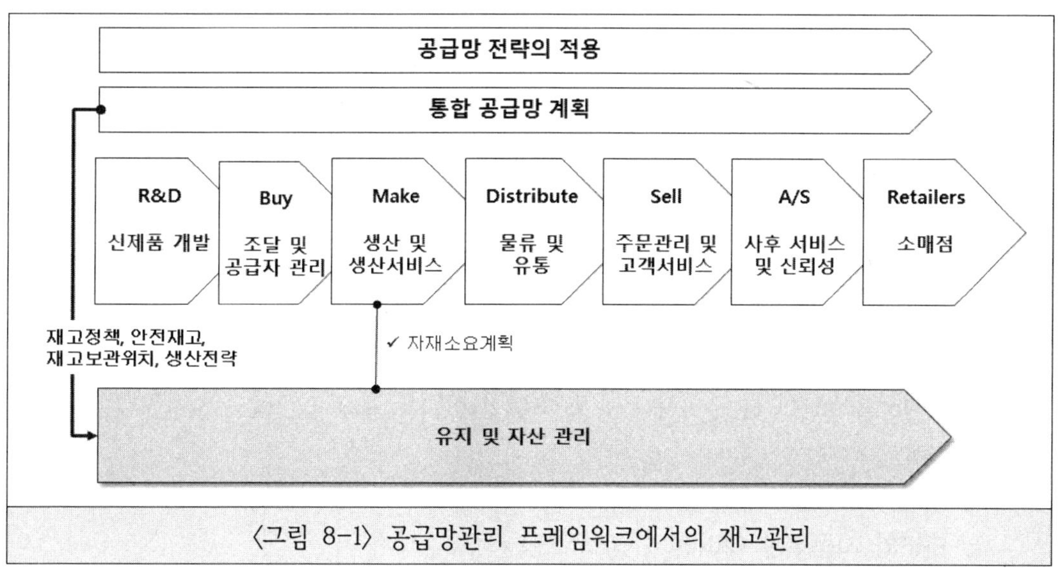

〈그림 8-1〉 공급망관리 프레임워크에서의 재고관리

이 장에서는 다양한 공급망 계획이나 운영전략 상에서 적용할 수 있는 재고절감 전략에 대해서 다음의 내용을 중점적으로 살펴보기로 한다.

- ✔ 재고의 종류 및 특성
- ✔ 재고의 특성에 따른 관리방법
- ✔ 재고관련 비용
- ✔ 최적 발주량 계산

8.1 재고관리의 개요

가. 재고관리의 중요성

(1) 재고관리의 동인

재고관리의 중요성은 지속적으로 강조되어 왔으나, 근래에 들어서는 그 중요성이 더욱 강조되고 있다. 특히 지속적인 경기하락 등과 더불어, 수익성이 떨어지는 상황에서는 재고관리의 중요성이 더욱 강조된다. 재고관리가 특히 강조되고 있는 이유는 다음과 같다.

① 원가절감의 주요 관심 대상

세계적인 불황 속에서 기업들은 기존의 판매 수익률을 그대로 유지하기 위하여 다양한 원가 절감노력에 집중하지 않을 수 없었다. 원가 절감의 노력으로 운전자본이나 감모비용의 절감을 위하여 공급망의 재고수준을 줄이고자 지속적으로 노력해 오고 있다. 게다가 재고수준을 줄이게 되면, 운전자본 요구량이 줄고 자산(공장이나 창고 시설 등) 활용률이 늘어 결과적으로 ROI(Return of Investment)가 크게 증가된다는 것을 깨닫게 되었다. 이에 따라 재고수준 감축은 불황기의 원가절감 노력의 대표적인 수단이 되고 있다.

② 통합된 공급망 & 린 생산 철학의 반영

원가 절감을 위한 노력은 기업의 경쟁우위확보를 위한 계획 및 가치사슬 프로세스 전략의 일환으로, 글로벌 규모로 발전되어 오고 있다.

③ ERP와 자동화된 데이터 수집 시스템

정보기술의 발전은 재고관리 수준 향상에 큰 역할을 하고 있다. ERP나 MES (Manufacturing Execution System), WMS(Warehouse Management System) 등의 시스템을 통한 대량의 데이터 취합은 공급망을 따라 지수적으로 증가하고 있는 재고의 추적 및 기록을 가능하게 하였다.

④ 경쟁 무기로써의 재고

대부분의 기업에서 재고 가용량과 고객 서비스 정책은 매우 중요한 비즈니스 상의 이슈일 것이다. 이상적인 기업에서라면 다양한 고객과 제품군에 대한 고객서비스 목표를 충족하기 위하여, 생산자원과 유통자원이 최적화되어 적정량의 제품을 생산하고 이동시킬 것이다. 이는 재고관리의 문제와 직결된 정책적인 문제인 것이다.

(2) 재고감축 혹은 재고증가의 필요성

입고가 출고를 초과하면 재고가 발생하고, 반대로 출고가 입고를 초과하면 재고는 감소한다. 재고가 증가되면 운영비용 측면에서 부담이 되고, 재고가 감소하면 고객대응에 문제가 발생할 우려가 있다. 즉 재고관리에서 재고를 감축하거나 증가시킬 이유가 상충되고 있기 때문에, 재고관리는 어렵지만 매우 중요한 활동이다. 여기서는 재고감축과 재고증가의 필요성에 대해서 알아보기로 한다.

① 재고감축의 필요성

재고를 감축해야하는 이유 중에서 특히 중요한 것은 재고는 재화에 투자된 자금을 의미하고, 재고유지비용이 발생한다는 것이다. 재고유지비용은 품목을 보유하기 때문에 발생하는 비용으로, 이자, 보관비용, 취급비용, 세금, 보험료, 상품훼손 등의 변동비용을 의미한다[1]. 재고의 규모에 따라 이러한 비용들은 변하게 되며, 이에 따라 재고유지비용 또한 변한다는 것을 의미한다. 일반적으로 재고 한 단위를 1년간 유지하는데 소요되는 재고유지비용은 보통 제품원가의 20% ~ 40%에 이른다. 재고유지비용의 종류에 대해 간략하게 살펴보자.

- **이자비용, 기회비용**: 재고는 자기자본으로 확보한 것이든, 대출 등의 부채로 확보한 것이든 최소한 은행 이자 수준의 비용이 발생하는 것이다. 또한 재고로 묶인 자본은 다른 투자기회의 손실을 의미하기도 한다. 일반적으로 이자비용이나 기회비용은 최소한 15%에 이른다고 알려져 있으며, 재고유지비용 전체에서도 가장 큰 비용의 하나이다.
- **보관비용, 취급비용**: 재고는 어디엔가는 보관되어야 하며, 필요에 따라 입고, 출고 및 재고정확성 확인 등의 행위가 수반된다. 재고보관 위치의 확보에는 비용이 발생하고, 재고를 다루는 행위에도 비용이 발생한다. 재고 보관위치에 사용된 비용을

1) Ritzman, L. P. and Krajewski, L. J., Foundations of Operations Management, Pearson Educations Inc., 2003.

또 다른 생산적 용도로 사용할 수도 있음을 감안하면, 이 또한 재고증가로 발생하는 불필요한 비용이라고 할 수 있다.

- **세금, 보험료, 훼손비용**: 재고는 자산의 일종으로, 재고가 증가하면 세금이 많아진다. 또한 재고가 증가하면 보험가액이 높아져, 보험료도 증가한다. 또한 취급 부주의로 인한 재고훼손이나 단종이나 예기치 못한 수요 하락 등으로 진부화가 발생할 수도 있다. 또한 유통기한이 지난 경우는 도리어 폐기 등에 비용이 발생할 수도 있는데, 이와 같은 재고훼손이나 진부화, 폐기 등의 비용을 훼손비용이라고 한다.

② 재고증가의 필요성

앞에서 언급한 바와 같이 재고는 여러 가지 재고유지비용을 초래하여, 기업의 입장에서는 감축해야 할 대상이다. 그러나 실제 많은 기업현장에서는 과잉증가로 고민하고 있는데, 이는 재고증가가 필요하다는 의미의 반증이기도 하다. 여기서는 재고증가의 필요성을 살펴보도록 하자.

- **고객서비스 증대**: 재고는 고객이 필요한 시점에 필요한 양을 제공하기 위하여 보관하는 것이다. 만약 필요한 재고가 없거나 부족한 경우라면 재고부족(Stock out)이나 미납주문(Back Order)이 발생하게 된다. 재고부족이라 함은 수요가 발생한 순간에 이를 충족시킬 재고가 없는 것을 의미하며, 미납주문은 고객의 주문을 필요한 시점에 대응하지 못하고 뒤늦게 전달하는 것을 의미한다. 재고부족과 미납주문은 고객이 다른 곳으로 거래처를 변경하게 되는 중요한 요인이 된다. 분유의 예를 들어보자. 분유의 경우 신생아 때 먹던 분유회사의 제품을 특별한 이유 없이 다른 회사의 제품으로 변경하는 경우가 드물다. 이런 경우 신생아의 부모가 찾는 분유가 없어 다른 회사의 제품을 사용하기 시작했다면, 그 아이가 분유를 먹는 동안의 모든 수요를 놓쳤다는 것을 의미한다.
- **주문비용**: 주문비용은 재고보충이 필요하여 주문할 때마다 발생하는 비용이다. 대개의 경우 같은 품목에 대한 주문 비용은 주문량에 관계없이 일정하다. 재고보충을 구매를 통해 수행하는 경우라면, 구매담당자의 주문량 결정, 납품업체 선정, 협상조건 결정에 소요되는 시간비용이 대표적인 주문비용이다. 자체 생산을 통해 재고보충을 하는 경우에도 설계서나 생산경로, 작업방법 등을 현장에 전달해야한다.
- **가동준비비용**: 생산품목을 변경할 때 발생하는 비용을 가동준비비용(Setup Cost)이라 한다. 공구교체, 청소, 변환에 필요한 노동시간에 소요되는 비용에 더불어 작업변경 이후 증가하는 불량이나 재작업 등에 소요되는 비용이 가동준비비용에 속한다. 또한 생산품목 변경이 적은 경우 부품재고부족 등으로 인한 생산일정 변경

가능성 또한 줄어들게 된다. 가동준비비용은 1회 생산량에 관계없이 일정하므로, 가급적 많은 양을 생산하고자 의도하고 이는 곧 재고의 증가로 이어진다.

- **노동력과 설비 이용률**: 재고량이 증가되면 노동력의 생산성과 설비 이용률이 증가한다. 수요가 주기적이나 계절적으로 변경되는 경우라면, 수요가 감소할 때 재고를 쌓아두고 수요가 증가할 때 이 재고로 대응할 수 있다. 이러한 경우라면 노동력과 설비 이용률이 높아지는데, 추가 작업교대, 고용, 해고, 초과근무 등에 소요되는 비용이 절감된다.
- **구입비용**: 1회 구매량이 증가하면, 구매비용의 할인이 발생하는 경우가 있다. 또한 구매품목의 가격이 올라갈 것이 예상된다면, 재고가 증가하더라도 가격상승 시점을 연기하는 효과가 있어 오히려 비용이 절감되는 효과가 발생할 수 도 있다. 또한 이러한 경우라면 수량할인의 혜택 또한 함께 볼 수 있다는 장점도 있다.

나. 재고의 분류와 기능

(1) 공급망 흐름에 따른 분류

APICS에서는 다음의 〈그림 8-2〉에서 보는 바와 같이 공급망의 흐름에 따라 발생하는 재고를 다음과 같이 정의하고 있다.

① 원자재(Raw Materials)

원자재는 회사가 제품을 생산하는 데 필요하여 투입하는 모든 물질(부품이나 구성요소 등을 포함)을 말한다. 천연 자원 뿐만 아니라, 다른 회사에서 만들어진 제품도 포함한다. 원자재는 생산형태나 중요도에 따라 용어를 세분화하여 사용하기도 한다. 연속공정인 Process 산업에서는 원재료라는 용어 대신에 원료라는 용어를 사용하기도 하며, 중요도에 따라 원재료, 부재료 혹은 원료, 부원료 등으로 구분하기도 한다. 여기에서는 제품의 생산과 관련되어 투입되는 모든 물질을 원자재라고 정의한 APICS의 정의에 따라 원자재라는 용어로 통칭하도록 하겠다.

② 재공품(Work in process, 在工 - 공정 중 자재)

공정은 원자재를 투입하여 노동력과 장비를 활용하여 완제품으로 변형시키는 생산과정을 말한다. 재공품은 이와 같이 원자재가 완제품으로 변형되는 과정에서의 다양한 상태에 머물러 있는 상태를 일컫는다. 재공품과 다음에 언급되는 반제품은 유사하면서도 많이 다르다. 일단 둘 모두 원자재가 공정 중에 투입되어 완제품이 되기 전의 상태를 표현했다는 것은 같지만, 재고관리 시스템의 관점에서 보면 전자의 경우는 아이템 코드가 부여되지 않으며 후자의 경우에만 부여된다는 것이 다르다. 즉 전자의 경우는 아직 공정에 남아있는 상태이며, 후자의 경우는 재고 상태로 공정에 남아있거나 창고로 회수되어 다음 생산투입을 기다리게 된다. 따라서 전자의 경우는 재고라는 표현을 쓰지 않는다. 국내 기업의 경우 재공재고라는 표현을 쓰기도 하는데, 이런 경우의 재공재고는 반제품을 일컫는 경우가 많다. 이러한 차이는 재고의 보유상태를 나타내는 수불부(受拂簿) 상에서도 나타나는데, 전자의 경우는 해당 품목을 지칭할 코드가 없기 때문에 해당 공정에서 진척률이나 유사척도로 표시되는 경우가 많으며 후자의 경우는 코드가 명확타나는 반제품 수불부를 작성할 수 있다. 또한 재공품의 경우는 수량의 변경이 발생할 때 생산 수율에 반영되지만, 반제품의 경우는 수량의 변경은 재고의 감모로 본다는 차이가 있으며 폐기나 판매 등의 행위가 발생될 수 있다.

③ 반제품(Semifinished Assemblies)

반제품은 원자재를 사용하여 공정이 진행된 후, 향후 생산과정에 다시 사용하기 위하여 재고로 보관되거나 회수된 중간 부품이나 반조립된 상태의 재고를 말한다. 이 상태의 재고는 공급업체로부터 구매한 상태도 아니며 최종 형태를 가진 완제품 상태도 아니므로, 원자재라고도 완제품이라고도 할 수 없다. 보통 반제품은 생산계획이나 진행의 효율을 위하여, 공정이 어느 정도 진행된 후 이를 보관하였다가 한꺼번에 진행하기 위한 목적으로 만들어 지곤 한다.

④ 완제품(Finished Goods)

완제품은 생산이 완료되어 완제품 창고나 고객에게 선적되거나 선적 준비가 되어 있는 상태의 재고로, 기업의 최종 생산 대상 품목이다. 보통 완제품 재고는 FGI(Finished Goods Inventory)라는 약어로 통칭되기도 한다.

⑤ MRO 자재(Maintenance, Repair, and Operating Supplies)

MRO 자재는 회사가 보유하고 있는 유지보수(Maintenance)나 수리(Repair) 혹은 운영 (Operating)에 필요한 품목을 의미한다.

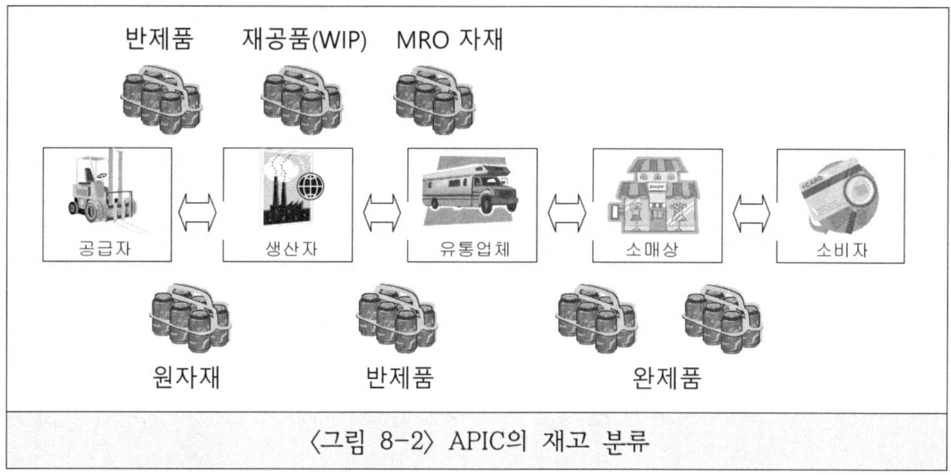

〈그림 8-2〉 APIC의 재고 분류

(2) 재고의 기능에 따른 분류

공급망의 흐름에 따라 재고는 그 형태를 달리하며, 존재하게 된다. 한편 동일한 품목의 재고라도 발생된 원인이나 기능이 다른 경우도 있다. 재고는 어떤 목적과 기능을 수행하고 있을까? 여기에서는 재고가 가지는 기능에 대하여 정리해 보도록 하겠다.

① 안전재고(Safety Stock)

유통이나 완제품의 관점에서 안전재고는 제품에 대한 실제수요가 예측량을 초과하거나 발주 후 제품이 보충되는 시간이 리드타임을 초과하는 등에 대한 불확실성에 대한 완충역할을 수행하게 된다. 생산의 관점에서 안전재고는 보충주기에 대한 불확실성이나 수요에 대한 불확실성 혹은 생산 라인에서 발생될 수 있는 문제에 대한 완충역할을 수행하게 된다. 실제 재고전략을 수립하게 될 경우, 기술한 바와 같이 유통이나 완제품 관점에서의 안전재고와 생산 관점의 안전재고를 구분하여 접근하는 것은 발생 원인과 대처 방법이 상이하므로 매우 중요하다.

안전재고는 불확실성에 기인하여 발생한다. 따라서 안전재고를 줄이기 위해서는 수요, 공급, 보충의 불확실성을 제거하는 것이 매우 중요하다. 이를 위해서는 수요예측의 정확도를 높여야 한다. 수요예측의 정확도를 높이는 궁극적인 방법은 예측생산(MTS) 방식에서 주문생산(MTO) 방식으로 생산방식 자체를 변경하는 방법이 될 것이다. 또한 구매 또는 생산품목의 리드타임을 줄이는 방법 또한 유효하다. 일반적으로 리드타임이 줄어들면, 불확실성의 폭 또한 줄어든다. 생산계획을 공급업체와 공유하여, 공급의 불확실성을 줄이는 것 또한 좋은 방법이다. 생산계획을 공유하면, 공급업체의 수요예측이 정확해지게 되어 공급 신뢰성이 높아진다. 또한 예방보전의 활성화로 설비의 예상치 못한 고장 등을 대비하는 것 또한 고려할만 하다. 노동력과 설비의 여유생산능력을 확보하는 방법도 있다. 다기능공을 확보하여 한 사람이 여러 작업을 수행할 수 있는 방법도 좋은 방법이 되는데, 특히 서비스업의 경우라면 재고를 보유할 수 없기 때문에 유일한 방법이 될 것이다.

② 순환재고(Cycle Stock)

순환재고는 주기재고라고도 하는데, 고객주문을 충족하면서 점차 고갈되는 재고를 말한다. 일반적으로 순환재고의 최대량은 주문간격에 비례하게 된다. 예를 들어 5주마다 재고보충이 이루어진다면, 순환재고의 최대량은 5주 동안의 수요량보다 크게 될 것이다. 또한 불확실성에 대한 완충 역할을 위해 설정된 안전재고에 의해 순환재고는 증가되기도 한다. 이 개념을 가장 쉽게 이해할 수 있는 사례는 모피코트를 생각해 보면 될 것이다. 모피코트는 여름에는 판매량이 거의 없다가, 겨울이 한꺼번에 판매된다. 이러한 경우 여름에는 순환재고의 목적으로 재고를 보유하고 있다가, 겨울에 이를 소비하게 되는데 이러한 사례도 순환재고의 일종이다. 다시 말해 순환재고는 4장에서 언급한 생산전략 중 평준화전략(Level Strategy)과 매우 밀접한 관계를 가진다. 평준화전략은 자원이나 생산능력의 소요량을 가급적 고정하고, 비수기때 성수기의 수요에 대응한다는 개념으로 순환재고가 필연적으로 발생하게 된다.

순환재고를 줄이는 일차적 조치는 주문량의 크기를 작게 하는 것이다. 순환재고를 극적으로 줄이는 JIT(Just In Time) 생산방식의 가장 큰 특징 중 하나는 로트크기를 전통적인 로트크기에 비해 획기적으로 줄인다는 것이다. 주문량을 줄이는 효과적인 방법으로는 발주비용이나 가동준비비용을 줄이는 것이다. 이를 위해서는 같은 작업을 다시 수행하는 정도를 나타내는 반복성을 증가시키는 것이 유효한 방법이 된다. 반복성을 증가시키기 위해서는 수요량 증대, 전문화, 전용라인, 공통부품사용, 유연자동화, 일인 복수기계 작업방식의 채용, 그룹테크놀로지 등이 있다.

③ 로트크기 재고(Lot-size Stock)

로트크기 재고는 경제적 이유나 기타 고려 요인에 의해 당장 필요한 것 이상의 생산을 수행하거나 구매한 결과로 발생되는 재고이다. 로트크기 재고는 주문을 얼마나 자주하고, 한 번에 얼마나 할 것인가에 따라 결정되며, 순환재고에도 직접적인 영향을 미친다. 예를 들어 공급업체의 로트크기 요구사항(공급업체가 제품을 팔레트 단위로 판매한다면, 1박스가 당장 필요해도 팔레트 단위로 구매할 수밖에 없다), 대량주문에 따른 할인(우리가 창고형 할인매장을 자주 찾는 이유는 값이 싸기 때문인데, 창고형 할인 매장의 저렴

한 가격은 대량 판매에 기인한다), 운송비용이나 생산 준비에 소요되는 비용 등이 로크 크기 재고 발생의 중요한 원인이 된다.

④ 운송중재고(Transportation Stock) 혹은 파이프라인 재고(Pipeline Stock)

APICS에서는 운송중재고를 임시 저장소를 통과하는 흐름을 포함한 수송망이나 유통 시스템을 채우는 재고라고 정의하고 있다. 이를 쉽게 설명하면, 재고 공급처에서 출발하였으나 도착지에는 아직 도착하지 않는 재고의 합이라고 할 수 있다. 일반적으로는 완제품의 운송중재고는 유통망 재고를 지칭하는 경우가 많다. 반면 원자재의 운송중재고는 파이프라인 재고를 의미하는 경우가 많은데, 원유 등의 운송에 파이프라인이 적용되는 사례를 참고하면 될 것이다. 파이프라인 재고는 실제 원유 수송과 같이 파이프라인을 통해서 운송되는 재고를 포함하여, 유통망 상에 운송 중인 재고를 통칭하는 표현으로도 사용된다.

운송중재고를 줄이는 거의 유일한 방법은 조달 리드타임을 단축하는 것이다. 이를 위해서는 납기가 짧은 공급업체를 발굴(Sourcing)하고, 운송수단을 변경하거나 공장 내의 자재 취급을 효율적으로 개선하는 방법 등을 모색할 수 있다.

⑤ 예상재고(Anticipation Stock)

예상재고는 불규칙한 수요와 공급에 대응하기 위한 재고를 의미한다. 다시 말해 크리스마스나 블랙 프라이데이 등의 특이 수요나 공장의 제품 변경이나 여름휴가 등의 휴무, 유가상승으로 인한 재고 비축 등과 같이 예상되는 상황에 대한 완충제 역할을 수행하는 재고를 말한다. 순환재고가 일반적으로 정기적으로 반복되는 현상에 대비하는 재고라면, 예상재고는 비정기적인 상황에 대비한다는 차이가 있다.

예상재고를 줄이는 방법은 수요율과 산출율을 일치시키는 방법을 고려해 볼 수 있다. 예를 들어 기존제품과 계절주기가 반대인 신제품을 도입하게 되면, 절정기의 수요가 서로 상쇄되어 예상재고의 필요성이 줄어든다. 또한 비수기에 판촉 캠페인을 활용하거나, 계절별로 가격차등 정책 등도 고려할만 하다.

⑥ 위험분산 재고(Hedging Stock)

위험분산 재고는 특정 사건을 대비하여 완충제 역할을 목적으로 재고를 보유한다는 측면에서 예상재고와 유사한 측면이 있지만, 위험분산 재고는 발생을 확신할 수 없는 경우에 적용된다는 점이 다르다. 즉 발생확률이 높거나, 발생확률은 낮지만 그 여파가 매우 큰 경우(예를 들어 노동자의 파업이나 태업, 원자재의 급격한 가격 인상, 원자재의 구매

리드타임이 매우 가변적인 경우 등이 예측되는 경우)를 대비하여 준비하는 재고를 말한다.

⑦ 분리 재고(Decoupling Stock)

가장 쉽게 찾아볼 수 있는 분리 재고의 기능은 Job Shop 환경을 비롯한 제조 공장에서 작업과 작업사이의 승계를 위한 완충역할을 들 수 있겠다. 분리 재고를 활용하면, 각 작업장(Work Center)들이 작업장이 멈춰있는 시간을 예방하거나 서로 간의 선/후 관계를 떠나 잠시나마 독립적으로 작업할 수 있도록 해 줄 수 있어 생산율이나 배치 크기 관점에서 도움이 된다. JIT에서는 모든 분리 재고를 제거하는 것을 목표로 하고 있다. 분리 재고가 발생하는 지점을 분리점(Decoupling point)이라고 하며, 보다 자세한 내용은 11장에서 상세히 설명하도록 한다.

(3) 재고의 동적특성에 따른 분류

재고의 유형이나 조합은 기업이나 산업군에 따라 달라진다. 대형시장에서 맥주를 파는 주류회사와 체인점의 형태로 매니아 층을 대상으로 특수 맥주를 파는 주류회사의 경우는 분명히 계절성을 비롯한 재고의 여러 특성이 다를 것이다. 이와 마찬가지로 기성복의 형태로 남성복을 판매하는 회사와 양복점에서 맞춤복의 형태로 남성복을 판매하는 회사와는 여러 가지 특성이 다를 것이다. Gattorna & Walters는 사업특성에 따른 제품의 동적특성에 따라, 다음과 같은 재고분류 방법을 제시하였다[2]. 다음의 〈그림 8-3〉은 동적특성에 따른 재고분류 방법을 도시화한 것이다.

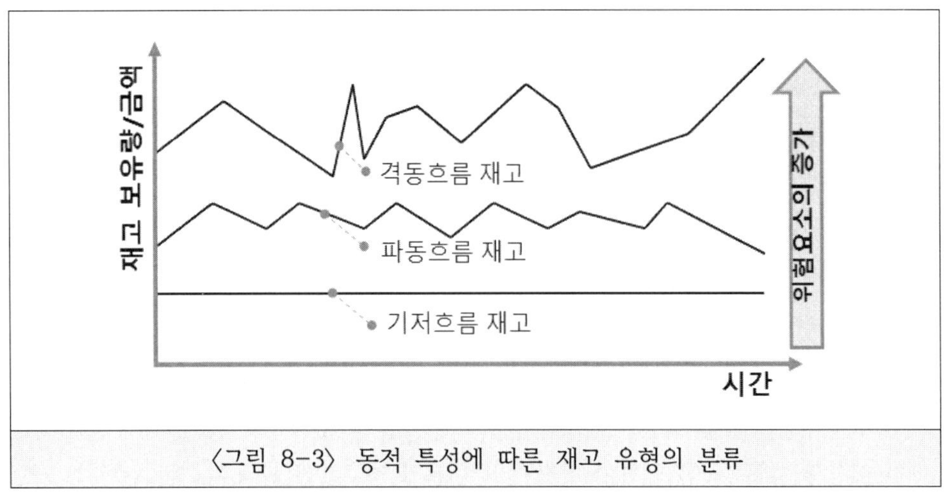

〈그림 8-3〉 동적 특성에 따른 재고 유형의 분류

---

2) Gattorna, J. L., and Walters, D. W., Managing the Supply Chain: A Strategic Perspective, McMillan Press Ltd., 1996.

동적특성이라 함은 대상품목의 위험요소의 내포정도라고 정의된다. 의류 회사의 경우를 생각해 보면, 기저흐름 재고(Base Flow Inventory)의 경우는 계절이 관계없이 꾸준하게 팔리는 품목으로 속옷의 경우로 가정해 볼 수 있으며, 파동흐름 재고(Wave Flow Inventory)는 계절에 따라 판매량이 변화하는 수영복 등의 제품을 가정해 볼 수 있겠다. 격동흐름 재고(Surge Flow Inventory)의 경우라면 특수를 가정하고 만들어 낸 상품, 이를테면 2002년 월드컵에 맞추어 생산했던 붉은 악마 티셔츠의 사례가 될 것이다. 이러한 개념을 제약회사의 경우에 적용해보면, 기저흐름 재고는 두통약, 파동흐름 재고는 해열제, 격동흐름 재고는 유행성 독감 주사약을 가정해 볼 수 있을 것이다. 각 재고 유형은 다음과 같이 정의된다.

① 기저(基底)흐름 품목(Base Flow Products)

수요가 안정되고 예측 가능하여 비교적 관리가 용이한 품목

② 파동흐름 품목(Wave Flow Products)

계절 수요품목으로 수요가 예측구간 중에서 상당히 크게 변화하더라도 수요패턴을 인지하고 있어 비교적 예측하기 쉬운 품목

③ 격동흐름 품목(Surge Flow Products)

수요가 매우 변화가 심하거나 예측하기 어려움 품목으로, 일반적으로 반복 구매가 없거나 일시적 유행을 타는 품목

기저흐름 품목의 경우도 경우에 따라 격동흐름 품목의 특성을 가지기도 하는데, 1990년대 초반 남북 장성회담에서 북측이 불바다 발언을 했을 때, 우리나라의 라면 수요가 극적으로 상승한 사례가 있었다. 이러한 경우가 기저흐름 품목이 격동흐름 품목의 특성을 가지는 사례라고 할 수 있겠다. 사실 품목별 동적 특성에 따른 분류 방법이 전혀 새로운 방법은 아닌데, 앞에서 언급한 바 있는 재고의 기능에 따른 분류 방식과도 연계하여 이해할 수도 있다. 예를 들어 기저흐름 재고(Base Flow Inventory)의 경우는 순환재고(Cycle Stock)와 같은 형태의 재고라고 생각할 수 있다. 또한 파동흐름 재고(Wave Flow Inventory)의 경우는 예상재고(Anticipation Stock)나 순환재고와 동일한 재고 형태라고 생각해 볼 수 있다. 격동흐름 재고(Surge Inventory)는 위험분산 재고(Hedging Stock)와 특성이 유사하다. 재고관리 대상 품목이 동적특성에 따른 기저흐름 재고, 파동흐름 재고 및 격동흐름 재고 중 어디에 속하는지를 구분하여, 이를 재고관리에 적용하는 것은 효율적인 재고관리의 중요한 요인이 된다. 선진사례의 경우에서는 이

러한 특성을 반영하여 재고 유지비용, 서비스 수준, 수익성 및 현금 흐름목표를 결정하고 있다. 다음의 〈표 8-1〉은 이와 같은 품목별 동적특성에 따른 재고분류와 특성에 따라 채택해야 할 재고 정책을 비교하여 정리한 것이다.

▌표 8-1▌ 재고의 동적특성에 따른 특징

종류	특성	재고관리 정책
기저흐름	수요가 안정되며, 예측가능 높은 순환률	공급자 직송을 통한 최소재고 유지
파동흐름	느린 순환률 높은 위험성 상하기 쉬운 품목 성수기는 상대적으로 예측가능	최소한의 재고를 유지하며, 성수기 동안만 생산 가급적 공급자 직송
격동흐름 (저가품)	높은 위험성 낮은 가격 긴 리드타임 작은 제품 크기	납기 리드타임과 수요 변동 등에 대한 안전재고로 높은 수준의 재고 수준 유지
격동흐름 (고가품)	낮은 위험성 높은 가격 부피가 큰 것 성수기는 비교적 예측가능	최고한의 재고를 유지하며, 성수기 동안만 생산 가급적 공급자 직송

(4) 재고의 재무적 관점

재무회계 관점에서 볼 때 재고는 다음과 같은 계정과 관련이 있다. 다음의 〈표 8-2〉에 간략한 재무제표의 사례를 제시하였다.

① 재무상태표(Balance Sheet)의 자산(Assets)계정

재고의 경우 원자재 혹은 제품 등의 계정으로, 현금이나 받을 어음, 공장이나 설비 혹은 설비투자 등과 함께 재무상태표의 자산계정으로 기록된다. 원자재의 경우, 구매 후 재고자산으로 등재될 때 구매가격으로 등재하게 된다. 보통 MRO 자재의 경우는 운영비용으로 관리되며, 자산으로 관리되지 않는다.

② 손익계산서(Income Statement)의 매출원가[3] 계정

원자재가 제품으로 전환된 이후, 해당 제품이 판매되면 재고는 소멸하게 된다. 즉 대

3) 매출원가(COGS): Cost of Goods Sold

차대조표 상의 자산에서 차감되고, 손익계산서에 인건비나 기타 공장 간접비와 함께 매출원가(COGS)로 추가된다.

▌표 8-2▐ 간략한 재무제표의 사례

손익계산서

일정기간(20xx. 1. 1. ~ 20xx.12.31.), 단위: 만원

매출액	₩ 150,000
매출원가	-100,000
총 이익	50,000
기타 비용	- 25,000
순 이익	₩ 25,000

재무상태표

특정시점(20xx.12.31), 단위: 만원

자산		부채	
현금/받을 어음	₩ 20,000	지급 어음	₩ 10,000
재고	25,000	대출금	30,000
건물 및 설비	100,000		
		자본	
		자본금	₩ 50,000
		이익잉여금	55,000
	₩ 145,000		₩ 145,000

8.2 재고관리 방법

가. 다품목 재고관리 방법

(1) 파레토법칙과 ABC 분석

공급망관리에서의 재고관리는 개별품목에 대한 재고관리 문제의 총합이라 할 수 있다. 즉 어떤 기업의 제품군은 제품수명단계가 서로 다르고 판매 수준이 서로 다른 개별 제품들로 구성되어 있다. 이와 같은 다품목의 상황에서 재고관리는 ABC 분석에 따라 수행하는 경우가 많다. ABC 분석은 80-20 법칙으로 잘 알려진, 파레토 법칙(Pareto's Law)

을 재고관리에 적용한 것이다. 즉 "총 재고의 80%의 가치는 20%의 재고 품목에 의존된다."는 것이다. 물론 언제나 정확히 80-20 비율을 보이는 것은 아니지만, 판매실적과 품목 수 사이의 관계를 관찰하면 개략적으로 이러한 비율을 따르고 있음이 확인된다. ABC 분석은 생산 및 완제품 재고에 대하여, 관리의 중요도에 따라 재고를 분류하고 관리하기 위하여 사용되는 비교적 단순한 관리 방법이다. 재고의 ABC 등급 분류 방법은 재고 관리에 수반되는 다양한 의사결정에 영향을 미치게 되는데, 대체로 다음의 〈표 8-3〉과 같은 기준을 적용하여 등급을 부여하게 된다.

ABC 분석 결과의 적용에 대하여 APICS에서 정의한 바에 따르면, 다음과 같은 2가지의 적용 규칙을 찾아 볼 수 있다.

- 재고의 가치는 보통 사용량이나 매출액에 따라 결정된다.
- 품목의 구분은 이산형 부품(Discrete Part)의 경우 부품이나 완제품에 따라 정의되거나 SKU 단위로 정의된다.

▮표 8-3▮ ABC 분석에 따른 등급 배정

	A 등급	B 등급	C 등급
품목 기준(SKU, 품목코드)	20%	30%	50%
금액 기준(매출액, 사용량)	80%	15%	5%

ABC 분석에 따른 제품분류 문제를 보다 쉽게 이해하기 위하여, 다음과 같은 10개의 품목을 가정하자. 다음의 〈표 8-4〉에서 확인할 수 있는 바와 같이 각 품목의 단가와 사용량, 연간 사용금액이 아래와 같이 집계되었다고 하자.

▮표 8-4▮ 부품별 사용량 정보

부품번호	사용량	단가(만원)	연간 사용금액(만원)
1	1,100	2	2,200
2	600	40	24,000
3	100	4	400
4	1,300	3	3,900
5	100	60	6,000
6	10	25	250
7	100	2	200
8	1,500	2	3,000
9	200	2	400
10	500	1	500
			40,850

ABC 분석을 위해서는 일단 사용양이나 매출액 등의 분석기준에 따라 내림차순으로 정리한다. 여기에서는 ABC 분석을 위해 매출액(연간 사용금액)을 분석기준으로 적용한 것이다. 분석결과를 〈표 8-3〉의 등급 배정 기준에 적용해보면 연간 사용액의 78%를 차지하는, 부품번호 2와 5의 경우가 A 등급으로 분류된다. 여기서는 부품번호 8과 1, 4를 B 등급으로 분류하고 있다. 물론 부품 4의 경우는 누적금액 비율이 96%(정확히는 95.7%)이므로, 굳이 분류하자면 C등급으로 분류하는 것이 적절하다고 할 수도 있다. 그러나 여기에서는 해당 부품을 B 등급으로 분류하고 있는데, 〈표 8-3〉의 기준이 절대적 기준이 아니라는 점과 품목기준으로는 50%로 B 등급 분류 기준에 포함되어 있기 때문이다.

▮표 8-5▮ ABC 분석 결과

부품번호	연간 사용금액 (만원)	누적금액 (만원)	누적금액 비율 (%)	누적품목비율 (%)	구분
2	24,000	24,000	63	10	A
5	6,000	30,000	78	20	
8	3,900	33,900	83	30	B
1	2,200	36,100	89	40	
4	3,000	39,100	96	50	
10	500	39,600	98	60	C
3	400	40,000	98	70	
9	400	40,400	99	80	
6	250	40,650	99	90	
7	200	40,850	100	100	

(2) ABC 분석 결과의 적용 방법

ABC 분석은 공급망관리 솔루션에서는 일반적으로 사용되는 방법이며, 가장 간단한 방법이다. 또한 분류기준에 다양한 규칙[4]을 적용하여 필요에 따라 손쉽게 대상품목을 정의할 수 있다는 이용의 용이성까지 제공하고 있어 생산현장의 원자재나 부품 관리나 창고의 완제품 관리, 품목 간 생산우선순위 결정 및 서비스 수준 결정 등에 광범위하게 적용되고 있다. ABC 분석 결과의 활용은 생산, 마케팅 및 유통 환경에 따라 다양한 전략으로 활용될 수 있다.

4) 다양한 ABC 분류기준: 수량 기반의 사용량/판매량 기준과 더불어 사용액 또는 판매액 등의 금액기준이 일반적으로 활용된다. 창고관리의 경우라면 입출고 빈도기준 등이 적용될 수도 있다.

① 생산 환경

A 등급의 원자재의 경우에는 재고유지비용이 매우 높기 때문에 일반적으로 재고 수준을 낮추는 전략을 사용하는 것이 적절하다. 또한 재고의 수량관리나 안전성 확보에 노력을 더욱 집중하여야 할 것이다. 이러한 경우 재발주점 방식[5)]과 정기발주 방식[6)]을 동시에 적용하기도 한다. 혹은 공급자관계를 통해 해결하는 방식도 있다. 실제 A 등급 품목의 재고수준을 사용비율 상으로는 낮게 유지하더라도, 대개의 경우 금액상으로는 그리 낮은 수준이 되지 않기 때문에 공급업체와의 밀접한 관계(예컨대, VMI나 JIT 방식의 재고 운영)를 통해 재고수준을 체계적으로 관리하며 공급 리드타임을 줄이는 노력이 함께 수반되어야 한다. B 등급이나 C 등급 자재의 경우라면, 관리 노력을 조금 줄이는 것이 일반적이다. 재발주점 방식이나 정기발주 방식 등으로 관리하여 재고관리 정책을 보다 수월하게 관리할 수도 있을 것이며, 공급업체에 권한을 이양하여 생산라인에 적절한 공급을 하도록 공급을 위탁하는 방법도 전향적으로 검토해 볼 수 있을 것이다. 재고 금액이 그리 높지 않은 품목이기 때문에, 자칫 엄격한 재고 수준관리 정책을 펼치다 이 등급의 품목으로 인해 생산라인이 멈추는 상황이 발생되는 것은 전혀 바람직하지 않다. 따라서 이 등급의 재고 관리에는 재고수준이 약간 올라가더라도, 적은 노력으로 재고부족의 위험을 줄이는 방법을 모색하는 것이 핵심전략이 될 것이다.

생산계획을 수립하는 경우라면, 생산 우선순위는 높은 수익을 내는 품목(A등급 품목) 중심으로 할당되어야 한다. 생산 능력에 제약이 있을 경우(일시적으로 공급이 딸리거나, 공장의 보유능력 자체가 조금 부족할 경우 등)라면, B등급 품목이나 C등급 품목은 생산을 중지하거나 외주 생산으로 방향을 전환하는 것도 고려해 보아야 한다.

② 마케팅 환경

A 등급의 고객(고수익 품목을 구매하거나 순매출액에 대한 기여율이 확연히 높은 고객)의 경우라면, 마케팅 전략의 관점에서 볼 때 B등급이나 C등급 고객보다 높은 수준의 고객서비스를 제공하는 것이 일반적이다. 마케팅만의 입장에서 본다면 관리해야 하는 고객의 수는 많고, 일반적으로 구매량은 소량이며, 서비스 제공에 오히려 비용이 많이 소요되는 C 등급의 고객에게는 구매를 위해 컨소시엄을 형성하거나, 유통업체로부터 구매하도록 독려하는 경우도 발생할 수 있다.

---

5) 재발주점(ROP: Reorder Point) 방식: 보유재고가 일정 수준(재발주점) 이하가 되면, 발주하는 방식
6) 정기발주 방식: 보유재고 수준과 관계없이, 일정 기간마다 발주하는 방식

③ 유통 환경

앞에서 언급했던 바와 같이 ABC 분석은 다양한 방법으로 적용할 수 있는데, 창고관리 부문에서도 적용할 수 있다. 유통환경의 경우라면, 창고 시설에서 얼마나 빨리 그리고 자주 이동이 발생하는 지에 따라 ABC 분석을 적용하여 재고 관리를 수행할 수도 있다[7]. C 등급 완제품의 경우에 판매량이나 품목별 총수익에 비교하여 과다하게 저장 공간을 할당해서라도 혹시 발생할지 모를 매출에 대응하고자 하는 경우라면, 재고부족이 발생하더라도 재고 수준을 과감히 낮추는 전략을 적용하는 것이 적절하다.

보유하고 있는 유통능력의 활용을 계획하거나 최적화할 때, ABC 분석방법을 적용하여 C 등급 품목에 낮은 순위를 할당하거나 생산라인에서 제외하는 등의 의사결정을 하기도 한다. 이러한 의사결정이 너무 극단적이라고 판단되는 경우라면, C 등급 품목의 생산 및 배송을 외주 처리하여 외부에서 생산하고 공급자가 직접 고객에게 배송하도록 하는 의사결정을 사용할 수도 있을 것이다.

다음의 〈표 8-6〉은 이상에서 언급했던 ABC 분석에 따른 원자재 보유전략, 생산전략 및 유통전략을 정리한 것이다.

▮표 8-6▮ ABC 분석 결과의 적용 방법

Class	원자재 보유 전략	생산전략	유통전략
	사용 금액에 따라	완제품 가격에 따라	고객이나 제품별 수익성에 따라
A	수량관리 및 사용량 통제. 재발주점 방식과 정기발주 방식의 병행 또는 VMI나 JIT 관리 (엔진류 등)	Make to Order 전략 적용	재고부족 없는 높은 서비스수준 유지
B	재발주점에 의한 관리 및 수량관리(브라켓 류)	Configure to Order 전략 적용	일부 재고부족이 발생할 수 있는 수준의 중간 이상의 고객서비스 수준
C	자유 불출 및 불출 후 비용처리. 정기발주 방식의 적용 (볼트, 너트 류)	Make to Stock 전략 적용	MTO나 외주적용 또는 낮은 서비스 수준

7) 창고관리에서 ABC 분석의 적용: 주로 입고와 출고 빈도를 기준으로 분석을 수행하며, A 등급 품목은 일반적으로 창고의 출입구나 복도에 가까운 곳에 배치하여 입/출이 쉽도록 한다.

나. 재고의 보충 및 보충요청

(1) 재고 사용 양과 사용 시간에 따른 재발주 방식

많은 기업들이 등급별 재고관리 전략을 적용하는 것이 아니라, 관리상의 편이를 목적으로 일관된 발주기법을 적용하곤 한다. 성공적인 재고관리를 위한 무엇보다도 중요한 원칙은 재고의 특성에 따른 재고관리 전략을 수립하고 이를 수행하는 것이다. 여기에서는 재고 사용 양과 재고 사용 시간에 따라 적용할 수 있는 다양한 발주방법을 살펴보기로 한다. 재고 보충 수준의 결정은 공급망 전반에 걸쳐 가장 중요한 문제 중의 하나이다. 실제로 다양한 재발주 기법들이 공급과 수요의 균형을 맞추기 위해 고안되고 적용되고 있다. 재발주기법은 적정수준의 재고수준과 고객만족을 충족시키기 위해서 어느 정도의 수량을 발주하는가에 대한 문제를 결정하는 방법이라고 정의할 수 있다.

재고사용의 시간과 양은 재발주 방식의 선택에 있어 매우 중요한 요인이 된다. 재고사용 시간의 경우, 공급업체와의 사전 합의를 바탕으로 매주 일정 일자(경우에 따라 특정 시간까지)에 배송을 요구함으로써 이를 고정할 수 있다. 이러한 재발주 방식을 재발주기간(Reorder Time) 방식이라고 한다. 이 방식은 정기 발주(Periodic Review) 방식의 한 유형으로, 일정 기간마다 재고수준을 조사하여 다음 발주일자까지 사용 할 물량을 확보하는 방식이다. 이 방식은 재고 관리에 소요되는 관리 비용이 줄지만, 일반적으로 재고수준은 조금 더 늘어나는 단점이 있다고 알려져 있다.[8] 이와는 반대로 재발주점 방식(Reorder Point)은 주문 기간의 고정이 아닌, 주문량을 고정하는 방식이다. 이 방식의 경우, 재고수량을 지속적으로 모니터링 하다가 일정 수준(이를 재발주점이라 한다)에 재고수준이 이르면, 필요한 양을 발주하는 방식이다. 재발주점 방식은 정기발주 방식에 비하여 재고관리에 많은 비용이 투자되는 반면, 재고수준을 보다 실수요에 맞추어 관리할 수 있다는 장점이 있다. 다음의 〈그림 8-4〉는 이러한 내용을 그림으로 표시한 것이다.

재발주량(Reorder Quantity)에 대하여 조금 더 살펴보자. 재발주기간 방식의 경우는, 1회 발주량은 항상 변화될 수밖에 없다. 반면 재발주점 방식의 경우에는 과거 평균 소요량을 기반으로 고정량을 발주할 수도 있는데, 이러한 방식 중 가장 일반적으로 고정량의 발주량을 결정하는 방식이 경제적 발주량(EOQ: Economic Order Quantity)이다. 경제적 발주량은 생산 배치의 크기 결정, 최적 선적 배치 크기 결정 등에 다양하게 적용되고 있다. 고정량의 발주량을 사용하는 방식이 과거 평균 소요량을 기반으로 하는 과거 지향적인 발주량 결정 방식이라고 한다면, 변동량의 발주량을 사용하는 방식은 대개 미

8) 일반적으로 정기발주 방식의 재발주 전략의 채택은 재고수준이 늘어난다고 알려져 있으나, 경우에 따라서 정량발주 방식보다 재고수준이 줄어드는 경우도 있는데 이에 대해서는 다시 논의하기로 한다.

래에 대한 수요 예측을 활용하여 발주량을 결정하게 되므로 미래지향적인 방식이라고 생각할 수 있겠다. 이 방법이 고정량 주문 방식보다 반드시 우수한 성과를 나타내는 것은 아닌데, 이는 불확실한 수요예측 정보를 발주량 결정에 사용하기 때문이다. 이 책의 공급망 계획 부문에서 언급한 바와 같이, 수요예측은 반드시 틀리기 마련이기 때문이다. 따라서 발주량으로 변동량을 사용할 경우에는 반드시 최소한의 수요예측 기간을 사용하도록 설계되어야 한다. 일반적으로 주문량과 주문 기간의 결정 등의 주문 기법의 결정에 영향을 미치는 요인은 다음과 같이 정리해 볼 수 있다.

- 상품특성(상하기 쉽다든가 하는)
- 운송 비용
- 수요 패턴
- 제품수명주기
- 수량
- 가격
- 리드타임
- 공급자의 수

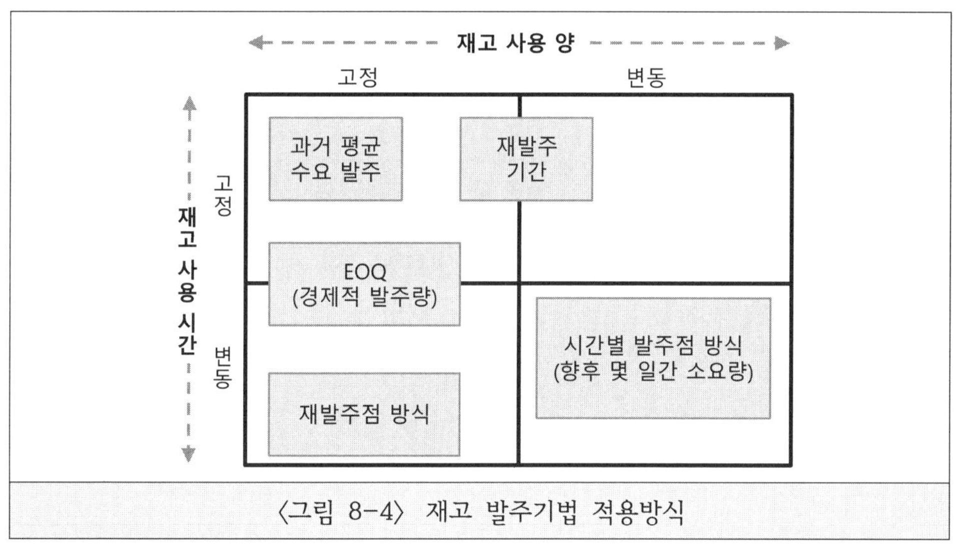

〈그림 8-4〉 재고 발주기법 적용방식

이상과 같이 시간과 양에 따라 다양하게 사용될 수 있는 기법들에 대하여 간략하게 살펴보았다. 위의 〈그림 8-4〉에 언급된 재발주 방식에 대하여 조금 더 상세히 살펴보기로 하자.

① 재발주점(Reorder Point) 방식

이 방법은 재발주점을 설명하는 가장 일반적인 방식으로, 다음의 〈그림 8-5〉와 같은 톱니바퀴 형태의 다이어그램으로 설명된다. 이 방법은 수요가 비교적 일정할 경우(편차가 적고, 예측 가능할 경우), 매우 유용하게 적용할 수 있다. 이 방식에서 재발주는 사전에 정의한 발주점 이하로 재고 수준이 떨어졌을 때 시행된다. 이 때 발주되는 양은 주문 리드타임(보충 기간) 동안의 판매량이나 소비량을 감안하여 계산된 일정량을 주문한다. 이때의 판매량이 이상적으로 동일하다면, 이 모델은 아래에 다시 설명하게 될 EOQ 방식과 같은 결과가 된다.

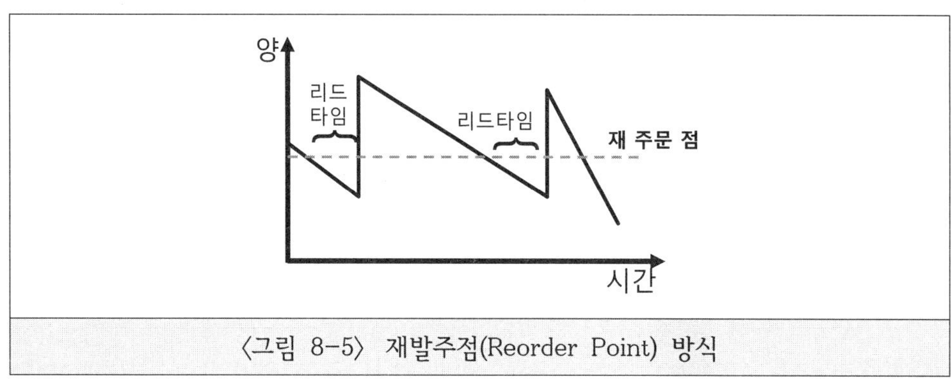

〈그림 8-5〉 재발주점(Reorder Point) 방식

② 재 주문 기간(Reorder Time) 방식

이 방법은 고정 주문 간격 방식으로, 사전에 정의된 일정기간마다 발주하는 방식이다. 이때의 주문량은 필요에 따라 고정된 방식이나 변동 방식을 모두 많이 사용할 수 있다. 만약 수요가 일정하고 연속적이라면, 고정량을 발주하게 될 것이다. 반면 발주량이 일정하지 않은 경우라면, 다음의 〈그림 8-6〉과 같은 다이어그램과 같게 될 것이다. 이 방식의 대표적인 방법은 주유소의 경우를 살펴보면 될 듯하다. 주유소의 경우는 일정기간 마다 주유소를 방문하여, 탱크를 가득 채우고 오는 방식(이럴 경우, 채워야 하는 양을 매번 달라진다)이 자주 사용되는데 이 방식이 고정 주문 간격 방식의 대표적 사례라고 할 수 있다.

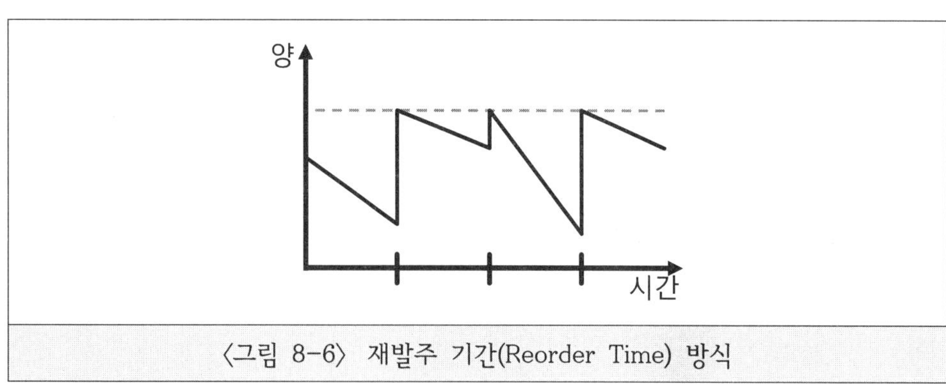

〈그림 8-6〉 재발주 기간(Reorder Time) 방식

③ 시간별 발주점(Time Phased Order Point) 방식

이 방법은 고정된 수량이나 기간을 사용하는 것이 아니라 미래의 수요예측을 기반으로 재발주 기간이 결정된다는 점에서, 앞에서 설명한 두 가지 방법과는 다르다. 이 방법에서의 발주 결정은 다음의 사항을 고려하여 이루어진다.

- 언제쯤 재고 수준이 특정 수준(대개 안전재고수준) 이하로 떨어질 것인지에 대하여 예측한다.
- 주문 이행에 소요되는 최소 리드타임을 파악한다.

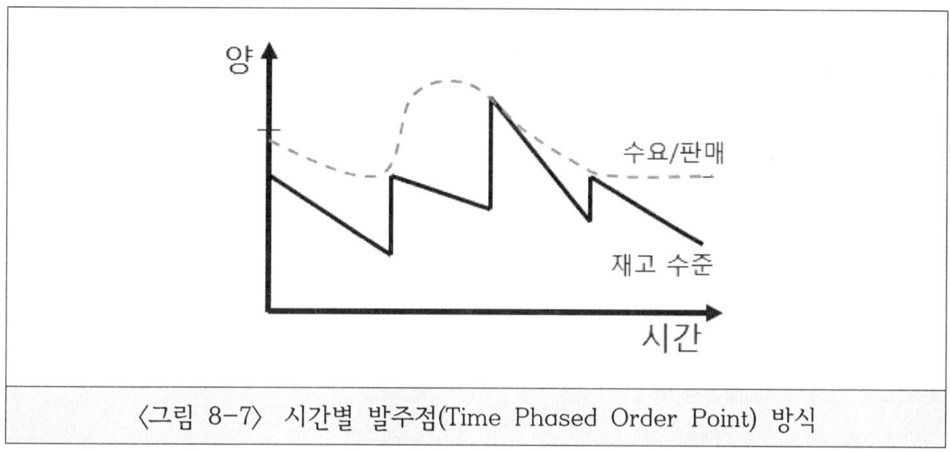

〈그림 8-7〉 시간별 발주점(Time Phased Order Point) 방식

이때의 재주문량은 해당 리드타임 기간 동안의 추정된 소요량의 합으로 결정하거나, 공급업체에 의해 설정되어있는 공급 로트 크기를 감안하여 결정하게 된다. 이러한 경우의 재고 보충 및 소비에 따른 재고 수준의 변화를 알기 쉽게 그림으로 표현해보면, 위의 〈그림 8-7〉과 같다.

④ 경제적 주문량(EOQ: Economic Order Quantity)

지금까지 우리는 실제 적용할 수 있는 재발주 기법에 대하여 살펴보았다. 여기에서 설명하고자 하는 경제적 주문량(EOQ: Economic Order Quantity)은 실상 재발주기법이라기 보다는, 발주 수량을 결정하는 방법에 대한 개념이다. 다음의 〈그림 8-8〉은 재고비용이 발주비용과 재고유지비용으로 구성될 때, 두 비용의 합이 최저가 되는 지점에서 발주량이 결정되어야 한다는 것이다. 다음 절에서 경제적 발주량 계산 방식에 보다 상세히 살펴보기로 한다.

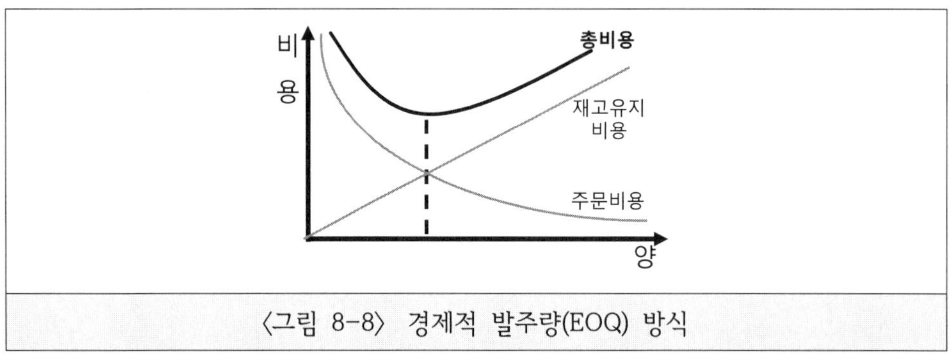

〈그림 8-8〉 경제적 발주량(EOQ) 방식

다. 재발주점의 산정

(1) 안전재고를 고려하지 않은 재발주점

다음의 〈그림 8-9〉는 앞에서 언급한 재발주점 방식이나 재주문주기 방식의 경우에서 평균 수요량이 보다 일정하다는 전제하의 특수한 모델이라고 할 수 있다. 이 개념은 재고관리 전략 수립에 있어 가장 중요한 개념 중의 하나이다. 이 개념은 이른바 재발주점이라고 불리는 시점, 즉 재고 수준이 특정 수준 이하로 떨어졌을 때 발주하라는 신호를 의미한다. 단 이 개념은 얼마나 주문을 해야 하는지와는 관련이 없는데, 이는 고정된 재발주량을 활용하기 때문이다.

일정수준 이하로 재고가 떨어지면 발주 혹은 보충하면 된다는 단순한 원리에 의해 재발주가 이루어진다는 것이 매우 중요하다. 이와 같은 경우 수요가 지속적이고 일정하다면, 주문량을 일정하게 설정하고 운영될 수 있다. 재발주점은 재고가 일정한 비율로 감소할 때, 고정된 주문물량이 창고까지 도입될 때까지의 리드타임 기간 동안의 수요예측량을 재발주점으로 간주하게 된다. 이와 같이 단순하게 정리한 재발주점의 활용은 매우 이해하기 쉽고 적용 또한 용이하다는 장점이 있다.

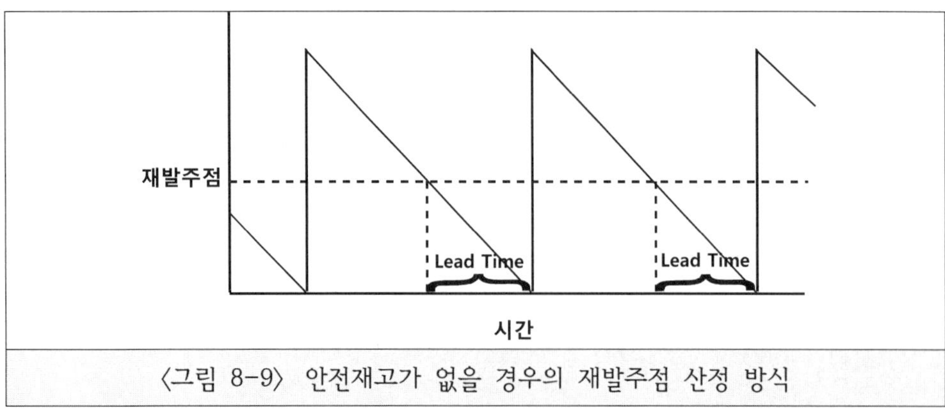

〈그림 8-9〉 안전재고가 없을 경우의 재발주점 산정 방식

안전재고를 감안하지 않을 경우의 재발주점 산정 방법

ROP = DLT

단, ROP = 재발주점(Reorder Point)

DLT = 리드타임 동안의 수요예측

(Demand Forecast throughout the Lead Time)

(2) 안전재고를 포함한 재발주점

앞서 설명한 재발주점 산정 방법은 단순하기는 하지만, 수요의 여러 기대하지 않은 변화에 대한 고려가 없다는 약점이 있다. 예측된 수요에서 예기치 못한 변화가 발생하였을 때, 이에 대응하는 방법이 필요하다. 일반적으로 이러한 불확실성에 대응하는 방법으로는 안전재고를 유지하는 방법이 사용된다. 안전재고란 재주문이 없는 경우, 재고가 더 이상 떨어지지 않기를 기대하는 심리적인 저지선이라고 할 수 있다. 안전재고를 포함한 재발주점 방식에서 안전재고란 불확실한 수요의 편차에 의해 설정된다. 다음의 〈그림 8-10〉을 살펴보면 앞의 〈그림 8-9〉에서 설명한 재발주점 방식이 안전재고 위에 형성되고 있다는 것을 알 수 있다.

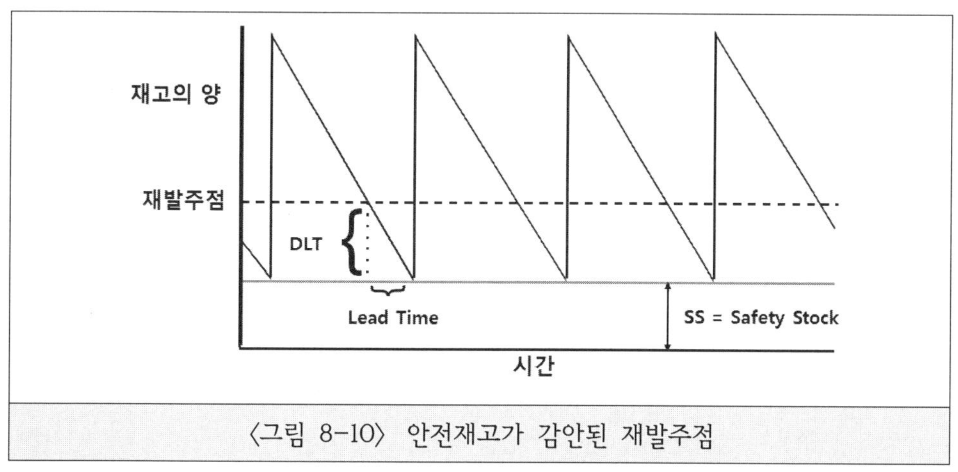

〈그림 8-10〉 안전재고가 감안된 재발주점

APICS에서는 재발주점방식이 DC에서 공장으로 재고보충을 요청하는 사례의 설명에 전통적으로 인용되는 방식이었다. 최근에는 유통자원계획에서 언제 어떻게 주문할 것인지를 결정하는데, 재발주점 방식보다는 수요예측 정보를 활용하는 시간별 발주점(Time Phased Order Point) 방식이 조금 더 일반적으로 활용되고 있다.

안전재고를 감안할 경우의 재발주점 산정 방법

ROP = DLT + SS

단, ROP = 재발주점(Reorder Point)

DLT = 리드타임 동안의 수요예측

SS = 안전재고(Safety Stock)

8.3 재고관련 비용 및 최적 발주량 계산

가. 재고관련 비용

앞에서 우리는 언제 어떻게 재발주가 이루어지게 되는지에 대하여 살펴보았다. 이제 우리는 발주량을 어떻게 결정하는가의 결정에 대한 문제를 고민해 보고자 한다. 발주량의 결정에서 앞에서 언급한 바와 같이 조달 리드타임 기간의 수요예측 정보를 사용하는 방법은 수요예측 정보가 정확하다는 전제만 있으면, 가장 효율적이고 진보된 방법이라고 할 수 있다. 그러나 현실에서 수요예측 정보의 정확도 향상은 매우 어려운 문제이며, 높은 비용이 소요되는 과제이기도 하다.

그렇다면 재고와 직접 관련이 있는 비용에는 어떠한 것이 있을까? 최적발주량 산정 문제에서 재고관련비용은 재고유지비용(Inventory Carry Cost)과 발주비용(Order Cost)으로 나누는 것이 보통이다. 여기에서는 이 비용들에 대하여 조금 더 살펴보도록 하자.

(1) 재고유지비용(Inventory Carry Cost)

재고유지비용은 재고를 소유하고 보관하는데 필요한 비용을 의미하는데, 이 비용은 재고를 얼마나 주문하고 생산해야 하는지 등의 의사 결정하는데 매우 중요한 고려항목이 된다. 재고유지비용은 다음과 같은 카테고리로 나눌 수 있겠다.

① 위험 비용(Risk Costs)

노후화, 손상, 도둑, 제품변질 등으로 인한 재고의 감손이나 이를 위한 보험 등에 소요되는 비용이다.

② 저장 비용(Storage Costs)

창고 비용이나 시설운영/유지비용, 세금, 재고정확도 유지 등의 비용, 하역/운반 등의 기타 재고 취급 비용 등이 포함된다.

③ 자본비용 또는 기회비용(Capital and Opportunity Cost)

재고를 보유함으로써 묶이게 되는 금액을 의미하는데, 해당 금액을 은행에 보관하였을 때 기대할 수 있는 이자와 재고로 보유하고 있을 때의 차이라고 판단하여 기회비용이라고도 한다. 보통 이비용은 자금의 단기차입 이율[9]로 계산하곤 한다.

연간 재고유지비용(ACC: Annual Carrying Cost)은 재고 보유량에 따라 변하는 금액이 된다. 다음은 연간 재고유비지용의 계산을 위해 일반적으로 적용되는 공식을 정리해 본 것이다. 여기에서 연간재고유지비용 비율인 i의 값을 계산해 내는 것이 쉽지 않다. 일반적으로 연간재고유지비용비율은 20% ~ 40%에 이른다고 한다. 또한 미국 물류관리 협의회(U.S. Council of Logistics Management)의 조사에 따르면, 제조업의 경우 산업 군별로 차이는 있으나, i는 보통 23%~28%에 이른다고 한다. 또한 PWC Consulting에서 조사한 바에 따르면 제조업 평균이 25% 정도라고 한다. 즉 어떤 품목을 1년간 재고로 보유하게 되면, 해당 품목 가격의 1/4에 이르는 재고 유지비용이 수반된다는 의미이다.

품목별 연간 재고유지비용의 계산

$$ACC = AAI \cdot C \cdot i$$
$$= Q/2 \cdot C \cdot i$$

단, ACC = 연간재고유지비용(Annual Carrying Cost)
AAI = 연평균 재고(Annual Average Inventory)
C = 품목단가 혹은 품목비용(Item Cost)
Q = 1회 발주량
i = 연간재고유지비용 비율(%)

(2) 발주비용(Order Cost)

외부 공급자에 발주하는데 소요되는 비용은 주문의 발행, 취급 및 처리에 소요되는 비

9) 여기에 적용하는 이자율로는 자금의 단기차입 이율을 적용하기도 하지만, 3년 만기 혹은 5년 만기 국공채 금리나 보통예금 이율 등을 적용하기도 한다.

용 등으로 분류해 볼 수 있다. 일반적으로 발주비용에는 공급업체 선정에 소요되는 비용, 입고 검사에 소요되는 비용, 각종 승인이나 문서 작업에 소요되는 비용(외자 도입의 경우 L/C 개설 등을 포함한 수입에 수반되는 각종 비용) 등이 포함된다고 생각해 볼 수 있다. 하지만 일반적으로 단일 부문에 대한 발주 비용을 실제 계산해 내는 것이 어렵기 때문에, 실사를 통해 결정하기 보다는 이론적으로 추산해 내는 것이 보다 쉽다. 활동기준원가(ABC: Activity Based Cost) 체계를 적용하는 경우라면, 발주비용의 산정을 위해 실제 사용 비용을 분석하는 방법의 적용도 가능할 것으로 판단된다.

어떤 방식으로 비용을 산정하더라도, 발주비용은 로트크기나 발주량이 증가될 때 감소하게 됨이 명확하다. 발주비용이 절감되면 재고 수준이 증가되고, 결과적으로 재고유지비용의 증가를 초래하게 된다. 일반적으로 외부에서 품목을 구매하는 경우의 발주 비용은 다음과 같이 계산하게 된다.

품목별 발주비용(구매발주의 경우)의 계산

$$OC = \frac{A}{Q} \times S$$

단, OC = 발주비용(Ordering Cost)
A = 연간사용량(Annual Usage)
Q = 발주수량(Order Quantity)
S = 주문 당 비용(Cost/Order)

한편 구매품목의 경우가 아니라, 내부에서 생산하는 품목의 경우에도 발주비용은 발생한다. 이 경우라면 작업지시를 위한 문서작업에 소요되는 비용이나 생산/조립 라인의 작업교체나 설비교체에 소요되는 비용, 작업교체 이후 발생되는 초기 스크랩 등의 비용, 작업 오더의 관리 및 추적/보고 비용 등이 포함된다. 병목공정이나 병목작업장의 경우라면 생산능력의 저하(작업교체는 생산 능력의 저하를 초래한다)로 인한 기회비용 또한 포함될 수 있을 것이다. 그러나 생산품목의 발주비용의 경우에는 구매발주비용과는 달리 비용의 집계가 용이하기 쉽기 때문에, 이론상으로 계산해 내는 공식이 아닌 실제 발생비용을 취합하여 산정한다.

나. 최적 주문량 계산

(1) 경제적 발주량 모형

앞에서 살펴 본 재고유지비용과 발주비용을 사용하게 되면, 최적의 주문량을 계산해

낼 수 있는데 이를 우리는 경제적발주량(EOQ: Economic Order Quantity)이라고 한다. 앞에서 설명한 재발주방식이 언제 발주할 것인가를 결정하기 위한 개념이었다면, 경제적발주량은 얼마나 발주할 것인가를 결정하기 위한 개념이다.

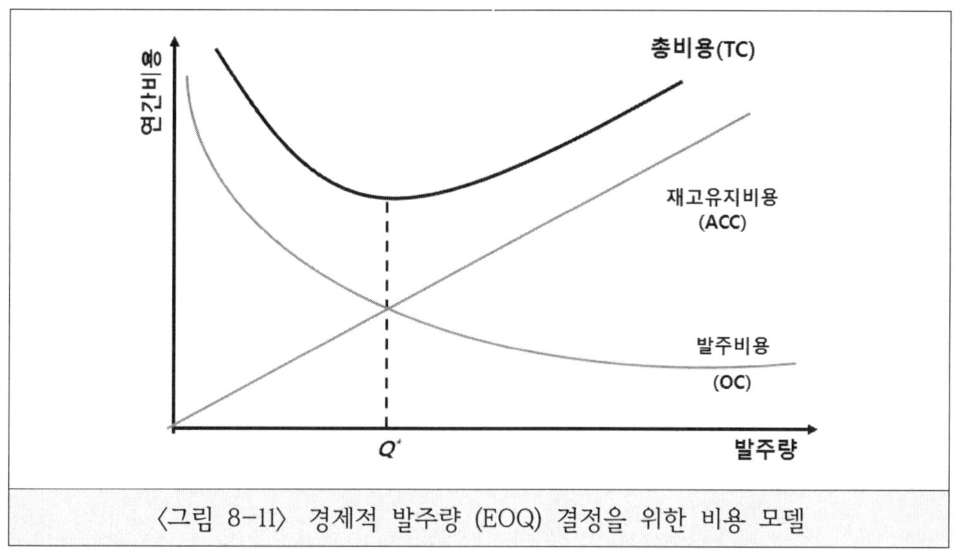

〈그림 8-11〉 경제적 발주량 (EOQ) 결정을 위한 비용 모델

바로 앞에서 살펴보았던 재고유지비용과 발주비용을 합한 금액이 재고에 관련된 총비용(TC: Total Cost)이라고 하면, 다음의 〈그림 8-11〉과 같은 그래프를 얻을 수 있다. 이때 가로축을 발주량이고 하고, 세로축을 연간비용이라고 하자. 이때 1회 발주량이 증가하게 되면, 평균재고량은 증가하고 이로 인해 재고유지비용(ACC)은 증가한다. 발주비용(OC)은 발주량과 관계없이 발주 횟수에 비례하는데, 발주량이 증가하면 해당기간 동안의 발주 횟수가 줄어들어 전체 발주비용은 감소한다. 이와 같이 재고유지비용과 발주비용은 상충(Trade off)관계에 있다. 경제적발주량(EOQ)은 총비용이 최저가 될 때의 1회 발주량(Q^*)을 의미한다.

(2) 경제적발주량(EOQ)의 계산

경제적발주량은 현장에서 비교적 널리 사용되는 재발주 모형이다. 사실 경제적발주량 모형은 실제 현장에서 발생되는 것과는 달리, 여러 가지 가정을 기반으로 설계된 모형이다. 경제적발주량 모형에 사용된 가정들은 다음과 같은 것들이 있다.

- 수요는 연속적이고 일정하며 알려져 있다.
- 재고보충 리드타임은 일정하며 알려져 있다.

- 주문량이나 시간에 독립적으로 구매가격은 일정하다.
- 주문량이나 시간에 독립적으로 운송비용은 일정하다.
- 모든 수요는 충족되며, 재고부족은 허용되지 않는다.
- 운송중 재고는 없다.
- 독립적 수요를 가지는 단일 품목을 대상으로 한다.
- 계획기간은 무한대이다.
- 자본 가용성에는 한계가 없다.

앞서 언급한 바와 같이 경제적발주량(EOQ)은 재고유지비용(ACC)과 발주비용(OC)의 합인 총비용(TC)이 최소가 될 때의 1회 발주량으로 정의된다. 따라서 EOQ는 재고유지비용과 발주비용이 같은 지점에서의 발주량으로, 다음과 같이 계산된다.

$$
\begin{aligned}
AAC &= OC \\
AAI \times C \times i &= \frac{A}{Q} \times S \\
\frac{QCi}{2} &= \frac{AS}{Q} \\
Q^2 &= \frac{2AS}{Ci} \\
Q &= \sqrt{\frac{2AS}{Ci}}
\end{aligned}
$$

실제 기업에서 이 모델을 통해 발주량을 정확하게 결정하기는 쉽지 않다. 가장 큰 이유가 재고유지비용이나 발주비용의 정확한 산정이 어렵기 때문이다. 그러나 경제적발주량 모형은 주문비용(S)이나 재고유지비용(i)에 대해 비교적 둔감한(Robust) 모형이라는 특징이 있다. 따라서 정확한 값이 아니더라도 경제적발주량은 크게 차이가 나지 않기 때문에, 정확한 비용 산정이 어렵지만 현장에서 널리 사용되고 있다. 한편 실제로 경제적발주량에서 도출된 다음과 같은 개념을 직관적으로 적용하는 것만으로도, 재고유지비용과 주문비용간의 관계에서 의사결정을 하는데 매우 유용하게 적용할 수 있게 된다.

- 연간 소요량 (A)이 많아질수록, 발주량을 늘린다.
- 주문비용이나 생산교체 비용 (S)이 커질수록, 주문횟수를 크게 한다.
- 품목의 가격 (C)이 비싸질수록, 발주량을 줄인다.
- 금리 등의 재고유지비용 비율 (i)이 증가할수록, 발주량을 줄인다.
- 재고유지비용에 대한 가정을 다양하게 변화하게 되면, 총괄재고수준(Aggregated Inventory Level)을 보다 적절히 산출해 낼 수 있다.

경제적 발주량(EOQ)의 계산

$$Q^* = EOQ = \sqrt{\frac{2 \cdot A \cdot S}{C \cdot i}}$$

단, EOQ = Economic Order Quantity(경제적 발주량)

A = Annual Usage(연간 사용량 혹은 도입량)

S = Cost per Order(주문 당 비용)

C = Item Cost(해당 품목의 금액)

i = 연간 재고유지비용 비율(%)

그룹과제

8.1 재발주점의 산정

어떤 품목의 리드타임이 4주일 때, 평균 수요는 주당 200단위이고 안전재고는 1주 분의 수요이다. 주문량이 2,000단위일 때 재 주문 점을 계산하라.

1) 최소 주문량 혹은 로트 크기가 3,000단위일 때 재발주점은 어떻게 바뀌는가?

2) 반드시 주문해야 하는 로트 크기가 600단위라면 어떻게 하겠는가?

8.2 경제적 발주량의 계산

다음과 같은 가정으로 EOQ와 관련된 개념을 계산해 보도록 하자(제곱근을 계산할 수 있는 계산기가 필요하다).

약자	비용의 종류	수치
C	품목비용	$.50
S	주문 당 비용	$10.00
A	연간 사용량	15,000 단위
i	연간 재고유지비용 비율	25%

1) EOQ를 계산하라.

2) 만약 운송비용 비율이 25% 대신 22%로 바뀐다면 EOQ에 어떤 변화가 일어나는가? 15%일 때는 어떠한가? 재고유비용의 변화가 EOQ에 미치는 영향과 EOQ에 대한 민감도에 대해서 어떻게 생각하는가?

3) 만약 연간 사용량이 15,000단위에서 20,000단위로 바뀌면 어떤 변화가 일어나는가? 60,000단위 일 때는 어떠한가? 연간 사용량이 EOQ에 미치는 영향과 EOQ의 민감도에 대해서 어떻게 생각하는가?

4) 1,000단위의 임의의 주문량이 선정되었다고 추정하자. EOQ 공식을 사용하여, 이 주문량에 적용된 재고유지비용 비율을 계산해보자. 그 값은 논리적인가?

Chapter 09

조달 및 공급자 관리

조달(Procurement) 및 공급자 관리는 공급망전략의 외주정책이나 원재료 및 부품의 구매 혹은 생산 정책에 따라 다음 2가지의 역할을 수행한다. 첫째, 외부로부터 원자재, MRO 자재, 설비 등의 고정자산 등을 공급할 업체를 발굴하고 협상을 수행하며, 물류나 배송 서비스 등의 서비스를 수행한다. 둘째, 기업의 조달목표 달성을 위하여 공급원(Supply Base)을 관리한다.

성공적인 공급망관리를 위해 조달업무는 더 이상 후방부서로서 지원업무만을 담당해서는 안 된다. 보다 적극적으로 전략적인 역할을 수행하여, 공급망관리에 있어서 가치를 더하는 업무를 완수해야 할 것이다. 따라서 이 책에서 구매(Purchasing)라는 용어대신 조달(Procurement)이라는 용어를 사용하기로 한다.

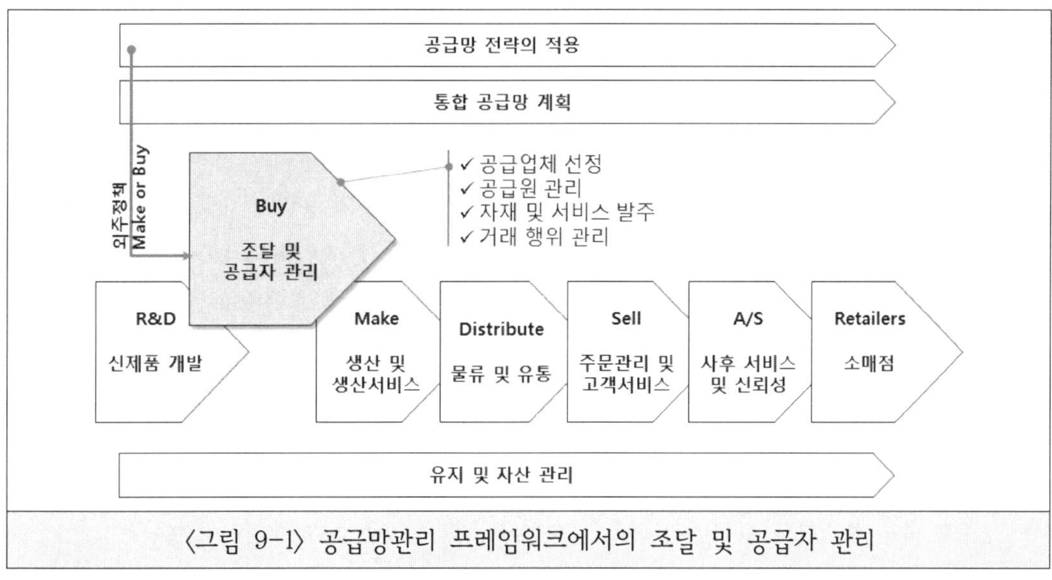

〈그림 9-1〉 공급망관리 프레임워크에서의 조달 및 공급자 관리

이 장에서 기업의 조달 목적은 다음과 같이 요약된다.

- ✔ 주요 자재의 공급에 발생할 수 있는 위협이나 가격의 급격한 변동의 위험 감소
- ✔ 신제품 개발에서 공급업체의 R&D 역량을 최대 발휘하도록 지원
- ✔ 원가 절감 및 원자재의 품질 향상을 위하여 공급업체와의 협업
- ✔ 대량할인(Volume Discount)과 거래비용 절감 등을 달성하도록 한두 개 업체에 구매를 집중시키며, 기타 공급업체의 축소
- ✔ 주문제작 품목보다 표준품을 사용하도록 제품 재설계의 수행, 해당 품목을 공급할 수 있는 업체 수를 늘리기 위하여 서로 다른 제품에 사용되는 부품의 표준화
- ✔ 생산에 사용되는 자재를 공급업체가 스스로 관리하며 재공급할 수 있도록 하는 등의 공급업체와의 거래를 빈틈없이 수행

9.1 조달관리의 정의와 목표

가. 조달(Procurement)

(1) 조달업무 수행의 목적

공급망관리에서 조달(Procurement)의 목적은 매우 단순하며 전략 지향적이다. 그럼에도 선진기업에서 조차 조달업무는 매우 복잡한 기능으로 평가된다. 조달업무가 복잡하다고 평가되는 데는 몇 가지 요인이 꼽힌다. 첫 번째 중요한 요인은 기업에 요구되는 자재, 공급업체, 서비스 등의 특성과 범위의 광대함 때문이다. 또 다른 요인은 보다 전략적인 이유 때문인데, 생산에서의 품질, 유연성 및 원가효율의 향상 요구가 증가하고 있으며 기업 공급망 전체의 재고 투자비용의 절감 요구가 증가하고 있기 때문이다. 조달업무의 목적을 원활히 달성하기 위해서는 물류관리에 대한 전혀 새로운 접근 방식이 필요하다. 많은 선진기업에서 조달 업무는 고객 수요 패턴의 향상된 예측, 연속 보충 물류, 원가 및 조립 설계에 영향을 주는 생산 기술, 다기능공이 작업하는 작업장에서의 작업 표준화, 생산과 고객요구의 동기화를 위한 신속한 생산라인 셋업 등이 포함되고 있는 추세이다. 선진기업에서의 조달 업무의 동향은 후반부에서 상세히 살펴보기로 하자.

한편 조달업무 수준 제고를 위한 방안은 명확하다. 조달비용 집행의 효율성을 최대화하기 위하여 조직 역량을 증가시켜야 할 것이며, 안정적이고 적절한 품질의 원자재 및 MRO 자재의 공급처를 확보하고, 입고 자재의 필요 품질을 유지하기 위하여 공급업체를 관리하고, 입고 자재의 흐름이 전반적인 ROI(Return of Investment) 관점에서 재고투자 관리 목적에 부합되도록 해야 한다. 즉 구매가격만의 최저가 실현이 아니라, 전체 공급망 비용 최소화의 관점에서 상품과 서비스를 취득해야 한다는 것이다.

> **조달의 목적**
>
> - 주주가치 증대 등의 기업 전략 목적을 지원
> - 최저 총취득원가(Total Acquisition Cost) 달성
> - 상품과 서비스의 품질 및 흐름의 보장
> - 재고 투자 금액 최소화
> - 역량있고 신뢰할 만한 공급원의 확보
> - 고객 지원 및 대응

(2) 조달업무 수행의 범위

조달업무의 범위를 어떻게 정의하는가에 대해서는 여러 가지 견해가 있는데, 단순 구매를 넘는 범위를 제시하고 있다는 공통점이 있다. 다음의 〈표 9-1〉은 미국의 구매관리협회(NAPM)에서 정의한 조달 업무의 범위와 조달업무를 정의하는 또 다른 시각을 비교하여 정리한 것이다. 표에서 확인할 수 있듯, NAPM의 정의는 구매 이전의 업무를 강조하고 있는 반면, 후자의 경우는 조달의 실행측면을 보다 강조하고 있다. 이 책에서는 양쪽에서 정리한 모든 영역을 조달업무의 영역이라고 간주하고자 한다. 양쪽의 시각 모두 서비스 중심의 기업보다는 자재나 공급품목이 보다 중요한 제조기업 중심으로 기술되어 있다.

▌표 9-1▌ 조달 업무의 범위

NAPM[1)]에서 정의한 범위	조달 업무 범위에 대한 또 다른 시각
요구사항 및 요구 스펙 도출 가치분석의 공동 수행 공급시장리서치 수행	
공급업체 관계 관리 전통적인 구매업무 수행 구매 계약의 수립 및 관리 공급업체 성과 및 품질 관리 인바운드 수송 관리	공급업체 및 계약업체 관계 관리 자재 및 MRO 품목 발주 공급업체 및 계약업체의 평가 및 선정 자재 및 공급업체 품질 관리 인바운드 물류 관리
	원자재 및 MRO 품목 등의 입고 원자재 등의 직접 원료 품목 재고 관리 자재 반품

1) NAPM: National Association of Purchasing Management.

물품이나 서비스의 구매에 소요되는 비용은 직접비용과 간접비용으로 구분된다. 제조업의 경우라면 직접원가는 제품의 생산에 직접 사용되는 물품이나 서비스가 해당될 것이다. 제품개발에 소요되는 비용이 큰 기업의 경우라면, 간접비용이 직접비용보다 클 것임을 알 수 있을 것이다. 미국의 NAPM과 유사한 영국의 CIPS(Chartered Institute of Purchasing and Supply)에서는 조달업무에 대한 명백한 정의를 내놓고 있지 않지만, 위에서 언급한 항목 모두에 대한 업무를 수행하고 있다.

나. 조달업무의 전략적 가치

(1) 구매의 전략적 중요성

앞에서 언급한 바와 같이 공급망관리에서 조달업무가 차지하는 역할은 매우 크다. 다음의 〈그림 9-2〉는 일반적인 기업의 원가 비중을 감안했을 경우 구매비용의 절감이 전체 수익에 미치는 영향을 간략히 표현한 것이다. 즉, 구매가격의 절감이 주주가치에 미치는 영향은 매우 크다는 것이다. 수익 증대효과는 주주가치 증대의 가장 중요한 동인이 될 것이다. 대개의 제조업체에서 판매되는 제품 가격의 50%가 조달원가로 구성되고, 기타 비용 45%, 이익 5% 등으로 구성되었다고 알려져 있다. 이러한 원가구조를 가지고 있는 기업에서 구매 원가의 5% 절감은 수익의 50%증가와 동일한 효과가 있다. 그렇다면 구매원가 5% 절감과 같은 효과를 보이는 개선 요소들은 어떤 것들이 있을까? 일반적으로 구매원가 5% 개선과 동일한 효과를 보이기 위해서는, 판매량을 50% 증가시키거나, 간접비용 20% 절감 또는 직원의 대량 감축 등의 조치가 있어야 한다.

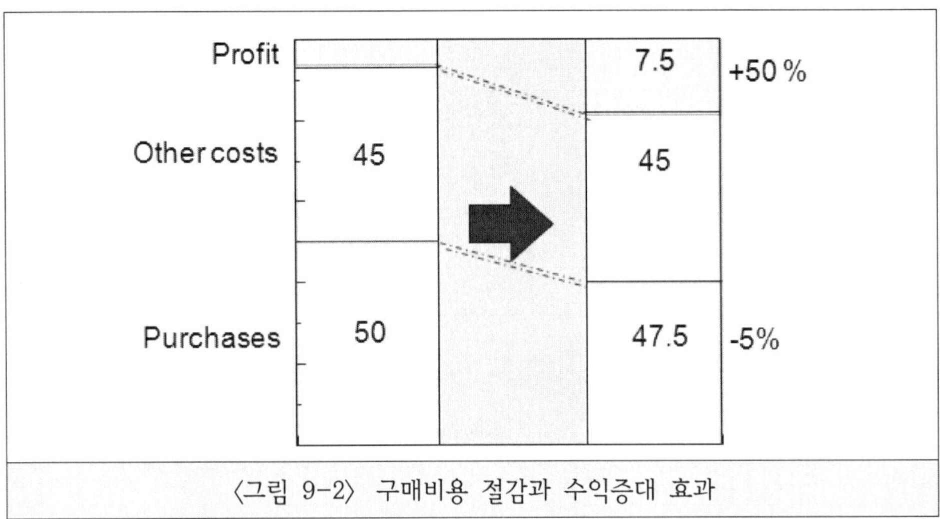

〈그림 9-2〉 구매비용 절감과 수익증대 효과

다음의 〈그림 9-3〉은 구매비용 절감에 따른 수익증대 효과를 보다 구체적으로 보이기 위해, 실제 기업의 재무제표를 수정하여 ROI 산정에 과정에 따라 도시화 한 것이다. 그림의 손익계산서 항목을 살펴보면 대상기업은 500만원의 매출을 기록했으며, 이때 제조원가가 380만원이고, SG&A[2)]가 80만원으로 집계되었다. 발생된 제조원가 중 재료비의 항목이 300만원이라고 하자. 한편 이 회사의 재무상태표의 자산항목 중 재고자산이 차지하는 금액은 50만원이라고 하자. 조달원가 5% 절감은 재료비가 300만원에서 285만원으로 줄었다는 의미이며, 이에 따라 재고자산도 35만원으로 줄어들게 된다. 결과적으로 조달원가 5% 절감은 영업이익이 37.5% 증가하고, 재고회전율은 물론 ROI 또한 증가했음을 확인할 수 있다. 이 사례의 경우는 재료비가 매출액의 60%에 이르렀기 때문에, 영업이익에 미치는 영향이 더 커졌다.

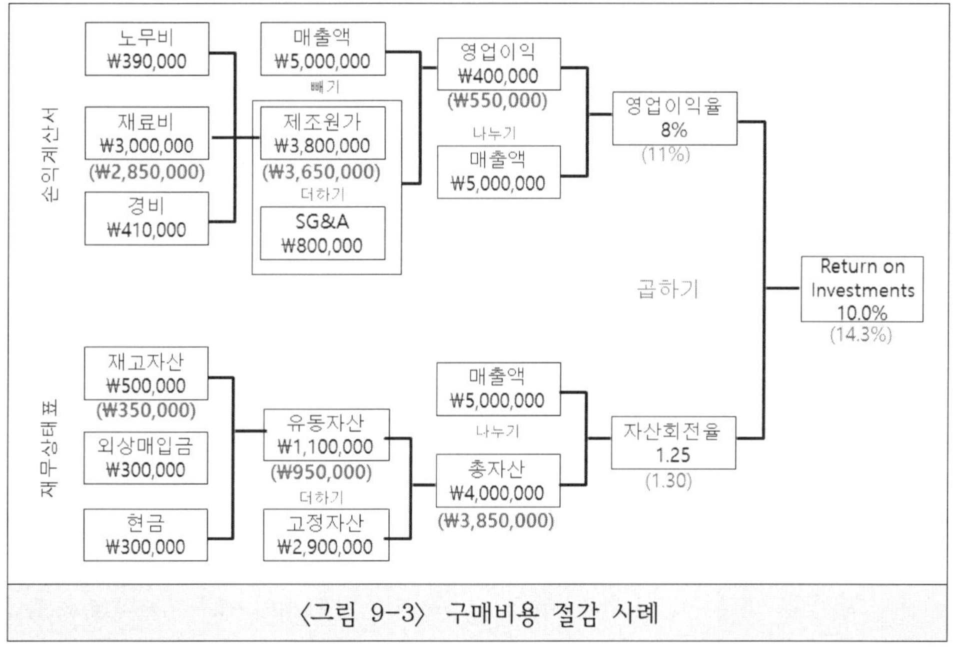

〈그림 9-3〉 구매비용 절감 사례

(2) 매출원가(COGS) 절감 효과

원자재, MRO 자재, 서비스의 취득원가가 기업에 미치는 재무적효과를 측정하는 가장 일반적인 방법은 "매출액 대비 구매금액 비율"을 사용하는 것이다. 제조업체가 구매 부문 업무재설계나 생산성향상을 통해 원가 관리 및 개선기회 모색을 위해 이 지표를 사용

---

2) SG&A (Selling, General and Administrative Expenses, 판매 및 일반관리비): 손익계산서 상의 대표적인 비생산 비용(non-production cost)으로, 일반적으로 기간비용으로 처리되며 매출총이익에서 이를 공제하여 영업이익을 산출하게 된다.

하는 것은 지극히 교과서적인 접근방법이다. 업무 재설계가 물품이나 서비스 획득에 소요되는 취득원가 절감을 위한 개선방법만을 의미하는 것은 아니다. 공급업체의 품질개선과 제품생산에 사용되는 품목의 가격 절감과 생산의 편이성 제고, 규격화, 대체 가능성 등이 확보되도록 개발 규격 개선 등에 중점이 맞추어져야 한다. 아래의 〈표 9-2〉는 다양한 산업군의 매출액 대비 구매비용에 대한 일반적인 비율에 대하여 정리한 것이다. 개별기업이 처한 상황에 따라 정확한 비율은 달라지겠지만, 대체로 기업군별로 다음과 같은 원가 비중을 차지한다고 한다. 매출액은 매출원가(COGS) 단위로 집계되었으므로, 아래의 비율이 COGS에 대한 취득원가의 비율이라고 이해하면 될 것이다.

▮표 9-2▮ 산업군 별 매출액대비 구매비용 비율

산업군	매출액 대비 구매비용 비율
소매업종(영국 식료품 업계 기준)	90%
전기/전자 업종	80%
소비재 산업(CPG)	60%
산업재	60%
섬유업종	60%
의류업종	50%
내구성 소비재 산업	50%
서비스업종	25%

(3) 조달업무와 가치동인(Value Driver)

다음의 〈그림 9-4〉과 같이 조달업무의 개선은 다양한 방법으로 기업의 가치 동인에 영향을 미치게 된다. 예를 들어 입고물류와 원자재 재고관리 효율향상은 수익에 직접적인 영향을 끼치는 운영비용 절감효과를 나타내고, 이에 따라 운영수익의 증대를 가져온다. 또한 원자재관리나 공급업체 관리비용 절감을 위한 전략적인 업체 발굴체계의 도입 또한 수익증대에 기여하게 된다. 또한 제품의 개발이나 설계에 공급업체와의 파트너십을 발휘하게 되면, 경쟁력 있는 제품 개발은 물론 매출증대에도 기여하게 된다. 외주는 고정자본 투자에 대한 기회를 줄이는 전략의 하나가 될 것이다.

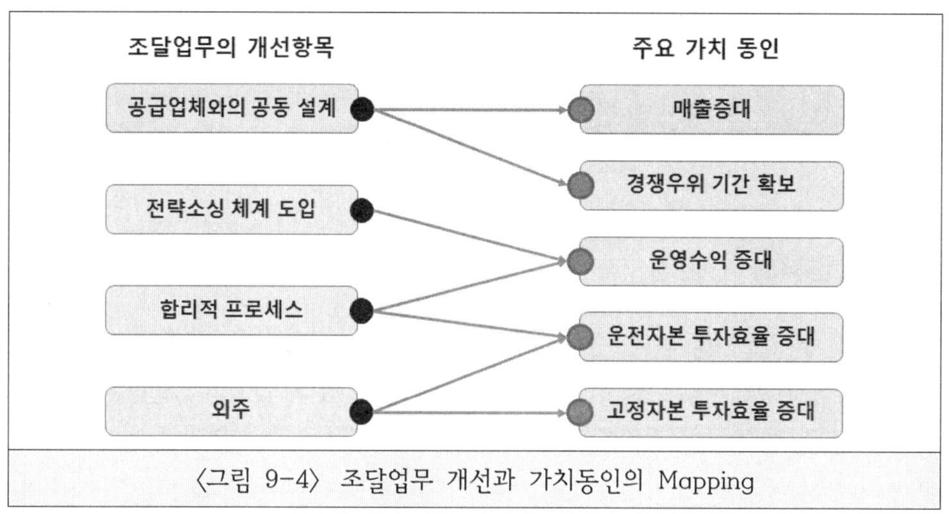

〈그림 9-4〉 조달업무 개선과 가치동인의 Mapping

(4) 재고 투자비용의 구성

기업 전반의 재고관리에서 조달(Procurement)이 차지하는 비중은 매우 높다. 전형적인 제조기업의 경우 전체 자산에서 재고와 관련된 계정의 비율은 최소 35%에서 50%에 이르고 있다. 다음의 〈그림 9-5〉는 생산 및 재고관리 주기(Procurement - Operation - Distribution)에서 각 부문의 비용이 차지하는 비율을 원그래프로 나타낸 것이다. 그래프를 살펴보면, 조달비용과 생산비용이 각 30%이고 유통비용이 40% 수준인 것으로 분석된다.

공급망 전반에서 재고를 줄이고자 하는 기업은 유통(Distribution)이나 생산을 포함한 운영(Operation) 부문과 마찬가지로 조달(Procurement) 부문에 집중할 필요가 있다. 이것이 요즘의 기업들이 조달 기능의 업무 재설계에 집중하는 또 다른 이유이기도 하다.

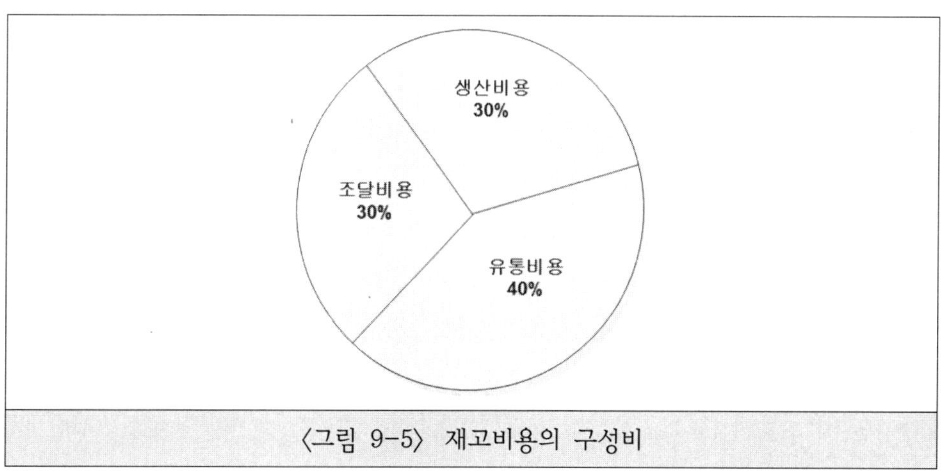

〈그림 9-5〉 재고비용의 구성비

9.2 조달전략의 수립

가. 공급업체와의 관계

지금까지 우리는 기업에서 조달부문이 미치는 전략적 중요성의 변화에 대하여 살펴보았다. 공급업체와의 관계 또한 전략적 전환이 진행되고 있다. 다음의 〈그림 9-6〉은 공급업체와의 관계에서 발생되고 있는 전략적인 관계변환을 간략히 정리한 것이다.

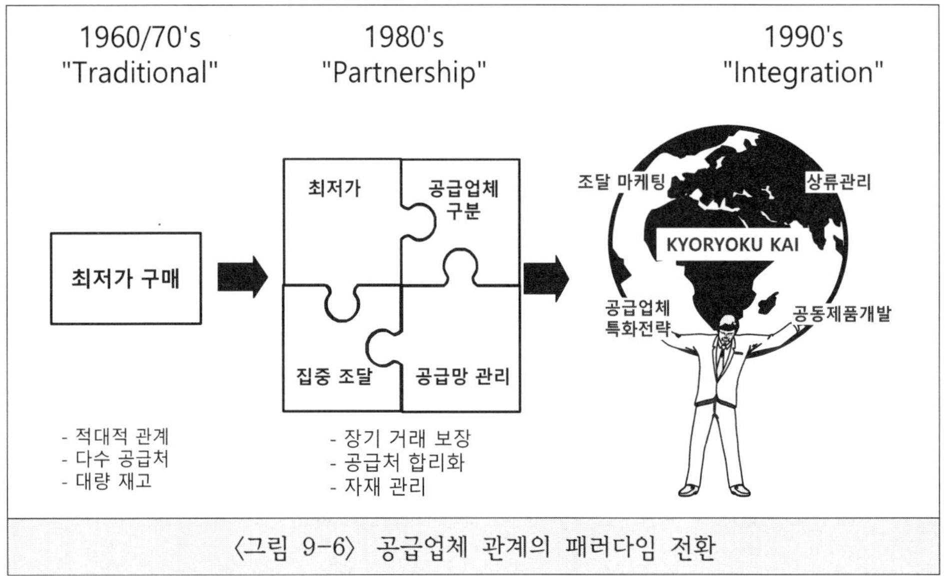

〈그림 9-6〉 공급업체 관계의 패러다임 전환

1960년대와 1970년대는 최저가 구매에 초점을 맞추어 다수 공급사를 통한 경쟁에 중점을 두었다. 그러나 현재의 조달업무는 재고 유지비용이나 품질 비용(Q-Cost), 처리비용, 공급원 관리 비용 등의 총취득원가[3]에 중점을 두고 있다. 결과적으로 구매력 제고와 입고자재 및 서비스품질 향상, 처리비용 절감을 위하여 많은 기업들은 소수의 공급업체를 선정하여 보다 밀접한 관계를 유지하고자 하고 있다. 또한 내부 공급망을 공급업체와 고객과의 연결선 상에서 보고 있다. 또한 공급업체와 함께 생산계획 수립을 함께 수행하

3) 총취득원가(TCO: Total Cost of Ownership): 조달비용과 운영으로 인해 부가되는 제반 비용을 합친 전체비용

고, 제조 원가를 절감하며, 부품이나 완제품의 유통에 협조하는데 노력하고 있다. 이러한 현상은 앞으로도 계속 될 것 같다. 또한 근래에 들어 구매 조직은 공급업체에게 보다 중요한 고객으로 평가될 수 있도록, 이른바 조달 마케팅을 수행하도록, 압력을 받고 있다. 따라서 대부분 구매조직은 마케팅 채널이나 유통채널을 합리화하는 노력을 한다. 위 그림에서 Kyoryoki kai는 협력구매의 일본어 표기인데, 신제품 개발에 소요되는 비용을 절감하기 위하여 공급업체를 참여시키고 얻어지는 이익을 공급업체와 함께 나누는 방법이다. 영국에서 운영되고 있는 많은 일본 기업들의 경우 현지 공급업체가 신제품 개발에 참여하도록 독려하고 있다.

나. 조달 업무의 발전 방향

(1) 글로벌 경쟁과 조달

경쟁의 범위는 점차 국제화 되고 있으며, 이에 따라 조달도 국제화되고 있다. 특히나 인건비가 총비용에서 차지하는 비중이 비교적 큰 제조업의 경우에는 더욱 이러한 현상이 두드러지고 있다. 게다가 지난 10년간의 의사소통기술 발전은 기술개발과 저비용경제를 더욱 쉽게 하였다. 이러한 변화에 이어 각국 정부들은 국영기업의 민영화를 진행하고 있다. 이와 같이 경제범위가 국제화됨에 따라 글로벌 소싱은 필수적인 활동이 되었다.

한편 효과적인 글로벌 소싱의 수행에는 몇 가지의 장벽이 있음을 인지해야 한다. 가장 근본적인 장벽은 언어와 문화의 차이이다. 더불어 글로벌 소싱에 수반되는 시간과 비용의 문제 또한 극복해야 할 장벽의 하나이다. 단위 부피나 질량당 가치가 높은 전자 부품의 경우는 항공운송에 의존하게 되며, 반대의 경우는 긴 운송시간을 가짐에도 불구하고 선박운송에 의존하게 될 것이다. 실제로 우리나라와 미국 간의 선박운송은 6주에서 12주까지 소요되기도 한다.

또한 제조업체에서 원자재나 부품 등을 수입하여 생산에 투입하기 위해서는 몇 가지 규제를 해결해야 한다. 이러한 규제는 관세나 품질규격, 환경, 안전 등의 여러 가지가 있다. 다음의 〈그림 9-7〉의 그림에 조달분야 업무 개선 동인과 트렌드 그리고 이를 적용하는데 반드시 해결해야 할 장벽이나 규제를 정리하였다.

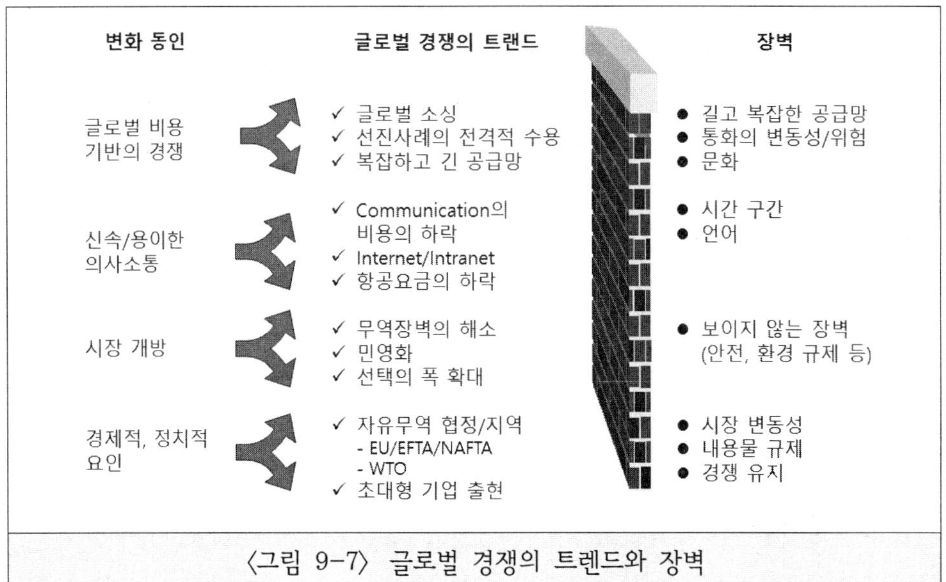

〈그림 9-7〉 글로벌 경쟁의 트렌드와 장벽

(2) 전략적 조달모델

구매전략의 수립에 참조할 수 있는 방법들은 매우 다양하다. 다음의 〈그림 9-8〉은 구매전략 수립에 사용되는 분석 방법 중 가장 대표적인 전략적 조달모델 분석을 위한 평가 그리드이다. 전략적 조달모델은 제품군별 공급업체수를 파악하여 구매력 향상의 여지가 있는지를 파악하고, 공급업체의 매출에서 우리가 구매하는 금액이 차지하는 비율을 파악하여 현재의 구매력 상황을 판단해 보는 모델이다. 즉 이 모델에서 공급업체의 수는 공급자 간의 경쟁을 의미하며, 공급업체 매출대비 구매 금액 비율은 공급자의 우리 회사에 대한 의존도를 파악해 보는 기준이라고 생각할 수 있다.

전략적 조달모델에서 전하는 메시지는 명확하다. Bottleneck Items로 정의된 영역을 살펴보자. 이 영역의 품목은 공급업체 수가 적고, 공급업체의 매출액에서 구매금액이 차지하는 비율이 높은 경우이다. 이러한 경우라면 해당 품목의 조달은 집중 관리해야 할 필요가 있다. 우리에게 공급업체는 대체 가능성이 낮은 매우 중요한 대상이지만, 공급업체의 경우는 그렇지 않기 때문이다. 반대 영역으로 정의된 Leverage Items 영역은 그 상황이 다르다. 이 영역의 품목은 공급업체의 수는 많고 우리가 차지하는 매출액 비중이 높은 경우이다. 이러한 품목의 조달에는 공급업체의 평가를 보다 엄격히 하고 필요에 따라 경쟁 입찰을 통해 장기계약을 제공함으로써 구매비용을 절감할 수 있을 것이다. 공급업체가 우리에게 의존하는 정도가 높고, 경쟁이 치열한 영역이기 때문이다. Non-critical Items 영역은 조금 다르다. 이 영역의 특징은 공급업체의 수는 많지만, 우리 회사에 대한 의존도는 높지 않은 영역이다. 이 영역에서의 구매력은 높지 않기 때문에, 이를

높이기 위한 노력이 필요하게 된다. 이 영역에서 가장 먼저 취할 전략은 구매력을 높이는 것이 될 것이다. 이를 위해서는 자체 규격에 의한 주문품 등을 표준품목으로 전환하여, 구매금액을 높이는 노력이 필요하다. Strategic Items 영역은 공급업체의 수도 적지만, 우리에 대한 의존도 또한 높은 영역이다. 이 영역의 품목 조달을 위해서는 공급업체와의 파트너십을 강화하여 조달원가의 절감과 안정적 조달을 모색할 수 있다.

결국 전략적 조달모델은 구매자와 공급자 간의 상대적 위치를 규정함으로써 적정한 전략을 결정할 수 있도록 하는 모델이라고 정의할 수 있다.

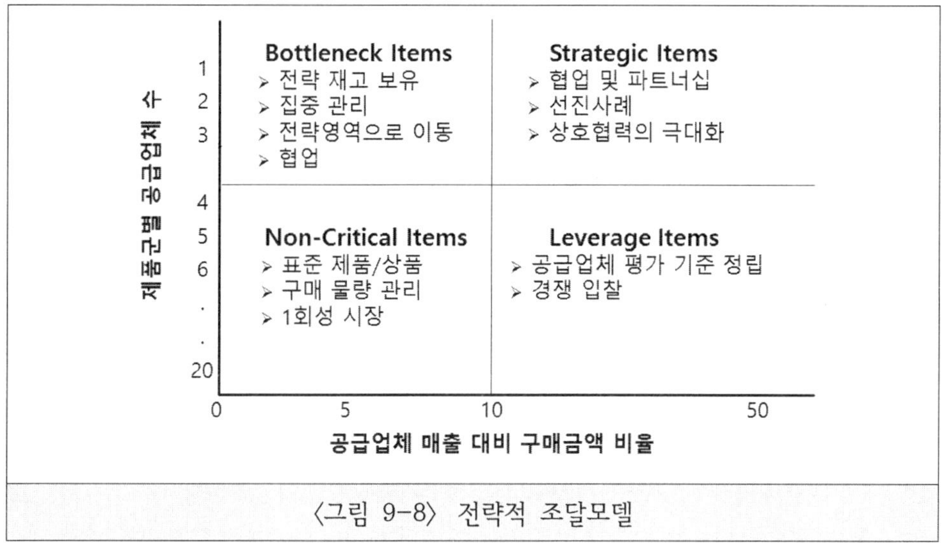

〈그림 9-8〉 전략적 조달모델

(3) 공급업체의 영향력 평가

구매자와 공급업체 간의 힘의 균형은 조달 전략의 결정에 매우 중요한 요소이다. 구매자의 경우 다수 공급업체와의 관계에서 상호간의 이익이 되는 관계를 만들고, 촉진시킬 수 있는 힘이 자신에게 있음을 알아야 한다. 반대로 고객이 작거나 전략적으로 중요하지 않은 위치에 놓여 있다면, 원하는 수준의 서비스와 품질, 원가를 획득하기 위하여 중요한 고객이 될 수 있는 방법을 모색해야 한다. 공급업체로부터 중요한 고객으로 인정받을 수 있는 가장 좋은 방법은 공급업체와 파트너십 프로그램을 이용하는 것이 가장 일반적인 전략이다. 이러한 전략을 앞에서 언급한 바와 같이 "조달마케팅"이라고 부른다.

보다 많은 기업들이 "조달마케팅" 체계 구축을 통하여, 공급업체와의 관계를 보다 호의적으로 만들어 가고자 노력하고 있다. 그 명칭이 암시하는 바와 같이 이 전략은 고객의 매력을 공급업체에 피력하는 것을 말한다. 이러한 기법에는 다음과 같은 것들이 있다.

〈그림 9-9〉 파트너십 프로그램을 통한 Win-Win 전략

- 고위층 간의 의사소통(정보의 고유나 개인적 친분 형성)
- 뉴스레터나 공급자 컨퍼런스, 성과열거 등의 공식적 의사소통
  (잠재 고객을 공급자에게 소개해 줄 의사를 표명)
- 해당 공급업체와 공식적이고, 장기적 관계 기반의 파트너십 프로그램의 실행
- 해당 공급업체에게 새로운 사업기회의 우선제공 등

9.3 조달 프로세스의 재설계

가. 조달 프로세스

(1) 구매 주기(Purchasing Cycle)

구매부문의 업무흐름은 다음의 〈그림 9-10〉과 같이 정리해 볼 수 있다. 〈그림 9-10〉은 전통적인 구매 프로세스로, 구매오더의 발행이나 제품의 입고, 대금 지불 등의 거래행위(Transactions)를 중심의 프로세스이다.

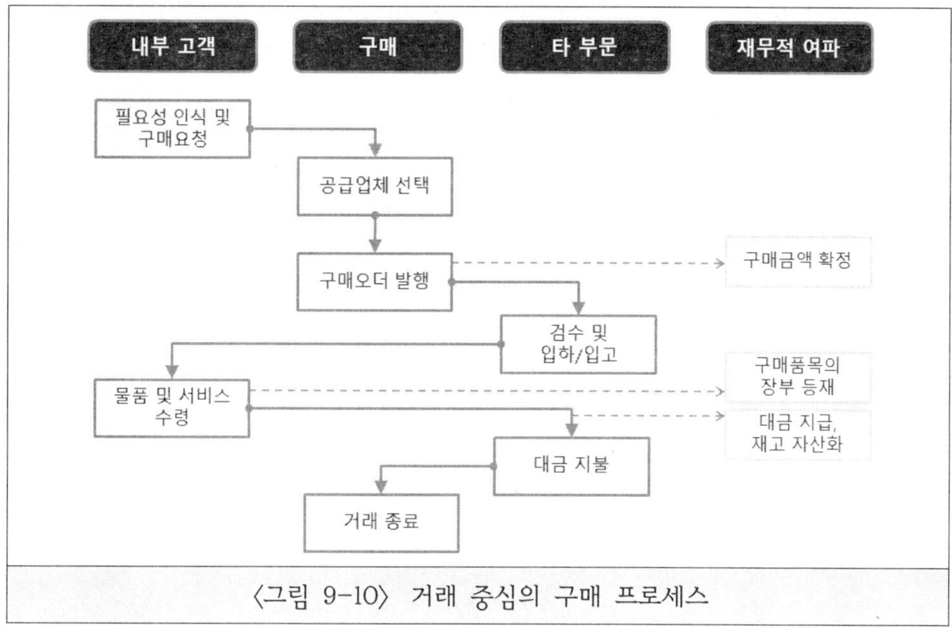

〈그림 9-10〉 거래 중심의 구매 프로세스

① 이 행위는 반드시 필요한 행위인가?

공급원의 통합이나, 구매계약을 통해 구매오더 처리 비용 절감, 제반 관리 활동 (승인 등) 축소 등의 계기가 될 것이다.

② 더 잘 할 수 있는 방법은 없는가?

예를 들면 ASN[4]이나 바코드 혹은 RFID[5]가 부착된 출하 컨테이너를 사용함으로써 입하물류 상의 도착 시간을 예상하고, 화물 처리에 필요한 인력 계획을 사전에 수립할 수 있으며, 부착된 바코드나 RFID의 스캐닝을 통하여 크로스 도킹이나 Put-away 수행을 위한 화물 해체 작업이 신속히 수행될 수 있다.

(2) 구매 관련 문서(Purchasing Document)

구매과정은 공급사와의 지속적인 의사소통이 진행되는 과정이므로, 다양한 문서들이 작성되고 활용된다. 다음의 〈그림 9-11〉은 구매과정에서 발생되는 일반적인 문서들을 중심으로 프로세스를 정리한 것이다. 앞의 그림과 비교해서 가장 큰 차이점은 견적(Quotation)과정이 추가되어 있다는 것이다. 일반적으로 사전에 정의된 일정액 이상의

---

4) ASN: Advanced Shipping Notice
5) RFID: Radio Frequency Identification

구매를 요청할 경우는 RFQ(Request for Quotation, 견적요청서)를 작성하게 된다. 공기업이 경쟁을 통한 구매가 반드시 필요한 경우는 RFQ 작성에 이어 공급업체로부터 Quotation(견적서)를 접수하고, 이를 기반으로 대상 업체를 선정하여 P/O(발주서)를 발행하게 된다. 구매에 수반되는 문서와 관련되어 비 부가가치 업무(non-value adding activities)를 줄이고자 하는 시도는 프로세스 재설계나 IT 기술 적용의 계기가 되곤 한다. 이러한 시도는 Blanket Order, EDI 전송과 바코드 활용을 통한 문서작업의 제거, 전자세금계산서를 활용한 송장 없는 결제 등의 시도와 유사한 시도라고 할 수 있다. 다음 〈그림 9-11〉의 Match는 대금 지불을 위하여 근거를 확인하는 작업으로, 어떤 문서를 기준으로 확인하느냐에 따라 2-way Matching[6], 3-way Matching[7], 4-way Matching[8] 등으로 구분할 수 있다.

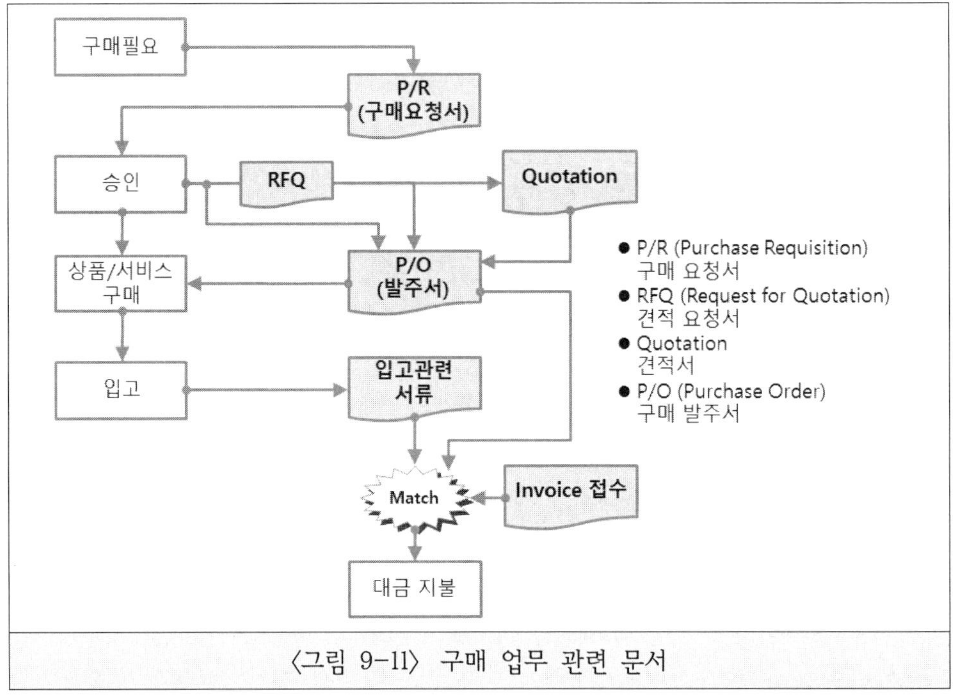

〈그림 9-11〉 구매 업무 관련 문서

(3) 조달프로세스 합리화

조달 프로세스 합리화는 정해진 접근 방법이 없다. 그렇기는 하지만 조달업무를 수행하는 담당자들이 공급망 내부의 관리비용 절감에 매진할 수 있도록, 주문 관리에 소요되

6) 2-way Matching: 대금 지불을 위하여 P/O(구매발주서)와 Invoice(송장)을 비교
7) 3-way Matching: 대금 지불을 위하여 P/O, Invoice와 Receipts(입하) 수량을 비교
8) 4-way Matching: 대금 지불을 위하여 P/O, Invoice, Receipts, Inspection(합격) 수량을 비교

는 간접비용을 줄이거나 제거하는 다양한 방법들이 적용될 수 있을 것이다. 다음의 〈그림 9-12〉는 구매 관련 비용을 절감할 수 있는 다양한 방법들을 구매 단계별로 정리한 것이다. 따라서 적용 방법의 결정은 해당 품목이 회사에 미치는 중요성이나 가치에 따라 달라진다. 요약해 보면, 저부가가치 품목에 소요되는 간접비용은 절감하는 대신 고부가가치 품목에 대해서 노력이 집중되어야 한다는 것이다. 예를 들어보면 저가의 간접품목(예를 들어, MRO 품목)을 구매할 때는 권한을 위임받은 사용자가 구매카드(P-Card)를 사용하도록 하고, 반면 고가의 컴퓨터 설비나 하드웨어를 구매하기 위해서는 협상을 신중히 실행하고 계약을 체결하라는 것이다.

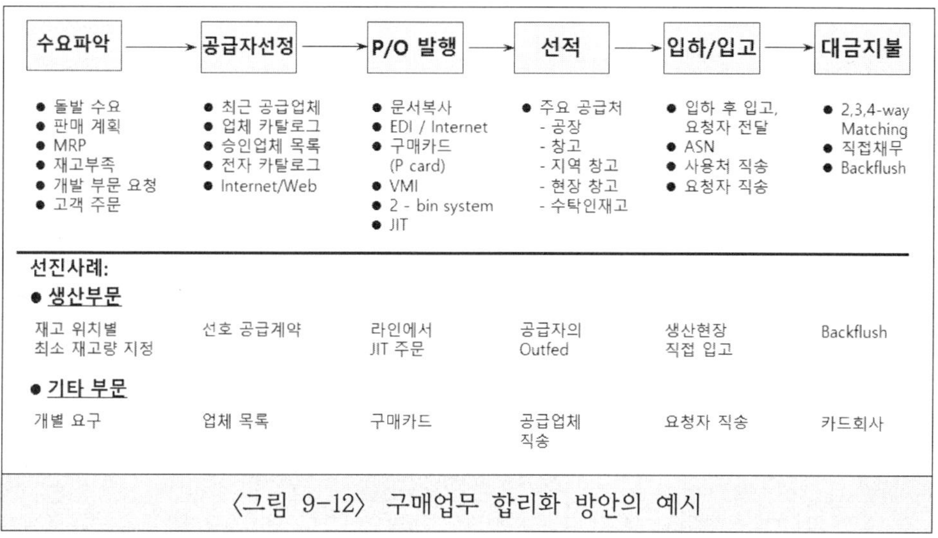

〈그림 9-12〉 구매업무 합리화 방안의 예시

(4) 조달업무 수행을 위한 IT 요소

대부분의 기업들이 제품이나 기타 품목의 구매에 많은 비용을 사용하고 있다. 많은 기업들이 물품이나 서비스 조달에 적용되는 IT 시스템을 합리화함으로써 효과를 볼 수 있으리라 판단된다. 구매 시스템은 전자상거래(e-Commerce)나 주문 발행, 정보 교환 등의 기능을 사용하여 거래 처리 프로세스를 효율적으로 수행할 수 있게 지원해 주고 있다. 현재 주로 적용되고 있는 기능들은 다음과 같다.

- EDI
- 전자 카탈로그
- 인터넷
- 인트라넷

또한 대부분의 구매 시스템(예를 들어 SAP나 Oracle과 같은 ERP 시스템)은 아쉽게도 거래 기반적 시스템으로 구현되어 있다. 전략적 업체 발굴이나 공급업체 평가 분석을 수행하기 위해서는 사용자 인터페이스의 개선이나 DW(Data Warehouse) 등의 시스템을 보완하여, 보관되는 데이터의 양과 질을 개선하고 활용 수준을 높이는 방법의 모색이 필요하게 된다.

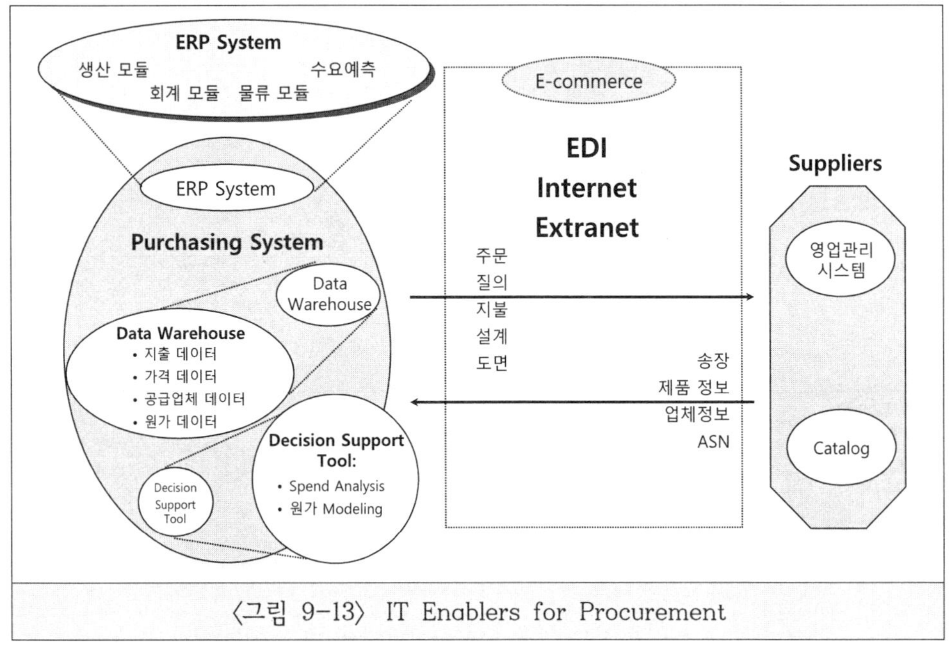

〈그림 9-13〉 IT Enablers for Procurement

나. 조달프로세스 개선 트렌드와 발전 방향

과거 종이 문서 기반의 조달 프로세스에서 공급업체와 전자적 연결을 기반으로 한 프로세스로 조달업무를 개선하게 되면 많은 이익이 발생할 수 있다. 북미나 유럽의 회사들 중 10% 가량의 기업들이 이미 이러한 시도를 하고 있는 것으로 예측된다. 일반적으로 구매업무와 관련된 여러 효율성 증대 툴이나 방법을 아래에 정리하였다.

(1) Outsourcing(외주)

Outsourcing이라 함은 외부 업체가 하나 혹은 그 이상의 기능에 대한 책임을 맡는 계약적 관계를 말한다. 보통 외주 계약을 수립하게 되면, 외주처리하기로 된 프로세스에 필요한 시설이나 인원 혹은 장비를 포함한 자산을 이전하게 된다. 조달 업무의 외주처리의 경우에는 보통 외부의 서비스 공급업체가 사용하는 정보시스템과 그 인원을 활용하는

것을 의미하며, 내부 인력이나 장비의 이전을 포함하지는 않는다.

(2) P-Card(Procurement Card, 구매카드)

구매카드(혹은 조달카드)는 기업이 발행한 신용 카드를 활용하여 대량의 저가 품목 구매에 사용하는 제도이다. 일반적으로 사용금액의 제한은 개인별 월별로 지정된다. 구매카드를 활용하게 되면 구매발주와 관련된 많은 업무를 줄일 수 있어 전반적인 효율 향상에 도움이 된다.

(3) e-Commerce(Electronic Commerce, 전자상거래)

전자상거래에는 조직간의 정보흐름을 자동화하는 다양한 기술이 사용된다.

① EDI

표준화된 서식의 대량의 구조화된 데이터를 전달하는 상용서비스이다.

② Electronics forms

특정 양식을 위해 적용되는 구조화 되거나 구조화되지 않은 정보를 기록하는 방법이다.

③ Electronic catalogs

잠재 고객에게 제품을 게시하는 수단이다. 제공한 정보에 손쉽게 접근할 수 있도록 함으로써 고객 서비스를 향상시킬 수 있다. 이 방법은 선호제품의 구매를 유도할 수도 있다.

④ 인터넷

현재 우리나라는 세계에서 인터넷 활용률이 가장 높은 나라 중 하나이다. 이 기술이 기업에 적용될 경우 외부 인력이 접근이 제한된 내부 데이터나 기업 시스템에 접근할 수 있게 된다.

⑤ 인트라넷

더 많은 사용자들에게 낮은 비용으로 제한된 업무처리를 할 수 있도록 하는 기업이나 그룹 내부적으로 운영되는 네트워크이다. 인트라넷을 활용하게 되면 인터넷과 연결되어 구매부서보다도 제품에 대한 정보를 빨리 취득하는 경우도 빈번히 발생한다.

(4) e-Marketplace

Gartner사는 e-Marketplace를 공급업체나 파트너에게 정보를 제공하고 마케팅과 판매를 수행하며, 그들의 정보를 수집하고, 지원하는 온라인 채널이라고 정의하고 있다. e-Marketplace는 소프트웨어나 철강 등 많은 업종에서 전 세계에 걸쳐 적용되었으나, 현재는 소프트웨어나 음원 판매 등의 시장에서 주로 적용되고 있다. 철강이나 화학 업종에서의 적용은 현재는 조금 주춤한 상황이라고 판단된다.

(5) Consignment(위탁판매)

제품을 고객이 제공하는 장소에 보관하며, 실제 생산에 투입되기 이전까지는 공급업체에게 그 대금을 지불하지 않는다. 대금지불은 실제 생산에 투입되거나, 완제품 상태로 배송되거나, 소매점에서 판매될 경우에 이루어지게 된다. 공급업체는 재고가 생산업체나 소매점에 있더라도 여전히 재고를 소유하고 있게 되는 것이다. 위탁판매의 배치는 기업의 자산 비율을 줄이게 되며, 재고 절감이나 순이익 재고 관리 비용, ROI에 긍정적 영향을 미치게 된다.

9.4 조달 파트너십과 조달 체계

가. 협력구매: 파트너십

(1) 공급업체와의 관계 설정

제조업계에서 고객과 공급업체간의 관계는 매우 협력적인 관계로 바뀌고 있다. 제조업계에서 “전략적 파트너 관계”, “전략적 제휴”, “적합업체”, “승인업체” 등과 같이 고객과 공급업체간의 관계를 표현하는 말들을 여러 매체에서 심심치 않게 접할 수 있다. 이러한 용어들은 같은 개념을 달리 표현한 것일까? 아니면, 그 단어들 사이에는 큰 차이점이 있을까? 조달과 관련된 사람들 사이에서 이러한 말은 종종 크게 구분하지 않고 사용되는 경향이 있기는 하지만, 사실 이 용어들은 조금씩 차이가 있다.

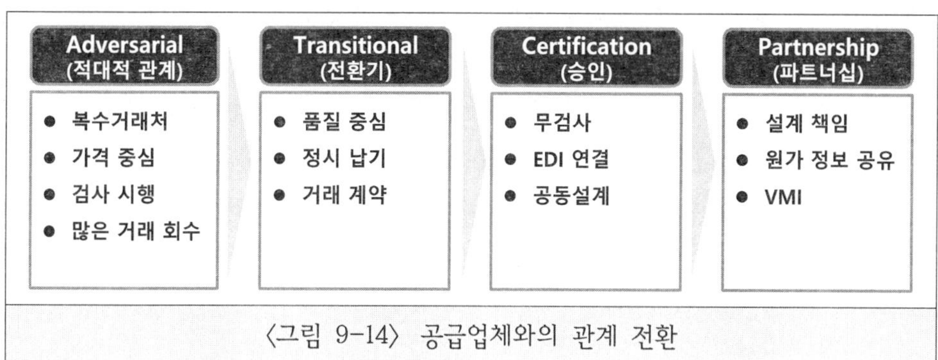

〈그림 9-14〉 공급업체와의 관계 전환

이러한 차이를 이해하는데 도움이 되도록 APICS에서 정의한 개념[9]을 위의 〈그림 9-14〉에 반영하였다. 여기에는 공급자와의 관계가 진화되는 단계를 나타내고 있는데, 가장 최근의 개념이 승인(Certification)업체와 파트너십(Partnership)이다. 승인업체 단계와 파트너십 단계의 차이는 명확하다. 승인업체 단계에서는 공급업체들은 입고검사 면제나 정시배송기준 준수, 제품이나 프로세스 설계를 지원할 수 있는 높은 품질수준을 획득해야 한다. 파트너십 단계에서는 공급업체와 고객이라는 경계가 모호해 질 정도의 협력이 요구된다. 이 단계에서는 고객이 사용하기 전까지 원자재의 관리를 책임지는 VMI가 적용되기도 한다. 파트너사는 설계 정보와 생산 일정 정보를 상호 원가 절가 및 재고 절감의 목적을 위해 공유하기도 한다. 심지어 전략적 목적이나 운영 목적의 달성을 위하여 경영 위험을 공유하기도 한다. 위 그림에서 "전략적 제휴"라는 용어를 직접적으로 사용하지는 않았지만, 이런 형태의 관계가 대부분의 사람들이 이 용어를 사용할 때 생각하는 개념이 파트너십 단계에 해당하는 내용들일 것이다. 반대로 고객이 하나이상의 공급업체와 파트너십 관계를 유지하는 경우도 마찬가지이다.

(2) 공급업체 합리화

주문, 품질 추적, 입고 물류 관리, 인보이스에 대한 대금 지불에 들어가는 비용을 개선 등의 합리화를 효율적으로 수행하기 위해서는 대부분의 제조업체에서 보유하고 있는 공급업체의 숫자가 너무 많다. 구매 프로세스를 재설계하면서 많은 기업들이 공급업체의 수를 줄이고 관계 돈독화를 모색하였다.

1990년도 초 Guiness에서 Cruzcampo의 소유권을 인수하였을 때, 공급업체 감소를 포함한 조달 업무에 대한 급격한 업무 재설계 조치를 단행하였다. 그 결과 2,000개 이상의 농부들로부터 직접 구매하던 것을 5~6개 정도의 유통업체를 통해 구매하는 것으로

9) Quigley, P., The Performance Advantage, APICS, 1991.

전환했으며, 공장단위의 공급업체를 전사 단위의 공급업체로 전환함은 물론 통합된 공급업체 데이터베이스를 적용하였다.

1980년대 초 Ford사는 표준 공급업체 파트너십 프로그램에 따라 기존 구매업무 관행의 야심찬 재설계를 시행하였다. 시행된 프로그램 내용들은 자개 공급업체에 대한 공통 평가 기준의 적용, 단일 공급원 정책의 적용, 공급업체의 90% 축소(35,000개에서 3,500개 수준으로) 등이었다. 공급업체의 등급평가 프로그램 적용결과로 Ford사는 1990년도 Medal of Professional Excellence를 수상하였다.

(3) 협력구매의 장점(Advantages of Partnership Sourcing)

많은 세계적 기업들이 업체 발굴 과정에서 부딪히는 많은 문제들을 해결하는 방안으로 협력구매를 적용하고 있다. 협력(Collaboration)은 많은 구매 조직이나 공급조직에서 경제적 사업적 이익을 제공하는 유일한 대안으로 점차 자리 잡고 있다.

Coors사의 파트너 관계의 특징은 대체로 공급업체의 승인(Certification)제도와 관련된 것들이다. 무검사 입고, 확실한 리드타임, 공급업체의 생산계획 공유, 입고 품목에 대한 송장없는 대금 지급, 품질과 납기 측면에서의 정기 평가 등이 Coors사에서 실시하고 있는 인증제도의 특징적인 내용이다. 전통적인 관계를 넘어서는 우선 대상 업체와의 이러한 승인기반 관계는 여러 특징이 있다. Coors 양조사는 미국에서 3번째로 큰 양조업체로 이러한 인증 기반 관계를 점차 확대 적용하고자 노력하고 있다.

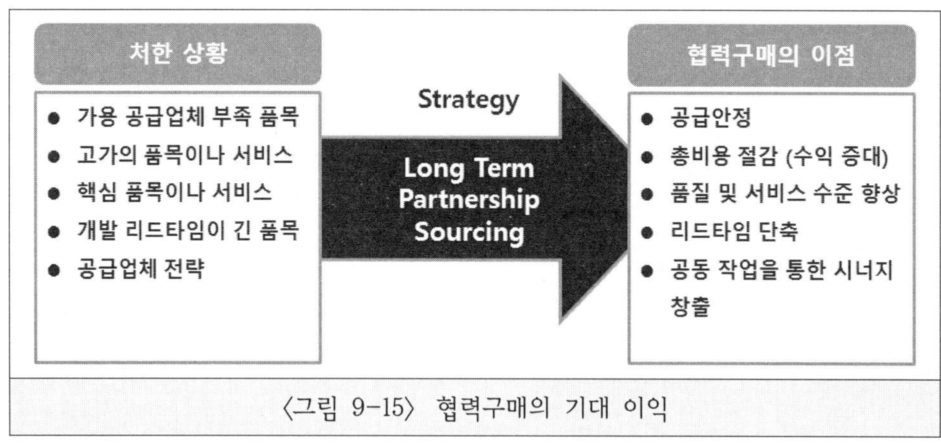

〈그림 9-15〉 협력구매의 기대 이익

- 공급업체는 Coors사의 재고를 운반하게 된다. 따라서 공급업체들은 정시 배송이 가능해야 한다.
- 기업들 간에 수익 정보 데이터를 공유하게 되면서, 비밀유지 계약을 체결해야 한다.

- 대부분의 경우 절감되는 원가는 공급업체와 50:50으로 공유한다.

(4) 공급자 관리의 목적과 기대이익

많은 제조업체들이 최근에 들어 품질향상, 생산의 유연성 확대, 비용 절감 등을 더욱 갈구하고 있다. 가장 중요한 요소 중 하나가 공급망 전반에 걸쳐 재고유지 비용은 줄이면서도, 유연성 확대(빠른 준비, 생산 가동시간 축소, 재공품 축소)를 통해 고객의 재고 보충수요에 동기화되어 이를 충족시키는 것이다.

구매는 이 과정에서 매우 중요한 역할을 수행하고 있다. 기업들은 정확한 품목의 원자재를 정시에 공급업체로부터 공급받는 것이 생산효율 향상에 매주 중요한 요소임을 더욱 절실히 느끼고 있다. 공급업체와의 협력적 관계를 통해 구매업무는 생산 공정에 가치를 더해주는 역할을 수행하고 있는 것이다. 공급자 관리를 통해 얻어지는 이익은 다음과 같은 것들이 있다.

- 안전재고 수준(Safety Stock) 저감
- 재고 보유 공간(Inventory Floor Space) 절감
- 납기(Delivery) 빈도는 증가, 1회 납품 수량(Quantities)은 감소
- 발주 비용(Order Costs) 절감
- 주문 충족 주기(Order Fulfillment Cycle) 단축
- 생산 유연성(Production Flexibility) 증대
- 자재 품질(Quality of Materials) 향상

나. 구매체계

(1) 집중 구매와 분산 구매

완전히 집중화된 구매체계나 분산화된 구매체계를 보유하고 있는 회사는 실제로는 매우 드물다. 대부분의 기업들은 두 가지 체계를 결합한 형태의 체계를 적용하고 있을 것이다. 회사 전반에 걸쳐 공장 단위로 일상적으로 사용되고 있는 품목의 국내/글로벌 계약 체결에서 그룹이나 사업부 수준에서 구매업무를 담당하는 임원의 역할은 점차 늘고 있다. 아래의 표는 집중 구매와 분산 구매의 일반적인 특징을 비교한 것이다.

▮표 9-3▮ 집중구매와 분산구매의 특징 비교

집중 구매 (Centralized Purchasing)	분산 구매 (Decentralized Purchasing)
● 구매자의 전문화 (Buyer Specialization) ● 협상력 강화 (Greater Bargaining Power) ● 문서작업 감소 (Less Paperwork) ● 공유성의 증대	● 공장간 협력 확대 (Better Coordination with Plants) ● 응답시간 개선(Faster Response) ● 지역특성에 따른 업체 발굴 (Local Sources) ● 자재비에 대한 공장 관리 (Plant Control over Material Costs)

구매 업무를 수행하는 조직의 가장 중요한 성공 요소는 집중구매에서 기대할 수 있는 비용 및 관리 비용의 절감과 지역 공장의 관리자가 기대하는 유연성이나 자율성과의 균형을 맞추는 일이다. 모든 조직에 공통적으로 적용되는 집중구매와 분산구매의 결합 방법은 없겠지만, 해당 기업이 처한 환경과 구매 형태에 따른 장점을 명확히 이해하면 적절한 결합 방법을 찾아낼 수 있으리라 판단된다.

① 집중 구매

집중 구매 방식은 구매 물량을 증가시켜 대량구매를 수행하여 협상력이 증대되고, 이로 인해 가격인하를 기대할 수 있다는 것이 가장 큰 특징이다. 대량구매로 인한 직접적인 원가 관점의 장점들을 제외하고도, 기대할 수 있는 가장 큰 효과 중의 하나는 구매 담당자의 숙련도를 향상시킬 수 있다는 점이다. 또한 통합 재고 관리를 통한 재고 비용 절감과 부품 표준화를 모색할 수 있다는 것도 기대할 수 있는 중요한 효과 중의 하나이다.

② 분산 구매

해당 지역별 공급원을 확보 및 임시시장(Spot Market)의 활용으로 공장 관리자는 운영의 유연성 및 비용에 대한 관리 수준을 향상시킬 수 있게 된다. 때때로 외국에 공장을 수립하는 등의 경우에서는 그 지역 공급원을 사용하는 것은 계약상의 항목으로 요구되는 경우도 있다.

(2) CLAN(Center-led Action Network) 모델

구매체계에 대한 집중구매-분산구매 접근 방법은 CLAN(Center-led Action Network) 모델에도 반영된다. CLAN 모델 방식의 접근 방법에서는 구매전략이나 정책

은 소규모의 중앙 집중 부서에서 관리되고 구매 품목의 소유는 각 지역에 위임하게 된다. 특정 제품 그룹이나 서비스 라인의 경우, 다른 사이트나 사업부의 요청에 따라 구매 금액이 크고, 최상의 기술적 지원에 대한 노하우와 최고의 조달 전문가들을 보유한 사이트에서 구매에 수반되는 협상을 대행하는 경우도 있다. 이러한 방식으로 기업 전반의 구매 물량에 따른 가격 효과나 업무 처리에 소요되는 비용을 절감할 수 있다. 전략적 업체 발굴 프로세스의 최적화를 위하여 CLAN 모델을 적용하기 위해서는 강력한 리더십이나 적절한 IT 기술 및 인력이 요구된다. 다음의 그림으로 CLAN 모델의 모식도를 제시한다.

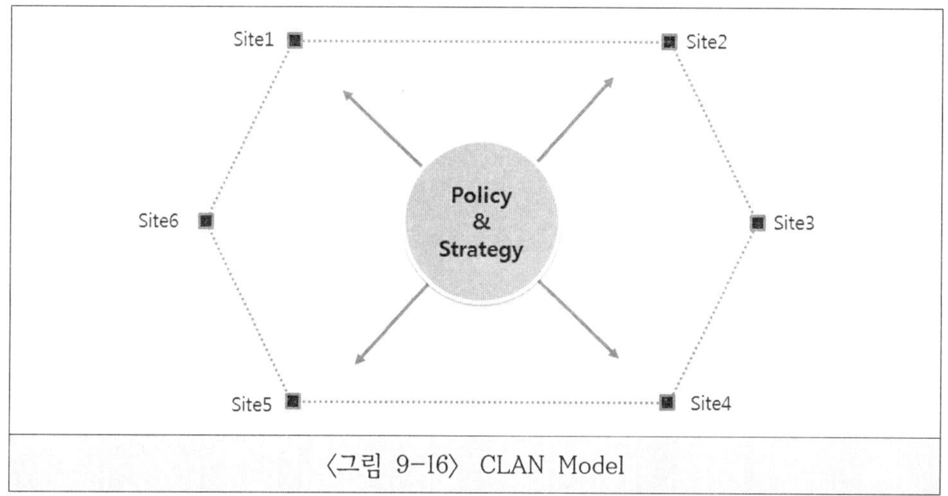

〈그림 9-16〉 CLAN Model

(3) Commodity Team

Commodity Team 체계는 원자재의 품질 수준을 보장하기 위하여 적용하고 있는 방식으로, 모토로라 등에서 활용된 바 있다. Commodity Team은 주요 부품군에 따라 구성되며, 각 팀은 일련의 권한과 책임을 가지고 공급업체가 위치한 곳에서 활동하게 된다. Commodity Team 체계의 적용에는 다음과 같은 2가지 목적이 있다.

① 해당 부품이 품질 표준을 충족시켜야 한다.

공급업체에 공정관리 평가나 통계적공정관리(SPC: Statistical Process Control) 체계의 적용을 지원하거나 검토하는 과정을 공급업체와 함께 수행함으로써 이 목적의 달성을 추구한다. 공급업체는 앞의 두 가지 체계 외에도 훈련, 6 시그마 능력, TQM(Total Quality Management), 개별적 책임 체계 구성 등의 여러 가지 지속적인 개선 프로그램(Continuous Improvement Program)을 보유하고 있어야 한다.

② 구매 시스템의 주기를 단축시켜야 한다.

구매, 품질 및 부품의 신뢰성의 일상 관리에 구매 전문가와 기술자들이 협력함으로써 이 목적의 달성을 추구한다. 예를 들어 구매 전문가가 발주를 수행하고, 납기를 관리하고, 가격 정책을 관리하며 장기 계약을 수행하면, 자재 품질 기술자들은 실패 원인분석(Failure Aalysis)이나 표준 부품의 생성, 원가분석이나 지원 협상 등의 업무를 수행하게 된다.

그룹과제

9.1 조달업무의 수익개선 효과

평균적으로 설비구매를 제외한 품목의 매출액 대비 구매금액 비율은 산업군을 망라하여 51% 정도에 이른다. 전통적 기업에서는 매출액의 절반이상의 비용을 구매에 사용한다. 따라서 구매품목이나 서비스에서의 소규모 비용절감이라도 그 수치가 매우 크기 때문에 막대한 절감 효과가 있다. 구매에서 절감되는 비용은 직접적으로 영향을 미치게 되므로, 신규 매출을 달성하는 것과 동일한 효과가 있다. 또한 판매수입이 수익에 미치는 영향이 구매비용에 미치는 비용에 비하여 매우 작기 때문에, 동일한 효과를 얻기 위해서는 매출의 급격한 증가가 필요하게 된다.

다음 질문의 대상이 되는 기업은 연간 매출이 100억원 이르고, 10%의 수익률을 보이고, 매출액의 55%가 구매비용으로 사용된다고 가정하자.

1) 구매 비용이 5 퍼센트 감소할 때의 이익을 계산해라.

2) 위 1번과 동일한 수익 증가 효과를 보이는 매출 증가 규모를 계산하라.

3) 구매비용의 절감이 기업의 ROI에 미치는 일반적인 영향에 대하여 기술하라. 또 왜 그렇게 되는지 설명하라.

9.2 전략적 조달모델 수립

X사는 자사의 성장을 위해 새 CEO를 임명했다. 잠재성장률은 높지만, 그동안 회사는 그 기회를 이용하지 못했다. 새 CEO는 조달부서에게 구매 업무의 개선을 요구하였으며, 이를 수행할 수 있도록 구매부서의 책임자를 새로 고용했다. 각 팀별로 다음의 내용을 수행하라.

1) 아래 제시된 X사의 공급업체 정보를 참조하고, 표를 완성하라. 이는 다음을 결정하는데 도움이 될 것이다.

- X사의 제품군별 개별 공급업체에 대한 영향력
- X사의 제품군별 모든 공급업체에 대한 영향력

▮표 9-4▮ 공급업체 및 제품군 정보

	공급업체	제품군	업체 수	X사 구매 (백만원)	판매액 (백만원)	영향력
1	Carlton Comelin	PCB	5	383	3,900	0.1
2	IPE	DIP Brazed Boxes	3	419	3,600	
3	Lymington Precision	Precision MK & Fabrication	4	1,540	4,000	
4	MSA	Thermal Batteries	3	923	15,000	
5	Deritend Aluminum	Investment Castings	5	232	4,000	
6	Alroy Sheet Metal	Sheet Metal	20	746	2,000	
7	Cinch	Electrical Connectors	2	358	5,000	
8	Macro Marketing	Semi-conductors	4	350	5,000	
9	Brimingham Electric	Thermal Batteries	3	400	6,000	
10	Royal	Thermal Batteries	3	1,000	25,000	
11	GTK	Electrical Connectors	2	800	10,000	

- 업체수: 전체 공급업체 수(Total Number of Suppliers)
- X사 구매: X사가 구매업체에 연간 지불하는 금액 (X's Annual Spend at Supplier)
- 판매액: 공급업체의 판매액(Supplier Turnover or Sales)
- 영향력: 구매자의 영향력 지수(Buyer Strength, X사구매/판매액)

2) 이어서 아래의 그리드에 구매 영향력을 표시하라.

예를 들어 X사가 Carleton Comelin의 연간 PCB 생산량의 10%를 구매하고 있으며, 같은 품목을 공급하는 공급업체가 4개가 더 있다고 하자(전체 5개의 공급업체가 된다). 이 경우 다음 페이지 그리드 상에서 Carleton Comelin는 좌측 하단(3사분면, 즉 Non-critical 품목군)에 위치하게 된다. 다시 말하면 PCB는 시장에서 비교적 흔히 찾아볼 수 있는 품목이라는 의미이며, X사가 소수 공급업체에 휘둘릴 우려는 없다는 말이다. 또한 X사는 개별 공급업체의 생산량 중 많은 양을 구매해주고 있어 공급시장에서 강한 영향력을 가지고 있음을 의미한다.

3) 앞 페이지 표의 데이터를 참조하여 〈그림 9-17〉에 데이터를 표기하라.

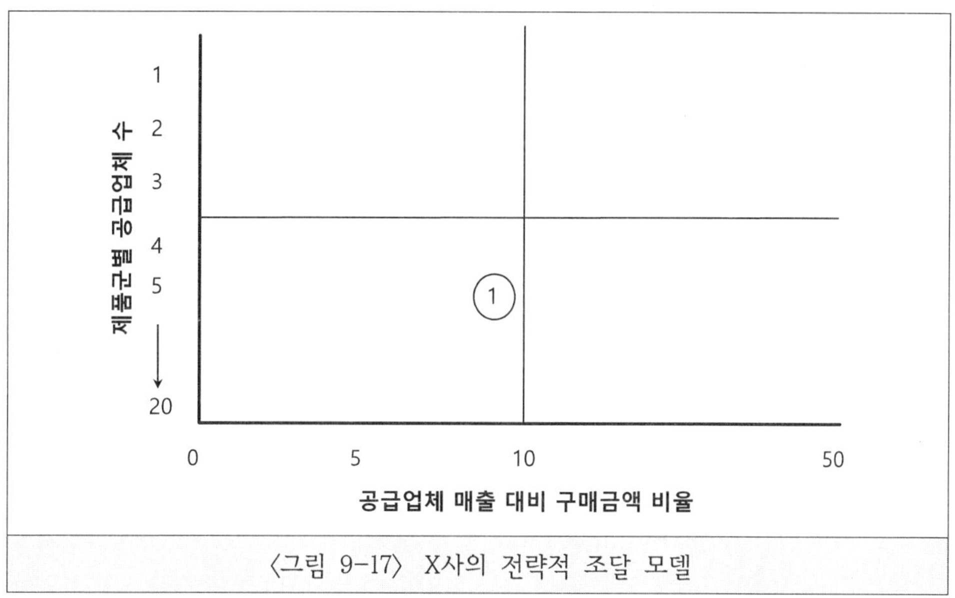

〈그림 9-17〉 X사의 전략적 조달 모델

4) 표와 그리드를 완성하였으면 그룹과제의 Part 2를 수행하라.

9.3 전략적 조달모델의 적용

이번 문제에서는 다음에 대한 문제를 고민해 보고자 한다.

1) Bottleneck 품목군에서 Strategic 품목군으로의 이동 전략
2) Strategic 품목군에서 Leverage 품목군으로의 이동 전략

Bottleneck 품목군의 경우 X사는 공급업체와의 관계에서 열세에 처해있다. 이를 어느 정도라도 극복할 수 있는 조치에 대하여 생각해 보자. 구매부서가 취할 수 있는 조치에만 국한하지 말고, 생산계획 담당자나 기술부서, R&D 및 마케팅 부서가 취할 수 있는 모든 절차에 대하여 토론해 보도록 하자.

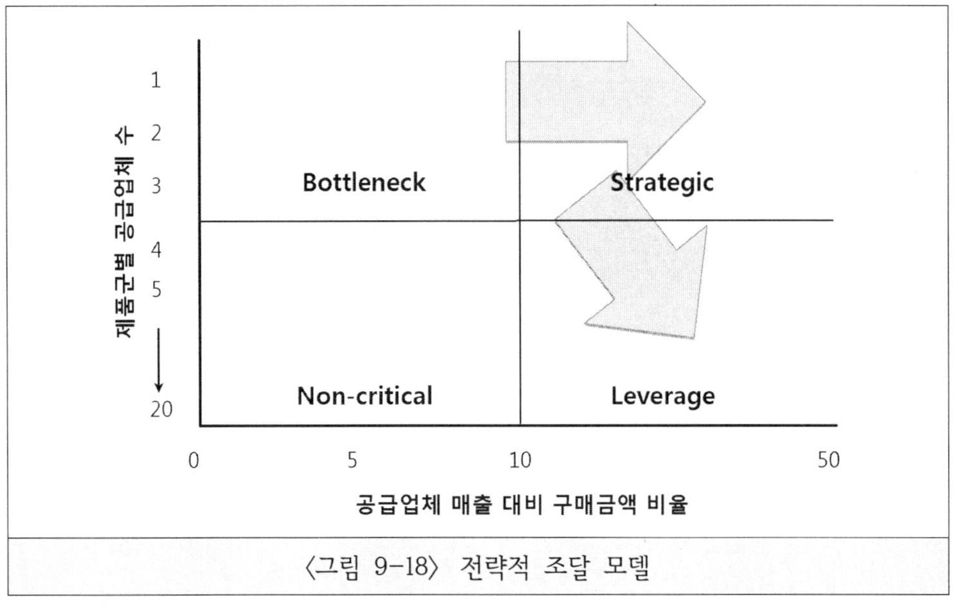

〈그림 9-18〉 전략적 조달 모델

9.4 전략적 조달모델의 활용

앞에서 우리는 구매자 입자에서의 영향력 측면에서의 제품군별 구매 전략에 대하여 고민해 보았다. 구매 전략의 수립에 있어서 고민해 보아야 할 다른 관점의 이슈들은 어떤 것들이 있을까?

다음의 BOM 구성 품목을 대상으로, 이번 연습문제의 Part 1에서 제시한 전략적 조달 모델 매트릭스의 보다 나은 사분면으로 이동하기 위한 전략에 대해서 논의해 보자.

(주)BestPhones의 BOM
포장재류
배터리
마이크
회로
전선
키패드
전원 공급장치
LCD 스크린
안테나
스피커

사례 연구

▮▮ Bose사 - JIT II의 적용 ▮▮

● **사례의 개요**

Bose사는 공급자관리에 JIT Ⅱ 개념을 도입하여 공급자와 원활한 관계를 맺음으로써, 공급자관리의 개선을 통해 매출이 늘어나고 이익도 증대되었다. 공급자의 공장 내 직원이 Bose사 직원배지를 주었고, Bose사의 스텝들과 자유롭게 교류하도록 허용하였다. 결과적으로 공급사 직원들은 Bose사의 직원들과 같은 정도의 책임을 가지게 되었으며, 그들이 가지고 있는 외부적 관점과 전문성이라는 장점을 추가해서 더욱 활동적으로 Bose사와 자기 회사의 업무프로세스 개선에 참가하였다.

● **JIT II의 개요**

JIT Ⅱ는 발주자와 공급자를 하나의 가상기업으로 인식하여 각종 중복업무와 비능률을 제거함으로써 극적인 원가절감과 획기적인 업무처리속도의 단축을 꾀하는 것이다. 예를 들어 발주자의 구매부서와 공급자의 영업부서는 동일한 업무를 중복하게 수행하는 것이므로 이들 업무를 효과적으로 조정하면 공급자와 발주자 모두가 획기적인 이익을 볼 수 있는 것이다. 이 두 개념의 차이를 요약 정리하면 다음의 〈표 9-5〉와 같다.

▮표 9-5▮ JIT와 JIT II의 비교

구분	내용
JIT II	• 가치사슬 하의 회사 간 연결구조와 절차의 근본적 변화 • 기업 간 비부가가치 및 중복활동의 혁신적 감소 및 제거 • JIT와 MRP의 생산방식을 수용한 기업 간 운영체계 변화 • 파트너십을 바탕으로 한 공존전략(Win-Win Game)을 채택 • 정보흐름의 동기화를 통한 물자이동의 통제력을 강화
JIT	• 개별적인 공장의 생산현장(Plant-Floor) 운영방식의 연결 • 공장 내의 비부가가치 활동의 감소 • Push 형태인 MRP와 대비되는 Pull 방식의 생산 • 상호신뢰를 바탕으로 한 공급업자의 기여를 바탕 • 물자이동을 개선대상으로 추진

● 기업 개요

Bose사는 1964년 MIT(Massachusetts Institute of Technology)의 전기공학과 컴퓨터과학 교수였던 Amar Bose 박사에 의해 설립되었다. 1970년대 내내 Bose사의 스피커 매출은 급격히 성장했다. 이러한 성장으로 인해 Bose사의 경영진은 특별한 음을 내는 자동차용 스테레오를 개발한다는 전략으로 제너럴 모터스의 델코(Delco)사업부에 접근하고자 했다. 그리하여 1982년에는 처음으로 캐딜럭스빌에 Delco/Bose 음향시스템을 장착시켰다. 그리고 1990년에는 Bose 음향시스템이 여러 기업(General Motors, Honda, Acura, Audi, Nissan)에서 제조된 자동차에 제공되었다. 최근에는 캐딜락, 세브렛, 인피니티 및 벤츠 자동차에도 제공되고 있으며, 항공기 조종사용 헤드셋을 생산하기 시작하여 Aviation Consumer지에 의해 '올해 최고의 제품'으로 선정되기도 하였다.

Bose사의 본사는 매사추세츠의 보스턴에서 23마일 떨어진 서부에 위치하고 있는데, 이 회사는 초창기에 세 곳의 제조공장이 있었다. 첫 번째 공장인 매사추세츠의 웨스트보로 공장은 생산이 완전히 통합되어 있는 곳으로, 여기서는 인쇄회로기판과 변환기를 생산하고, 외부에서 구입된 부품뿐만 아니라 자체에서 제작한 것을 이용하여 완성된 스피커를 조립한다. 두 번째 공장인 캐나다 퀘백의 스테마리 공장은 스피커 케이스를 생산하며, 세계적인 목공능력을 가지고 있다. 세 번째, 아일랜드의 캐릭마크로스 공장은 유럽의 판매공급을 위한 스피커를 조립하는 공장이다. 이외의 미시간의 힐스데일(자동차 시장을 겨냥한 스피커 제조를 전문으로 하는데, 잦은 계획이나 주문 변경으로 인해 계획상 여유가 없을 때 혹은 제품화하는 데 있어 짧은 시간을 요구하는 자동차 제조업체에서 신속한 대응을 하기 위한 공장)공장과 멕시코의 산루이스(크기가 작고 값싼 소형(bookshelf) 스피커뿐만 아니라 또 다른 Bose공장을 위한 전선, 변환기 및 회로기판을 생산)공장이 추가되어 현재는 7곳의 생산시설과 16개의 해외판매 자회사 및 세계 각지에 유통체계를 갖추고 있다.

● JIT II의 도입배경과 논란

Bose의 스피커용 플라스틱 부품 생산업체인 G&F 그룹은 Bose사로부터 두 회사 간의 업무 프로세스를 개선할 목적으로, G&F의 직원을 상근시키도록 요청받았다. 이는 구매와 물류의 혁신을 이루기 위하여 특정 공급자와 Bose사와의 관계를 변화시키기 위한 것으로, G&F의 상주 직원이 G&F의 영업사원과 Bose사의 구매 및 자재수급 계획자를 대체할 수 있다고 생각했다. 이를 위해 공급사 상주 직원에게 다양한 권한을 주고자 했다.

- 특정 제품과 서비스에 대한 발주대상, 시기 및 주문량을 결정
- 공급사 직원이 생산문제의 해결을 지원

- Bose 상의 전산망을 사용할 권한
- 출입허가 지역의 해제

그러나 Bose사의 일부 관리자들은 Bose사가 자사의 조달과정에 대한 통제를 잃을 수 있다고 걱정하였다. 또 일부 관리자들은 플라스틱 분야가 이러한 형태의 관계에 적합한 분야인지 회의적이었다. 또한 이러한 방침을 실시하기 위해서는 공급사 상주직원이 Bose사의 직원들과 동등하게(Bose사 전화번호부 상에도 기재되고, Bose사의 모든 공장과 직원들과 컴퓨터시스템에 접근할 수 있도록) 취급되어야 하는데 따른 우려도 있었다. 다시 말해 Bose 내부에서는 다른 공급사로부터 구입된 부품의 가격이나 수량은 협상과정에서 최소한의 우위를 점하기 위해서 비밀로 부쳐져야 한다고 생각하는 기류가 있었다.

- **JIT II의 도입 및 실행**

〈공급체계의 재조직〉

JIT II가 도입된 이후 공급사의 직원이 Bose사의 구매담당 부서에 항상 상주하여 그곳에 있던 Bose사의 구매직원의 역할을 대신하게 되었다. 공급사에서 파견된 직원은 Bose사의 구매주문서를 사용하고 자신의 회사에 자기의 생각대로 주문을 하는 권한까지 부여받았다. 상호간의 합의에 따라 공급회사 직원은 자기 회사가 공급하는 자재에 대해 Bose사의 구매계획도 세웠다. 이러한 측면에서 Bose사는 자재계획자도 필요 없게 되었다. 결과적으로 Bose사의 자재계획자에서 구매담당자로, 공급회사의 판매자로 그리고 공급회사의 공장으로 이어지는 자재조달을 위한 전통적인 공급체계는 Bose사의 컴퓨터 시스템과 구매 지시서를 사용하여 일을 처리하는 Bose사의 공장 내에 상주하는 한 명의 공급회사 직원으로 대체된 것이었다.

실행 후 JIT Ⅱ는 양사에 만족스러운 성과를 주었다. 그러나 그 프로그램을 적용했을 당시에는, 악용의 위험이 가장 심각한 고민거리 중의 하나였다. 바로 적절한 업무통제를 위해서 어디에 통제와 균형을 둘 것인가 하는 문제였다. 그러나 JIT Ⅱ프로그램에 대한 모든 상황을 이해했을 때, 그러한 위험은 처음 생각했던 것만큼 크지는 않았다. 그리고 존재하는 위험은 통제가 가능했다. Bose사는 우선 신뢰할 수 있었던 공급회사들과 JIT Ⅱ 프로그램을 확대하였다. 품질관리, 비용절감, 그리고 서비스관리에 대한 그들의 명성이 이미 확립되어 있었기 때문에 가능했다. 다음의 〈그림 9-19〉에서 보는 것과 같이 JIT Ⅱ가 실행됨으로써 상호 정보공유가 많아지고 실수가 줄어들어, Bose사와 공급회사들은 서로 win-win게임을 하게 된 것이다.

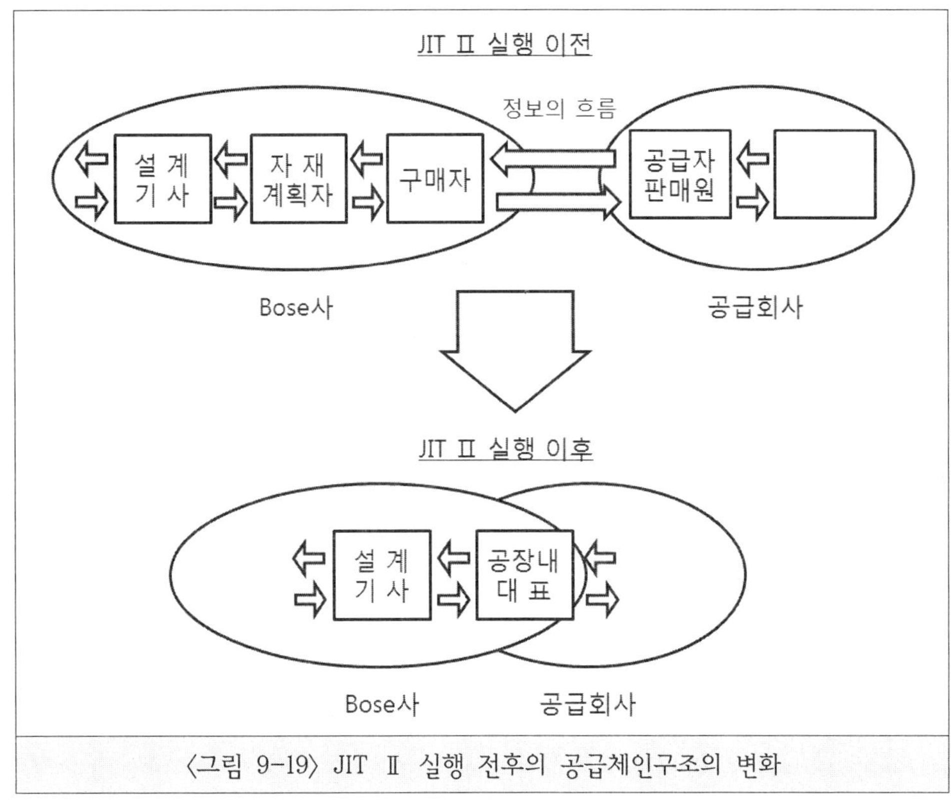

〈그림 9-19〉 JIT Ⅱ 실행 전후의 공급체인구조의 변화

〈지속적인 개선과 다른 분야에의 적용〉

JIT Ⅱ시스템이 제대로 적용됨에 따라, 매출이 늘어나고 이익도 증대되었다. 공급사의 공장 내 대표가 Bose사의 디자인 회의에 참가한 이래로, Bose사는 제품에 동시공학을 실행시킬 수 가 있었다. Bose사는 공장 내 대표에게 직원 배지를 주었고, 그들이 Bose사의 스탭들과 자유롭게 교류하도록 허용하였다. 결과적으로 공급사의 공장내 대표는 Bose사의 직원들과 구별할 수 없을 정도로 동질화되었다. 그들은 Bose사의 직원들과 같은 정도의 책임을 가지고, 그리고 그들이 가지고 있는 외부적 관점과 전문성이라는 장점을 추가하여 더욱 활동적으로 Bose와 자기 회사 간의 업무프로세스 개선을 이룩하기 위해 노력하였다.

1996년 현재, Bose사는 12명의 공급회사 직원을 공장에 상주시키고 있으며, 9개의 공급회사와 이러한 관계를 맺고 있다. 3개의 공급회사는 Bose사의 제의에 따라 2명의 공급자 대표를 선발하여 상주시키고 있다.

● **JIT Ⅱ의 도입효과**

JIT Ⅱ가 공장에서 효과적으로 실행됨을 확인하고, Bose사는 이 개념을 수/배송 분야

에도 적용시켰다. 수송회사(트럭, 선박, 통관대행 등)의 직원을 상주시킴으로써, 보다 효율적인 운송망을 구현할 수 있었다. 모든 사람이 그들 자신의 회사시스템 전부를 공유하여 한 곳에서 일함으로써, 수송되는 자재에 관련된 불확실성을 실질적으로 제거할 수 있는 정도의 개선도 이루어졌다. 이에 따라 운송 중의 자재는 창고 내의 재고와 마찬가지로 간주되고 계획되었다. 이제 Bose사는 부피가 크고 양이 많은 품목의 재고도 통상 하루 분량 또는 그 이하를 가지고도 운영한다. 이전에는 재고문제를 없애기 위하여 Bose사는 2주 내지 3주 분량의 자재를 보유하였는데, 엄청난 양의 자재재고가 줄어든 것이다.

수송 부문에서 가장 일반적으로 이용될 수 있는 지표는 정시(on-time)배송, 제품 손상률, 재고 부족률 등인데, Bose사는 이 세 가지 모두에서 산업표준에 비해 50% 이상의 향상을 달성하였다. Bose사의 주문 플라스틱 부품을 공급하는 G&F사는 그들의 생산시설이용률이 26% 향상되었다고 발표하였다.

● **Bose사례의 전략적 의미 및 결론**

Bose사의 사례에서 살펴본 바와 같이, 종래의 JIT가 발주회사의 재고감축 등 원가절감을 위해 일방적으로 공급업체에 필요한 양의 부품과 자재를 적기에 공급토록 요구하는 방법이었던데 비해 JIT Ⅱ는 발주회사와 공급업체를 하나의 가상기업으로 인식하여 두 회사 간의 중복업무와 절차를 대폭 축소하는 기법이다. 다시 말해 JIT가 발주회사의 원가절감을 위해 공급업체의 희생을 강요하는 방식이었다면, JIT Ⅱ는 파트너십을 바탕으로 양측의 공동이익을 꾀하는 이점을 갖고 있다. 또한 JIT Ⅱ는 신제품 개발단계에서부터 시작된다. 발주사에서 진행되는 신제품 개발단계에 공급사의 기술요원이 상주하여 동시개발을 수행한다. 자재계획 수립단계에서도 공급자가 발주사의 생산계획을 받아 자재 및 생산계획을 동시에 수행한다. 구매절차에 있어서도 양측에서 대표를 임명, 발주사와 공급사간 구매업무를 대행케 한다. 또한 배송물류에 있어서도 운송업자와 온라인 연결을 통해 배송상황을 받아 물류상황을 통제하고 운송업자의 전문요원이 회사에 상주함으로써 강력한 물류통제를 실시한다.

따라서 JIT Ⅱ는 이처럼 기업간 경계를 무너뜨림으로써 전체 자재관리의 대혁신을 추구하게 된다. 특히 발주사의 신제품 개발단계에서부터 공급사의 의견이 조기 반영되는 JIT Ⅱ는 시행착오를 줄이는 동시병행설계(CE: concur-rent engineering)를 공급업체에까지 확산시키는 장점을 갖고 있다. 다음의 〈표 9-6〉은 이러한 내용을 정리한 것이다.

▌표 9-6▌ JIT Ⅱ의 적용 및 효과

적용분야	변화내용	효 과
자재계획수립	공급자가 발주사의 생산계획을 받아 자재 및 생산계획을 동시에 수립	• 중복기능 획기적 감소 • 1인당 생산성 25% 향상 • 의사소통 원활화
구 매	공급대표가 발주사와 공급자 사이에서 구매업무를 대행	• 구매요원 감소 • 불량요인 사전 제거 • 제조원가 절감
배송물류	운송업자와의 온라인 연결을 통해 배송상황을 받아 물류상황을 통제함은 물론 운송업자의 전문요원이 회사에 상주	• 강력한 물류통제 • 배송시간 30% 감소 • 글로벌 소싱 지원
신제품 개발	공급자의 기술요원이 상주하며 동시 개발 수행	• 설계기간 단축 • 설계비용 절감 • 설계변경 단축

발주회사의 입장에서는 자신의 기업비밀이 공급자를 통해 누설될 수 있다는 단점이 있다. 이러한 단점에도 불구하고 Bose사의 사례에서 보여주는 것처럼 JIT Ⅱ의 적용으로 인한 효과가 크기 때문에 이의 적용은 참여기업 모두에게 경쟁우위를 가져다 줄 수 있다. JIT Ⅱ의 성공적인 도입과 실행을 위한 전제조건으로는 최고경영층의 개입, 양질의 정보와 적절한 통제, 정보관리의 보안성(Information Security), 유연성(Flexibility), 공존전략(Win-Win Game) 및 자체생산 대 외부조달(Make or Buy)에 관한 의사결정이 이루어져야만 한다.

▌▌ Xerox – JIT에서 공급자 파트너십으로 ▌▌

● 사례의 개요

1980년대 제록스사는 국내외의 치열한 경쟁으로 어려움에 처해 있었다. 시장점유율은 저하되고 재무성과는 하락하고 있었다. 위협을 느낀 제록스사는 1980년대 중반부터 제품의 품질향상에 노력을 집중하고 종업원들에게 많은 권한을 부여함으로써 경영성과를 점차 개선시켰다. 현재 제록스는 80년대에 비하여 크게 변화된 새로운 모습으로 90년대를 맞이하고 있다. 80년대 제록스는 시장에서 매우 격렬한 경쟁의 와중에 있었지만, 90년에는 선두 위치를 다시 탈환해야 하는 새로운 도전에 직면 하고 있다. 1997년 현재

182억 달러의 매출액을 기록하고 있다.

경쟁이 치열했던 80년대에 제록스사는 고객들의 목소리를 듣고 그들의 욕구를 이해했으며 이러한 조건들에 적합한 경쟁적 제품 및 서비스를 제공해 주었다. 그 결과 제록스사는 고객만족을 크게 향상시켰으며 시장점유율을 다시 회복하기 시작했다. 이러한 노력의 결과 제록스사는 1987 1997년 2차례 걸쳐 Baldrige상을 수상했고, 1992년 영국의 품질인증상, 일본에서의 Deming 상을 수상하는 등 품질경영에 일가견을 이루었으며 캐나다, 프랑스, 브라질, 멕시코, 호주, 네덜란드 등에서도 같은 종류의 품질경영상을 많이 획득하였다.

● **공급자 전략**

제록스사는 제품경쟁력을 강화시키기 위하여 부품구매와 공급자관리에 전략적인 초점을 맞추고 있다. 제록스사는 80년대 JIT 개념에 근거한 구매전략을 활용하여 많은 성과를 거두었고, 최근에는 JIT구매에서 한 단계 더 나아간 공급자 파트너십 전략을 도입하여 시장의 변화에 적극 대응하고 있다. 제록스사는 JIT구매에서 ①경쟁적 벤치마킹, ②구매시의 품질, ③제품개발 단계부터 계속적인 공급자관계 유지, ④장기계약, ⑤공급자 통합, ⑥공급자 개발 프로그램, ⑦다기능 상품팀 활용 등을 강조하여 왔다. 이러한 7가지 요소들은 공급사의 납품 품질 향상에 중점적으로 적용되었다. 이러한 제록스의 노력으로 1980년 말부터 제록스는 불량품, 자재비용, 납품 리드타임(lead time)에 큰 효과를 거두기 시작하였다. 하지만 치열해지는 경쟁압력은 기업들로 하여금 새로운 시장전략을 생각하게 했고, 제록스는 이러한 추세에 신속히 대응하였다. 과거에는 품질과 납품이 주요 장점이었으나 경쟁적 제품가격과 빠른 신제품의 출시가 현재 및 미래 성공기업의 요소로서 제기되기 시작하였던 것이다. 이러한 시장변화를 충족시키기 위하여 제록스는 기존의 JIT구매 전략에서 공급자와의 파트너십으로 전략을 수정하였다.

공급자 파트너십이란 일반적인 소비자/공급자 관계와 대비되는 개념으로, 구매자와 공급자간의 상호이익에 근거한 장기적이고 안정적인 관계를 맺는 것을 의미한다. 전통적으로 파트너십은 구매자와 공급자 사이에서 발생하는 모든 낭비요소를 함께 공략해서 장기적인 생산성 향상과 이익의 증가를 도모하도록 디자인된 독점적 약속(때로는 법적 계약)에 근거해서 이루어졌다. 즉, JIT구매와 공급자 파트너십은 많은 공통요소들을 지니고 있지만, 파트너십은 구매자와 공급자들 양자 사이에서 상호이익을 증대시키는 내용들을 더 많이 포함시켰다.

● **제록스의 파트너십**

제록스는 1993년 현재 연간 약 12억 달러를 전 세계적 영업을 위하여 투자하였고, 이

중 상당한 비중의 노력을 웹스터 공장설비에 집중시켰다. 금속 자재팀은 웹스터 종합단지 내에서 필요한 기계부품과 금속판 상품에 대한 책임을 지고 있었다. 예를 들어 6,000개 이상의 금속판들이 팀에 의해 구매되고 관리되었다. 이는 연간 2억 달러나 구미될 정도로 방대한 금액이었다. 1991년 봄 제록스 금속 자재팀은 그들의 철판제품을 시험대상으로 활용하여 그들의 공급업체와 새로운 관계를 시도하였다. 이 팀의 목표는 품질과 납기성과를 이전 수준보다 향상시키면서도 주요부품 원가를 절감하려는데 있었다. 이러한 개념은 아래의 "제록스 팀의 전략적 제휴"라는 개념으로 정리되었다. 이를 위해 공급업체들이 보유한 자산의 효율적인 활용을 계획하였다. 금속 자재팀의 공급업체들은 대부분 고도의 자본집약적 기업들이었다. 그러므로 제록스사는 공급업체가 더 많은 주문을 받는다면 생산량의 증가에 따라 고정비와 간접비가 분산될 것이고, 개별부품 원가를 줄일 수 있을 것이라고 보았다. 이를 위하여 제록스사는 공급업체관리를 위하여 다음과 같은 전략적인 목표를 설정하였다.

- 철판 공급업체 수의 감소
- 10개의 공급업체와 다양한 사업구축
  (본래 40개의 공급업체가 10개로 줄어듬)
- 능력과 적극성을 겸비한 공급업체 선정

제록스 팀의 전략적 제휴

전략적 제휴의 정의

제록스는 공급업자들과 같이 일하면서 그들의 자산가동률을 높일 수 있도록 도와준다. 이러한 목표는 제록스가 공급업자와 보다 계획적이고 헌신적으로 사업을 같이 할 때 성취된다. 이러한 계획과 헌신은 공급업체의 헌신과 통합되어 제 3자 전문 공급업체 사업은 물론 제록스의 사업을 함께 증대시키는 효과를 가져온다. 자산의 효율적인 사용은 공급업자들이 품질(Q)/비용(C)/공급(D)/서비스(S)에 관한 문제를 보다 효율적으로 다룰 수 있도록 해준다. 제록스의 공급자 생산성 도구(tools)는 참가하는 모든 공급업체 누구에게나 사용될 수 있다. 이러한 도구들(tools)은 제록스의 도움으로 QCD&S 영역에서의 실력향상을 추구하고 있는 공급업체들에 의해서 사용된다. 이러한 도구들(tools)의 도입에 성공한 공급업체들은 세계적인 수준의 공급업체로 발돋움하게 된다. 이처럼 전략적 제휴란 모든 경영의 관심사와 영영에 있어서 윤리적으로나 상호이익의 측면에서나 완벽한 하나의 과정이라고 할 수 있다.

과 정

1. 제록스
 - 공급업자와 협력하여 현재 자산가동률을 측정한다.
 - 희망하는 자산가동률을 정한다.
 - 앞으로 3년간의 목표 자산가동률을 달성할 수 있는 계획을 세운다.
 - 사업 확장에 영향을 끼칠 수 있는 비용의 수준을 제시한다. 이는 공급업체들의 비용과 가격에도 영향을 끼친다.
 - 3년간의 예측에 따라 매년 사업수준을 약속한다.
 - 제록스가 주문수량 약속을 못 지키면, 가격을 균형 있게 조정하는 데에 동의한다.
2. 공급업자
 - 자료를 검토해서 앞으로 3년간 도달 가능한 자산가동률을 정한다.
 - 회사의 비용구조에 관해 사업증대가 미치는 영향력을 결정한다.
 - 매년 제3자 전문공급업체 사업을 늘려나간다.
 - 계획된 총사업량의 증가와 관련해서 가격인하를 실행한다.
 - 향후 2년간의 예측치와 올해의 생산량을 제록스에게 제공한다. 제 3자 전문 공급업체로서 사업실패가 있을 경우 이는 제록스에 대한 공급가격에는 어떤 영향도 미치지 못한다는 데에 동의한다.

3. 공급업자와 제록스
- 제록스와 제3자 사업에 대해 양사는 사업분할에 동의한다.
- 비용을 줄이고, 공급업체의 이익을 늘리고, QCD&S를 향상시키기 위해서 같이 노력하는 것에 동의한다.

상호이익

1. 공급업자

• 수익성	• 지속적인 개선	• 월드클래스에 대한 보조 역할
• 계획성	• 시장 점유율	• QCD & S
• 비용절감	• 판매 Tool	• 양쪽 업체 간의 Team Work 향상
• 고객만족	• 경쟁상태(Status)	

2. 제록스

• Benchmark를 위한 Tool	• 납품	• 공급기지의 감소
• 보다 튼튼한 공급업체	• 지속적인 개선	• 비용
• 품질	• 양쪽 업체 간의 Team Work의 향상	• 서비스
	• 시장점유율	• 수익성 있는 공급업체

※ 공급업체의 제록스 의존비중을 45-50%로 제한

※ 제3자 전문공급업체 사업(more third party supplier business) 장려

이러한 목표설정의 배경에는 다음과 같은 내용을 이해할 필요가 있다. 철판산업에 있어서 평균 자산가동률은 약 35% 정도였다. 그러므로 제록스에게는 공급업체로부터 받는 부품의 원가는 제품에 배분되어 있는 간접비에 크게 의존한다. 많게는 원가 대비 간접비가 40 ~ 60% 정도의 비중을 차지하고 있었다. 이러한 원가구조를 이해할 때, 제록스는 공급업체에게 주문을 증대시켜 부품 단위당 간접비를 감소시킨다면, 제록스에 대한 공급업체의 가격이 낮아 질 것이라는 생각을 하였다. 이러한 측면에서 많은 공급업체를 10개로 줄이기로 하였다. 대량생산의 이점은 제록스뿐 아니라 다른 구매자 모두에게도 공통적이기 때문이다. 아울러 공급업체들의 제록스사에 대한 의존도를 45 ~ 50% 정도로 유지하게 하고, 이들이 제3자 전문공급업체의 역할 수행을 희망했다. 그 이유는 제3자 전문업체가 됨으로써 공급업체는 새로운 고객을 창출하여 생산량을 증대시키고, 새로운 경영방법을 학습함으로써 업무향상을 기할 수 있다는 장점이 있어 공급업체와 제록스사 양자 모두에게 도움이 된다는 생각이다.

제록스와 공급파트너 임원들은 1993 ~ 94 기간 중 10개 파트너와 각각 이에 대한 실천 계획을 수립하였다. 1994년까지 공급업체에 대한 제록스의 계획이 원하는 대로 진행된다면, 기계가동률은 일일 20시간, 주 5일로 하여 작업장 당 매주 100시간이 될 것이다. 100시간을 기본으로 하였을 경우, 제록스의 임직원들은 이 계획이 달성된다면 공급업체 공장에서 자산이용률에 대한 추가적인 증가효과도 기대하고 있다. 주중의 경우 4시간의 여유시간이 있고, 주말의 경우에는 토 · 일요일을 활용할 수 있기 때문이다.

- **프로그램 실행**

제록스사의 북미 영업에서만 6천개나 되는 철판부품이 약 1억 달러어치가 구매되고 있고, 1991년 봄에는 40개의 공급업체들이 제록스사에게 6천개 철판제품을 납품하고 있었다. 이러한 공급업체를 금속 상품팀이 평가하여, 앞으로 구매할 새로운 철판제품은 10개 회사에서만하기로 하였다. 평가팀은 40개의 공급업체들을 가격, 품질, 경영자세, 납기실적, 기술적 능력의 차원에서 평가를 내렸다. 이 평가는 금속상품 팀에서 5가지 척도 아래 40개 공급업체의 순위를 매기는 것이었다. 그 다음 순서는 생산, 품질보증, 제품개발부의 담당자에게 평가리스트를 보여주고, 제시한 순위에 대한 의견을 물었다. 대체적으로 모든 부서에서는 초기 평가를 대부분 인정하였다. 톱 10개의 공급업체가 결정된 후, 제록스 임원들은 이들 10개 업체를 방문하여 새로운 파트너십 프로그램을 소개하였다. 이때 10개의 회사 중 2개 업체는 이 참여제안을 거절하였는데 이는 제록스에서 요구하는 파트너십 요구사항에 따라는 것을 원치 않았기 때문이다. 이 때문에 11번째와 12번째 업체가 10대 공급업체군에 참여하게 되었다. 과거 구매 자료로 볼 때, 이들 10개 공급업체는 제록스사에게 자사 제품의 절반을 공급하던 회사들이었다.

나머지 30개 공급업체의 경우 즉각 거래를 중단하지 않고 현재 공급하는 제품은 계속 공급하게 하였다. 하지만 제록스사에 공급되는 부품이 구모델이 되어 없어질 때는 파트너십 관계가 없는 이들 30개 업체들은 점진적으로 주문량이 줄게 되었다. 제록스사는 이러한 현상을 볼 때 30개 업체들과는 향후 2년 동안 약 50% 정도, 3-4년 후에는 모든 거래관계가 단절될 것으로 예상했다. 선정된 10개의 파트너업체들은 제록스의 신제품에 대한 부품들도 공급하게 되었다. 그러므로 10개의 파트너 공급업체들의 생산량증가율은 제록스사의 신규 사업과 일반 경제상황에 영향을 받게 되었다.

- **헌신과 기대**

새로운 파트너십 프로그램의 적용은 제록스와 공급업체에 더욱 직접적인 작업관계가 강조되어야 한다. 따라서 제록스는 공급자와의 관계 프레임워크를 다름의 〈그림 9-20〉과 같이 정리하였다. 이 프레임워크에서 가장 중요한 요소는 가운데 칼럼에 위치한 '도구

(tool)' 인데 이는 제록스의 임직원들이 공급자용으로 개발한 것이다. 이러한 도구들은 계속적인 양자의 발전을 위하여 공급업체들에게 제공되었다. 이를 위해서 다음의 〈그림 9-21〉과 같은 생산성 자기목표 및 진단 체크리스트를 활용하기도 하고, 활동중심원가(ABC: Activity-based Cost) 소프트웨어 패키지를 제공하기도 하였다. 이러한 노력은 공급사가 자신들의 원가구조와 공장 내에서 신규작업의 활용에 대한 평가를 할 수 있도록 지원하기 위한 것이었다.

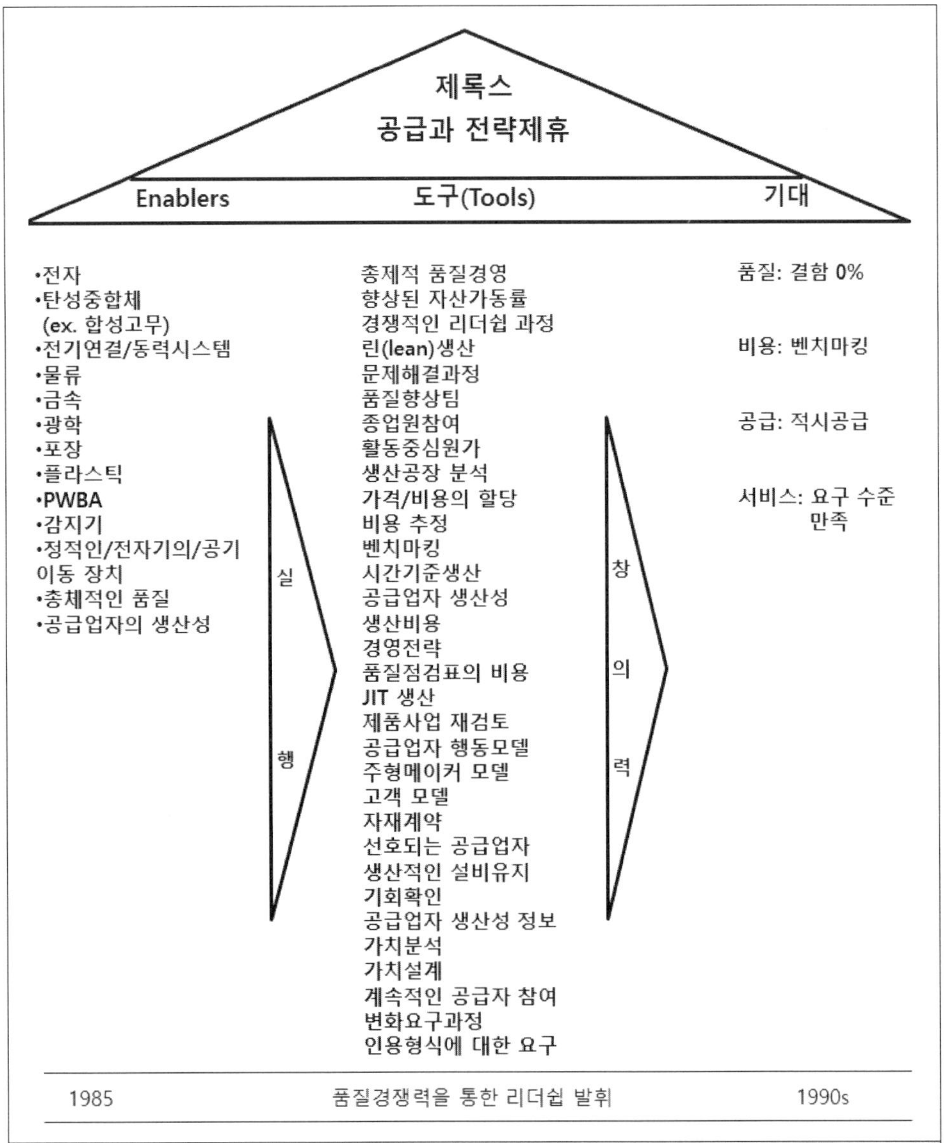

제록스
공급과 전략제휴

Enablers | 도구(Tools) | 기대

•전자
•탄성중합체
(ex. 합성고무)
•전기연결/동력시스템
•물류
•금속
•광학
•포장
•플라스틱
•PWBA
•감지기
•정적인/전자기의/공기 이동 장치
•총체적인 품질
•공급업자의 생산성

실행

총제적 품질경영
향상된 자산가동률
경쟁적인 리더쉽 과정
린(lean)생산
문제해결과정
품질향상팀
종업원참여
활동중심원가
생산공장 분석
가격/비용의 할당
비용 추정
벤치마킹
시간기준생산
공급업자 생산성
생산비용
경영전략
품질점검표의 비용
JIT 생산
제품사업 재검토
공급업자 행동모델
주형메이커 모델
고객 모델
자재계약
선호되는 공급업자
생산적인 설비유지
기회확인
공급업자 생산성 정보
가치분석
가치설계
계속적인 공급자 참여
변화요구과정
인용형식에 대한 요구

창의력

품질: 결함 0%
비용: 벤치마킹
공급: 적시공급
서비스: 요구 수준 만족

1985 | 품질경쟁력을 통한 리더쉽 발휘 | 1990s

〈그림 9-20〉 제록스의 공급자 관계 프레임워크

범주	현상	목표치	점수
종업원당 연간 판매량	___	___	___
종업원당 연간 이익	___	___	___
직접노동비용	연간판매량의 __%	___	___
간접노동비용	연간판매량의 __%	___	___
계약종업원	총노동인원의 __%	___	___
연간 종업원 회전률	총노동인원의 __%	___	___
설비가동률	연간사용가능한 8500시간중의__%	___	___
설비배치수준	생산공장당 __ 생산담당원	___	___
설비사용연수	___년(중간값)	___	___
설비유지시간	연간생산시간의 __%	___	___
생산적인 유지시간	연간설비유지시간의__%	___	___
도구유지시간	연간생산시간의 __%	___	___
생산적인 도구유지시간	연간설비유지시간의__%	___	___
설비 고체시 유휴시간	가장긴 생산공정 유휴시간	___	___
주요 공급업체	__공급업체	___	___
원료재고	생산필요시간의 __일	___	___
완제품재고	생산필요시간의 __일	___	___
재공품재고	생산필요시간의 __일	___	___
재고회전률	최소 연간 __번	___	___
관리비	판매액의 __%	___	___
폐기물	연간생산량의 __%	___	___
이자비용	연간판매액의 __%	___	___
감가상각비	연간생산량의 __%	___	___
계속적인 개선	가치부가비용 감소의 __%	___	___
Leadtime	__일	___	___

주석: 목표치는 각각의 범주별로 50-75%정도 향상된 수치로 정해진다.

100점 : 뛰어난 생산성
80점 이상 : 우수한 생산성
70점 이상 : 주의깊은 관리가 요구됨
70점 이하 : 즉각적인 조치가 필요함

[점수 지침]
0= 목표치로부터 50% 이상 벗어남
1= 목표치로부터 50% 이하 벗어남
2= 목표치로부터 30% 이상 벗어남
3= 목표치로부터 10% 이상 벗어남
4= 목표치 도달

코멘트/관찰사항:

〈그림 9-21〉 제록스 생산성 자기 목표/평가서(XEROX Productivity Self Target and Evaluation Form)

제록스의 인사부에서는 다음의 〈표 9-7〉과 같이, 동참하는 공급업체와 경쟁우위 리더십 과정에서부터 벤치마킹 주제까지 세미나를 진행하였다. 또한 정기적으로 공급업체를 방문하여 일반 사업과 현장기술 이슈들을 지원하는 것도 파트너십 활동의 주요 일과였다. 파트너십 프로그램에서는 공급업체들이 단지 제록스뿐만이 아니라, 다른 고객 및 공급 업체와 거래를 할 때도 위험을 최소화하고 경쟁력을 유지하기를 원했다.

과거의 JIT 구매와 새로운 제휴 프로그램에서는 공급업체에 대한 명백한 성과 목표가 제시되어 있는데, 이러한 목표는 시간이 흐르면서 더 높은 목표수준으로 변했다. 예를 들어 92년도 목표 수준은 다음과 같았다.

- 백만개당 300개 이하의 낮은 불량률
- 6개월 동안 2개 이하의 규격미달 보고서 작성
- 매년 당계적으로 가격을 인하함(평균 5%정도)
- 새로 주문한 제품을 7주 내에 납품
- 주요 자재의 JIT납기 스케줄 충족
- 계속하여 발전 프로그램에 동참
- 선적 자재용 표준규격의 컨테이너 사용

앞에서 제시된 것처럼, 제록스사는 자사의 파트너십 프로그램을 세계 최고의 경영사례(best practice)와 비교함으로써 자신들의 우수한 업무가 어느 정도 수준인가를 평가하는 데 활용한다. Best practice는 시간이 지날수록 발전하므로, 공급자들에게도 더 높은 요구수준이 주어진다. 더 강화되고 지속적인 경쟁력을 유지하려면 고객들은 장기적인 약속을 해야 하고 공급자와 함께 일하려는 자세를 지니고 있어야 한다. 이러한 제록스의 접근방법은 공급업체와 함께 일하려는 헌신적인 자세를 보여주는 것이고 궁극적으로는 총체적 경쟁력제고를 가져오는 것이라 할 수 있다.

▮표 9-7▮ 제록스 팀, 경쟁우위 리더십 과정

세미나 주제	세미나 내용
Problem Statement	"나의 회사의 비용을 줄이고 수익성을 높이기 위해서 나는 무엇을 할 수 있는가?"
Expectation	• 참여자의 비용 10%절감 • 참여자의 수익 20%증가 • 제록스 제품에 대한 가격 8% 하락 • 180일 안에 목표달성
Brainstorming	제록스의 도움 상위관리자/중간관리자/직접노동 관리직원은 3개의 분리된 기간에 대한 input 제공. 문제점이나 해결책은 기간별로 확인
Pareto	개선을 실행이 옮기기 위해서 필요한 시간 • A=한달 이하 • B=두달 이하 • C=두달 이상

	개선의 가치 • 1=High • 2=Medium • 3=Low
Action Plan	개발된 행동계획은 다음과 같다. • 행동묘사 • 책임있는 개인/팀 • 요구되는 제록스 자원에 대한 확인 • 시작날짜 • 계획된 마감날짜 • 기대결과 • 평가날짜
Champion	참가자들은 champion을 지명한다.
Follow Up	행동계획항목에 대한 매달 규칙적인 보고서가 제록스에 전달 - 선택적
ABC (활동기준원가)	가격확인/통제/할당의 기준을 제공 - 제록스의 소프트웨어 무료 제공
시간기준 관리	원하는 결과를 얻기 위해서는 실제시간을 확인하는 과정이 필요하다. 이를 가능케 하는 과정이 제록스에 의해 제공되고 설명 되었다.
평가	• 경쟁우위 리더십 과정은 당신 조직에 있어서 계속적인 과정이 될 것으로 기대된다. • 제록스는 상담원들을 제공할 수 있다. 예를 들면 당신의 노력을 보조하기 위한 다양한 전문가들 • 이 과정은 제3의 사업업체를 끌어들이는 데 효과적일 수 있다. • 각 집단이 '노력'과 '이익'을 같이 나눈다는 측면에서 이것은 'win-win'과정이라고 할 수 있다.

● **결론**

제록스사는 글로벌 시장에서 경쟁 우위 향상을 위해 공급업체와의 네트워크를 구축하기를 희망했다. 상호이익을 위해 공급업체와 함께 일하려는 헌신적인 자세를 새로운 제휴 프로그램으로 보여주려고 시도하였고, 또한 필요한 경우 기술적인 지원도 하였다. 제록스는 자사 내에서 활용 할 수 있는 여러 가지 기법(tool)을 개발하여 이것들을 공급업체와 함께 공유 하였다. 이러한 기법들은 향상된 기술(경영과 노동)과 팀 구축 관련, 리더십 과정, 작업자 권위부여 등에 목적을 두고 있다. 다른 기법들은 기술적인 측면에서 초점을 두는데 제품원가와 품질관리가 이에 속한다. 제록스는 체계적인 공급관리 프로그램을 개발하여 파트너십 상호이익을 위하여 폭넓은 지원기법들을 공유하려고 하였다. 제록스의 철판 공급업체의 대다수가 개인소유 중심의 중소기업이기 때문에 이들에 대하여 그들이 제록스의 연장된 일부분이며 지속적인 발전을 목표로 하는 여행 동반자임을 인식시켜 주는 파트너십 프로그램 견해를 창출하였다.

Chapter 10

생산 및 생산서비스

생산행위는 전략 수립, 공급망 계획 수립 및 실행 등의 공급망 전략의 다양한 단계에서 발생된다. 이 장에서는 생산의 실행 계획이나 제어/통제의 측면에 대하여 논의해 보고자 한다. 또한 생산 현장에서 발생하는 다양한 문제와 이에 대응하는 글로벌 추세 및 이슈에 대해서도 살펴보고자 한다. 공급망 내부에서 생산 활동이 보다 효율적으로 운영되기 위해서는, 관련 주체 간에 합의된 주일정계획의 적용이 매우 중요하다.

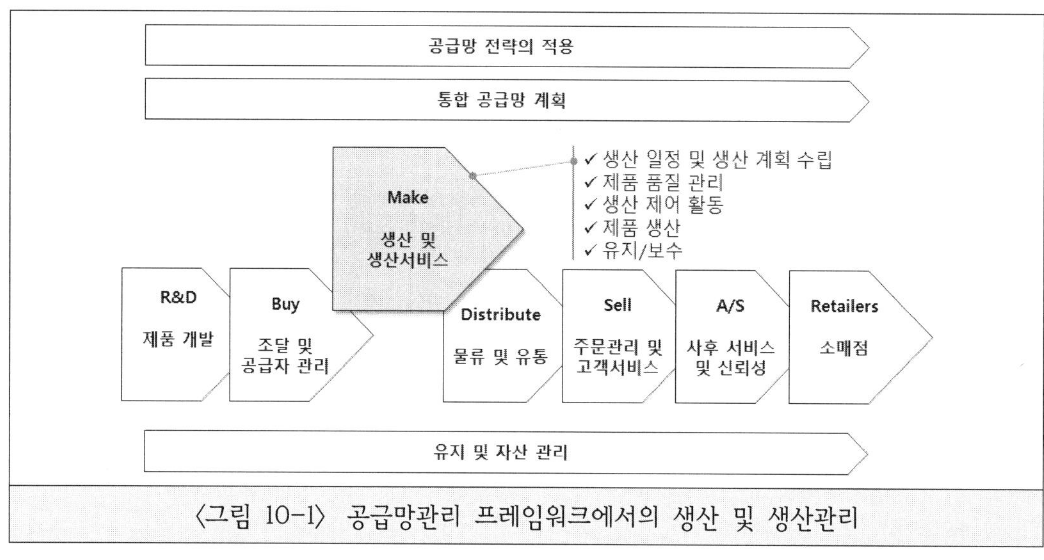

〈그림 10-1〉 공급망관리 프레임워크에서의 생산 및 생산관리

이 장에서 다루어질 주요 내용들은 다음과 같다.

✔ 생산 일정/계획 및 배송 서비스
주문 진행상태, 생산능력, 자원 가용성, 재고 수준 등

✔ 제품 및 서비스 품질 관리
품질관리 절차, 공급업체 인증, 서비스 장애대응, 지속적 개선 등

✔ 생산 통제 및 관리 수행
생산 실행, 모니터링 및 관리절차와 인력개발 및 관리, 생산현장 데이터 관리 등

✔ 제품생산 /서비스 제공
원료나 부품의 생산, 조립, 테스트 등의 사용 및 회수 자재 및 반제품의 이동, 완제품의 포장이나 선적 준비 등

✔ 설비의 취득-설치-가동 및 유지보수 실행
설비 소요량의 결정, 설비의 설치 및 사용, 유지보수 필요성의 정의 및 계획/유지보수 실행 등

10.1 생산 및 생산의 가치창출 전략

가. 생산의 목적 및 범위

생산은 기업의 생산전략을 효율적 공정설계, 시설 및 설비 관리, 생산실행 등의 방법을 통하여 구현하는 행위라고 정의할 수 있다. 생산은 변화하는 고객의 요구에 대응하도록 자원을 관리하고 유지/보수하면서, 원자재를 반제품이나 완제품 혹은 서비스로 변환하는 과정이다. 이를 다시 설명해 보자면, 생산이란 프로세스, 시스템, 인적자원 및 생산 기반 시설을 고려하여 어떤 제품이 생산되어야 하는 지를 결정하고, 이를 만들어내는 일련의 행위로 구성되어 있다고 할 수 있다.

다음의 표는 생산의 목적과 이 책에서 언급하게 될 생산의 범위를 요약한 것이다.

▮표 10-1▮ 생산의 목적 및 범위

• 생산의 목적 생산 전략의 적용	생산의 범위	• 공정 설계 효율적 공정 조건의 정의 설계 변경의 관리 생산 절차의 수립 및 유지/보수 JIT/MRP 등의 생산 기술 및 시스템 적용
		• 제조 제품의 생산 QA/QC/TQM 제조 유연성 및 고객 응답성 제고 계획 및 일정 수립
		• 시설 및 설비 관리 생산 자원의 관리 시설 및 설비의 유지/보수 생산 기반 관리

나. 생산의 형태 및 환경

여기에서 언급하고자 하는 생산의 형태 및 환경이라는 개념은 생산업체가 자신의 제품을 생산하거나 공정을 설계할 때 사용할 수 있는 가장 기초적 선택과 밀접한 관련이 있기 때문에 매우 중요하다. 실제 대부분 기업의 경우 자신의 생산 환경을 다음의 표에서 언급한 개별생산 방식, 반복생산 방식, 흐름생산 방식이나 혼합 생산 방식 등으로 정의하곤 한다.

여기서 정의하는 생산형태나 환경 간에는 중요한 차이점이 있는데, 이에 대해서는 보다 상세히 살펴보기로 하자. 다음의 표는 일반적으로 생산 환경을 구분하는 생산 형태와 이에 대한 간략한 특징 및 대표적인 품목을 요약한 것이다.

▮표 10-2▮ 생산의 형태별 분류

생산 형태	설명	주요 제품
Discrete (개별생산 방식)	다양한 배치 단위의 품목 생산 생산일정계획은 주로 작업오더(Work Order) 단위로 수립됨	의료 장비 인쇄기 메인프레임 컴퓨터 항공기 인공위성
Repetitive (반복생산 방식)	개별생산 방식과 유사하나, 공정이 연속적으로 진행되거나 일정한 시간 간격으로 생산이 진행됨	전자제품 개인용 컴퓨터 자동차 의류
Process (흐름생산 방식)	공정이 주로 혼합, 성형 또는 화학반응으로 구성됨 배치크기는 설비의 용량에 의해 결정됨	제빵 화학 철강 섬유
Hybrid (혼합생산 방식)	하나 이상의 개별생산 방식이나 반복생산 방식, 흐름 생산 방식의 조합으로 구성된 생산 방식	성형, 혼합 및 화학적 반응이 요구되는 식료품이나 소비재 품목

(1) 개별생산(Discrete Manufacturing) 방식

개별생산 방식은 항공기 생산이나, 메인프레임 컴퓨터, 기술적으로 매우 앞선 의료장비 등과 같은 고도의 엔지니어링 장비 등의 생산에 주로 적용되는 생산 방식이다. 이 방식의 주요 특징은 아래와 같다.

- 생산 품목은 다양한 배치 크기로 진행되며, 개별 배치는 로트 단위로 세분화 될 수도 있다.
- 일반적으로 생산량은 조립 라인 환경에서 볼 수 있는 것보다는 적다.
- 기계 설비는 일반적으로 기능별로 분류된다. 즉 동일 유형의 기계는 함께 배치되

며, 일반적으로 Job Shop 방식으로 불리기도 한다.

- 작업공정표(Routing)는 복잡하고, 제품이 다르면 적용되는 작업공정표(Routing)도 달라진다.
- 생산 실적은 매 공정이 종료되면 즉시 보고된다.
- 실행시간(Run Time)은 배치 당 소요 시간으로 계산된다.
- 생산 일정은 주로 작업 지시(Work Order)에 기반해 수립된다.
- 작업 지시는 배치의 작업이 완료될 때 종료된다.

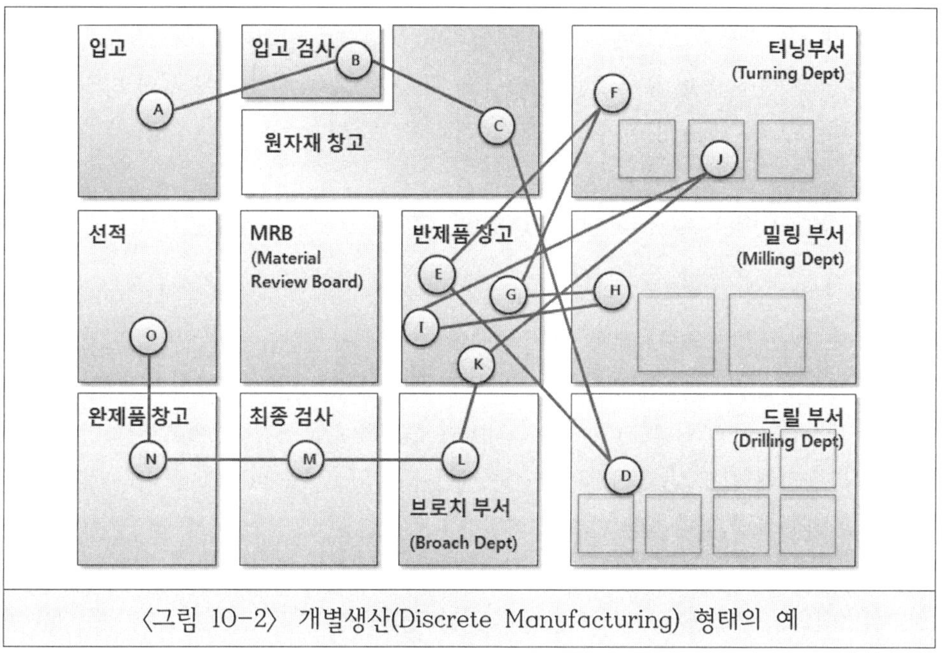

〈그림 10-2〉 개별생산(Discrete Manufacturing) 형태의 예

위의 〈그림 10-2〉는 개별 생산의 생산 진행 방식을 개략적으로 표현한 것이다.[1] 초기 생산방식에서는 생산되는 품목과는 별개로 개별생산 방식 혹은 Job Shop 방식을 적용하곤 했다. 지금도 일부 제조업체에서 고도로 특화된 제품이나 주문 제품의 생산에 여전히 개별생산방법을 사용하기도 하지만, 이 생산방식은 생산성이 높지 않다는 문제가 있기 때문에 대부분의 기업은 좀 더 효율적인 방법을 모색하고 있다. 따라서 현재 개별생산방식은 작은 Job Shop에서 드물게 사용될 뿐, 널리 사용되는 생산 방식은 아니다. Job Shop 공장은 주어진 시점에서의 공정의 특성과 제품의 혼합 정도에 영향을 받게 된다. 연속생산 방식과는 다르게 부품이나 제품이 특정 시간에 동일 설비에서 처리되는 경

1) 위 그림에서 MRB(Material Review Board)란 생산 현장에서 자재의 활용 여부를 결정하는 일종의 위원회로 원자재의 활용 여부, 반품 혹은 불량품의 재사용 여부를 결정하게 된다.

우는 매우 드물다. 이에 따라 병목이나 셋업 시간, 대기 시간이 항시 변하게 되며, 재공 재고 수준은 일반적으로 항시 높은 수준을 유지하게 된다. 왜냐하면, 다양한 요구사항과 다양한 품목에 유연성 있게 대응해야하기 때문이다. 이에 따라 개별생산 방식은 종종 개별 작업장(Work Center)의 초과능력 보유나 고가의 설비비용을 초래하기도 한다. 전반적으로 Job Shop 방식의 설비 배치는 가장 단순한 제조 공정 설계 방식이지만, 매우 복잡한 공장 운영방식을 초래하게 된다.

개별생산 방식이나 Job Shop 방식은 셀 생산 방식(Cellular Production Methods) 방식으로 발전되어 적용되기도 한다. 조립라인 공정에서 생산량이 줄어들기는 하지만, 셀 생산 방식은 완제품 생산에 할당되는 설비나 작업자를 지정이나, 업무 표준화 혹은 JIT 등의 기법 적용 등을 통해, 전통적인 Job Shop 생산 방식이 반복 생산 방식의 장점을 가질 수 있도록 하는 방식이다.

(2) 반복생산(Repetitive Manufacturing) 방식

반복생산 방식은 가전제품이나 개인용 컴퓨터, 자동차나 의류제품 등의 생산에서 흔히 찾아 볼 수 있는 방식으로, 개별 생산 방식에 적용되는 생산품목이 일반화되고 생산이 전문화되면서 적용되는 생산 방식이다. 반복생산 방식은 개별생산 방식과는 반대로, 공장 내의 생산흐름이 조립 라인에서 연속적이며 꾸준히 이루어진다. 반복생산 방식이 주로 적용되는 인쇄회로기판의 SMT 라인의 예를 다음의 〈그림 10-3〉에 나타내었다. 반복생산 방식의 특징은 다음과 같이 정리된다.

1. 일반적으로 개별생산 방식보다 많은 양을 생산하게 된다.
2. 설비는 혼용되기 보다는 전용으로 사용된다.
3. 낮은 수준의 노동력으로 운용될 수 있다.
4. 생산 실적은 조립라인의 끝에서 보고된다.
5. 실행시간(Run Time)은 부품 당 소요 시간으로 계산된다.
6. 생산 제어는 일정계획에 따라 수행된다.
7. 작업 종료는 사전 설정된 기간의 종료에 따라 시행된다.

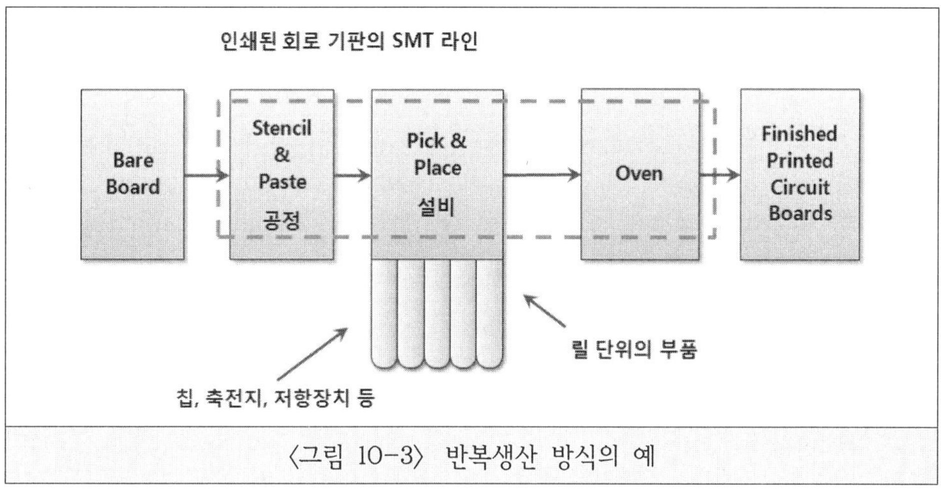

〈그림 10-3〉 반복생산 방식의 예

(3) 흐름생산(Process Manufacturing) 방식

흐름생산 방식은 일반적으로 정제/혼합/성형 등의 화학적 반응을 거치는 설비 기반의 생산 공정이 주가 되는 식품가공/화학/금속/섬유산업 등의 산업군에서 쉽게 찾아 볼 수 있다. 일반적으로 흐름공정은 초기 셋업 비용이 매우 높기 때문에, 설비가동시간을 최대화하는 방향(설비 중지 시간을 줄이고 가급적 일단위 생산, 심지어는 가능한 한 매일 동일한 품목을 생산하도록)으로 정의되는 경향이 매우 크다. 다음의 〈그림 10-4〉는 흐름생산 방식이 적용되는 냉동파이 공정의 예를 제시한 것이다. 흐름생산 방식의 특징은 다음과 같다.

1. 배치크기(batch size)는 장비의 용량에 따라 결정된다.
2. 제품은 원료나 배합표(Formula) 혹은 처방전(Recipe)으로 결정된다.
3. 일반적으로 생산보고 시점은 원료가 소비된 후 또는 포장 시점이 된다.
4. 실행시간(Run Time)은 배치 단위에 의하여 계산된다.
5. 배치는 배합표에 의해 정의된다.

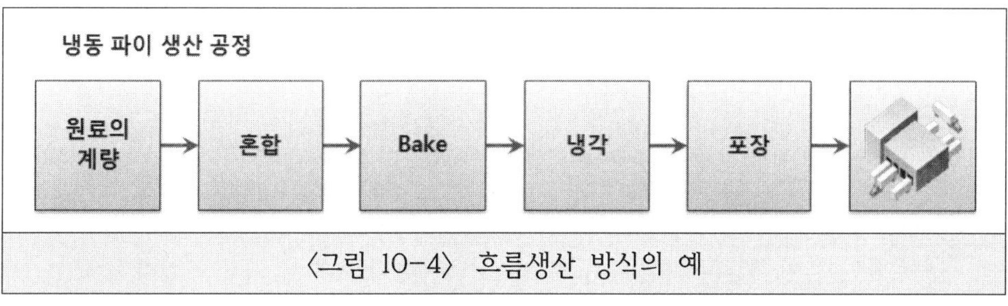

〈그림 10-4〉 흐름생산 방식의 예

(4) 혼합생산(Hybrid Manufacturing) 방식

혼합생산(Hybrid Manufacturing) 방식은 다음의 〈그림 10-5〉에서 보는 바와 같이 앞에서 설명한 개별생산/반복생산/흐름생산 방식이 복합적으로 적용된다. 소비자의 요구가 다양해지고, 제조 형태가 복잡해짐으로써 과거와 같이 단순한 생산형태로 정의하는 것이 불가능한 경우가 점차 증가하고 있다. 제시한 〈그림 10-5〉는 제약회사의 경우를 예로 나타낸 것인데, 생산 공정의 앞 단계는 전형적인 흐름 생산 방식의 특성을 보이고 있으나 뒷 단계에 이르러서는 반복 생산 방식의 특성을 보이고 있다.

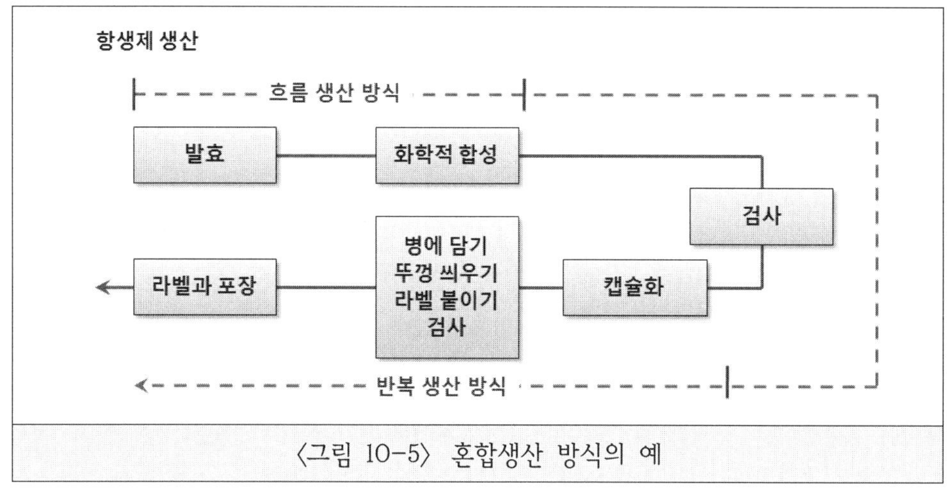

〈그림 10-5〉 혼합생산 방식의 예

(5) 생산방식의 특징 비교

이와 같은 생산 형태 및 환경에 따른 특성을 한꺼번에 정리하면 다음의 그림과 같다. 다음의 그림에서 Backflush라 함은 생산 실적에 따라 투입량을 역산하여 시스템적으로 불출 처리하는 방식을 의미한다.

▮표 10-3▮ 생산 방식의 특성 비교

특성	개별생산 방식	반복생산 방식	흐름생산 방식
완제품의 수			
WIP 품목 수			
원자재 수			
수요의 변동성	높음	중간	중간`
생산 동인	자재	설비능력/자재	설비 능력

생산 복잡도	높음	중간	높음
자본 비용	중간	중간/높음	높음
현장 계획	일정계획/작업지시	일별 운영 계획	작업지시
자재불출 관리	수작업/Backflush	Backflush	수작업
공급업체 수	많음	중간	적음
생산량	적음	중간	많음

다. 생산의 가치창출

(1) 공급망 전략과 가치사슬

생산은 가치사슬을 구성하는 중요한 단계 중 하나로, 통합공급망계획이나 조달 및 유통과 공급망 내에서 완전히 통합되어 작동된다. 다음의 〈그림 10-6〉은 공급망 전략과 통합 공급망계획, 그리고 핵심 가치사슬 내에서 생산에 필요한 정보의 흐름을 도시화 한 것이다. 그림에서 확인할 수 있는 바와 같이 기업 내의 여러 부문에서 합의하고 공유된 주일정계획은 생산 및 생산관리에 가장 중요한 입력요소가 된다.

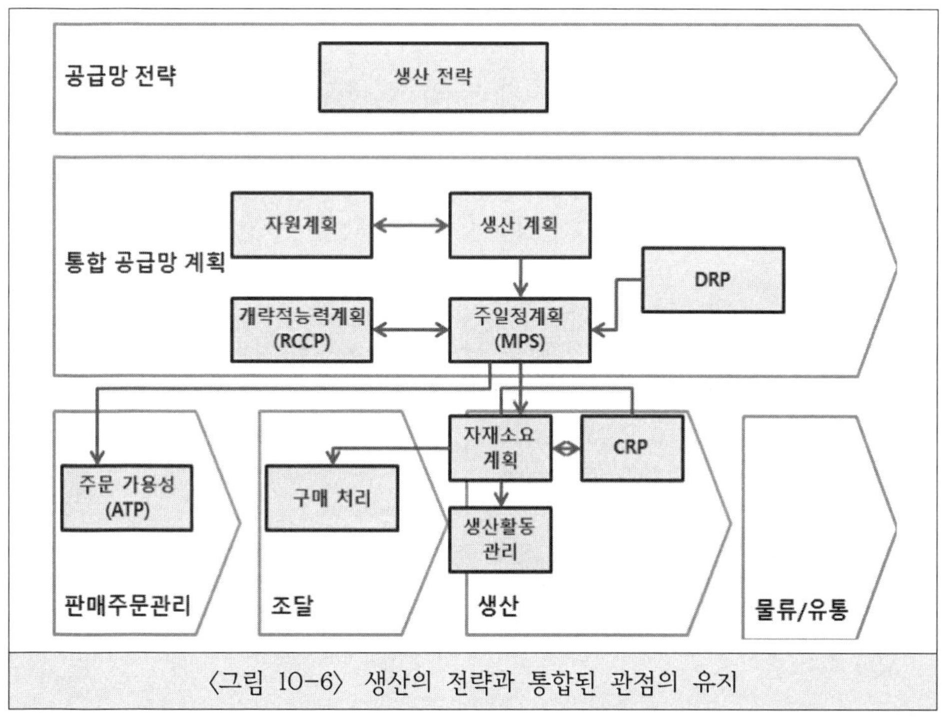

〈그림 10-6〉 생산의 전략과 통합된 관점의 유지

합리적 생산 활동을 위해 필요한 정보의 입력 요소들을 정리하면 다음의 표와 같다. 생산 활동에 필요한 다양한 입력 요소들은 공급망의 각 부문에서 다양한 정보들로 구성된다.

▮표 10-4▮ 공급망의 영역과 주요 입력 요소

공급망의 영역	주요 입력 요소
통합 공급망 계획 (Integrated Supply Chain Planning)	● 수요예측(Forecasts) ● 주일정계획(MPS: Master Production Schedule) ● 판매 및 주문 처리 정보(Sales and Order Processing) ● 능력계획(Capacity Planning) 및 우선순위(Prioritization)
조달	● 자재 계획 (Material Planning) ● 구매 발주 처리 정보(Purchase Order Processing) ● 자재 정보 (Materials)
물류/유통	● 유통 소요 및 자원 계획 (Distribution Requirements and Resource Planning) ● 창고 소요량(Warehousing Requirements) ● 물류망의 고려 요소(운송 수단, 보관량 등)
생산	● 재고 수준(원자재 및 WIP) ● 자산 효율성(인력 및 설비)

(2) 가치창조를 위한 생산 부문의 전략

생산을 통한 가치 창조를 위하여 변화의 수단을 이해하고 이를 효과적으로 활용함으로써, 성과향상을 이루어 낼 수 있다. 변화의 수단이라 함은 시장과 고객, 제품과 서비스, 인적자원과 문화, 조직, 프로세스, 정보시스템과 기술 등의 다양한 요소들이 포함될 것이다. 생산의 관점에서 볼 때, 공급망 전반과 생산을 통합하고 이를 유지하기 위해 생산 부문의 다양한 요소에서 고려할 수단들은 다음의 〈표 10-5〉와 같이 요약할 수 있다.

이와 같은 생산 부문의 주요 요소에 해당하는 다양한 변화 및 최적화 수단을 통하여 다음과 같은 효과를 기대할 수 있다.

- 제/상품의 회전율 향상과 매출 신장
- 영업 이익(Operating Profit)의 증가
- 운전 자본(Working Capital) 개선
- 고정 자본 지출의 감소

▮표 10-5▮ 생산 요소와 변화 및 최적화 수단

생산 부문의 요소	변화 및 최적화 수단	
조직 구조 (Structure)	● 위치 평가 ● 자산 효율성 ● 외주	● 물류 ● 의사소통 관계 ● 보관 및 운송
업무 프로세스 (Business Process)	● 자본 형성 ● 전환 주기 ● 규제 준수	● 원가 및 납기 ● 일정 관리 ● 생산 계획
정보 시스템 (Systems & Technology)	● 생산 현장 데이터 ● 생산 진행 상태 관리 ● 생산 실행 시스템	● 원가 관리 ● 재고 관리
인적자원 및 문화 (People & Culture)	● 업무 수행 주체 ● 권한 이양 ● 성장 동기 부여	● 유연성 ● 교육 훈련 ● 고객 본위

(3) 생산부문의 성과향상 사례

생산부문의 변화 및 최적화 수단을 적용하여 성과개선을 이룬 사례를 살펴보자. 공급망 내에서 부딪히는 많은 문제들 가운데, 특히 생산과 관련된 문제들은 그 범위가 국지적인 것이 아니라 국제적인 것들이 많다. 예를 들어 물류 솔루션의 국제화는 국지적 문제가 국제적 영향을 미친다는 의미와 일맥상통한다. 독일의 녹색법(Green Laws)과 같이 한 국가의 법률이 제품의 설계 및 제조상의 변화를 유도할 수도 있다. 모든 시장에서 요구하는 규격에 맞춘 단일 모델의 생산이 효과적일 수도 있기 때문이다. 생산 부문에서 세계화의 경향은 다음과 같은 여러 가지 문제들에서 찾아볼 수 있다. 따라서 생산 부문의 가치향상을 위해서는 다음과 같은 세계화와 관련된 문제들에 대한 고려가 반드시 수반되어야 할 것이다.

- 시설 통합(Facility Consolidation)
- 국제적 생산 능력 보유(World-wide Capacity)
- 제품 규격(Product Specifications)
- 계획 관리(Planning Management)
- 정보 시스템 및 정보 기술(Systems and Technology)
- 규제 및 환경 문제(Regulatory and Environment Issues)
- 화폐(Currency)
- 저 원가 국으로의 시설 배치(Location of Facilities)

이에 따라 제조업체의 경우 여러 측면에서 패러다임의 전환이 발생하고 있다. 전통적인 제조 기업에서 생산은 제조부문의 효율향상을 최우선 목표로 삼는 것이 일반적이다. 또한 제조부문의 효율향상에 수반되는 로트크기 관련 재고는 완충재고의 역할을 부여하여 시장의 불확실성에 대응하고자 하는 것이 일반적인 대응 방법이다. 그러나 공급망관리에서 한 부문의 최적화가 전체성과에 긍정적인 결과를 가져오는 것은 아니다. 따라서 교차기능으로서의 역할을 인지하고, 전체 프로세스 효율 향상에 중점을 두고 생산부문의 역할을 수행해야 한다. 마찬가지로 생산부문 만의 최적화를 생각한다면, 가급적 장 로트로 생산을 진행하는 것이 여러모로 유리하다. 그러나 경쟁이 심화되면서, 생산부문의 주된 과제는 작업교체시간 단축을 통한 유연 생산시스템의 구축과 짧은 생산 로트에 대한 효율적 대응이 되고 있다. 전통적 제조업의 경우라면 비용을 포기하고 품질을 얻거나, 반대로 낮은 비용을 추구하는 대가로 품질을 희생하는 것이 일반적인 전략 방향이 될 것이다. 그러나 최근의 제조업은 비용과 품질, 재고수준과 고객서비스 등의 두 마리 토끼를 동시에 잡는 방향으로 변화되고 있다. 이와 같은 생산부문 패러다임 변화 방향에 대하여 다음의 〈표 10-6〉에 정리하였다.

▮표 10-6▮ 전통적 제조업과 패러다임의 변화

전통적 제조업	변화된 제조업
생산중심에서 공급망 전체의 효율보다는 제조 부문의 효율 향상에 중점을 둔다. 완충 재고를 통해 시장의 불확실성에 대응한다.	**교차기능(cross functional)중심으로** 제조는 여러 개의 연결된 가치체인 프로세서의 하나로 생각하여 전체 프로세스의 효율 향상에 중점을 둔다.
안정성/예측가능성중심 사고에서 장 로트 중심의 생산과 표준화된 제품/안정적 설계, 균형되고 정밀하게 정의된 과업 등에 중점을 둔다.	**시장주도/유연생산중심 사고로** 고객이 원하는 것을 원하는 시간에 생산한다. 유연한 생산시스템과 짧은 생산로트가 중요해 진다.
상충효과중심 사고에서 낮은 비용과 높은 품질 낮은 재고 수준과 고객서비스 제고 빠른 반응과 다양한 제품군	**경쟁우위획득 중심으로** 제품 출시 주기 단축 및 재고 수준의 극적인 절감이나 재고 Zero화

한 기업이 지속적으로 유지할 수 있는 경쟁사와의 차이를 보유하고 있다면, 경쟁사와의 관계에서 경쟁 우위를 지속적으로 유지할 수 있게 될 것이다. 생산성의 지속적 향상을 위해서는 새로운 기술과 관리 방법을 지속적으로 개발해 나가야 한다. 이동통신이나 정보통신 기술, 정보통신 시스템, 인터넷, 보다 정교한 생산 방식의 적용을 통하여 기업

의 경쟁력 제고를 확보할 수 있을 것이다. 최근의 발전 및 변화 동향을 요약하면 아래와 같다.

- 외주(기업 내부 생산에서 외주 활용을 통한 가상 기업으로의 전환)
- 핵심 역량과 자원에 초점(광범위한 QA/QC 활동에서 주요 성공 요소, 핵심 자원, 핵심 역량의 집중 관리로)
- 유연성 및 시장 변화에 대한 즉각적 반응(리드타임 단축 및 변화에 대한 저항의 제거)
- 전사 기반의 시스템(부분 최적화가 아닌 전사 차원의 최적화 유지)

다음의 〈표 10-7〉은 이러한 제조업의 패러다임 변화에 적극적으로 대응하여 나름대로의 성과를 얻은 제조업 각 분야의 성과 사례를 정리한 것이다.

▮표 10-7▮ 업종에 따른 생산 부문 개선 효과의 예

유행에 매우 민감한 보석 제조업체의 경우, 일정계획의 정확도를 70%에서 90%로 향상 시켰으며 재공재고의 양을 6일에서 1.5일로 감축시켰다.	한 비행기 제조업체의 경우, 제조 간접비를 1,900만 달러나 감축했으며 인건비를 16%정도 감축하였다. 또한 직접비 대 간접비의 비율을 48%로 향상 시킬 수 있었다.
자동차 업체의 경우, 작업 준비 시간을 60~80% 까지 단축한 것을 비롯하여 칸반 방식을 통해 작업장을 셀 생산방식으로 전환함으로써 다양한 효과를 얻을 수 있었다.	한 의료기기 생산업체의 경우, 도요타 생산 방식 및 지속적인 개선 활동을 통하여 라인 운영 시간을 30% 향상 시키고 핵심 공정에서의 작업 변경 시간을 45% 단축하였다.
자동차 부품 제조업체의 경우, 73%의 재고 감축 및 22%의 생산성 향상을 얻을 수 있었다.	소비재 산업의 한 기업은 리드타임을 14주에서 1주로 획기적으로 단축하였으며, 고객 서비스율을 65%에서 97%까지 향상 시켰으며, 창고 효율을 60%까지 향상 시켰다.
한 제과 업체의 경우에는 생산성을 250% 가량 향상시켰으며, 재고를 40% 감축했다. 또한 작업 준비시간을 500% 가량 단축할 수 있었다.	

생산부문의 업무 성숙도를 평가를 통해 개별 기업의 수준을 확인해 보는 것도 유용할 것 같다. 다음의 〈표 10-8〉은 생산부문의 성숙도를 평가하기 위한 기준을 제시한 것이다. 이 기준들을 사용하면 현재의 생산 수준과 세계 수준으로의 진화 단계를 추정해 볼 수 있을 것이다.

▮표 10-8▮ 생산부문 성숙도 평가 수준

Class 5	Class 4	Class 3	Class 2	Class 1	World Class
• 제조전략의 보유 • ISO 9000 인증 • 양호한 자산 관리 • 정교한 BOM • 계층적 의사소통 • 셀 생산방식 • 개선활동 시작	• Class 5의 유지 • 성과 관리 • 작업자 승인 체제 • 다기능 팀으로 의 권한 이양 • 교육/훈련 프로그램 • JIT 생산 방식 - Pull 시스템 - 낭비제거 • 다기능공 체계	• Class 4의 유지 • 공정 감사 • 지속적개선 (Kaizen) • 원가절감 프로그램 • 1개 단위의 평준화 • 공급사 통합 • 최소 WIP 수준 • 양호한 수준의 공정관리 • 목표원가 • 생산 구조 설계	• Class 3의 유지 • 분 단위 Tool 교체 • 인력 교류 및 개발 • 성과 벤치마킹 • 2차 공급사 통합 • 혼류 생산	• Class 2의 유지 • 최소수준의 재고 • 50%이상의 부가가치 • 효율적 동시공학 • TPM(Total Preventive Maintenance)	• Class 1의 유지 • PPM 수준의 품질관리 • KPI의 지속적 개선 • 세계 TOP 10 수준의 성과 • 학습형 기업

라. 생산 전략과 핵심 성공 요소

(1) 생산 전략

일반적으로 전략이라 함은 3년에서 5년 정도의 미래를 대상으로 설정된다. 생산전략은 일반적인 비전과 생산 환경에 관련된 모든 인력들의 목표를 설정하게 된다. 기업에 있어서 전략은 다음의 〈그림 10-7〉에서 보는 바와 같이 최상단의 비즈니스 전략으로부터, 필요에 따라 다양한 형태로 표현될 수 있으나, 다음과 같은 원칙들이 지켜져야 한다.

- 반드시 생산 전략이 존재해야 한다.
- 이 전략은 조직 전반의 공급망 전략을 지원해야 한다.
- 전략은 주주가치를 향상시키는 방향으로 작동되어야 한다.
- KPI는 전략 목표를 지원해야 한다.

다음의 그림은 비즈니스 전략과 통합 공급망 계획의 전략, 그리고 생산 전략이 계층을 이루며, 일관되게 작동되어야 함을 보이고 있다. 또한 제조 전략으로 설정할 수 있는 다양한 사례를 언급하고 있다. 최근의 한 연구에 따르면 지금까지 많은 기업에서 진해되어

왔던 순수한 비용절감 활동은 공급망 전반의 최적화를 가능하게 하는 활동들을 수반한 기업의 핵심 역량에 초점을 맞추는 운동으로 대체되고 있다. 전략의 세부사항에 포함된 정보의 유형은 어떤 품목이 생산되어야 하고, 어디서 생산되어야 하며, 어떤 자원(인력, 설비, 기술, 자원 등)이 필요한 지 등이 될 것이다. 또한 조직이 외주나 하청제품이나 서비스를 관리하는 방법 등도 포함되어야 할 것이다.

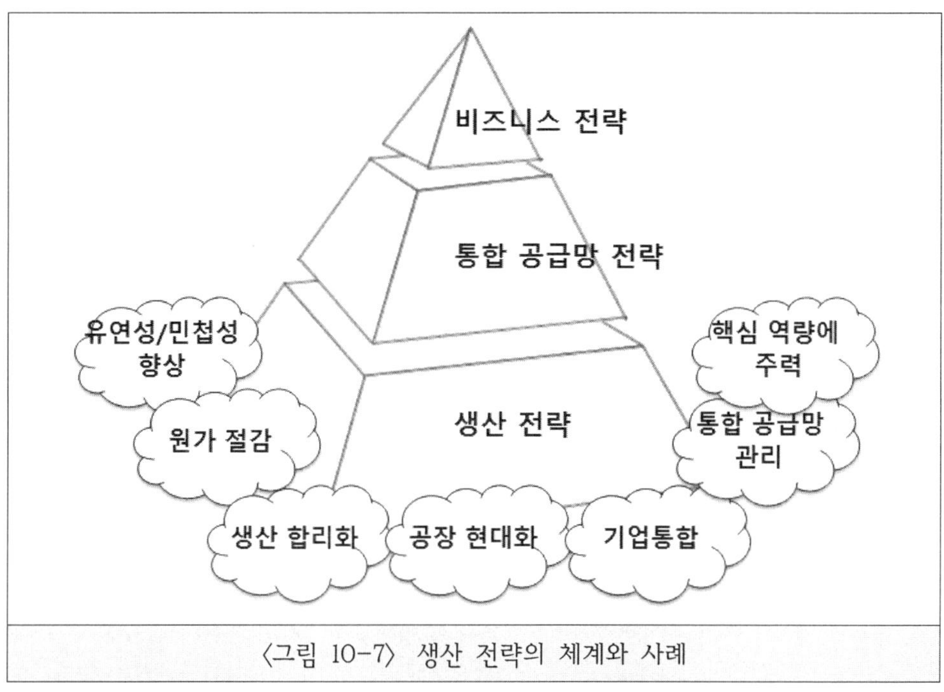

〈그림 10-7〉 생산 전략의 체계와 사례

(2) 핵심 성공 요소(CSF: Critical Success Factors)

생산의 목표는 몇 가지로 설명할 수 있다. 전체 공급망 관점에서 본다면, 생산의 목적은 제품의 생산에서 최종 고객에게 판매되는 시점의 차이를 실질적으로 줄일 수 있는 수준까지 줄이는 것이라 할 수 있다. 하지만, 생산 프로세스 자체의 관점에서 본다면 대부분의 기업은 주로 세 가지 목적에 집중한다고 할 수 있다. 대부분의 기업들이 집중하고 있는 세 가지는 품질, 속도의 개념을 포함한 응답성과 유연성, 그리고 원가 절감으로 정의할 수 있겠다. 이 세 가지 요소는 오늘날의 기업이 치열한 경쟁 환경에서 직면하고 있는 문제를 그대로 반영한 것이라 할 수 있을 것이다.

- 공급망의 하류에 위치한 도매상이나 소매상 등의 유통업체 파워는 점차 증가하고 있으며, 이들은 제품이 고객의 요구에 맞추어 정시에 도착하기를 바라면서도 낮은

수준의 재고를 기대한다.

- 기업 고객의 경우는 공급자가 품질 보증 프로그램을 설립하고 고품질의 제품을 배송하여, 입고 검사를 생략할 수 있게 되기를 기대한다.
- 고객은 적정가격에 원하는 품질과 가치를 기대한다.
- 경쟁업체들은 공급망을 최적화하여 원가를 절감하고 리드타임을 감축하는데 중점을 두고 있다.
- 순수한 원가 절감 노력은 점차 쇠퇴하며, 내부 원가를 최적화할 전략적 원가 성과 요소를 개발해 내며, 고객이나 공급업체와 함께 가치 공유의 관계를 설립하는 활동이 강조될 것이다.

품질개선과 비용절감은 과거로부터 그 중요성이 충분히 인식되어온 목표이다. 반면 응답성(Responsiveness)이나 유연성(Flexibility)의 문제는 공급망 전반의 재고 수준 감축에 대한 요구에 직면하면서 최근에야 중요하게 대두된 목표이다. 유연성은 제조업체가 생산과 수요의 동기화를 위해 단 로트 단위의 생산을 효과적으로 수행할 수 있도록 하는 능력이다. 유연성의 확보를 위해 수반되는 기법들은 보다 빠른 셋업, 혼류 생산 방식의 적용, 다기능공의 활용 등이 있다.

10.2 생산관리 효율화를 위한 계획 및 낭비제거

가. 생산자원계획(MRP II)

생산자원계획은 통합공급망계획의 마지막 과정인 주일정계획(MPS)을 구체화하여, 생산 및 자원조달로 연결하는 역할을 수행하는 과정이다. 생산자원계획은 7장에서 잠시 언급한 바 있듯이 MRP II(Manufacturing Resource Plan)로 불리는데, 통합공급망계획의 Master Plan 수립과정과 생산에 필요한 자재 수급의 가능여부를 판단하는 MRP I(Material Requirement Plan)을 포함한다. 또한 보유 자원이 MRP I의 계획을 충분히 수행할 수 있는지를 판단하는 능력소요계획(CRP: Capacity Requirement Plan) 등의 과정을 모두 포함하는 종합적인 계획 수립과정으로 이해할 수 있다. 다시 말해 생산자원계획은 제조업체가 생산 프로세스를 계획하고 통제할 때 사용되는 방법론 혹은 접근 방법이기 때문에 매우 중요한 개념이다. 다음의 〈그림 10-8〉에 묘사한 바대로 생산자원계획은 개념적인 계획 수립 프레임워크이다. 또한 생산자원계획은 기업이 복잡한 생산 운

영을 관리하기 위하여 사용하는 생산 계획 및 보고를 위한 소프트웨어를 칭할 때 사용되는 용어이기도 하다. 여기에서는 생산자원계획을 개념적인 생산계획 프레임워크라는 개념에 맞추어 살펴보도록 한다.

생산자원계획은 기업의 장기적 전략계획과 사업계획을 통합하는 한편, 생산 프로세스상의 생산 흐름을 모니터링하고 계획하는 계층적인 계획 수립 프로세스이다. 또한 생산자원계획 프로세스는 조직 내의 모든 부서 간의 목적을 조화롭게 해 주는 역할을 수행하기도 한다. 예를 들어 소비재 품목 제조업체의 생산 부문에서는 생산 전략과 장비를 대량 생산을 통한 저원가 라인의 운영을 목표로 하고 있으며, 마케팅이나 판매 부서에서는 고객의 주문에 따른 연속보충(CR: Continuous Replenishment) 물류시스템의 도입을 주장하게 되는데, 생산자원계획 프로세스는 이러한 충돌을 방지하는 역할을 해 준다. 마케팅/판매 계획과 수요예측을 사업계획과 통합하여 장기 생산 계획의 기반을 형성하여 이러한 충돌을 방지할 수 있게 된다.

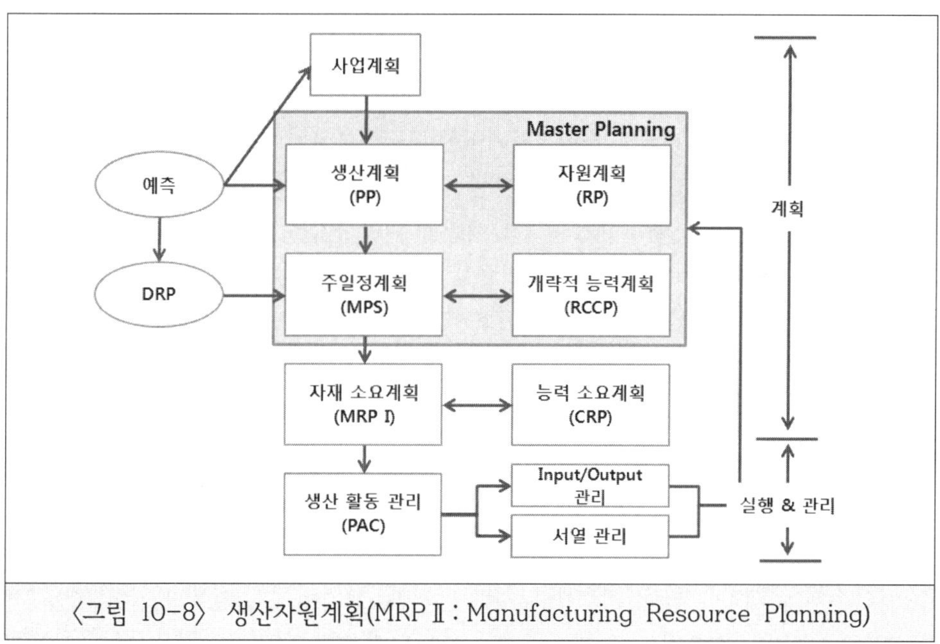

〈그림 10-8〉 생산자원계획(MRP Ⅱ: Manufacturing Resource Planning)

MRP Ⅱ 활동들은 생산의 두 단계(계획 및 실행)에 모두 영향을 미치는데, 계획 단계는 다음과 같은 행위들로 구성되어 있다.

- (장기) 생산계획 및 자원 계획
- 주일정계획(MPS: Master Production Schedule)이라 불리는 단기 생산일정과 개

략능력계획(RCCP: Rough-cut Capacity Plan)

- 자재소요계획(MRP I)[2)]을 통해 언제 어떤 품목을 얼마나 생산해야 하는지를 계획하며, 보유 자원이 이를 수행할 수 있는 지를 검토하는 능력소요계획(CRP: Capacity Requirement Plan)의 생성
- 주일정계획을 기반으로 부품명세서(BOM: Bill of Materials)를 통해 구매품목을 산정하고, 언제 주문하고 배송해야 하는지를 계획
- 생산활동관리(PAC: Production Activity Control)는 생산 프로세스의 실행단계 활동을 의미하는데, 생산활동관리를 통해 생산현장에서의 작업의 흐름을 계획, 관리하고 모니터링

나. 자재소요계획

(1) 자재소요계획(MRP I)의 목적

공급망계획 편에서 언급한 바와 같이 주일정계획은 1년 혹은 그 이상을 바라보며, 계획구간의 단위구간(보통은 주간 단위)별로 계획 주문의 입고량과 완제품의 입고 계획을 알려주는 역할을 한다. 반면 자재소요계획(MRP I -이후부터 MRP I 을 단순히 MRP로 칭하도록 한다.)은 언제 구매 품목의 구매를 위하여 오더를 발주해야하는지, 적절한 단위구간 내에 완제품의 생산이 완료되도록 생산을 위한 작업오더의 발행은 언제 해야 할지에 대한 정보를 제공하게 된다. 결과적으로 MRP 수행을 통하여 구매품목에 대한 구매오더 발생 시점과 대상품목의 수량을 계획하는 구매오더를 발행하고, 내부 생산품목을 대상으로 작업오더를 발행해야 할 시점과 대상품목의 수량을 계획하는 것이 중요한 목적이 된다.

MRP는 일반적으로 계산량이 매우 증가하는데, 계산량은 제품의 수와 제품 구조가 얼마나 복잡한지에 따라 달라진다. 이 때문에 MRP의 수행에 컴퓨터의 성능이 매우 중요하게 된다. 최근에는 컴퓨터 성능의 빠른 발전으로 대개의 경우 컴퓨터 성능의 제약으로 MRP의 수행에 제약을 받는 경우가 많지는 않지만, 오늘날에도 일부 복잡한 제품군의 경우에는 MRP의 수행에 수일이 걸리는 경우도 있다. MRP의 계산 단계는 전개(Explosion), 리드타임(Lead Time), 오프셋(Offset), 총소요량(Gross Requirements), 순소요량(Net Requirements), 예상 가용량(Proejcted Available) 등의 개념 등을 활용하여 진행된다.

---

2) MRP는 자재소요계획(Material Requirement Plan)과 생산자원계획(Manufacturing Resource Plan)을 동시에 의미한다. 자재소요계획의 고려 항목이 자재에 국한되는 반면, 생산자원계획은 생산에 필요한 자원인 3M(Man, Machine, Material)을 모두 고려하게 된다. 전자의 경우를 MRP I 이라고 하고, 후자의 경우를 MRP II 라 한다. MRP II 의 프로세스에는 MRP I 이 포함된다.

(2) 자재소요계획(MRP)의 입력요소, 처리과정, 출력요소

① MRP의 입력 요소

● **주일정계획(MPS: Master Production Schedule)**

MPS는 기업이 생산을 계획한 사양별 수량, 일정 등에 대한 명확한 기준이 된다.

● **자재 명세서(BOM: Bill of Materials)**

자재명세서(BOM)는 모 품목의 조립에 필요한 반제품이나 구성품, 부품, 원재료들의 리스트를 필요한 소요량과 함께 기록한 것이다.

● **재고 정보**

재고 정보라 함은 제품, 부품, 반제품 및 원재료의 상태 정보와 보유 수량, 할당 수량, 계획 리드타임, 수량 및 납기일 별 진행 오더, 안전재고나 로트 크기 설정 규칙, 수율이나 스크랩 인정률 등의 모든 정보를 의미한다. 재고 정보의 중요성은 결코 과소평가되기 쉬운데, MRP의 원활한 수행을 위해서는, 98% 이상의 정확도를 유지해야 한다는 의견도 있다.

● **기타 계획 요소**

MRP의 직접적인 입력요소로 간주되는 사항은 아니지만, MRP 운영상의 규칙이나 제약 조건을 결정하는데 반드시 필요한 요소들이 있다. 계획구간(Planning Horizon), 단위구간의 정의(Definition of Time Periods)나 MRP 수행을 다시 진행하게 될 재 계획 주기 등이 이러한 요소들이다.

② MRP의 처리 과정

● **수요와 공급의 균형 유지**

반제품이나 부품에 대한 총소요량(Gross Requirements)은 기 보유 수량이나 공정중 재고나 입고 시점 등을 감안하여 순소요량(Net Requirements)으로 전환되어, 공급과 수요의 공급의 균형을 반영하게 된다.

● **리드 타임에 따른 오프셋**

부품이나 반제품에 대한 소요량은 해당 부품에 대한 오더가 발행되어야 하는지를 결정하는 리드 타임에 따라 차감 계산(오프셋)된다.

● **자재 명세서의 전개(BOM Explosion)**

총소요량의 필요 시점에 필요량을 충족하는데 필요한 구성품(부품, 반제품, 원재료)의 계획 발주 시점을 결정한다. 구성품의 소요량은 대상 제품의 소요량과 해당 품목 한 단위 생산에 사용되는 구성품의 소요량의 곱으로 계산된다. (이 기준은 일반적으로 완제품 1 단위에 필요한 소요량을 관리하는 개별 생산 방식이나 반복 생산 방식에 적용되며, 완제품의 1 단위 생산에 필요한 소요량을 기록하는 방식이 아닌 흐름 생산 방식의 경우는 조금 다르다.)

③ MRP의 출력 요소

● 계획 구매오더 발행 일정

구매해야 할 품목의 수량과 필요 시점을 판단하여, 구매오더의 발행계획을 수립한다.

● 계획 작업오더 발행 일정

생산해야 할 품목의 수량과 필요 시점을 판단하여, 작업오더의 발행 계획을 수립한다. 계획 작업오더의 발행에는 능력소요계획(CRP: Capacity Requirement Plan)이 가장 중요한 입력 요소가 된다.

● 주의 사항(Action Notices)

MRP 결과로 발행되는 보고서는 오더의 발행이나 독촉/지연 오더의 발행, 예외 사항의 확인을 위해 발행된다.

앞에서 언급한 MRP Ⅰ의 입력 요소와 출력 요소를 간단히 정리해 보면 다음의 그림과 같다.

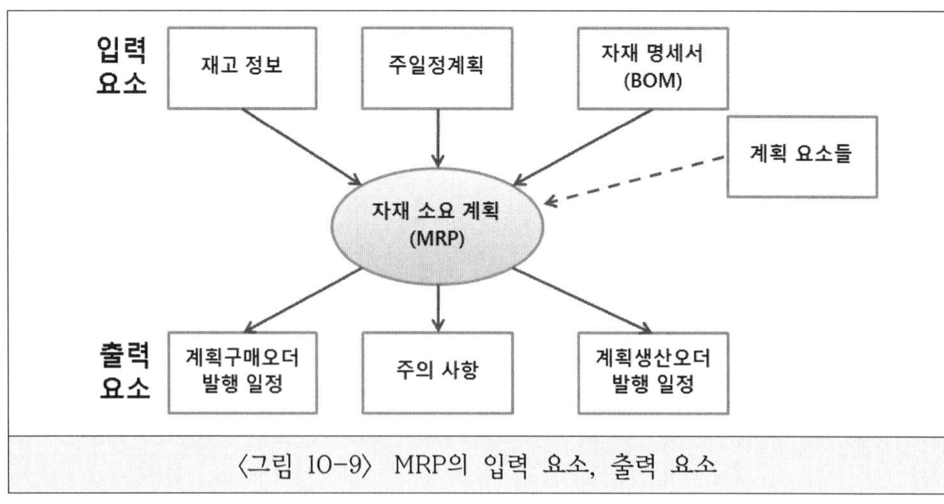

〈그림 10-9〉 MRP의 입력 요소, 출력 요소

(3) 리드타임, BOM 전개 및 오프셋

MRP 운영에 사용되는 개념 중 가장 중요한 3가지는 리드타임, BOM 전개, 그리고 리드타임 오프셋이 될 것이다. 각각에 대하여 좀 더 살펴보면 다음과 같다.

① 리드타임

리드타임은 구매 품목이나 내부에서 생산하는 품목 모두에 적용된다. 구매나 생산에서의 리드타임이란 발주 시점에서 생산의 완성 또는 구매 품목의 도착에 이르는 시간을 말한다. 자주 진행되는 배치나 로트크기는 리드타임의 결정에 반드시 고려되어야 할 요소이며, 이 둘은 밀접한 관계가 있다.

② BOM 전개(BOM Explosion)

BOM 전개는 최종 완성품의 구성에 필요한 모든 구성품의 오더 생성, 발행 및 필요량과 시점을 결정하는 프로세스이다. BOM 전개의 목적은 BOM 구성품이 제때 도착해서 BOM의 상위 품목을 만드는데 지장이 없도록 오더 발행을 계획하는 것이다.

③ 오프셋(Offset)

리드타임 오프셋이라고도 하는데, 필요한 구간에 계획 오더 입고가 이루어 질 수 있도록 오더의 발행이 언제 또 어떤 구간에서 발행되어야 하는 지를 결정하데 사용된다. 이때 오프셋은 해당 품목의 리드타임을 기반으로 산정된다. 오더 발행의 대상은 반제품 생산을 위한 내부 생산용 생산 오더 발행일 수도 있고, 부품의 구매 등과같이 외부 공급자를 대상으로 하는 구매 오더의 발행일 수도 있다.

다음의 〈그림 10-10〉은 BOM 구조에서 부품의 구성과 리드타임의 사례를 간략히 예시한 것이다.

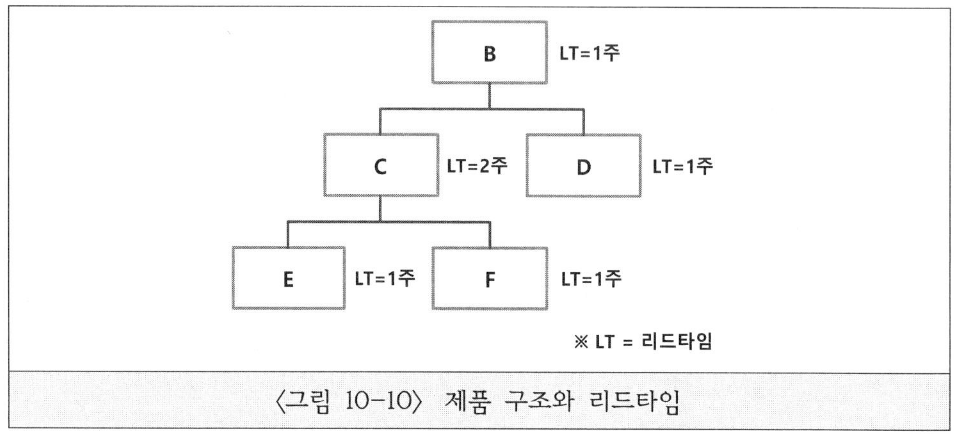

〈그림 10-10〉 제품 구조와 리드타임

(4) 자재 명세서(BOM: Bill of Materials)

자재 명세서(BOM)는 자재, 부품, 조립품, 그리고 제품을 구성하는 하위 조립품들의 목록인데, 여기에 각각의 제품이나 조립품을 위해 필요한 양들을 함께 관리한다. 흐름생산(Process Manufacturing) 환경에서는 BOM을 레시피(Recipe, 처방전), 포뮬러(Formula) 또는 자재 명세(Material Specification) 등으로 불리기도 한다.

① 개별생산품목의 BOM

다음의 〈그림 12-11〉은 4륜 수레의 예로 작성한 BOM의 구조이다. 그림에서 보는 바와 같이 BOM은 조립 품목과 하위 조립 품목과 같이 제품의 분해 단계 레벨로 표현되는데, 이때 설계 방식(As Designed) 보다는 조립 방식(As Built)으로 분해하여 기술하는 것이 낫다. BOM의 트리 구조에서 가장 상위의 품목은 MPS 대상 품목으로 설정하는데, 보통 이 품목이 최종 완제품이 된다. 바로 아래 단계의 품목은 반제품으로 완제품이나 제품을 직접 구성하게 된다. 이어지는 하위 레벨에서 반제품들은 좀 더 분해되어 하위 조립품, 부품이나 원자재까지 분해된다.

BOM은 제품의 개발 및 설계 등의 초기 단계에서는 청사진의 형태나 부품 목록(Part List)의 형태를 띠기도 한다. E-BOM(Engineering BOM, 설계 BOM) 이후 실제 생산 현장의 공법이 반영되는 공정 설계 과정에서 여러 번의 갱신 과정을 통해 점차 구체화되어간다. 제품은 실제 조립되는 방식에 따라(As Built) 반제품과 부분 반제품 등으로 정의되어 구체화 되는데, 이렇게 실제 조립과 동일한 형태의 BOM이 완성되면 이를 생산에 적용하게 되며 이를 M-BOM(Manufacturing BOM, 생산 BOM)이라고 부른다.

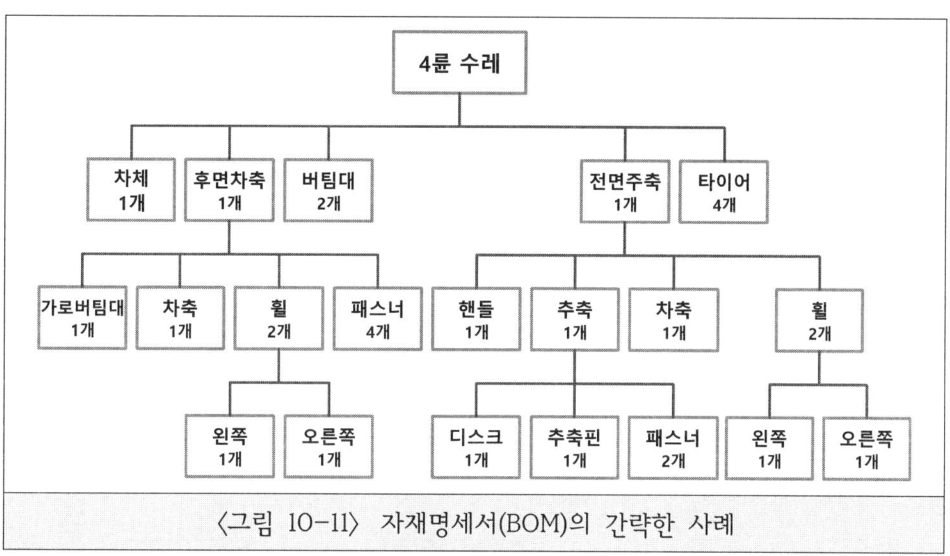

〈그림 10-11〉 자재명세서(BOM)의 간략한 사례

제품의 생산을 위해서는 여기에서 설명한 BOM 이외에 처리 공정을 정의한 공정표(Routing)이라는 정보가 추가되어야 한다. 공정표는 원재료에서 완제품으로 전환되는 프로세스에 포함되는 공정의 순서에 대하여 정의한 것으로, 작업장(경우에 따라 대체 작업장 포함)이나 소요 공구, 준비 시간과 가동 사이클 타임 등의 상세 정보를 포함하게 된다. BOM은 하나의 완제품을 만들기 위해 필요한 반제품이나 부분 반제품 등을 통합하여 나타내는 것이므로, 완제품 자체가 포함될 수 없다는 것에 주의하여야 한다. 또한 BOM을 사용하게 되면 수요예측이나 계획수립 및 주문 입력 등을 포함한 여러 가지 업무 처리 대상을 줄여주기 때문에, MPS를 매우 단순하게 수립할 수 있도록 해준다. 반면 MRP가 보다 정확하고 생산 현장에 생산 오더를 효과적으로 발행하기 위해서는 BOM의 정확도를 매우 높고, 최신의 값으로 항상 유지해야 한다는 점은 반드시 명심해야 할 것이다.

② 화합물의 BOM

다음의 〈그림 10-12〉과 〈표 10-9〉는 과황산 암모늄(Ammonium Persulfate) 생산을 위한 BOM을 예시한 것이다. BOM은 3단계로 구성되었는데, 1단계에서 원료를 사용하여 액상의 과황산 암모늄(Liquid Ammonium Perfulfate)를 제조하고, 이를 고체 상태로 만든 후 마지막으로 포장 단계를 거친 후 판매하는 제품의 사례를 보이고 있다.

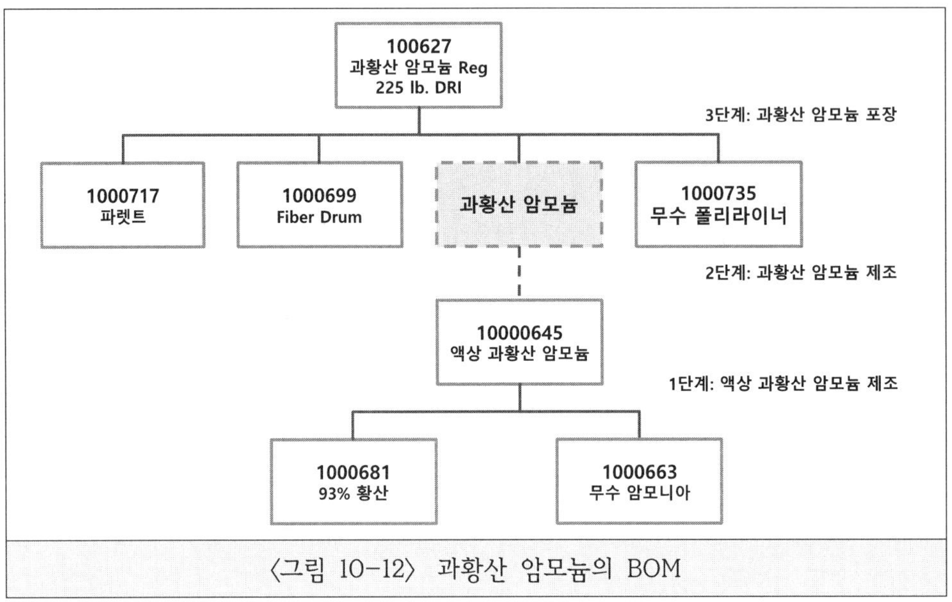

〈그림 10-12〉 과황산 암모늄의 BOM

▮표 10-9▮ 과황산 암모늄의 요약 명세(Summarized Bill)

Parent Product Code: 100627 과황산 암모늄 Reg 225 lb. DRI

Part Number	Qty.	Description
1000645	120 gal.	액상 과황산 암모늄
1000681	40 gal.	93% 황산
1000663	42 gal.	무수 암모니아
1000717	1	파렛트 48" X 40" GMA
1000699	1	Fibre Drum
1000735	1	무수 폴리라이너

③ 화학솔루션의 BOM

다음의 〈그림 10-13〉과 〈표 10-10〉은 화학 솔루션 의 사례이다. 이 품목은 내부용으로 사용될 품목으로, 사용되는 자재가 외부 도입 품목인지 내부 조달 품목인지에 대한 정보도 관리되고 있다.

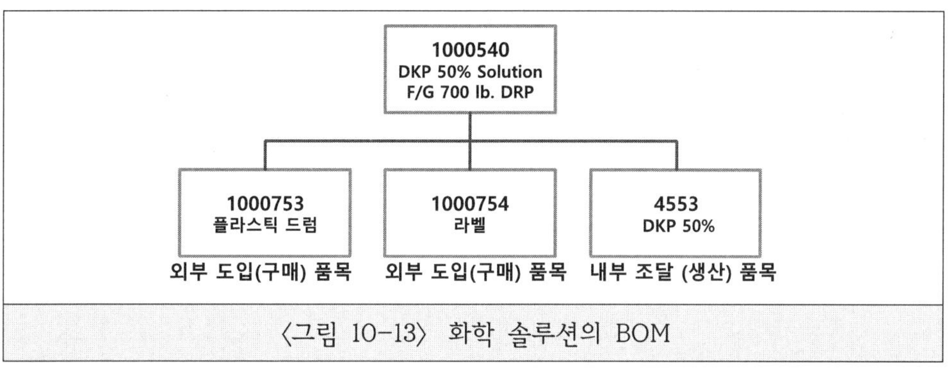

〈그림 10-13〉 화학 솔루션의 BOM

▌표 10-10▐ 화학 솔루션의 요약 명세(Summarized Bill)

Parent Product Code: 1000540 DKP 50% Solution F/G 700 lb. DRP

Part Number	Qty.	Description
1000753	1	플라스틱 드럼
1000754	1	라벨
4553	1	DKP 50%

(5) 공정표(Routing)

① 개별생산(Discrete Manufacturing) 환경에서의 공정표(Routing)

개별생산 환경에서 사용되는 공정표는 일반적으로 반복생산이나 흐름 생산 방식에서 사용되는 공정표에 비하여 매우 복잡하다. 개별생산 환경에서 사용되는 공정표는 다음과 같은 특징이 있다.

- 숙련된 작업자와 여러 작업장에서의 작업이 필요한 복합적 생산 공정
- 공정표에 포함된 작업 지침
- 작업 배치 별로 계산된 준비 시간 및 가동 시간
- 공정 단위의 작업 실적 보고

기업의 조직 구조가 세계화됨에 따라, 공정표는 더욱 복잡해지고 있다. 제품이 완성되는 과정에서 서로 다른 시설로(심지어는 서로 다른 국가로) 옮겨지기도 한다. 이러한 현상은 특히 제약 산업이나 첨단 산업(Hi-tech Industry) 군에서 일반화 되고 있다. 다음의 〈표 10-11〉은 1단위의 생산 배치를 기준으로 한 공정표의 사례이다.

▮표 10-11▮ 개별 생산 방식의 공정표 사례

공정 순서	작업장 번호	공정 설명	공구	준비 시간	가동 시간
10	313	STAMP dwg. 단위의 펀칭 작업 첫 번째 품목 검사	DIE #37	1.40	2.00
20	220	PLATE 규격 #405 크롬 도금 검사 후 세척		0.30	1.80
30	102	DRILL dwg. 당 18개 천공 표준 컨테이너 #D14에 수납		2.00	10.00
40	175	BEND dwg. 당 3회 벤딩 각도 점검 후 반제품창고로 이동	FIX #96 ITEM #74	1.50	4.00

② 반복생산(Repetitive Manufacturing) 환경에서의 공정표(Routing)

앞에서 언급한 바와 같이 반복생산 환경은 동일 제품을 지속적으로 반복하여 생산하는 방식으로, 작업 교체가 빈번히 발생하지 않는 특성이 있으며 작업장에서의 작업이 비교적 단순한 특징이 있다. 이에 따라 반복적인 환경에서의 공정표(Routing)는 상대적으로 간단하고, 다음과 같은 특징이 있다.

- 매우 단순화된 흐름
- 조립 라인이 종료될 때 생산 실적 보고
- 작업 지침서는 공정표에 포함되는 것이 아니라, 작업장의 작업대 위에 비치 됨
- 가동시간은 개당 소요 시간으로 계산된다.

다음의 〈표 10-12〉는 인쇄 회로기판 생산에 사용되는 공정표의 사례를 보인 것이다.

▮표 10-12▮ 반복생산 환경에서의 공정표 사례

공정	작업장	작업 내용	시간/개
001	Line 1, Station 1	세척	0.01
002	Line 1, Station 2	접합	0.01
003	Line 1, Station 3	SMT 표면에 부품 삽입	0.02
004	Line 1, Station 4	건조	0.01
005	Line 1, Station 5	납땜	0.01

③ **흐름생산(Process Manufacturing) 환경에서의 공정표(Routing)**

흐름생산 환경에서 사용되는 공정표의 복잡도는 앞의 두 가지 생산 환경의 가운데 정도이며, 사용되는 공정표의 특징은 다음과 같다.

- 복수 공정
- 배치 시트나 레시피에 표준 작업 지침 비치
- 실행 시간은 배치 단위로 계산
- 배치는 포뮬러에 의해 결정
- 생산 실적은 원료 투입 시, 포장 시에 보고 됨
  (다음 표의 예에서는 002번 공정과 005번 공정 이후)

다음의 공정표 사례는 냉동 파이 생산을 가정한 것이다.

표 10-13 흐름생산 환경에서의 공정표 사례

공정	작업장	작업 내용	배치 준비시간	배치 가동시간
001	210	재료 계근/계량	3 시간	2 시간
002	415	재료 혼합	1 시간	0.5 시간
003	320	굽기	1 시간	4 시간
004	290	냉동	-	24 시간
005	505	포장	2 시간	4 시간

다. 능력소요계획 수립(Capacity Requirement Planning)

APICS에서는 능력소요계획(CRP: Capacity Requirement Plan)을 "과업이나 생산의 완료에 요구되는 노동력이나 설비 자원의 상세 소요량을 결정하고, 능력의 한계나 수준을 평가하고 조정하는 프로세스"라고 정의하고 있다. 앞의 공급망계획 편에서 언급한 바와 같이, Master Plan 수립 프로세스(생산 계획 및 MPS의 수립 과정)의 모든 단계에도 능력(Capacity)을 확인하는 단계를 거쳤었다. 공급망계획 단계에서의 능력 확인 절차는 우리가 다루게 될 능력소요계획 보다 개략적인 수준에서 진행되었으며, 이 프로세스를 자원 계획(Resource Plan)이라고 한다. 또한 MPS 결과에 대한 능력의 가용 여부를 확인하는 프로세스를 RCCP(Rough-cut Capacity Plan, 개략능력계획)이라고 한다.

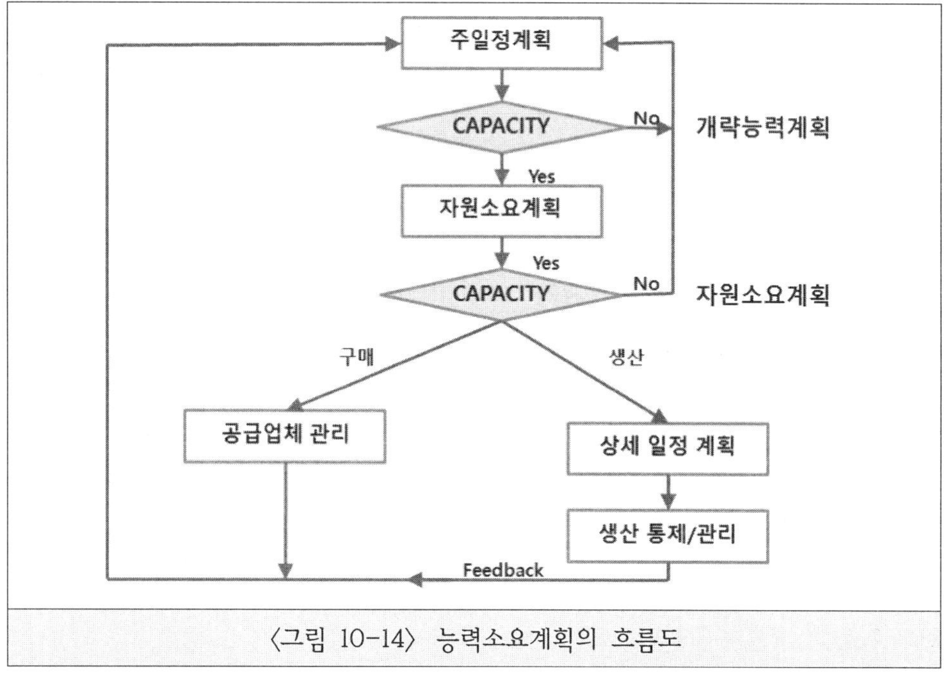

〈그림 10-14〉 능력소요계획의 흐름도

위의 〈그림 10-14〉에서 표현된 바와 같이 폐쇄 순환(Closed Loop) 구조의 형태를 가지는 CRP에서는 능력계획 수립이나 MPS, MRP 실행 결과가 피드백 되도록 구성된다. 만약 공장에서 주문을 처리하는 과정에서 주문을 처리에 일부 혹은 전체 작업장의 능력이 부족하다면 이에 대한 조치가 취해져야 한다. 사실 대부분의 경우 능력계획 상에서 발생되는 능력 불일치에 대한 조치는 수작업 중재 처리를 통해 이루어지게 된다. CRP 수행 결과에 따른 능력 부족에 대한 조치 방법은 야근/특근 등의 추가 작업 편성, 최적 작업 순서의 결정, 예정된 휴지시간(休止時間, Planned Downtime)의 단축 등이 있다. 따라서 이 조치로 인하여 계획된 생산 일정이 수정되기도 한다. 현재 시중에 유통되는 선진화된 계획 소프트웨어의 경우 다양한 최적 솔루션의 도출이 가능한 복잡한 환경에서의 계획수립을 지원하는 모듈이 내재되어 있는 경우가 많으며, 보통 이러한 소프트웨어들은 MRP 시스템과 유기적으로 연계되어 운용된다.

(1) CRP에서 사용되는 용어 및 중요 개념

CRP에서 사용되는 가장 중요한 두 가지 개념은 표준 시간과 정격용량(定格用量, Rated Capacity)이다. 다음은 이를 이해하기 위해 조금 더 자세히 설명한 것이다.

① 부하(Load) 또는 표준시간(Standard Time, Standard Hours)

부하 또는 표준시간으로 표현되는 이 개념은 작업오더 발행 시 지정되는 계획시간단위(Time Bucket, 예를 들어 1주로 가정하자)에 생산되는 수량(로트나 배치수량)에 예상되는 준비시간(Setup Time)과 가동시간(Run Time)의 합으로 정의된다. 표준 시간은 평균정도의 숙련도를 가진 작업자가 표준 절차에 따라 생산하는데 소요되는 시간으로 정의된다. 실제 생산량은 표준 시간 단위로 환산되며, 실제 근무 시간으로 평가된다(예, 규격품 1개 = 20 표준시간).

② 정격용량(Rated Capacity)

계획시간단위(여기서는 1주) 동안 작업장 등의 자원 혹은 시스템에서 기대되는 생산능력을 가용능력이라고 한다. 정격용량이라 함은 주간 단위의 작업장의 가용한 모든 시간을 결정하고, 해당 작업장의 가동율과 작업효율로 수정한 값을 의미한다. 작업장의 주간 단위 정격용량 계산을 아래와 같이 두 단계로 계산된다. 이때 해당 작업장은 3대의 기계설비로 구성되어 있으며, 주간 40시간의 근무 가능 시간, 과거 실적으로부터 계산된 가동율과 작업 효율은 각각 0.8, 1.05 라고 가정하자.

가용시간 = 3 (대) × 8 (시간/일) × 5 (일) = 120 (대 · 시간)
정격용량 = 120 (대 · 시간) × 0.8 × 1.05 = 100.8 (대 · 시간)

계산 결과에 따르면 가동율과 작업 효율을 감안하여 정격용량은 100.8 시간이 된다. 이후 CRP 프로세스에서는 이미 생산 현장에 배포한 작업오더와 발행해야 할 작업오더의 생산에 필요한 표준시간과 작업장의 가용 능력을 비교하게 된다. 이 과정은 다음 단계에서 보다 상세히 살펴보도록 하자.

CRP에서 사용되는 중요 개념

- 부하 (Load)

$$Load = Setup\ \ Time + Run\ \ Time$$
$$부하 = 준비시간 + 가동시간$$

- 정격용량 (Rated Capacity)

$$Rated\ \ Capacity = Time\ \ Available \times Utilzation \times Efficiency$$
$$정격용량 = 가용시간 \times 가동율 \times 작업효율$$

단 여기에서 Time Available(가용시간)이라 함은 가용한 이론상의 모든 시간(Total Clock Hours Available)을 의미한다.

(2) 부하 분석

다음의 〈표 10-14〉는 CRP 프로세스에서 작업장에 할당된 부하와 정격용량의 비교가 어떻게 이루어지는 지에 대한 이해를 위한 간략한 사례를 나타낸 것이다. 이미 작업의 지시가 이루어진 작업오더의 실행에 필요한 시간(발행 부하) 지시를 하게 될 작업 오더를 실행하는 데 필요한 시간(계획부하)은 표준시간으로 환산되었으며, 표준 시간에는 준비 시간과 가동 시간이 포함되어 있다. 정격 용량은 앞에서 언급한 바대로 가용시간과 가동율, 효율의 곱으로 계산된 값이다.

작업장 10의 부하 분석표를 나타낸 다음의 표에서, 이미 생산 현장에 배포되어 실행되고 있는 작업오더가 4주에 걸쳐 존재하고 있음을 알 수 있다. 여기에다 3주차 이후에는 새로운 작업오더의 발행이 계획되었으며, 이로 인해 3주차와 4주차에는 과부하가 발생함을 살펴 볼 수 있다.

▮표 10-14▮ 부하 분석표(Load Profile)의 사례

작업장: 10

주차	주당 표준 시간				합계
	1	2	3	4	
발행 부하(발행 오더)	110	95	60	50	315
계획 부하(계획 오더)			80	80	160
전체 부하	110	95	140	130	475
정격용량	110	110	110	110	440
(과다)/과소 능력		15	(30)	(20)	(35)

여기에서의 사례는 하나의 작업장을 대상으로 하였으나, 실제의 경우 다수의 사업장을 대상으로 수행되어야 할 것이다. CRP 수행 대상이 많아지는 실제의 경우라면, 다수의 작업장에 대하여 부하 대비 정격용량의 평가가 이루어져야 하므로 CRP는 점점 복잡해질 것이다.

(3) 무한능력과 유한능력

앞에서 간략히 표의 형태로 살펴보았던 부하 분석표(Load Profile)에서는 MRP 결과가 무한능력을 전제로 구성되어 있음을 알 수 있다. 무한능력이라 함은 해당 작업장에서의 작업 능력의 한계를 감안하지 않고, 무한 부하(Infinite Load)를 할당하는 것을 말한다. MRP가 생산일정을 작성할 때, 자원이나 능력이 작업을 수행해내는데 필요한 수준에 대한 고려를 하지 않음에 대해서는 앞에서 언급한 바가 있다.

CRP의 역할은 능력에 대한 문제를 도출하고 능력을 수정하거나 작업오더 발행 내역을 수정함으로써 이러한 문제를 해결하여 부하와 정격용량 간의 균형을 유지하도록 하는 것이라고 할 수 있다. 앞에서 언급한 무한능력계획과 반대의 개념인 유한능력계획의 수립이라 함은, 주어진 시간 구간에서 정격용량을 초과하는 작업장에서 작업을 능력 이상으로 할당하지 않는 방법이라고 할 수 있으며 보통 이 작업은 컴퓨터를 통해 자동으로 수행된다. 다음의 〈그림 10-15〉에서는 무한능력 기반의 무한부하 할당을 유한능력기반의 유한부하 할당으로 변경하는 사례를 예시한 것이다.

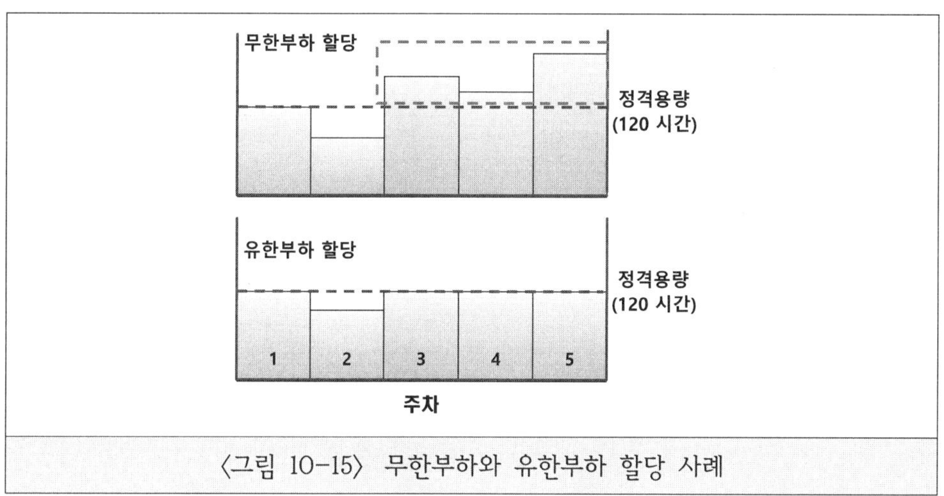

〈그림 10-15〉 무한부하와 유한부하 할당 사례

(4) 일정계획(Scheduling)

일정계획(Scheduling)이란 쉽게 말하면, 오더나 작업의 시작 시간과 종료 시간을 배정하는 것이라 할 수 있다. 일정계획은 크게 전진계획법(Forward Scheduling)과 후진계획법(Backward Scheduling)으로 나누어 볼 수 있다. 전진계획법은 고객 주문에 대한 작업 오더의 진행을 현재 시점 혹은 특정 시점 이후부터 차례로 진행하는 것이며, 후진계획법은 반대로 고객의 납기 요청일이나 납기 가능일로부터 생산에 소요되는 리드타임을 역산하여 작업오더를 배치하는 방법이다. 일반적으로 MRP를 비롯한 대개의 생산계획은 후진계획법을 사용하며, 전진계획법은 고객의 주문에 대한 가용량 확인(ATP)이나, 주문 접수 시에 가능한 날짜를 확인할 때 사용되곤 한다. 여기에서는 전진계획법과 후진계획법에 대해서 간략히 살펴보도록 한다.

① 전진 계획법(Forward Scheduling)

전진계획법(Forward Scheduling)의 경우, 계획 수립 담당자는 작업오더의 발행이 계획된 날짜(생산계획의 확정 구간 이후)나 현재 일자 등의 정해진 시작일자로부터 계획 수립을 시작하게 된다. 이후 선후작업이 명확히 정의된 직렬 작업의 경우 첫 공정의 작업이 종료된 이후 다음 작업이 시작되도록 작업을 배치하여 최종 공정까지 일정을 배정하게 된다. 병렬공정의 경우는 직렬공정을 중심으로 작업이 가능한 시점에 배치하면 된다. 이러한 전진계획법은 고객에게 납기 가능일을 제공하거나, 제품이 얼마나 빨리 생산될 수 있는지에 대해 설명할 때 주로 사용되고 있다.

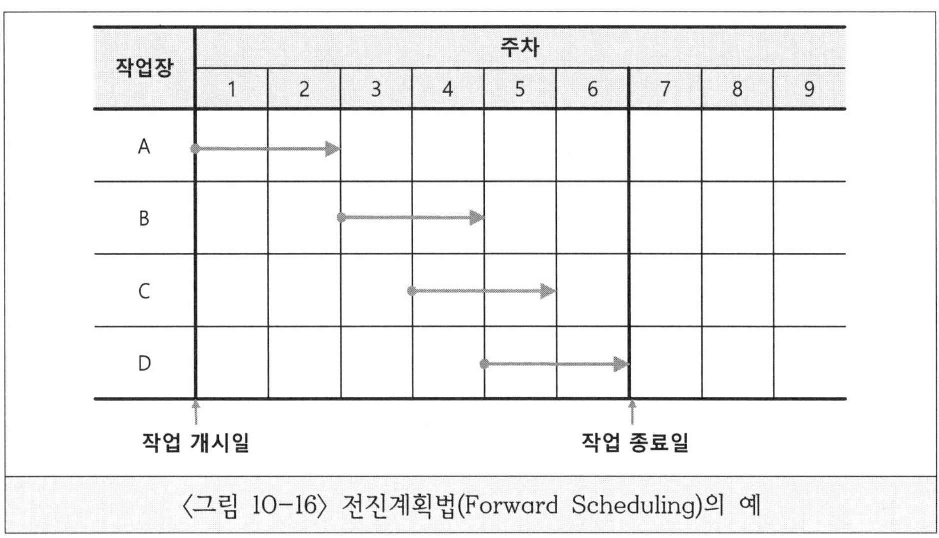

〈그림 10-16〉 전진계획법(Forward Scheduling)의 예

② 후진 계획법(Backward Scheduling)

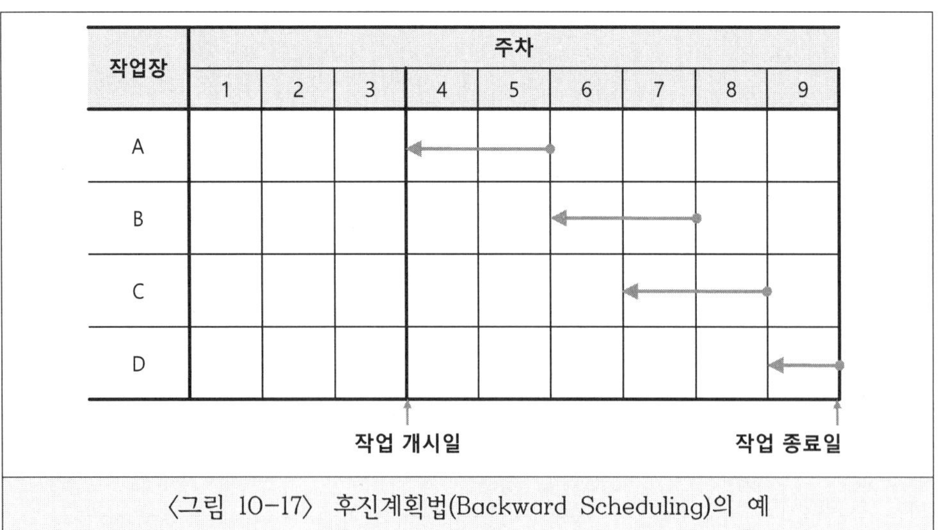

〈그림 10-17〉 후진계획법(Backward Scheduling)의 예

이와는 반대로 후진계획법은 납기일로부터 거꾸로 일정을 배치하는 방법이다. 이 일정계획법은 "납기일에 맞추어 생산을 완료하기 위해서는 언제 작업을 시작해야 하는가?"라는 질문의 답을 위한 방법이라고 생각하면 이해가 쉽다. 대부분의 일정계획 방법은 후진계획법을 사용하고 있으며, MRP 또한 후진계획법 전제로 계획을 수립하게 된다. 다음 그림은 후진계획법을 활용하여 일정계획을 수립하는 사례를 간략히 도시화 한 것이다.

(5) 능력소요계획(CRP)의 입력요소와 출력요소

CRP의 프로세스는 다음의 표에서 정리한 바와 같이 다양한 소스의 데이터를 활용하여 진행된다. 앞에서 몇 번 언급한 바와 같이 CRP의 가장 중요한 목적은 작업장의 정격용량과 MRP의 결과로부터 작업오더의 형태로 작업장에 배정된 작업량의 불균형을 찾아내는 것이다.

▮표 10-15▮ CRP의 입력 데이터

File / Source	Data
공정표(Routing)	• 작업장(Work Center) • 어느 작업장의 작업 종료되었는가? • 필요한 시간(표준시간) • 리드타임
작업장(Work Center)	• 리드타임
진행 중/계획 중인 작업오더 (Open Work Order)	• 작업오더 상태 • 진행 중이거나 예정 상태인 오더
MRP/계획오더 발행 일정	• 계획오더(Planned Order) 발행 정보

MRP 수행결과에 대한 CRP를 통한 확인 과정이 없다면 여러 가지 부작용에 직면하게 될 것이다. 예를 들어 병목 현상이 발생되거나, WIP가 증가하게 되는 수도 있으며, 인건비 증가, 생산성 저하, 납기 지연, 리드타임 증가 등이 예상되는 주요한 부작용이 될 수 있다. CRP 수행 결과 불균형이 발생되었을 때 조치할 수 있는 방법에는 어떤 것이 있을까? 일반적으로 많이 사용되는 선택사항들은 아래와 같다.

- 추가 설비의 도입 또는 활용
- 추가 작업조 편성 또는 야근/특근 등의 추가 작업 편성
- 공정표의 수정(표준시간 수정이나 정격용량 변경 등)
- 외주 등의 하청계약
- MRP 수행결과로 얻어진 계획 오더 발행 일정 변경 등.

한편 CRP를 통한 생산능력 확인이 진행되지 않으면, 다음과 같은 문제점들이 발생할 우려가 있다.

- 병목현상(Bottlenecks)
- 생산성 저하(Low Productivity)
- WIP 증가(Higher WIP)
- 납기지연(Late Deliveries)
- 인건비 상승(Longer Lead Times)
- 리드타임 증가(Increased Labor Cost)

다음의 〈그림 10-18〉은 앞에서 언급한 능력소요계획의 입력요소와 출력요소를 요약한 것이다.

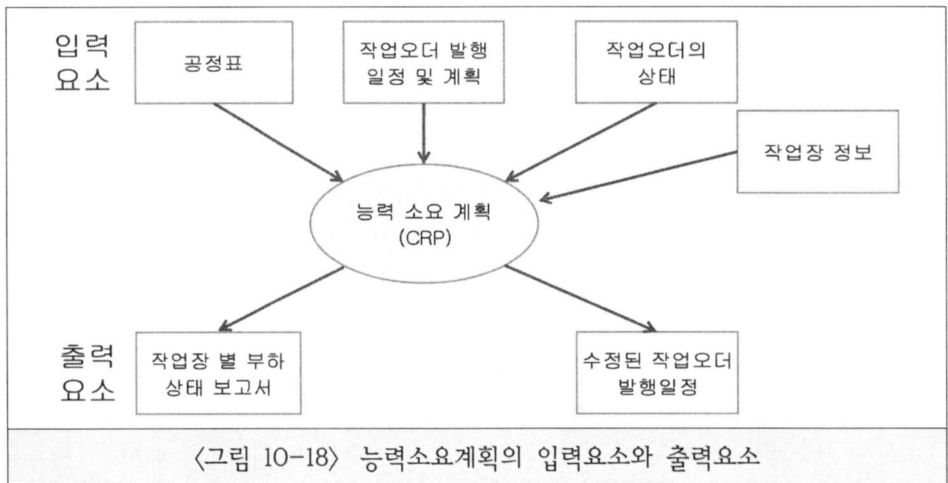

〈그림 10-18〉 능력소요계획의 입력요소와 출력요소

(6) MRP/CRP 수행의 위협요소

앞에서 우리는 MRP 프로세스의 수행을 위해 필요한 입력요소들에 대하여 비교적 자세히 살펴보았다. 이러한 입력 요소들이 빠지거나 정확하지 않다면 어떤 문제가 발생될까? 다음의 표에 예상되는 문제들에 대하여 간략히 정리하였다. 대부분의 기업에서 이러한 입력요소의 중요성에 대해서는 인지하고 있으나, 실제 그 정확도의 수준은 매우 낮으며 다음의 표에서 언급한 현상들이 심심치 않게 발견된다. 이러한 현상을 수정하고 필요한 데이터의 정확도를 유지하고자하는 노력이 점차 증가하고 있기는 하지만, 공급망 전체의 최적화를 위해서는 다른 어떤 노력보다 중요하다는 것은 다시 한 번 강조할 필요가

있을 것 같다. 구체적인 증거는 없지만, 경험상 MRP가 효율적으로 수행되기 위해서는 적어도 다음 수준 이상의 데이터 정확도의 확보가 필요할 것으로 판단된다.

- 자재 명세서(BOM): 95%
- 공정표(Routing): 90~95%
- 재고 수준: 95~98%

▮표 10-16▮ MRP 수행의 위협요소

위험요인	영향
부풀려진 수요 정보의 입력	• 조립 일정상의 평탄화가 어려움 • 자재 투입 부서나 공급업체에 급격한 부품 소요 정보 제공 • 병목현상이나 결품현상
부정확한 완제품 재고정보	• 고객에 대한 배송지연 • 정확도 낮은 조립 일정계획
부정확한 반제품/WIP 재고 정보	• 납기 실패, 배송지연 • 초과 생산 • 정확도 낮은 일정계획
부정확한 원자재 재고 정보	• 도입품목(구매품)이나 반제품의 결품 발생
부정확한 BOM 정보	• 잘못된 부품의 지정이나 잘못된 제품 생산 • 고객 요구 대응 실패

라. 생산활동 관리(PAC)

생산활동 관리(PAC: Production Activity Control)는 작업현장관리 (Shop Floor Control) 또는 생산관리통제(Production Management Control)라고도 불리는데, 생산 프로세스의 실행 관점에 관련된 내용을 기술하고 관리하는 프로세스로 정의할 수 있다. 즉 생산 관리자들이 공장 등의 생산 시설 내에서 과업을 완수할 수 있도록, 일정의 수립, 관리 및 모니터링하는 메카니즘이라고 할 수 있다. 다음의 〈그림 10-19〉는 생산활동 관리(PAC)를 구성하는 기본적인 3가지 유형을 보여주고 있다. 생산활동 관리의 기본적인 3가지 유형의 활동은 MRP 입력 요소에 기반을 둔 계획 수립, 관리 및 통제, 보고 활동으로 요약된다. 이러한 활동을 위하여 생산활동 관리에서는 업무 매뉴얼과 자동화된 절차를 통하여 작업 오더의 우선순위와 실행 일정을 결정하고, 작업오더의 공정과 작업 순서를 결정(Dispatching)하며, 작업 흐름의 관리 및 균형을 유지하고, 효율성을 측정하며, 작업 및 원재료의 상태에 대한 보고활동을 수행한다.

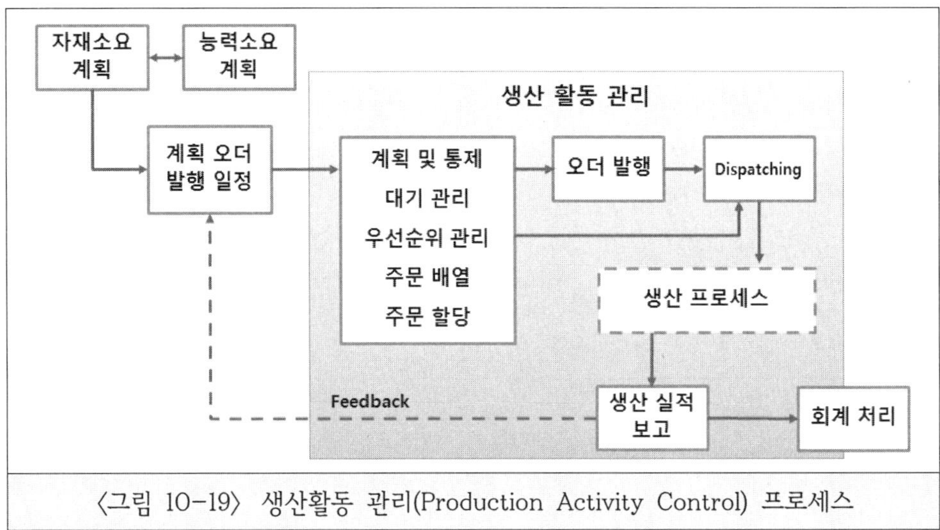

〈그림 10-19〉 생산활동 관리(Production Activity Control) 프로세스

생산활동 관리를 위한 소프트웨어 시스템 혹은 패키지 솔루션에는 여러 가지가 있는데 이러한 시스템들은 크게 두 가지 분류로 나눌 수 있다. 계획 부분에 중점을 둔 MRP 시스템과 실행 측면에 중점을 둔 MES(Manufacturing Execution System, 생산실행시스템)가 그것이다. MRP 시스템의 장점은 원재료의 취득 및 처리와 관련된 데이터의 수집, 보관 및 조작 능력에 있다고 할 수 있다. MRP 시스템은 생산 현장의 니즈 보다는 관리 부문의 니즈 충족을 위한 재고관리 중심의 시스템이라고 요약할 수 있다. 반면, MES(생산실행시스템)는 공장의 생산 현장의 활동에 중점을 둔 시스템이라고 할 수 있다. 현재 작업의 다음 공정 탐색, 작업 준비를 위한 특별 지침, 조립을 위한 부품의 위치, 사용해야할 기계 설비의 가용여부, 제품 품질이나 공정 안정성 분석 등의 문제들을 위하여 적용되는 시스템이다.

생산 실행에 있어 반드시 고려되어야 할 요인들 중 가장 중요한 것들은 우선순위 관리, 대기행렬 관리, 계획 대비 실적관리, 자원의 할당, 산출물의 품질 등이 될 것이다. 생산현장 환경은 시시각각으로 변화하기 때문에, 생산일정을 맞추기 위하여 우선순위를 변경하거나 자원의 배분, 원자재 사용 등의 결정 사항들이 하루에도 매우 많이 발생하게 된다. 실제의 생산 환경은 수백 종의 제품이 매일 수천 단위 이상 생산되는 등 매우 복잡한 것이 일반적이다. 따라서 생산시설의 성공적 운영을 위해서는 적절한 지원 도구의 선택이 매우 중요하다.

MRP는 중/장기 계획 수립에 매우 효과적인 수단이기는 하지만, 사용되는 정보는 실시간 정보가 아니므로 단기간의 생산관리에는 그 효과가 떨어지는 것이 사실이다. 이에 따라 세계수준의 많은 기업들은 MRP와 협력적으로 사용하게 될 대안을 모색하였다. 이

런 배경 위에서 선택된 대안이 앞에서 잠시 언급한 바 있는 생산실행시스템(MES)이다. 이러한 시스템에서는 제품이 생산되는데 사용되는 전통적인 형태의 작업오더(Work Order)가 반드시 필요하지는 않다. 대신 작업지시를 위해서 다른 대안을 사용하게 되는데, 가장 일반적으로 사용되는 것이 칸반(Kanban)이다.

제품 혹은 제품군의 특성을 분석하는 것은 적절한 계획 도구를 선정하는데 매우 유용한 방법이 될 수 있다. 다음 〈그림 10-20〉에서는 적절한 관리 방법을 결정하는 방식으로 Runner, Repeater, Stranger의 3가지 유형을 정의하였다. Runner는 판매량이 매우 높은 품목으로 보통 80% 이상의 판매율을 점유하는 품목군이다[3]. Repeater는 수요예측이 어려운 일반 품목으로 정의하였으며, Stranger는 신제품이나 오래된 품목인 경우에는 수요량이 매우 간헐적이거나 낮은 품목군이라고 할 수 있다. 이와 같이 생산 제품군의 특성에 따라 관리 방법을 달리 선택하는 것은 제품흐름 관리 측면에서 자원을 보다 효율적으로 활용할 수 있게 한다.

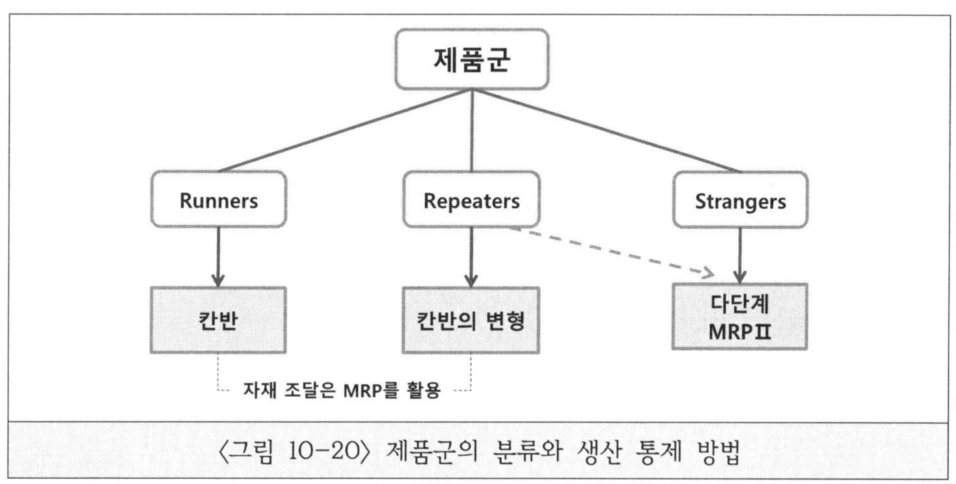

〈그림 10-20〉 제품군의 분류와 생산 통제 방법

3) 앞에서 파레토 법칙을 설명하면서 80-20 법칙에 대하여 설명한 바 있다

10.3 생산프로세스 설계

생산 프로세스를 설계함에 있어, 몇 가지 원칙들이 적용되면 조직이 전략적 목적을 보다 효과적으로 수행할 수 있다. 여기서는 다섯 가지의 원칙들을 제시하고, 이에 대해 설명하도록 한다.

- **낭비의 제거(Elimination of Waste)**
  제품의 가치를 증가시키지도 않으며, 고객에 의해 보상받지도 못하는 행위들을 제거
- **흐름의 개념(Concept of Flow)**
  프로세스 내의 제품이 대기하는 시간을 최소화하고 병목 공정의 여파를 줄이는 환경의 설계
- **Pull vs. Push**
  예측 소요량이나 재고 충족을 위한 생산보다는 실제 고객 주문(그것이 내부 고객이든 외부 고객이든)에 기반을 둔 생산
- **프로세스 지향 조직(Process Driven Organization)**
  조직구조를 기능 조직 체계(Functional Structure) 보다는 프로세스와 제품 혹은 시장 구분에 따라 재조정
- **시각적 환경(Visual Environment)**
  현재 상태에 대한 명확한 전달이나 생산 중 의사결정을 지원할 시각적 신호나 지침을 제공

가. 낭비의 제거

(1) 낭비의 개념 및 유형

이 원칙은 생산프로세스 설계의 원칙들 중에서도 가장 중요한 원칙으로, 생산 과정에서 발생되는 행위를 다음의 세 가지 범주로 구분하는 것으로부터 시작된다.

- **부가가치 행위(Value Added Activities)**
  부가가치 행위라 함은, ① 고객이 보상을 제공하는 행위나 ② 제품을 교체하는 하는 행위 혹은 ③ 한 번에 정확히 완료되는 행위들을 말한다.

● **비부가가치 행위(Non-value Added Activities)**
필수적인 행위이지만 제품에 부가가치가 발생하지는 않는 행위로 지불 준비, 품질 검사 등의 행위가 대표적 행위이다.

● **낭비(Waste)**
부가가치가 발생되지도 않고 필수적인 행위도 아닌 모든 행위들

비부가가치 활동의 극적인 감축이나 낭비활동의 제거는 고객에 중요한 여러 활동 중에서도 그 중요성이 점차 커지고 있다. 낭비활동은 공정 배치의 개선, 생산 가능성 측면에서 개선된 제품 설계, 선진 사례에서 적용된 여러 원칙들의 도입을 통한 생산현장 기술의 효율 향상 등을 통하여 제거할 수 있다. 다음에 언급할 칸반 생산 방식이나, 우선순위를 통한 작업 순서의 정의, 작업지침서의 활용 등은 낭비제거에 초점을 맞춘 오늘날의 제조 환경에서 가장 일반적으로 적용되고 있는 사례들이다. JIT는 대표적으로 낭비제거에 초점을 맞춘 철학이라고 할 수 있는데, JIT에서는 "지속적 개선"이나 "지속적인 공정 개선" 등의 용어가 자주 언급된다. 지속적 개선은 제품 설계, 공정 설계, 생산 계획이나 생산관리 등의 개선을 통해서 낭비를 점진적으로 제거해 나가는 것이다. 이 개념은 일본의 자동차 업체인 토요타에서 처음 시도되어, 품질 향상과 원자재 원가 절감을 유도하는 지속적 개선 방법을 모색하고 있던 선도적인 제조업체에서 기업 내부 공정은 물론 핵심적인 공급업체와 더불어 적용되어 오고 있다.

다음의 표는 생산의 중요한 고려 요소인 인력(People), 프로세스(Process), 제품(Product)의 3P 측면에서 발생할 수 있는 낭비의 유형과 발생되는 장비 요인의 문제점이나 원인에 대하여 정리한 것이다.

▮표 10-17▮ 낭비의 유형 및 낭비 발생 문제점/원인

고려 요소			낭비의 유형	문제점/원인
인력	프로세스	제품		
○			행동 (Motion)	잘못된 배치(Layout) 설비간의 인접도 부족 자원의 단절
○			대기 시간 (Waiting Time)	작업자, 기계, 자재의 대기 작업준비, 리드타임 과다 소요
○	○		초과 생산 (Over Production)	대형 배치 생산 그 자체를 위한 생산 고객 주문의 무시
	○		처리 시간	긴 사이클 타임

			(Processing Time)	작업효율 저하 전반적으로 긴 리드타임
	○	○	결함 (Defects)	결함 수정에 대한 장기 지체 재작업 비용 발생 고객의 불만족
	○	○	재고 (Inventory)	높은 원누자재 재고 수준 높은 WIP /반제품 재고 수준 높은 완제품 재고 수준
		○	이동 (Transportation)	불필요한 이동 불필요한 취급/하역

(2) 낭비제거 방법

① 칸반(Kanban) 생산 방식

칸반(Kanban)은 생산 프로세스 진행 중에 필요한 어떤 행위에 대한 권한을 부여하는 시각적인 방법이라고 정의할 수 있다. 여기에서 행위라 함은 이동에 관련된 용어로, 다음 작업장으로 부품이나 반제품을 당기는(Pulling) 것을 말한다. 칸반은 간판(看板)을 일본식으로 읽은 것으로 원래는 신호를 전달하는 수단으로서의 카드를 의미한다. 그러나 실제 칸반 방식이 적용되는 현장에서 칸반이 의미하는 보충 신호는 빈 선반(Empty Rack)이 될 수도 있으며, 바닥에 그려진 빈 사각형이 될 수도 있고, 시각적 신호나 컴퓨터 화면이 될 수도 있다.

가장 일반적으로 사용되는 칸반 방식은 2개의 카드를 활용하는 방식(two-card System)인 이동과 생산(Move and Produce) 방식이다. 즉, 첫 번째 칸반으로는 원자재나 부품이 한 공정에서 다음 공정으로 이동할 수 있도록 하는 권한을 부여하는 방법으로 사용하고, 다음 칸반으로는 작업장에서 생산을 시작하도록 하는 신호의 역할을 하도록 하는 것이다. 이를 기본으로 여러 가지 변형 방법이 있는데, 칸반 하나에서 여섯 개까지 활용하는 다양한 방법들이 있다.

칸반 시스템의 활용으로 얻을 수 있는 주요한 장점은 다음과 같다.

- 고객 주문 기반(보충을 위해서만 생산)
- 재고 관리 개선
- 신속한 의사결정, 신속한 대응 및 사이클 타임의 단축
- 이해하기 쉽고, 대응이 용이

- 데이터 조작 위험의 감소
- 우선순위의 명확한 정의(다음 칸반이 처리해야할 작업)

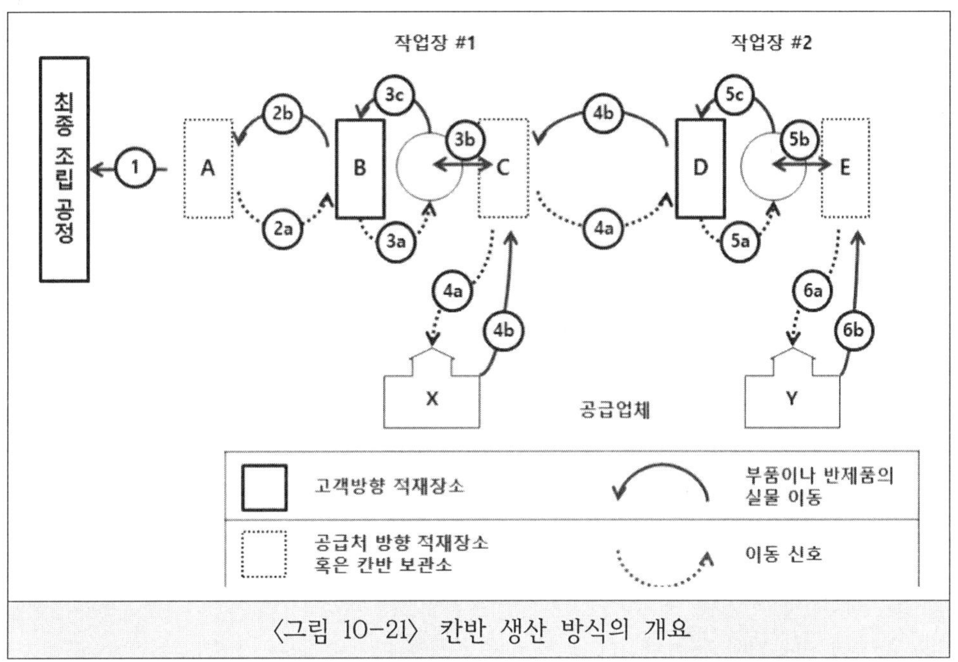

〈그림 10-21〉 칸반 생산 방식의 개요

위의 〈그림 10-21〉은 칸반 시스템의 개략적인 흐름을 간단히 나타낸 것이다. 생산의 시발점 역할을 하는 것은 최종 조립라인에서 작업장 #1과 작업장 #2에서 생산되는 부분 반제품이 필요하다는 신호를 칸반으로 전달하는 것이다. 각 작업장은 나중에 다루게 될 생산 셀(Cell)이라고 간주해도 될 것이다. 여기에서 제시하는 사례는 매우 단순화된 시나리오에 기반을 두었다. 실제로는 또 다른 작업장이나 작업 셀, 또 다른 부분 반제품이 동일 조립 라인에 포함될 것이다. 위 〈그림 10-21〉의 경우 다음과 같은 프로세스를 통해 칸반이 운영된다.

1	부분 반제품이 조립라인으로 이동됨. 칸반 영역 A가 비었음.
2a	빈 칸반 영역 A는 새로운 부분 반제품을 B에서 A로 옮기라는 신호가 됨.
2b	대체용 부분 반제품이 B에서 A로 이동. B가 비게 됨.
3a	빈 칸반 영역 B는 작업장 #1에서 새로운 부분 반제품 생산의 계기가 됨.
3b	작업자는 영역 C에서 부품을 가져오고, 생산이 시작됨. C가 비게 됨.

3c 생산된 부분 반제품이 칸반 영역 B로 옮겨짐.

4a 빈 칸반 영역 C는 부품을 D영역에서 C영역으로 이동하는 신호가 됨.

4b 부품이 구매품목일 경우는 공급업체로부터, 생산품목일 경우는 D에서 C로 이동됨. 이 과정은 3c의 수행 이전에 진행되어야 함.

5a 빈 칸반 영역 D는 작업장 #2에서 새로운 부품을 생산하는 계기가 됨.

5b 작업자는 영역 E로부터 부품을 획득하고, 생산이 시작됨. E가 비게 됨.

5c 새로운 부품이 생산 완료되어 칸반 영역 D로 이동 됨.

6a 빈 영역 E는 공급업체에게 부품의 보충을 위해 배송을 요청하는 신호가 됨.

6b 보충 품목이 공급업체 Y에서 칸반 영역 E로 이동됨. 이 과정은 5c 이전에 진행되어야 함.

② 우선순위 관리(Priority Control)

MRP 시스템을 통하여 우선순위 관리를 하고자 할 때에는 우선순위 계산을 위한 규칙이나 방법이 적용되어야 한다. 다음 박스에 중요도(CR: Critical Ratio)를 계산하여 우선순위를 할당하는 방법의 사례를 제시한다. 중요도 결정에 대한 보다 자세한 내용은 Fogarty의 Production & Inventory Management[4)]를 참조하자. 여기에서 우선순위인 CR은 작업 잔여시간(Operating Time Remaining)과 제조 리드타임 잔여시간(Manufacturing Lead Time Remaining)의 관계를 통해서 산정하게 되는데, 작업 잔여시간은 현재 진행하는 오더가 완료되는 데까지 남은 시간을 의미하며, 제조 리드타임 잔여시간은 고객에게 납기를 약속한 납기일로부터 남아 있는 시간으로 생산이 완료되어야 하는 시간을 의미하게 된다. 여기에서 작업 잔여시간과 작업완료 소요시간은 앞에서 설명한 바 있는 표준시간을 사용한다.

작업이 작업장에 투입되고 산출되는 작업 시작 시간과 종료 시간에 대한 일정을 수립할 때, 우선순위 관리는 생산이 진행 중이거나 계획되어 있는 다양한 오더의 처리 순서를 결정하는 역할을 한다. 이러한 역할은 MRP 시스템을 통하여 생산현장의 관리가 진행될 때는 우선순위 결정 목록(Dispatching List)을 통해서 수행될 수도 있다. 우선순위 결정 목록(Dispatching List)은 보통 작업장에 바로 전달되며, 해당 일에 수행해야 할 작업의 우선순위에 대한 상세 항목이 기술된다.

---

4) Fogarty, Production & Inventory Management, 2nd edition, 1991.

CR(Critical Ratio)의 계산

- $CR = \dfrac{Operating\ Time\ Remaining}{Manufacturing\ Lead\ Time\ Remaining}$

$= \dfrac{\text{작업잔여시간}}{\text{작업완료 소요시간}}$

다음의 표는 우선순위 결정 목록(Dispatching List)의 사례를 예시한 것이다. 다음 표에서 $CR < 1.0$인 경우는 납기일을 기준으로 작업에 필요한 시간이 부족함을 의미하며, $CR = 1.0$인 경우는 시간에 맞게 진행되고 있으며, $CR > 1.0$인 경우는 해당 작업 오더의 진행에 여유가 있다는 것을 의미하게 된다. 따라서 CR이 작을수록 우선순위는 높아지게 된다.

▌표 10-18▌ 우선순위 결정 목록(Dispatching List)의 예

작업장 번호: 10
176일차(종일 작업 가능)

작업 오더	납기일	작업 잔여시간	작업완료 소요시간	Critical Ratio (CR)	작업우선순위
A	180	4.0	8.0	0.50	1
B	182	6.0	4.5	1.33	3
C	183	7.0	7.0	1.00	2
D	190	14.0	9.0	1.56	4

나. 흐름의 개념

(1) 흐름에 대한 정의

아침의 출근길이나 등굣길을 상상해보자. 집의 문을 출발해서 회사나 학교의 문에 도착할 때까지 순탄한 이동과정인가? 아니면 통제할 수 없는 출발과 멈춤의 연속인가? 지하철이나 열차는 여러분에게 맞추어 운행되지 않으며, 중앙에서 관리하는 시간표대로 움직이게 된다. 또한 교통 신호는 여러분이 그 앞에 도착했다고 파란색으로 변하지 않으며, 도시 전체의 교통 흐름을 관리하기 위하여 동기화 되어 있다.

전통적인 공장 내의 원료의 흐름이 이와 같다. 전통적인 생산 프로세스는 특정 제품이나 제품군에 맞추어 최적화되어 있지 않으며, 자본 활용률이나 연간 단위로 수립된 예산

일정의 충족에 최적화되어 있다. 원자재가 설비에 늦게 도착하거나 재고가 적체 될 때마다 완제품의 배송이 지연되고 제품이 어디에 있는지 확인하고 모니터링하며 관리하는 부가적인 노력이 요구된다. 흐름의 개념(the Concept of Flow)은 공장 전반에 걸친 제품의 흐름에 초점을 맞추고 흐름의 정지나 지체를 최소화하는 것이다. 다음의 그림을 보자. 다음의 〈그림 10-22〉는 물의 흐름으로 흐름의 개념을 형상화하고 있다. 지체나 정지는 흰 물결을 발생시키고, 흰 물결로 인해 실제 정지의 원인이 감추어지게 된다. 부드럽고 막힘없는 흐름은 빠르기도 하며 투명하기도 해서, 문제의 원인에 대한 규명이 용이하도록 한다.

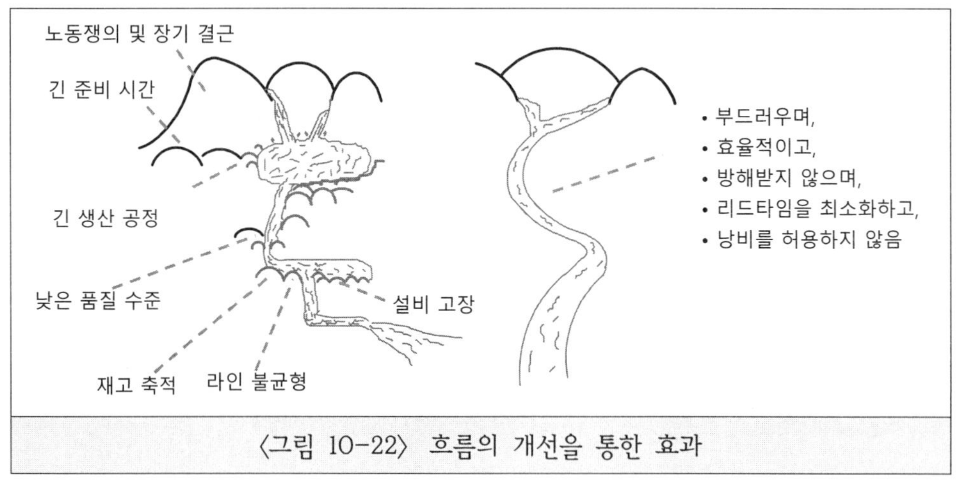

〈그림 10-22〉 흐름의 개선을 통한 효과

(2) 흐름 개선 방법

생산 셀(Manufacturing Cell) 생산방식의 적용은 프로세스 전반에 흐르는 제품의 흐름을 원활하게 하는데 큰 도움이 된다. 생산 셀은 전통적인 생산 공장에서 흔히 찾아 볼 수 있는 Job Shop 혹은 개별 생산 방식의 대안이라고 할 수 있다. 전통적인 생산업체에서 기계 설비는 기능별로 그룹화 되어 있거나 부서를 형성하는 경우가 일반적이다. 이러한 환경에서는 제품이 하나의 부서에서 또 다른 부서로 움직여야 하는 빈도가 매우 높아지게 된다. 뿐만 아니라 기능부서 중 어느 부서도 제품이 정시에 생산 완료되는지 여부에 대한 책임을 지지 않을 수도 있게 되는 문제가 있다. 생산 셀 방식의 특징은 아래와 같이 정의된다.

- 생산 셀에는 필요한 경우 완제품 생산에 필요한 모든 기계 설비가 포함 될 수도 있다.
- 기계설비는 이동을 최소화하고 시간을 절약할 수 있도록 배치된다.

● 생산 셀의 작업 팀은 완제품 단위로 구성된다.
● 생산 셀의 작업 팀은 자신들이 만든 제품에 대한 책임을 가진다.

셀 생산 방식을 적용하게 되면서 얻을 수 있는 이점은 매우 많다. 우선 이동이나 자재 취급 빈도가 확연히 줄게 된다. 또한 다수 기계 설비를 활용함으로써 준비 시간을 줄이며, 전반적인 설비비용(기계를 사용함으로써 발생되는 비용으로 감가상각비나 전기/용수 등의 간접비를 망라하여 설비비용이라 칭하도록 하자)의 절감 효과도 기대할 수 있다. 제품 생산에 필요한 모든 절차가 하나의 기계설비에서 실행된다면 자재 취급과 관련된 비부가가치 업무를 줄일 수 있다는 장점이 있는 반면, 준비시간이 매우 길어질 경우 기계 설비비용이 묻혀 버릴 수 있다는 문제가 있다. 반면 Job Shop 생산방식에 반하여, 셀 생산방식은 생산 공정의 변화가 크지 않아 생산 요구 사항이 유사한 제품들의 생산을 목적으로 하는 방식이다. 생산 리드타임이 단축되며 이에 따라 WIP이나 반제품재고 수준이 절감될 수 있다는 특징이 있다.

요약하자면 셀 생산 방식에서는 모든 생산 셀별로 단독 책임을 맡게 되는 완제품이나 부분 반제품을 가지게 되며, 이에 따라 이 제품과 관련된 작업자들에게 제품에 대한 주인의식과 책임감을 고양할 수 있다. 다음의 〈그림 10-23〉은 셀 생산방식으로 제품이 생산되는 과정을 나타낸 것이다.

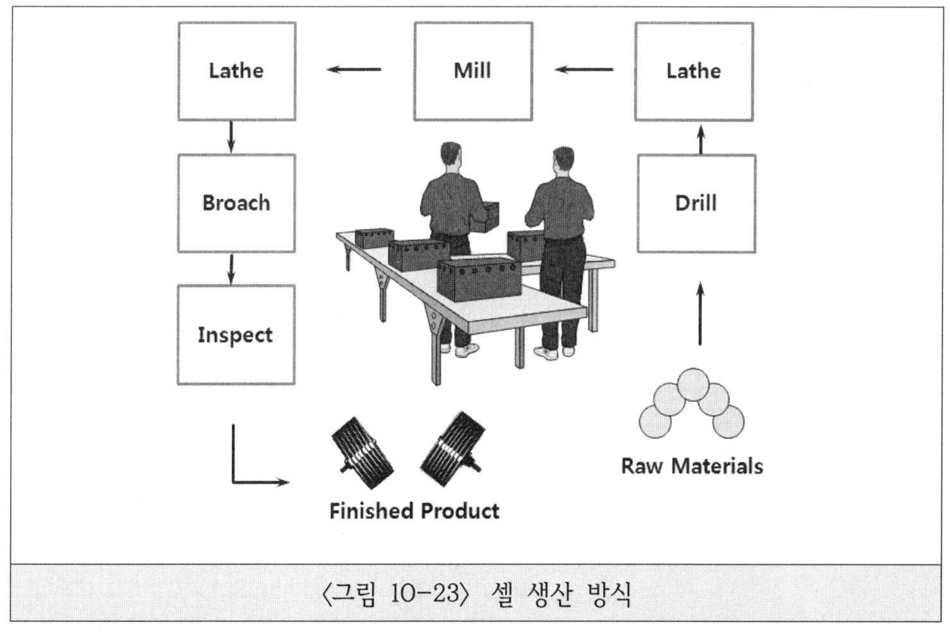

〈그림 10-23〉 셀 생산 방식

다. Pull vs. Push

Pull(당기기) 생산 방식과 Push(밀기) 생산 방식은 생산이 고객의 주문에 따라 생산하는 방식(Pull 생산)이냐 공급자의 의도에 따라 생산하는 방식(Push)이냐에 따라 생산의 유형을 나눈 것이다. Pull 생산 방식에서는 생산자가 고객의 주문에 직접 대응하며 제품을 생산하고 공급할 수 있다. Pull 생산 방식을 가장 쉽게 이해할 수 있는 방법은 아이러니하게도 Push 생산의 계기가 된 포드 생산 방식의 컨베이어 벨트를 떠올리면 될 것 같다. 컨베이어의 속도(생산 속도)는 모터(고객의 주문)의 속도에 따르게 되는데, 다음의 그림을 참조해 보도록 하자.

〈그림 10-24〉 Pull 생산 방식의 모식도

반면 만들면 팔리는 산업화 시대를 통해 대량 생산 위주로 공급을 하던 전통적인 Push 생산 방식에서는 수요예측에 기반을 둔 사전에 결정된 일정에 따라 생산을 하게 되어, 실제 고객의 주문과의 불일치를 피할 수 없게 된다. 다음의 그림을 살펴보면 실제 고객의 주문이 병목이 되어 WIP이나 반제품의 재고를 비롯하여, 생산자의 재고는 통제가 되지 않으면 넘치게 되고 말 것이며 이에 따라 진부화 재고가 발생하게 됨을 알 수 있다.

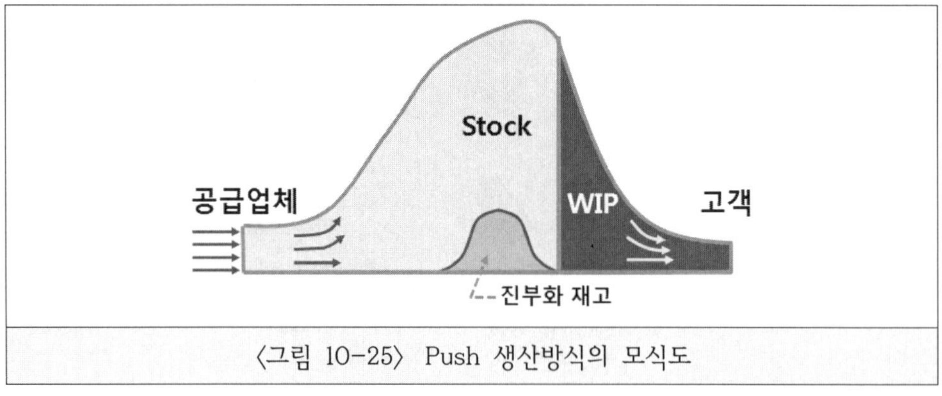

〈그림 10-25〉 Push 생산방식의 모식도

Pull 생산방식을 적용하고 있는 생산자라면 고객 주문의 변화에 신속하게 대응할 수 있다. 반면 Push 생산방식을 적용하고 있는 생산자라면 고객 수요에 대응하는 방법으로 재고를 사용하기 때문에, 예측과 실제 수요에 차이가 발생하면 결품이나 과잉재고 현상이 발생하게 된다. 대부분의 기업은 결품을 회피하려는 경향이 있으므로, 많은 경우 과잉재고로 인한 재고 유지비용의 증가와 진부화 재고의 발생이 수반되게 된다.

Push기반 생산업체에서 쉽게 발견할 수 있는 문제점들은 다음과 같다.

- 긴 설비 대기 시간
- 복잡한 생산 관리
- 긴 공급 리드타임
- 높은 불량률 및 긴 검출 시간
- 능력 지향의 설비 가동
- 설비나 라인의 불균형
- 느린 문제 해결 속도
- 높은 재고 수준
- 현상에 대한 제한된 피드백

라. 프로세스 지향 조직

전통적 기업의 조직구조는 제조, 재무, 판매, 구매 등의 기능 배열에 따라 구성되는 것이 일반적이었다. 하지만 공장 내에서 생산이 진행되면서 발생되는 부서 간 의사소통의 필요가 점차 증가하고 있다. 의사소통 시에는 제품의 물리적 특성을 비롯하여 다양한 제품 정보들이 부서를 건너 전달되어야 한다. 이 결과 정보나 시간의 손실 가능성과 더불어 전체 제품에 대한 주인의식의 결여가 초래될 수 있다.

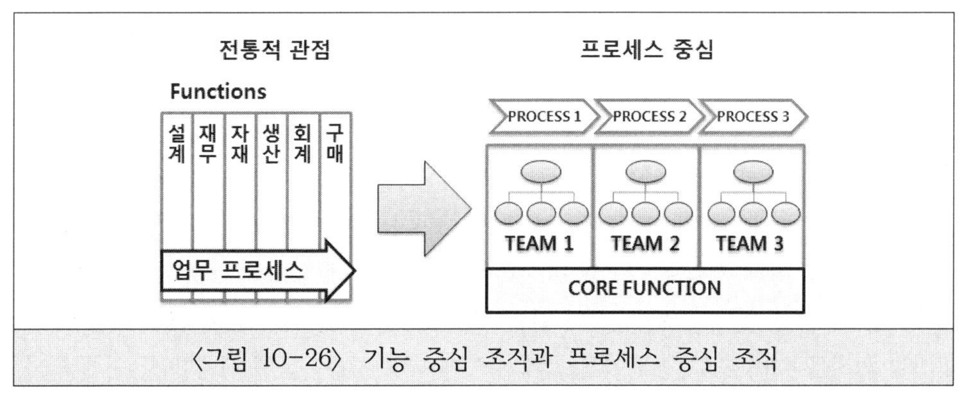

〈그림 10-26〉 기능 중심 조직과 프로세스 중심 조직

프로세스 중심의 조직 구조는 하나의 팀에 제품의 생산에 필요한 기술을 가진 인력들이 배치되도록 조직할 수 있기 때문에, 의사소통과 의사결정에 도움이 되며 낭비시간이나 잠재적인 정보의 손실, 이해 부족 현상 등을 줄일 수 있다.

마. 시각적 관리

시각적 관리란 간단명료하며 간결한 지시를 통해 설비나 자원, 공장 전체 혹은 공장과 공장 간의 상태나 생산 목표를 명쾌하게 보여주는 것을 말한다. 다양한 정보시스템을 통하여 생산 현장을 관리하고 있지만, 생산현장에서는 정밀한 정보 보다는 단순명료하고 이해하기 쉬운 정보가 보다 효율적인 경우가 많다. 일반적으로 생산현장에서 시각적 관리대상이 되는 항목은 다음과 같다.

- 5S
- 유지보수 계획, 기계 가용성
- 성과 측정 지표
- 생산관리 보드
- 자재 흐름 상황
- 자재관리 칸반
- 지원 요청
- 지속적인 개선항목

이 중에서 가장 널리 사용되는 5S에 대하여 조금 더 살펴보도록 하자. 생산관리에서 사용되는 용어 중 많은 용어들이 일본어를 어원으로 가지는 것이 많은데, 여기에서 언급하고자 하는 5S도 마찬가지이다. 5S는 시각적 관리 효과를 배가하기 위하여 현장에서 이루어져야 할 5가지 원칙의 일본어가 모두 S로 시작하는데서 비롯된 명칭이다. 5S(정리, 정돈, 청소, 청결, 습관화)는 보통 3정 활동(정위치, 정품, 정량)과 함께 TPM 추진의 기본 활동으로도 사용되기도 한다. 5S는 다음의 〈표 10-19〉와 같다.

경험에 비추어 볼 때 생산 프로세스에 뛰어난 회사의 공장을 걸어 다니다 보면 현재 작업 품목이 무엇이며, 목표에 대비하여 현재 생산이 얼마나 잘 진행되고 있으며, 다음에 어떤 작업이 진행될 것인지를 다양한 시각적 관리를 통하여 명쾌히 전달하고 있는 것을 쉽게 찾아 볼 수 있었다. 방문자의 관점에서도 이러한 관리 요소를 쉽게 찾아 볼 수 있었다면, 실제 현장 작업자들은 더욱 이러한 관리 방식에 익숙해져 있을 것으로 쉽게 추측해 볼 수 있을 것이다. 이와 같이 단순하고 쉽게 의사전달을 하는 다양한 시각적 관리 방법을 사용하게 되면, 여러 가지 문제 상황에 대하여 신속하게 대처할 수 있게 된다.

시각적 관리를 위한 기본적인 규칙은 다음과 같다.

▌표 10-19▌ 5S의 의미

5S	의미
Seiri (정리, 整理)	필요한 것과 불필요한 것을 구분하여, 불필요한 것을 제거하는 것. 정리를 통한 효율성 증대
Seiton (정돈, 整頓)	필요한 것을 가까이 두는 것으로, 사용자가 필요할 때 쉽게 찾아 쓸 수 있도록 하는 것. 물품을 찾는 데 소요되는 소모시간 제거
Seiso (청소, 清掃)	작업 환경을 언제나 깨끗하게 유지하여, 시설물과 작업인력이 최선을 다할 수 있는 작업환경을 만들어 주는 것. 기본적인 상품의 질은 청소에서부터
Seiketsu (청결, 清潔)	정리, 정돈, 청소 상태를 언제나 유지되도록 관리하는 것. 안전의 첫걸음은 청결함에서부터
Shusuke (습관화, 習慣化)	무엇이 결정되었는지 언제나 명확하게 알고 있도록 스스로 훈련하는 것. 정리, 정돈, 청소, 청결을 유지하는 유일한 방법

- 단순 명료할 것
- 주기적으로 갱신할 것
- 관련 장소에 인접해 있을 것
- 목표가 있을 것

바. 생산의 이슈와 개선 도구

이 장에서는 생산에서 발생될 수 있는 여러 가지 문제와 해결을 위한 도구들에 대하여 설명했다. 다음의 〈표 10-20〉은 이 장에서 언급되었거나 일반적으로 오늘날 기업이 생산활동을 수행하면서 직면할 수 있는 여러 가지 문제점과 기업에서 주로 사용되고 있는 개선 도구들을 함께 나타낸 것이다. 표의 가장 왼쪽 칸에 나열된 것들 중 일부는 이 책에서 다루었으며, 일부는 생산환경에서 많이 사용되는 개선 도구들이다.

■ 표 10-20 ■ 생산환경의 비즈니스 이슈와 향상 기법

	시장 대응 시간	인력 가동율	설비 가동율	기법 적용	주기 시간 단축	원가 최적화	재고 관리	정보 흐름
셀생산방식		✓		✓	✓	✓	✓	✓
다기능 팀	✓	✓			✓	✓		✓
업무 표준화	✓	✓	✓		✓			✓
시각적 관리		✓	✓		✓	✓	✓	✓
준비 감소		✓	✓	✓	✓	✓	✓	
실수 예방			✓		✓	✓		
생산 평준화					✓	✓	✓	
Pull 생산	✓				✓	✓	✓	✓
Line Side 배송					✓	✓	✓	✓
VMI						✓	✓	

그룹과제

10.1 생산의 형태 및 환경

다음은 (주)BestPhones에서 생산하는 주요 제품을 열거한 것이다. 아래의 리스트에서 적절한 생산 환경 표시해 보도록 하자.

▌표 10-21▌ BestPhones의 생산환경

생산 품목	생산 환경 (✓ 표시)			
	개별생산	반복생산	흐름생산	혼합생산
핸드폰				
각종 케이블				
전선				
원격 서비스				
무선 호출기				
커넥터				
플라스틱 크리너(Spray)				

10.2 계획 오더(Planned Order)

(주)BestPhones가 생산하는 제품의 BOM 구조가 아래와 같다고 가정할 때, 적절한 발주일자와 입고 일자를 찾아 아래의 기록표에 표시하라. 이때 완제품인 B는 5주차에 50 단위가 필요하다고 가정한다.

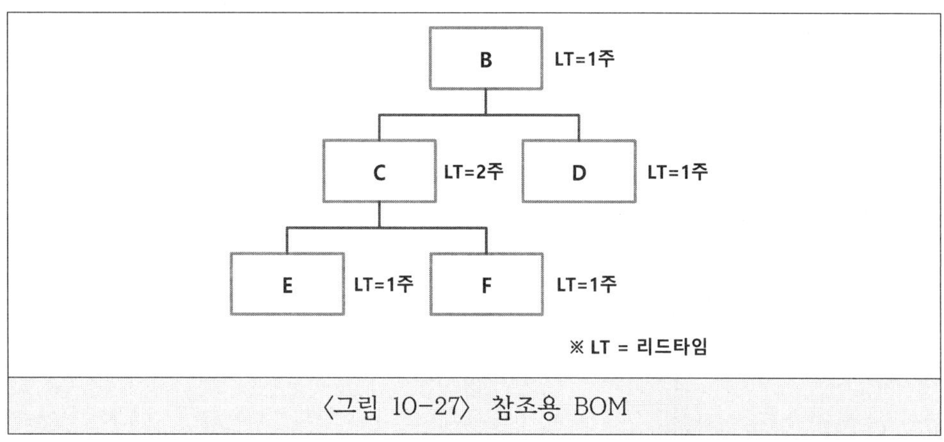

〈그림 10-27〉 참조용 BOM

▮표 10-22▮ 연습 문제의 기록표

품목 번호	계획 오더	주차				
		1	2	3	4	5
B	입고					50
	발주					
C	입고					
	발주					
D	입고					
	발주					
E	입고					
	발주					
F	입고					
	발주					

10.3 MRP 기록 완성하기

이 연습문제는 참조로 주어진 BOM 구조를 활용하여 다음의 MRP 기록을 완성하는 것이다. 아래에 제시된 제품 트리(BOM)를 참조하여 총소요량과 순소요량(예상 가용재고를 활용하라)을 계산하고, 발행 일자의 조정(계획구간에 맞도록)을 위하여 리드타임 오프셋을 반영하여 계획 주문의 발행 시점을 결정하라.

이때 적용된 가정은 다음과 같다.

- MPS에 따르면, 5주차에 제품 B 50 단위 생산이 예정되어 있음
- 예산 가용 재고에 반영되어야 할 C 품목 40 단위가 2주차에 예정되어 있음

- 1주차 시작 이전에 품목 D 100단위와 품목 F 150 단위를 재고 상태로 보유하고 있음
- B에서 F까지 모든 품목의 리드타임은 1주로 가정한다.
  (앞의 연습 문제의 사례와는 리드타임이 바뀌었다.)
- 모든 제품에는 Lot-for-lot 주문 정책이 적용된다.

문제 해결을 위해 알아야 할 용어나 규칙은 다음과 같다.

- 입고 예정량이란 계획 구간 이전에 발주 완료된 수량을 말한다.
- 예상 가용량은 해당 계획시간단위(Time Bucket)의 마지막에 사용 가능하여, 다음 계획 구간이 되어야 사용할 수 있다.
- 모 품목(여기서는 품목 B)의 예상 주문 입고란 완제품 혹은 조립품의완성을 의미한다.
- 부품의 예산 주문 입고란 공급업체로부터 구매 부품이나 부분 반제품의 배송이 완료되거나, 모 품목의 제조나 조립에 필요한 부분품을 공장 등에서 생산 완료하는 것을 의미한다.

다음 그림의 BOM을 참조하여, 주어진 MRP 표를 완성하라.

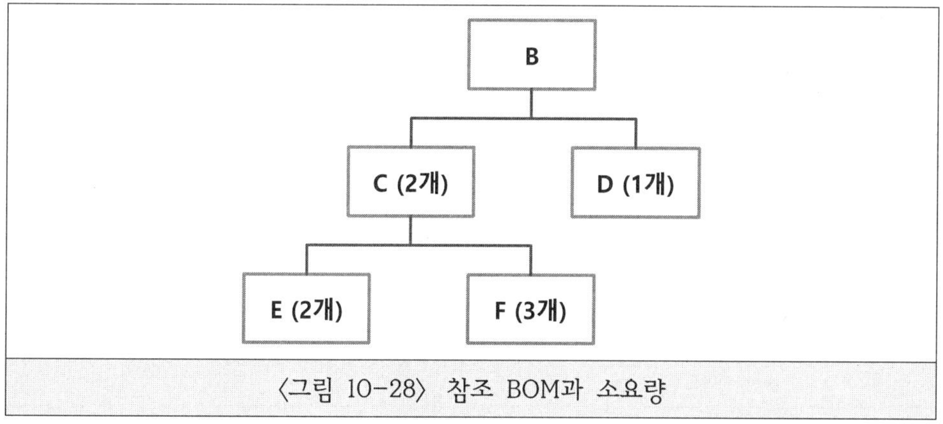

〈그림 10-28〉 참조 BOM과 소요량

결과 정리를 위한 MRP Work Sheets는 아래와 같다.

▌표 10-23▐ MRP Work Sheets

품목 번호	계획 주문	주차				
		1	2	3	4	5
B	총 소요량					50
	입고 예정량					
	예상 재고					
	예상 가용량					
	순 소요량					
	계획 주문 입고량					
	계획 주문 발주량					

품목 번호	계획 주문	주차				
		1	2	3	4	5
C	총 소요량					
	입고 예정량		40			
	예상 재고					
	예상 가용량					
	순 소요량					
	계획 주문 입고량					
	계획 주문 발주량					

품목 번호	계획 주문	주차				
		1	2	3	4	5
D	총 소요량					
	입고 예정량					
	예상 재고(100)					
	예상 가용량					
	순 소요량					
	계획 주문 입고량					
	계획 주문 발주량					

품목 번호	계획 주문	주차				
		1	2	3	4	5
E	총 소요량					
	입고 예정량					
	예상 재고					
	예상 가용량					
	순 소요량					
	계획 주문 입고량					
	계획 주문 발주량					

품목 번호	계획 주문	주차				
		1	2	3	4	5
F	총 소요량					
	입고 예정량					
	예상 재고(150)					
	예상 가용량					
	순 소요량					
	계획 주문 입고량					
	계획 주문 발주량					

10.4 성공적인 계획 및 일정 수립

그룹별로 다음에 제시하는 질문 중 하나를 선택하여 5~10분간 토론하라. 이후 각 그룹별 토론에서 제기된 주요 사항에 대하여 간략히 요약하고, 나머지 그룹을 대상으로 발표하도록 한다.

① MRP의 주요 Input이 무엇이고, 이러한 요소들이 부정확하거나 빠져 있다면 MRP의 수행 결과에 어떤 영향이 있는가?

② 각자가 경험했거나 들어 본 MRP 시스템 패키지 솔루션(ERP의 MRP 기능을 포함)에는 어떤 것들이 있는가?
또한 이 패키지들 간의 중요한 차이점이 있다면, 그것은 무엇인가?

③ 공급망에서 계획 프로세스에 영향을 미치거나, 계획 프로세스에 영향을 받는 영역은 어떤 것이 있는가?

또한 어떤 영향이 발생하는지 간략히 설명하라.

10.5 프로세스 설계의 선진사례

그룹과제 팀원과 함께 (주)BestPhones의 고위 관리자들을 대상으로 한 5분간의 발표 준비를 하라.

발표의 목적은 (주)BestPhones의 고위 관리자들에게 프로세스 설계에 사용되는 여러 가지 원칙들에 대한 이해를 높이고, 이러한 원칙을 적용하는 것이 효과가 있음을 이해시키는 것이다.

각 그룹은 다음에 제시하는 목록들 중 하나를 선택하여 발표 준비를 하라.

- 낭비제거
- 흐름의 개념
- Pull vs. Push
- 프로세스 지향 조직
- 시각적 관리 환경

작업자가 아니라 시스템

품질관리의 대가인 Deming 박사는 "품질 변동의 85%가 시스템이 기인하며, 15%만이 작업자에 기인한다"고 하였다. 이는 계획수립이나 양품 생산에 필요한 자원을 제공하고 교육하는데, 관리나 프로세스의 몫이 가장 중요하다는 것을 의미한다.

Chapter 11

물류 및 유통(Distribution)

유통(Distribution)이란 상적유통(Marketing Distribution)과 물적유통(Physical Distribution)을 포함한 의미이다. 전자의 상류는 제품의 공급의 대가로 얻어지는 재화 등의 금전적 흐름을 의미하며, 후자의 물류[1)]는 원자재나 제품의 흐름을 의미한다. 유통이란 창고 보관과 공급업체로부터의 원자재 공급에 관련된 인바운드(Inbound) 물류와 창고 간/공장 간의 재고 이동 및 고객으로의 완제품 배송과 관련된 아웃바운드(outbound) 물류가 포함된다. 이 책에서는 인바운드 물류관리 및 창고 및 수송관리, 아웃바운드 물류관리를 모두 포함한 Physical Distribution 중심으로 유통이라는 용어를 사용한다. 유통에 대한 설명은 전략, 전술 및 실행의 관점으로 나누어 접근하도록 한다.

✔ **전략적 접근**
유통망 설계(지역 유통센터와 창고 위치 결정), 외주 수송과 자기 차량 배송에 대한 전략적 결정, 운송수단 조합의 설계(트럭 크기 등), 창고 설계(창고의 형태, 배치, 화물 취급 설비, 시스템 등)

✔ **전술적 접근**
유통시스템을 통해 시간 단위의 완제품 재고 수준과 위치를 결정하는 유통자원 계획(DRP)

✔ **실행 측면의 접근**
생산으로부터 고객까지 다양한 유통경로를 통해 전달되는 완제품의 보관 및 이동. 보관이나 수송 행위

유통망 설계나 수요예측, DRP의 전술적 측면과 계획 측면에 대한 내용은 이 책의 공급망 계획 편에서 다루었으므로, 여기에서는 그 외의 내용에 대해서만 언급하도록 하겠다.

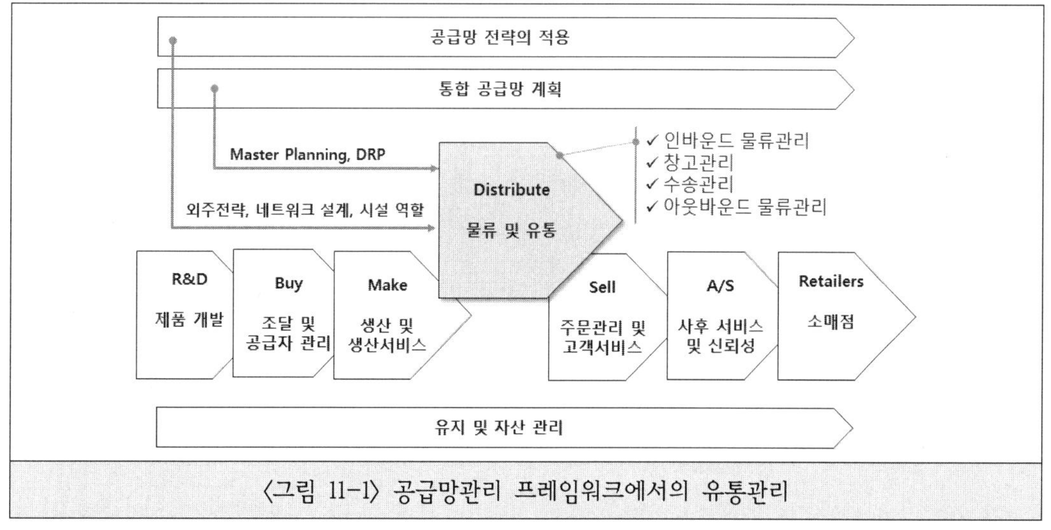

〈그림 11-1〉 공급망관리 프레임워크에서의 유통관리

1) 여기서의 물류는 협의의 물류인 Physical Distribution을 의미하는 것으로, 광의의 물류인 Logistics를 의미하는 것이 아니다.

11.1 유통의 정의와 목표

가. 유통의 발전과 목적

(1) 유통의 발전

근래에 들어 유통 업무는 제조업계 내에서 그 중요성이 점차 부각되어 아주 핵심적이고 중요한 프로세스로 발전해 왔다. 유통 부서는 이제 더 이상 단순한 비용 센터(Cost Center)로 평가되지도 않는다. 오늘날 유통 프로세스는 국제적 경쟁이 점차 치열해지고 있는 환경에서 기업에 전략적 이점을 제공하며, 가치를 부가하는 필수 불가결한 업무로 탈바꿈하고 있다. 1940년대에서 1950년대에는 제조기업의 주요 목표는 그저 제품을 생산하는 것이었다. 일단 생산이 완료된 이후에 발생되는 모든 것들은 기업의 성공에 큰 의미가 없다는 의견도 종종 제기되곤 했다. 이러한 생각은 1970년대까지도 이어졌는데, "일단 제품을 만들기만 해라. 그러면 나머지는 저절로 해결된다."는 생각이 일반적인 견해였다. 다음의 〈표 11-1〉은 유통업무의 발전에서 중요한 변화 동인으로 언급되었던 흐름을 정리한 것이다.

▮표 11-1▮ 유통업무 발전의 주요 변화 동인

시간 흐름	주요 변화 동인	
1980년대	'Push' Distribution	공급 주도형 유통
	Cost Center	비용센터 개념의 유통업무
	Improvement Communication	의사소통 수단의 발전
↓	IT Developments	IT 기술의 발전
	Global Supply Chain	국제적 공급망
	'Pull' Distribution and Service Mentality	수요 주도형 유통 및 서비스 개념의 도입
	Value-added Services	부가가치 서비스
	VMI	공급자 재고관리 방식
2000년대	Outsourcing	외주처리

근래에 이르러 생산중심 경제에서 서비스중심 경제로 변화함에 따라, 유통은 기업의 성공에 더욱 중요한 요소로 자리 잡았다. 이러한 현상은 일본의 성공적인 해외진출을 통

해 더욱 심화되었다. 과거 아무 책임질 것이 없었던 기업 내부 영역도 이제는 최종 고객에 전달되는 제품의 품질이나 서비스에 미치는 영향들에 따라 평가 받게 되었다. 공급망의 각 단계에서 제품이나 서비스의 이동에 관련된 물류(Logistics)라는 용어가 더욱 부각되게 되었고, 그리하여 창고나 수송 등에 관한 유통 기능이 스포트라이트를 받게 되었다.

(2) 유통의 목적

공급망의 전반적인 맥락 내에서 볼 때, 공급망에서 일반적으로 유통이라 함은 주로 완제품을 공장에서 고객에게 가능한 한 효율적으로 이동시키는 것을 의미한다. 다시 말해 유통이란 공급망을 통합해주는 기능이다. 기업의 다양한 고객 그룹에 따라 정의된 서비스 수준 목표를 맞추는 것이 핵심인 것이다. 이러한 목표를 달성하기 위해서는 프로세스 효율성이나 정확성이 요구되며, 유통과 고객서비스 목표를 연결하는 완벽주문[1](Perfect Order)의 중요성이 더욱 커지게 된다. 고객들은 자신에게 주문을 받은 공급업체가 완벽주문을 위한 품질표준을 충족시킬 것을 기대하기 마련이다. 이러한 것들은 세계수준의 제조업체들이 자신과 파트너십을 공유할 공급업체나 유통업체가 되거나 그 자격을 유지할지 여부를 결정할 기준의 하나가 된다.

유통은 전략적 수준의 네트워크 계획 수립이나 전략 수준의 유통자원계획 수립, 실행 수준의 효율성 등의 모든 수준에 걸친 공급망의 원가 관련 목표에도 관여하여 역할을 수행한다. 이러한 모든 활동은 다음에 언급할 유통업문의 전략적 가치 부문에서 언급될 자산 활용률이나 운영 수익, 매출 증대 등에 기여하게 된다. 다음의 표는 통합 SCM의 목적과 유통의 목적을 비교한 것이다. 유통의 목적을 한 마디로 정의하자면, 정확한 제품의 정량이 정시에 정확한 장소(the Right Product in the Right Quantity at the Right Place at the Right Time)에 위치하도록 하는 것이라고 할 수 있다.

▮표 11-2▮ 통합 SCM의 목적과 유통의 목적

통합 SCM의 목적	유통의 목적
고객 서비스 비용 시간	완벽주문 높은 수준의 서비스 수준 비용

1) 완벽주문(Perfect Order)의 개념에 대해서는 이 책의 13장에서 언급하도록 한다. 고객의 주문에 대한 정품/정량/정시 배송이 완료된 경우를 의미한다.

나. 유통업무의 전략적 가치

유통 업무는 다양한 방법으로 기업 내의 가치동인에 직접적인 영향을 미칠 수 있다. 네트워크 최적화, 크로스 도킹을 포함한 연속 보충 물류(CR: Continuous Replenishment), 지연생산 전략 등은 공급망 전반의 재고를 줄이고, 운영비용 절감을 통한 수익 증대에 기여할 뿐만 아니라 다른 제조업체에 대한 경쟁 우위나 창고 및 운송 기반 요구를 줄일 수 있게 한다. 게다가 기술의 발전과 프로세스 재설계, 업무의 외주 처리는 운영비용을 절감하여 운영 수익 증가에 기여하게 된다. 세계 수준의 제조업체들은 유통을 공급망의 핵심 열쇠로 재평가하고 있다. 다음의 〈그림 11-2〉는 유통업무 개선이 기업 내의 어떠한 가치동인에 영향을 미치는 지를 정리한 것이다.

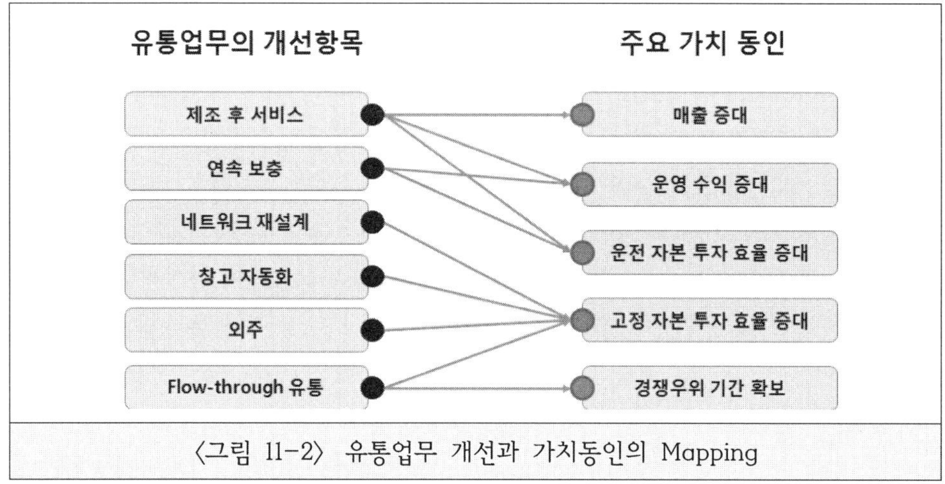

〈그림 11-2〉 유통업무 개선과 가치동인의 Mapping

11.2 유통전략의 수립

가. 유통전략 요소

유통전략은 업체 발굴, 마케팅, 생산 등의 다른 기업 전략과 연계되어야 한다. 일치된 전략은 상호간의 목표 달성을 지원하게 된다. 유통전략의 중요한 요소들은 다음과 같다.

- 경로 선택(Channel Selection)

기업의 판매 및 유통 경로에 따라 유통망이 필요한 위치가 개략적으로 결정되기 때문에, 마케팅 전략과 유통전략 간에는 강력한 연계가 필요하다.

- 유통망 설계(Distribution Network Design)

여러 가지 모델링 툴이나 시뮬레이션 툴을 사용하게 되면 최저 비용으로 고객 서비스를 충족시킬 수 있는 최적의 유통망의 설계가 가능해 진다. 유통망의 설계는 보통 창고의 숫자나 위치, 운송 수단, 자가 차량 보유 수준, 전체 비용 등의 상충효과를 적절히 조절해 나가는 과정으로 진행된다.

- 창고 설계(Warehouse Design)

유통망 설계의 핵심 요소인 창고 설계 또한 중요한 요소이다. 창고설계에는 보충 전략, 내부 프로세스, 자동화 수준, 제품 흐름 및 물량, 필요 용량, 자재 취급 장비(MHE: Material Handling Equipment), 규제 요소 및 시스템 등에 대한 고려가 필요하다.

- 운송수단 설계(Fleet Design)

운송 수단 설계는 공급망 설계 단계에서 정의된 운송 요구량을 충족하기 위한 운송 수단 그룹을 정의하는 것으로써, 철도/해운/항공/육상 운송 수단 등을 적절히 결합하여 최적의 운송 방법 및 규모를 결정하게 된다.

- 자가 물류 vs. 위탁 물류(In-house vs. Outsourced Logistics)

이러한 유통 요소들은 독자적으로 수행될 수도 있으며, 외부에 위탁하여 수행될 수도 있다. 결정 기준으로는 필요한 자본 규모, 비용 대비 효율성, 경쟁력 등이 될 것이다. 오늘날 많은 기업들은 마케팅이나 제품 개발 등의 핵심역량에 집중하고자 물류 부문은 위탁하여, 3자 물류(TPL or 3PL: Third Party Logistics)를 사용하고 있다.

- 제품 분리점(Decoupling Point)

분리점이란 고객의 주문대상이 되는 지점을 의미한다. 즉 공급망 상에서 고객의 주문이 구체화되는 지점이 된다. 이 결정은 SKU(Stock Keeping Unit) 단위로 수행되는 재고관리나 유통망 설계에 중요한 영향을 미치게 된다.

나. 글로벌 네트워크

제조업체가 고려해야할 네트워크 설정 방안들에는 여러 가지가 있다. 국제적으로 생산 공장이나 하청업체를 보유하고 있고 완제품 창고나 주요 고객이 존재하는 경우, 모든 시장에 제품을 공급하기 위해서는 보편적인 품목을 생산할 수밖에 없을 것이다. 반면 기술적으로 진보된 기업의 경우라면 하나의 특정 공장에 특정 물품을 대량 배정하여, 중요 대형 시장에는 이 공장에서 제품을 공급하도록 할 것이다. 예를 들어 아프리카나 동유럽, 남부 아시아의 수요가 상대적으로 적다면, 이러한 시장에서는 지역 창고를 운영하여 제품을 공급하는 것이 유리하다. 이러한 지역 창고에서는 수요 변동에 대비한 완충 재고를 포함한 재고로 고객 수요에 대응하는 것이 적절할 것이다.

실제 네트워크 설계는 생산 전략과 유통전략의 상충효과에 큰 영향을 받게 된다. 따라서 최적의 네트워크 구조 설계는 매우 복잡한 문제이다. 이러한 네트워크 전략의 수립에서 다음에 자세히 언급될 제품 분리점(Decoupling Point)의 결정이 매우 중요한 역할을 하게 된다.

다. 제품 분리점(Decoupling Point)

(1) 제품 분리점에 대한 이해

앞에서 잠시 언급한 바 있는 분리점 개념은 생산이나 유통계획 수립에 중요한 역할을 한다. 분리점은 고객의 주문(수량이나 납기 등)으로 생산 관리자가 이를 인지하여 완제품의 생산이나 조립의 시작이 가능한 실제 지점이 된다. 달리 말하면, 완제품에 사용될 부품이 결정되는 시점이 되는 것이다. 분리점 이전의 제품은 고객에 의한 옵션이나 제품의 상세 규격이 특정되지 않고 생산이 가능하므로, 제품군 전체에 공통으로 활용될 수 있다는 특징이 있다. 따라서 분리점 이전의 제품의 생산은 Push 기반의 계획 수립과 운영이 가능하고, 분리점 이후에는 가급적 Pull 기반의 운영이 적용되어야 한다. 다시 말해 수요예측 기반의 생산 방식(주로 MTS: Make to Stock)에서 고객수요와 생산의 사이에 위치하게 되는 분리점은 주문접수 이전에 결정되며, 고객 주문기반 생산 방식(주로 MTO: Make to Order)에서 분리점의 확정은 지연된다. 다음의 〈그림 11-3〉은 분리점을 기점으로 제품의 다양성이 증가함과 분리점의 발생이 지연(Postponement) 될수록 공급망 전체의 비용이 감소함을 간략히 보인 것이다.

분리점 원칙은 완제품 SKU에 사용되는 부품의 결정을 지연시켜 전체 공급망 비용을 절감하게 하는 것으로, 가급적 소비시점에 가깝게 분리점을 이동시키는 것을 의미한다. 분리점 원칙은 실제로 지연 생산(Delayed Manufacturing)이나 생산 후 서비스

(Post-manufacturing Service)로 잘 알려져 있다. 이러한 개념들은 특히 모듈 생산 방식이나 비교적 소수 품목의 SKU로부터 다수의 다양한 완제품 SKU가 생산되는 경우에 적용되는 개념이다. 지연생산의 적합성을 결정하는 다른 요인들은 다음과 같은 것들이 있다.

- 고객이 허용하는 리드타임
- 고객의 수요예측이 얼마나 정확한가
- 준비 시간 등과 같은 요소를 포함한 주문 충족의 리드타임

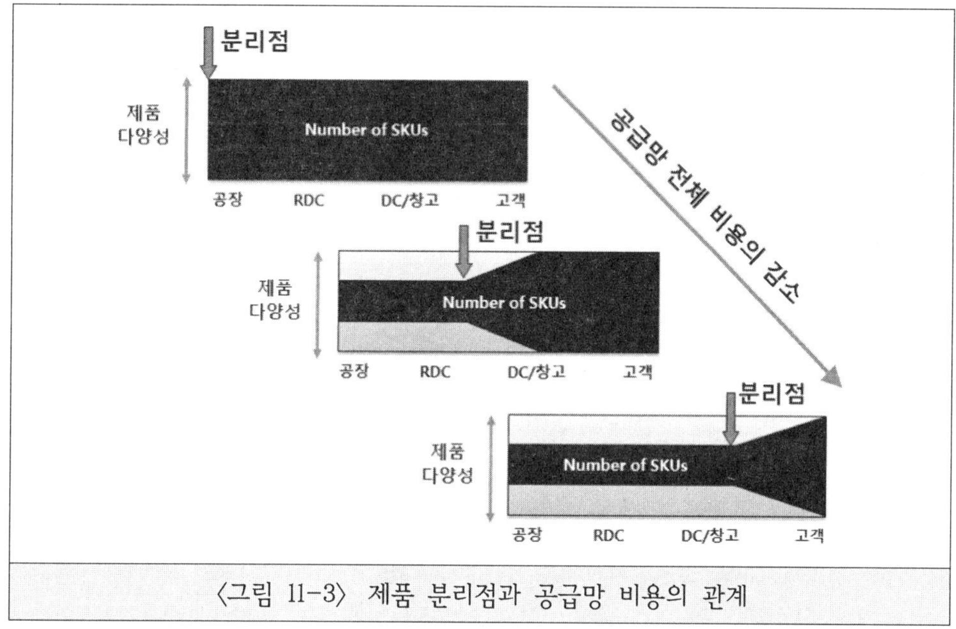

〈그림 11-3〉 제품 분리점과 공급망 비용의 관계

지연생산 방식은 중앙 생산처나 중앙 창고에서 적용된다. 예를 들어 Dell 컴퓨터 등과 같이 MTS 방식이 아니라 고객 주문에 따라 출하 직전에 부품을 구성하는 개인용 컴퓨터 제조업체의 경우를 생각해 볼 수 있다. 또한 매우 복잡한 유통 시스템을 통해 지역적으로 국제적으로 분포되어 서로 다른 언어(라벨의 문제)나 규제 항목(포장 및 수입 관세)을 충족해야 하는 창고들의 경우에도 적용을 생각해 볼 수 있다. 지연생산이나 분리점의 지연으로 기대할 수 있는 이점은 다음과 같다.

- 과잉 생산이나 최종 품목 단위의 선적 위험이 감소하여 재고 비용이나 선적비용이 절감 된다.

- 완성품에 대한 최종 구성 시점이 최종 소비지점에 보다 가까워져, 판매 기회 손실이나 안전재고 수준 절감 등을 기대할 수 있다.
- 최종 가치 부가 행위가 지역 시장 등에서 이루어져 수입 관세를 줄일 수 있다.
- 공급망 전반의 완제품 재고 수준이 절감되어, 운전자본이나 창고 진부화 비용 등의 계기가 된다.

(2) 제품 분리점 사례

다음의 〈그림 11-4〉는 앞에서 언급한 분리점의 사례를 예시한 것으로써, 1회용 면도기 생산에 대하여 설명하고 있다. 다음 그림에서 1회용 면도기는 다음과 같은 재고 관리 단위가 있다고 가정하자.

- 손잡이 종류(2종류): A 또는 B
- 면도날 카트리지 종류(2종류): C 또는 D
- 포장 단위(2종류): 5개 또는 10개 단위 포장
- 포장 재질(2종류): 기포 백(#1), 일반 백(#2)

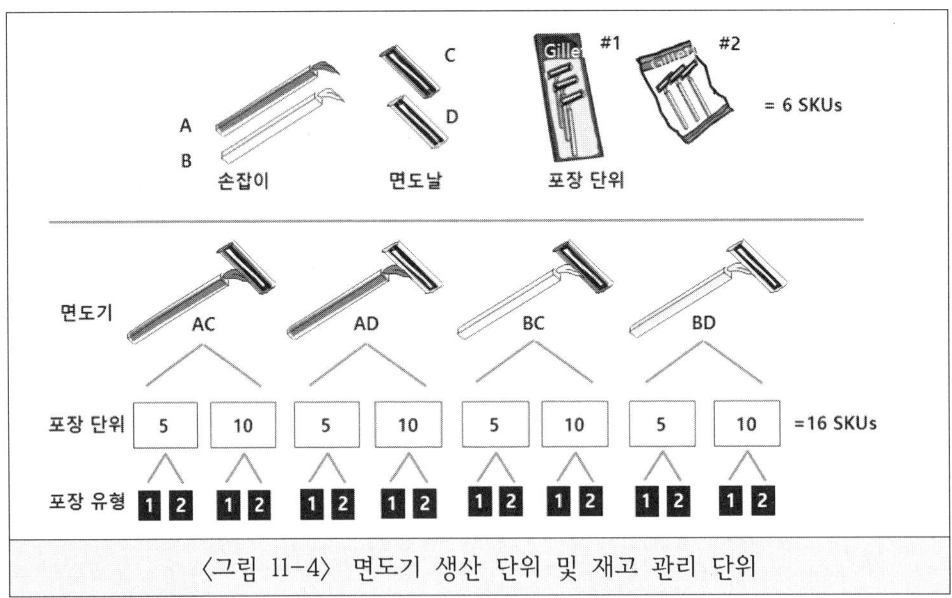

〈그림 11-4〉 면도기 생산 단위 및 재고 관리 단위

이 사례를 예시하는 이유는 분리점을 중앙 공장 창고에서 RDC로 이동함으로써 얻어지는 이점을 보여주고자 하는 것이다. 분리점이 이동되기 이전의 경우에서는 최종 제품 단위로 생산을 진행했는데, 이 경우 위 그림의 면도기 종류/포장단위/포장유형이 모두

반영된 16개 단위의 SKU로 생산 및 공급을 예측하고 이에 대한 대응 방안을 강구해야 했었다. 위 그림에서 보는 바와 같이 실제 최종 제품 16개 단위의 SKU를 구성하는 품목은 6개로 실제 생산 단위는 6 종류가 된다. 구성품의 최종 조립 공정을 RDC로 옮길 수만 있다면, 16개 단위의 SKU 대신 6개의 SKU만 중앙 공장에서 생산하고 RDC로 운반하면 된다. 더불어 포장 재질은 중앙의 생산공장에서 생산하는 대신 지역 내에서 생산하고 표기 사항을 기입하도록 하면, 그 효과가 훨씬 배가된다. 이렇게 하면 원래의 방식에서 적용하던 16개 단위의 SKU를 독립적인 수요로 간주하여, 각각의 수요예측을 기반으로 부품을 생산해야 하는 필요성을 없앨 수 있게 된다. 수요예측 편에서 언급한 바와 같이 수요예측의 만고의 진리인 "개별품목단위의 예측은 총괄 수준의 예측보다 부정확하기 마련이다"는 격언을 상기해 보자. 예측의 대상이 줄어들고 그 수준이 총괄레벨에서 수행된다면 예측의 정확도가 훨씬 높아질 것이며, 이에 따라 생산의 효율성도 훨씬 증가된다.

실제 위의 사례는 보다 복잡하게 적용할 수도 있다. 예를 들어 위 제품이 20여 개국 이상에 판매된다고 가정해보면, 언어나 규제 사항은 위에서 언급한 16개 단위의 SKU에서 20배가 증가된 320개가 될 것이다.

(3) 제품 분리점 지연의 적용 방법

분리점의 지연(Postponement) 기술은 재고 최적화와 고객 서비스 요구사항에 대응하는 공급망 능력의 최적화에 효율적이다. 지연 전략 방법은 크게 형태지연과 위치지연으로 구분되며, 각각은 다음과 같다.

① Form postponement(형태 지연)

다음의 〈그림 11-5〉와 같이 고객으로부터 확정주문이 접수될 때 까지 최종작업(라벨 부착이나 포장 등)을 연기하는 방법이다. 아래 그림과 같이 3가지의 라벨이나 포장 유형이 있는 경우, 지연 전략을 적용하게 되면 3가지 유형에 대한 고객 주문에 하나의 제품만 재고로 보유하면 된다.

② Location postponement(위치 지연)

이 방식은 가급적 재고를 중앙에 보관하도록 하는 방식이다. 재고의 이동은 확정 주문이 접수될 때까지 가급적 지연한다. 이 지연 방법은 주로 카탈로그나 우편 주문을 받아, 중앙이 지연 고객에게 직접 배송하는 회사에서 주로 적용되는 방법이다.

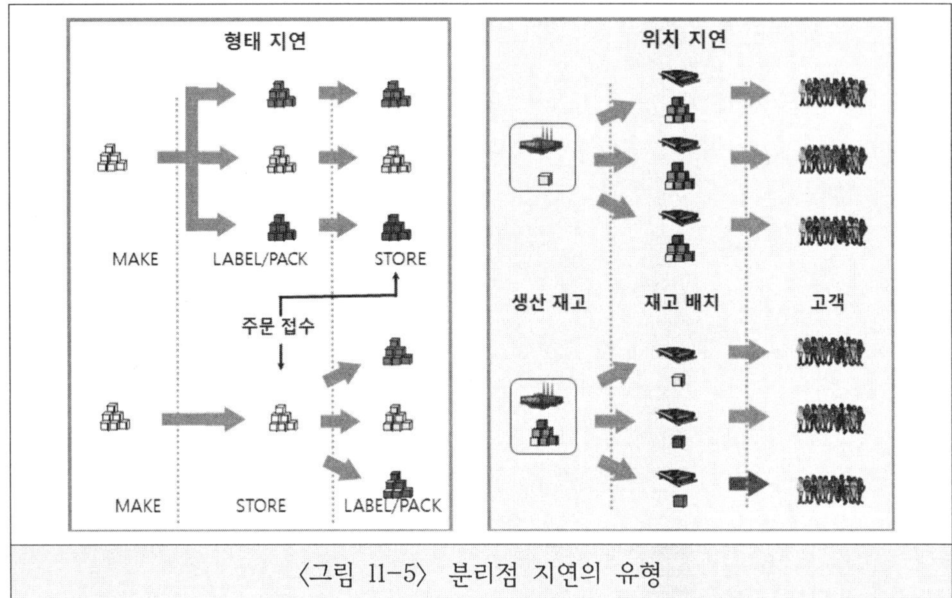

〈그림 11-5〉 분리점 지연의 유형

라. 유통관련 조직

유통은 공급망 내에서 여러 부분을 거치며 수행되는 여러 프로세스 중 하나이므로, 유통 프로세스는 가른 기능 부문(조달, 영업 및 주문 관리, 생산, 재무/회계, 법무, 기술, 시설 및 네트워크 관리, 마케팅 등)에서 수립된 다양한 전략에 좌우된다. 결과적으로 유통 업무의 객관적 성공적 수행은 다른 부문의 전략에 영향을 받게 된다는 의미이다. 기업 내 다양한 조직 전반의 전략적 고려 요소들은 다음과 같이 정리할 수 있다.

- 시설 관리 및 네트워크 관리
  - 생산 시설 및 유통 시설의 위치
  - 운송비용과 상충효과 항목들
  - 총 네트워크 비용
- 생산 관리
  - 사이클 타임 단축에 필요한 유연성
  - 수요 동기화를 위한 소량 배치 생산
  - 유통센터에서의 최종 구성(포장이나 라벨 부착 등)
- 조달 관리
  - 공급처에서 구매처로의 직송
  - 고객배송 이전 구성품으로 사용되는 품목에 대한 외주품목 대기

- 마케팅 & 판매
  - 시장 및 채널 세분화
  - 제품 개발
  - 고객 요구 조건
  - 고객 서비스 수준
  - 판촉 및 캠페인
- 재무와 회계
  - 비용 대비 효과(Cost to Serve)
  - 고객 등급별 수익성
  - 제품별 수익성
- 판매 주문 관리
  - 적정 지점에서 제품의 발굴
  - 생산과 공급업체의 연계
  - 고객 주문에 대한 수요예측
- 정보기술 및 기타 기술
  - MRP Ⅱ(Manufacturing Resource Planning) 시스템
  - ERP(Enterprise Resouce Planning) 시스템
  - 창고 자동화(AS/R System)
  - EDI(Electronic Data Interchange)
  - WMS(Wharehouse Management System)
  - TMS(Transportation Management System)

국제 규모의 기업의 경우 비용 요소를 고려하여 공급망 계획, 마케팅 및 판매, 조달, 생산, 창고 나 운송 등의 기업 내 다양한 기능들은 생산과 소비에 경과되는 시간을 최소화하고자 함께 노력하게 된다. 이러한 기능이 유통 프로세스에 어떻게 영향을 미치거나 혹은 영향을 받는지를 이해하는 것은 매우 중요하다.

마. 유통 실행수준의 접근

(1) 유통실행단계의 위기

유통의 전술단계 혹은 계획단계는 유통망 시스템 전반의 완제품 재고계획 수립과정이 포함된다. 유통의 실행 단계에서 고려할 중요한 문제에는 유통센터(DC: Distribution Centers)의 완제품 배치나 주문 접수 시 고객으로 배송 문제가 있다. 실행 단계에서 문제를 보다 복잡하게 하는 요소에는 다음과 같은 것들이 있다.

- 공급 리드타임은 길지만, 고객 주문 리드타임이 짧은 경우
  이 경우 유통은 리드타임의 차이에서 발생되는 수요의 불확실성을 흡수하는 버퍼의 역할을 수행하게 됨
- 고객이 고유한 제품구성을 요구할 경우
  이 경우는 관리해야 할 SKU의 급격한 증가가 초래됨
- 공급처와 최종 목적지(수요처)가 지리적으로 분산되어 있는 경우
- 신규 시장의 개방
  이 경우 신규시장 진입자 간의 극심한 경쟁이 유발됨.

(2) 창고(Warehouse)의 필요성

기업이 점차 글로벌화 되면서 창고의 필요성은 점차 증가하고 있다. 창고는 전 세계의 여러 국가에 위치하면서 다음과 같은 목적을 수행하게 된다.

- 고객 주문에 대한 신속 대응
  다양한 시간대(Time Zones)나 운송 수단(Transportation Modes) 등은 생산 시점에서는 고려되지 않는 것이 일반적이다.
- 신시장의 고객에게 유통은 회사를 대표하게 됨
- 다양한 지역 시장에서 생산 후 서비스 제공
  이를 통해 생산은 유연성을 확보하고, 공급망 전반의 재고를 줄이는 효과를 얻을 수 있다.
- 선적 통합 및 운송비용 절감 능력을 제공

앞에서 언급한 바와 같이, 유통이란 완제품 재고의 계획을 포함하여 생산자에서 고객에 이르는 다양한 레벨의 유통 시스템을 통한 완제품 이동에 대한 업무이다. 다음의 그림에서 표현하는 것은 하나의 공장과 광역/권역 등의 지역 창고나 유통센터, 유통업체 및 소매상 등이 포함된 기본적인 유통 시스템이다. 이 유통 시스템은 보관/적재(Storage), 수송(Transfer), 하역 및 취급(Handling), 통신(Communication) 등의 기능을 통해 제품의 효율적 흐름을 달성하기 위한 여러 시설이나 조직들로 구성되어 있다.

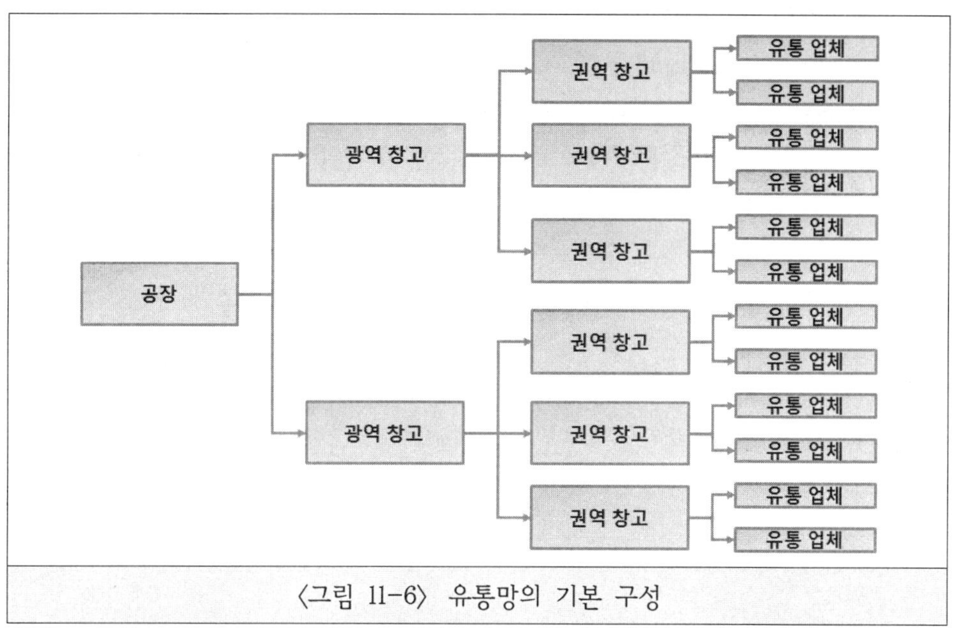

〈그림 11-6〉 유통망의 기본 구성

11.3 창고보관(Warehousing)

가. 창고보관 프로세스 및 창고 배치

(1) 창고보관 프로세스

창고(Warehouse) 프로세스는 지난 수십 년 동안 눈에 띄게 발전해 왔다. 과거 재고의 중간 보관 장소로 사용되던 창고가 현재는 공급망 내에서 속도, 고객 서비스 및 재고 비용 절감에 중요한 역할을 수행하는 물류 센터(DC: Distribution Center)로 역할이 전환되었다. 다음의 〈그림 11-7〉은 창고 프로세스(Warehousing Process)를 보다 적극적으로 수행하고 있는 사례로써, 크로스 도킹(Cross-docking), FTD(Flow-through Distribution) 및 제조 후 서비스(Post-manufacturing Services) 등의 기능이 포함되어 있는 사례이다. 세계적 물류 센터에서 사용되고 있는 이러한 프로세스들이 높은 고객 서비스 수준 유지와 낮은 공급망 재고 수준 달성을 위한 전략의 핵심 요소임은 두말할 나위가 없다. 이러한 전략 달성을 가능하게 하는 가장 중요한 요인은 속도 개선과 생산 후 서비스가 될 것이다. 다음 〈그림 11-7〉의 Cross- docking과 Flow-through가 속도 대선에 도움이 되는 행위이다.

역설적으로 Cross-docking과 FTD(Flow-through Distribution)는 유통센터나 창고의 보관 기능을 최소화하도록 하는 역할을 한다. 이 프로세스들을 적용하게 되면 물류센터나 창고는 입고되는 공급업체의 선적 물품을 분해하여 하위 단계의 물류센터나 소매점으로의 선적을 위해 재포장 및 소분(小分, 보다 작은 단위로 나누는 행위) 하는 역할이 주된 역할이 된다. 생산 후 서비스는 앞에서 잠시 언급한 지연 생산(Delayed Manufacturing)이나 지연 포장(Deferred Packaging) 등으로 불리기도 한다. 최종 조립, 구성품 확정, 포장 등을 고객의 수요가 특정 모델이나 제품 등으로 확정되기 이전까지 연기함으로써 수요예측의 정확도를 높이는 역할을 하게 된다. (앞에서 언급한 분리점 사례에서 Dell의 개인용 컴퓨터 사례를 생각해 보자.) 이와 같은 혜택을 기반으로 공급자는 유통 시스템 전반에서의 완제품 재고 수준을 줄일 수 있게 된다.

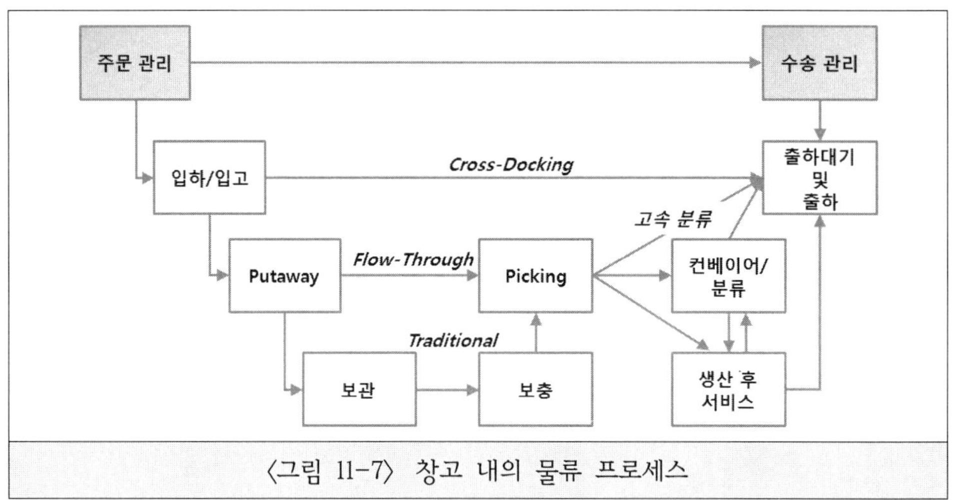

〈그림 11-7〉 창고 내의 물류 프로세스

위의 〈그림 11-7〉은 창고 내의 물류 프로세스를 나타낸 것으로, 창고 프로세스의 각 단계는 다음과 같은 세부 활동들로 구성된다.

① 입하/입고(Receiving)

- 입고 물류(Inbound Material)의 실질적 수령
- 입고 물류 운송 수단에서 화물적하(Unloading)
- 대기(Staging), Putaway나 보충(Cross-docking 포함) 준비
- 필요시 검수/검사 및 문서 작업
- 혼잡 최소화 및 입하/입고 프로세스 속도 향상을 위한 입하/입고 장소(도크,

Dock, 등)의 사전 예약(특히 ASN 접수 시)

② Putaway(분류 및 재배치)

- 화물 입하/입고 도크에서 보관 시설의 보관 영역으로 이동
- 정의된 보관 위치로 화물 이동 배치
- 화물의 이동 및 보관 장소에 대한 문서 작업

WMS(Warehouse Management System)를 사용할 경우, WMS에서 입고 품목의 보관 위치를 할당하게 됨. 이 기능을 통하여 제품이 Cross-docking 영역으로 신속히 이동될 수 있도록 처리 함.

③ 보관(Storage)

- 미래 시점에서의 사용이나 선적을 위한 보존 및 보호
- 재고의 확인
- 보관영역 내의 자재 재배치

제품은 그 특성이나 최종 선별 취합(Pick) 방법에 따라 다양하게 분류되어 창고내의 여러 곳에 보관된다. 이러한 분류 기준에는 부피가 매우커서 바닥에 보관해야 한다거나, 소분하였다던가, 즉시 출하될 품목이라던가 하는 특징 들이 포함된다.

④ 보충(Replenishment)

화물을 보관 영역에서 주문 대응을 위한 선별 취합 영역(Order Pick Storage Area)으로 재배치하여 선별 취합 준비(Pick Facing) 상태가 되도록 할 필요가 있으며, 이러한 행위 이후 이에 대한 문서작업을 수행한다.

⑤ Pick(선별 취합)

하나 또는 다수의 고객 주문 대응을 위한 포장이나 선적 장소로 필요한 제품의 수량만큼 선별 취합하여 이동하고, 그 이동결과에 대한 문서작업을 수행한다. 선별 취합은 개별 품목이나 상자 또는 팔레트 단위로 수행된다.

⑥ 선적(Shipping)

선적 업무는 다음에 나열되는 세부 행위들의 조합도 가능함.

- 점검(Checking)

  주문 별 제품 번호, 수량 및 품질이나 조건 등의 정확도 확인과 결과 기록

- 선적 대기(정렬) 및 통합/흔적(Consolidation)

  출고용 차량(Outbound Vehicle)이나 배송 경로(Delivery Route) 등의 지시서를 기준으로 포장 영역에서 출하 대기 영역으로 화물을 이동. 이 경우 종종 통합을 목적으로 이동이 이루어지기도 하는데, 통합은 두 개 혹은 그 이상의 개별 주문을 하나의 차량이나 선적으로 합치는 것을 말함.

- 적재

  화물을 선적 대기 영역(Staging Area)에서 B/L(Bill of Lading. 선하증권), ASN 등과 함께 출고 차량에 옮겨 싣는 업무를 말한다. 이 단계에서 서로 다른 경유지를 경유하게 되는 품목이 통합된 경우는 배송 및 화물을 내릴 때의 효율을 고려하여 순서대로 적재하여야 한다.

(2) 유통센터 창고의 배치

다음의 〈그림 11-8〉은 유통센터 창고의 구성 및 배치 사례를 예시한 것이다. 그림에서 살펴보는 바와 같이 선별 취합(Picking)의 대상이 되는 보관 영역은 크게 상자단위 보관 영역/Flow-through 영역, 소분(Brake Pack) 영역, 바닥 보관/부피 품목(Floor/Bulk) 보관 영역의 세 가지 유형으로 나뉘게 된다. 보다 큰 유통센터라면, 선별 취합 영역의 재고를 보충하는데 사용하는 백업 품목의 보관(Backup Storage) 영역이 존재하기도 한다.

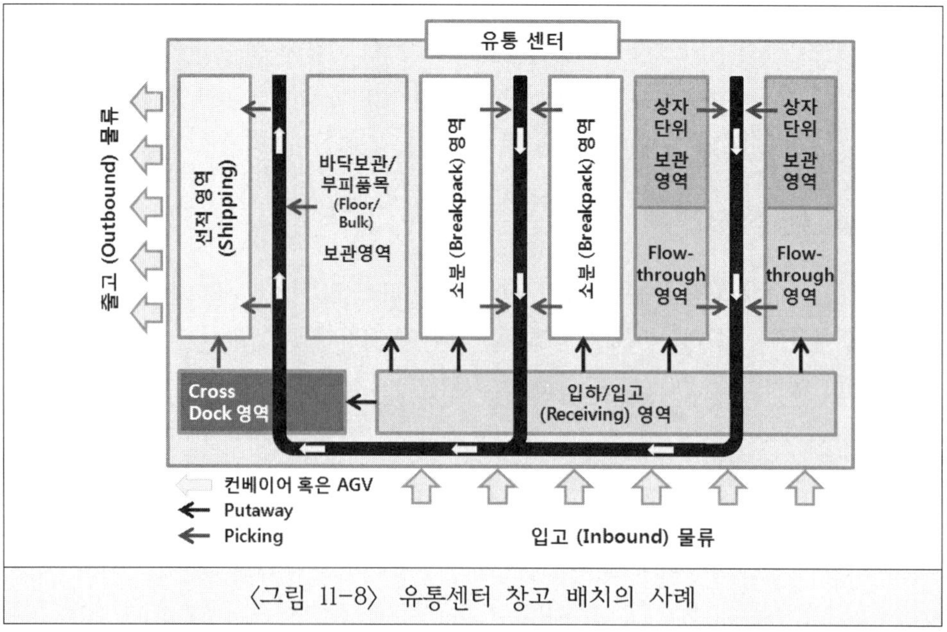

〈그림 11-8〉 유통센터 창고 배치의 사례

입고 물류(Inbound) 제품은 선적을 위해 보관 영역이나 Cross Dock 영역으로 Putaway (분류 및 재배치) 된다. Cross Docking은 실상 여러 가지로 정의되고 있다. 그러나 일반적으로는 저장 가능 상태의 팔레트(Store-ready Pallet) 상태로 입고되어 서로 다른 선적을 통해 유통센터에 적재된 또 다른 저장 가능 상태의 팔레트와 소분/통합되어 출고되는 이동을 의미한다. Flow-through 분류는 입고 팔레트가 상자 단위로 소분되어 다른 상자와 통합되거나, 팔레트 단위로 소매상에게 다시 선적될 때 발생된다.

나. 창고관리 유의사항 및 유통부문의 경향

(1) 유의 사항

유통 업무 수행의 위험관리(Risk Management)는 적정 품목을 적시에 사용할 수 있도록 하는 가용성을 담보하는 적극적인 접근방법이다. 창고 업무 수행에서 발생될 수 있는 중요 위험 요인은 아래와 같다.

① 보안(Security) 문제

시설물에 대한 신중한 접근 통제는 재고의 분실이나 배치 오류, 파손이나 도난 등을 방지하는 데는 필수적인 요소이다. 많은 기업들이 운전기사나 검수원들이 가급적 도크에 위치하지 않도록 하기 위하여 SLC(Shipper Load and Count) 프로그램을 채용하고 있다. 실제로 프로세스에 관련된 사람의 수와 제품의 파손이나 도난의 위험과는 직접적인 상관관계가 있다.

② 거래 기록(Transaction Recording) 문제

시설 전반에서 재고 이동 추적의 정확성이나 연속성은 재고 정확도에 매우 결정적이다. 다양한 컴퓨터 시스템의 도입으로 과거 불평 대상이 되었던 많은 창고 업무들이 빠르게 대체되고 있다. 재고 추적의 결과로 실시간 재고 상태나 높은 정확도의 유지가 가능해 졌다.

③ 권한 관리(Authorization Control)

제품은 결코 적절한 권한 없이는 이동되거나, 정지 상태가 되거나 테스트되어서는 안된다. 제품은 정확한 상태로 위치되어야 하며, 이에 대한 변화는 컴퓨터 시스템이나 수작업 문서시스템에 의해서 체계적으로 의사소통되어야 한다. 이에 대하여 권한 규정을 잘 정의하고 모든 사람이 지킬 수 있도록 정립되어야 한다.

④ 재고 관리(Inventory Control)

재고 정확도를 유지하기 위하여 재고관리 담당 직원은 지속적으로 창고에서 발생되는 활동을 모니터링하고 정확도가 낮아지는 원인을 찾아내야 한다. 세계적 기업들의 경우 지역 혹은 SKU 단위의 주기 실사(Cycle Counting)를 통해 98% 이상의 재고 정확도를 달성하고 있다. 창고관리시스템(WMS: Warehouse Management System)을 사용하게 되면 재고관리 상의 문제점을 더욱 부각할 수 있게 한다.

⑤ 위생(Sanitation) 문제

식품 창고의 경우 위생 문제는 매우 결정적인 문제가 된다. 대개의 경우 정부 차원에서 정의된 위생 시설 운영에 대한 가이드라인이 있으며, 창고 시설은 정부에 의해 정의된 요구 사항을 충족하거나 이를 능가해야 한다. 이러한 위생 요구 사항을 충족하는 데 실패하는 창고의 경우는 폐쇄되게 된다.

⑥ 날짜 기록 및 순환(Date Coding & Ratation)

날짜 기록 및 제품 순환은 고개 만족과 수익성 유지에 매우 중요하다. FIFO(First In First Out, 선입선출)은 제품의 신선도 유지를 관리하는 방법이다. FIFO 적용의 예외는 생산자나 다른 창고에서부터 재고를 이동하는 경우이다. 제품의 이동은 매우 중요한데, 정시에 선별 취합되어 고객에게 신선한 품목을 제공해야 하기 때문이다.

⑦ 고가품 관리

보통 고가 품목이 창고 내에서 가장 높은 감모율(Shrinkage Rate)을 보이게 된다. 이러한 고가품의 경우는 평상시에는 잠금장치를 해서 보관하다가, 승인된 사람만이 선별취합(Pick)하고 선적(Ship)하도록 한다. 제품을 트레일러로 이동하고 고객에게 배송되는 과정에서의 도난을 방직하기 위해서 또 다른 방법이 사용되기도 한다. 잠금장치가 되어 있는 손가방이나 행낭, 새장 형태의 골조 팔레트 등이 사용되기도 한다. 최적의 방법은 감모율을 측정하고 이를 줄이기 위해 담당 직원에게 인센티브를 제공하는 방법이다.

⑧ 제품 취급(Product Handling)

고객 반품 원인의 가장 주된 요인이 제품 파손이다. 제품을 담당하는 직원들이라면 반드시 제품 취급의 중요성에 대하여 이해해야만 한다. 모든 제품에 대해서 손으로 표면을 만지는 행위는 반드시 제재되어야 한다. 또한 지게차를 담당하는 직원들의 경우 적절한

지게차 조작 방법에 대하여 교육을 받아야만 한다. 또한 제품은 팔레트에 파손이나 미끌림이 방지되도록 적재된 후 단단히 감싸져야 한다. 정위치에 단단히 고정되어 적재되어야 최종 목적지까지 안전히 이동되는 것을 담보할 수 있다.

(2) 유통 업무의 경향(Trends)

유통의 최근 경향을 정리해 보면 다음과 같다.

① 연속 보충(CR: Continuous Replenishment)

연속보충(CR)은 식료품 산업군의 효율적 고객 대응(ECR: Efficient Customer Response)의 물류 차원의 적용 사례로, 효율적인 SKU의 분류나 효율적 판촉, 효율적 가격 책정 등이 포함된 것이다. ECR의 일반적 목적은 판매시점의 거래 정보, 유통망의 재고 정보, 동기화된 공급망 운영을 위한 생산일정 공유 등을 통하여 고객 수요에 대하여 가급적 민감하게 대응하는 것이라고 할 수 있다. 물류에서 적용되는 연속보충 만의 중요한 특징은 크로스도킹(Cross Docking)이나 Flow-through 분류 기법 등이 있다. 이러한 기법들은 창고 프로세스에서 언급한 바 있다.

② 공급자 관리 재고(VMI: Vendor Managed Inventory)

공급자 관점에서 VMI는 공급망의 효율성에 중대한 기여 방안이 된다. 소매상의 판매대 혹은 창고의 선반에 보관되고 있는 재고에 대한 책임을 가지게 됨으로써 공급업체는 보다 판매시점의 활동에 대하여 명확한 관점을 가질 수 있게 된다. 공급업체가 이러한 정보를 입수하면, 입수된 정보를 활용하여 생산이나 유통 계획에 활용하여 높은 수준의 고객 서비스를 제공하면서도 재고 수준을 절감할 수 있다. VMI 적용으로 고객의 입장에서는 안정된 재고의 확보를, 공급업체의 입장에서는 현금흐름을 원활히 하는 지불 조건의 개선이 수반되곤 한다.

③ 보안(Security)

보안 문제는 여러 가지 이유로 높은 관심의 대상이 된다. 이러한 이유에는 조직적 제품 절도, 기업의 재고 보유 수준이 낮아짐에 따라 재고 감손율에 대한 기업의 관심 증가 등이 있다. 공급망 전반의 재고 수준에 대한 정보 수준이 높아질수록 재고 수준은 더욱 낮게 유지할 수 있게 된다. 재고의 안전한 관리 절차는 보안 문제의 중요한 항목이 되고 있다.

④ 크로스도킹 및 FTD(Flow-through Distribution)

크로스도킹은 물류센터로 입고되는 상품을 보관하는 단계를 생략하고, 도크(Dock)를 통해 목적지로 즉시 출하시키는 방법으로 물류센터 내 재고량의 수준을 현격히 감소시키고 화물은 팔레트나 상자 형태로 유통점으로 즉시 해체되어 신속하게 배송한다. FTD(Flow-through Distribution)은 크로스 도킹과 유사한 개념이다. 크로스도킹은 정보기술(IT)를 적용, 배송절차를 원활히 하여 공급업체로부터 입고와 출하까지 보관(저장)단계를 없애고 단지 재포장 작업만 수행한다.

보다 자세한 내용은 앞의 창고 프로세스 부분을 참조하기 바란다.

⑤ 분리점(제조 후 서비스)

분리점 전략은 제조 및 유통 업무 수행의 핵심이 된다. 이에 대한 내용도 앞에서 언급한 창고 프로세스 부분을 참조하기 바란다.

⑥ 자동화(Automation)

유통프로세스에서 정보기술이나 다양한 운영 지향적 기술의 적용은 다른 기업들과의 차별 요소가 될 수 있다. 창고관리나 운송관리 시스템에 대해서는 이장의 뒷부분에서 다시 설명하도록 하겠다. 정보기술이나 다양한 운영 지향적 기술의 적용은 기업들이 다양한 지역 창고의 통합으로 대규모 지역 유통센터를 구성하고 중복을 제거함으로써 규모의 경제를 이루는 기반이 된다. 자동화된 계획 수립 도구는 DRP 프로세스에서도 활용된다.

⑦ 재고실사(Inventory Counting)

창고관리시스템(WMS)은 재고 정확도 향상에 기여하여, 재고 흐름을 원활히 하는데 필요한 생산량을 줄일 수 있게 한다. 정보가 재고를 대체할 수 있게 된다. 제품단위, 제품군 단위 혹은 보관장소 별, 생산 속도 별 정기실사(Cycle Counting)를 통하여 재고기록의 조정이나 능동적 오류 수박 정함으로써 유통성과 향상에 기여하게 된다. 정기실사는 정기적으로 수행되는 전면실사(Physical Inventory)의 자리를 대체하고 있다. 정기실사 방법은 기업이 재고 정확성의 스냅샷(Snap Shot, 순간적인 재고 상황의 기록)을 취하고 관리 불능 시점이 오기 전에 문제를 파악할 수 있도록 한다.

(3) 유통 업무의 성과지표

미국 물류관리센터에서 수행한 최근 조사에 따르면, 미국의 유통센터에서는 다음에 언

급한 7가지의 성과 지표들이 창고관리 성과 측정을 위해 가장 널리 사용되는 것으로 밝혀졌다. 이러한 성과 지표들은 유통센터의 관리자들의 사용빈도에 따라 순서가 정해졌는데, 이 지표들은 창고시설의 성과나 작업자들의 생산성에 주로 사용되고 있다. 조사에 따르면 7가지 창고 관리 성과 지표들은 창고관리자들의 책임을 보다 명확히 하는데 효과가 있다.

- 선적 정확도(Shipping Accuracy)
- 재고 정확도(Inventory Accuracy)
- 정시 선적율(On-time Shipments)
- 고객 불만율(Customer Complaints)
- 정기 실사 정확도(Cycle Count Accuracy)
- 완벽주문 충족률(Complete Order Shipped)
- 화물 회전 시간(Turnaround Time)

이러한 7개의 지표가 성과를 측정하는 완벽한 조합은 아닐 수 있다. 제시된 지표에는 재무성과 측정이 포함되지 않았다는 것만을 보아도 쉽게 알 수 있다. 이를 위해 일부 창고에서는 선적 단위당 비용으로 재무성과를 측정하기도 한다.

11.4 운송(Transportation)

가. 운송수단의 선택 및 특성

(1) 운송수단의 종류

전통적인 시각에서 볼 때, 유통관리에서 운송수단(Transportation Mode)이라 함은 항공, 해운, 파이프라인, 해상, 철도 등의 물리적 운송 수단을 의미한다. 또한 복합운송수단(Intermodal)이라 함은 철도와 육상 운송 등과 같이 일련의 둘 이상 운송 수단의 결합을 의미한다. 정보통신 기술의 발전으로 이제 운송수단의 종류에 위성이나 전선(구리선이나 광통신 포함), 전화선, 컴퓨터 네트워크 등과 같은 정보나 서비스의 이동 수단을 포함하여 고려하는 것도 시의적절하리라 판단된다.

이 책에서는 제품의 물리적 유통에 초점을 맞추고 있다. 운송수단을 결정하는 것은 운송사(Carrier) 선정의 첫 단계가 된다. 원가와 운송시간은 운송수단 결정에 직접적으로 연관되어 있는 가장 중요한 선정 기준이 된다. 다음의 그림은 운송수단의 종류를 정리한 것이다.

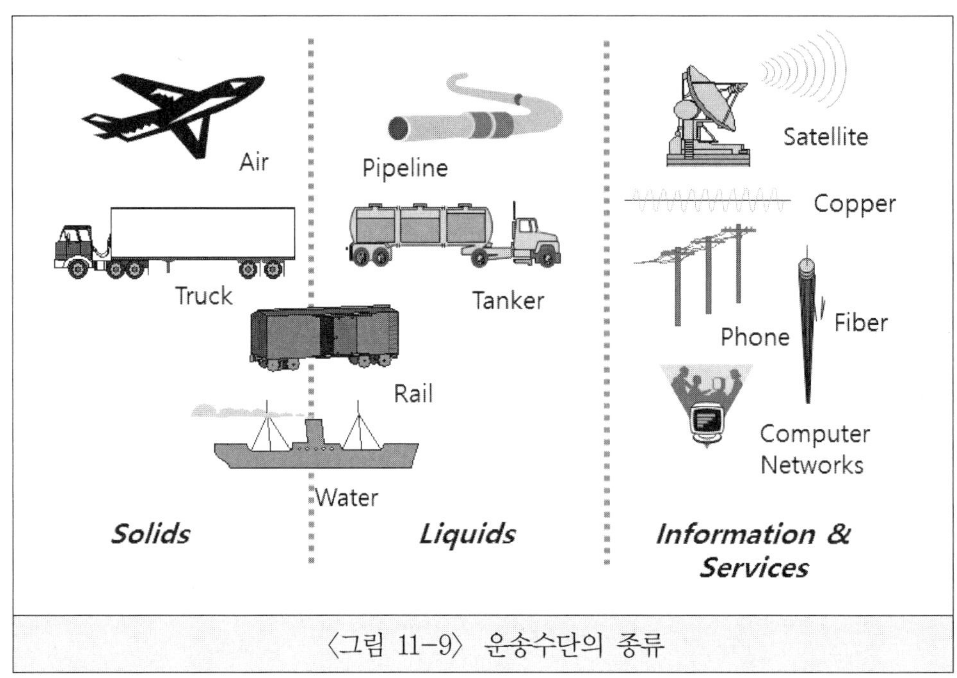

〈그림 11-9〉 운송수단의 종류

(2) 운송수단 선정

그렇다면 운송수단의 선정의 기준에는 어떤 것들이 있을까? 여기에서는 운송수단을 선정하는 데 필요한 고려 요소를 확인해 보도록 하자. 운송수단 선정 시 고려해야할 요소들 중 가장 중요한 것이 바로 속도와 운송비용 그리고 재고 비용일 것이다. 이러한 고려 요소들의 조합을 통하여 적절한 운송수단을 선정할 수 있는데, 조합에 참조할 항목들은 다음과 같다.

- 고객 서비스의 목표 수준
- 무게나 부피
- 선적되는 품목의 가치
- 운송수단의 정시성(도착 예상시간에 맞추어 도착 가능 여부)

고객 서비스 수준이 전략적으로 가장 중요한 요인이 된다면 육상 운송이나 중요도에 따라 항공 운송 수단이 적절한 선택이 될 것이다. 육상 운송이나 항공 운송의 선택은 속

도 측면의 이득뿐만 아니라 정시성 측면에서도 좋은 선택이 된다. 반면, 화물의 부피가 크고 저가의 원재료라면 해상 운송이 철도 운송이 유리할 것이다. 다음의 표[2]는 이러한 다양한 운송수단의 종류 별 특징을 요약한 것이다.

▮표 11-3▮ 운송 수단의 상대적 특성

운송수단의 종류	비용 (1=최고)	평균배송시간 (1=최단)	배송 시간 변동성		손실 및 손상 (1=최소)
			절대값 (1=최소)	가변률 (1=최소)	
철도	3	3	4	3	5
육로	2	2	3	2	4
해상	5	5	5	4	2
파이프	4	4	2	1	1
항공	1	1	1	5	3

(3) 표준적재 단위

다음의 예들은 제품 운송에 사용되는 표준 적재 단위들이다.

① 컨테이너(Container)

컨테이너는 원래 해상운송에서 화물을 싣거나 내릴 때 소요되는 시간을 줄이기 위하여 고안되었으나, 현재 표준 운송 단위로 해상운송이나 육상운동, 철도 운송 등에 광범위하게 사용되고 있다. 표준 규격 치수의 컨테이너를 사용하게 되면 운송수단 간의 신속한 환승이 가능해지는데, 가장 일반적인 길이는 20피트, 40피트 등이 있다. 그러나 국가별로 표준 규격치수에는 조금씩 차이가 있다.

② ULD(Uniform Load Dimension)

컨테이너가 광범위하게 사용되는 운송 용기이기는 하지만, 중량이 너무 무거워 항공운송에는 효율적이 못하다. 이에 항공운송을 위해 사용되는 경량의 컨테이너를 고안했는데, 이것이 UDL이다. UDL의 경우는 비행기의 짐칸에 싣기 좋도록 모서리가 깎여, 이글루와 비슷하게 생겨 이글루(iGloo)라고 불리기도 한다.

2) Ballou, R., Basic Logistics Transportation, Materials Management, Physical Distribution, 2nd ed., Prentice-Hall, p. 125, 1987.

③ **팔레트(Pallets)**

팔레트는 소화물이나 소규모 상자를 통합하는데 사용된다. 팔레트의 사용은 취급속도와 개별 단위의 손상을 줄여주는데, 1200×1000mm, 1200×800mm를 비롯하여 사용되는 크기가 매우 다양하다. 미국의 경우 48×40inches 규격이 표준이며, 우리나라나 일본의 경우는 T11이라고 불리는 1100×100mm 규격이 일관수송용 목재 평팔레트로 기본이 되며 기타 다양한 규격이 KS에 정의되어 있다. (KS 1052, 1611, 1618, 1620, 2155, 2156, 2159, 2166, 2167, 2169) 팔레트 풀 시스템 (PPS: Pallet Pool System)에 의해 팔레트는 임대되어 소요 비용을 절감하게 되며, 풀 구성원들에게 공용으로 사용되어 제품이 선적될 때 함께 이동되어 임대되거나 회수된다.

④ **토트(Tote)**

토트는 작은 부품이나 제품을 통합하는데 사용되는 보관 용기로, 재사용 가능한 주름진 플라스틱 재질로 만들어진다. 토트는 공급 채널을 통해 보내지고, 재사용을 위해 회수된다.

⑤ **SWOP body**

SWOP body는 육상운송이나 철도 운송 등의 복합운송(Intermodal)에 주로 사용되는데, 화물을 내리지 않고 철도에서 트럭으로 혹은 그 반대로 차량 단위로 이동하기 위해 사용된다. SWOP Body의 치수는 차량의 크기를 최대로 활용하기 위해 차량크기에 따라 다양하게 적용된다. 일반적인 차량 크기는 7M 길이에 2.5M～3M 높이 정도이다.

⑥ **트레일러(Trailer)**

트레일러도 개별 단위로 운송될 수 있기 때문에 적재단위로 분류된다. 트레일러는 신속히 교체되거나, 개개 단위로 바지선이나 열차, 트랙터에 선적될 수도 있다.

(4) 운송사 선택(Carrier Selection)

운송사(Career)란 송하인(Shipper 또는 Consignor)이 제품을 수하인(Receiver, Consignee 또는 Customer)에게 전달하기 위해 선택한 회사를 말한다. 경우에 따라 운송사의 선정은 수하인이나 고객에 의해 수행되기도 하지만, 특정 운송사를 선택하는 것은 비용이나 성과에 관련된 다양한 요인들에 선정된다.

① 물량기준(TL vs. LTL)

이 고려 요건은 평균 주문에 수행되는 운송 물량의 부피나 중량이 얼마나 되는지에 대한 고려 항목을 의미한다. 트레일러를 가득 채운다는 관점에서 본다면 최상의 해법은 트럭단위(Truck Load) 운반으로 주문에 대응하는 것이 최상의 접근 방법이 될 것이다. 이 방법은 하나의 트레일러가 고객에게 전달되어, 목적지에서 전체 트레일러의 짐을 해체하게 된다. 만약 주문이 트레일러 단위보다 현저히 작은 경우에는 LTL(Less Than Truckload) 단위로 배송된다.

② 운송비(Transportation Costs)

운송비에 영향을 미치는 요소들에는 운송요율, 중량, 상/하역비용, 포장비, 위험요인, 보험 및 특별 서비스 등이 있다. 특별 서비스에는 수수료와 위험물이나 폐기물 등의 운송이나 고가품의 선적과 관련된 안전 담보에 관련된 할증 비용들이 포함된다.

③ 납기일 및 신뢰성

납기일(Delivery Time) 또는 배송 시간(Transit Time)이란 제품을 취합하여 터미널에서의 취급을 거쳐 출발점에서 목적지 도착까지 소요되는 모든 시간을 말한다. 어느 정도로 정시배송이 진행되는지를 평가하는 방법으로 변동성이라는 개념을 사용하는데, 변동성은 배송사의 신뢰성이나 일관성의 측정 지표 사용된다. 송화인은 정시 배송(On-time Delivery)과 관련된 고객의 요구 범위를 다루게 된다. 고객이 JIT(Just In Time) 기반의 재고 구매 방법을 사용하고 있다면, 매우 낮은 유동성이 허용될 것이다. 일부 고객의 경우 납기일 이전에 도착하는 경우를 허용할 수도 있지만, 반면 조기 도착에 페널티를 부가하는 경우도 있다.

④ 추적 능력(Tracking Capability)

운송사가 모든 선적과정의 위치를 항시 추적할 수 있는 능력을 보유하고 있다는 것은 입고물류(Inbound Logistics)나 출고물류(Outbound Logistics) 양쪽 모두에서 매우 중요한 능력이 된다. 주요 운송사의 경우에는 선적품목의 위치(항구에서 상차 대기 중이나 통관 대기 중에 있다던가, 운송중이라던가)나 상태(언제 선적되고 목적지나 다음 기착지에 언제 도착될 것인지 등)에 대한 정보를 제공하는 능력을 보유하고 있다. 송화인이나 수화인 모두에게 있어 운송 중 재고를 추적하는 능력은 매우 중요한데, 이는 이러한 능력이 양쪽 모두에게 필요에 따라 선적을 분리하거나 재선택하는 유연성을 제공할 수 있기 때문이다. 여기에는 바코드나 RF(Radio Frequency) 기반 기술이 사용된다. 이러한 기술을 활용하여 컨테이너의 이동이나 상자나 팔레트의 상/하차를 추적할 수 있다. 선적 품목의 가시성을 항상 확보하게 되면 유통망이나 입고물류 시스템 내의 전반적인 재고 수준을 줄일 수 있다.

⑤ 보안(Security)

운송사가 운송 품목의 손상이나 도난의 우려 없이 제품을 공급하는 능력은 또 다른 핵심 능력이다. 일반적으로 운송사는 운송중의 손실이나 제품 손상에 대한 책임을 지게 된다. 하지만 송화인의 경우에도 배상을 받기 위해서는 서류나 소송 비용 등이 부가되기 때문에 이러한 상황은 미연에 방지하는 것을 원한다. 앞에서도 언급했듯이 철도와 같은 일부 운송 수단의 경우에는 손상률이 다른 운송 수단에 비하여 비교적 높은 편이다. 고가품의 경우라면 도난의 문제가 가장 우려되는 문제이므로, 운송사는 높은 위험 상황을 미연에 방지해야 한다.

⑥ 물리적 능력(Physical Capability)

물리적 능력에는 세 가지 차원의 능력이 있다. 적절한 장비의 보유 여부, 서비스 제공 능력의 보유 여부, 목표 수준의 서비스를 제공할 수 있는 능력의 보유 등으로 구분해 볼 수 있다. 적절한 장비라 함은 온도나 습기 관리 능력을 가진 트럭이나 위험물이나 폐기물의 운송이 허가된 트럭이나 시설 등을 말한다. 서비스란 운송사가 운영하는 배송창고에서의 보관이나 크로스 도킹 능력 등을 말한다. 특정 목표 수준의 서비스 공급 능력은 또 하나의 중요한 요소가 된다.

나. 운송의 성과측정

(1) 외주(Outsourcing) 및 자가 운송(Private Fleet)

운송 업무를 외주(운송사와의 계약)에 의해 수행할 것인지 자가 운송을 할지에 대한 결정에는 많은 요인들을 고려해야 한다. 자가 운송의 장점은 고객서비스와 관련되어 제공할 수 있는 관리 및 유연성의 수준에 있다. 자가 운송을 선정하는 이유에는 다음과 같은 요소들이 있다.

- 원가와 연간 물량
- 계절성
- 유통망의 밀도

- 특별한 요구 사항(취급주의 품목, 위험물이나 휘발성 품목 등)
- 내부 관리 능력

적절한 환경 하에서 효율적으로 수행될 수만 있다면, 자가 운송은 비용 절감의 방안이 될 수도 있다. 하지만 이윤이 커진다고 해도 인센티브가 제공되지 못하는 경우가 많다. 반면 삼자물류(3PL; Third Party Logistics) 업체는 운송수단의 활용을 업으로 하기 때문에, 지속적으로 효율성을 추구하게 된다. ROI(Return of Investment)나 자산 활용률(Asset Utilization)의 관점에서 본다면, 물류는 외주 처리하고 기업은 자신의 핵심 역량에 집중하는 것이 유리할 것이다. 외주 계약된 3자 물류업체에 대한 평가는 다음과 같은 영역에 대한 성과 측정 방안을 수립해야 할 것이다.

- 서비스 수준(Service Levle)
- 재무성과(Financial Performance)
- 안전성(Safety)

반면 자가 운송의 경우라면 다음과 같은 영역에 대한 성과 측정 방안을 수립해야 할 것이다.

- 노동 생산성(Labor Productivity)
- 설비 생산성(Equipment Productivity)
- 유지/보수성과(Maintenance Performance)

이러한 지표들은 자가 운송 관리의 복잡성을 증가하게 되는데, 이러한 이유로 기업들이 외주 운송을 대안으로 선택하곤 한다. 다음의 〈표 11-4〉는 운송관련 성과측정 항목 및 운송분야 주요 기업들의 적용사례를 정리한 것이다. 다음 표에 언급된 성과 측정 영역에 대한 상세 논의에 대해서는 뒷부분에 언급하는 성과지표 부분에서 보다 상세히 논의하기로 하자.

▮표 11-4▮ 운송관련 성과측정 항목 및 주요 기업별 적용 사례

서비스 제공 항목 \ 기업의 사례	①	②	③	④	⑤	⑥	⑦	⑧
정보 및 서비스 통합 (Information and Service Integration)	✓			✓	✓	✓		✓
물리적 화물 운송 (Physical Transport of Freight)	✓	✓	✓		✓	✓	✓	✓
창고 관리(Manage Warehousing)	✓	✓			✓	✓	✓	

재고 관리(Manage Inventory)					✓	✓	✓	
공급자 및 최종 고객 관계 관리 (Manage Vendor and End Customer Relationships)		✓	✓			✓		
글로벌 차원의 최적화(Strong Global Focus)		✓	✓		✓	✓	✓	
첨단 기술의 활용(Leading-edge Technology)	✓	✓	✓	✓	✓	✓	✓	✓
선적 물품의 추적(Shipment Tracking)		✓	✓		✓	✓	✓	✓
긴급 서비스(Emergency Service)			✓			✓	✓	
전략적 물류 외주 관리 (Manage Strategic Logistics Outsourcing)		✓				✓		
단일 공급처 방안(Single Source Solution: 솔루션의 개발, 적용 및 관리)	✓	✓		✓	✓	✓	✓	
특화된 솔루션(Customized Solutions)				✓	✓	✓	✓	✓
역물류 및 물류계획 (Reverse Logistics and Logistics Planning)	✓					✓	✓	
고속의 스페어 파트 물류 (High Speed Spare Parts Logistics)						✓	✓	

① Bumham Service Co. ② Hub Group
③ Roadway Express ④ Rollins
⑤ Yellow Freight System ⑥ Ryder Integrated Logistics
⑦ SonicAir ⑧ J. B. Hunt

글로벌 공급망 관리가 점차 시장에서의 전략 우위 확보에 중요하게 평가되면서, 많은 기업들이 전반적인 공급망 효율 향상을 위하여 3자 물류업체(3PL)를 활용하고 있다. 풀 서비스 계획(Full Service Planning)에서 고속의 스페어 파트 물류(High Speed Spare Parts Logistics)까지 3자 물류업체는 다양한 서비스를 제공하고 있다. 다음의 표는 북미 지역의 선진 3자 물류업체와 제공하는 서비스를 요약한 것이다.

(2) 운송 부문의 성과 측정

앞에서 언급한 바와 같이 외주 운송과 자가 운송 부문의 성과 측정 영역에는 차이가 있다.(전자의 경우는 주로 서비스 수준이나 재무성과, 안정성에 대한 평가가 중심이 된다면, 후자의 경우는 주로 노동 생산성이나 설비 생산성, 유지보수 성과 등이 중심이 된다.) 외주 운송업체 활용의 가장 큰 장점 중의 하나는 이른바 경영상의 여러 우려 사항을 실질적으로 감소시킨다는 것이다. 반면 자가 운송의 경우라면, 운영 성과를 측정하는 다양한 지표들에 대한 관리가 수반된다. 외주 운송과 자가 운송의 성과 측정에 일반적으로

사용되는 지표들에 대해서는 이 책의 5부 공급망 운영성과 관리 편에서 상세히 언급하도록 하겠다.

11.5 기술요소와 기타 고려사항

가. IT Enablers

(1) 유통업무 수행의 주요 요소기술

유통 관련 업무 수행에 새로운 IT 기술의 접목은 근래에 들어 더욱 급속히 진행되고 있다. 아래에 나열한 목표 기술을 적절히 선정하여 적용함으로써, 향후 수년 간 창고 및 운송 업무의 발전에 도움을 가져 올 것으로 예상한다. 중요한 핵심 고려 기술 항목에는 다음과 같은 것들이 있다.

① 창고관리 시스템(WMS: Warehouse Management System)

창고관리 시스템은 창고 내의 다양한 활동, 예컨대 주문관리 시스템(Order Management System)의 고객 주문 정보를 물품 취합을 하는 작업자에게 할당하거나, 작업자의 경로를 설정하고, 취합된 물품에 대한 바코드 발행/부착이나 바코드 스캔, 재고 정보의 갱신, 선적 서류의 생성 및 입고 차량 관리 등의 업무를 지원하는 시스템으로 정의할 수 있다. WMS는 보통 다수의 RF(Radio Frequency) 데이터 취합 장치와 연결되어 보고서나 바코드 라벨을 인쇄할 수 있는 프린터를 장착하게 된다. 또한 WMS는 자재 취급 설비(컨베이어나 고속 분류 장치 등) 등과 연결되어 창고 전반의 제품 흐름을 파악할 수도 있다. 또한 WMS는 다양한 하드웨어 플랫폼의 기반 위에서 운영되므로, 어떤 하드웨어 플랫폼을 선택하느냐는 트랜잭션 양에 따라 결정된다. 마찬가지로 가트너사의 조사 결과에 따르면 소프트웨어 또한 150여개 이상의 공급업체가 있으므로, 선택의 폭은 더욱 넓다. 대표적인 창고관리 시스템에 대해서는 이어지는 창고관리 시스템(WMS) 편에서 언급하도록 하겠다.

② RF(Radio frequency)

이동식 RF 장치 (Handheld RF Devices)는 원격에서 입력한 정보를 수신하고 전송함으로써 물류센터 전체에서 작업이 수행되도록 한다. 설비 조작 작업자나 물품 취합 작업자가 지게차 천장에 부착되어 있는 RF 단말을 통해 작업 지시를 접수받고, 관리자는 작업자와의 직접적인 접촉 없이도 작업의 진행 상태나 업무 할당 내역을 모니터링할 수 있다.

③ 바코드(Barcodes)

바코드(License Plates라고도 불린다)는 입고되거나 취합되는 컨테이너나 팔레트 또는 상자 등에 부착된다. 부착된 바코드는 창고 선반의 불출되는 재고 정보의 갱신이나 B/L (Bill of Lading, 선하증권), 포장 전표(Packing List), 사전선적통지(ASN) 등의 생성을 위하여 물품 취합 프로세스 과정에서 읽혀지게 된다. 상자에 부착된 바코드는 컨베이어 상에서 읽혀지고, 입고 과정에서 입고 정보의 확인에 고속 분류 장치를 활용할 수 있도록 한다.

④ 자동 분류(Automatic Sortation)

컨베이어 시스템이나 조명 없는 창고(Lights-out Warehouse), 자동입출 시스템 창고(AS/RS: Automated Storage and Retrieval System) 등은 모두 자동 분류의 좋은 사례이다. 이러한 시스템의 도입 비용이 매우 높은 것이 사실이지만, 제품의 정확하고 적시 불출에 있어서는 필수적인 장비가 되고 있다. 이러한 시스템의 활용을 통하여 작업자들이 지루한 단순 반복 업무를 벗어날 수 있게 된다.

⑤ EDI(Electronic Data Interchange)

유통 프로세스에는 매우 많은 유형의 EDI 적용 방법이 있다. 대표적인 것으로 사전선적통지(ASN)이 있는데, EDI를 통하여 ASN을 전송함으로써 입고나 크로스도킹에 필요한 설비나 인력 계획을 수립하여 창고관리 업무를 보다 원활하게 할 수 있다. ASN에는 언제 선적된 물품이 도착하게 될지, 선적된 품목의 수량이나 상자의 수량이 얼마나 되는지, 어떤 품목이 선적되었는지 등에 대한 정보가 포함된다. 점차 많은 고객들이 선적 품목이 창고를 떠날 때 창고나 유통센터에서 입고 계획을 수립하기 위하여 ASN을 전송할 것을 요청하고 있다.

⑥ 운송관리 시스템(TMS: Transportation Management System)

보통 운송관리 시스템은 다음의 3가지 범주로 구분해 볼 수 있다.

- 운송계획 소프트웨어(Transportation Planning Software)
  이 소프트웨어는 요구되는 서비스 수준이나 납기 요구를 충족하는 최저 원가의 운송 방법을 결정하는 기능을 수행한다.

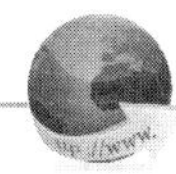

● 운송관리 소프트웨어(Transportation Management Software)
이 소프트웨어는 이동경로를 추적하는 기능을 수행하는데, 최근에는 고객 서비스 요구 수준이 엄격해 짐에 따라 그 중요성이 더욱 커졌다.

● 운송문서 소프트웨어(Transportation Documentation Software)
이 소프트웨어는 선하증권(B/L: Bill of Lading)이나 적하목록(Freight Manifests) 등의 문서를 생성하는 기능을 수행한다.

⑦ GPS(Global Positioning System)

GPS는 물류시스템의 일종으로 차량에 탑재된 이동 통신 장비를 사용하여 인공위성과 통신하여 위치 정보를 전송하는 시스템이다. 점차 GPS를 통한 위치 정보의 정확도가 높아지면서 고객에게 전달하는 도착예정시간(ETA)의 정확도도 높아지게 되었다. 또한 GPS는 운전기사에게 교통 통제나 도로 정체 시에 목적지까지 가는 다른 경로를 알려 주는 용도로도 사용된다.

⑧ 이동 통신 장비 및 차량 컴퓨팅(Mobile Communications and In-cab Computing)

이동통신장비(핸드폰이나 RF 등)는 운전자의 통화 도구나 정보 습득 장비, 엔진 진단 통신 장비 등 매우 많은 응용 영역이 개발 중에 있다. 이러한 장비들은 경로의 할당이나 변경, 납기 확약, 도착 시간 통지, 고객 창고 관리자로부터 도착 대기 순서의 할당 등에 응용된다.

(2) 창고관리 시스템(WMS: Warehouse Management System)

창고관리 시스템(WMS: Warehouse Management System)은 공급망계획 프로세스와 결합되어 창고 내의 자동화된 프로세스 관리나 재고관리 업무를 수행한다. 전형적인 창고관리 시스템은 다음의 〈그림 11-10〉과 같은 기능으로 구성되며, 다음과 같은 역할을 수행한다.

- 인력, 설비 및 공간의 효율적 활용을 보증
- 생산, 창고 및 유통 환경에서의 자재나 정보의 관리
- Event 기반의 온라인 거래 처리 시스템
- 통합 솔루션은 새로운 기능 제공시, 업그레이드가 용이

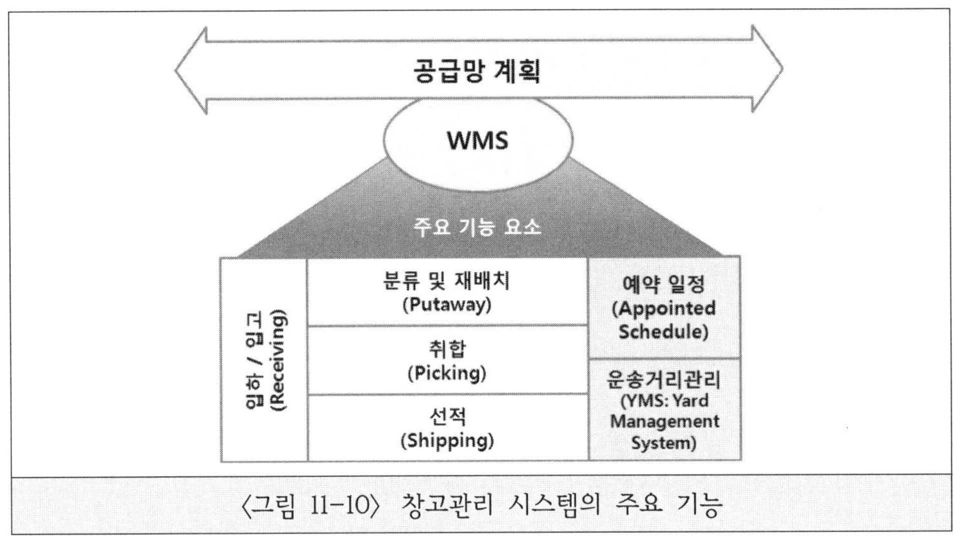

〈그림 11-10〉 창고관리 시스템의 주요 기능

(3) 운송관리 시스템(TMS: Transportation Management System)

앞에서 언급한 바와 같이 운송관리 시스템은 다음 3가지 범주로 분류된다.

① 운송계획

패키지 형태의 운송계획 지원 시스템은 일반적으로 최저 원가의 운송 솔루션을 구하는 수학적 엔진의 기반에서 구현되어 있다. 계획의 수립은 요구되는 서비스 수준이나 납기 요구 충족 최적화를 목적으로 수행된다. 대개의 운송계획 패키지에서 수용되는 기능들에는 다음과 같은 것들이 있다.

- 동적 스케줄링(Dynamic Scheduling)
- 귀송(Backhaul)
- 연속 이동(Continuous Move)
- 지역 통과(Zone Skipping)
- 서비스 기반 비율(Service Based Rating)
- 시나리오 생성(Scenario Generation)

이러한 시스템들은 제약 기반 시스템으로써 다음과 같은 운송 제약 조건들을 고려하여 수행된다.

- 운영 시간(Hours of Operation)
- 설비 유형(Equipment Types)

- 상품 유형(Commodity Types)
- 운송사의 성과(Carrier Performance)
- 취합일자와 납기일자(Pickup and Delivery Dates)
- 상/하차 비율(Load and Unload Rates)

② 운송관리

앞에서 잠시 언급한 바 있지만, 경로 추적 기능은 근래 들어 고객서비스 요구수준이 높아지면서 그 중요성이 더욱 커지고 있다. 운송계획 시스템에 의해 화물의 상차가 완료되고 경로가 배정된 후, 운송관리 시스템을 통해 운송사에 화물을 인도하고, 화물의 적재 상황을 입력 받아 이를 ERP(Enterprise Resource Planning, 전사적 자원관리) 시스템이나 창고관리 시스템으로 정보를 전자적으로 공유하게 된다. 또한 운송사의 송장과 운송계획 시스템에서 생성된 물동 예상량을 비교하고, 주문에 대한 배송 위치와 상태를 갱신하는 정보 허브 역할의 수행도 부가되는 기능이다. 운송관리 시스템에서 포함되는 주요 기능들은 다음과 같다.

- 경로 추적(Track and Trace)
- 상차 최적화
- EDI 처리(204, 210, 213, 214, 240, 856 등)
- 수송비 지불 관리
- 수송량 확인(송장과 물동량의 매칭) 및 비용 지급
- 수송에서의 클레임
- 출고 지시에 대한 수송비 요율 견적

③ 운송 문서

운송관리 패키지에서 수송관련 문서가 차지하는 중요성은 비즈니스가 글로벌화 됨으로써 점차 커지고 있다. 일부 운송관리 패키지에서 수출/입에 관련된 문서가 제외되고 국내 문서 작성에만 치중되어 있는 경우가 있는데, 이는 수출/입 관련 문서가 매우 복잡하며 비교적 표준화가 덜되어 있기 때문인 경우가 많다. 보통 이러한 경우로 인해 외산 솔루션을 도입할 경우 운송관련 문서 작성 부분은 Add On하거나 Bolt On 등의 형태로 해결하는 경우가 일반적이다. 이러한 기능의 추가를 통하여 다양한 형태의 문서 작업을 자동화하게 되는데, 일반적으로 다음과 같은 문서 작성이 고려되어야 한다.

- 송장(Invoice)
- 선하증권(B/L: Bill of Lading)
- MSDS(Material Safety Data Sheet), 즉 물품 취급 주의 경고문
- 적하 목록(Freight manifests)
- 신용장(L/C: Letter of Credit)
- 국제 관세(International Customs)

(4) 바코드 체계 및 활용 방법

대형 산업재 품목의 경우는 일반적으로 수량이 적고 고가의 품목이므로 비교적 그 흐름을 추적하는 것이 쉽다. 그렇다면 수량이 매우 많고 비교적 저가의 품목으로 분류되는 소비재 품목이 제조업체에서 최종 소비자에게로 이동되는 과정에서 그 흐름에 대한 추적은 어떤 방식으로 이루어질까? 가장 일반적으로 적용되는 방법이 바코드를 부착하고 이를 스캔하는 방식을 활용하여 물품의 흐름을 추적하고 관리하는 것이다. 다음의 〈그림 11-11〉에서는 유통망의 각 단계에서 일반적으로 가장 널리 쓰이고 있는 세 가지 형태의 바코드(UCC/EAN-128, ITF, UPC-A)를 적용하여, 물품을 추적하는 사례를 예시하고 있다.

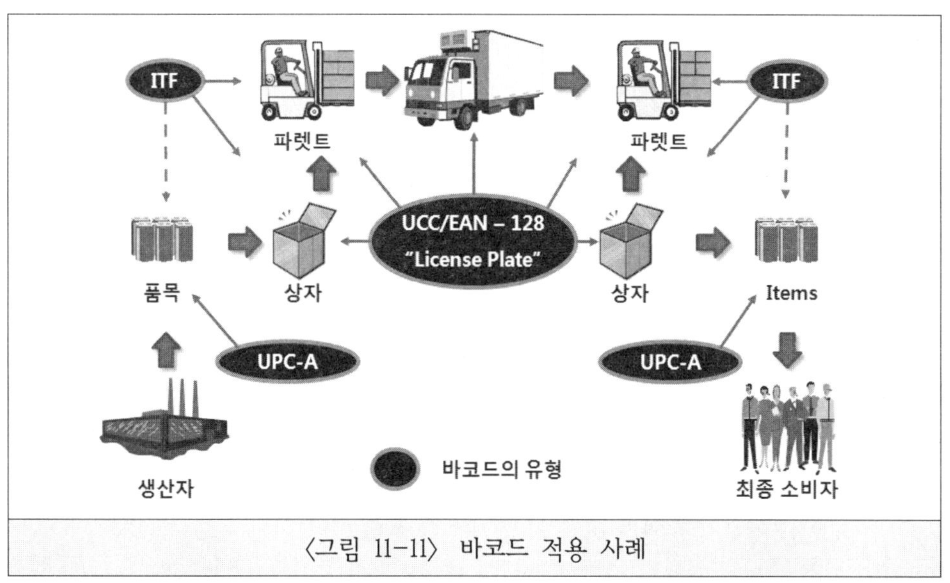

〈그림 11-11〉 바코드 적용 사례

① 바코드 적용 사례

위의 〈그림 11-11〉에서 적용된 간략한 시나리오를 통해 바코드를 활용하여 업무 생산

성을 높이는 방법에 대하여 살펴보기로 하자. 생산자는 사전선적통지(ASN; Advanced Shipping Notice)를 소매업체의 유통센터에 전송한다. ASN은 서로 다른 제품을 적재한 다수 팔레트가 적재된 입고 트럭의 컨테이너에 부여된 UCC-128 규격의 바코드 정보를 유통센터에 통지하게 된다. 이를 기반으로 유통센터에서는 인력이나 출고용 운송계획을 수립하게 되어, 유통센터의 업무 성과가 개선되는 효과를 기대할 수 있다. 물품수령 도크에서는 UCC-128 바코드를 스캔하게 되고, 이미 창고관리시스템(WMS: Warehouse Management System) 등을 이용하여 ASN을 전송 받았기 때문에, 물품수령 도크에 비치된 화면을 통하여 선적된 품목의 내역이 게시된다. 차량 컨테이너 내의 화물을 하차하면서 팔레트나 포장 상자에 부착된 ITF(Interleaved 2 of 5 Shipping Container Code, I 2/5 라고 사용되기도 한다.) 코드를 스캔하면, 품목별 검수는 물론 유통센터의 또 다른 곳에 위치한 크로스 도킹 준비 영역으로의 이동 작업이 훨씬 용이해 진다.

소매점으로의 배송의 경우에는 팔레트나 포장 상자에 부착된 바코드의 스캔을 통해 입하/입고 업무가 수행되게 된다. 이후 개별 품목이나 SKU(Stock Keeping Unit) 단위로 소분되어 상점의 선반에 진열된다. 이때 일반적으로 가격표를 SKU 단위별로 추가 부착할 필요가 없는데, 생산자가 이미 부착한 UPC-A 바코드가 가격표의 역할을 대체하게 되기 때문이다. 이후 최종 소비자에게 판매하기 위해 스캐너를 통해 SKU 단위의 제품을 스캔하면, UPC-A 바코드 정보가 읽혀지고 품목과 가격정보가 자동으로 인식된다. 최종 소비자가 선택한 품목을 모두 스캔하고 나면, 거래 내역이 저장되고 그 기록이 판매 영수증으로 출력되어 이를 최종 소비자에게 전달한다.

바코드의 응용 범위가 점차 증가함에 따라 바코드의 기술적 진보도 지속될 것으로 예상된다. 예를 들어 기억 용량의 증가나 선이 아닌 점을 통한 코드 기록, 재기록이 가능한 바코드 필름의 개발 및 이를 인식하는 인식 시스템 등 다양한 부분의 기술 발전이 현재 완료되었으며, 앞으로도 계속 진행될 것으로 예상된다. 이러한 발전은 대략 17개 문자 정보를 저장하는 선형 코드(1차원 바코드) 대신 2,000 여 개 이상의 문자를 기록할 수 있는 2차원 바코드 기술의 개발 등에 힘입어 더욱 가속화 될 것이다. 또한 원형 바코드에서 치명적 제약으로 작용했던 정확한 스캔 각도의 필요성을 제거하면서, 원형 바코드의 인식률도 점차 증가하고 있다.

또한 최근 유비쿼터스(Ubiquitous) 개념의 확산으로 각광받고 있는 RFID (Radio Frequency Identification) 기술은 포장 내부의 품목에 대한 정보를 전파 신호를 통해 자동으로 수집할 수 있게 함으로써, 개별 품목 단위로 직접 스캐닝해야 하는 바코드 등의 기술에 비해 업무 생산성이 획기적으로 향상시킬 수 있다. 이미 RFID 기술의 적용은 유통이나 물류 분야에서는 매우 일반적으로 사용되고 있으며, 그 적용 효과도 매우 우수함이 속속 증명되고 있다. 다만 RFID 기술의 적용에는 RFID Tag의 비용이 제약조건으로 대두된다. 그러나 RFID Tag의 가격은 지속적으로 하락되고 있으며, 용도에 따라 인식 거리나 크기 등의 다양한 형태의 제품이 출시되고 있어 그 제약조건도 수년 내에는 사라질 것으로 예상할 수 있다. 이미 RFID는 생활 속에 깊이 적용되어 유비쿼터스 환경의 도래가 꿈이라고만은 생각할 수 없게 되었다.

② UCC/EAN-128 사례

UCC(Uniform Code Council)에 의해 정의된 Code 128의 한 유형인 이 바코드 표준은 어플리케이션 인식자를 규격 내에 포함하고 있어 가장 일반적으로 통용되는 라벨 표준의 하나이다. 이 규격은 서로 다른 품목을 혼적한 컨테이너의 인식을 위한 선적 컨테이너의 일련번호 코드로 주로 활용되는 규격이다. 다음의 〈그림 11-12〉는 UCC/EAN-128 바코드의 사례를 그림으로 나타낸 것이다.

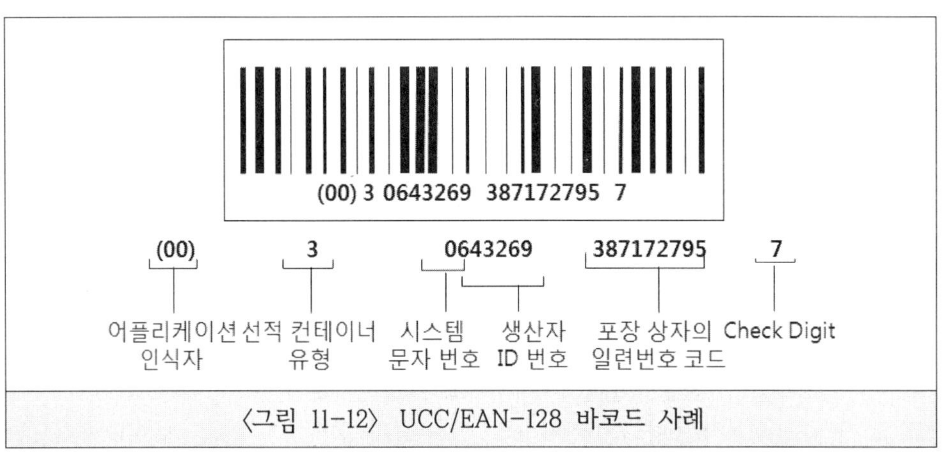

〈그림 11-12〉 UCC/EAN-128 바코드 사례

가변적인 코드구조는 46 어플리케이션 인식자(AIs: Application Identifiers) 시스템에 따르게 되는데, 각 데이터 필드의 내용을 해석하기 위해서는 처음의 두 자리나 네 자리 숫자를 사용한다. UCC/EAN-128 코드의 가장 큰 장점은 개별적인 데이터 요구 사항에 따라 라벨을 변경하여 사용할 수 있다는 것이다. 산업 군별로 라벨에 포함되어야 할 정보가 다르기 때문에, 다양한 어플리케이션 인식자를 조합하여 사용하게 된다. 이에 따라 산업 군별로 특화된 통신 표준이 수립되어 활용된다. 육류업계의 경우 판매일("15")이나 일련번호("21")와 같은 네 가지의 어플리케이션 인식자를 사용하여 하나의 바코드를 형성하게 된다.

가장 일반적으로 적용되는 것이 위 그림에 언급한 선적 컨테이너의 일련번호 코드인데, 이 코드는 다수의 서로 다른 품목 코드를 가진 제품 팔레트의 인식에 사용되곤 한다.

가장 먼저 표시된 어플리케이션 인식자 00는 여러 요소로 구성되어 있는 코드에서 생산자 ID나 포장상자의 일련번호가 어떻게 구성되어있는지를 알려주는 역할을 한다. 이와 같이 일반화된 표준을 통해 고객이나 운송사뿐만 아니라 공장이나 창고에서도 공통적으로 정보를 주고받을 수 있는 기반을 확보할 수 있게 된다. 가장 중요한 것이 표기된 숫자가 이른바 "인증 표찰"의 역할을 한다는 것이다. 라벨에 표기되어 있는 임의의 일련 번호(상자 코드)는 목재 상자나 팔레트 혹은 컨테이너 등과 같이 선적 물품을 구성하는 다양한 품목에 부여된다. 예를 들어 컨테이너에 인증 표찰이 부착되어 고객의 입고 도크로 선적된다고 가정해보자. 고객의 입고 도크에는 인증 표찰의 숫자들이 창고관리시스템(Warehouse Management System)으로 스캔된다. 이때 창고관리시스템에는 이미 인증 표찰의 숫자를 사전선적통지(ASN)로 접수 받은 상태이므로, 입고 도크의 화면에 컨테이너 내의 내용물에 대한 정보를 표시할 수 있게 된다. 이 시스템을 활용하게 되면 추가적인 생산성의 향상이 가능하게 된다. 창고관리시스템(WMS)을 활용하게 되면 입고 도크의 작업자가 컨테이너 내의 다양한 품목을 이동할 장소(예를 들어 다양한 크로스 도크나 보관 영역)를 알려 줄 수도 있다.

③ Interleaved 2 of 5 Shipping Container Code(ITF or I 2/5)

이 바코드 체계는 생산자의 선적 단위를 판별하는데 사용되는 코드체계로 동일 품목이 일정 수량 적재되는 골판지 상자에 가장 널리 사용되고 있다. 이 바코드는 생산이나 유통 센터, 창고 등이나 생산라인에서 선적 품목을 취합하기 위하여 스캔된다. 이 체계의 경우는 유연한 구조로 가변적 구조를 가질 수 있으나, 매 다섯 개의 막대 문자가 2자리의 숫자를 표현하게 되므로 전체 자릿수는 반드시 짝수가 되어야 한다.

다음의 〈그림 11-13〉에서 제시한 사례는 가장 일반적으로 사용되는 적용 방법으로 포장지시자(Packaging Indicator)로 첫 번째 숫자가 사용된다. 예를 들어 이 숫자가 "1"의 경우는 컨테이너에 포함된 내부 용기가 12개인 경우를 의미하며, "3"의 경우는 12개들이 포장 10개를 의미한다. 위 그림의 사례와 같이 "1 06 43269 76601 5"나 "3 06 43269 76601 3"과 같은 형태로 사용된다. 이어지는 두 자리의 숫자는 숫자 시스템의 특성을 나타내는 문자열이다. 두 번째 숫자 시스템 문자열(그림의 경우 "6")은 이어지는 5개의 문자열과 결합되어 생산자 ID를 의미하게 되며, 그 다음의 5개의 문자열은 5자의 제품 코드를 나타낸다. 마지막 숫자는 바코드 문자열이 정상인지를 확인하기 위한 Check Digit로 사용된다.

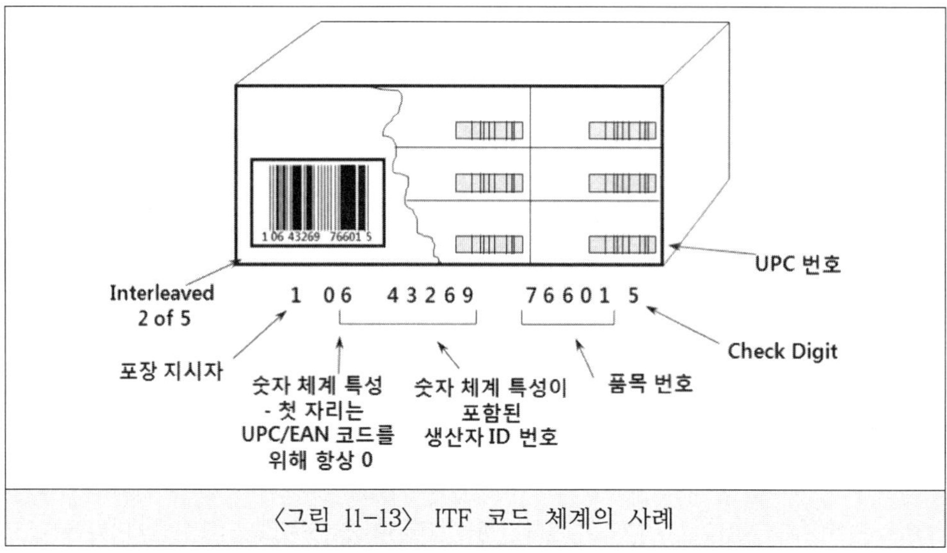

〈그림 11-13〉 ITF 코드 체계의 사례

④ **소비재 제품을 위한 UPC-A(Universal Product Code) 체계**

범용 상품 코드(UPC: Universal Product Code) 체계의 숫자는 개별 소비재 제품의 식별을 위한 12자리의 고유 숫자로 구성된다. 이 코드 체계는 일반 소비자가 가장 친숙한 코드 체계이기도 하며, 대개의 소매 품목에 부착되어 있는 바코드 체계이기도 하다. 판매 시점에서 바코드를 스캔하면 소매상의 데이터베이스의 가격 테이블에서 가격을 읽어서 화면에 표기하거나, 저장을 위해 등록하기도 한다.

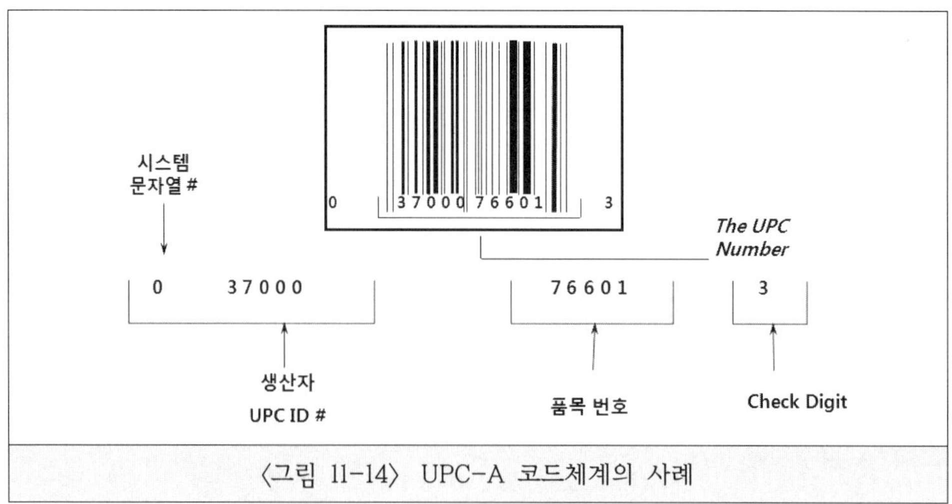

〈그림 11-14〉 UPC-A 코드체계의 사례

이 코드체계는 1-5-5-1의 형태를 띠게 되는데, 첫 번째 숫자는 품목의 유형을 나타

낸다. "0"의 경우는 일반적인 식료품을 의미하며, "3"의 경우는 의약품을 나타내며 "5"의 경우는 할인 쿠폰을 의미하게 된다. 이어지는 5자리의 숫자는 UCC(Uniform Code Council)에서 부여한 생산자 식별코드가 된다. 소비재 품목의 대표적인 업체 중의 하나인 P&G의 경우는 생산자 식별코드가 위에서 언급한 "37000"이다. 생산자 식별 코드에 이어지는 다섯 자리는 개별 품목번호를 의미하게 된다. 일반적으로 개별 품목번호는 각 업체별로 주어지기 때문에, 품목번호 만으로 해당 품목을 고유하게 식별할 수는 없으며 생산자 코드와 결합하여 해당 품목을 고유하게 식별하게 된다. 품목번호에 포함되고 있는 정보에는 품목 설명, 크기, 색상이나 포장 내에 몇 개의 개별 품목이 포함되어 있는지 등의 정보가 포함된다. 다시 말해 한 개들이 품목과 두 개들이 품목의 구분이 가능하다. 마지막 숫자는 Check Digit로 앞의 11개 코드의 연산을 통해 결정되게 된다. 만약 연산결과와 Check Digit가 일치하지 않을 경우라면 품목의 스캔이 정상적으로 수행되지 않게 된다.

소매상의 매대에 진열되어 있는 품목 중 일부 품목의 경우는 UPC-E(UPC Version E)라고 불리는 6자리의 UPC 코드 체계의 바코드가 부착된 품목들을 간혹 찾아볼 수 있는데, 이 코드 체계는 0이 생략된 형태로 스캔을 하게 되면 12자리의 숫자로 전환된다. 앞에서 언급한 바와 같이 생산자 ID는 5자리의 숫자로 표현하게 되는데, 이러한 경우 생산자를 식별할 수 있는 코드의 생성에 한계를 가지게 된다. 이에 따라 2005년을 기해 기존의 UPC 표현 체계가 13자리의 EAN(European Article Numbering) 시스템으로 전환되었다.

나. 무역상의 이슈

① 원산지(Country of Origin)

일부 국가의 경우 교역 대상국 지정국가나 개발도상국가에 우선적인 할당 비율을 배정하는 경우가 있다. 이러한 경우 제품의 원산지가 어디인가 하는 문제는 매우 중요한 문제가 될 수 있다. 예를 들어 한-미 FTA에서 중요하게 논의 되었던 문제 중의 하나가 북한의 개성 공단에서 생산하는 섬유제품의 원산지를 우리나라로 인정할 것인가, 북한이 될 것인가에 대하여 심각하게 논의된 바 있었다. 일반적으로 한 국가에 생산한 제품이 또 다른 국가에서 현저하게 변화된 경우의 원산지는 변경되게 되는데, 현저하게 변화된다는 기준이 국가에 따라 서로 다르기 때문에 해석상의 문제가 발생하기도 한다.

② 상품 카테고리 번호(Product Category Number, HS Code 등)

통관된 품목은 세관의 표준 코드(HS Code: Harmonized System Code)로 카테고리

화 되어 관세율 결정이나 통계적 목적을 위한 다양한 분류의 기준으로 사용된다. 실제 HS Code의 목적은 무역의 대상이 되는 모든 품목을 구분하여 적용하고자 정의된 코드이나, 오늘날의 무역 대상 품목의 종류가 너무나 다양하여 HS Code를 명확히 정의하지 못하는 경우도 많다. 이러한 경우 관세율의 결정이 명확하지 않은 경우가 발생할 수도 있다.

③ 문서화 표준(Documentation Compliance)

무역을 위해 다양한 기관이나 국가에서 요구하는 문서의 범위는 매우 광범위하다. 따라서 성공적인 국가 간 물류를 위하여 다양한 문서화 표준을 정확히 준수하는 것이 필수적인 요건이 되고 있다.

④ 신고 가격(Declared Value)

관세 부가 금액은 일반적으로 운송비를 포함한 제품의 가치를 기준으로 설정된다.

⑤ 운송 수단(Mode of Transport)

운송수단에 따라 수반되는 문서가 달라지는데, 해상운송의 경우는 B/L(Bill of Lading, 선하증권)이 수반된다. 기타 운송 수단의 경우는 지리적 위치에 따라 수반되는 문서들이 달라진다. 복합일관운송(Multi-modal Transportation)의 경우라면 수반되는 문서의 복잡성이 더욱 증가하게 된다.

⑥ 보세 창고(Bonded Warehousing)

이 방법은 제품이 운송되는 과정에서 통관절차 없이 한 국가에 머물러 있는 경우에 적용된다. 이 방법을 적용하게 되면 제품의 보관 국가에 제품이 입국되거나 출국될 때 문서의 필요가 없어지기 때문에 관리비용이 절감되는 효과를 얻을 수 있다. 따라서 실제 최종 수입국의 관점에서는 직접 수입되는 것처럼 보이게 된다. 보세창고 영역에 제품을 보관하는 것은 관세의 지급을 지연하는 효과가 있다. 행정 시스템이나 보관 국가의 평판에 따라, 관세 지불이 완료된 제품과 함께 보관하거나 별도로 분리되어 보관되기도 한다.

⑦ 화물의 소유권(Ownership of Goods)

화물의 소유자가 누구인가는 관세 지불의 책임이 누구에게 있는지를 의미하게 된다. 그러나 화물 소유주의 위임에 따라 대리인이 수출/입을 행하게 될 때는 대리인이 완전한 책임을 질 수 없기 때문에, 세관에서는 관세 지불을 담보하기 위해서 지불 보증을 요구하기도 한다.

그룹과제

11.1 글로벌 유통의 이슈 이해

개별 그룹 단위로 국가 간 혹은 국제 유통의 결과로 초래되는 문제들에 대해서 논의한 후 제기된 문제들에 대하여 간단하게 창의적인 발표를 준비하라. 가능하다면 상황에 맞는 기업의 사례를 사용하고, 실제 접근 방법과 문제 해결 방안에 대하여 토의해 보자.

사례 연구

▮▮ 월마트 - 물류정보시스템과 크로스도킹(Cross Docking) ▮▮

● **사례의 개요**

월마트(Wal-mart)는 뚜렷한 전략적 목표와 이의 수행을 위한 운영상의 묘를 충분히 활용하여 업계의 1인자로서 뚜렷이 부각되고 있다. 저렴한 가격목표(EDLP: Everyday Low Price)를 달성하기 위하여 완벽한 정보시스템의 구축에 많은 투자를 하였고 이를 활용한 완벽한 물류시스템의 구축으로 크게 성장하였다.

매장으로의 신속한 배달과 매장에서의 상품회전율을 높이기 위하여 정보시스템은 엄청난 역할을 하였다. 그리고 재고감소와 신속공급을 위한 물류센터에서의 Cross Docking 시스템은 월마트의 물류비 감소에 크게 기여하였다. 또한 공급자들과의 파트너십을 공고히 하여 상호간 정보공유를 이룬 것도 물류성과를 거두는 데 크게 기여하였다. 물론 이러한 성과의 이면에는 완벽한 정보시스템이 있었기 때문에 가능하였다.

● **기업 소개**

미국의 소매업체 월마트가 IBM이나 제너럴 일렉트릭과 같은 거대기업을 제치고 Fortune 誌 선정 미국 내 기업순위에서 당당히 4위에 올랐다. 1963년 7월 2일 아칸사(Arkansas)주에서 1호점을 개점한 지 불과 33년 만에 월마트는 시어즈, 케이마트(Kmart)를 제치고 부동의 미국 제일의 유통기업이 되었다.

▮표 11-5▮ 매출액

(단위: 억 달러)

	1982	1985	1988	1990	1993	1996	'82년 대비
Wal-mart	34	85	206	326	673	1,049	30.9배
Kmart	166	220	273	320	336	347('95년)	2.1배

〈표 11-5〉에서 보다시피 월마트는 97년 10월 현재, 1,049억 달러 이상의 매출을 기록하고 있으며, 미국 전역에 월마트 매장은 1,904개점, 수퍼센터(Supercenter)는 436개점, 샘즈 클럽(San's Club)은 444개점을 가지고 있으며, 캐나다, 멕시코를 비롯한 국외에도 573여 개의 월마트점을 가지고 있다[3]. 월마트의 동료[4]의수만도 80만(미국 외 10만 명 포함)여 명에 달하고 있다. 또한 공급업체만도 11만 개 에 달하고 있으며, 배송센터도 41개나 있다.

월마트의 사업전략을 간단히 이야기하면 '소비자는 보다 싼 가격의 제품을 원하고 있으며, 월마트는 이에 부응하여 항상 싼 가격으로 제품을 공급한다(Every Day Low Price: EDLP)'이다. 동일하거나 비슷한 제품을 주위 상점보다 싼 가격에 살 수 있다면, 그 상점은 매우 유리한 입장에 설 수 있다. 물론 영업과 관련한 각종 서비스가 그 상점의 실적과 관련이 없는 것은 아니지만 소비자의 상점선택에 있어서 핵심 의사결정 요인은 가격임에 틀림없다. 보다 싼 가격에 제품을 공급한다는 것이 매우 경쟁우위적인 요소가 됨은 누구나 알고 있다. 월마트의 성공요인은 '저가격전략'보다는 '저비용전략'으로 설명하는 것이 타당할 것이다. 보통 할인소매업이나 보통 할인소매업이나 회원도매클럽 등에서의 판매가격은 거의 비슷한 수준을 보이는 것이 일반적이기 때문이다. 따라서 월마트의 성공은 싼 가격에 제품을 공급할 수 있는 원가구조에 기인한다고 할 수 있다.

● 월마트의 경영철학

〈월마트의 창업자 샘 월튼(Sam Walton)〉

월마트의 기업경쟁력을 살펴보기 전에 월마트의 창업자인 샘 월튼에 대해서 알아볼 필요가 있다. 일반적인 기업이 다 그러하듯이 창업자의 경영이념이 그 기업 경쟁력의 원천으로 작용하는 경우가 많으며, 이는 월마트의 경우에도 예외가 아니기 때문이다. 샘 월튼이 디스카운트 스토어에 대해서 공부를 시작한 1960년대 초반에는 디스카운트 스토어는 인구 5만 명 이상의 상권에 적합하다는 것이 소매업계의 상식으로 통하고 있었다. 실

3) 월마트는 급속한 팽창전략을 구사하고 있어, 매장수는 빠른 속도로 증가하고 있다.

4) 월마트는 종업원을 Associates Employee라는 표현을 쓰고 있음

제로 경쟁사인 케이마트는 5만 명, 깁슨의 경우는 1만 명이라는 인구 하한선을 정해 놓고 있었지만 월마트는 이러한 상식을 깨고 월마트 1호점은 인구 5천명의 작은 시골에 개설되었다. 1962년 샘 월튼은 디스카운트 스토어 1호점인 '월마트 디스카운트 시티'를 벤튼빌에서 약 10마일 떨어진 로저스 마을에 개점했다. 당시 샘 월튼은 월마트를 개점할 계획이 없었지만 벤 프랭클린의 최고경영자가 샘 월튼으로부터 디스카운트 스토어로의 사업진출 권유를 받아들이지 않자 직접 사업을 시작한 것이다. 샘 월튼은 1호점 개설에서 하나의 실험을 하게 된다. 시설을 엉망으로 갖추어 놓고 제품의 가격은 타 점포에 비하여 20%가량 싸게 파는 것이다. 실험 결과, 시설이 매우 낙후되어 있어도 제품의 가격이 싸면 소비자들은 자신의 매장을 이용한다는 사실을 알게 된다. 즉 소비자들의 요구에 부응하는 것은 그 무엇보다 가격이 중요하다는 것을 실험을 통해 깨닫게 된 것이다. 그 이후 월마트가 매일염가제도(Everyday Low Price: EDLP)를 도입하고 계속 추진해나간 것은 실험을 통해 샘 월튼이 고객의 욕구(needs) 중 가격에 대한 욕구(needs)가 가장 강하다는 것을 간파하였기 때문이다.

〈인간존중의 경영〉

월마트의 인적자원관리의 가장 핵심적인 특징은 "참여적 경영" 개념에 충실하다는 데서 찾을 수 있을 것이다. 월마트에서는 종업원을 동료라고 부르며 인사부서를 임플로이 디파트먼트(employee department)라 하지 않고 피플즈 디파트먼트(people's department)라고 부른다. 이는 인간존중의 정신이 조직 내에 스며들어 있는 것이라 할 수 있다. 월마트가 성공적으로 운영해온 몇 가지 동반 체제들은 다음과 같다.

① 이익공유제도 (Profit Sharing Plan): 일 년이상, 1,000 시간 이상 근무한 근무자를 대상으로, 임금의 1%를 기부하고 동료가 사직할 때 현금 혹은 월마트 주식으로 받게 되는 제도
② 주식매입할인제 (Stock Purchasing Plan): 월마트의 동료들은 시장가격보다 15% 저렴한 가격으로 급료에서 공제되는 방식을 통해 주식을 살 수 있도록 하는 제도
③ 손실량 감소 장려제도: 도난으로 인한 상품손실을 줄임으로써 회사가 얻는 이익 모두를 동료들과 공유하는 제도

〈현장중심의 경영〉

샘 월튼의 경영방식에서 또 하나 특징으로 삼을 수 있는 것은 철저한 현장중심의 경영을 실시하고 있다는 점이다. 매장간의 커뮤니케이션 활동을 강화하고 있는 것은 바로 현장에 있는 사람들이 가장 그 문제를 잘 알고 있으며, 이를 해결할 수 있는 능력 또한 갖추고 있다는 점을 잘 알고 있기 때문이다. 회사규모가 커지고 점포수가 증가함에 따라

점포관리자들 간의 접촉이 충분히 유지되지 못하게 되자 월마트는 모든 점포를 연결시키는 비디오 통신망(video link)을 설치했다, 점포관리자들은 이 비디오 통신망을 통해 빈번한 회합을 가짐은 물론 어떤 상품이 잘 팔리고, 또 어떤 상품이 잘 팔리지 않은지, 그리고 판촉활동이 효과가 있는지 없는지 등 판매현장에서 체험하는 정보를 원활하게 교환할 수 있게 된 것이다. 이러한 현장중심의 경영철학은 문제가 발생했을 때 문제를 단순화시켜 빠른 해결과 높은 개선효과를 올릴 수 있게끔 만든 기초가 되었다.

● **물류시스템**

〈Cross-docking System〉

앞에서 월마트는 인간중심적이고 현장 중심적인 경영을 한다고 했다. 이는 고객이 무엇을 원하는지 끊임없이 살피는 것을 의미한다. 다시 말해서 고객에게 양질의 재화를 값싸게 언제 어디에서라도 구할 수 있게 제공하여 고객의 신뢰를 형성하는 것이다. 이러한 경영철학은 월마트뿐만 아니라 어느 경영지침서에서도 찾아볼 수 있지만, 이를 실천에 옮기는 일은 쉬운 일이 아니다. 월마트가 고객의 요구를 만족시킬 수 있었던 것은 탁월한 물류시스템에 기인한다. 즉 Cross-docking이라고 하는 시스템을 이용하여 재고를 최소한으로 하면서 계속적으로 물건을 재보충하는 것이다. 즉, 물건이 운반되어 창고에 공급되면, 창고에 도착한 상품은 분류되어 재포장되고 재고로 보관되지 않고 점포로 바로 배송된다. 상품이 창고에 머무르는 시간이 극히 짧아 상품을 한 적하장에서 다른 적하장으로 옮기는 데 최대 48시간 이상은 소요되지 않는다. 또한 각각의 상품들은 3가지 형태로 분류하여 시간 관리를 하고 있는데, Fast moving item의 경우 즉시배송, Distributed item의 경우 24시간 내 공급, Staple item의 경우 48시간 내 공급의 원칙을 세워두고 있다.

이러한 Cross-docking을 이용해 월마트는 대량 구매하는 경우 통상 발생하는 재고 및 취급비용을 절감할 수 있다. 월마트는 취급상품의 85% 가량을 그들의 배송센터를 거쳐 유통시키는 방법을 통해 업계 평균보다 2~3% 낮은 원가를 유지할 수 있었고, 이것이 Every Day Low Price(EDLP)정책을 가능하게 한 근본이다. 나아가 월마트는 매일 염가정책을 실행함으로써 고객을 대상으로 하는 판촉을 빈번하게 하지 않아도 되어 이에 따른 비용을 절감할 수 있었다. 즉 매일 염가정책은 소비자로부터 상점에 대한 충성도(Loyalty)를 얻게 되어 보다 높은 매장면적당 매출액을 실현할 수 있도록 했다. 이러한 월마트의 성공은 Cross-docking시스템을 바탕으로 한 효율적인 물류시스템을 이용한 저비용 원가구조라 할 수 있다.

〈전용 운송시스템 구축〉

월마트의 공급망 하류의 또 다른 특징은 신속하고 민첩한 수송체계를 들 수 있다. 이 회사의 물류센터는 41개소에 퍼져 있는데 이곳에 들어온 물품은 2천여 대에 달하는 회사 직영의 트럭을 이용해 48시간 내에 월마트의 일선매장에 운송되고 있다. 이를 통해 월마트는 상품을 1주 2회씩 보충할 수 있다. 소매업계의 일반적인 기준은 이와는 대조적으로 2주에 1회나 1주에 1회 정도 상품진열을 보충하는 데 그치고 있다. 얼핏 생각하기에는 주 2회의 배송에 따른 비용이 엄청날 것이라고 볼 수 있다. 그러나 잦은 배송을 통해 월마트는 고객이 원할 때 상품이 진열되어 있지 않아 판매기회를 잃는 경우를 최소한으로 줄일 수 있으며, 매장이 안고 있는 재고부담을 최소로 경감시킬 수 있는 것이다.

월마트의 이러한 배송시스템 운영에 있어 무엇보다 특기할 점은 직접운송비율이 높다는 점이다. 창고에서 자사의 트럭으로 직접 배송되는 상품의 양을 비율로 따져보면, 월마트는 85% 정도인 데 비해 다른 경쟁업체는 50~65%에 불과하다. 그리고 경쟁업체들은 배송을 주로 외부에 위탁하지만, 월마트는 2천여 대의 자사 트럭을 갖추고 직접배송을 실시하고 있다. 이러한 직접배송은 초기 자본투자가 많고 트럭 운송업자간의 파업 등 집단행동이 있을 경우 많은 손실을 볼 수 있다는 단점이 있으나, 월마트는 직접배송을 통해 보다 높은 효율과 유연성을 추구했다.

〈POS시스템 구축〉

월마트는 배송센터 외에도 POS와 위성통신망에도 엄청난 투자를 했다. 1983년 '휴즈'와 공동으로 위성을 쏘아올리고 1987년까지 위성통신망을 구축했다. 그리고 1988년 말에는 모든 점포에 POS 레지스터(register)의 도입을 완료했다. 월마트는 이러한 기반시스템을 구축하는 데 7억 달러 이상을 투자한 것으로 알려지고 있다. 월마트가 처음 바코드를 도입할 당시만 해도 경쟁사들은 주로 금전등록기를 사용하고 있었다. 선진기업이라 할 수 있는 시어즈의 경우에는 OCRA폰트 가격표를 사용하고 있었다. 월마트는 POS시스템 구축을 통해 실시간 재고관리 등을 해야 한다는 기본방침을 세워놓고 망설여야 했다. 바코드의 경우 업무처리속도가 빠르다는 장점이 있으나, 처리되는 정보량이 적다는 단점이 있었고, 반면 OCRA폰트 가격표는 업무처리량은 바코드에 비하여 많았으나 업무처리속도가 느리다는 단점이 있었기 때문이다. 이 결과 월마트는 종래 금전등록기를 사용할 때보다 제품의 계산처리를, 즉 소비자가 물건을 선택한 후 가격계산에 소요되는 시간을 30% 가량 단축시킬 수 있었다고 한다.

월마트는 POS시스템을 구축하여 주요 취급품목인 3천2백여 제품에 대한 각 점포 판매실적을 본사 컴퓨터로 1시간마다 취합할 수 있었다. 이 데이터는 본사에서 그치는 것이 아니라 제조업체에도 바로 전송된다. 전송된 데이터를 가지고 제조업체들은 각 배송센터에서 필요한 공급량을 미리 예측할 수 있으며, 이를 통해 즉시 납입이 가능하게 된다. 이로써 월마트 각 배송센터에서는 재고부담 없이 제조업체에서 납입한 상품을 도착 즉시 점포별로 분류해 필요한 양만큼 공급할 수 있게 된 것이다.

〈탄력적인 공급시스템인 QR시스템 구축〉

고객이 원하는 제품을 원하는 시점에서 즉시 구입하기 위해서는 QR(Quick Response: 신속반응) 시스템의 구축이 기본이 되나, QR시스템을 구축하는 것은 쉬운 일이 아니다. 일반적으로 판매자는 제품이 어느 정도 팔릴 것인가를 예측하여 제품을 진열하고 나머지는 창고에 쌓아두게 된다. 그러나 예측이 정확히 이루어지기는 거의 불가능하다. 이를 근본적으로 개선시킬 수 있는 방법은 제품조달이 매우 빠른 속도로 이루어져, 소비자가 원하는 제품이 없을 경우 즉시 보충될 수 있게 하면 된다. 이것이 QR시스템의 기본목적이라고도 할 수 있다.

QR시스템의 구축은 특히 계절상품의 취급에 있어서 획기적인 개선을 가능하게 하였다. 밀어내기(Push) 방식에 의한 생산 · 공급방식에서는 계절상품의 경우 판매 개시 훨씬 전에 이루어지는 초기 발주에 의해 모든 것이 행해진다. 따라서 실제 수요에 의한 재발주는 행해지지 않는 것이 통례가 되어 있다. 그러나 QR시스템의 구축은 발주에서 제품이 조달되는 기간을 단축시킨 것을 의미하므로 기존 초기발주에 의해 전적으로 이루어지던 생산공급 방식이 계절수요에 탄력적으로 대처할 수 있는 시스템으로 전환할 수 있게 한다.

〈공급자와의 파트너십 형성〉

월마트와 P&G의 전략동맹(Strategic Alliance)은 유통경로상의 리더십이 기존의 제조업체에서 유통업체로 이전되었음을 보여주는 사례로 흔히 인용된다. 적대관계의 밑바탕에는 P&G가 우월한 지위를 바탕으로 자사의 제품라인 11개에 대한 각각의 구매를 각 브랜드매니저를 통하게 해 놓았기 때문에, 월마트는 대규모의 생필품 공급업체인 P&G의 제품을 구매하기 위해 각 브랜드매니저를 따로 만나 구매하여야 하는 비효율성에 대해 줄곧 불만을 토로해오고 있었기 때문이었다. 그러나 P&G는 스스로 마켓 리더라고 생각하여 월마트 같은 대형 유통업체의 요구에 쉽게 응하지 않았다.

월마트는 이런 식의 신경전이 상호의 효율개선에 도움이 되지 않는다는 판단 하에 다음과 같은 제안을 한다. "월마트는 유력 메이커의 고객지향을 위해 노력하고 있으며 납품업자인 귀사와 파트너십을 발전시켜 EDI와 거래 컴퓨터 프로그램을 이용하고 상호간에 정보를 공유함으로써 소비자의 이익을 증진시킬 수 있을 것이다. 아울러 월마트의 성장은 고객동향을 파악하기 쉽게 하며 물류를 개선하는 점에 있어서도 양 사가 공동으로

작업을 실시, 신속한 의사결정을 수행하여 능률을 개선시킬 수 있을 것이다"라고 제안을 하였다.

이러한 제안을 P&G가 전격적으로 수용함으로써 P&G는 월마트의 POS데이터를 EDI에 의해 신속하게 파악하고 QR에 의해 신속한 발주업무를 수행하게 되었던 것이다. 이미 위에서 언급한 바 있듯, 이런 방법으로 온라인이나 리얼타임으로 수주상품을 자동공급의 형태로 월마트의 배송센터에 일괄해서 직접 발송할 수 있게 된 것이다. P&G 공장에서 지역 배송센터로의 수송은 월마트의 배송차가 각 점포로 제품을 공급하고 난 후 배송센터로 돌아가는 길에 P&G에 들러 제품을 가져오는 방식을 채택하고 있다. 이는 수송의 적재율을 향상시키고자 하는 데 목적이 있다. 지역 배송센터에서는 인수 즉시 점포별로 자동분류해서 각 점포로 배송한다. 장식용 종이박스에 바코드를 부착해 자동분류는 물론 입·출하시 제품검사를 자동으로 실행할 수 있다.

이러한 전략적 동맹관계를 통해 월마트는 배송센터(Distribution Center)를 재고담당 물류센터에서 일종의 수송기지로 변모시켰고 이것은 연간 재고회전수가 2배 이상 증가하는 효과를 얻을 수 있었다. 또한 P&G도 이를 통해 세일즈맨의 영업활동을 줄일 수 있었고 촉진비용을 악용하는 수퍼마켓 체인의 보상 제도를 중지시킬 수 있었으며 이를 통해 모든 매장에서 같은 가격에 P&G제품을 판매함으로써 소비자의 브랜드 충실도를 높일 수 있었다. 이러한 성공적인 전략동맹관계는 1989년 클린업 아메리카 캠페인으로까지 연결되었다. 클린업 아메리카 캠페인은 모든 공급업체와 협조하여 공해상품과 포장을 완전히 추방한다는 계획이다. 이러한 월마트의 방침에 따라 이미 P&G는 모든 비누와 세제 포장을 재생 가능한 종이포장으로 대체 완료하였으며, 플라스틱 용기에 있어서도 재생 가능하도록 단일성분의 플라스틱을 사용하고 있다.

● 사회활동 참여를 통한 이미지 제고전략

월마트는 기업규모에 비해 광고비가 매우 적은 편이다. 여타의 동종기업이 매출액 대비 2~3%의 광고비 집행을 하고 있는 데 반해 월마트는 1% 미만의 광고비만을 책정하고 있다. 그럼에도 불구하고 월마트가 경쟁사와 대등한 인지도를 갖게 된 것은 사회참여성격이 짙은 캠페인을 벌임으로써 매스컴의 자연스런 주목을 끈 것과 무관하지 않다. 이의 대표적인 사례는 다음과 같다.

〈"Buy America" Policy〉

〈환경보호캠페인(Environmentally Safe Policy)〉

〈WIN(Wal-mart Innovation Network)〉

● **월마트 사례의 의미**

이상에서 우리는 월마트가 유통시장에서 마켓 리더로 등장할 수 있었던 성공요인 중 가장 중요한 것은 저비용 원가구조를 바탕으로 하여 타 경쟁사보다 낮은 가격으로 소비자의 욕구를 실현시킬 수 있었기 때문이다. 많은 학자나 기업인들이 어떤 사업에서 성공하기 위한 다양한 조건들을 제시하고 있다. 이들의 대체적인 의견은 대체로 다음의 세 가지로 집약된다.

- 다른 기업과 차별화된 기능
- 뛰어난 관리방법
- 취득한 노하우의 축적

1980년대 본격적인 매출확대를 통해 미국 제1의 유통업체로서 성장함에 있어 월마트는 다른 기업과는 다른 사업전략을 구사하고 있다. 가장 눈에 띄는 것은 '고객의 구매대리인'으로서의 철저한 실행을 들 수 있다. 월마트는 가격이 싸고, 품질이 좋으며, 매장에는 절대 품절이 없는, 그야말로 고객이 원하는 가치를 제공하고 있는 것이다. 구매대리인으로서의 생각 및 활동이 다른 기업과는 다른 차별화된 기능을 고객에게 제공할 수 있었던 것이다.

차별화된 기능과 저비용 원가구조를 이룩한 또 다른 핵심 성공요소는 월마트의 탁월한 물류시스템에 있다고 할 수 있다. 즉 Cross-docking이라는 시스템을 통해 무재고를 실현하고, 자사의 전용 수송체계를 효율적이고 탄력적으로 활용함으로써 타 경쟁업체보다 낮은 원가구조를 실현할 수 있었다. 또한 일찍부터 POS시스템, 인공위성 통신망 구축 등 정보 네트워크에 막대한 투자를 하였다.

Chapter 12

주문관리 및 고객서비스

가치사슬에서 "주문관리"와 "고객서비스"는 고객주문충족(Customer Order Fulfillment)을 시작으로 고객 편의(Customer Care) 제공과 반품이나 클레임 등의 판매 후 서비스 등의 행위들을 수행하게 된다.

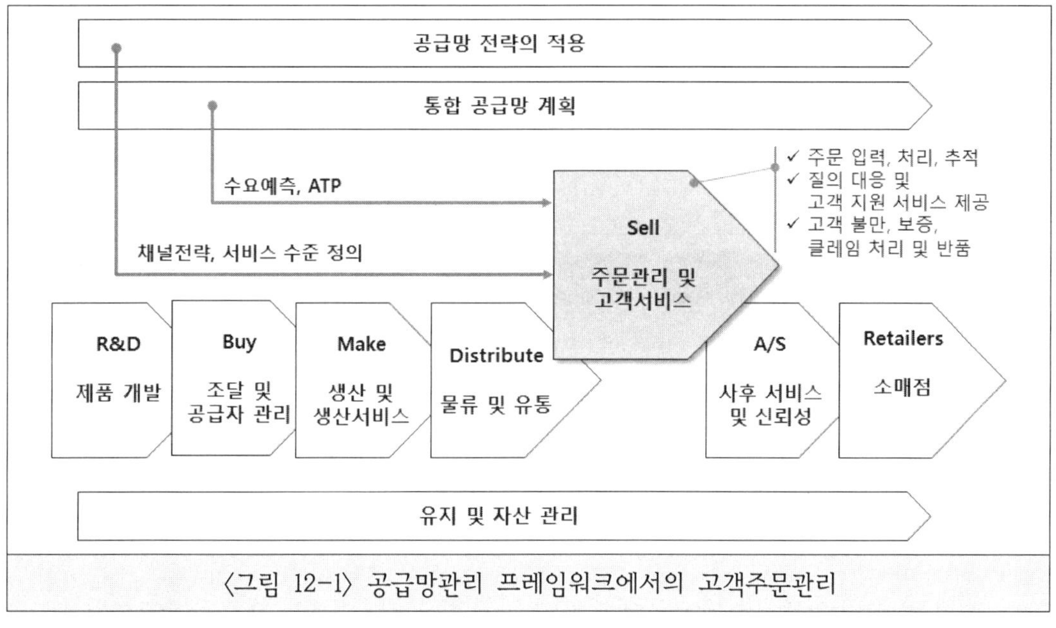

〈그림 12-1〉 공급망관리 프레임워크에서의 고객주문관리

일반적으로 판매주문관리 기능은 고객서비스를 담당하는 조직이나 부서의 전형적인 기능이다. 판매주문관리에서 수행되는 행위들은 공급망 전략에서 정의한 채널 전략이나 서비스 수준을 기반으로 수행되며, 통합공급망계획 수립 과정의 수요예측이나 주문확약 정보(ATP: Available to Promise)를 활용하게 된다. 최근 다양한 기술의 발전으로 고객주문관리 업무에 많은 변화가 수반되고 있는데, 인터넷을 활용한 B2B(Business to Business, 기업 간 거래)나 B2C(Business to Consumer, 기업과 일반 소비자 간의 거래) 상거래가 대표적인 변화의 사례일 것이다.

고객주문관리는 공급망에서 발생되는 거래행위(Transactions)의 시작과 종료에 모두 관여하는 프로세스로 고객과의 접점(接點)을 제공하므로, 매우 중요한 기능이다.

12.1 고객주문관리

가. 고객주문관리의 목표

(1) 고객주문관리 업무의 역할 변화

현재 사회에 접어들수록 고객의 영향력과 중요성이 점차 절대적으로 커지고 있으므로, 고객주문관리 업무 또한 그 중요성이 더욱 증가하고 있다. 이에 고객주문관리 업무의 역할 또한 과거의 수동적 대응에서 보다 적극적 대응으로 변화하고 있으며, 제조업에서의 그 변화 정도는 더욱 크다고 할 수 있다. 다음의 〈그림 12-2〉는 이러한 변화를 단편적으로 요약한 것이다.

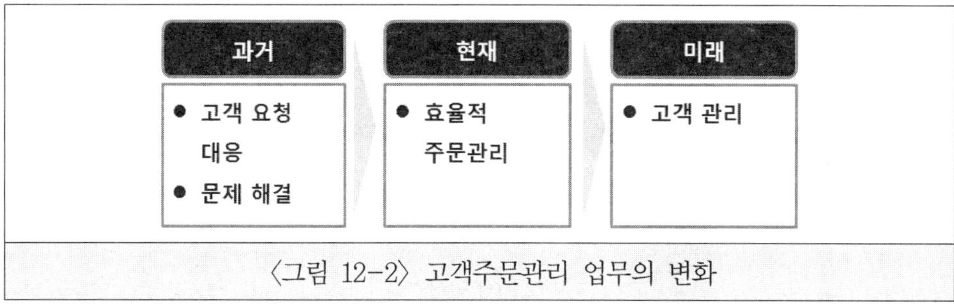

〈그림 12-2〉 고객주문관리 업무의 변화

고객주문관리 업무는 고객의 문의에 수동적으로 대응하는 이른바 "9 to 5"[1]의 지원 체계에서, 전략적이고 기업 내 여러 기능이 협력(Cross-functional)하여 대응하는 보다 전략적 체계로 급격히 변화하고 있다. 이러한 변화 내용을 조금 더 살펴보면 다음과 같다.

(2) 과거의 고객주문관리

1960년대나 1970년대에는 고객주문관리 업무를 수행하는 부서의 주요 역할은 주문을 접수하고, 고객의 문의에 대응하고 고객 불만이나 반품을 처리하는 수준에 머물러 있었다.

1) 9 to 5:오전 9시에 출근하여 오후 5시에 퇴근하는, 8시간 근무체계 상에서 근무 시간 중에만 업무를 수행하는 형태

(3) 현재의 고객주문관리

오늘날 대부분의 기업에서는 고객주문관리 업무에 새로운 미션을 부여하고 있다. 전통적인 고객주문관리 업무에 추가하여, 작게는 업무 재설계나 제품의 배치, 피킹, 선적 및 대금 청구를 빠르고 효율적으로 수행하기 위하여 다양한 IT 기술의 부가되었다. 보다 적극적인 기업의 경우는 보다 광범위한 주문충족 기능 수행 업무가 부가되고 있다. 공급처 발굴-생산-선적(Source-Make-Ship)의 전 과정이 신속히 수행되도록, 조달, 생산 및 유통을 모두 아우르는 주문충족 전 과정의 효율성 제고가 중요한 미션으로 부가되고 있다.

(4) 미래의 고객주문관리

향후 고객주문관리 업무에서 고객 문의 처리나 판매 후 고객의 여러 문제의 지원 등의 전통적 역할을 지속적으로 중요한 행위로 수행될 것이다. 하지만, 이러한 업무 행위는 점차 복잡해 질 것으로 예상된다. VMI 등의 업무 수행 방식이 점차 보편화되면서 공급업체와 고객 간의 관계가 점차 통합의 수준의 높아질 것으로 예상된다. 이렇게 되면 전통적으로 고객서비스 부서에서 수행하던 주문 추적에 대한 역할은 축소될 것이다. 이미 일부 선진 소비재 산업군의 회사에서는 다양한 제품 카테고리 내에서 매출액 향상을 목표로 고객주문관리 업무가 판매나 마케팅, 제품개발 부서의 직원들까지 포함된 부서를 초월한 협력 프로세스로 자리매김하고 있다.

나. 고객 서비스 관련 부서

(1) 고객서비스 부서의 주요 활동

대부분 제조 기업의 고객서비스관리 업무는 다양한 활동들로 구성되어 있다. 고객서비스의 주요 활동은 다음과 같은 것들이 있다.

- Inquiries(고객 문의) 대응
- Order Fulfillment(주문 충족)
- Field Service(현장 서비스) 수행
- Complaints(고객 불만), Claims 대응
- Recalls(불량품 회수), Returns(반품) 처리
- Warranties(품질 보증)
- Credit(신용) 관리

조직적 관점에서 보면 이러한 활동들은 모두 고객서비스 담당부서에 할당될 수 있는 업무이지만, 실제 대부분의 기업에서는 고객주문관리(또는 주문 충족) 업무와 현장서비스나 판매 후 서비스(After Sales Support) 업무는 별개의 부서에 할당되는 경우가 많다. 다양한 브랜드나 제품 라인이 있는 기업의 경우라면 주문관리(고객서비스) 업무가 여러 사업부에 분산되어 존재하기도 한다. 이와 같이 고객서비스 제공과 관련된 조직 구성에 고려할 요소는 매우 많다. 다음 절에서는 고객주문관리와 관련된 행위들에 대하여 보다 자세히 정리하였으며, 이 장에서는 고객주문관리 업무 중 주문충족(Order Fulfillment) 업무에 대하여 중점적으로 설명하도록 하겠다.

(2) 고객 서비스 부서와 주문관리 기능

고객주문을 관리하는데 있어서 고객서비스 부서의 역할, 목표 및 기능에 대해서 이해하는 것도 중요하지만, 오늘날의 고객서비스 기능이 단순히 고객서비스 부서 하나만의 책임 범위를 넘어서고 있다는 것을 이해하는 것도 매우 중요하다. 궁극적으로 고객서비스는 고객만족을 의미하며, 고객만족을 위해서는 고객서비스 부서 단독으로 제공할 수 있는 것 이상의 서비스를 제공해야 한다. 예를 들어 정시 배송, 안정 배송 및 정확한 대금 청구 등은 고객서비스 부서 단독으로 서비스를 제공하는 데는 한계가 있다. 또한 고객은 기능이나 품질, 가치 등이 기대한 바를 충족시키는 정확한 제품을 원하기 마련이다.

다시 말해 조직 내의 모든 부서가 고객주문관리 업무와 연관성을 가지고 있다. 즉 설계나 생산기술, 조달, 생산 및 품질관리, 유통 및 물류, 마케팅과 판매 등의 모든 부서가 고객주문관리 업무와 관계를 가지고 있는 것이다. 따라서 제조업체의 고객주문관리 업무는 부서단위의 활동에서 점차 전략적이며 모든 부문을 망라한 주문충족(Cross-functional Order Fulfillment) 프로세스로 급격히 전환되고 있다. 고객주문관리 프로세스를 수행하면서 수반되는 고객서비스 부서와 유관 부서 사이의 중요한 상호작용들을 대해서는 고객주문관리 프로세스를 설명하면서 보다 상세히 설명하기로 한다.

(3) 고객주문관리의 글로벌 이슈

한편 고객주문관리 업무는 점차 지역에서 글로벌로 영역이 확장되고 있는데, 이에 따라 다양한 이슈들이 제기된다. 고객주문관리에 영향을 미치는 글로벌 이슈들에 대하여 정리해 보면 다음과 같다.

① 복수화폐(Multiple Currencies)

글로벌 비즈니스에서 복수화폐는 필수적으로 수반되는 조건이다. 복수화폐의 사용은

변동되는 환률로 그 사이의 교환 가치가 결정된다. 이에 따라 제품의 가격이나 운송가격, 미수금 잔액 등 다양한 금액 가치에 영향을 미치게 된다.

② 복수언어(Multiple Languages) 사용

다양한 언어로 의사소통하는 능력이 점차 필수 요소가 되고 있다. 또한 송장 작성이나 B/L 작성 등 비즈니스와 관련된 다양한 문서가 복수언어로 작성될 필요성이 생기게 되었다.

③ 수출 서류(Export Documentation), 세관 검사(Customs Inspection), 관세(Duties)

국가 간 거래에 필연적으로 발생하는 요소로 선적시간이나 운송 시간, 접근 방식, 가격 기입 등 여러 가지 문제가 수반된다.

④ 세금(Taxes)

세금의 비율이나 구조가 다르다. 우리나라의 경우도 10% 부가세, 영세, 면세 등으로 다양한 체계가 있지만, 미국의 경우는 주별로 부가세 산정 기준이 다르며, 캐나다의 GST(Goods and Services Tax) 구조와 유럽의 VAT 구조는 다르다.

⑤ 표준 시간대의 차이(Time Zone Difference)

24/7(1일 24시간, 1주일 7일)의 시스템은 전 세계에 통용되는 구조라고 판단할 수 있지만(실제로는 예외적으로 24/7 시스템이 적용되지 않는 나라도 존재한다), 국가 간의 표준 시간대에 차이가 있으므로 날짜와 시간이 지역에 따라 달라진다.

⑥ 교통 기반시설(Transportation Infrastructure)

개발도상국이나 미개발 지역의 경우는 선택할 수 있는 교통수단이 한정되어 있어, 운송시간이 길어지는 결과가 발생할 수도 있다.

⑦ 통신 기반시설(Telecommunication Infrastructure)

주문관리에 사용되는 EDI, Fax, 전보, 전화, 인터넷이니 기타 정보 기술들의 활용이 개발도상국이나 미개발 지역에서는 제한될 수 있다.

⑧ 법률 및 규제 문제(Legal and Regulatory Issues)

제품 시장, 품질, 제품 구성, 서비스 계약, 보증, 호환성, 매각 등의 광범위한 요소에 영향을 미치게 된다.

다. 고객주문관리의 전략 및 전술적 접근

(1) 전략적 고려 사항

고객주문관리 전략 수립에는 다음과 같은 여러 가지 사항들에 대한 고려가 필요하다.

① 고객 서비스 수준

주문충족률과 주문충족속도는 고객 우선순위, 원가, 경쟁압력 등에 따라 결정된다. 선정된 고객서비스 수준은 아래에 언급하게 될 주문충족 전략의 선정에 반영되어 영향을 미치게 된다.

② 목표 시장의 서비스 제공 방법

카탈로그, 우편 주문, 인터넷 주문, 전화 주문, EDI 주문 등 다양한 의사소통 방법 및 주문 취합 방법을 고려해 볼 수 있다. 선정된 방법에 따라 고객서비스 범위나 요구되는 기술적 기반 수준이 달라진다.

③ 판매 채널

채널전략은 고객서비스 수준 결정에 영향을 미치게 된다. 예를 들어 대부분의 판매가 유통업체를 통해 이루어진다면, 주문량은 줄어들기 쉽다.

④ 서비스 제공 주체

설치나 A/S는 회사가 직접 수행할 수도 있지만, 유통업체나 제3의 재판매회사에 외주 업무로 수행될 수도 있다.

⑤ 주문충족 전략

MTS(Make to Stock) 전략을 선택할 것인지 MTO(Make to Order) 전략을 선택할 것인지를 우선 결정해야 한다. MTS 전략을 선정한 기업은 수요예측의 정확성, 보충 리

드타임, 제품의 재발주점 등에 영향을 크게 받게 된다. 반면 MTO 전략을 선정한 기업은 수요예측보다는 실제 주문에 따라 움직이게 되는 반면 대응성이 훨씬 중요해 질 것이다.

(2) 전술적 고려 사항

고객주문관리 계획에 있어 고려해야 할 전술적인 사항들은 아래와 같다.

① 수요예측 수행 및 수요계획 수립

수요계획 수립 프로세스에서 고객서비스 부문에서는 실제 수요 정보(고객 주문)를 제공하는 역할을 수행하게 된다. 고객주문이 접수되면 고객서비스 부문에서는 수요예측 정보를 소비[2]하게 된다. 수요예측 정보와 실제 접수된 주문을 적당히 결합하여 보다 정확한 수요예측 정보를 만들어서 운영계획 수립에 반영하게 된다.

② 가격, 재고 할당, 반품, 할인, 운임율 및 보증 정책 및 수행 절차

비슷한 고객들 간의 가격, 할인 등의 판매 조건의 일관된 적용은 법적인 요구 사항이기도 하다. 이러한 내용들이 유기적으로 잘 반영된 정책들을 보유하게 되면 고객서비스를 증대하며 고객서비스부서의 효율이 증가될 것이다.

③ 관세 환급, 적정 운임, 운송가격, 환율 설정 계획 수립

이러한 항목들은 실제 운영환경에서 직접적으로 영향을 미치는 요소들이다. 적절한 계획 수립과 변동에 대한 예측은 성공적인 운영에 매우 중요하다.

④ 적절한 현장 서비스 계획 수립

인력계획이나 기반구조 계획, 예비 부품 공급 계획은 원활한 A/S 제공에 필수적 요소이다.

(3) 수요예측과 고객 주문정보의 통합

통합공급망계획 편에서 잠시 언급한 바와 같이 미래의 수요를 예측한 수요예측 정보는 시간이 지남에 따라 실제 고객 주문으로 대체되게 된다. 그러나 고객 주문이 완전히 확

---

2) 최초 수요예측을 수행했던 대상 기간이 시간이 지남에 따라 수요 예측량이 실제 고객 수요로 대체되게 된다. 수요예측 수량과 실제 고객 주문 수량이 달라지면, 생산계획은 무엇을 대상으로 수립해야 하는가? 이런 문제를 해결하기 위한 로직은 Consumption이라고 한다.

정되기 이전에는 수요예측 정보과 고객 주문 정보가 공존하게 되는데, 이때의 운영 계획 수립은 어느 정도의 수량을 기준으로 할 것인가가 매우 중요하게 된다. 여기에서는 수요예측과 실제 주문을 결합하는 과정인 Consumption과 실제 수요가 수요예측을 지속적으로 밑돌고 있을 때의 의사결정을 위한 Pro-Ration에 대하여 살펴보도록 한다.

① Consumption Rule

다음의 〈표 12-1〉과 같이 수요예측 대상 구간에서 수요예측과 고객 주문정보가 접수되었다고 하자.

▮표 12-1▮ MPS 계산

Week	1	2	3	4	5	6
Forecast	100	100	100	100	100	100
Customer Orders	90	70	50	110	0	0
방법 1에 따른 MPS	190	170	150	210	100	100
방법 2에 따른 MPS	90	70	50	110	100	100
방법 3에 따른 MPS	90	70	100	100	100	100
방법 4에 따른 MPS	100	100	100	100	100	100
방법 5에 따른 MPS	90	70	100	110	100	100
방법 6에 따른 MPS	90	70	140	100	100	100

← Frozen 구간 → ← Slushy 구간 → ← Liquid 구간 →

단, Forecast, Customer Order(상기 표의 값 참조)
Demand Time Fence: 2주까지(Frozen 구간)
Planning Time Fence: 4주까지(Slushy 구간)

이때 Demand Time Fence와 Planning Time Fence 내의 MPS값은 얼마가 될 것인가? 이 값을 결정하는 방법이 바로 Consumption Rule이 된다. 실제 우리가 사용할 수 있는 Consumption Rule은 다음과 같다.

- **방법 1**: Consumption을 수행하지 않음
  이 방법은 Consumption을 수행하지 않는 방법으로, MTO 방식으로 산정하는 수량과 MTS 방식으로 산정하는 수량을 별개로 운영하는 방식이다. 예를 들어 전자의 경우는 일반적인 판매에 생산하는 품목을 대상으로하고, 후자의 경우는 A/S 등의 수요를 산정하는 등의 별도의 방법으로 MPS 생산량을 취합하게 된다.
- **방법 2**: 계획구간에서 수요예측정보 대신 고객주문을 사용
  Demand Time Fence(Frozen 구간)이나 Planning Time Fence(Slushy 구간) 내

에서는 고객주문만을 사용한다. 이런 방법은 주로 MTO 방식의 품목에 적용된다.

- **방법 3: 확정구간은 고객주문, 이후에는 수요예측 정보를 사용**
  고객주문이 완전히 확정된 Demand Time Fence (Frozen 구간)에서는 고객주문을 사용하고, 그 이후 기간에서는 수요예측 정보를 활용하는 방법이다. MTO 방식의 품목에서 적용하되, 고객이 허용하는 납기 리드타임이 비교적 짧을 때 주로 적용된다.
- **방법 4: 계획구간 내에서 수요예측 정보를 사용**
  고객의 주문은 참조 정보로만 사용되는 MTS 방식의 품목에 주로 적용된다. 이 방법은 모든 구간에서 수요예측 정보만을 사용한다.
- **방법 5: 계획구간에서 수요예측과 고객주문 중 큰 값을 사용**
  고객주문이 확정된 Demand Time Fence 내에서는 고객 주문을 사용하며, 고객주문이 완전히 확정되지 않아 추후 추가 주문 발생의 여지가 있는 Planning Time Fence에서는 고객주문과 수요예측 중 큰 값을 사용하는 방법으로, 일반적으로 이 방법이 가장 널리 사용된다.
- **방법 6: 고객주문을 사용하되, 차이를 다음 구간으로 이월**
  자주 사용되는 방법은 아니지만, Demand Time Fence에서는 고객주문을 사용하되, Demand Time Fence내의 수요예측과 실제주문의 차이를 Planning Time Fence의 주문량에 더하여 관리하는 방법이다.

이상의 방법을 이해하기 쉽게 하나의 표로 정리해 보면 다음과 같다.

표 12-2 Consumption Rules

	Frozen 구간	Slushy 구간	Liquid 기간
방법 1	고객주문 +수요예측	고객주문+수요예측	고객주문 +수요예측
방법 2	고객주문	고객주문	수요예측
방법 3	고객주문	수요예측	수요예측
방법 4	수요예측	수요예측	수요예측
방법 5	고객주문	고객주문과 수요예측 중 큰 값	수요예측
방법 6	고객주문	수요예측 + 이전 구간의 (수요예측 - 고객주문)	

② Pro-Ration

위의 Consumption Rule이 정해진 수요예측에 대한 고객주문 활용방법이라고 하면, 여기서 설명하고자 하는 Pro-Ration은 수요예측을 결정하는 방법이다. 과거 기간 동안 실제 판매량이 수요예측을 밑돌아 다음 그래프와 같은 상황에 이르렀다고 가정해 보자.

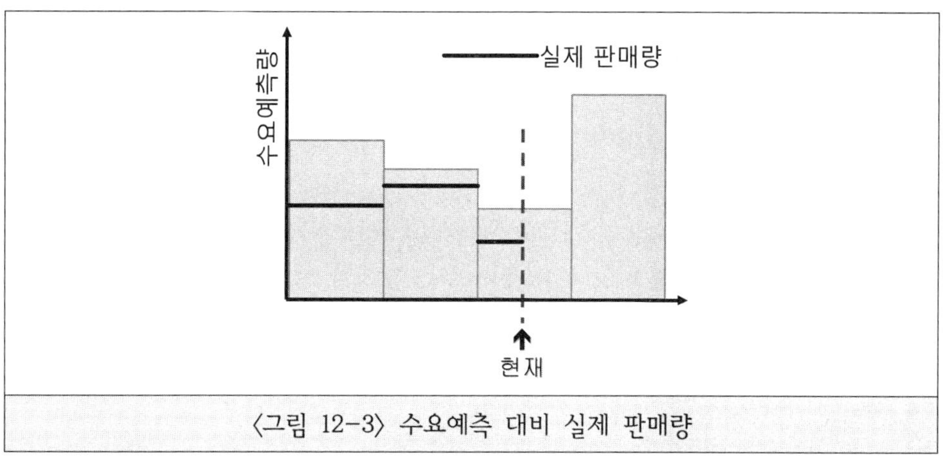

〈그림 12-3〉 수요예측 대비 실제 판매량

이때 현재 이후의 수요예측은 어떻게 수정하는 것이 좋을까? 앞으로 실제 판매량이 회복되어 원래의 수요예측을 모두 만회할 것으로 예측할 수도 있으며, 현재 판매 수준에 맞추어 수요예측을 전면 수정해야 할 수도 있을 것이다. 이때 우리가 생각해 볼 수 있는 대안은 다음의 3가지로 정리해 볼 수 있을 것이다.

- **방법** 1: 현재 추세가 지속될 것으로 예측(Pro-rate by time)
  고객주문이 수요예측 수준으로 만회될 가능성이 없을 것으로 판단하여, 향후 수요예측을 현재까지의 실제 수요로 전면 수정하는 방법
- **방법** 2: 수요예측이 결국은 맞을 것으로 예측(Pro-rate by demand to date)
  지금까지는 고객의 실제수요가 수요예측보다 낮았으나, 추후 회복되어 수요예측 수준을 종국에는 회복할 것이라 판단하여 이전의 판매량 차이를 추후 기간에 반영하는 방법. 결과적으로 전체 기간의 목표량은 변함없음
- **방법** 3: 위 방법 1과 방법 2를 결합하는 방법
  지금까지는 수요예측보다 실제 수요가 낮았으나, 이후 기간에는 수요예측을 회복할 것으로 보는 방법으로 이후 수요예측을 수정하지 않는 방법

이상의 방법을 이해하기 쉽게 그래프로 정리해 보면 다음과 같다.

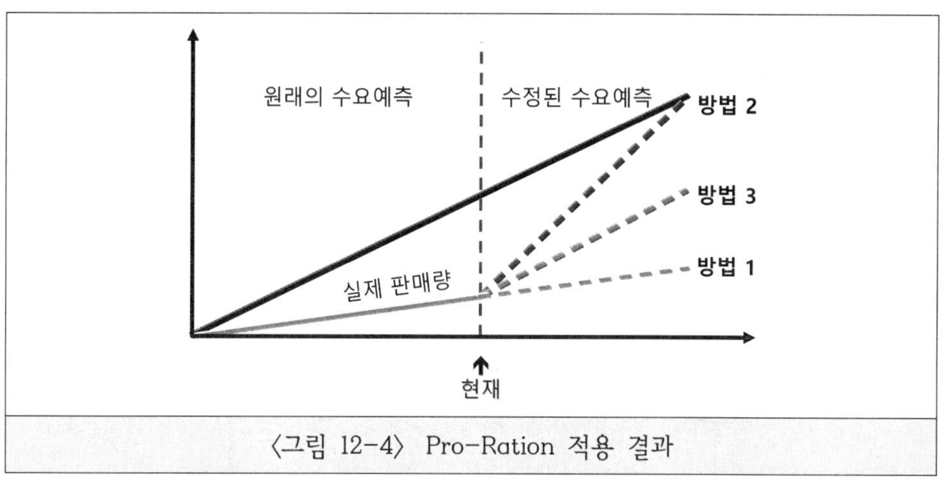

〈그림 12-4〉 Pro-Ration 적용 결과

12.2 주문충족(Order Fulfillment) 프로세스

가. 주문충족 프로세스의 개요

1995년 미국 기업을 대상으로 수행한 한 조사에 따르면, 응답자의 가장 높은 비율인 11%가 해당 기업의 비즈니스 프로세스 중 재설계 대상 업무로 주문충족 업무를 꼽았다[3]. 주문충족 프로세스는 제품에 대한 고객의 문의나 주문에서 시작하여, 해당되는 제품을 고객에게 배송하는 것으로 끝나는 과정의 모든 업무활동을 포함하고 있다. 따라서 고객주문충족 프로세스는 고객서비스 부문이외에도 보관, 수송 및 미지급금 관리 등의 다른 부문의 업무도 포함된다고 할 수 있다.

주문충족의 속도나 정확성으로 경쟁하는 기업의 경우에는 주문충족 업무는 전략적 활동이 되기도 한다. 이러한 기업의 극단적인 사례는 Federal Express와 UPS 같은 물류서비스 공급업체가 될 것이다. 제조업체의 경우에도 경쟁에서 살아남기 위해 많은 도/소매업체로부터 짧은 주문 주기를 충족시킬 것을 요구받거나 계절 수요가 급격히 증가하는 경우의 기업들도 찾아 볼 수 있다. 그 외의 기업의 경우에는 주문충족 프로세스가 원가나 일관성 혹은 정확성 보다는 시간이 중요한 요소가 아니라고 보는 경향이 있다. 그러

3) Champy, J., Re-engineering Management-the Mandate for New Leadership, Harper Business, 1995.

나 앞에서 중요한 요소라고 언급한 원가 절감이나 신뢰성 향상 및 예측가능성의 확보를 위해서라도 오류 제거나 비부가가치 업무를 제거하는 것이 필요하다.

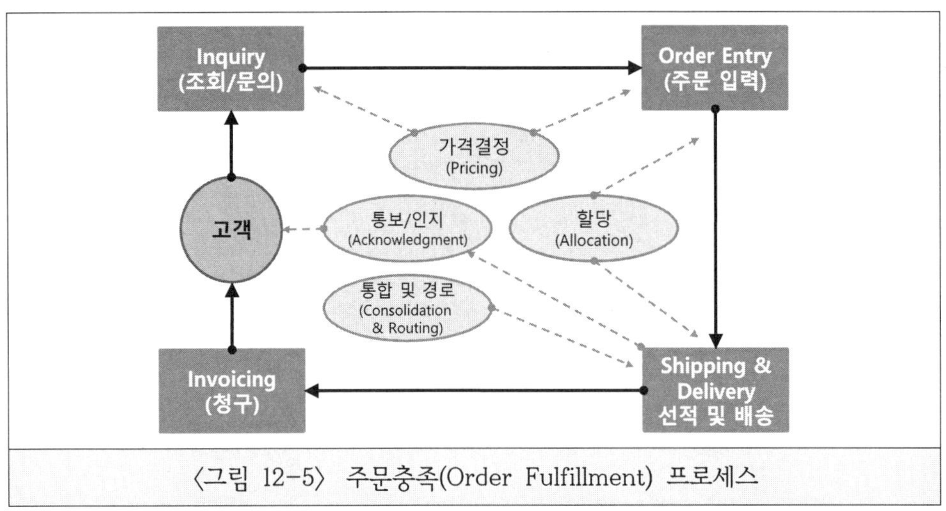

〈그림 12-5〉 주문충족(Order Fulfillment) 프로세스

나. 주문충족 프로세스의 단위 업무

(1) 주문조회 및 문의

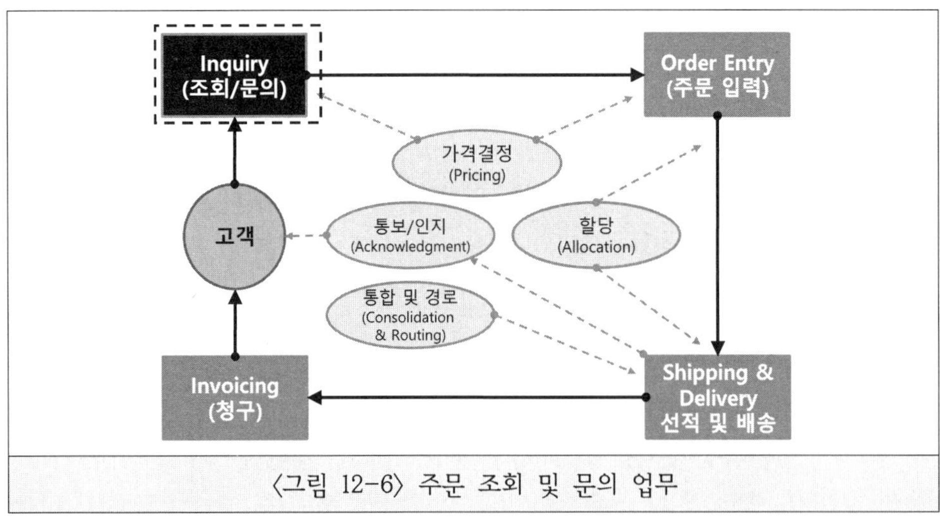

〈그림 12-6〉 주문 조회 및 문의 업무

고객들이 고객서비스 부문에 문의하는 내용은 보증문제를 비롯해서, 제품 가용성, 기술적 문의, 제품 라인, 가격, 반품 정책, 서비스, 주문 상태, 계좌상태 등 매우 다양하다.

따라서 고객서비스 부문이 이러한 질문들을 설명할 수 있도록 시스템이나 인력을 보유하는 것은 매우 중요한 문제가 될 것이다. 고객이 문의하는 내용을 개략적으로 정리해 보면 다음의 3가지로 나누어 볼 수 있다.

- 기술적 문의나 제품 라인 혹은 서비스에 대한 문의
  이러한 문의는 일반적으로 기술적으로 훈련되거나 숙련된 특정 인력에 의해 다루어지게 된다.
- 보증, 반품정책이나 가격정책
  웹 페이지나 정기적인 DM[4]이나 카탈로그 등을 통하여 제공한다.
- 계정상태, 주문상태, 신용한도, 제품 가용성, 유통 옵션, 할인, 운임료
  인터넷을 통해 제공되거나 고객서비스부서에 직접 연락해서 알아 볼 수 있다.

(2) 주문 입력

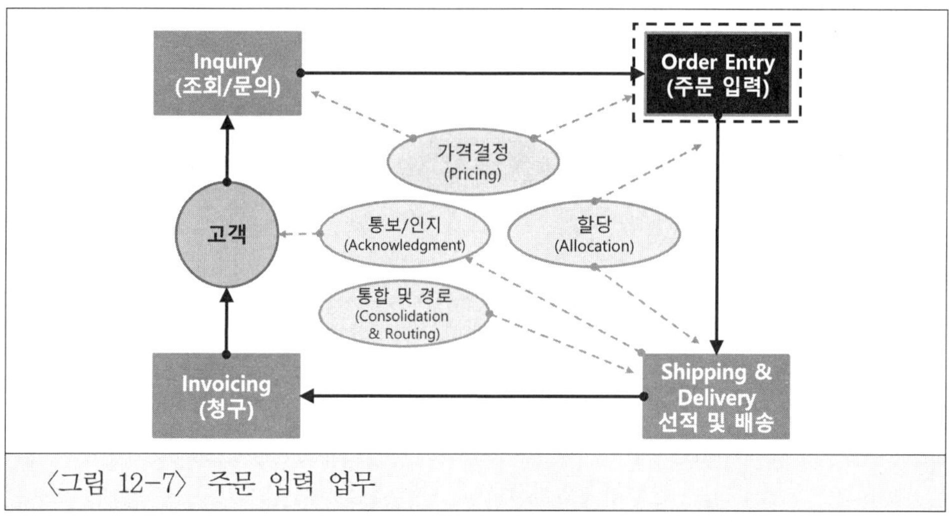

〈그림 12-7〉 주문 입력 업무

주문 입력은 고객이 주문을 전송했을 때 시작되어 주문 정보가 판매자에 의해 정확히 접수되어 기록되었을 때 종료된다. 주문등록에 소요되는 시간은 우편의 경우 수 일에서, 전화의 경우 수 분, EDI를 사용하는 경우에는 실시간이 걸리는 등 매우 다양하다. 실제 기업의 경우를 살펴보면, 주문등록과 관련된 시스템이나 프로세스를 개선할 경우 고객주문관리 사이클 전반의 길이나 변동성을 눈에 띄게 절감시키는 효과를 확인할 수 있다.

일반 제조업의 경우 가장 일반적이고 널리 사용되는 주문 전송 수단은 바로 전화이다. 전화를 이렇게 선호하는 이유는 무료전화를 사용할 수 있다거나, 사용하기가 쉽다는 점

4) DM: Direct Markting

때문이다. 또한 많은 기업들이 공식적인 텔레마케팅 프로그램(경우에 따라 고객서비스 프로그램이라고도 한다)을 통해 고객주문을 유도하기 때문이기도 하다.

다음으로 많이 사용되는 주문 전송수단은 바로 EDI일 것이다. 또한 이 방법의 적용 빈도가 점차 증가하고 있다. 구매자와 판매자를 컴퓨터로 연결하는 방법의 유용성 때문에, EDI 외에도 다양한 컴퓨터 활용 방법이 적용되고 있다. 현재 광범위하게 사용되는 XML(eXtensible Markup Language) 등의 기술도 보안문제가 조금 더 보완된다면, 유용하게 사용될 수 있을 것으로 예상된다.

현재 가장 급격히 사용빈도가 증가하고 각광받는 매체는 인터넷이다. 많은 기업들이 카탈로그를 인터넷에 올려놓고 있으며, 인터넷을 통하여 고객들이 직접 주문을 등록하고, 선적을 추적하며, 주문 상태를 웹상에서 확인할 수 있도록 해 놓고 있다. 인터넷의 비용 효용성과 글로벌 접근성 때문에 가장 급격히 증가하고 있다.

(3) 가격 결정

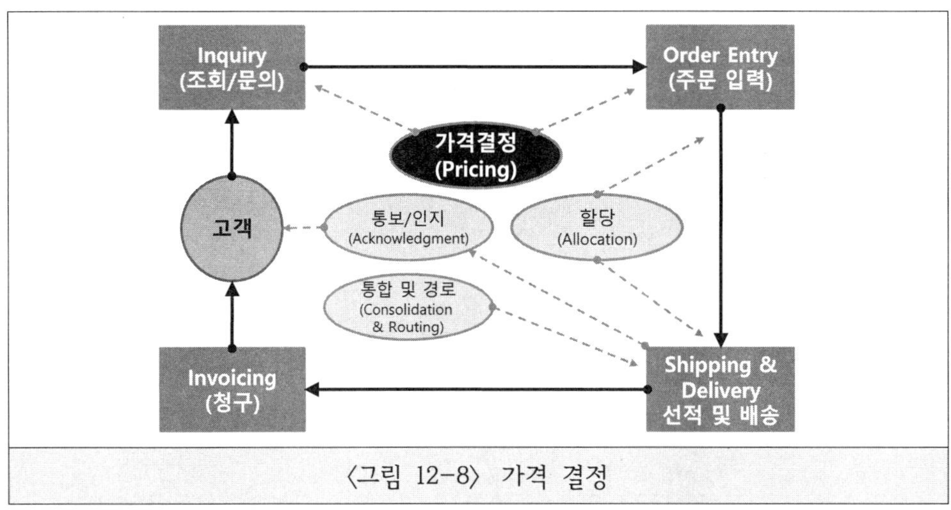

〈그림 12-8〉 가격 결정

가격 결정은 전자 카탈로그나 문서로 작성되는 카탈로그에 가격을 기입하는 일상적인 업무일 수도 있다. 소량 주문이나 비정규 고객으로부터의 주문에 대응하는 경우라면 이런 현상이 일반적이라고 할 수도 있다. 그렇지만 가격 결정은 다양한 요소들에 의해 종종 복잡한 업무가 될 수도 있다.

① 가격 파괴점(Price Break Points)

일정량 이상의 주문을 할 경우 가격이 하락됨

② 서비스 비용(Cost of Service)

공급업체 입장에서 볼 때, 대량의 주문을 하는 고객이 실질적으로 서비스 비용을 줄일 수 있는 효율적인 입하/입고 프로세스를 보유하고 있는 등의 혜택이 있다면 추가 할인을 제공할 수도 있을 것이다.

③ 기타 환율변동, 세금, 관세 등

또한 이러한 근본적인 문제 이외에도 프로모션이나 각종 비용들에 따라 더욱 복잡해질 수도 있는데, 부가적으로 발생될 수 있는 고려 요소를 나열해 보면 다음과 같이 정리할 수 있다.

- 대량 구매 시 할인이나 덤 제공
- 각종 프로모션이나 협정
- 1+1 행사
- 광고 인센티브
- 할인
- 기타 추가 요금(특수라벨 부착, 특별 포장, 특별 팔레트 구성 등)

이와 같이 많은 요소들이 연관되어 있기 때문에, 가장 최근의 가격을 전자 카탈로그나 문서 카탈로그에 항상 적용하거나 유지하는 것은 매우 어려운 일이 된다. 광범위하고 다양한 프로모션 내용을 반영하거나, 동일 품목에 대한 고객별 협정 결과에 따라 다른 가격을 반영하는 등의 업무를 원활히 수행하기 위해서는 시스템의 지원이 필요하게 된다.

(4) 재고 예약 및 할당

고객의 주문을 등록하게고 나면 고객주문관리 업무의 다음 단계는 해당 주문에 대하여 공급할 수 있는지 여부를 확인하는 일이 될 것이다. 이러한 행위를 재고 가용성 확인 혹은 주문 확정(Order Promising)이라고 하는데, 앞의 공급망 계획 부문에서 다루어 본 바와 같이 가용성 확인은 주로 ATP(Available to Promise)와 CTP(Capable to Promise)로 나눌 수 있다. 전자의 경우는 기업 내부의 자원을 대상으로 공급 가능 여부를 판단하며, 후자의 경우는 공급업체 등의 외부 자원의 경우도 포함하여 가용성을 확인하는 것이라 설명한 바 있다.

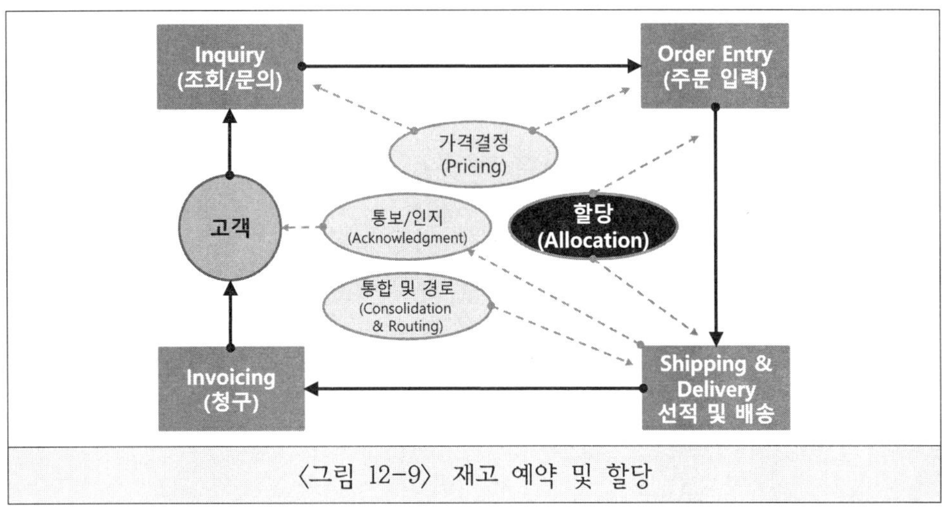

〈그림 12-9〉 재고 예약 및 할당

ATP 확인은 회사의 완제품 재고 중 아직 고객이 예약(Reservation)하거나 고객에게 할당(Allocation)되지 않은 양에다가 향후 계획된 생산일정을 감안할 때 납기 요청일 이전에 생산이 완료되는 완제품의 양을 감안하여 공급 가능 여부를 확인하는 작업을 말한다. 여기에서 재고의 예약이나 할당은 앞에서 설명한 바와 같이 현재 회사가 보유한 재고나 생산 계획상의 예상재고를 대상으로 주문에 해당 품목을 지정하는 행위를 말한다. 일반적으로 할당(Allocation) 방법은 3가지로 구분해 볼 수 있다.

① Soft Allocation(가상 할당)

이 방법은 할당 방법 중 가장 단순한 방법으로 고객이 요구하는 품목의 재고나 생산 계획상의 예상 재고가 고객의 배송 요청일자에 재고로 충분히 준비될 수 있는 지를 계산해 보고, 이를 기준으로 주문에 재고를 할당하는 방법이다. 대부분의 기업의 경우 해당 일자의 가용 예상 재고 이상의 할당을 하지 않는다. 이 방법을 적용하게 되면, 고객의 우선순위에 따른 임의 할당이나, 생산 현장의 로트 단위의 재고 할당이 불가능해 지는 단점이 있다.

② Allocation or True Allocation(실제 할당)

비율이나 고객 우선순위 등 다양한 기준을 적용하여 할당량을 정의하는 방법이다. 이러한 방법은 고객 수요에 비하여 공급 능력이 불충분할 경우에 적용하게 된다. 가장 흔한 사례가 반도체 업계에서 발생하는데, 반도체 칩의 수율이 불확실하여 이러한 방법을 적용하곤 한다.

③ Hard Allocation(강제 할당)

특수 주문품이나 고객 주문에 로트단위로 제품을 생산하는 기업에 경우 주로 사용되는 방법이다. 이 방법은 고객 주문 품목에 특수한 속성이 부가되는 화학업체에 주로 적용되는데, 고객이 주문한 사양을 충족하거나 근접할 때까지 공급업체 입장에서 해당 품목이나 로트를 보관하고자 할 때 적용되기도 한다.

(5) 주문 승인

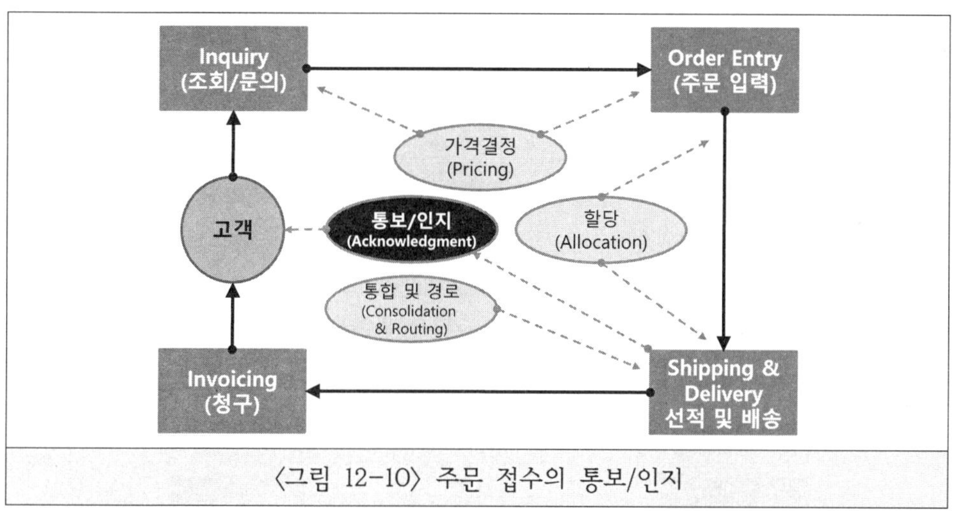

〈그림 12-10〉 주문 접수의 통보/인지

이 프로세스는 판매실적을 기록하고, 주문 정보를 재고 관련 부분으로 전달하며, 선적서류를 준비하는 업무로 구성된다. 간혹 이 과정에서 고객의 신용한도 확인 이루어지기도 한다. 또한 구매자에게 해당 주문의 수량이나 가격 및 배송 일자 등의 정보를 Fax, EDI나 우편 등의 방법으로 공지하는 업무가 포함되기도 한다. 만약 제품의 가용성에 문제가 생겨 일정이 바뀔 경우, 이 과정은 재 시행되어야 할 것이다.

(6) 발송과 선적의 통합

경로 설정과 화물의 통합 계획은 일반적으로 수송이나 운송 팀에서 수행하는 업무이다. 경로설정과 통합계획 수립 프로세스는 6장에서 언급된 다양한 문제를 간의 균형을 감안하여 수행되어야 한다. 경로설정과 통합계획 수립에서 감안해야 할 요소들은 고객서비스, 속도, 비용, 안정성이나 추적성 등이 있으며, 이러한 요소들은 운송수단의 선택이나, 운송업체의 선택 혹은 선적 일자 결정에도 영향을 미치게 된다.

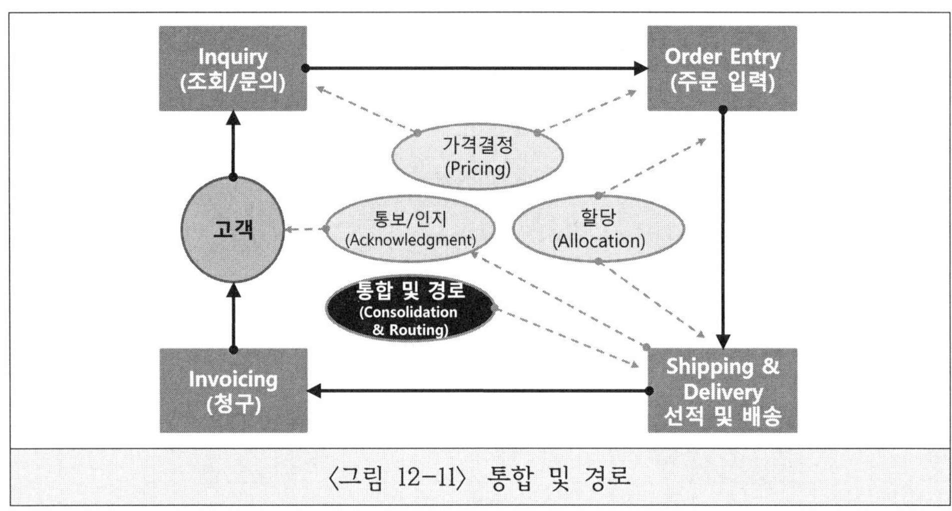

〈그림 12-11〉 통합 및 경로

(7) 선적 및 배송

선적(Shipping)은 대기(Staging), 화물 통합/흔적(Consolidation), 선적을 위한 하역 작업등의 단위 업무로 구성된다. 선적인(Shipper)은 물건을 보내는 주체라는 의미이지 화물의 운송사(Transporter)가 아니다. 이는 현장에서 흔히 혼동하는 개념 중의 하나이다.

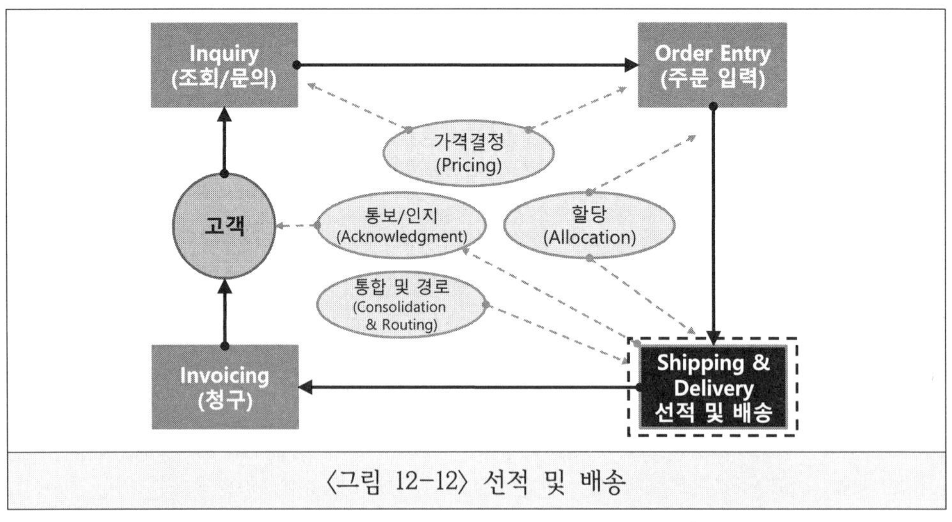

〈그림 12-12〉 선적 및 배송

선적에 수반되는 문서에는 주로 다음과 같은 것들이 있다.

① **불출 명세(Pick list)**

품목 설명, 수량, 불출일자, 창고 내 보관위치, 선적 대기/통합/하역 창고나 물류센터 등의 목적지 정보 등의 정보가 기입되어 있다.

② **포장 작업 전표(Packing Slip)**

선적되는 모든 품목의 수량이나 설명이 기입된 리스트로 해당 주문 중 어떤 품목이 선적에 포함되지 않는지를 알려주는 역할을 한다.

③ **선하증권(B/L: Bill of Lading)**

일반적으로 불출명세 (Pick List) 만큼 상세하지는 않으나, 선적인과 운송자 사이의 법적 문서로 무엇이 선적되었으며, 언제 도착할지 등의 정보가 포함되어 있다.

④ **사전선적통지(ASN: Advanced shipment notice)**

사전선적통지는 팩스나 EDI를 통해서 선적품목, 선적 수량, 도착 예정일시, 컨테이너 번호 등의 정보를 선적 후 고객의 수취 이전에 전달하는 것이다.

여러 국가를 경유하는 경우에는 선적에 수반되는 문서가 더 복잡해진다.

(8) 대금 청구 및 송장 발행

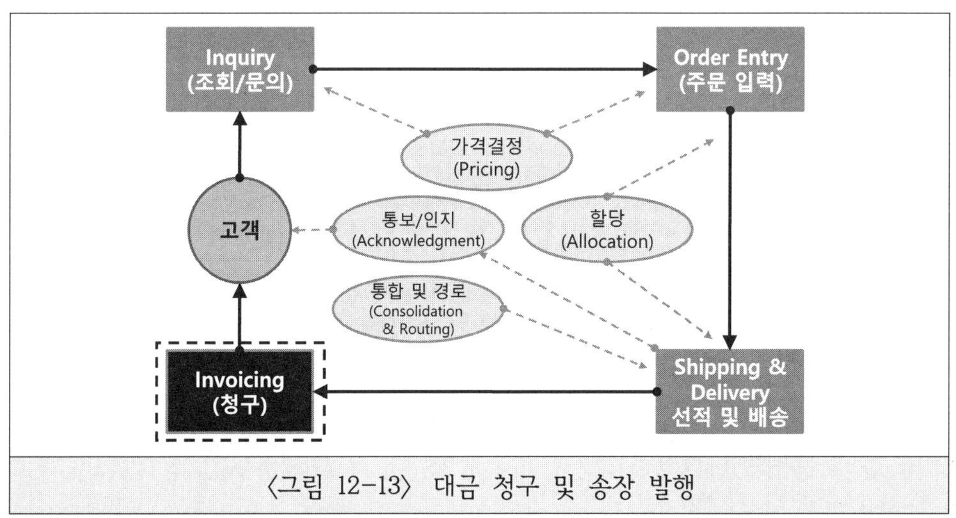

〈그림 12-13〉 대금 청구 및 송장 발행

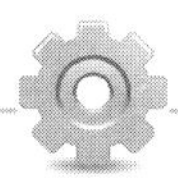

고객에게 송장(Invoice)을 발행하여 대금을 청구하는 방법에는 여러 가지가 있다. 다음의 내용을 살펴보자.

- 주문 당
- 배송 당
- 통계적 거래 기반(유틸리티 산업군의 평균 사용량 기반 청구 등)
- 합계 기반(월할 세금계산서 발행 등)
- 승인된 입고, 검증된 입고 기반 단위 지불
- 사용량 기반(전기/전화 요금, 위탁창고의 사용량 등)

송장(Invoice)의 정확성은 거의 모든 회사에서 매우 중요한 문제이다. 특히나 다수의 제품 라인이 동일 청구서에 기입되거나 다양한 가격체계나 프로모션이 적용된 경우에는 더욱 중요하게 된다. 대부분의 고객이 부정확한 청구서가 많은 낭비를 초래하기 때문에(시간이나 노력 등), 대금청구의 정확성을 요구하고 있다. 실제로 공급자 입장에서는 송장 불일치 문제가 커지든 그렇지 않든 간에, 송장 불일치 문제를 해결하는데 소요되는 비용이 점차 커지고 있다.

(9) 반품

반품이란 일반적인 공급망의 흐름과 역행하는 상품 흐름의 한 예이다. 이와 같이 공급망의 흐름과 역행하는 상품 흐름을 역물류(Reverse Logistics)라고 하며, 공급망 설계에 반드시 고려해야 할 요소이기도 하다. 일반적으로 반품은 배송된 제품의 포장을 해체하지 않았거나 소유권을 이전하기 전에 가능한데, 후자의 경우 전화나 다른 형태의 연락을 선행 한 후 유통업체나 제조업체에 반품하게 된다.

반품에는 여러 가지 이유가 있을 수 있다. 손상되거나 결함이 있는 제품이거나 잘못된 제품이나 자재가 배송되었을 경우처럼 명백한 경우도 있지만, 일부 제조업체의 경우에는 판매되지 않은 품목에 반품을 허용한 정책상의 이유 때문에 반품이 발생하기도 한다. 컴팩의 경우는 판매되지 않은 품목 중 일정 비율을 반품할 수 있도록 허용하고 있다.

반품은 마케팅 전략의 일환으로 활용될 수도 있는데, 경쟁사 제품을 소매업체나 유통업체의 창고나 선반에서 철수시키기 위한 계약의 일환으로 적용되기도 한다. 이러한 경우 반품된 제품을 또 다른 시장에 재판매하기 이하여 제3의 업체에 파는 경우도 있다. 일반적으로 적용되는 반품 승인(RMA: Return Material Authorization) 후 처리 방식은 다음과 같은 것들이 있다.

- RMA with Refund(반품금액 만큼을 환불해 주는 경우)
- RMA with Product Replacement(다른 제품으로 교환하는 경우)
- RMA with Credit Replacement(신용 사용한도를 회복시키는 경우)

(10) 판매 후 서비스(Post-sale Service)

판매 후 서비스는 설치 지원이나 정기적인 고객사 방문 유지보수, 문제에 대한 헬프데스크 (Help Desk)의 전화 대응 등을 포함하는 광범위한 프로세스이다. 대부분의 기업들이 기업내부에 자체의 판매 후 서비스 직원을 보유하기도 하지만, 최근에는 다음과 같은 보다 비용 효율이 뛰어난 대안들을 선택하기도 한다.

① 제 3의 재판매 업체(Third Party Resellers) 활용

컴퓨터 소프트웨어 산업의 경우 판매와 판매 후 서비스를 외주 처리하는 사례가 가장 흔히 발견된다.

② 유통업체(Distributors) 활용

판매 후 서비스 공급업체로 인정된 유통업체를 활용하는 방안이다. 이러한 유통업체의 경우는 별도의 헬프데스크(Help Desk)를 보유하고 있어, 고객에게 다가가서 진단하고 수리하며, 반품되는 제품을 회수하는 일련의 제공할 수 있도록 하는 방안이다. 즉, 인증된 판매 후 서비스 공급업체가 고객이 제품을 보유한 자리에서 수리하거나 반품 처리 시설로 보낼지 여부를 문의하는 방법이다.

판매 후 서비스는 설치 요구에 대응하거나, 수익 창출, 고객의 설비 가동시간 최대화, 시장 정보 수집, 내부 R&D 부서의 평가의 지원 수단, 재품 회수를 지원하는 등의 다양한 목적으로 수행되는 매우 중요한 고객주문충족 프로세의 세부 업무이다.

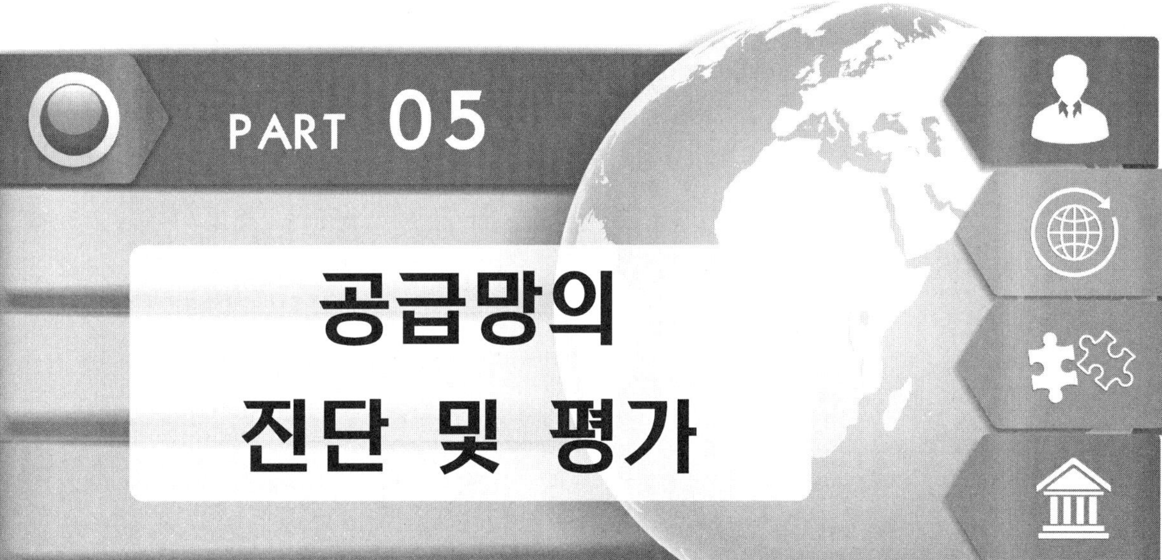
PART 05
공급망의
진단 및 평가

Chapter 13

공급망 성과관리

공급망 관리의 선도적 기업들은 공급망의 우수성을 확보하기 위하여 다양한 방법들을 모색하고 있다. 미국 제조업체 컨소시엄에서는 공급망의 성과 측정을 위하여, 〈그림 13-1〉과 같은 공급망 성과 측정 체계를 정의한 바 있다. 이 측정 체계는 기존의 공급망 성과 측정 지표들이 특정 프로세스에 주목하는 것과는 조금 다르게, 다양한 공급망 프로세스들의 전반적인 관리 수준을 평가하는데 주목하고 있다.

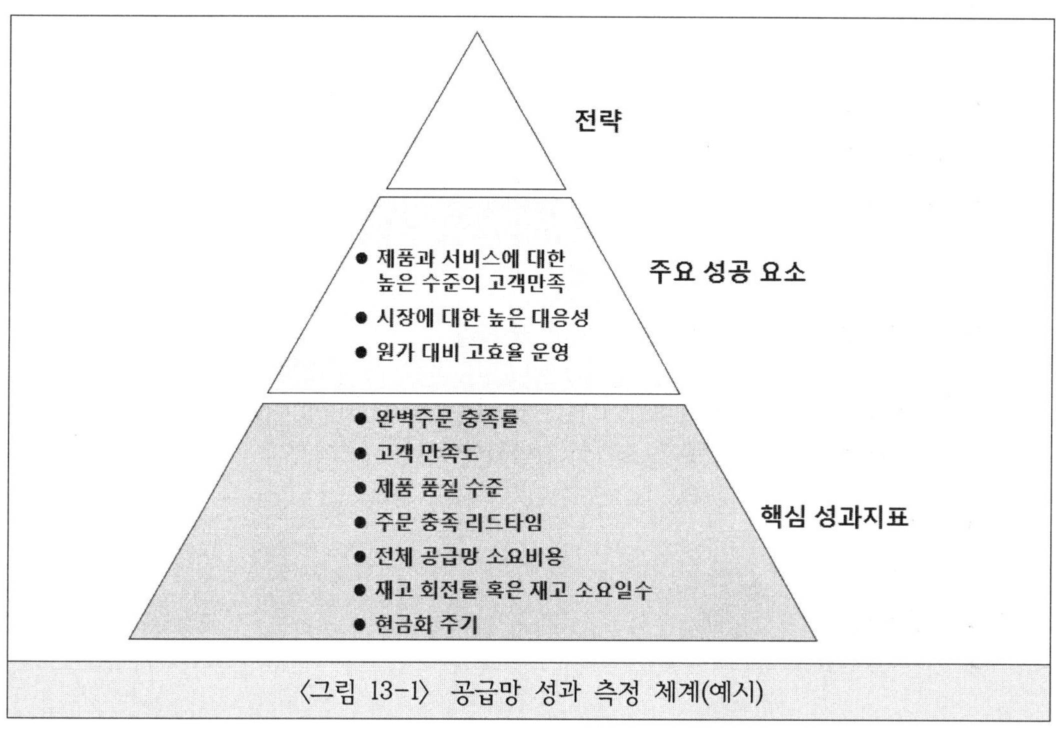

〈그림 13-1〉 공급망 성과 측정 체계(예시)

여기에서 사용된 측정 지표들은 객관적으로 측정 가능한 정량적(quantitative) 지표와 판단이나 주관적 의견에 의존하는 정성 분석(qualitative analysis) 지표의 조합으로 구성되어 있다. 공급망 전반의 성과를 측정하는 지표는 반드시 비즈니스 전략과 일치된 방향에서, 공급망 전략이나 핵심성공요소와 연계되어야 한다.

13.1 공급망 전반의 수행평가

가. 주요 성과 지표의 사례

공급망의 성과 측정은 다양한 관점에서 측정할 수 있다. 또한 해당 기업이 속해 있는 환경에 따라 측정 지표들은 다양하게 개발되고 관리될 수 있다. 공급망 전반의 성과평가를 위해 널리 사용되고 있는 지표는 다음과 같다.

- 완벽주문 충족률
- 총 주문 이행주기 시간
- 고객 만족 수준
- 제품 품질 수준
- 전체 공급망 소요 비용
- 재고회전율
- 현금화 주기

(1) 완벽주문 충족률[1] 혹은 정상오더 충족률

완벽주문 충족률은 고객의 주문에 완벽히 대응한 건수를 관리하고자 측정한다. 완벽주문 충족을 위해서 다음과 같은 요소들이 감안되어야 한다.

- 선적완료
- 정시도착
- 파손배제
- 정물일치(情物一致)

$$\text{완벽주문 충족률} = \frac{\text{완벽주문 숫자}}{\text{전체 주문 숫자}}$$

1) 완벽주문 충족률: Perfect Order Fulfillment

(2) 총 주문 이행주기 시간[2](TOFCT)

고객 서비스 수준의 향상을 위해 가장 중요하게 관리되는 지표가 리드타임과 관련된 지표이다. 시장 대응주기 시간(Cycle Time to Market) 이라고도 불리는 이 지표는 고객이나 영업 관점에서 측정되는 지표로 전체 공급망 소요 비용(TSCC: Total Supply Chain Costs)과의 균형을 감안하여야 한다. 예를 들어 주기 시간을 줄이기 위하여 높은 재고 수준을 유지하는 것은 전체 공급망의 비용을 증가시키는 결과를 가져오게 된다.

총 주문 이행 주기 시간은 다음과 같은 요소들이 감안되어야 한다.

- 고객의 신호로부터 주문 입력까지의 시간
- 주문 입력에서 실행까지의 시간
  (주문 입력, 검증, 생산 계획 및 구성품 확인)
- 주문 실행에서 선적 준비 완료까지의 시간
  (자재 확보, 생산 지시 – Release to Manufacturing, Configure, Build or Pick 및 선적 준비)
- 선적에서 고객 수령까지의 시간
  (고객까지의 운송 시간)
- 고객 수령에서 고객 수용(Customer Acceptance)까지의 시간
  (설치, 시운전 등의 수령 이후 소요 시간)

> 총 주문 이행주기 시간(TOFCT)
>
> 고객의 주문 신호로부터 고객 수용을 포함한 납기 완료까지 소요된 실제 리드 타임의 평균(일반적으로 달력 일자[3] 기준으로 관리 됨)

(3) 고객 만족 수준

공급망을 통해 최종적으로 높이고자 하는 지표는 고객만족 수준이라고 할 수 있다. 다만, 고객 만족 수준은 비용 등의 지표와는 달리 명확하게 정량적으로 관리 될 수 없다는

2) 총 주문 이행주기 시간(TOFCT): Total Order Fulfillment Cycle Time
3) 달력일자(Calendar Day):일반적으로 기업의 근무일(Work Day)은 달력상의 일자와는 차이가 있다. 예를 들어 주 5일자 근무 기업의 경우 주당 근무일은 5일이나 달력일자는 7일이다. 성과측정을 위해서는 보통 달력일자와 근무일자가 필요에 따라 사용되는데, 고객관점에서의 평가를 위해서는 보통 달력일자 기준으로 관리되는 경우가 많다.

데 문제가 있다. 이러한 경우 보통 고객 대상으로 설문 조사 등의 방법으로 그 결과를 아래와 같은 5점 척도[4] 혹은 7점 척도로 객관화하여 지표화한다. 고객 만족 수준은 일반적으로 다음과 같은 요소들의 복합 작용에 의해 결정된다고 알려져 있으므로, 고객 만족 수준을 향상시키기 위해서는 다음과 같은 요소들이 감안되어야 한다.

- 주문충족 시간
- 완벽주문 충족률
- 주문상태 및 주문요청에 대한 대응 수준
- 고객주문 변경에 대한 유연성과 대응속도

성과 측정은 보통 다음과 같은 5점 척도를 사용하게 된다.

1점 수용 절대불가	2점 수용 불가	3점 수용할 만함	4점 수용 가능 함	5점 아주 뛰어남

(4) 제품 품질 수준

제품 품질 또한 고객의 만족도에 영향을 미치는 중요한 요소이다. 계수적 혹은 계량적으로 제품 품질 수준을 평가하기 위한 방법은 품질관리나 생산관리 영역에서 다양하게 개발되었다. 여기에서는 고객 관점에서의 기대 수준을 평가하는 방법으로, 이는 수치화하여 명확히 평가하기 어렵다는 단점이 있다. 따라서 앞에서 언급한 고객 만족도 평가 방법과 마찬가지로 설문 조사 등의 방법 등을 통해 5점 척도 혹은 7점 척도의 적용 또한 가능할 것이다.

일반적으로 5점 척도 혹은 7점 척도 등의 설문은 개발할 때는 부정적인 결과를 1점으로 긍정적인 결과를 5점으로 일괄 배치한다. 이는 분석상의 편이성을 높이며, 지표 결과값만으로도 결과 값의 수준을 예측하기 위함이다.

1점 수용 절대불가	2점 수용 불가	3점 수용할 만함	4점 수용 가능 함	5점 아주 뛰어남

4) 주관적 평가를 객관화하는데 매우 유용하며, 거의 유일한 방법으로 주관적 평가를 객관적으로 관리하고자 하는 경우에 일반적으로 사용된다. 다만 평가자에 따라 결과값이 달라 객관화가 어려운 단점이 있으며, 특히나 우리나라의 경우 극단적인 값(1점 혹은 5점 –5점 척도의 경우–이나 7점 –7점 척도의 경우–를 회피하는 경향이 있다고 알려져 있다.

(5) 전체 공급망 소요비용[5](TSCC)

이 지표는 앞에서 언급한 총 주문이행 주기시간(TOFCT)과의 균형을 고려해야 한다. 고객만족을 위하여 총 주문이행 주기시간을 단축하는 것이 매우 중요하지만, 전체 공급망에 소요되는 비용이 지나치게 커진다면 감당할 수 없게 될 것이다. 전체 공급망 소요비용 관리에 감안되어야 할 요소들은 다음과 같다.

- 주문 충족 비용
- (제조 품목의 경우) 자재 획득 및 폐기에 소요되는 비용
- 전체 재고 관리 비용
- 물류에 관련된 재무 활동 및 정보 시스템 비용
- 생산, 노동력 및 초과 재고 비용

$$\text{전체 공급망 소요비용(TSCC)} = \frac{\text{총비용 요소}}{\text{동일기간의 총수익}}$$

(6) 재고회전율(Inventory Turnover)

공급망 관리의 성과가 우수하다는 것은 동일 수준의 고객 서비스를 짧은 리드타임(예: TOCFT) 동안 최소비용(예: TSCC)으로 수행하였음을 의미한다. 일반적으로 제조업 운전비용의 대부분은 재고로 사용되고 있으므로, TSCC에 가장 큰 영향을 미치는 것이 재고수준이라 할 수 있다. 적정재고 수준을 유지하는 것은 재고가 기업 수익성에 미치는 영향을 평가함으로써 판단해 볼 수 있다. 재고관련 비용을 감소시키는 방법으로는 미납 주문의 수 혹은 긴급납기 대응 건수를 줄이거나 시스템에서 진부화된 악성재고를 제거하거나, 예측의 정확성을 향상시키는 등의 방법이 있다. 재고수준의 평가방법은 여러 가지가 있으나, 일반적으로 재고의 이동속도를 평가하는 재고회전율이 가장 효과적이라고 알려져 있다[6]. 재고회전율은 기업 운영을 통하여 재고가 얼마나 신속히 고객에게 이동되었는지를 평가하는 방법으로 기업 운영의 건전성을 함께 보여주는 지표이기 때문이다.

$$\text{재고회전율} = \frac{\text{COGS}^{7)}}{\text{동일기간의 평균재고금액}^{8)}}$$

---

5) 전체 공급망 소요비용(TSCC): Total Supply Chain Costs

6) 재고의 적정성 평가를 위하여 "평균재고 보유일수"나 "공급 소요일수(Days of Supply)"등의 지표가 일반적으로 사용되기도 한다. 공급 소요일수(Days of Supply)는 다음의 현금화주기 지표를 설명하면서 다시 언급하도록 한다.

7) COGS(Cost of Goods Sold)는 매출원가

8) 평균재고금액: 평균 재고 금액은 재고주기에 따라 (기초 재고금액 + 기말 재고금액)/2 혹은(기초재

(7) 현금화 주기[9](CCCT)

이론적으로는 자재를 구매하면서 현금을 사용하고 완제품 판매 후 수금을 통해 현금을 회수하는 데까지 소요된 기간을 말하는데, 이를 실제 지표로 관리하기는 어려움이 많기 때문에 다음과 같은 지표로 전환하여 사용한다.

현금화주기(CCCT)

= 총 공급 소요일수(Total Inventory Days for Supply)
+ 판매 후 미결제일자(Days Sales Outstanding)
- 구매 후 미결제일자(Days payables Outstanding)

총 공급소요 일수(Total Inventory Days for Supply)

$$= \frac{\text{최근 분기의 평균 재고금액} \times 91.25}{\text{최근 분기의 COGS}}$$

판매 후 미결제 일자(Days Sales Outstanding)

$$= \frac{\text{분기 평균 총 미수채권}^{10)}}{\text{분기 평균 일 매출액}}$$

구매 후 미결제 일자(Days Payables Outstanding)

$$= \frac{\text{연말기준 재료비 미지급채무}^{11)}}{\text{연간 평균 일재료비 입고액}}$$

상기 지표들의 요소들은 다음과 같다.

① 총 공급 소요일수

공급 소요일수(Inventory Days for Supply)는 재고보유 일수를 의미하는데, 해당기간의 매출원가(COGS: Cost of Goods Sold)에 대한 해당기간 동안의 일 평균재고 보유금액의 합으로 판매에 대한 재고 보유로 계산한다. 분자 분모 모두 동일기간을 적용하면

고금액+기중 재고금액+기말 재고금액)/3으로 단순화하여 계산한다.

9) 현금화 주기(CCCT): Cash-to-Cash Cycle Time

10) 미수채권(A/R): Account Receivables

11) 미지급채무(A/P): Account Payables

되는데, 계산상의 편의를 위하여 보통 최근 분기 동안의 금액을 적용한다. (분자에 91.25를 곱한 이유는 365일/4분기의 값으로, 해당 분기의 평균 일수를 의미한다.)

② 판매 후 미결제 일자[12)]

해당기간 동안의 미수금 평균을 일별 매출액으로 나눈 값으로 계산하는데, 실제 매출에 대한 현금화일자를 계산하는 것이 어렵기 때문에 근사화 하여 사용한다.

③ 구매 후 미결제 일자

판매 후 미결제 일자의 반대 개념으로 생산에 관련된 자재를 구매한 후 미지급채무를 원자재 구매금액으로 나눈 것으로 근사화 하여 사용한다. 이 또한 실제구매에 대한 현금 지급 일자를 계산하는 것이 어렵기 때문이다. 또한 이 요소를 연말기준으로 계산하는 것은 구매특성과 관련이 있다. 구매 품목이 기간별로 편중되거나 전략구매, 분할입고(Scheduled Receipt) 등으로 기간 별 구매 금액이 일정하기 않은 것이 일반적이기 때문이다. 분기별로 구매 품목 및 금액이 일정하다면 특정 기간(예컨대 분기별) 금액으로 계산해도 무관하다.

상기 계산에 있어 특히 총 공급 소요일수나 판매 후 미결제 일자는 계산 상의 문제가 없다면, 구매 후 미결제 일자 계산과 마찬가지로 연간 단위로 계산하는 것이 보다 합리적일 수 있다.

13.2 공급망계획의 성과측정

가. 공급망 계획의 성과측정 개요

공급망계획의 목적은 공급망전략과의 연계성 기반에서 고객요구에 부합하도록 생산과 유통에 사용되는 자원의 최적화를 기하는 것이다. 그렇다면 공급망계획이 적절히 수행되고 있음은 어떻게 평가해야 할까? 앞에서 공급망관리 전반의 성과측정을 위한 성과측정 방법에 대하여 알아본 바가 있다. 그러나 공급망계획의 적절성 평가에 앞에서 언급한 지표의 적용은 조금 부적절할 수 있다. 왜냐하면 공급망관리 전반의 수행평가로는 공급망계획에 대한 성과를 분리하여 측정하는 것이 어렵기 때문이다.

12) 판매 후 미결제 일자: 일반적으로 달력일자를 사용한다.

여기에서는 공급망계획과 직결되어 있는 측정지표(Performance Measures)나 주요 성과지표(KPI: Key Performance Indicators)를 살펴보기로 한다. 여기에서 제시되는 지표가 공급망계획의 성과와 직접적으로 연결되어 있는 것들이기는 하지만, 실제 기업에 적용하기 위해서는 해당 기업의 공급망전략이나 핵심성공요인(CSF: Critical Success Factors)와의 연계를 반드시 고려하고 검토해 보아야 한다.

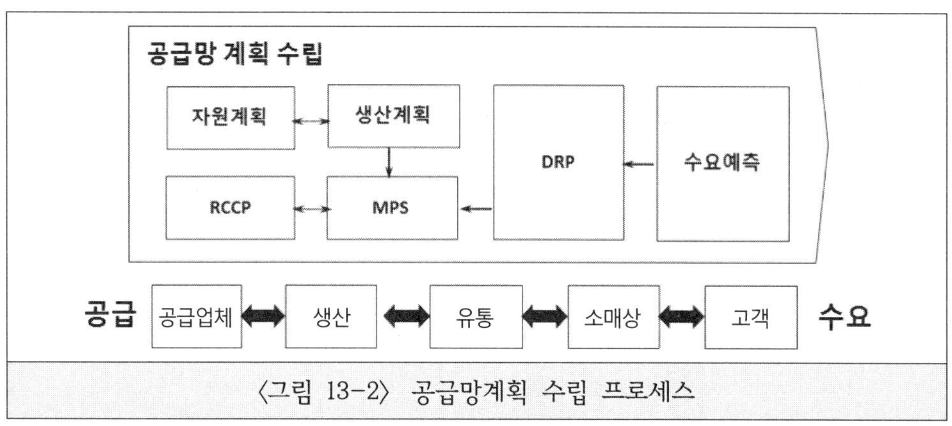

〈그림 13-2〉 공급망계획 수립 프로세스

나. 공급망계획의 성과측정

(1) 핵심성공요인(CSF: Critical Success Factors)

공급망계획의 적절성을 평가하는 주요성과지표(KPI)는 기업의 사업전략이나 공급망전략 목표 및 그 핵심성공요소에 직결되어 있다. 딜러의 주문에 대응하여 PC 등의 장비를 공급하는 하이테크 기업의 경우라면, 신모델 출시와 더불어 빠른 시간 내에 매장에 진열되고, 경쟁력 있는 가격에 판매되어야 할 것이다. 따라서 이러한 기업의 경우라면, 제품의 수명주기가 매우 짧기 때문에 수요예측과 더불어 효율적인 유통망의 구성이 매우 중요하게 된다. 이러한 배경적 기반을 충분히 이해한 후에야 공급망계획의 KPI를 개발하는 것이 가능하다. 마찬가지로 이와 같은 방법으로 다른 품목의 경우에도 적절한 핵심성공요인의 정의가 가능해질 것이다.

(2) 주요성과지표(KPI: Key Performance Indicators)

공급망계획의 성과측정을 위한 측정지표를 선정할 때 어려운 점은 목표수준의 성과목표 달성의 성패가 공급망계획 만의 결과라고 보기가 어렵다는 점이다. 일례로 가장 많이 사용되고 있는 지표인 적시배송률(OTD: On Time Delivery)이나 결품률(Out of Stock

Rate)과 같은 경우, 수요예측의 정확도나 유통자원계획, 생산계획의 효과에 기인한다는 것은 명확하다. 그러나 공급망계획(SCP: Supply Chain Planning)이 아닌 공급망실행(SCE: Supply Chain Execution)에 관련된 보관이나 운송관련 성과의 효과에도 크게 영향을 받는다. 그러나 수요예측의 정확도, 능력 활용율, 전체 공급망 비용, 재고회전율 등의 지표는 공급망 계획의 성과에 크게 의존하기 때문에 이러한 지표를 통해 공급망의 성과를 측정하는 것이 보다 합리적이다.

▮표 13-1▮ 공급망계획 성과측정을 위한 CSF 및 KPI 사례

공급망계획의 CSF 사례	공급망계획의 KPI 사례
• 시장대응주기 단축 (Short Cycle Time to Market) • 생산 효율 제고 (Efficient Production) • 평균재고 감축 (Low Average Inventory) • 서비스수준 제고 (High Service Levels)	• 판매 예실 비교 (Forcasted vs. Realized Sales) • 능력활용율 예실 비교 (Planned vs. Realized Capacity Utilization) • 상품재고회전율 (Stock Turns) • 결품율 (Out of Stock Rate) • 적시 배송율 (OTD: On Time Delivery) • 전체 공급망 비용 (Total Supply Chain Cost)

13.3 공급망운영의 성과측정

가. 고객주문관리 프로세스의 성과 측정

(1) 완벽주문(the Perfect Order)

완벽주문(the Perfect Order)이란 개념은 일종의 선진사례로 공급망관리와 관련된 개념이나 일반적으로 사용되는 용어의 정의를 위하여 13개 제조기업 리더들이 결성한 The Multi-Industry Consortium에서 채택한 매우 현실적인 개념이다. 고객서비스 수준 향상이라는 목표를 달성하기 위하여 기업 내부에 요구되는 부서간의 협력에 대하여 비교적

명확하게 설명하고 있다. 일반적으로 완벽주문을 달성하기 위해서는 선적완료 – 정시도착 – 안전배송(배송 중 제품 손상이 없도록) – 각종 서류의 완벽 구비 등의 요소들이 결합되어야 한다. 완벽 주문은 현재 많은 제조기업의 선두업체에서 적용되고 있는 고객주문관리의 성과측정을 위한 사용할 수 있는 가장 좋은 성과 측정지표 중 하나라고 평가받는다.

① Orders Shipped Complete %(주문대비 선적 완료율)

주문된 수량의 모든 품목을 배송한 비율을 측정하는 지표이다. 이 지표는 이어지는 주문충족율 사례 부분에서 보다 자세히 설명하도록 한다.

② On Time Delivery %(정시 배송율)

일반적으로 하루 정도의 조기 배송에 대해서는 고객들의 불평이 거의 없다. 그러나 배송이 늦어져서 생산 라인이 예기치 못하게 멈추게 된다면, 고객의 관점에서 볼 때 약정된 납기 일자의 변동은 매우 심각한 현상이 될 것이다.

③ Damage Free %(안전 배송율)

운송업체가 실제 운송과정에 관여하고 있든지 아니든지 간에, 안정 배송 책임은 여전히 선적인(화주)에게 있다.

④ Document Complete %(문서화 완료율)

고객이 요구하는 ASN이나 포장 명세, 송장 등의 다양한 문서를 모두 구비하는 것뿐만 아니라 그 정확도까지 포함하는 개념이다. 정확도의 문제는 고객이나 공급업체 모두에게 이를 해결하기 위한 낭비를 초래하기 때문에 반드시 해결되어야 한다.

(2) 주문충족율 계산 사례

주문 대비 선적이 얼마나 잘 수행되었는가를 평가하는 방법으로는 주문수량단위 충족율(Case Fill Rates), 주문라인단위 충족율(Line Fill Rates), 주문단위 충족율(Order Fill Rates) 등으로 세분화 해 볼 수 있다. 실제 많은 기업에서 이 개념의 계산 방식을 이해하고 있지 못해서, 적용하지 못하고 있는 경우를 많다. 다음의 〈표 13-2〉를 살펴보도록 하자.

▮표 13-2▮ 주문충족율 계산의 다양한 방식 적용 사례

단위: Case

제품코드	주문량	선적량	선적량	선적량	선적량
001	10	10	9	9	8
002	10	10	9	9	10
003	10	10	9	9	8
004	10	10	9	8	10
005	10	10	9	9	10
006	10	10	10	8	10
007	10	10	10	9	10
008	10	10	10	9	10
009	10	10	10	10	10
010	10	10	10	9	10
Total	100	100	95	89	96

주문수량단위 충족률	100%	95%	89%	96%
주문라인단위 충족률	100%	50%	10%	80%
주문단위 충족률	100%	0%	0%	0%

위의 표에서 보는 바와 같이 하나의 주문이 10개의 라인으로 구성되어 있고, 각 라인은 10개의 품목으로 구성되어 모두 100개의 주문이 하나의 주문으로 등록되어 있을 경우 주문 충족율은 다음과 같이 계산된다.

$$\text{주문수량단위 충족률 (Case Fill Rates)} = \frac{\text{선적수량}}{\text{주문수량}} \times 100\%$$

$$\text{주문라인단위 충족률 (Line Fill Rates)} = \frac{\text{선적 완료된 라인 숫자}}{\text{주문 당 라인의 숫자}} \times 100\%$$

$$\text{주문단위 충족률 (Order Fill Rates)} = \text{주문의 완전 배송 여부에 따라 0\% 혹은 100\%}$$

일부 기업에서는 주문수량단위 충족율(Case Fill Rates)와 주문단위 충족율(Order Fill Rates)을 혼용해서 사용하기도 하며, 일반적으로는 개별 충족율이 가장 흔히 사용된다.

나. 재고관리 성과 측정

(1) 재고회전율(Inventory Turnover)

재고관리의 성과를 가장 명확히 측정할 수 있는 지표로 재고회전율(Inventory Turnover)이 꼽힌다. 재고회전율은 대상기간의 매출원가를 동 기간에 평균재고투자 금액으로 나눈 지표로써, 얼마나 재고가 빨리 움직이고 있는지를 측정하는 지표인데, 재고의 속도를 표현하는 지표라고 생각할 수 있다. 재고회전율이 의미하는 바는 아주 명확한데, 재고회전율이 높다는 것은 기업이 1회의 재고 순환에 보다 적은 비용의 투자를 했다는 의미이다. 이는 선적을 위해 완제품이 창고에 대기하고 있는 시간이 짧기 때문에, 창고 공간이 덜 필요하다는 것을 의미하기도 한다. 앞의 8장에서 잠시 예를 들었던, 〈표 8-2〉의 재무제표 사례를 통해 재고회전율을 계산해 보면 다음과 같다.

$$\text{재고회전율} = \frac{\text{매출원가}}{\text{평균재고금액}} = \frac{100{,}000}{25{,}000} = 4.0$$

위의 사례에서는 기초재고를 알 수가 없기 때문에 대차대조표 상의 기말재고를 사용하였으나, 실제 재고회전율을 계산할 때에는 대차 대조표상의 기말 재고가 아닌 평균재고를 이용하는 것이 좋다. 왜냐하면 대부분의 기업에서는 연말 판매 실적 달성을 위해 밀어내기를 통해 기말 재고를 일시적으로 줄였다가, 기초에 다시 늘리는 등의 관례가 존재하고 있기 때문에 해당 기간의 재고량의 특성을 반영하기에는 적합하지 않기 때문이다. 대상 기간 전체의 평균재고를 계산하기 위해서는, 해당 기업이 일별 재고마감을 한다는 가정 하에 매우 복잡한 계산이 필요하게 된다. 일별 재고마감은 특히나 우리나라의 환경에서는 더욱 더 쉽게 수행할 수 있는 업무도 아니며, 수반되는 복잡한 계산과정 때문에 주기재고의 주기를 활용하거나 다음과 같이 간략한 형태의 계산 방법을 주로 적용한다.

$$\text{평균재고 (Average Inventory)} = \frac{\text{기초재고} + \text{기말재고}}{2} = \frac{\text{기초재고} + \text{기중재고} + \text{기말재고}}{3}$$

재고회전율 지표는 상대적 성과를 측정하는 지표이므로, 수용가능 수준이나 우수한 수

준을 규정하는 보편적 규칙이 존재할 수가 없다. 따라서 이 지표에 따라 재고관리의 성과를 규정하기 위해서는 평균적인 수준이나 해당 산업군에서의 선진사례를 참조할 필요가 있다. 경우에 따라 자주 생산하는 품목의 생산준비 비용 절감이나 연간 생산능력 효율 목표 수준을 달성하기 위해 재고를 두는 것이 타당할 때도 있기 때문이다.

(2) 재고 감소에 따른 재무제표 반영 효과

다음의 〈표 13-3〉은 앞에서 예시한 재무제표 사례 〈표 8-2〉를 기준으로, 재고회전율을 4에서 10으로 증가시켰을 경우의 재무적 효과를 도시화 한 것이다. 여러 가지 재고정책 적용 결과, 재고수준이 25,000(만원)에서 10,000(만원)으로 절감되었다고 가정한 것이다.

$$\text{재고회전율} = \frac{\text{매출원가}}{\text{평균재고금액}}$$

$$= \frac{100{,}000}{10{,}000} = 10.0$$

다만 언급한 바와 같이 실제로 재고회전율은 대차대조표의 기말재고가 아닌, 평균재고를 활용하는 것이 좋지만 여기서는 편의상 기말재고를 사용하였다. 이와 같이 재고 수준 회전율이 증가할 때, 재무제표 상의 효과는 다음과 같이 요약된다.

① 재고유지비용(Inventory Carrying Cost)의 절감

일반적으로 적용되는 재고비용 대비 유지비용 비율인 25%[13]를 적용할 경우, 재고유지비용은 3,750(만원)가량 줄어들게 된다(분모가 25,000만원에서 10,000만원으로 대체). 따라서 이 절감금액은 손익계산서의 기타 비용에 반영되어, 25,000만원에서 21,250만원 (=25,000만원 - 3,750만원)으로 수정된다.

② 순이익 증가 및 이익 잉여금 증가

기타 비용이 3,750만원 절감되었기 때문에 순익은 25,000만원에서 28,750만원으로 증가되며, 이익 잉여금 또한 같은 수준으로 증가되어 55,000만원에서 58,750만원으로 증가하게 된다.

---

13) 재고유지비용은 재고를 관리하며, 이에 발생되는 금융비용, 폐기비용 등의 모든 비용을 합한 비용으로 일반적으로 25%를 가정적으로 적용한다. 이에 대해서는 9.3 재고관련 비용 및 최적 발주량 계산 부분에서 재고 유지비용에 대하여 설명하면서 보다 자세히 언급한 바 있다.

③ 현금 및 받을어음 계정의 증가

대차대조표 상의 재고 비용이 25,000만원에서 10,000만원으로 15,000만원 줄어들고 재고유지비용이 3,750만원 줄어들었기 때문에, 현금 및 받을어음 계정은 18,750만원 증가된다(15,000만원 + 3,750만원).

이상의 결과가 반영된 수정된 재무제표는 다음의 표와 같다.

▮표 13-3▮ 재고절감이 재무제표에 미치는 영향의 예

손익계산서

일정기간(20xx. 1. 1. ~ 20xx.12.31.), 단위: 만원

매출액	₩ 150,000
판매 원가	− 100,000
총 이익	50,000
기타 비용	− 21,250
순 이익	₩ 28,750

재무상태표

특정시점(20xx.12.31), 단위: 만원

자산		부채	
현금/받을어음	₩ 38,750	지급 어음	₩ 10,000
재고	10,000	대출금	30,000
건물 및 설비	100,000		
		자본	
		자본금	₩ 50,000
		이익잉여금	58,750
	₩ 148,750		₩ 148,750

(3) 투자수익율(ROI: Return on Investment)

재고자산 투자수익률(Return on Inventory Investment)은 기업의 재무성과를 평가하기 위해 사용되는 성과 측정 방법 중 하나이다. 다음은 재고관리와 관련되어 기업의 재무적 성과를 평가하기 위해 사용할 수 있는 성과측정 방법들이다.

총자산 수익율 (Return on Total Assets)	=	당기순이익 / 자산총액
재고자산 수익율 (Return on Inventory Investment)	=	당기순이익 / 평균재고액

① 총자산 수익률(Return on Total Assets)

총자산 수익률은 기업의 자산이나 총 투자금액 관점의 기업의 수익성을 평가하는 지표이다.

② 재고자산 수익률(Return on Inventory Investment)

재고자산 투자수익률은 재고자산 투자금액에 대한 수익성 평가 측정 방법이다. 해당 기간(보통은 1년 단위)의 평균재고가 지표산정의 요소로 사용된다. 이는 앞에서 언급했던 바와 같이, 기말재고의 사용은 해당기간의 재고 수준에 대한 재고량을 대표할 수 없기 때문이다.

이 지표는 보통 은행수익률[14]과 비교하여 투자적절성을 평가하는 판단기준으로 적용되기도 한다. 일반적으로 재고절감에 투자되는 금액의 적절성은 은행수익률이상의 기대가 가능할 때, 투자가 적정하다고 판단한다.

다. 유통관리 부문의 성과 측정

(1) 창고(유통센터) 운영의 성과 지표

앞의 11장에서 언급한 바와 같이 창고관리(특히 유통센터)의 성과 측정에는 다음의 7가지 성과 지표들이 가장 많이 사용되고 있다. 이러한 7가지 성과 지표가 창고관리 업무의 성과를 측정하는 완벽한 지표는 아닐 수 있겠지만, 참고할 만한 가치가 있을 것으로 판단되어 여기에 소개하도록 한다.

- 선적 정확도(Shipping Accuracy)
- 재고 정확도(Inventory Accuracy)
- 정시 선적율(On-time Shipments)

---

14) 일반적으로 보통예금의 수익률을 적용하나, 경우에 따라 3년 만기 국공채 수익률이나 정기예금 수익률을 적용하기도 한다.

- 고객 불만율(Customer Complaints)
- 정기 실사 정확도(Cycle Count Accuracy)
- 정상 오더 충족률(Complete Order Shipped)
- 화물 회전 시간(Turnaround Time)

(2) 운송 부문의 성과 지표

운송부문의 성과측정에 사용되는 다양한 성과지표 중, 가장 일반적으로 널리 사용되는 지표는 다음과 같다.

▮표 13-4▮ 외주 운송, 자가 운송시의 성과 측정 지표

외주 운송의 성과 측정	자가 운송의 성과 측정[15]
서비스 수준	노동 생산성
• 정시 정상 주문 접수율(%) Perfect Orders Received On-time • 정시 배송 성과(%) On-time Delivery Performance • 무손상 배송 성과(%) Damage Free Deliver Performance	• 연간 기사별 운행 거리(Km) Km's Per Drivers Per Year • 운전자 이직률(%) Driver Turnover • 노동력 가동률(%) Labor Utilization
• 정시 선별 취합률(%) On-time Pickup Performance • 선적 정확도(%) Accurate Shipment(%) - 주문단위 정확도(%) - 라인단위 정확도(%) - 건별 정확도(충족율, %) • 운송 시간(평균 소요 일 또는 시간) Time In Transit • 클레임 선적률(%) Shipments with Claims • 손상 선적률(%) Shipments with Damage • 전체 손상 금액(금액) Total Damage • 선적 문서작업 정확도(%) Shipment with Complete Paperwork Accuracy • 질의응답 시간(평균 소요 시간) Inquiry Response Time	• 표준 대비 운송 성과(%) Trip Performance - 실재 대비 표준 시간 또는 거리 Actual vs. Standard in Time and Km's **안정성** • 단위 거리 당(예: 백만 마일) 사고 수 Accidents Per 1 Million Miles • 단위 거리 당 문제 발생 수 Incidents Per 1 Million Miles • 월별 혹은 연간 교통 위반 건수 Violations Per Month or Year **설비 생산성** • 트레일러 당 연간 운행 거리(Km) Km's Per Trailor Per Year • 트레일러 대 트레일러 비율(#:#) Trailer to Trailor Ratio • 평균 차량 교체 주기(월 혹은 연) Average Vehicle Replacement Cycle

• 클레임 대응 시간(일수) Claims Handling Cycle Time • 고객 클레임(전체 건수 또는 %) Customer Claims • 고객 평가(분기 혹은 연간 조사) Customer Ratings in quarterly or annual Surveys	• 설비 가동율(%) Equipment Utilization • 설비 가동 시간 당 비용(원) Total Cost Per Equipment Hour
	유지/보수 성과
재무 성과	• 디젤 1리터 당 평균 비용(원) Average Cost Per liter of Diesel Fuel • Km 당 타이어 제외 유지보수 비용(원) Maintenance Cost Per Km(Excluding Tires) • Km 당 타이어 비용(Tire Cost Per Km) • 정시 수행 예방 보전 비율(%) PM's Completed On-time • 트랙터 대비 정비공 비율(#:#) Tractor to Mechanic Ratio • 단위 거리 당 운행 중 고장 건수 Road Failure Per million miles
• 운송 거리 당 총 비용(원) Total Cost Per Km • 입고 물류 거리 당 비용(원) Cost Per Km Inbound • 출고 물류 거리 당 비용(원) Cost Per Km Outbound • 선적 단위(상자, 파렛트) 당 비용(원) Cost Per Shipping Unit(Case or Pallet) • 설비 용적 활용률(%) Cube Utilization of Equipment • 귀로 화물(%) Backhauls	
안정성	
• 사고 당 소요 거리(평균 Km) Total Km's Per Incident or Accident • 무사고 운행 거리(운행 Km) Total Km's without an Incident	

라. 조달부문의 성과 측정

(1) 조달 성과 측정 모델

조달성과의 측정은 고객 요구와 공급업체와의 관계 등이 반영된 기업 경영전략과 연계되어야 한다. 다음의 그림은 조달성과 측정을 위한 체계를 정리한 것이다. 최상위의 사업전략이나 핵심 성공요소로부터 성과측정 대상을 정의하고, 이에 따라 정량적 평가나

15) 자가 운송의 성과 측정 항목은 외주 운송의 성과 측정에도 공통적으로 적용됨.

정성적 평가를 수행하게 된다. 대체로 정성평가는 소비자를 대상으로 인지조사나 만족도 조사를 통해 수행되고, 정량평가는 사전에 설정한 성과목표 달성률을 중심으로 수행된다.

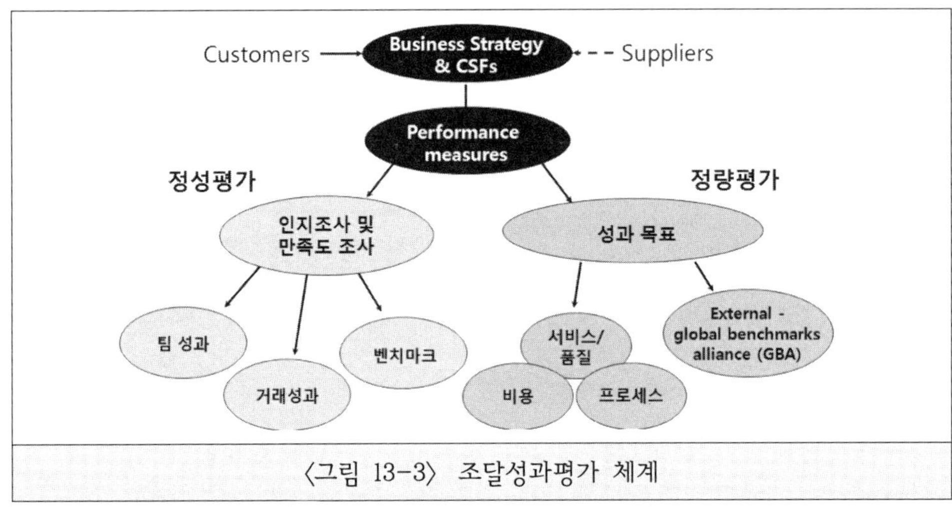

〈그림 13-3〉 조달성과평가 체계

선진사례의 경우는 Hard Measure(정성 평가)와 Soft Measure(정량평가) 모두를 결합하여 사용한다. 이러한 경우는 내부 고객과 공급자를 대상의 정기적 조사뿐만 아니라, 공급업체나 내부 구매 조직의 성과 측정을 정기적으로 수행할 필요가 있다. 조달 조직의 성과는 다음의 3가지 카테고리로 나누어 평가할 수 있다.

- 공급업체가 잘하고 있는가?
- 우리가 공급업체를 잘 관리하고 있는가?
- 우리가 공급망 내의 전체 프로세스를 잘 관리하고 있는가?

이상의 3가지 카테고리간의 균형을 적절히 유지하도록 평가를 적용하는 것이 중요하다. 여기에서는 각 카테고리별로 측정해야할 주요한 평가 항목에 대하여 정리해 보도록 하자.

(2) 공급업체 성과측정

글로벌 수준 제조기업의 경우는 재고비용이나 생산비용, 주문 충족 주기시간 및 신제품 시장출시 시간 단축 등을 통하여 고객 만족율을 향상시키는데 노력을 경주하고 있다. 이러한 기업들은 공급업체와 더불어 이러한 목적을 달성하기 위하여 함께 노력하며, 공

급업체와 함께 지속적으로 그 수준을 개선하기 위하여 다음과 같은 성과 지표들을 활용하고 있다.

- % Non-Conforming Materials(비적합자재 사용율)
- % Orders with Correct Materials(정품 주문 대응율)
- % Fill Case, Line, Order(포장, 라인, 주문 충족율)
- % Orders with Correct Quality(정량 주문 대응율)
- % On Time Delivery(정시 납품율)
- % Invoice Discrepancies(송장 불일치율)

위에 정리한 바와 같이 대부분의 성과지표들은 공급업체의 업무수행 품질과 납기수준의 평가에 대한 것들이다. 공급사 관리는 매우 중요한 성과측정 지표이다. 그러나 1995년에 수행된 한 조사에 따르면 응답자의 40%만이 공식적인 성과 측정 시스템이 있다고 밝혀, 공급사의 체계적 관리는 쉽지 않음을 보였다. 다행히 공급업체 평가의 긍정적인 효과를 인지함에 따라 이 비율은 점차증가하고 있다고는 하지만, ISO 인증의 여파로 대외용 평가기준은 있지만 실제 원활히 진행되는 기업은 많지 않은 것도 현실이다. 공식적인 공급자 성과 평가 기준을 원활히 적용하는 경우 기업의 입장에서는 경쟁우위 확보에 도움이 될 것으로 판단된다. 공급업체 관리에 사용할 수 있는 성과지표를 조금 더 상세히 제시하면, 다음의 〈표 13-4〉와 같이 정리할 수 있다.

▮표 13-5▮ 공급업체의 평가 기준 예시

품질 관점의 평가	납기 관점의 평가
• Non-conforming Materials(비승인자재) • Certified Suppliers or Certified Parts (승인업체/승인품목) • Supplier using SPC/TQM Techniques (공급업체 품질 관리 수준) • Joint Value Analysis(합작가치 분석) • Incorrect Materials(오류 자재) • Incorrect Quantities(수량 오류) • Partial Shipments(부분 배송)	• On-time Delivery(적시 배송) • Early Deliveries(조기 배송) • Stock-outs(결품) • Production Stoppages(생산 정지) • Expediting Expense(소모성 비용) • Premium Transportation Costs (할증 운반비용)

(3) 공급업체 관리 수준 평가

앞에서 정의한 공급업체 성과측정과 더불어, 공급업체를 얼마나 잘 관리하고 있는지를

측정하는 것 또한 중요하다. 다음에 제시한 지표 중 일부는 공급원의 체계를 적절히 재편하고 있는지를 평가하기 위한 지표들도 포함되어 있다. 예를 들어 다수의 공급업체들 중 개별 공급업체에 대한 구매 금액의 변화는 공급업체의 합리화 진행 수준을 평가하는 지표로 사용되기도 한다. EDI 파트너 비율이나 장기 계약 기반의 구매 실행 비율의 변화는 거래 진행에서 발생되는 낭비 요인을 제거하는 프로세스를 구축한다는 것을 의미한다.

- % Certified ISO Suppliers(ISO 인증 공급업체 비율)
- % Receiving 80% of Spend(상위 80% 업체의 구매율)
- % EDI Partners(EDI 파트너 비율)
- Purchasing Amount per Supplier(공급업체당 구매 금액)
- % Certified Suppliers(인증 공급업체 비율)
- % Reduction in Numbers of Suppliers(구매업체 감소율)
- % Long-term Contracts(장기계약 비율)

보다 적극적인 측정 기준 중의 하나는 "% Certified Suppliers(인증공급업체 비율)"일 것이다. 이러한 공급업체 비율이 증가될 경우, 정시 납품율(On Time Delivery)이나 로트 채택율이 높아지게 될 것이다. 이와 같이 측정 지표를 관리하는 것이 다음과 같은 재무성과 향상으로도 이어질 수 있다.

- 생산 정지나 재작업 등의 원인이 되는 결함 부품 감소나 사후 납품 등을 줄여 생산 원가를 감소시킴
- 사용처(생산라인)에 즉시 배송되도록 하여, 입고 검사를 배제함으로써 자재 취급 비용을 감소시킴
- ASN(사전선적통지)이나 구매오더, 송장이나 대금 지급 등을 EDI로 수행함으로써 문서작업 등과 같은 거래 비용이나 관리 비용 등의 감소

(4) 프로세스 관리 수준 평가

선진사례에서 기업 내부 프로세스의 측정기준은 보통 거래처리 효율이나 입고 물류 효율 향상 등에 집중되어 있다. 다음에 적용할 수 있는 몇 가지 사례를 제시하였다.

- 주문발행이나 송장 접수에 EDI를 활용함으로써, 문서작업에 사용되는 낭비 요소(시간, 전송 및 인건비) 제거
- 구매계약(BPO: Blanket Purchase Orders)의 활용으로, 문서작업이나 승인 처리에 소요되는 시간 낭비 제거
- ASN(Advanced Shipping Notice, 사전선적통지) 활용의 증가는 인력 활용 효율

향상이나 입고 및 크로스도킹에 소요되는 비용 절감

- 사용 현장으로의 직송 비율 증가는(공급업체와의 품질 인증 프로그램이 적용되었다고 하더라도) 중앙 입하 설비 취급 및 처리 비용 절감
- 사용 현장으로의 직송 크기의 증가는 JIT 생산의 동기화 배송 체계로의 성숙 수준 평가나 유통이나 소매상에서의 연속 보충(CR: Continuous Replenishment) 물류 체계의 성숙 수준 평가 기준이 됨.

기타 내부고객 서비스나 구매부문의 구매 프로세스에 대한 인지수준에 대한 평가를 위한 기준들이 있다. 다음에 제시하는 지표들은 조달부문 내부 프로세스 성과를 측정하는 데 주로 사용되는 지표들이다.

- % EDI Transactions(EDI 거래 비율)
- % Blanket Order Transactions(구매계약 거래 비율)
- % Deliveries with ASNs(사전선적통지 수반 납기 비율)
- % Shipment to Point of Use(사용현장 직송 비율)
- Average Size of Deliveries(평균 납기 로트크기)
- Process User Satisfaction(사용자 만족 프로세스)
- Expediting & Problem Resolution(비용 및 문제 해결)

(5) 총 취득원가(Total Acquisition Cost)

▮표 13-6▮ 총 취득원가 비용구성 항목

단계	비용 항목
구매(Buying)	공급업체 검색(Supplier Search) 협상 가격(Negotiated Price) 주문 발송(Order Placement) 수송(Transportation)
소유(Owning)	보유(Holding) 취급(Handling) 보관(Storage) 유지/보수(Maintenance) 폐기(Disposal)
설비 사용(Using Equipment)	설치(Installation) 시운전(Start-up) 작동법 훈련(Operation Training) 설비 작동(Operation)
자재 사용(Using Materials)	재고(Inventory) 마모(Obsolescence) 재활용 스크랩 비율(Scrap Rates Recycling)

	결함/불량(Defects)
설비의 배치(Disposing of Equipment)	수송(Transportation) 분해(Disassembly) 재매각(Reselling)
자재의 배치(Disposing of Materials)	수송(Transportation) 위험물 처리(Hazardous Waste)

총 취득원가는 어떤 품목의 구매, 소유, 사용, 배치 등에 발생되는 모든 비용의 합계를 말한다. 일반적으로 총 취득원가를 산정할 때 포함되는 비용 항목은 각 단계에 따라 앞의 〈표 13-6〉과 같이 정리해 볼 수 있다.

마. 생산 부문의 성과측정

성과 측정을 통해서 기업이 계획, 예산 수립, 조직구조 정의 등에 도움이 되고, 그 결과를 관리할 수 있게 된다. 여기에서는 제조환경에서 사용되는 기본적인 성과 측정 지표들에 대해서 설명하도록 한다. 앞에서 언급한 바와 같이 가동율이나 종합효율 등과 같은 지표들은 능력계획(Capacity Planning) 프로세스에서 필요한 생산 능력을 결정하는데 사용된다. 또한 생산의 성과 측정은 계획 대비 실제의 비교나 표준 설정을 위해 사용되는데, 차이 분석을 통해 근본원인의 규명하고 그 원인을 수정해 나가게 된다.

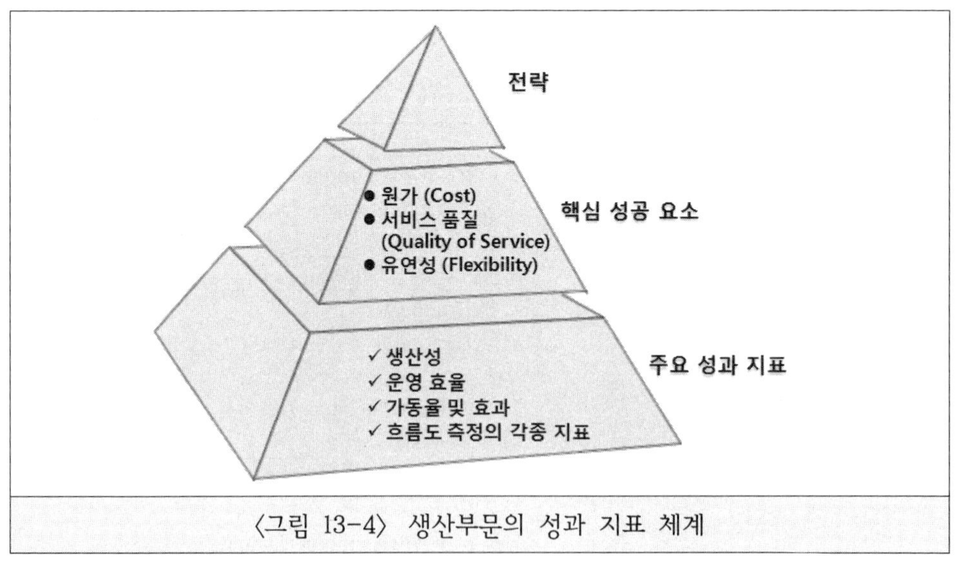

〈그림 13-4〉 생산부문의 성과 지표 체계

(1) 생산성(Productivity)

생산성을 측정하는 방법에는 여러 가지가 있으나, 이 지표는 일반적으로 일정한 기간 단위의 투입대비 산출의 비율의 변화를 비교하기 위해 사용된다. 생산에 있어서 생산성은 노동력이나 자본과 같은 실제 자원 투입 대비 실제 생산량의 비율이다. 생산성을 계산하는 좋은 사례는 생산에 소요된 표준 노동시간과 기계시간의 합을 동기간에 실제 가용한 시간들로 나눈 값이 될 것이다.

$$생산성(Productivity) = \frac{Output}{Input}$$

단,

Output = 실제 산출량
Input = 실제 투입량

(2) 운영 효율(Operation Efficiency)

운영 효율은 공장이나 부서 혹은 기계 단위의 산출이 이상적인 산출 기대치(Standard Output Expected)와 비교할 때 어느 정도의 수준인지를 평가하기 위하여 적용되는 지표이다. 표준 시간/생산량은 보통 엔지니어나 기계 능력의 비율에 따라 정의되는 것이 일반적이다.

시간당 100개를 작업하는 것이 표준이라고 할 때, 8시간 작업조의 작업이 진행되고 780개의 작업을 완료하였다면 이때의 운영효율은 780/800의 97.5%가 된다. 그러나 경우에 따라 산출량이 기대치나 표준치를 초과하는 경우도 종종 발생할 수 있는데, 이러한 경우라면 운영효율은 100%를 초과하게 될 것이다. 효율을 측정하는 또 다른 방법은 생산량 대신에, 생산에 필요한 표준시간과 실제 작업된 시간을 이용하는 것이다. 여기에서 표준시간이라 함은 작업준비, 한 배치의 생산에 소요되는 시간, 조립 및 공정에서의 제품 작업 종료에 걸리는 모든 시간을 표준 정도의 숙련도를 가진 작업자가 사전에 규정된 작업 방법으로 처리하는데 소요되는 시간을 의미하게 된다.

$$운영효율(Operation\ Efficiency) = \frac{시간당\ 실제\ 산출량}{시간당\ 실제\ 투입량} = \frac{표준\ 생산시간}{실제\ 생산시간}$$

(3) 시간 가동율 및 제조효율(Utilization and Effectiveness)

시간 가동율(Utilization)은 활용하고 있는 자원이 얼마나 집중적으로 사용되었는지에 대한 측정 지표이다. 여기에서 자원이라 함은 노동력이나, 기계 설비 등이 될 수도 있으며 작업장(Work Center) 전체가 될 수도 있다. 가동율은 가용시간(Available Time)과 비교하여 실제 자원이 가동된 시간의 비로 표시된다. 일반적으로 가동율의 산정에 사용되는 시간은 해당 자원이 활용될 계획 시간 대비 직접적으로 생산에 투여된 시간(생산시간과 가동준비 시간 등)의 비를 활용하게 된다. 일반적으로 작업센터 전반에서의 가동율이 100% 미만이 된다면, 이는 설비나 작업자, 툴이나 자재가 가용하지 않아 시간적인 손실이 있었음을 의미하게 된다.

반면 제조효율(Effectiveness)는 가동율(Utilization)과 운영효율(Operating Efficiency)의 곱으로 표현된다. 가용된 시간의 100%를 작업하지만(가동율이 100%), 실제 운영 효율이 20% 밖에 되지 않는다면(20% = 100% × 20%), 이는 좋은 자원 활용이 아니다. 일부 기업에서는 가동율과 운영효율을 생산일정계획에 반영하기도 한다. 이렇게 되면 고객에게 그들의 주문에 따른 생산 품목의 잔여 시간을 보다 실질적으로 제공할 수 있게 되는 장점이 있다.

$$\text{시간 가동율(Utilization)} = \frac{\text{실제 가동시간}}{\text{가용시간}}$$

$$\text{제조효율(Effectivenss)} = \text{운영효율} \times \text{시간 가동율}$$

(4) 설비종합효율[16](OEE)

생산부문의 성과를 가장 효과적으로 나타낸다고 하는 설비종합효율은 투입과 산출에 관한 정의인 생산성에 대한 개념이 경제학 분야에서 처음 언급된 이래[17], 다양한 환경에서 경제적 성과를 나타내는 유용한 방법으로 활용되어 왔다. 이후 생산성의 개념은 다양한 관점에서 해석되고 연구되어 왔으며, 경제적 생산 활동을 통제하는 기본 요소 중 가장 중요한 것으로 평가되고 있다[18]. 제조업에서 설비의 생산성을 가장 효과적으로 측정하는 방법으로 알려져 있는 설비종합효율은 설비운영효율을 감소시키는 로스 요인을 규

---

16) 설비종합효율(OEE): Overall Equipment Effectiveness

17) Quesnay, F., "Analyse de la formule arithmetique du tableau economique de la distribution des depenses annuelles d'une nation agricole", Journal de l'agriculture, du commerce & des finances, pp. 11-41, 1766.

18) Singh H., Motwani J., Kumar A., "A review and analysis of the state of the art research on productivity measurement ", Industrial Management and Data Systems, Vol. 100 No. 5, pp. 234-241, 2000.

명하기 위해 고안되었다[19]. Nakajima는 설비 전반의 효율을 향상시키기 위하여 6대 로스를 제거하는 Bottom-up 방식의 접근 방식은 제안하였으며[20], Pintelon 등은 6대 로스를 사례를 통해 보다 체계적으로 정리한 바 있다[21]. Pintelon 등은 작업에 설비가 동원된 부하시간(Loading time)을 대상으로 발생할 수 있는 로스를 정지로스(Down time losses)와 성능로스(Speed losses), 품질로스(Quality/Defect losses) 등으로 구분하였다. 또한 정지로스는 설비고장(Equipment Failure)과 작업 간 발생하는 설비조정(Setup & Adjustment) 등으로 구분하였으며, 성능로스는 설비가 본래 설계된 성능을 최대로 발휘하지 못한 로스로 순간정지(Idling & minor stoppage)와 속도저하(Reduced speed) 등으로 구분하였다. 품질로스는 불량처리(Defects in process)와 수율저하(Reduced yield) 등으로 구분하였다. 설비가 작업에 동원된 부하시간에서 정지로스를 제외하여 실제 생산에 활용된 시간을 가동시간(Operating time)이라고 정의하고, 가동시간 중 실제 설비가 설계된 최대 속도로 생산에 활용되지 못한 로스를 배제한 시간을 정미가동시간(Net operating time), 품질상의 이상으로 발생한 시간을 배제한 실제 생산한 양품생산에 투여된 시간을 가치가동시간(Valuable operating time)으로 정의한다. 다음의 〈그림 13-5〉는 이러한 로스구조를 도시화 한 것이다. 설비종합효율(OEE)은 설비가 얼마나 가동되었는지를 나타내는 시간가동율(Availability Rate)과 가동 중 보유성능이 얼마나 발휘되었는지를 보여주는 성능가동율(Performance Efficiency), 생산시간 중 양품생산에 소요된 시간을 나타내는 양품생산율(Quality Rate)의 곱으로 정의된다.

$$\text{설비종합효율(OEE)} = \text{시간가동율} \times \text{성능가동율} \times \text{양품생산율}$$

$$= \frac{\text{가동시간}}{\text{부하시간}} \times \frac{\text{순가동시간}}{\text{가동시간}} \times \frac{\text{가치가동시간}}{\text{순가동시간}}$$

19) Muchiri P. and Pintelon L., "Performance measurement using overall equipment effectiveness (OEE): literature review and practical application discussion", International Journal of Production Research, Vol. 46, No. 13, pp. 3517-3535, 2008.

20) Nakajima S., "Introduction to TPM: Total Productive Maintenance", Productivity Press, Inc., pp. 129, 1988.

21) Pintelon L., Gelders L. and Puyvelde F. V, Maintenance Management, Acco, Leuven, Belgium, 2000.

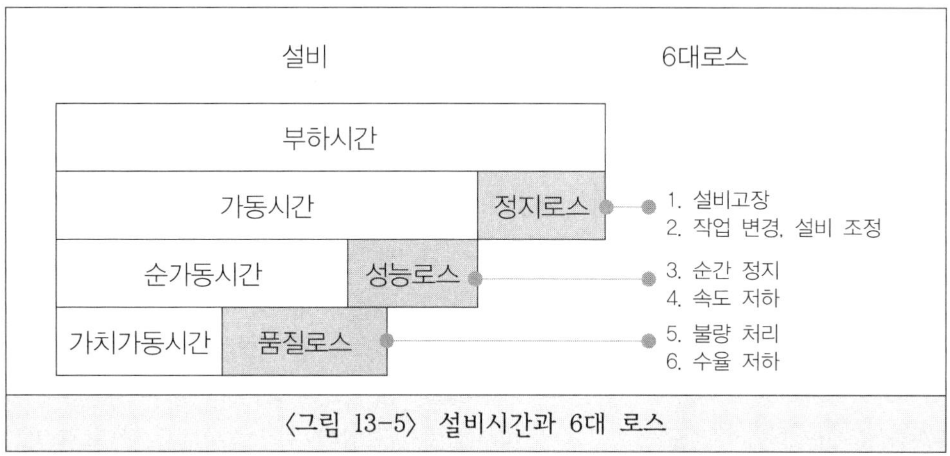

〈그림 13-5〉 설비시간과 6대 로스

(5) 흐름도 측정을 위한 각종 지표(Flow Measures)

흐름도 측정(Flow Measures) 지표는 앞에서 설명한 생산성이나 시간 가동율, 운영효율, 설비종합효율 등의 지표와는 조금 다른 시각의 성과 측정 방법이라고 할 수 있다. 이 지표들은 원자재가 완제품으로 전환되는 정도를 측정하는 지표이다. 이와 같은 흐름도 측정 지표들에는 일반적으로 사이클 타임(Cycle Time), 흐름도(Flow Rate), 처리시간(Throughput Time) 등의 지표가 있다. 이와 같은 지표들은 JIT(Just In Time)과 같은 반복생산 방식의 생산 환경에 주로 적용되는데, 이 지표들을 활용하여 생산 프로세스의 흐름 수준에 대한 프로세스 개선 정도를 파악하게 된다. JIT 환경에서는 일반적으로 적용되는 가동율이나 운영효율 등의 지표의 중요성이 떨어지기 때문이다.

① 사이클 타임(Cycle Time)

생산 환경에서 생산주기 시간이라고도 번역되는 사이클 타임은 2개의 개별 제품 단위의 생산 간의 시간으로 정의되는데, 아래 설명할 흐름도의 역수가 된다. 예를 들어 시간당 40 단위의 조립이 이루어지는 공정의 경우라면 이때의 사이클 타임은 1.5 분(= 60/40)이 된다.

② 흐름도(Flow Rate)

사이클 타임의 역수인 흐름도는 일단위 혹은 작업조 단위, 시간 단위의 생산 수량으로 정의된다. 위 사이클 타임의 예에서, 시간당 40 단위의 조립이 진행된다면 하루 8시간 근무의 결과로 320 단위의 조립을 수행할 수 있게 된다. 이때의 흐름도는 0.66 (= 1/1.5 = 40/60)단위가 된다.

③ 처리시간(Throughput Time)

처리시간은 리드타임의 한 종류라고 생각할 수도 있다. 하나의 부품이 처음공정에서 마지막 공정까지 흐르는데 걸리는 시간이 처리시간이 되는데, 경우에 따라서는 고정된 배치 수량의 생산 가동이 종료되는 데 소요되는 시간을 의미하기도 한다.

(6) 품질(Quality) 관련 지표

생산 환경에서 제품의 품질이나 서비스 품질의 관리는 가장 중요한 활동이며, 성공을 위한 기반이 되는 활동이기도 하다. 이와 같은 중요성으로 인하여 선진사례에서는 품질의 개념을 다양하게 정의하였으며, 해당 업체의 성공에 두드러진 역할을 하기도 했다. 품질에 대하여 정의한 다양한 개념들 가운데 다음과 같은 개념들이 포함되어 있다.

① 품질 비용(Q-Cost, Cost of Quality)

기업내부에서 발생되는 품질관련 비용이 발생하는 범위는 점차 넓어지고 있으며, 이에 따라 제품 전반의 비용에서 품질관리 비용의 범위 또한 늘어나고 있다. 스크랩이나 재작업등과 같은 내부 실패 비용(Internal Failure Cost), 보증이나 반품 처리 등에 소요되는 외부 실패 비용(External Failure Cost), 자재 검사나 제품 시험 등과 같은 평가 비용(Appraisal Cost) 등의 사후 비용과 품질 계획이나 교육/훈련, 공정관리 등에 소요되는 예방 비용(Prevention Cost) 등의 사후 비용으로 구분할 수 있다.

② 고객 요구(Customer Requirement) 충족/고객 만족

품질이란 절대적 개념에서의 최고가 아니라 고객의 요구나 기대 수준의 관점에서 정의된다. 이러한 개념을 정의하는 규정에는 다음과 같은 것 들이 있다. 사용에의 적합성(Fitness for Use)은 제품이 형태나 목적, 기능 등에 대한 기대를 충족시키는지에 대한 개념이다. 신뢰성(Reliability)은 사전에 정의된 기간 동안 적절히 기능을 발휘하는지에 대한 개념이다. 또한 지속성(Consistency)은 수용할 수 있는 범위 이내에서 작동되는지에 대한 개념을 의미한다.

③ SPC(Statistical Process Control, 통계적 공정관리)의 적용

생산 공정을 모니터링하고, 제품의 결함을 야기하는 산포를 확인함으로써 좋은 품질을 달성하는 핵심적인 품질관리 도구이다. SPC의 개념은 실패(불량 등)를 사전에 예방하고자 하는 것이다.

④ **원류 품질**(Quality at the Source)

검사자가 아닌 작업자 또한 제품의 품질에 책임과 의무가 있다. 작업자의 경우 샘플을 채취하고, SPC 관리도를 타점하고 읽고 해석하며, 결점의 시정에 필요한 적절한 조치 방법을 알 수 있도록 교육/훈련 되어야 한다.

(6) 시설물/장비 관리(Facilities/Equipment Management)

생산에서 시설물 관리라 함은 시설(Facility)이나 그 내부의 장비(Equipment)의 선정에서, 설치 및 유지보수의 수행에 이르는 모든 과정을 일컫는다. 시설물 관리의 주된 목적은 운영 계획이나 전략에 언급된 운영에 필요한 설비를 포함한 장비를 제공하는 데 있다. 즉 시설이나 내부의 설비를 비롯하여 자재 및 인력 등의 모든 자원을 사용 가능하도록 유지하는 것이라고 정의할 수 있다. 시설물이나 장비 관리에서 고려해야 한 사항들은 다음과 같다.

- 예산 및 운영상의 필요성
- 물류, 환경 및 건강/안전 문제
- 예방보전이나 예지보전 등을 포함한 유지보수 정책
- 교육 및 인력 개발

그룹과제

13.1 (주)BestPhones의 SCM 전략 개발

앞의 그룹 과제 1.1에서 다룬 (주)BestPhones의 경우와 같은 해당 그룹에서 그린 공급망에 대하여 간략한 브레인스토밍을 수행하고, 제조업이 직면한 공급망 이슈 간략히 정리하고 다음을 수행하자.

- CSF(핵심성공요소)의 정의
- 전체 공급망의 성과를 측정한 성과 지표의 정의
- 개별 가치사슬 프로세스 영역의 적절한 성과 지표 정의

그 후 청중을 CEO라고 가정하고, CEO에게 다음의 내용을 반영한 개략적인 프레젠테이션 보고를 수행해 보자.

1) 공급망 관리 수준을 향상시키기 위하여 초점을 맞추어야 한다고 판단되는 영역
2) 개선 정도를 어떻게 측정할 것인가에 대한 방안

13.2 주문충족과정의 서류 작성

이번 과제에서는 제조업체의 관점에서 고객이 주문한 MTS 제품에 대한 주문 충족을 하는데 필요한 문서를 만들어 보고자 한다. 고객이 주문한 제품이 이미 창고에 확보되었다고 가정하자.

이 과제를 풀기 위하여 가상의 주문 품목과 물량을 기록해 보고, 이를 고객으로부터 받은 주문이라고 가정하자. 이 P/O(고객의 입장에서는 P/O 즉, 구매주문이다)를 기준으로 고객 주문충족 프로세스의 다양한 과정 동안 고객서비스 부문이나 창고, 수송 부문에서 작성해야 하는 일반적인 문서를 정의하고, 작성해 보도록 하라.

또한 주문충족 프로세스에 적절한 성과 측정 방법을 정리하고, 이를 계산해 보라.

이 문제는 주문 충족을 완벽하게 했느냐 아니냐를 묻는 문제가 아니고, 필요한 서류를 얼마나 잘 도출하고 해당 서류의 항목이 잘 설계되었으며 이를 정확히 작성했느냐가 묻는 문제임을 인지하라.

13.3 재고회전율 계산

(주)BestPhones의 연간 순 매출액을 150,000만 원이라 하고, 이때의 매출원가가 120,000만 원이라고 한다. 대상 기간의 이월 재고 금액이 50,000만 원이고, 기말재고 금액이 10,000만 원이라고 할 때 다음의 질문에 답하라.

1) 이때의 재고회전율은 얼마인가?

2) 재고 유지비용은 25%라고 가정한다.
   재고관리 수준의 향상으로 재고회전율이 10으로 증가하고, 매출원가가 동일하다면 이때의 연간 절감액은 얼마나 되는가?

13.4 성과측정

(주)BestPhones의 작업장에서는 주 5일, 매일 7.5시간 운영되며, 매일 1,600단위의 제품을 생산하고 있다. 해당 작업장의 표준 작업량은 시간당 180단위이며, 5일간의 가용 작업시간은 40시간이라고 한다.

1) 해당 작업장의 운영 효율을 계산하라.

2) 가동율을 계산하라.

3) 사이클 타임을 계산하라.

4) 만일 작업장이 하루 8시간 운영된다면, 이때의 운영 효율은 어떻게 되는가? 만약 약간의 공정 개선으로 사이클 타임이 15초로 줄어들게 된다면, 이때의 운영효율은 어떻게 되나?

References

http://beergame.mit.edu/ (Beer Game)
http://marketingpower.com/ (American Marketing Association)
http://www.apics.org/ (Advancing Productivity, Innovations, and Competitive Sucess)
http://www.apics.org/sites/apics-supply-chain-council/ (SCOR: The Supply Chain Operations Reference Model)
http://www.benneton.com/ (Benneton Web Site)
http://www.gmabrands.com/ (Grocery Manufacturers Association)
http://www.Kmart.com/ (Kmart)
http://www.pg.com/ (P&G)
http://www.w3.org/XML/ (Extensible Markup Language)
http://www.Wal-Mart.com/ (Wal-Mart)
http://xerox.com/ (Xerox)

CIO BIZ+/NEWS INSIDE, "AMR 리서치, 글로벌 SCM 톱 25 발표", 2009.
SK Corporation, "공급망 환경관리(SCEM:Supply Chain Environmental Management) 사례", 2005.
김대철, 최성훈, 정근체, 신현준, SCM의 이론과 활용, 청문각, 2006.
김재일, "공급사슬관리 개념의 적용을 통한 물류국제경쟁력 강화방안 연구", 로지스틱스 연구, 6(1), pp. 27-53, 1998.
모리 다츠오, 체인스토어 편집부 옮김, "월마트의 고객은 사장이다", 한국슈퍼체인협회 출판부, 1990.
샘 월튼, 존 휴이, 김남주 역, "최고의 상인, 최고의 부호 샘 월튼, Made in America", 우리시대사, 1992.
윤문규, 물류총론, 개정 4판, 도서출판 범한, 2009.
이영해, e-비즈니스 시대의 SCM (공급사슬경영) 이론과 실제, 문영각, 2002.
이원준, 효과적인 e-SCM을 위한 의사결정 조정시스템 모형, 집문당, 2004.
임세헌, 박연우, e-비즈니스시대의 SCM과 유통정보화 전략, 한올출판사, 2005.
조철휘, "Wal-Mart와 P&G의 전략동맹", Monthly Distribution Journal, 1996.
한국IBM 비즈니스컨설팅서비스, "SCM 이노베이션: 온 디멘드 비즈니스 혁신을 위한 SCM 전략 및 실천방안", 한국경제신문사, 2006.
한국전자거래협회, "SCM에서 RFID 활용하기", 한국경제신문사, 2009.

한동철, 공급사슬관리 SCM, 시그마인사이트컴, 2002.

황규승, 박명섭, 박광태, 김대기, 임호순, 오퍼레이션스 경영: 생산, 서비스, SCM, 홍문사, 2006.

황창규, "메모리 신성장론", ISSCC, 샌프란시스코, Feb., 2002.

Bae, J. H., "Critical Quality Attributes Analysis of Roll-type Film Products Using Quality Function Deployment Based on Analytical Hierarchy Process", Journal of the Korean Institute of Plant Engineering, 19(2), pp. 23-32, 2014.

Bae, J. H., "Development of Simulation Model to Improve Thickness Smoothness Settling Amplitude of Winding in Roll-type Film Manufacturing Process", Journal of the Korean Institute of Plant Engineering, 19(1), pp. 35-42, 2014.

Bae, J. H., "Measurement of Overall Equipment Effectiveness Considering Processing Materials and Methods", Journal of Korean Institute of Plant Engineering, 16(3), pp.25-33, September 2011.

Ballou, R., Basic Logistics Transportation, Materials Management, Physical Distribution, 2nd ed., Prentice-Hall, p. 125, 1987.

Blocher, J. D., Lackey, C. W. and Mabert, V. A., "From JIT Purchasing to Supplier Partner-ships at Xerox," Target, pp. 12-18, May/Jun., 1993.

Blocher, J. D., Lackey, C. W. and Mabert, V. A., "Supplier Partner-ships: Structure and Implementation," Working Paper, Indiana University, Bloo-mington, Indiana, Nov., 1992.

Bowerman, B. L., and O'Connell, R. T., Time Series Forecasting, Boston: Duxbury Press, Sec. 5-6, 1988.

Box, G. E. P. and Jenkins, G. M., Time Series Analysis, Forecasting and Control, san Francisco: Holden-Day, 1970.

Box, G. E. P., and Jenkins, G. M., Forecasting for Inventory Control, New York: McGraw-Hill, 1959.

Brown, R. G., Smoothing, Forecasting and Prediction of Discrete Time Series, Englewood Cliffs, NJ: Prentice Hall, 1963.

Business Trade & Technology Strategies, The Forrester Report, August, 1998.

Camerious, J. W., Wal-Mart Stores Inc.,: Strategies of Market Dominance, 1991.

Cavinato, J. L., "What's Your Supply Chain Type?", Supply Chain Management Review, pp. 60-66, May-June, 2002.

Champy, J., Re-engineering Management – the Mandate for New Leadership, Harper Business, 1995.

Chan, H. and Hayya, J., "Spetral Analysis in Business Forecasting." Decision Sciences, 7, pp. 137-151, 1976.

Chase, R. B. and Aquilano, N. J., Production and Operations Management, Homewood, IL: R. D. Irwin, pp.223-226, 1989.

Choi, B. K. and Bae, J. H., "Derivation of Key Process Input Variables on Film

Production Line Using Analytic Hierarchy Process", Journal of Korean Institute of Plant Engineering, 17(4), pp. 35–44, Dec., 2012.

Chopra, S., and Meindl, P., Supply Chain Management: Strategy, Planning and Operation, 3rd Ed., Pearson Education, Inc., 2007.

Chopra, S., and Mieghem J. V., "Which e-business Is Right for Your Supply Chain?", Supply Chain Management Review, pp.32–40, Jul.–Aug., 2000.

Christoper, M., Logistics and Supply Chain Management, FT. Pitman Publishing, 1992

Clark, T. H. and Stoddard, D. B., "Interorganizational Business Process Redesign: Merging Tecnological and Process Innoation," Journal of MIS, 13(2), pp.9–18, 1996.

Clark. T. H., "Procter & Gamble: Improving Consumer Value Through Redesign", Havard Business School Case, Mar., 1995.

Clelland, R. C., deCani, J. S., Brown, F. E., Bursk, J. P. and Murray, D. S., Basic Statistics with Business Applications, New York: John Wiley, pp. 522–559. 1966.

Connorton, L. and Landry, P., "JIT Purchasing at Xerox," Target, Winter, pp. 4–10, 1987.

Cooper, J., Strategy Planning in Logistics and Transportation, Kogan Page, 1993.

Davenport, T. H., Process Innovation: Reengineering Work through Information Technology, Harvard Business School Press, Boston, MA, 1993.

Dixon, L., and Porter, A. M., JIT Ⅱ-Revolution in Buying& Selling. (ISBN 0-9644791-0-9).

EMC Technology Forecast: 1998, Price Waterhouse, 1997.

Ernshwiller, J., "Supplier to Improve Quality as Big Firms Slash Their Vendor Rolls," The Wall Street Journal, pp. B1–B2, Aug., 1991.

Evans, M., Discussion Paper #138. Wharton School of Finance and Commerce. University of Pennsylvania.

Evans, M., Macro-Economic Activity: Theory, Forecasting and Control, New York: Harper & Row, 1969.

Fingar, P. and Aronica, R., The Death of "e" and the Birth of the Real New Economy: business models, technologies and strategies for the 21st century, Meghan-Kiffer Press, 1st ed., 2001.

Fisher, M. L., "What is the Right Supply Chain for Your Product?", Harvard Business Review, pp. 83~93, Mar.~Apr., 1997.

Fogarty et al., Production & Inventory Management, 2nd ed., APICS, 1991.

Forrester, J. W., "Industrial Dynamics: A Major Breakthrough for Decision Makers." Harvard Business Review, pp.37–66, Jul.–Aug., 1958.

Forrester, J., Industrial Dynamics, MIT press, 1961.

Gartner Symposium ITXPO, Gartner Research, 2006.

Gartner Symposium ITXPO: Emerging Trends, Gartner Research, 2007.

Gattorna, J. L., and Walters, D. W., Managing the Supply Chain: A Strategic Perspective, McMillan Press Ltd., 1996.

Geary, S., Childerhouse, P., and Towill, D., "Uncertainty and the Seamless Supply

Chain", Supply Chain Management Review, pp. 52–61, July–August, 2002.

Gilliland, M., "Is Forecasting a Waste of Time?", Supply Chain Management Review, pp. 16–23, July – August, 2002.

Giuseppe, C., "The Benneton Case–The Tip of the Iceberg," Panorama, December 15, 1982.

Green, P. E., Tull, D. S., and Albaum, G., Research of Marketing Decisions, 5th ed., Englewood Cliffs, NJ: Prentice Hall, 1988.

Hall, R. W., Zero Inventories, Dow Jones–Irwin, 1983.

Hammer, M., "Reengineering Work: Don't Automate, Obliterate", Havard Business Review, 68(4), pp. 104–112, 1990.

Handfield, R. B., Re–engineering for Time–based Competition: Benchmarks and Best Practices for Production, R&D, and Purchasing, Quorum Books, pp. 152–154, 1995.

Harvard Business School Case, Benneton(A), 9–685–014.

Higgins, J. M. and Vinze, J. W., Strategic Management: Text and Cases, The Dryden Press, 1993.

Higgins, K. T., "Wal–Mart: A Pillar in a thousand communities," Building Supply Home Centers, pp. 100–102, 1988.

Johnson, J., Econometrics Methods, New York: McGraw–Hill, 1963.

Kenneth, L., "Benneton Takes on the World," Fortune, p. 114, Jun., 1983.

Kopczak, L. R., and Johnson, M. E., "The Supply Chain Management Effect", Sloan Management Review, pp. 18–26, Spring, 2003.

Kopzak, L. R. and Lee, H. L., Hewlett–Packard Co.: Deskjet Printer Supply Chain (A), Stanford University Case GS3A, 2001.

Kotler, P., Marketing Management, 12th edition, Pearson Prentice Hall, 2006.

Kotler, P., Marketing Management, 6th ed., Englewood Cliffs, NJ: Prentice Hall, p.421–425, 1988.

Kurt Salmon Associates, Inc., Efficient Consumer Response, Washington DC: Food Marketing Institute, 1993.

LaLonde, B. J., and Zinszer P. H., Customer Service: Meaning and Measurement, National Council of Physical Distribution Management, 1976.

Lambert, D. M. and LaLonde B. J., "Inventory Carrying Cost", Management Accounting, pp. 31–35, Aug., 1976.

Lambert, D. M., "The Eight Essential Supply Chain Management Processes", Supply Chain Management Review, pp. 18–26, September, 2004.

Lambert, D. M., et al., Havard Business Review on Supply Chain Management, Havard Business Press, 2006.

Lambert, D. M., Stock, J. R., and Ellram, L. M., Fundamentals of Logistics Management, McGraw–Hill/Irwin, 1997.

Lee, H. L. and Bilington, C., "The Evolution of Supply–Chain Management Models and Practice at Hewlett–Packard", Interfaces 25(5),pp. 42–63, 1995.

Lee, H. L., "Aligning Supply Chain Strategies with Product Uncertainties", California

Management Review, pp. 105–119, Spring, 2002.

Leontief, W.W., Input–Output Economics, New York: Oxford University Press, 1966.

Levitt, T., "Exploit the product life cycle", Harvard Business Review, 43, pp 81–94, Nov.–Dec., 1965.

Levitt, T., The Marketing Imagination, New York: Fress Press, 1983.

Magretta, J., "The Power of Virtual Integration: An Interview with Dell Computer's Michael Dell", Harvard Business Review, pp. 72–84, March–April, 1998.

Makridakis, S. and Wheelwright, S. C., Forecasting Methods for Management, New York: Wiley, 1989.

Mastering Commerce Logistics, The Forrester Report, August, 1999.

Moore, G. E., "Cramming more component onto integrated circuits", Electronics Magazine, Apr., 1965.

Muchiri P. and Pintelon L., "Performance measurement using overall equipment effectiveness (OEE): literature review and practical application discussion", International Journal of Production Research, 46(13), pp. 3517–3535, 2008.

Nakajima S., "Introduction to TPM: Total Productive Maintenance", Productivity Press, Inc., pp. 129, 1988.

Neter, J., Wasserman, W. and Kutner, M. H., Applied Linear Regression Models, Homewood, IL: R. D. Irwin, 1983.

Neter, J., Wasserman, W. and Whitmore, G. A., Applied Statistics, Boston: Allyn and Bacon, pp.820–846, 1988.

North, H. Q. and Pyke, D. L., "Probes of the Technological Future", Harvard Business Review, p.68, May–Jun., 1969.

Pintelon L., Gelders L. and Puyvelde F. V, Maintenance Management, Acco, Leuven, Belgium, 2000.

Porter, M. E., Competitive Advantage: Creating and Sustaining Superior Performance, New York: Free Press, 1998.

Porter, M. E., Competitive Strategy, Free Press, 2004.

Porter, M. E., Competitive Strategy: techniques for analyzing industries and competitors, Free Press, 1980.

Porter, M. E., On Competition, Harvard Business School Press, 1998.

Porter, M. E., On Competition, Updated and Expanded Edition, Harvard Business School Press, 2008.

Price Waterhouse, The State of Operational Forecasting:A Benchmark Survey, 1996.

PWC University: The Principles of SCM, PWC Consulting, 2002.

Quesnay, F., "Analyse de la formule arithmetique du tableau economique de la distribution des depenses annuelles d'une nation agricole", Journal de l'agriculture, du commerce & des finances, pp. 11–41, 1766.

Quigley, P., The Performance Advantage, APICS, 1991.

Quinn, F. J., "Reengineering the Supply Chain: An Interview with Michael Hammer", Supply Chain Management Review, pp. 20–26, Spring, 1999.

Retail's Growth Spiral, The Forrester Report, November, 1998.

Ritzman, L. P. and Krajewski, L. J., Foundations of Operations Management, Pearson Educations Inc., 2003.

Robinson, G., "Less Work, More Speed," Stores, p.24, Mar., 1994.

Roundy, R., "98%-Effective Integer-Ratio Lot-Sizing for One-Warehouse Multi-Retailer Systems", Management Science (31), pp. 1416-1429, 1985.

Roundy, R., "A 98%-Effective Lot-Sizing Rule for a Multi-Product, Multi-Stage Production Inventory Systems", Management of Operations Research (11), pp. 699-727, 1986.

Shapiro, R. D., "Get Leverage from Logistics", Harvard Business Revew, pp.119-127, May-Jun., 1984.

Shapiro, R., "Bose Co.: JIT Ⅱ(A),"Harvard Business School Case, March 8, 1994.

Singh H., Motwani J., Kumar A., "A review and analysis of the state of the art research on productivity measurement ", Industrial Management and Data Systems, Vol. 100 No. 5, pp. 234-241, 2000.

Slone, R. E., "Leading a Supply Chain Turnaround", Harvard Business Review, pp. 114-121, Oct., 2004.

Smith, B. T. and Wight, O. W., Focus Forecasting: Computer Techniques for Inventory Control, Boston: CBI Publishing, 1978.

Spencer, M., Clack, C. and Hoguet, P., Business and Economic Forecasting, Homewood, IL: R. D. Irwin, 1961.

Stalk, G. Jr., and Hount, T. M., Competing Against Time, New York: Free Press, 1990.

Stalk, G., Evans, P, and Shulman, L. E., "Competing on Capabilities: The New Rules of Corporate Strategy," Havard Business Review, pp. 57-70, 1992.

The Institute for Supply Management, "Glossary of key Purchasing and Supply Terms", 2000.

Thompson, A. A. Jr., "Wal-Mart Stores, Inc." Cases in Strategic Management, 1994.

Treacy, M., & Wiersema, F., "Customer intimacy and other value disciplines", Harvard business review, 71(1), pp.84-93, 1993.

Wallace, T. F., and Stahl, R. A., Sales & Operations Planning: The How-To Handbook, T. F. Wallace & Company, 2008.

Wallace, T. F., and Stahl, R. A., Sales Forecasting, T. F. Wallace & Company, 2002.

Watson, M., The Deming Management Method, Berkley Publishing Group, 1986.

WinterGreen Research Inc., "Supply Chain Event Management(SCEM) Market Opportunities, Strategies, and Forecasts, 2006 to 2012", 2006.

Zipkin, P. H., Foundations of Inventory Management, Boston: Inwin McGraw-Hill, 2000.

Zweig, J., "Expand It Again, Sam." Forbes, p.106, 1990.

Index

ㄱ

ㅇ

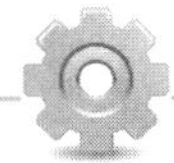

▌ㅈ▐

ㅎ

%

2

3

4

5

A

N

O

P

Q

R

S

▮ 저자약력 ▮

▸ 배 재 호

저자는 아주대학교 산업공학과를 졸업하고, 동교 대학원 산업공학과에서 공학석사와 공학박사 학위를 취득하였다. 학위 과정에서 인공신경망 및 CALS, 프로젝트관리 및 성과관리를 세부전공으로 하였다. 세계최대의 컨설팅회사 중 하나였던 PWC Consulting에서 생산전략 및 ISP(Information Strategy Planning), PI(Process Innovation), MP(Master Planning), ERP(Enterprise Resource Planning) 등의 컨설팅을 수행하였다. 이후 EIB Korea의 생산/물류 컨설팅 부문을 총괄하며, MES(Manufacturing Execution System), APS(Advanced Planning and Scheduling), BI(Business Intelligence) 등의 정보시스템 구축과 현장 개선활동을 수행하였다.

주요 고객사로는 국내의 많은 대기업과 중견/중소기업들이 포함되어 있는데, 특히 풀무원, 팬택, 동부전자, KT, KAC, KCC, 율촌화학, 동진쎄미켐, 코카콜라보틀링, SKT, 도레이첨단소재 등과 같은 기업에서는 직접 전략 수립, 프로세스 개선, 정보시스템 구축 및 현장활동 개선 등의 활동을 총괄하였다.

삼육대학교 경영정보학과에서 윈도우 프로그래밍을 강의하였으며, 아주대학교 e-Business 학부에서는 겸임교수로 공급망관리, 프로젝트관리 등의 강의를 했다. 대전과학기술대학교에서 이 책의 초판을 발행하였다. 현재는 오산대학교 산업시스템과/산업경영학과에 적을 두고 있으며, FinTech 분야의 스타트업인 브릴리언츠의 기술고문을 맡고 있다. 연구 성과로는 마케팅공학과 생산시스템에 관한 다수의 논문을 출간했으며, 다수의 특허를 보유하고 있다. 주요 관심 분야는 생산공정계획 및 관리, 성과측정, 물류합리화, 공급망 관리 및 정보시스템 등이다.

공급망 관리 : 실무 적용을 위한 계획에서 운영까지 (개정판)

초 판 1쇄 발행 —— 2010년 6월 25일
개정판 1쇄 발행 —— 2016년 9월 10일
지은이 —— 배 재 호
펴낸이 —— 전 두 표
펴낸곳 —— 도서출판 두남
서울시 강동구 성내로6길 34-16 두남빌딩
신 고 : 제25100-1988-9호
TEL : 02) 478-2065~7, 2311
FAX : 02) 478-2068
E-mail : dunam1@unitel.co.kr
http://www.dunam.co.kr

정가 30,000원

ISBN 978-89-6414-707-8 93320